근대문화사

서양편 · 743

근대문화사

흑사병에서 1차 세계대전에 이르기까지
유럽 영혼이 직면한 위기

I

르네상스와 종교개혁:
흑사병에서 30년 전쟁까지

에곤 프리델(Egon Friedell) 지음
변상출 옮김

한국문화사

한국연구재단 학술명저번역총서 서양편·743

근대문화사
: 흑사병에서 1차 세계대전에 이르기까지 유럽 영혼이 직면한 위기

제1권 르네상스와 종교개혁: 흑사병에서 30년 전쟁까지

1판 1쇄	2015년 7월 20일	
원 제	Kulturgeschichte der Neuzeit:	
	Die Krisis der Europäischen Seele von	
	der Schwarzen Pest bis zum Ersten Weltkrieg	
지 은 이	에곤 프리델(Egon Friedell)	
옮 긴 이	변 상 출	
책임편집	이 지 은	
펴 낸 이	김 진 수	
펴 낸 곳	**한국문화사**	
등 록	제1994-9호	
주 소	서울시 성동구 아차산로49, 404호(성수동1가, 서울숲코오롱디지털타워3차)	
전 화	02-464-7708	
팩 스	02-499-0846	
이 메 일	hkm7708@hanmail.net	
홈페이지	http://hph.co.kr	

ISBN 978-89-6817-245-8 94920
(세트) 978-89-6817-244-1 94920

이 도서의 국립중앙도서관 출판예정도서목록(CIP)은
서지정보유통지원시스템 홈페이지(http://seoji.nl.go.kr)와
국가자료공동목록시스템(http://www.nl.go.kr/kolisnet)에서
이용하실 수 있습니다.(CIP제어번호: CIP2015018643)

‘한국연구재단 학술명저번역총서’는 우리 시대 기초학문의 부흥을 위해
한국연구재단과 한국문화사가 공동으로 펼치는 서양고전 번역간행사업입니다.

문화사에 딜레탕트인 내가 프로페셔널리즘보다 딜레탕티즘을 선호하는 에곤 프리델의 이 유명한 책,『근대문화사』를 처음 접한 것은 2003년 4월 즈음이었다. 그 무렵은 내가 악셀 브라이히(Axel Braig)와 울리히 렌츠(Ulrich Renz)의 공저인 『일 덜 하는 기술(Die Kunst, weniger zu arbeiten)』을 막 번역 출간한 때이다. 〈일은 적게 하면서 인생은 자유롭게 사는 법〉이라는 부제를 달고 있는 『일 덜 하는 기술』은 책 끝머리에 부록으로 〈권하고 싶은 책〉 여남은 권을 소개하고 있었는데, 그중에 "우리의 주제를 훨씬 넘어서서 도전적이고 흥미로운 읽을거리를 제공한다"고 소개한 책이 바로 에곤 프리델의 『근대문화사』였다.

그 후 얼마 뒤 이 책을 직접 손에 들고 읽기 시작했을 때, '도전적이고 흥미로운 읽을거리'라는 소개말은 의례적으로 하는 빈말이 아니었다. 세계에서 가장 오래된 신문 중 하나인 『노이에 취리히 차이퉁(Neue Züricher Zeitung)』이 일찌감치 "프리델의 『근대문화사』는 그 문학적 형상화의 힘 덕분에 흥미진진한 소설처럼 읽힌다"고 평가한 말 역시 이 책 서문 첫머리를 읽으면 이내 이해될뿐더러 참으로 '도전적이고 흥미로운 읽을거리'임을 확인하게 된다.

무한히 깊은 우주 공간에는 신의 반짝이는 사유이자 축복받은 도구이기도 한 수많은 별이 운행하고 있다. 창조주가 그 별들을 작동시키고 있는 것이다. 이 모든 별은 행복하다. 신이 세계를 행복하게 하려 하기 때문이다. 이 별들 가운데 이 운명을 공유하지 않는 별이 딱 하나 있다. 이 별에는 인간만이 서 있을 따름이다.

어떻게 이런 일이 발생했는가? 신이 이 별을 망각했던가? 아니면 신은 이 별에 본래의 힘을 벗어나 스스로 축복을 쟁취할 자유를 주었던가? 그것을 우리는 알 수 없다. 우리는 이 작은 별의 역사가 만들어낸 자그마한 파편 하나에 관해 이야기를 풀어나가 보고자 한다.

언뜻 봐도 통념적으로 알고 있는 건조한 '문화사'에 관한 말투로 느껴지지 않는다. '존재론'에 관한 명상록 같기도 하고, 마르크스가 말한 '물신숭배(Fetishism)'의 세계에 대한 우울한 철학적 반성의 글 같기도 하다. 그러나 이야기 전체를 풀어가는 서술방식, 이를테면 세계 전체가 시인을 위해 창조되었다, 세계사는 작품이나 말의 시인을 위한 소재를 갖고 있다, 세계사가 새로운 행위와 꿈을 꾸도록 부채를 건네는 그 시인은 누구일까? 그 시인은 바로 다름 아닌 후대 세계 전체일 뿐이다, 천재는 시대의 산물이다, 시대는 천재의 산물이다, 천재와 시대는 공약수가 없다는 등과 같은 변증법적 표현에서 보면 그의 이 책은 허무주의적 반성의 '존재론적' 명상록의 차원을 넘어 창조적인 '시학' 내지는 문화적 '미학서'와 같은 인상을 강하게 풍긴다. 사실 저자 에곤 프리델도 자신의『근대문화사』서술형식의 골간을 받치고 있는 관점은 과학적 성격보다 미학적·도덕적 성격이 강하다고 서문 앞쪽에서 미리 고백하고 있다.

이 책의 첫머리를 읽는 순간 이 글은 지금까지의 문화사(文化史) 책이 대개 보여주듯 사실관계를 단순히 나열하는 백화점식 보고 형식과도 다르며, 인과관계를 추적하는 기존의 논리적 역사기술의 문화사 연구방식과도 확연히 다른 미학적 성격이 짙다는 점을 금세 알아볼 수 있다. 그래서 '소설 같다'는 평가를 내리는 문화사 '전문가'도 있지만 대단히 유명한 오스트리아 작가 힐데 슈필(Hilde Spiel)과 같은 이는 프리델이 "믿을 수 없을 정도의 박식함과 매혹적인 유머, 정확한 학술적 이해와 대단히 섬세한 예술취향을 겸비하고서" 그 "시기의 인간을 각 시기마다 그 시기의 외부적 환경과 정신적 환경 속에 세우고서 그런 인간의 일상과 복장, 관습을 그 시대의 거대한 이데올로기적 조류와 함께 신선하게 환기시킨다"는 말로써 사람들을 『근대문화사』 속으로 끌어들이기도 한다. 오스트리아의 저명한 저널리스트 울리히 바인치를(Ulrich Weinzierl)은 독일의 유력 일간지 『프랑크푸르트 알게마이네 차이퉁(Frankfurter Allgemeine Zeitung)』에서 프리델의 『근대문화사』를 두고 "그 표현력이 경쾌하고도 흥미로워 수십 년 동안 독자를 사로잡는 매력을 담고 있다"고 말한 바 있다. 물론 이런 '경쾌함'과 '흥미로움'의 참맛은 『근대문화사』 속으로 직접 걸어 들어가 볼 때만 생생하게 경험할 수 있을 것이다.

그러나 이 글을 옮긴 나로서는 바인치를의 주장이 틀림없다고 확신한다. 물론 이 확신을 얻기까지 많은 인내가 필요했다. 2003년 4월 이 책을 처음 읽기 시작해서 2015년 7월 지금 번역서로 이렇게 내놓기까지 꼬박 12년 3개월이 걸린 셈이다. 미적 표현과 그 예술적 서술방식에 매료되어, '이런 식의 문화사 기술도 가능하구나!' 하는 느낌으로 간간이 읽고 우리말로 옮겨오다가 한국연구재단 '2011년 명저번역지원 사업'에 선정되어 본격적으로 번역해온 일도 벌써 만 4년이 다 되었다. 표현력의 '경쾌함'과 소설 같은 '흥미로움' 때문에 밤을 꼬박 새우면서 '새로운 시대의 문화 이야기(Kulturgeschichte der Neuzeit)', 즉 『근대문화사』에 빠져든 적이 한두 번이 아니었다. 그러나 집중된 4년과 전체 12년은 결코 인내하기 쉽지 않은 시간이었다. 그 시간은 나의 '몸'에 불균형만 초래한 것이 아니라 가족의 일상적 바이오리듬도 깨는 용감한 '반가족주의'의 길이기도 했다. 이 자리를 빌려 '그래도 정신 건강에는 도움이 되지 않았을까(?!)' 하고, 동의 얻기 쉽지 않은 말로나마 함께 위로하고 싶다.

이 책이 아무리 '흥미진진한 소설' 같아도 번역하기에는 절대적 시간이 필요했다. 그도 그럴 것이 이 책은 저자 에곤 프리델이 쓰기에도 5년 이상 걸릴 만큼 긴 시간이 요구된 독일어판 1,600쪽 분량에 가까웠기 때문이다. 프리델은 처음 이 책을 3부작으로 출간했다 (여기서 번역 텍스트로 사용한 것은 베크(C. H. Beck) 출판사가 3부 5권으로 나눈 것을 2008년 한 권으로 묶어 내놓은 특별판이다). 1927년 7월에 완성된 1부에는 〈문화사란 무엇이며, 문화사를 왜 공부하는가?〉라는 서문과 〈르네상스와 종교: 흑사병에서 30년 전쟁까지〉라는 제목의 1권이 포함된다. 1928년 12월에 나온 2부는 〈바로크와 로코코: 30년 전쟁에서 7년 전쟁까지〉의 2권과 〈계몽과 혁명: 7년 전쟁에서 빈 회의까지〉의 3권을 포함하며, 3부는 1931년 말에 완성된 것으로서 〈낭만주의와 자유주의: 빈 회의에서 프로이센 · 프랑스 전쟁까지〉의 4권과 마지막 5권 〈제국주의와 인상주의: 프로이센 · 프랑스 전쟁에서 세계대전까지〉를 포함한다. 흑사병 발병 시기인 1340년대부터 1914년 1차 세계대전이 터지기까지의 기간을 보면 에곤 프리델의 『근대문화사』는 〈르네상스와 종교〉에서 〈제국주의와 인상주의〉에 이르기까지 근 600여 년의 유럽 문화를 관통하고 있다.

한 권의 특별판으로 묶은 이 기념비적인 작품은 이탈리아 르네상스의 발흥으로부터 1차 세계대전에 이르기까지 600여 년간 서구인

이 겪은 문화적 부침의 역사를 섬세한 예술적·철학적 문화프리즘으로 그려내고 있다. 이 부침의 역사 속에는 예술과 종교, 정치와 혁명, 과학과 기술, 전쟁과 억압 등속의 거시적 문화 조류뿐만 아니라 음식·놀이·문학·철학·음악·춤·미술·의상·가발 등과 같은 미시적인 일상생활의 문화 조류도 포함된다. 그런데 에곤 프리델의 『근대문화사』의 강점은 무엇보다 이 미시적 문화 조류에 대한 탐색이 섬세하게 이루어진다는 점에 있다. 예컨대 큰 종 모양의 치마, 일명 '정절지킴이'로 불렸던 의상 라이프로크는 바로크의 형식적 화려함 속에 가려진 몰락의 추태를 나타내주기도 하지만 이 의상의 출현으로 파리와 같은 도시의 골목길이 넓혀지는 문화적 변화를 보여주기도 한다. 말하자면 미시적 문화와 거시적 문화의 변증법적 통일을 드러내주는 것이다. 에곤 프리델은 이 책에서 근대를 규정하는 수세기에 걸친 다양한 조류를 추적하며, 가장 중대한 정신적·정치적·사회적 발전 면모를 설명하면서 그때마다 결정적인 인물들을 뚜렷한 초상으로 그려낸다. 프리델의 문화프리즘을 통해 보면 위대한 인물과 시대정신은 상호 연관성을 지니면서도 마치 독립적인 듯한 변증법적 모순을 함축한다. 이의 압축된 표현이 바로 "천재는 시대의 산물이다", "시대는 천재의 산물이다", "천재와 시대는 공약수가 없다"는 식의 테제일 것이다. 이 테제의 핵심을 가로지르는 것이 그가 만든 개념인 '정신적 의상의 역사(Eine seelische Kostümgeschichte)'라고 할 수 있다. 말하자면 의상 하나에도 정신이 깃들어 있고, 정신 하나도 어떤 문화로든 표현된다는 것이다.

에곤 프리델이 『근대문화사』로 우리에게 들려주려는 '새로운 문화 이야기'는 인간에게서 공포를 몰아내고 인간을 세계의 주인으로 세우겠다는 근대 계몽의 당찬 계획을 실패로 보았던 1940년대 프랑크푸르트학파의『계몽의 변증법』의 관점을 선취한 듯하다. 이는 『근대문화사』의 부제로 달려 있는 〈흑사병에서 1차 세계대전에 이르기까지 유럽 영혼이 직면한 위기〉라는 소제목에서 확인할 수 있을 법하다. 이 위기의 근대화 과정을 프리델은 '**실재론**(Realismus)'에 대한 '**유명론**(Nominalismus)'의 승리에서 찾고 있다. 그것은 곧 신에 대한 이성의 승리이고, '**귀납적 인간**(induktiver Mensch)'에 대한 '**연역적 인간**(deduktiver Mensch)'의 승리를 함의한다. '연역적 인간'의 승리는 다양한 경험을 허용하지 않고 대전제가 되는 '이성'에 복종하지 않는 모든 것을 단박에 '**불량종자**(mauvis genre)'로 취급하는 데카르트적 이성의 패권을 의미하기도 한다. 여기서 이성은 '형제가 없는 정신'이 될 수밖에 없고, 중세적 공동체는 해체될 수밖에 없다고 보는 것이 바로 에곤 프리델의『근대문화사』를 관통하는 문화프리즘이다. '형제가 없는 정신'을『계몽의 변증법』의 저자 아도르노와 호르크하이머의 말로 표현하면 '도구적 이성'이 될 것이다. 이런 이성의 궁극적 표현이 세계대전으로 귀결된다고 보는 것에서도『근대문화사』와『계몽의 변증법』은 서로 닮았다. 다만 차이가 있다면 후자는 '이성'에 내재하는 억압적 요소를 '계몽을 넘어서는 계몽'과 같은 반성적 계몽을 통해 극복하려고 하는 반면에 전자는 지금까지의 세계를 구성해온 이분법적 체계, 즉 정신과 물질의 세계와는 다른 곳에서 오는 제3의 불빛에서 찾고 있다는 점이다.

> 경험 심리학과 경험 물리학이 동일한 결과에 다다랐다. 즉 정신은 현실 너머에 서 있고, 물질은 현실 아래에 있다는 것이 그것이다. 그러나 이와 동시에 다른 쪽에서부터 비쳐오는 흐릿한 불빛이 하나 반짝이고 있다.
> 유럽 문화사의 다음 장은 바로 이 불빛의 역사가 될 것이다.

에곤 프리델은 '유럽 문화사의 이 새로운 불빛'을 보지 않고 1938년 3월, 밤 10시경에 향년 60세의 나이로 생을 마감했다. 그는 삶의 '유쾌함'을 인정하지 않고 오로지 군사적 '진지함'으로 '삶'을 억압하는 히틀러의 폭압적 군대가 오스트리아에 진입했을 때 4층 창밖으로 몸을 날려 죽음으로 저항했던 것이다. 그런데 그가 사망한 지 77년이 지났지만 아직 '다른 쪽에서 비쳐오는 흐릿한 불빛 하나' 볼 수 없다. 오히려 지금은 '유럽'이 직면했던 그 '영혼의 위기'뿐 아니라 '지구' 전체가 칠흑같이 어두운 밤을 맞아 지구적 '삶 자체' 가 위기에 봉착한 듯하다. 그것도 인간의 삶과 직접 관련된 '경제적 위기'뿐만 아니라 글로벌 차원의 '생태학적 위기'에 직면해 있다고 해도 과언이 아닐 만큼 불길한 여러 징후가 지구촌 곳곳에서 감지된다. 에곤 프리델의 말대로 왜 지구는 행복의 운명을 공유하지 못하고 있는지 근본적으로 반성할 필요가 바로 여기에 있지 않을까 싶다. 어쩌면 그가 말하는 그 '흐릿한 불빛'은 이 반성에서 반짝이기 시작할지도 모른다.

1931년, 『근대문화사』가 출간되고 현지의 뜨거운 반응을 넘어 수십 개 언어로 번역된 지도 한참 되었지만 우리는 이제야 그 빛을 보게 되었다. 아주 때늦게 빛을 보게 되었지만 이 빛의 탄생과정에 실로 도움을 주신 분들에게 감사의 마음을 전하고 싶다. 독일어판 원서 1,600여 쪽이나 해당하는 분량의 책을 오늘 5권의 번역본으로 내기까지 한국연구재단의 지원이 없었다면 이 책은 국내에서 빛을 보기가 거의 불가능했을 것이다. 재단에 감사를 드린다. 무엇보다 사실 수차례에 걸쳐 곤혹스러울 정도로 집요하고도 날카롭게 교정을 봐준 '한국문화사'의 이지은 팀장께 이 자리를 빌려 특별한 감사의 마음을 전하고자 한다. 그리고 생활박자를 초스피드로 다그치는 신자유주의의 무서운 속도감을 고려치 않고, 각 권 평균 400쪽 이상 되는 5권의 책을 무심코 읽어달라고 용감하게 부탁해야 할 잠재적인 독자들에게도 미리 감사의 인사를 드린다.

이 책이 오늘 우리 시대의 '고단한 영혼'을 달래주는 하나의 꿈목이 될 수 있다면 역자로서는 더 바랄 것이 없다고 생각한다.

2015년 7월
옮긴이 변 상 출

∥ 차례 ∥

• 일러두기 • ─────────

1. 번역 텍스트로는 2008년에 베크(C. H. Beck) 출판사가 한 권으로 묶어 내놓은 특별판을 사용했다.
1. 고딕체로 쓴 부분은 원저자가 이탤릭체로 강조한 부분이다.
2. 각주는 모두 옮긴이 주이다.
3. 인명·지명 등의 로마자 철자는 일부는 원어를 찾아내어 쓰고 그 외에는 모두 독일어판을 따랐다.

각 권 차례

문화사란 무엇이며,
문화사를 왜 공부하는가?

결단코 일어나지 말아야 했을 사건에 대해 상세히 묘사하는 것이
역사기술자의 과제일 뿐만 아니라
모든 현실 교양인의 천부적 권리이기도 하다.

― 오스카 와일드[1]

무한히 깊은 우주 공간에는 신의 반짝이는 사유이자 축복받은 도 잊힌 별
구이기도 한 수많은 별이 운행하고 있다. 창조주가 그 별들을 작동
시키고 있는 것이다. 이 모든 별은 행복하다. 신이 세계를 행복하게
하려 하기 때문이다. 이 별들 가운데 이 운명을 공유하지 않는 별이
딱 하나 있다. 이 별에는 인간만이 서 있을 따름이다.

어떻게 이런 일이 발생했는가? 신이 이 별을 망각했던가? 아니면
신은 이 별에 본래의 힘을 벗어나 스스로 축복을 쟁취할 자유를 주
었던가? 그것을 우리는 알 수 없다. 우리는 이 작은 별의 역사가 만

---

[1] Oscar Wilde(1854~1900): 아일랜드의 민족주의자로서 극작가·시인·소설
가. 대표적인 희곡으로서는 『진지함의 중요성』(1895)이 있음.

들어낸 자그마한 파편 하나에 관해 이야기를 풀어나가 보고자 한다.

이러한 목적이 유용하려면 우선 우리가 설명하는 방식의 기본원칙에 대해 먼저 논의가 이루어져야 할 것 같다. 말의 엄밀한 의미에서 우리의 기본사고는 이 책의 골간을 이룬다고 할 수 있다. 비록 사유를 통해 이 골간을 끌고 나가겠지만, 우리의 이 사유는 현세적이며 명백히 가시적인 것이 될 것이다.

모든 일에는 나름의 철학이 있다

골간을 받치는 첫 번째 기둥은 역사기술의 본질에 대한 우리의 관점이다. 우리는 이 관점이 예술 및 도덕적 성격을 담고 있기 때문에 과학적 성격을 지니지 않는다는 점에서 출발한다.

역사기술은 사건에 대한 철학이다. 모든 일에는 나름의 철학이 있다. 좀 더 심하게 말하면 모든 일은 철학이다. 모든 인간과 모든 대상 및 사건은 특정한 자연의 사유와 고유한 세계의 입장에 대한 구현이다. 인간의 정신은 모든 사실 속에 감추어진 이념과 단순한 형식에 내재하는 사유를 탐구할 수밖에 없다. 모든 일은 종종 이후에야 비로소 그 진정한 의미를 드러내기 마련이다. 창조자가 인간 영혼의 단순하고도 본질적인 사실을 우리에게 노출하는 데에 얼마나 오랜 시간이 걸렸던가! 자력광선이 관찰자 길버트[2]의 눈에 그 경이로운 실제의 힘을 보여주기까지 얼마나 오래 걸렸던가! 아직도 비밀스러운 수많은 자연의 힘은 어떤 이가 등장하여 그 속에 사유를 불어넣기까지 여전히 인내하며 기다리고 있지 않는가! 이런 의미에서 사태들이 발생한다는 것은 아무것도 아니며, 그 사태들을 알게 된다는 사실이 중요하다.[3] 인간은 수천 년 전 인도와 페루, 멤

---

[2] William Gilbert(1544~1603): 자기학(磁氣學)의 아버지로 불리는 영국의 유명한 물리학자. 자력의 단위인 길버트는 그의 이름에서 유래함. 그는 근대의 과학자들, 이른바 케플러, 갈릴레이, 데카르트 등에게 많은 영향을 미침.

피스와 페르세폴리스에서 균형 잡힌 날씬한 신체구조를 가지고 직립보행을 할 수 있었고, 세계를 파악하는 눈이 있었다. 그러나 인간이 아름다운 몸의 형태를 갖추게 된 것은 그리스 예술이 인간의 미를 인식하고 그것을 모방할 수 있었던 바로 그때였다. 그래서 특유의 멜랑콜리는 동·식물에로까지 확장될 듯이 보인다. 말하자면 모든 동·식물은 아름답고, 모든 동·식물은 깊은 창조적 사유의 상징으로 보인다. 그러나 동·식물은 이 점을 이해하지 못하며, 그래서 우울한 것이다.

세계 전체가 시인을 위해 창조되었다. 이 세계는 시인의 정신을 풍요롭게 한다. 전체 세계사도 이외 어떤 다른 내용도 담고 있지 않다. 세계사는 작품이나 말의 시인을 위한 소재를 갖고 있다. 이것이 세계사의 의미이다. 그렇지만 세계사가 새로운 행위와 꿈을 꾸도록 부채를 건네는 그 시인은 누구일까? 그 시인은 바로 다름 아닌 후대 세계 전체일 뿐이다.

몇 시대 전부터 우리는 역사기술을 세 가지 방식으로 구분하는 습관을 지니게 되었다. 여기에는 일어난 일을 단순히 알리는 보고나 설명의 방식과 사건들의 계기를 따지면서 동시에 유용성을 끌어내려 하는 실용적 혹은 교훈적 방식이 있고, 사건들을 유기적 연관관계로 설명하고자 하는 발생학적 혹은 발전적 방식이 있다. 물론 이렇게 엄격하게 구분되는 것은 아니다. 얼핏 봐도 알겠지만, 이러한 관찰방식은 서로 넘나들기 때문이다. 요컨대 보고방식은 연관방식

미학적
윤리적
논리적
세계기술

---

3 아는 것이 힘이 된다는 논리는 철학이 앎에 대한 애정이라는 어원적 의미를 함축하고 있지만, 그것은 단순히 베이컨(F. Bacon)의 인식론주의를 넘어서는 현실의 힘을 담지하기도 한다. 코페르니쿠스와 갈릴레이의 지동학적 인식이 자유의 폭을 혁명적으로 넓혔다는 것은 역사적 사실이기 때문이다.

과 무관하지 않으며, 연관방식은 발전방식과도 연결된다. 이들 방식 중 어느 하나도 다른 두 방식을 배제하고서는 생각할 수 없다. 따라서 우리는 이러한 분류를 모호하면서도 협소한 의미에서만 이용할 수 있을 뿐이다. 즉, 각각의 기술방식에서 세 가지 관점 가운데 어느 하나를 전면에 내세울 때 우리는 다음과 같은 결과에 이르게 된다. 예컨대 관조적 보고가 우선적 문제가 되는 설명적 역사기술에서는 **미학적** 계기를 우선시한다. 그리고 사태의 '도덕성', 즉 교훈적 활용을 겨누는 실용적 역사기술의 경우 **윤리적** 계기가 중요한 역할을 한다. 오성으로 쉽게 납득할 수 있는 순차적 관계를 드러내고자 하는 발생학적 방법의 경우 **논리적** 계기가 우세하게 된다. 시대가 달라도 이러한 정신적 기본구조에 따라 늘 이 세 가지 방식 중 하나를 선호해왔다. 순수 관조가 가장 강력한 힘을 발휘한 고대는 보고방식 역사기술의 대가들을 배출했다. 모든 문제에서 도덕적 관찰방식을 우선시하는 경향을 지녔던 18세기는 실용성에서 가장 탁월한 모범을 선보였으며, 모든 것을 논리화하고 순수 개념과 합리성으로 환원시키는 경향이 우세했던 19세기의 경우 발생학적 방법이 풍성한 결과들을 내놓았다. 이러한 처리방식에서 그 각각은 특수한 장·단점을 갖고 있다. 그러나 아주 분명한 사실은 각각의 경우 특정한 **이해관계**가 기술의 동기를 - 그것이 미학적 성격의 것이든, 윤리적 혹은 논리적 성격의 것이든 - 몰아간다는 점이다. 비록 역사가들의 기준이 항상 변하는 것이지만 언제든 결정적 기준을 형성하는 것은 '이해관계'이다. 이러한 관점은 보이는 만큼 그렇게 완전히 주관적이지는 않다. 이 점은 동시대에 대체로 크게 합의되는 사항이다. 물론 이러한 관점이 무조건 객관적이라고 할 수 없는 것도 사실이다.

지도와
초상화

설명적 방식의 역사기술이 사태의 무미건조한 재현으로 한정되면 객관적 기술의 이상에 가장 가깝게 접근할 수 있으리라 생각할 수 있다. 하지만 (도무지 생각하기 어려울 만큼, 그리고 완전히 초보적인 수준을 배제하지 않고서는 시도될 수 없을 만큼) 순수한 보고 형식의 기술조차도 사실 자료들을 불가피하게 **선택·분류**해야 하므로 주관적 성격을 내포할 수밖에 없다. 실제로 **모든 사유**는 이렇게 기능 작동한다. 우리의 모든 사념활동조차도 대상을 예외 없이 선택·선별하며, 현실에서 취한 단편들을 특정한 방식으로 재배치한다. 우리의 감각기관이 무의식적으로 완수하는 이러한 과정을 자연과학은 완전히 의식적으로 반복한다. 그러나 여기에는 현격한 차이가 있다. 우리의 감각기관이, 그리고 이 기관의 활동에 근거한 자연과학이 실행하는 선별작업은 모든 평범한 인간의 사유 및 표상이 준수하는 엄격하고도 명백한 법칙에 따르는 인류(menschliche Gattung)에 의해 결정된다. 그러나 역사적 자료들의 선택은 개별의 자율적 재량 혹은 개인들로 구성된 특정한 그룹, 아주 좋은 경우 특정 시대의 여론의 자율적 재량에 따라 정해진다. 몇 년 전, 뮌헨 대학의 철학 교수 에리히 베허[4]는 『정신과학과 자연과학(Geisteswissenschaften und Naturwissenschaften)』이라는 저작에서 일종의 비교해부학을 과학에, 테크놀로지 분야를 개별 학문에 배정하려고 시도한 바 있다. 그의 설명으로는, 테크놀로지와 개별 학문의 관계는 연극론이 연극술과 관계하는 것과 같다. 그 책에는 다음과 같은 말이 있다. "과학은 간파하기 어려운 복잡한 현실을 추상을 통해 단순화하며 (…) 슈타인 남작의 전기를 그려내는 역사가는 그 남작의 생애와 업적의 세세한

---

[4] Erich Becher(1882~1929): 독일의 철학자·심리학자. 주요 저서로는 『윤리학의 핵심문제』(1907)가 있음.

수많은 것을 도외시하고, 어떤 산의 형세를 다루는 지리학자는 두더지가 쌓아놓은 흙더미나 농작물 따위는 배제한다." 그런데 바로 이러한 대비구조에서 우리는 지리학과 역사를 동등한 학문으로 나열할 수 없다는 점을 확인하게 된다. 왜냐하면 두더지의 흙더미와 농작물을 표시하는 너무도 명확한 기표, 즉 부피와 넓이의 단순한 시각적 기표가 있지만, 보편적으로 타당한 어떤 형식을 통해서도 슈타인 남작의 전기에서 그와 부합하는 것을 확정할 수 없기 때문이다. 전기작가가 어떤 것을 배제하고, 어떤 것은 다만 암시만 하고, 어떤 것을 광범위하게 제련할 것인지 선택하는 것은 서술적 감정이입의 능력, 즉 역사기술의 재능, 말하자면 심리학적 감각의 몫이다. 지리학자와 전기작가는 마치 지도와 초상화의 관계와 같다. 지리 지도에 농작물을 그려 넣을 수 있다는 것은 모든 사람에게 동일한 의미로 와 닿을 뿐만 아니라 기계적으로 통제할 수 있는 **지형학적** 눈 저울이 있다는 것을 의미하며, 얼굴의 주름을 전기적 초상화에 그려 넣는 것은 **예술적** 눈 저울에 해당하는 사항이다. 이 저울은 사람 각자가 서로 다른 수준의 예민한 감각이 있으며, 각각 정확한 교정이 필요하다는 뜻도 포함한다.

지리 지도의 경우는 사실을 단지 연대기적으로 배열하는 역사 도표와 같을 수 없다. 그 이유는 첫째로 역사 도표 같은 것은 지도처럼 최신의 기준에 따른 원본의 복원이라는 말이 타당하지 않다는 점이 명확하기 때문이다. 둘째로, 어마어마하게 산적한 데이터들이 과학의 성격을 갖는 것이 아닐 터이다. 공박할 수 없는 베허의 정의에 따르면, 과학은 "대상적으로 정리된 물음들의 연관관계이며, 연관성 있는 것들을 묶는 조사와 근거 외에도 개연성을 지닌 진정한 판단이기도 하다." 이러한 요구 가운데 어느 하나도 역사의 순수 도표로 충족되지 않는다. 이 도표는 물음도 판단도 조사도 근거도 내포하지 않는다. 주소록과 계급명부 또는 경주보고서가 과학적 산물이라고 말하는 것도 타당하다.

이로써 우리는 다음과 같은 결론에 이르게 된 셈이다. 보고적 역사기술이 과학이 되고자 하는 순간 객관적이기를 중단하게 되며, 객관적이고자 하는 순간 과학이기를 중단하게 된다.

실용적 역사기술을 두고 말하자면, 그것이 과학적 객관성과 완전 교훈의 역사
히 대립한다는 점을 증명할 필요가 없다. 실용적 역사기술은 그 속성상 경향적일 수밖에 없을 뿐만 아니라 의도적으로 그리고 의식적으로 경향적이다. 따라서 이 역사기술은 단지 확정적이고자 하는 순수 과학과는 거리가 멀다. 그것은 교육적인 문학이 단순히 묘사하고자 하는 순수예술과 거리가 먼 것과 같은 이치이다. 이러한 역사기술은 세계 사건 전체에서 교육을 강화하고 선전하려는 특정한 교육목적을 위한 증거와 사례들을 모으는 것을 예의주시한다. 이 역사기술은 명확히 강조하는 대목을 담은 읽을거리의 성격을 지니고 있으며, 언제나 무엇인가를 제시하려 한다. 그러나 교훈시가 순수예술이 아니라고 해서 존립의 정당성 일체를 잃는 것이 아니듯이, 그러한 역사기술이 과학으로 평가받을 때도 있다. 우리가 알고 있는 최고의 문학적 산물인 성서는 교훈시의 영역에 포함되며, 영향력이 막강한 몇몇 역사기술자, 예컨대 타키투스[5] · 마키아벨리[6] · 보쉬에[7] · 실러[8] · 칼라일[9] 등은 실용적 경향을 지니고 있었다.

---

[5] Tacitus(56~120경): 정식 이름이 Publius (Gaius) Cornelius Tacitus인 로마의 역사가이자 산문작가.

[6] N. Machiavelli(1469~1527): 르네상스 시대 이탈리아의 작가 · 정치가 · 정치이론가. 『군주론』이 유명함.

근대에는 실용주의에 반대하는 발생학적 경향이 대두했다. 이 경향은 어떤 당파성도 배제한 채 오로지 역사적 인과관계에만 주목하면서 사건의 유기적 전개과정만을 추적하는 것을 목표로 삼는다. 이는 마치 지형학자가 지구의 역사를, 혹은 생물학자가 식물의 역사를 연구하는 것과 같은 형태이다. 하지만 이러한 경향이 큰 오류를 범하는 경우는 항상 그렇게 할 수 있다고 믿을 때이다. 이러한 오류가 불러오는 첫 번째 결과는, 발전의 개념을 도입하면서 **반성**에 의존하여, 불리할 때는 공허하고 자의적인 역사구성에 매몰되며, 유리할 때는 사려 깊은 역사철학을 도출할 수 있지만, 결코 과학에 도달할 수는 없다는 점이다. 즉 자연과학과 비교해보자면 완전히 허점투성이일 수 있는 것이다. 지구의 역사는 명확한 실증자료를 보여준다. 이 자료를 읽어낼 수 있는 사람은 지구의 역사를 기술할 수 있다. 그러나 이처럼 단순하고 명확하면서도 해독 가능한 자료가 역사가의 뜻대로 되는 것은 아니다. 어떠한 시대에도 인간은 자신의 궁극적 비밀을 드러내지 않는 가장 복합적이고 다채로우며 모순투성이인 피조물이었다. 인간보다 하등에 속하는 모든 자연은 대단히 통일적인 하나의 특성을 지니고 있지만, 인류는 그야말로 일회적인 개인들로 구성되어 있다. 백합의 씨앗에서는 항상 반복적으로 백합이 나온다. 그래서 우리는 이 씨앗의 역사를 거의 수학적 확신을

---

[7] J.-B. Bossuet(1627~1704): 프랑스의 주교이자 신학자. 교황권에 맞서 프랑스 교회의 권리를 변호하고 웅변함.

[8] F. Schiller(1759~1805): 독일 고전주의 시대 문학에서 괴테와 쌍벽을 이룬 작가. 괴테가 문학의 정신적 측면을 강조했다면 실러는 현실고발의 문학을 지향했다. 대표적인 작품으로는 『군도(群盜)』와 『빌헬름 텔』이 있음.

[9] Th. Carlyle(1795~1881): 영국의 역사가이자 수필가. 괴테를 추앙하여 괴테의 『빌헬름 마이스터의 수업시대』를 영어로 번역·출판하기도 했다. 주요 저서로는 『프랑스 혁명』(1837)과 『영웅숭배론』(1841) 등이 있음.

갖고 예단할 수 있다. 그러나 인간배란의 경우 결코 같은 품성의 형태로 반복되지 않는다. 자연의 역사는 항상 반복된다. 자연은 몇 가지 틀 속에서 작동하며, 반복되는 일에 대해 지칠 줄 모른다. 그런데 인류의 역사는 절대로 반복되지 않는다. 인류는 항상 새로운 멜로디를 출현시키는 무궁무진한 착상을 고안해내는 것이다.

둘째로, 발생학적 역사기술이 원인과 결과를 자연연구같이 엄밀히 과학적으로 산출할 수 있다고 가정한다면, 이 역시 착각에 빠지게 된다. 역사의 인과성이란 풀기가 절대 쉽지 않으며, 수많은 가지로 뻗고 있기 때문에 우리로 하여금 인과성을 상실하게 한다. 그뿐만 아니라 물리적인 운동과 그 법칙들은 직접적 관찰을 통해 포착할 수 있지만, 역사의 운동과 그 법칙들은 상상을 통해서만 재현할 수 있을 따름이다. 전자의 경우 언제든 재시험할 수 있지만, 후자의 경우 그저 모형만을 본 딸 수 있을 뿐이다. 간단히 말하자면, 역사적 인과성을 파고들 유일한 길은 예술가의 방법이며, 창조적 경험인 셈이다.

마지막 세 번째로, 비당파성에 대한 요구조차도 결단코 실현될 수 없다는 점이다. 역사연구는 자연연구와는 반대로 그 대상을 평가한다는 점이 자체의 과학적 성격을 위반하는 것은 아닐 수 있다. 왜냐하면 그 평가 기준이 객관적 성격을 지닐 수 있기 때문이다. 이는 평가 기준이 수학에서는 기하학이, 물리학에서는 역학이 그러한 것과 같은 이치이다. 그러나 여기에는 엄격한 차이가 존재한다. 요컨대 역사에서는 크기와 힘에 있어 절대적으로 타당한 기준이 없다는 점이다. 예컨대 나는 17이라는 수는 3이라는 수보다 크며, 하나의 원은 같은 원의 부분 곡선보다는 그 길이가 더 길다는 사실을 알고 있다. 하지만 역사적 인물과 사건을 두고서는 이와 유사한 확신과 명증성을 갖고 평가할 수 없는 노릇이다. 예를 들어 내가 케사르[10]는 브루투스[11]나 폼페이우스[12]보다 더 위대하다고 말한다면 이는 증명할 길이 없으며, 그 반대의 경우도 마찬가지다. 그런데 사실 수세기 동안 우리에게는 이토록 터무니없는 관점이 관철되어 오곤 했다. 셰익스피어의 경우를 두고 말하면, 가장 위대한 극작가로 널리 통용되어 왔기 때문에 그것이 자명한 사실로 받아들여져 왔지만, 이러한 관점이 보편적인 것으로 통용된 것은 기껏 18세기 전환점 이후부터였을 뿐이다. 같은 시기에 대부분의 사람은 『리날도 리날디니(Rinaldo Rinaldini)』의 저자 불피우스(Vulpius)를 그의 의형제 괴테보다 더 위대한 시인으로 간주하기도 했다. 후세 사람들이 그저 멍청하고 생각이 없는 절충주의자로 보고 있는 라파엘 멩스[13]는 살아있을 때는 세계에서 가장 위대한 화가 중 한 사람으로 취급되었다. 오늘날 우리가 바로크의 가장 탁월한 천재로 경탄하고 있는 엘 그레코[14]의 경우 반 세대 전만 해도 마이어(Meyer)의 백과사전 최신판에까지 이름 한번 수록되는 일이 없을 만큼이나 제대로 평가받질

---

[10] Cäsar(BC 100~BC 44): 로마의 유명한 장군이자 정치가. 독일어의 '카이저', 슬라브어의 '차르', 이슬람 세계에서 쓰이는 여러 언어의 '카이사르'도 그의 성에서 기원함. 제왕절개를 뜻하는 영어 Cesarean은 그의 이름에서 비롯됨.
[11] Brutus(BC 85~BC 42): 고대 로마의 정치가. 공화정 이념의 보지자(保持者)로, 기원전 44년에 케사르를 암살한 후 동방으로 세력을 뻗었으나 안토니우스, 옥타비아누스와의 싸움에서 패하여 자살함.
[12] Pompeius(BC 106~BC 48): 로마 공화정 말기의 정치가·장군. 로마 3두정의 한 사람. 케사르의 친구이자 정적.
[13] Raphael Mengs(1728~1779): 독일 태생의 이탈리아 화가. 고전주의에서 출발하여 신고전주의를 개척함.
[14] el Greco(1541~1614): 그리스 태생의 스페인 화가. 그의 이름 '엘 그레코'는 '그리스인'과 같다는 스페인어 '그레코'에서 유래함. 어두운 배경에 선명한 색을 바탕으로 한 종교적인 인물화를 주로 그렸음.

못했다. 용담공(勇膽公) 샤를은 당대 최대의 영예로운 영웅이자 지배
자로 등장했다. 오늘날 우리는 그를 그저 기사 중의 한 기인으로만
취급할 뿐인데도 말이다. 같은 시대에 잔 다르크(Jeanne d'Arc)가 살았
다. 가장 양심적이고 가장 풍부한 지성을 갖춘 시인이자 연대기 작
가였던 샤틀랭[15]은 샤를 7세의 죽음을 기리면서 지은 시, 「신비
(Mystère)」에서 이 왕을 위해 영국 사람들과 맞서 싸운 모든 장수를
등장시켰다. 그러나 그는 잔 다르크에 대해서는 거의 한마디도 언급
하지 않았다. 하지만 우리는 그 시대를 기억할 때 오를레앙의 처녀
말고는 아무도 기억하지 않고 있는 형편이다. 야콥 부르크하르트[16]
의 말대로 위대성은 신비일 따름이다. "한정사는 행위에 대한 실제
의 판정보다는 비밀스러운 감정에 따라 붙여지기도 하고 떼어지기
도 하는 것이다."

　　이러한 난관을 인식했기 때문에 사람들은 또 다른 가치척도를 모 역사적 활동
의 은밀한
작동
색해왔으며, 실제로 작용하는 것이 역사적이라고 말하기도 했다. 어
떤 사람이나 어떤 사건이 높이 평가받으면 받을수록 그 영향력의
범위와 지속성도 그만큼 커진다. 역사적 위대성의 개념도 이와 유사
한 면모를 지닌다. 우리는 중력과 전기를 말할 때 그 각각 어디에서
어느 정도로 그 힘이 발생하는지 정확히 말할 수 있지만, 역사의
힘과 현상을 두고서는 그렇게 할 수 없다. 우선 그 이유는 우리가
가늠해야 할 관점이 여기서는 명확히 규정되지 않기 때문이다. 국민

---

[15] G. Chastellain(1415~1475): 프랑스 부르고뉴 출신 연대기 작가·궁정시인.
일부 전해지는 대표적 작품으로는 『부르고뉴 공작의 연대기』가 있음.
[16] Jakob Burckhardt(1818~1897): 스위스의 역사가. 최초로 예술사와 문화사를
동시에 연구함. 그의 중요한 작품 『이탈리아의 르네상스 문명』(1860)은 문
화사 연구방법의 귀감으로 통함.

경제학자에게는 알렉산드리아 시민에 대한 이야기가 극히 부차적일 뿐이며, 신학자들에게는 안경의 발명이 극히 사소한 의미를 가질 뿐이다. 그렇지만 좀 더 생각해야 할 문제는, 그러한 시도에 대하여 거의 극복할 수 없는 방해요소들이 있다 하더라도, 실제로 보편적 연구자나 관찰자는 역사에서 작동해온 모든 힘을 공평하게 평가한다는 점이다. 그러나 대부분의 역사적 활동은 현실 저변에서 은밀히 진행되고 그것이 현상으로 표출되는 일은 흔히 아주 더디게 진행된다. 때로는 아예 드러나지 않을 때도 있다. 우리는 우리의 발전을 은밀히 추진하는 힘을 인식하지 못하며, 심층적 관계를 그저 예감만 할 수 있을 뿐 빈틈없이 설명할 수는 없는 일이다. 수에토니우스[17]는 클라우디우스[18] 황제의 전기를 쓰면서 이렇게 말한다. "당시 로마의 한 양심적인 기독교도의 선동에 자극을 받은 유대인들은 온갖 분쟁과 증오를 촉발했다. 이 때문에 그들은 추방될 수밖에 없었다." 물론 수에토니우스는 투키디데스[19]와 같이 천재적인 혜안을 가진 역사가가 아니라 그저 세계사적인 사건들의 자료를 모으는 탁월한 수집가이자 이야기꾼일 뿐이었다. 말하자면 그는 취미가 다채롭고 부지런한 사료 수집가였다. 그러나 바로 그의 해설 덕분에 우리는 기독교에 대한 당시 평민들의 여론을 다소 정확히 들을 수 있다. 그전에 사람들은 기독교를 유대인들이 퍼뜨린 모호한 풍문으로 치부했다. 그러나 당시 기독교는 이미 세계를 움직이는 힘이 되어 있

---

[17] Sueton(69~140?): 본명은 Gaius Suetonius Tranquillus. 로마의 전기작가·전통문화 연구자. 대표적인 작품으로는 케사르에서 도미티아누스 황제에 이르는 12황제의 삶을 그린 『황제들의 생애』가 있음.

[18] Claudius(BC 54~BC 10): 로마 제국의 4대 황제. 아내에 의해 암살당함.

[19] Thukydides: BC. 5세기경 후반에 활동한 고대 그리스의 역사가. 아테네와 스파르타의 전쟁을 다룬 『펠로폰네소스 전쟁사』로 유명함.

었다. 기독교의 '영향'은 벌써 오래전부터 작용했으며, 나날이 강화되고 있었던 셈이다. 그러나 그것은 포착되지 않았고 눈에 보이지도 않았다.

그러므로 수많은 역사 연구자는 자신들의 요구를 더욱 줄이면서 역사가에게 단지 요구하는 것은 역사지식에 대한 그때그때의 수준을 완전히 객관적으로 반영하고, 다만 부득이할 때 역사의 보편적 가치척도를 이용하되 모든 개인적 판단을 유보하라는 것이다. 그러나 바로 이런 천박한 요구는 실현될 수 없다. 왜냐하면 유감스럽게도 인간이란 태생적으로 판단하는 동물이라는 점이 명백하기 때문이다. 인간은 공공건물의 실내온도를 바꿀 때마다 눈금을 올리거나 내릴 때 확실한 '보편적' 기준을 이용할 수밖에 없지만, 자신의 시계(視界)에 들어오는 모든 사태를 해석하면서 미화하거나 비방하는 충동을 느끼기도 한다. 간단히 말하자면 저항할 수 없는 강제 상황에서 변명해야 할 경우 인간은 지극히 개인적인 판단을 통해 사태를 왜곡하고 거짓에 또 다른 거짓을 보태곤 한다. 이렇게 일면적으로 채색된 개인의 판단을 통해서만 자신은 도덕적 세계에 제대로서 있으며, 이런 것이 역사의 세계라고 말할 수 있는 것이다. 전적으로 자신의 주관적 '입장'만이 현재를 확실히 붙잡을 수 있게 하며, 이로부터 무한한 과거와 미래를 보고 구분하는 시선을 확보한다. 사실 지금까지도 온전한 의미에서 객관적이라고 할 수 있는 역사서는 단 하나도 없었다. 그런데 언젠가 유한존재인 인간이 비당파적인 것을 서술할 힘을 찾게 된다면 이런 사태의 확립은 더 큰 난제를 만들어낼 것이다. 왜냐하면 이런 힘을 구한 제2의 유한존재는 지루함만을 보게 될 것이기 때문이다.

랑케[20]의 계획, 즉 "실제로 있었던 것"을 단순히 말하려고만 한 계획은 아주 겸손해 보이지만, 사실은 극히 무모하며 성공할 수도 없었다. 그의 의미는 다른 데서 찾을 수 있다. 즉 그것은 그가 새로운 '사실들'을 발굴한 것이 아니라 독창적인 창의력으로 간파한 새로운 관계들을, 어떤 포괄적이고도 심층적인 자료지식이나 그 어떤 예리하고도 청렴한 자료비판으로도 해내지 못한 내면의 시선으로 구성하고 형태화한 위대한 사상가였다는 점이다.

모든 역사는
성담이다

사람들은 수많은 새로운 사료를 찾고 싶어 하지만 그것들은 결코 살아 있는 것이 아니다. 사람이 죽으면 감각적 직관조차도 영원히 사라지고 만다. 뒤에 남는 것은 그의 모습의 죽은 복제물뿐이다. 주검은 이내 경화작용을 일으키며 화석화 과정을 밟기 시작한다. 그와 함께 살던 사람들의 의식에서조차 이 과정이 일어난다. 그는 석화되고 전설로 남게 된다. 비스마르크[21]는 이미 전설의 인물이며, 입센[22]도 곧 그렇게 될 운명이다. 그리고 우리 모두도 언젠가 그렇게 될 것이다. 특정한 특색이 기억에서 부당하게 출현할 수도 있다. 왜냐

---

[20] L. von Ranke(1795~1886): 독일의 객관주의 역사가. 사실을 있는 그대로 기술할 것을 강조함. 이러한 역사 객관주의는 역사학을 현실의 철학·정책에서 해방시켜 독자적인 역사학 연구 분야를 개척했음. 이런 의미에서 그는 '근대 역사학의 아버지'로 불리기도 함. 주요 저서로는 『종교개혁 시대의 독일사』(1845~1847)가 있음.

[21] O. E. L von Bismarck(1815~1898): 30년 전쟁의 여파로 300여개의 소공국으로 쪼개져 있던 독일을 최초로 통일시킨 독일의 수상. 당시 유럽에서 가장 낙후한 독일을 중공업산업의 기초가 되는 철의 생산에 근거하여 빠르게 성장시켰음. 그래서 일명 '철의 재상'으로 불리기도 함. 독일을 통일할 당시 비스마르크는 선민주화(先民主化) 후통일(後統一)인가 선통일(先統一) 후민주화(後民主化)인가의 기로에서 후자를 택했음. 이 선택이 이후 1차 세계대전의 도화선이 되었다는 관점도 있음. 당시의 이러한 통일의 방식들은 오늘 우리가 새겨볼 논점이 되기도 함.

[22] Henrik Ibsen(1828~1906): 노르웨이의 시인·극작가. 근대 사실주의 희곡의 창시자. 대표작으로는 『인형의 집』(1879)과 『유령』(1881)이 있음.

하면 그 특색이 완전히 자의적인 근거에서 기억에 각인되었기 때문이다. 그저 부분과 파편만 남아있을 뿐이다. 전체 모습은 사라졌으며, 돌이킬 수 없는 밤의 어둠 속으로 묻혔다. 과거가 사물들 앞에 더욱 아련하고도 몽롱하지만 비밀스럽고 암시적인 장막을 드리우게 된다. 흘러간 모든 사건은 마술의 어슴푸레한 빛과 향기를 뿜으면서 우리에게 현상한다. 바로 여기에 역사를 다루고 싶은 주된 충동이 도사리고 있는 것이다.

각 시대는 그 시대에 통하는 모든 과거가 자신에게만 특정하고 고유한 모습을 취한다. 성담(聖譚, Legende)은 형식 가운데 하나가 아니라 우리가 역사 일반을 생각하고 표상하면서 추체험할 수 있게 하는 유일한 형식이다. 모든 역사는 전설(Sage)이고 신화(Mythos)이며, 이런 점에서 역사는 우리의 정신능력, 이를테면 우리의 개념파악 능력, 형태화 능력, 세계감정과 같은 그때그때의 정신 수준이 만들어내는 산물이다. 그 예로 우리는 '고대 그리스'를 표상복합(Vorstellungskomplex)으로 취할 수 있다. 이 고대는 현재로서 거기에 있었던 것이다. 그것은 또한 그 시대 사람들이 함께 경험하고 함께 겪어야 할 상황이기도 했다. 거기에는 지고의 고통스러운 것, 의심스러운 것, 어떤 것도 담보되지 않는 것, 오늘내일 계산해낼 수 없는 어떤 것, 촉각을 곤두세우고 경계해도 파악하기가 극히 어려운 어떤 것, 근본적으로 무한한 공을 들여도 그 가치를 찾을 수 없지만 그 일을 피할 수 없게 하는 어떤 것이 있었다. 그런데 그것이 바로 삶이었다. 그러나 로마제국 시대 사람들에게는 이전의 그리스 문화가 묘사하기 어려울 만큼 고상하고 밝고 힘찬 것으로 비쳤다. 그것은 의미로 가득 채워져 있고, 확고한 안정을 의미하며, 도달할 수 없는 행복한 순수성과 단순성과 능숙함의 범례이며, 최고의 바람직함을 의미하기도 했다. 그 뒤 중세의 경우 고대 그리스는 음울한 곳, 잿빛으로 빛바랜 낡은 곳, 온통 소름 끼치는 곳, 신이 저주한 땅, 욕망과 죄로 뒤덮인 지옥, 정열에 파묻힌 어두컴컴한 극장이 되었다. 독일 계몽주의의 표상에서 고대 그리스는 또다시 일종의 자연 박물관, 예술사와 고고학의 실습장이었다. 그곳은 고풍의 원기둥을 가진 사원, 조형예술품의 전시장이었고, 아테네는 영원한 자연의 전시장이었다. 모든 그리스인은 조각예술가이거나 살아 움직이는 조각의 모델이며, 언제나 고상하고 우아한 자태를 풍기고, 그 입술에서는 언제나 현명하고도 또랑또랑한 말들이 흘러나오며, 철학자들은 미학의 대가들이고, 여성은 영웅의 모태이며, 민중의 회합은 살아있는 형상들로 비쳤다. 지루한 만큼 숭배의 대상이 되기도 한 그 사회가 세기말(Fin de siècle)에는 문제가 있을 뿐만 아니라 히스테릭한 것으로 비친다. 그리스는 더 이상 중용과 평화, 조화의 사회가 아니라 온갖 다양한 잡탕의 빛깔로 뒤엉킨 사회이다. 깊은 절망의 염세주의로 해체되고, 아시아적 출생의 비밀을 드러내는 병적인 무절제성에 쫓기는 모습으로 나타난다. 이처럼 같은 그리스를 두고서 서로 다른 이해가 수많은 곡절과 그림자를 드리우고 있다. 따라서 '고대'의 개념을 둘러싼 이 같은 흥미로운 채색놀이를 좀 더 정확히 구체적으로 보여주는 일이 앞으로 우리의 설명이 떠맡아야 할 과제 가운데 하나가 될 것이다.

각 시대, 좀 더 정확히 말해서 각 세대에는 나름의 이상이 있다. 이 이상과 더불어 과거의 중요한 각 단면을 들여다보는 시선도 달라지기 마련이다. 이 시선은 입장에 따라 해명을 하고 금박을 입히면서 실체를 드러내는 시선이 되기도 하고, 독을 붓고 검게 색칠하면서 장애물을 설치하는 사악한 시선이 되기도 한다.

인류 정신의 역사는 과거를 끊임없이 재해석해왔다. 키케로[23]나 발렌슈타인[24]과 같은 인물들은 문헌상에서 수천 번 재조명되었으며, 세심한 기록이 남겨진 것에서 그들의 지대한 영향의 흔적을 읽을 수 있다. 그러나 지금까지도 키케로가 천박한 기회주의자였는지, 아니면 의미 있는 인물이었는지, 그리고 발렌슈타인이 비열한 배신자였는지, 아니면 천재적인 현실정치가였는지는 아무도 모른다. 세계사에 기록을 남긴 이런 인물 중 누구도 그들이 때에 따라 모험가로, 협잡꾼으로, 심지어 범죄자로 불리는 일에서 자유로울 수 없다. 마호메트(Mohammed)와 크롬웰[25], 율리우스 케사르, 나폴레옹, 프리드리히 대왕 등등 수백의 인물을 떠올릴 수 있다. 이 가운데 단 한 인물을 두고서만 감히 그렇게 말하지는 않는다. 그것은 우리가 그를 인간으로서가 아니라 신의 아들로서 보기 때문이다.

괴테가 말하길 인간에게서 최상의 것은 형태가 없다고 한다. 그래서 각 개인에게서 그 본질의 최후의 비밀을 풀어헤친다거나 "인간을 따라오게 하는 법칙"을 해명하는 것이 불가능하다면, 수많은 개인의 역선(力線)들이 교차하는 대중운동과 인간의 집단영혼의 행위를 두고서 그렇게 해보려는 시도가 얼마나 부조리하겠는가! 명확히 한정된 유형들을 취급할 수밖에 없는 생물학은 더는 정확한 과학일 수 없으며, 철학적 모드에서 입안된 가지각색의 가설을 먹고산

호문쿨루스와 에우포리온

---

[23] Cicero(BC 106~BC 43): 로마의 법률가·정치가·학자. 뛰어난 웅변가이자 수사학의 혁신가로 통하기도 한다.

[24] A. E. V. von Wallenstein(1583~1634): 보헤미아의 군인·정치가. 30년 전쟁 때 신성로마제국 황제 페르디난트 2세 군대의 총사령관으로 활약하다 음모에 휘말려 암살당함.

[25] O. Cromwell(1599~1658): 영국의 군인·정치가. 칼뱅주의에 바탕하여 영국 청교도혁명에 지대한 영향을 미침.

다. 생명이 시작되는 그곳에서 과학은 중단된다. 마찬가지로 과학이 시작되는 곳에서 생명은 중단된다.

그러므로 괴테의 또 다른 말, 즉 "누구든 질료를 자기 눈앞에 두고 있고, 그것에 무엇인가를 행해야 하는 사람만이 내용을 구할 수 있다"라는 말에서 출구를 찾지 못한다면, 역사가들이 처한 상황은 완전히 절망적일 것이다. 아니면 괴테의 두 가지 착상이 아니라 괴테가 형상화한 두 인물을 해명의 열쇠로 이용할 수도 있겠다. 요컨대 단순히 질료에서 역사를 '과학적으로' 구성하는 역사가는 증류기에서 생명력이 없는 무혈의 호문쿨루스[26]를 만들어내는 바그너[27]이며, 자신이 무엇인가를 덧붙이면서 역사를 형태화하는 역사가는 과거의 정신을 결합하여 생기발랄한 에우포리온[28]을 생산하는 파우스트(Faust) 자신이다. 물론 에우포리온도 호문쿨루스만큼이나 생명력이 짧지만, 그 이유는 정반대다. 말하자면 그는 생명력이 너무 왕성했던 것이다.

슈펭글러[29]는 이렇게 말한다. "역사를 과학적으로 다루려 한다면 결국 언제나 모순에 부딪히기 마련이다. (…) 자연을 과학적으로 취

---

[26] Homunculus: 괴테의 『파우스트』에 등장하는 소인(小人). 파우스트 박사의 조수인 연금술사 바그너가 작은 인간 호문쿨루스를 만들어낸다.

[27] R. Wagner(1813~1883): 독일의 극음악 작곡가 및 이론가. 오페라 음악을 통해 동시대 및 후세에 지대한 영향을 끼침.

[28] Euphorion: 괴테의 『파우스트』에 등장하는 신화 속의 인물. 파우스트와 헬렌 사이에서 태어남.

[29] Oswald Spengler(1880~1936): 독일의 현대 철학자. 문명의 부침은 일정 주기를 갖는다고 함. 역사가가 과거를 재구성할 수 있고 미래를 예견할 수 있는 것은 바로 이 주기설에 입각하기 때문이라고 한다. 토인비도 문화의 재현 가능성을 말하면서 이와 유사한 주장을 하지만 슈펭글러의 경우 문화의 정신은 결코 다른 문화로 이전될 수 없다고 보는 점에서 토인비와는 다른 문화관을 갖고 있다고 할 수 있다.

급해왔듯이 역사에 대해서도 창작을 할 수밖에 없는 노릇이다. 다른 모든 것은 불순한 해결책이다." 역사가와 작가의 차이는 사실 그저 구분의 차이일 뿐이다. 상상을 멈추게 하는 경계가 역사가의 경우 역사지식을 전문가 집단에 위치시키며, 작가의 경우 그것을 대중에게 위치시키는 데 있다. 문학도 역사적 인물과 사건을 형상화하는 일에서 완전히 자유롭지는 않다. 말하자면 문학이 안전하게 넘어설 수 없는 선이 있는 것이다. 예컨대 알렉산더 대왕을 겁쟁이로, 그의 스승 아리스토텔레스를 멍청이로 묘사하고 페르시아 사람들이 전쟁에서 마케도니아 사람들에게 승리하는 것으로 그려내는 드라마의 경우 미학적 영향력의 손실을 고려해야 할 것이다. 사실 위대한 극작가들과 당대의 중요한 역사적 자료들 사이에는 아주 내밀한 관계가 항상 유지되기 마련이다. 셰익스피어는 플루타르코스[30]의 케사르를 극화했으며, 쇼[31]는 몸젠[32]의 케사르를 극화했다. 셰익스피어의 왕의 드라마는 스트린드베리[33]의 역사 이야기가 19세기 스웨덴 독자의 역사지식을 반영한 것과 꼭 마찬가지로 16세기 영국 대중의 역사지식을 반영했던 셈이다. 괴테의 '괴츠(Götz)'와 하우프트만[34]의

---

[30] Plutarchos(46~116): 그리스의 전기작가. 『영웅전』으로 유명함. 16~19세기 유럽의 수필·전기·역사 저술의 발전에 큰 영향을 끼쳤음.

[31] B. Shaw(1856~1950): 아일랜드 희극작가·문학비평가. 사회 비판적인 풍자극을 많이 썼음. 『홀아비의 집』(1891), 『워렌 부인의 직업』(1883) 등의 희극에서 여성 문제를 다룸. 대표작으로는 『하트브레이크 하우스』(1913~1916)와 『성녀 존』(1923)이 있다.

[32] Th. Mommsen(1817~1903): 독일의 고전학자. 그는 현대 '로마 역사 연구'에 지대한 영향을 끼쳐 19세기 최고의 고전학자 중의 하나로 알려져 있음.

[33] J. A. Strindberg(1849~1912): 스웨덴의 극작가·소설가·평론가. 심리학과 자연주의를 결합하여 새로운 형태의 드라마를 만듦. 대표적인 작품으로는 『아버지』(1887)와 『유령 소나타』(1907) 등이 있음.

[34] Gerhart Hauptmann(1862~1946): 독일 사실주의 작가. 대표적인 작품으로는

'플로리안 가이어(Florian Geyer)'는 오늘날 우리에게 종교개혁시대의 상상의 인물들로 출현한다. 그들이 달리 각색되었다면 그렇지 못했을 것이다. 왜냐하면 그 두 인물은 모두 당대에 대한 학술적 연구와 관찰에 근거했기 때문이다. 간단히 말해 역사가는 가장 엄격한 자연주의를 깰 수 없는 기본명제로 삼는 작가와 다르지 않은 것이다.

역사소설 그럼에도 전문 학자들은 정신과 인격을 배제하고 단순히 자료들을 긁어모으는 것에 만족하지 않는 역사적 작품들 일체를 오만한 소설이라고 부르곤 한다. 하지만 그들 자신의 작업도 한두 세대만 지나면 역시 소설에 지나지 않는 것으로 드러나고 만다. 차이가 있다면 그들의 소설은 내용이 비어있어 지루하고 무미건조하다는 점에 있고, 유일한 '발견'에 의해 각색될 수 있을 뿐이라는 점이다. 반면에 심층적인 의미를 구성하고 있어 가치가 풍부한 역사소설은 결코 '시들지' 않는다. 헤로도토스[35]는 오늘날 초등학교 선생이라도 논박할 수 있는 일들을 보고하고 있지만 시들지 않고 있다. 몽테스키외[36]는 손에 잡히는 오류로 가득 차 있는 그의 작품들에도 불구하고 진부하지 않다. 헤르더[37]는 오늘날 딜레탕트로 평가받을 수 있는 역사적 관점을 보였음에도 역시 진부하지 않다. 빙켈만[38]은 그리스

『직조공들』(1892)을 꼽을 수 있다.

[35] Herodot(BC 484~BC 425): Herodotus로 칭해짐. 그리스의 역사가. 서구문화권에서는 '역사의 아버지'로 불리기도 함.

[36] C. de Montesquieu(1689~1755): 프랑스 계몽사상가 및 정치 철학자. 『법의 정신』(1748)을 통해 삼권분립을 주창함.

[37] J. G. von Herder(1744~1803): 독일의 비평가·신학자·철학자. '질풍노도(Strum und Drang)' 운동의 지도적 인물이며 역사·문학·철학에서 혁신적 견해를 제시함. 청년 괴테와의 만남을 통해 영향력이 증가되어 낭만주의 운동의 선구자가 됨.

[38] J. J. Winckelmann(1717~1768): 독일의 고고학자 겸 미술사가. 『고대 예술사』

문화에 대한 그의 관점이 중대한 오류를 범했지만 진부하지 않다. 그리고 부르크하르트는 오늘날의 교황이 빌라모비츠-묄렌도르프[39]를 포함한 고전철학을 지지하면서 부르크하르트의 그리스 문화사는 "학문을 위해 존재하는 것이 아니다"라고 주장함에도 진부하지 않다. 그도 그럴 것이 이러한 사람들이 가르친 그 모든 것 자체가 올바르지 않은 것으로 입증된다 할지라도 하나의 진리만큼은 계속 남아 결코 시들 수 없기 때문이다. 그 하나의 진리란 작품의 이면에 놓여 있는 예술적 개성이 갖는 진리, 즉 이 잘못된 형상들을 경험하고 보고 형태화한 의미 있는 인간이 그 속에 내재한다는 것과 관련 있다. 실러가 30년 전쟁을 두고 결코 그런 식으로 일어나지 않았던 이야기에 심혼을 불어넣으면서 10쪽 분량의 산문을 썼을 때, 역사 인식에서 그것은 철학적 관점을 배제하고 비인간적 독일어를 빌려 "가장 최근의 실증자료에 근거하여 고쳐 쓴" 수백 쪽의 글들보다 훨씬 더 효과적이었다. 칼라일이 프랑스 혁명사를 막강한 세력과 그 반대세력에 의해 광적으로 떠밀려가면서 피의 운명으로 채워진 민중 전체의 드라마로 격상시켰을 때, 이 드라마를 두고 하나의 소설이니, 심지어 통속소설이라고까지 했지만, 이 작품 속에 배어있는 무한한 의미성의 신비로운 분위기는 그 작품이 시대를 뚫고 나올 수 있게 한 마술적인 절연층처럼 작용한다. 중세에서 오늘에 이르기까지 우리가 보아온 가장 권위 있는 역사기술은 단테(Dante)의 비현실적인 지옥묘사가 아니던가? 호메로스(Homeros)의 경우도 마찬가지

(1764)로 유명함.

[39] Wilamowitz-Moellendorff(1848~1931): 독일의 고전학자. 헬레니즘 시기와 후기 그리스 작가들을 중점적으로 다루는 『그리스 독본』(1902)은 권위 있는 교본으로 통함.

다. 그는 "불충분한 자료지식에 시달리는" 역사가와는 다르지 않는 가? 트로이는 없었다는 것이 밝혀지는 날이 언젠가 올지라도 그는 영원히 옳았던 것으로 통할 것이다.

우리가 과거를 놓고 진술하는 모든 얘기는 우리 자신과 관련해서 진술하는 것들이다. 우리는 우리 자신과 다른 어떤 것들에 대해 말할 수도 인식할 수도 없는 노릇이다. 그러나 우리가 과거에 침잠할 때 '나'라는 우리의 새로운 가능성을 발굴하고, 우리 자의식의 경계선을 확장하고, 설령 전적으로 주관적이기는 하지만 새로운 경험을 하게 된다. 이것이야말로 모든 역사연구의 가치이자 목표이다.

불충분성　지금까지 우리의 이야기를 한 문장으로 요약한다면 아마도 이렇게 말할 수 있을 것이다. 이 책에서 우리가 설명하고자 하는 것은 **근대의 현재적 성담**(聖譚)일 뿐이다.

풍부한 학식을 담은 저작들은 대체로 그 첫머리에서 이렇게 말한다. "물론 가능한 한 완전성을 추구하려 했다. 내가 이 목적을 온전히 이루었는지는 권위 있는 동료 전문가들이 판단할 것이다." 그런데 내 입장은 정확히 그 반대이다. 물론 내가 권위 있는 동료 전문가들에게 어떤 판단도 맡기지 않을 것이라는 점은 차치하더라도 나는 반대로 말할 것이다. 즉, 나는 이 책 곳곳에서 가능한 한 불완전성을 취했다고 말이다. 내가 그렇게 할 필요가 없었고, 별다른 노력도 기울이지 않고 그렇게 할 수 있었다는 것을 알게 될 것이다. 그렇지만 단편과 절편, 단막과 토르소, 모든 설명의 부분화와 파편화에 대한 의식적 의지가 이 책의 특수한 양식적 특성을 성취하게 했다. 우리는 세계를 항상 불완전하게만 볼 수 있을 따름이다. 세계를 **의도적으로** 불완전한 상태로 보는 것이 **예술적** 단면을 이룬다. 예술은 현실 요소에 대하여 다른 어떤 입장보다 주관적·당파적 입장을 선호한다. 예술은 현실의 요소들을 선택하고 재배열하며, 거기에 빛과 그림자를 드리우기도 하며, 어떤 요소들을 생략하기도 하고 강조하기도 하며, 이완하기도 하고 압축하기도 한다. 나는 항상 몇 개의 부분이나 단편, 프로필이나 흉상, 전체의 거대한 연관관계와 발전에 대한 겸손한 풍경만을 제시하려 한다. 부분으로 전체를 대변해보는 것이다. 이러한 형태가 가장 효과가 없고 가장 불투명한 것이라고는 할 수 없을 것이다. 한 인간의 온전한 면모는 손동작 하나만으로도, 그리고 어떤 사건의 온전한 면모도 단 하나의 세부사항만으로도 가장 상세한 묘사에 의한 것보다도 더 예리하고, 더 인상적이고, 더 본질적이게 드러낼 수 있다. 간단히 말해 각양각색의 의미를 내포한 일화(Anekdote)는 내가 보기에 문화사 기술에서 유일하게 합당한 예술형식으로 비친다. '역사의 아버지'는 이미 이 점을 알고 있었다고 에머슨[40]은 말한다. "왜냐하면 그의 업적은 평가할 수 없는 일화를 담고 있기 때문이다. 그런데 그 업적이 학자들에게는 무시된다. 그러나 역사에서 꼭 기억할만한 것들이 몇몇 일화라는 점을 우리가 알고 있어서 더는 동요할 필요가 없는 오늘날, 어떤 일화가 지루하지 않다면 헤로도토스는 재신임을 얻고 있는 셈이다." 이는 니체(Nietzsche)의 관점이기도 했던 것처럼 보인다. "세 가지 일화에서 한 인간의 모습을 그려내는 것이 가능하다." 몽테뉴[41]의 취향도 이와 유사하다. "우리의 풍습과 열정에 관해 계획된 연구를 하면서 우화가 모든 가능성에 충돌하는 것은 아니라는 점을 알게 되어 나는 마

---

[40] R. W. Emerson(1803~1882): 미국 시인 겸 사상가. 영국의 청교도주의와 독일의 이상주의를 고취하여 미국의 사상계에 많은 영향을 끼침.

[41] M. E. de Montaigne(1533~1592): 프랑스의 사상가 · 문필가. 에세이 문학형식을 개발함. 『수상록』이 유명함.

치 진리의 왕국에서 어떤 증명을 끌어내듯 우화에서도 끌어낼 수 있게 되었다. 우화에서도 돌발 사고나 계획된 사고를 만나고, 로마에서든 파리에서든 어중이떠중이를 보게 되기도 한다. 이는 인류사의 한 특징으로서 나는 이런 우화에서 경고나 교훈을 얻는다. 나는 그 특징을 평가하고, 빈도와 중요도에 따라 이용하기도 한다. 때에 따라 하나의 이야기를 구성하는 다양한 읽을거리 가운데 내 취향에 맞는 가장 특수하고도 가장 눈에 띄는 것을 나는 선호한다."

과장 이제 우리는 유익한 역사서술의 두 번째 특성을 접하게 되었다. 그것은 과장이다. 매콜리[42]는 이렇게 말한다. "최고의 초상화는 아마도 풍자가 살짝 곁들여진 그림일 것이다. 그렇다면 최고의 사서(史書)는 문학적 서사의 과장이 분별력 있게 다소 응용된 그런 책이 아닐까 하고 물을 수 있겠다. 이는 정확성을 조금 잃게 하겠지만 큰 효과를 얻게도 한다. 흐릿한 선은 소홀히 취급되지만 중요하고 개성적인 특색은 항상 정신에 각인되기 마련이다." 과장은 어떤 예술가든 사용하는 수작(手作)이며, 따라서 그것은 역사가의 수작이기도 하다. 역사는 거대한 볼록거울이다. 여기서는 과거의 모습이 좀 더 강한 선으로, 그리고 좀 더 비틀어진 형태로 나타나지만 좀 더 인상적이고 좀 더 명확하게 비친다. 내가 의도하고자 하는 것은 통계학이 아니라 근대의 일화이며, 근대 민족사회의 학적부가 아니라 그 계보의 연대기이거나 의도대로 된다면 그 추문록(*chronique scandaleuse*)이다.

문화영역의 위계질서 그러므로 문화사가 그 내용과 관련하여 구멍투성이고 단편적이

---

[42] Th. B. Macaulay(1800~1859): 영국의 역사가·정치가. 17세기 말의 명예혁명을 중심 테마로 하여 『영국사』를 편찬했고, 자유주의 사관에 입각하여 17세기의 진보파 휘그당을 지지함.

며, 그래서 일면적 특성을 지니고 있다면, 이 영역에서 그 정반대의 것을 요구해야 할 것이다. 이 경우 문화사 연구와 기술의 영역에는 인간 삶의 모든 표현이 포함될 수밖에 없다. 그러나 우리는 그 몇몇 분야를 간략히 개관해보고자 한다. 이때 우리는 일종의 가치서열도 정립해보고자 한다. 자명하게도 이런 시도는 처음이자 마지막일지도 모른다. 어쩌면 우리는 기껏해야 이론적 가치를 담고 있을 뿐 실천은 완전히 배제된 책상서랍을 뒤지는 꼴이 될 수 있다. 왜냐하면 바로 통일을 구성하려는 것이 모든 문화의 본질이기 때문이다.

인간 활동의 위계질서에서 경제생활이 최하위에 있다. 이에 기초 경제
해서 물질적 욕구의 해방에 기여하는 그 모든 것의 비밀을 파악할 수 있다. 물론 경제생활은 그 자체로 매우 중요하긴 하지만 더는 문화의 원료인 것은 아니다. 그렇지만 "물질적 생산관계"가 "사회적·정치적·정신적 생활과정 일체를" 규정짓는다는 아주 유명한 이론이 있기는 하다. 이에 따르면 인민들의 투쟁은 그저 형식적으로만 헌법과 세계관 및 종교의 문제를 둘러싸고 벌어지지만, 이러한 부차적 이데올로기의 동기들은 외투처럼 경제적 모순이라는 실제적인 1차적 기본 동력을 은폐하고 있을 따름이다. 그러나 이런 극단적 유물론은 그 자체로 일찍이 고안되어 극도로 과장된 관념론의 체계 못지않은 이데올로기이다. 이데올로기와 동떨어져 있고, 그때그때 문화의 적절한 표현이기도 한 경제생활은 정확히 말하자면 문화에 포함되지 않으며, 그 전제조건의 하나일 뿐 결코 가장 결정적 조건이 되는 것은 아니다. 경제생활은 가장 심층적이고 가장 강력한 문화형태, 이를테면 종교·예술·철학 따위에 극히 미미한 결정적 영향력을 가질 뿐이다. 호메로스의 문학은 그리스 다신교에 대한 표현이고, 에우리피데스[43]의 그것은 그리스 계몽철학의 개요인 셈

이다. 고딕식 건축술은 중세 신학의 온전한 표현이고, 바흐(Bach)는 독일 프로테스탄티즘을 드러냈고, 입센은 19세기 초의 윤리적 · 사회적 모든 문제를 요약했다. 이렇듯 호메로스와 에우리피데스의 문학이 그리스의 경제생활을 어디 조금이라도 내비치는 꼴로 표현했던가? 그리고 고딕양식에서 중세의 경제생활이, 바흐와 입센의 경우에서 근대의 경제생활이 표현되었던가? 만일 영국의 상인세력이 부상하지 않았더라면 셰익스피어는 생각할 수 없었을 것이라고들 말할 수도 - 그리고 흔히 그렇게 말해오기도 했지만 - 있다. 그러나 마찬가지로 영국의 세계무역은 그의 연극론의 한 요소이자 그의 문학적 환경의 한 구성요소일 뿐이라고 주장할 수도 있지 않겠는가? 혹은 니체의 경우 급부상하는 독일의 대기업을 철학과 문학으로 표현했던가? 그는 대기업과 어떤 관계도 맺지 않았다. 그런 흔적도 보이지 않았을 뿐만 아니라 대립의 관계도 보이지 않았다. 종교를 두고서도 "그때그때의 생산관계에 의해 조건 지어진 사회적 상황을 반영할 따름이다"라고 주장한다면, 조야하지는 않더라도 웃게 하는 행태일 수 있다.

사회　　　사회생활은 경제생활과 밀접한 관계가 있지만 동일하지는 않다. 이 동일하지 않다는 관점이 흔히 동의를 얻고 있으며, 로렌츠 폰 슈타인[44]과 같이 폭넓은 지식과 예리한 안목을 갖춘 사상가조차도 그러한 태도를 보인다. 그러나 이 경우는 훨씬 더 까다롭다. 개개의

---

[43] Euripides(B.C. 484~406): 아이스킬로스와 소포클레스를 포함한 고대 아테네의 3대 비극작가 가운데 한 사람.

[44] Lorenz von Stein(1815~1890): 독일의 사회학자 · 법학자. 행정학의 창시자이기도 함. 자본주의 사회의 계급구성을 경제적으로 분석하여 국가에 의한 사회정책의 실시를 주창함.

사회질서는 재산 소유방식에서 시작된 것이 분명하다. 봉건세력은 본질적으로 토지소유에 의존하며, 부르주아 세력은 자본소유에, 성직자계급은 교회소유에 의존한다. 그러나 역사 발전과 더불어 이러한 소유관계도 변했다. 물론 사회적 구조는 어느 정도까지는 유지되고 있다. 이는 온갖 형태의 귀족정치가 출현해 왔음을 말해준다. 태생적 귀족이 여전히 사회적으로 가장 강력한 계급이었을 때도 이미 오래전에 경제적으로는 더 이상 가장 튼실한 계급이 아닌 때가 있었다. 오늘날도 세대를 통해 재산을 물려받은 유산계급으로 대변되는 일종의 황금귀족이 있다. 이들은 대체로 많은 부동산을 소유한 신생 부자들보다 사회적으로 훨씬 더 높은 지위를 차지하고 있다. 그뿐만 아니라 관료귀족·군인귀족·성직귀족도 있다. 이들은 특별한 경제세력이라고는 할 수 없는 순수 사회계층이다. 성직귀족이라는 특권적 신분이 경제적 원인에서 주어지는 경우도 거의 없다.

　사회와 비교해볼 때 국가는 경제 질서와 더 동일시되지 않는다. 국가는 기존의 경제적 상태가 헌법과 법률 및 행정체계의 형식을 빌려 표현되는 확고한 조직일 뿐이라고 흔히 주장해왔을 때, 망각한 것은 아주 미숙한 국가를 포함한 어떤 형태의 국가 정체든 그 기초에는 더 높은 이상을 실현하려는 꿈을 담고 있다는 사실이다. 이 점을 도외시하면 애국주의의 현상에 대해 설명할 길이 없다. 이러한 사실에서 드러나는 것은 국가란 단순한 조직이 아니라 유기체로서 때때로 부조리하기도 하지만 항상 아주 실제의 존재조건과 발전법칙을 따르는 고유한 고등 생물체라는 점이다. 국가는 모든 개별의지(Einzelwille)의 단순한 기계적 총합 그 이상을 의미하는 특수의지(Sonderwille)를 담고 있다. 국가는 인간의 욕망에 따라 불가사의한 것, 괴물, 신과 같은 존재, 야수로 나타나기도 한다. 그러나 그것이 현존한다는 것만큼은 부정할 수 없다. 그래서 이 고등 생물체에 대해 항상 인간은 그 실체보다 훨씬 거대한 것, 장엄한 것, 편집망상을 일으키는 것으로 느껴왔다. 주지하다시피 국가와 종교가 한덩어리였던 고대, 그리고 국가가 교회에 종속되었지만 국가를 통해 종교적 서품식을 행사한 중세뿐만 아니라 근대에서도 시민들은 그 형태의 변화에도 불구하고 조국에 대해 신성불가침한 것으로 여겨왔다. 이러한 사실이 정치사를 극히 일면적으로 과대평가하게 하기도 했다. 18세기까지도 세계사는 '그 지배자'의 역사였을 따름이다. 트라이치케[45]는 한 세대를 향해 이렇게 말했다. "한 민족의 행위들을 묘사해야만 한다. 고위 정치가들과 야전사령관들은 역사의 영웅들이다." 최근까지도 우리는 역사를 군대의 이동과 외교술, 섭정과 의회교섭, 군대의 주둔과 평화조약 따위를 귀가 먹은 듯 묵묵히 기록하는 것만으로 이해해왔다. 영민한 역사가들도 인간의 운명적 노정에서 도무지 흥미롭지 못한 그런 부분들만 연구하고 보여주면서 문제로 삼았을 뿐이다. 그런데 그것들은 전혀 문제가 되지 않는 것이거나 극히 하찮은 문제일 뿐이다. 여기서는 인간 한편의 반이 맹수로서 거칠고 욕심 많고 교활하다는 사실을 단조롭게 반복하는 역사가 등장한다.

풍습   역사관찰을 오로지 국가운명에만 제한하면 오직 전쟁사와 헌법사에 대해서만 고민하곤 하는 정치사가들의 취급방식은 극히 협소해질 것이다. 왜냐하면 그러한 방식은 기껏 **교회**와 **정의**의 발전과정을 추적할 수밖에 없기 때문이다. 이 두 영역은 지금까지 언제나

---

[45] H. von Treitschke(1834~1896): 독일의 역사가 · 정치가. 힘에 의한 외교정치를 옹호함.

전문 역사가들에게 맡겨져 왔다. 삶의 표현에서 지극히 중요한 영역이 있다면 그것은 '풍습(Sitte)'이라는 개념으로 집약해온 것이다. 바로 여기에는 음식과 의상, 무도회와 장례의식, 통신과 풍자, 희롱과 안락, 사교와 원예술 등이 포함된다. 모든 시대의 인간은 이러한 풍습을 통해 자신이 진정 바라는 것과 싫어하는 것, 장점과 단점, 선입견과 인식, 건강과 질병, 숭고한 것과 우스꽝스러운 것을 드러낸다.

이제 우리가 살펴보려는 정신활동의 영역에서 초석이 되는 것은 **과학**이다. 이 과학에는 모든 **발견**과 **발명**을 포함하여 실용적 목적에 응용되는 과학일 뿐인 **기술**도 포함된다. 과학에서 모든 시대는 소위 자신의 자산목록을 만들어낸다. 말하자면 사색과 경험을 통해 획득되는 그 모든 것의 대차대조표를 만드는 것이다. 여기서 **예술**의 영역이 부각된다. 다소 무리가 있지만, 예술들에 서열을 세우려 한다면, 물질에 대한 예술의 의존성 정도에 따라 정리할 수 있다. 그 서열은 건축 · 조각 · 회화 · 시 · 음악 순으로 잡힐 것 같다. 그런데 이는 주로 선생들이 하는 짓처럼 보인다. 다만 몇 가지 타당성을 부여해 말할 수 있다면, 음악은 사실 그러한 예술 가운데 최고의 반열에 있다는 점이다. 음악은 가장 심오하고, 가장 포괄적이며, 가장 자립적이고, 가장 감동적일 수 있기 때문이다. 그리고 문학 장르 가운데 드라마는 제2의 세계창조로서 지고의 문화행위를 보여준다. 그것은 작가의 손을 떠나 자체 완결되어가면서 동시에 생생한 풍경으로 현재화되는 소우주(Mikrokosmos)를 형태화한다.

철학이 진정한 철학인 한 예술에 완벽히 필적하는 것으로 볼 수 있다. 이런 철학은 창조적 활동을 하는 것이다. 헤겔(Hegel)이 이미 강조했듯이, 철학은 각 시대의 자의식이며 개별 의식에 불과한 과학과는 천양지차가 있다. 과학은 외부세계를 고차원적인 통일성 없이 단편적으로 사념과 논리학에 노출한다. 이런 연유 때문에 쇼펜하우어[46]도 역사의 중심 가지는 철학의 역사라고 말한 것이다. "실제로 철학의 역사는 여타의 역사 위에 울려 퍼지는 기본 저음이며, 이 기초 위에서 생각이 나온다. 말하자면 철학이 세계를 지배하는 것이다. 따라서 철학은 실제로 올바르게 이해한다면 가장 강력한 물질적 힘이라고 할 수 있다. 그러나 이 힘은 매우 더디게 작동한다." 실제로 철학의 역사는 문화사의 심장이다. 그것은 쇼펜하우어가 철학에 부여한 개념을 넓은 의미에서 받아들일 때도 마찬가지다. 그렇지 않다면 선율과 전투대형, 재킷과 규약, 꽃병과 운율, 교의와 지붕형태 등이 응결된 시대철학과 다를 게 뭐가 있겠는가?

위대한 정복자와 왕들이 성취한 성과들은 정말 탁월한 사상이 발휘하는 효과에 비하면 아무것도 아닐 수 있다. 사상은 세계 속으로 뛰어들어 영원히 확산하면서 천재지변과 같은 힘으로도 저항할 수 없는 힘을 발산한다. 어떤 것도 사상에 대항할 수 없고, 그것을 잠재울 수도 없다. 사상가는 엄청난 숙명적 비밀의 열쇠를 가지고 있다. 이런 의미에서 그는 수백의 비본질적 허위 혁명과 견줄만한 진정한 효능을 작동하는 혁명 그 자체인 셈이다. 예술가는 신속하고도 생생한 영향력을 발휘하지만, 효과의 지속성에서는 약한 편이다. 반면 사상가는 느리고 조용하게 영향력을 발휘하지만, 그 효과의 지속성만큼은 끈질기다. 예컨대 깃털같이 부드러운 변증법과 효소를 발산

---

[46] A. Schopenhauer(1788~1860): 독일 철학자. 명상행위를 고상한 도덕으로 치켜세우고, 일상적 욕망을 갈구하는 행위를 천박한 도덕으로 치부했다. 염세주의 철학의 대부로 통하기도 한다. 그의 철학에 깔린 염세주의는 1848년 혁명을 배경으로 하고 있는 셈이다. 대표적인 작품으로 『의지와 표상으로서의 세계』(1819)가 있다. 이 책은 1820년대보다 1848년 이후에 선풍적인 인기를 누렸다.

하는 정신을 품고 있는 레싱[47]의 철학적 반박문은 오늘날도 여전히 현대적 글들로 살아있는 것이다. 그러나 그의 희곡들은 벌써 두터운 먼지를 덮어쓰고 있다. 라신[48]과 몰리에르[49] 작품의 인물들은 마치 기계적인 꼭두각시처럼, 철사에 매단 종이꽃처럼, 장밋빛의 막대사탕처럼 오늘도 우리에게 영향을 미친다. 그러나 데카르트 같은 사상가가 뿜어내는 강하면서도 자유로운 광휘, 파스칼(Pascal) 같은 사색가가 발휘하는 장엄하고도 심오한 정신의 해부는 지금도 우리에게 신선한 것으로 다가온다. 그리스 비극작가들의 작품들조차도 오늘날은 녹슨 청동 옷을 걸치고 있다. 물론 이 옷이 그 작품들의 예술적 가치를 높여주기는 하지만 그 생명의 가치는 감소하고 있다. 반면에 플라톤의 대화편은 마치 어제 쓴 것처럼 느껴진다.

인간이 쌓아 올리는 문화 피라미드의 정상은 **종교**에 의해 형성된다. 다른 모든 것은 종교가 그 위에 앉게 되는 거대한 하부구조일 뿐이며, 종교에 다가가는 것 외에 다른 어떤 목적도 지니지 않는다. 종교에서 풍습과 예술과 철학이 완성된다. 프리드리히 테오도르 피셔[50]는 이렇게 말한다. "종교는 역사적 징후의 거점이며 정신의 가늠자이다."

이로써 우리는 인간 문화를 다음과 같이 조망하기에 이르렀다.

---

[47] G. E. Lessing(1729~1781): 독일 계몽주의 시대의 극작가이자 평론가. 시와 회화의 차이를 말하는 평론 『라오콘』과 연극론 『함부르크 희곡론』이 유명하다.

[48] J. B. Racine(1639~1699): 프랑스 극시 작가. 고전주의 비극의 대가로 통함.

[49] Molière(1622~1673): 프랑스 희극작가 겸 배우. 대표작으로는 『인간혐오자』가 있음.

[50] Friedrich Theodor Vischer(1862~1938): 독일 건축가 겸 미학자. 도시정원 운동을 펼치기도 함.

	인간	
행동한다	사유한다	형태화한다
경제와 사회 국가와 법 교회와 풍습 안에서	발견과 발명 과학과 기술의 힘을 빌리면서	예술 철학 종교를 통해

우리가 이러한 개별 문화영역의 의미를 하나의 비유로 - 물론 이런 비유가 다른 모든 경우와 마찬가지로 적절하지는 않겠지만 - 구체화한다면, 이 모두를 인간 유기체의 모습으로 요약해볼 수 있다. 국가는 몸 전체의 거칠고 딱딱하고 견고한 구조를 형성하는 **뼈대**에 상응하며, 경제생활은 **혈관조직**, 사회생활은 **신경계**, 과학은 통통하게 차오른 **살**과 때로는 비만의 **지방**, 예술은 다양한 **감각기관**, 철학은 **뇌수** 그리고 종교는 신체 전체를 총괄하며 보이지 않는 삼라만상의 힘들과 관계 맺는 **영혼**에 비유할 수 있다. 철학과 종교, 이 둘은 삼라만상의 힘들의 실존을 인간의 근시안과 무딘 감각 때문에 종종 부정할 때가 있다는 점에서 서로 닮았다.

지혜의 초석　따라서 제대로 개념파악한다면 역사학은 인간의 모든 문화와 그 발전을 포괄한다고 할 수 있다. 역사학은 세계의 진행 속에 신성(神性)이 포함되어 있음을 항상 깨닫게 된다. 이 때문에 신학이 존재하며, 신학은 인간의 영혼에 내재한 근본 힘을 탐색한다. 심리학은 국가 및 사회 형태를 다양하게 해명한다. 정치학은 모든 예술적 창조의 다양한 집합체이며, 미학(Ästhetik)은 일종의 지혜의 초석으로서 모든 과학의 만신전(萬神殿: Pantheon)인 셈이다. 동시에 미학은 오늘날도 우리로 하여금 철학을 할 수 있도록 하는 유일한 형식이자 우리가 인간의 본성을 두고 가장 손쉽고 유익한 실험을 할 수 있게 하는 실험실이다. 이 실험실에는 무궁무진한 연구대상이 있다.

전형　각 시대마다 속심 · 공포 · 꿈 · 사상 · 과민반응 · 열정 · 방황 ·

미덕 등의 특정 원인이 있다. 각 시대의 역사는 절대 그 전에 존재한 적이 없고, 절대 반복되지도 않는 특정 인간유형의 행동과 고뇌가 빚어낸 역사이다. 우리는 그런 특정 유형의 인간을 전형적 인간이라고 부를 수 있다. 전형인은 경험상 동일하게 출현하지는 않지만, 모든 생물의 모습을 그려낼 수 있게 하는 근원생물처럼 모든 현실 인간의 기초가 되는 형태론적 윤곽을 보여주는 그런 인간이다. 예컨대 동물의 세계에서 개체 생명의 표본들은 맹수의 유형, 설치류의 유형, 반추동물의 유형 등과 일치하는 형태를 띄지만 그 유형에 완전히 같은 것은 아니다. 각 시대는 자신의 특정한 생리학, 독특한 물질대사, 특수한 혈액순환과 맥박, 특별한 생활 속도, 고유한 총괄적 활력을 가진다. 그 시대의 개별 감각, 즉 시각 · 청각 · 신경망은 이 총괄적 활력에 귀속된다.

사물을 관찰하는 다양한 방식의 역사가 세계의 역사이다. 요한네스 뮐러[51]의 특수한 감각동력학에 따르면 우리의 감성 특질이 차이를 보이는 것은 외부의 자극이 아니라 우리의 수용기관 때문이다. 이를 역사관찰에 적용해도 결실이 있을 것 같다. '현실'은 언제나 곳곳에 동일하게 있다. 말하자면 미지수로 놓여 있는 것이다. 그러나 이 현실은 항상 여러 감각신경, 즉 망막과 뇌막과 고막을 자극한다. 세계의 이러한 모습은 거의 각 세대와 더불어 변화한다. 이 점을 우리는 겉으로 보기에 전혀 변화하지 않는 것, 즉 자연조차도 지속해서 다른 형태를 취한다는 사실에서 확인하게 된다. 자연은 때론 적의를 품은 듯 거칠고 잔인하며, 때로는 초대를 하듯 친근하고 전

---

[51] Johannes Müller(1801~1858): 독일의 유명한 생리학자. 베를린 대학에서 생리학 · 해부학 · 동물 분류 · 병리학 등의 연구 전통을 세움.

원적이며, 때로는 풍성하고 넉넉하며, 때로는 인색하고 궁색하게 군다. 또 때로는 그림처럼 아름다운 풍경을 완만하게 펼쳐 보이며, 또 때로는 깎아지른 듯 가파르고 엄숙할 만큼 조용한 모습을 취한다. 이처럼 자연은 변화무쌍하다. 여기서는 청명한 논리적 합목적성과 포착할 수 없는 신비가 엇갈린다. 어떨 때는 인간을 위한 단순한 장식물로, 또 어떨 때는 인간이 그 속에 빠져드는 끝도 없는 나락으로, 인간의 모든 감정을 고양하면서 되돌아오는 메아리로, 도무지 인간으로서는 뭐라고 말할 수 없는 적막한 공간으로 나타난다. 페리클레스 시대의 한 아테네 사람의 눈에 비친 숲의 풍경을 담고 있는 망막의 형상을, 그리고 중세의 한 십자군 기사를 동일한 숲의 풍경에서 받아들인 망막의 형상을 재구성할 수 있는 재능을 가진 마술사가 온다 하더라도 전혀 다른 두 가지 그림이 나오게 될 것이다. 그렇다면 우리가 직접 가서 그 숲을 볼지라도 어느 한쪽의 형상도 재인식할 수 없을 것이다. 시대정신의 이러한 독재적 횡포가 너무 심해서 온전히 수동적·기계적으로 빛의 형상을 담을 뿐인 이른바 죽은 기구인 사진기는 우리의 주관성에 맡겨지기 마련이다. 이 점에서 객관은 객관적이지 않다. 화가가 그렇듯, 모든 사진사는 언제나 자신의 판단에 따라서만 모사를 하게 된다는 부정할 수 없는 사실만큼이나 객체는 불투명하다. 사진사가 교양도 없고 몰취미한 촌뜨기라면 그의 카메라에는 아주 통속적이고 유치한 형상들만 들어올 것이고, 예술적 안목이 있고 세련된 사람이라면 그의 형상물들은 대단히 매력적인 판본이 될 것이다. 회화의 경우와 마찬가지로 우리 사진술의 후반의 시대에는 외부 현상의 자연주의적 재현 같은 것은 별로 눈에 띄지 않는다. 그런 모방은 형편없는 캐리커처로 보이게 된 것이다.

믿기 어렵겠지만, 필자는 몇 해 전부터 표현주의적인 개를 한 마리 소장하고 있다! 나는 정말 이상하게 그려진 삼각형으로 구성된 것처럼 보이는, 흡사 술에 취한 듯 바람에 휜 모양을 한 건축 양식의 구조물이 예전에는 세상에 없었다고 확신한다. 공상이라고 말할 수도 있겠지만, 그 반대의 예를 들면 이해할 수 있을 것이다. 예컨대 포말회사 범람시대[52]의 대표적인 개, 몹스(Mops)를 표현주의적인 것으로 보는 것이 언제 가능했던가? 어떤 까닭인지는 확실치 않지만 몹스는 사멸했다. 아무도 왜 그렇게 되었는지는 모른다. 당시 애호하는 식물이었던 푹샤(Fuchsia)의 내력도 그렇기는 마찬가지다. 이 식물이 인적이 아주 드문 시골로 옮겨 간 것은 벌써 오래된 일이다. 이제는 슈필하겐[53]의 소설이나 데프레거[54]의 그림에서나 그 가치를 찾을 수 있을 따름이다. 잠수함이나 인간 잠수부의 모습과 흡사한 모양으로 떼를 지어가고 있는 그로테스크한 물고기들이 기술의 시대에서나 발견된 것은 어찌 된 까닭일까? 이런 예를 들라면 수백 가지도 더 들 수 있다. 세계사에 대해서도 같은 말을 할 수 있다 해도 결코 자만에서 그러는 것이 아니다. 왜냐하면 사실 세계사는 우리 세계의 역사, 아니 좀 더 정확히 말하면 우리 세계들의 역사이기 때문이다.

우리의 이 작품은 정신 풍속의 그림, 즉 지난 600년의 정신적 의

---

52 Gründerjahre: 포말회사(bubble company)란 갑자기 생겼다가 내일 곧 없어지는 회사를 물거품(포말, 泡沫)에 비유하여 이르는 말로써 프로이센·프랑스 전쟁 직후에 널리 유행함.

53 Friedrich Spielhagen(1829~1911): 독일의 대중작가. 그의 작품은 독일의 대표적인 사회소설로 꼽힌다.

54 F. von Defregger(1835~1921): 독일 화가. 서민의 일상생활의 모습을 따뜻한 시선으로 그려냄.

상(衣裳)의 역사(Seelische Kostümgeschichte)를 그리는 동시에 각 시대의 플라토닉 이상, 즉 시대를 내적으로 추동하여 움직인 시대의 영혼인 사상을 보여주고자 한다. 시대정신은 유기체이자 창조적인 것이며, 현실로 순수하게 출현하는 일이 극히 드물기는 하지만 각 시대의 **유일한** 진리이다. 아마도 시대는 이 정신을 다채로운 상징들의 무지갯빛으로 발산시키는 프리즘일 것이다. 그리고 시대는 이 빛을 영혼의 오목거울로 다시 모아내는 위대한 철학자를 배출하는 행운도 가끔 따르게 한다.

이로써 이제 우리는 각 시대의 고유한 열쇠를 찾아 나서게 되었다. 우리는 이 열쇠가 위대한 인간들, 칼라일이 영웅이라고 부른 그런 특별한 인물들의 손에 들려 있는 것을 보게 된다. 영웅이라는 개념을 잉크와 펜을 거머쥔 인물에 일면적으로 국한하지 않고 창조적인 힘과 상상력이 충분히 있다면 무엇으로든 시를 지을 수 있다는 점, 그리고 행동과 열정으로 삶을 노래해 온 위대한 영웅과 성인은 어휘로써 말하는 시인들을 훨씬 능가한다는 점을 염두에 두고서 이들도 우리는 시인이라고 부를 수 있다. 칼라일의 신념에 따르면, 위대한 인간을 출현케 하는 형식은 크게 상관없다. 중요한 것은 그가 여기에 존재한다는 사실이다. "모든 인류의 성품을 구현할 수 있었던 그런 위대한 인간에 대해서는 나는 모른다고 고백할 수밖에 없다. (…) 현존재의 신적 감각을 따라잡은 위대한 영혼이 있다면, 무엇을 이야기하고 노래하며, 무엇을 위해 싸우고 논쟁할 것인지 간파하는 재능을 소유한 사람도 있을 수 있다. 승리로 장식하여 꾸준히 기억에 남는 위대한 영웅도 있다. 그의 이러한 모습은 자신이 만나는 시대와 환경에 좌우된다." 역사에는 다만 두 가지 실제적 세계의 경이로움이 있을 뿐이다. 하나는 동화 같은 힘을 지닌 시대정신이며,

또 하나는 마술 같은 영향력을 발휘하는 천재이다. 천재는 불가사의 한 것을 감추고 있다. 그는 자신의 정상(Normalität) 속성 때문에 부조 리한 인물이 된다. 그는 모든 것이 마땅히 그렇게 되어야겠다고 생 각하면 그렇게 하려 한다. 말하자면 그에게는 목적과 수단, 과제와 수행이 완전히 동일하다. 그는 여느 때 누구도 하지 않는 것을 행하 면서 자신의 목적을 실현하기 때문에 역설적이게 된다.

천재와 시대가 맺는 관계에는 해독하기 어려운 복잡한 함수가 있다.

자신의 영웅을 찾지 못하는 시대는 병약하다. 시대의 영혼은 영 양실조에 걸려 곧 '연대기적 호흡곤란증'에 시달리게 된다. 그런 시 대는 시대가 필요로 하는 모든 것을 말해주는 사람을 얻게 되는 순 간 자신의 유기체 속으로 갑자기 신선한 산소가 밀려들고 호흡곤란 증이 사라지며, 혈액순환이 정상적으로 이루어지면서 건강을 되찾 게 된다. 시대마다 천재는 극히 드물게 출현한다. 그들은 시대를 웅 변할 수 있지만, 여타 사람은 벙어리상태에 있거나 더듬거린다. 천 재들이 없었다면 우리는 과거의 시대에 대해 아는 게 아무것도 없 었을 것이다. 그저 우리는 우리를 착각과 미궁 속에 빠뜨리는 낯선 상형문자만 가지고 있었을 테다. 우리는 이런 암호를 풀어줄 열쇠가 필요하다. 게르하르트 하우프트만은 시인을 두고 미풍으로 소리를 내는 바람의 하프에 비유한 적이 있다. 이러한 비유를 우리가 확실 히 받아들인다면 이렇게 말할 수도 있을 것이다. 근본적으로 모든 사람은 감성의 현으로 구성된 악기지만, 대개 사건의 진동이 현을 단순히 떨리게만 할 뿐이며, 시인의 경우에만 누구나 듣고 느낄 수 있는 음향을 울리게 된다고 말이다.

인간 정신사의 한 단면이 지속적인 형태로 살아남으려면 언제나

천재는 시대 의 산물이다

희귀한 사람이 필요했던 것처럼 보인다. 그는 불가결한 존재인 셈이다. 예컨대 그리스의 계몽을 위해서는 소크라테스가, 프랑스의 계몽을 위해서는 볼테르(Voltaire)가, 독일의 계몽을 위해서는 레싱이, 영국의 르네상스를 위해서는 셰익스피어가, 우리 시대에는 니체가 그러한 역할을 충족시키고 있는지 모를 일이다. 이런 사람을 통해 그 시대의 전모가 누구에게나 통하는 분명한 횡단면으로 객체화된다. 천재는 모든 동시대인의 소망과 활동을 한눈에 이해하고 조망할 수 있게 하는 간결하고도 간출하게 요약된 간명한 형식이자 압축요약이고 편리한 실타래이다. 천재는 동시대인들에게서 뽑아낸 진액이자 투명한 증류수이고 예리한 정수이다. 말하자면 그는 그들에게서 만들어진 셈이다. 그들에게서 벗어나면 그에게 남는 것은 아무것도 없으며 그는 공중에서 분해되고 말 것이다. 위대한 사람은 바로 그의 시대가 만들어낸 피조물이다. 그가 위대하면 할수록 그만큼 더 그는 자기 시대의 산물이 되는 것이다. 이것이 천재의 본질에 대한 우리의 첫 번째 테제이다.

시대는 천재의 산물이다

그러나 이 동시대인들이란 도대체 누구일까? 누가 그들을 동시대인으로 만들며, 자신들의 특수한 세계감정, 특정한 삶의 풍토, 간단히 말해 자신들의 고유한 양식을 갖는, 분명한 경계선이 그어지는 역사적 한 단면의 구성원들로 만드는가? 그는 '시인(Dichter)' 외에 누구도 아니다. 그는 그들의 삶의 형태를 주조하고, 모든 동시대인이 의식적으로든 무의식적으로든 모방하는 상투적인 것을 잘라낸다. 그는 수천의 신비한 방식으로 자신을 드러낸다. 사람은 걷기도 서기도 앉기도 하며, 자신의 경향에 따라 생각하고 증오하고 사랑하기도 한다. 그는 우리의 예절 습관과 우리의 자연감각을 바꾸어 놓는다. 요컨대 우리의 헤어스타일과 종교관, 우리의 구두법과 애정 표현법,

성스러운 것과 통속적인 것, 따위의 모든 것을 변화시킨다. 그의 시대 전체가 그에 의해 감염된다. 그는 중단 없이 우리의 혈관 속으로 파고들며, 우리의 분자들을 분열시키고 독재적으로 새로운 관계를 만들어낸다. 우리는 그의 언어로 말하며, 그의 문장구조를 사용한다. 그의 입에서 유창하게 흘러나오는 어법이 통합적인 파롤(Parole)이 되어 밤 사이에 사람들을 불러 모은다. 길과 숲, 교회와 무도회장에 갑자기 사람들이 운집한다. 아무도 그 연유를 알지 못한다. 그들 사이에는 수없이 많은 베르테르(Werther), 바이런(Byron), 나폴레옹, 오블로모프(Oblomow), 얄마르(Hjalmar) 등과 같은 인물의 축소판이 끼어 있다. 초원이 다른 빛깔을 내며, 나무와 구름이 다른 모양을 취하며, 사람들의 눈빛, 몸짓, 목소리가 새로운 강세를 띤다. 여자들은 몰리에르의 처방에 따라 멋을 부리고, 스트린드베리의 시선에 따라 모양을 낸다. 넓은 엉덩이와 풍만한 가슴을 선호한 것은 루벤스[55]가 자신의 조용한 화실 앞에서 그렇게 생각했기 때문이며, 마르고 날씬한 몸매를 가꾸고자 한 것은 로세티[56]와 번존스[57]가 그러한 그림을 염두에 두었기 때문이다. 예술가가 현실을 모사한다는 말은 전혀 맞지 않다. 오히려 정반대로 현실이 예술가를 뒤좇아 가는 것이다. "이것이 역설이다"라고 와일드는 말한다. "그러나 그렇다고 해서 예술이 삶을 모방하는 것보다 삶이 예술을 훨씬 더 많이 모방한다는 사실이 덜 진실해지는 것은 아니다."

---

[55] P. P. Rubens(1577~1640): 벨기에의 화가. 그는 바로크 미술의 대표적인 작가로서 생동적이고 관능적인 표현의 대가였다.

[56] D. G. Rossetti(1828~1882): 영국의 화가 겸 시인. 신화·성서·문학 작품 등에서 주제를 착안하여 서정적 작품을 그렸음.

[57] Burne-Jones(1833~1898): 영국의 화가. 유려한 선, 단정한 구도, 화려한 색채 따위로 신비적이고 낭만적인 작품을 만들었음.

누구도 이러한 마법사들에게 저항할 수 없다. 그들은 자극하기도 하고 마비시키기도 하며, 정신을 혼미하게도 하고 말짱하게도 한다. 그들이 보관하고 있는 물품에는 세계를 마비시킬 독약과 치료제도 있다. 그들이 가는 곳에서 생명이 소생하며, 그들을 통해 모든 것이 더 많은 힘을 얻고 더 건강해져 "원기를 회복한다." 이것이야말로 그들이 사람들에게 증명해 보이는 최고의 선행인 셈이다. 그들이 사람들과 접촉하는 순간 사람들은 정신을 차리고 자신을 인식하게 된다. 그러나 그들은 질병과 죽음도 만들어낸다. 평소에는 그저 잠자고만 있을 뿐인 우둔함을 일깨운다. 그들은 전쟁과 혁명을 촉발하여 사회적 지각변동도 일으킨다. 왕의 목을 치기도 하고, 전쟁터로 사람들을 내보내고, 민족을 두 개의 진영으로 갈라놓기도 한다. 선한 마음을 가진 늙은 주인, 이름 하여 소크라테스는 격언으로 시대를 추동하며, 역시 선한 마음을 지닌 그의 동향인, 이름 하여 플라톤은 유쾌한 일련의 대화편으로 그렇게 한다. 장서들이 차곡차곡 쌓이는가 하면, 장작더미에 올려 불태워지기도 하고 파지로서 불에 태워지기도 한다. 새로운 도서들이 쓰이며, 수십만의 머리와 배가 플라톤의 이름으로 먹고산다. 성격이 과격한 저널리스트 루소(Rousseau)는 몇 개의 기이한 전단을 작성했고, 6년 뒤 이 전단은 재능 많은 한 민족을 여러 갈래로 분열시켜 놓았다. 세계적으로 낯설지만 모든 세계가 꺼리는 탁상공론가 마르크스(Marx)는 이해하기 어려운 몇 권의 두꺼운 철학서를 펴냈다. 이로써 거대한 제국은 자신의 실존조건 전모를 근본적으로 바꾸게 되었다.

간단히 말해, 시대는 바로 위대한 인간이 만들어낸 창조물이다. 이 창조물이 훌륭하면 할수록 그 시대는 더 완전하게 더 성숙되게 자신의 목적을 실현하게 되며, 그만큼 더 위대해지는 것이다. 이것이 천재의 본질에 대한 우리의 두 번째 테제이다.

그러나 도대체 천재란 무엇인가? 그것은 기묘한 괴물, 육신으로 천재와 시대는 공약수가 없다 현시된 역설, 엉뚱함과 변덕과 도착성의 집합체, 여타 사람과 같은 바보다. 물론 그는 여타 사람 그 이상을 의미한다. 왜냐하면 그는 그들과 더 구별되기 때문이다. 그는 병적일 만큼 기인이며, 심층 저 깊은 캄캄한 곳에서 삶이 용솟음치기 때문에 낯설다. 자기 주변세계와 가교할 가능성이 없어서 그 자체로 낯설기만 하다. 위대한 인간은 지독한 외톨이다. 그의 위대성은 그가 진귀한 것, 비상한 것, 어떤 연관성도 없는 일회적인 것을 드러내는 바로 이 사실에 있다. 그는 자기 시대와 어떤 관계도 맺을 필요가 없으며, 그의 시대도 그와 어떤 관계를 맺을 필요가 없다. 이것이 천재의 본질에 대한 우리의 세 번째 테제이다.

이제 아마 이 세 가지 테제가 서로 충돌한다는 것을 알게 되었을 것이다. 그런데 만일 이 테제들이 이렇게 서로 충돌하지 않는다면, 본질상 개별 문화시대와 그 영웅들에 대한 묘사에 지나지 않은 이 책을 이런 식으로 길게 써내려 가는 것은 시간 낭비일 것이다. 그리고 인간 사유의 과제를 이러한 모순을 설명하는 것이 아니라 제거하는 것에서 찾는 사람의 경우에도 이 책을 계속 읽어내려 간다면 이 또한 다른 측면에서 완전한 시간 낭비가 되는 꼴이다.

우리가 이 서문을 마무리하기 전에 우리의 선배들, 말하자면 우 계보도 리가 설명으로 풀어나가려 하는 그 계보를 간단히 살펴봐야겠다는 의무감을 느낀다. 물론 여기서 중요한 것은 문화사의 역사가 ― 이 과제가 아무리 매혹적이고 유익한 것으로 보이더라도 ― 아니라 단지 첨예한 것들을 잠시 간결하게 부각해 보는 것이다. 이때 우리는 우리의 현재 개별 입장에서 그것들을 조망해볼 계획이다.

우리가 알고 있는 최초의 역사서는 그리스인과 야만인 사이에 벌어진 싸움을 다루는 헤로도토스의 이야기이다. 물론 제대로 알고 쓴 것은 아니지만, 그것은 일종의 비교문화사라고 할 수 있다. 그런데 헤로도토스보다 어린 그의 동시대인 투키디데스는 이미 그 시대에 정치사를 엄밀히 작성했다. 마침내 아리스토텔레스가 풍속과 관습 및 생활습관의 관찰이 정치적 인식을 위해 갖게 된 의미를 다시 지적했다. 그러나 세계상을 정역학에 두고 있었던 고대는 예감과 암시 그 이상을 산출할 수 없었다. 호메로스 시대의 인간은 페리클레스 시대의 인간과는 본질에서 다른 유의 존재였고, 페리클레스 시대의 인간은 알렉산드리아 시대의 인간과는 완전히 달랐다는 점을 그리스 사람들은 명확히 의식하지 못했다. 그리고 중세는 역사발전의 개념을 이해하기 더더욱 어려웠다. 여기서는 모든 것이 영원히 신의 품속에 안겨 있었던 것이다. 세계는 시간의 제약을 받지 않는 상징일 뿐이며, 구세주와 사탄, 선민과 저주받은 자들 사이에 싸움이 벌어지는 전쟁터일 따름이다. 기독교회의 위대한 수호자인 아우구스티누스[58]는 중세의 문턱에서 이미 그것을 목격하고 그의 저작 『신국론(De civiate Dei)』을 감동적으로 기술했다.

레싱과 헤르더 르네상스는 고대를 재발견했다고 생각했다. 그러나 고작 르네상스는 로마의 시인들과 영웅들에게서 동질감을 느끼면서 숭배를 들었을 뿐이다. 르네상스는 철학과 수사학, 예술학과 자연철학이 새롭게 성장한 시대이지만 문화사의 시대는 아니었다. 문화사의 최초의 윤곽은 정확히 말해 베이컨[59] 경에게서 시작된 '계몽주의(Aufklärung)'

---

[58] Augustinus(354~430): 로마 주교이자 성인(聖人). 교부철학의 집대성자로 널리 알려져 있음.

[59] F. Bacon(1561~1626): 영국 경험론의 초석을 다진 철학자. 극장의 우상·종

에 의해 비로소 포착되었다. 사실 베이컨은－그의 말에 따르면－ "학문은 민족들처럼 살아 움직이기 때문에" 개별 시대들을 통일로 개념파악하고 반영해야 할 과제를 역사에－물론 그가 우선 염두에 둔 것은 문학사이지만－부여한 최초의 인물이기도 했다. 그러나 베이컨의 그러한 요구는 그 각 시대가 이해하지 못했고, 누구도 충족시키지 못했다. 그 뒤 바로크 시대의 대표적인 철학자 라이프니츠[60]는 형이상학과 자연관찰에서만 그러한 발전 원리를 성취했을 뿐이다. 이 원리는 18세기에 이르러서야 비로소 역사 관찰로 결실을 볼 수 있다. 이는 우선 레싱을 통해 종교 분야에서 이루어졌다. 레싱은 『인류의 교육(*Erziehung des Menschengeschlechts*)』에서 이렇게 말한다. "왜 우리는 모든 실증적 종교에서 인간의 오성이 어디서든 홀로 발전할 수 있고 계속 발전할 수밖에 없는 노정 그 이상의 것을 보려 하지 않는가? 동일한 대상을 두고 비웃거나 분노하는 것 외에 왜 아무것도 더는 생각하지 않으려 하는가? 최선의 세계에서는 이러한 우리의 조소와 분노를 살 게 아무것도 없다. 종교들만이 그렇게 당해야만 하는 것일까? 신이 모든 것을 관장하는데 유독 우리의 오류에 대해서만 그렇지 못하는 것일까?" 헤르더는 시적 창작에 대해 이와 동일한 관점을 내보인다. 모든 인간의 완전성은 개별적이라고 한다. "우리는 시간 · 기후 · 욕구 · 세계운명이 촉발하는 계기에서만 구상할 뿐이다. (…) 나무는 자라고, 인간은 발전을 위해 노력한다. 이는 세월과 관계없는 일이다. 모든 것이 진행 중에 있다는 것만큼

족의 우상 · 동굴의 우상 · 시장의 우상과 같은 네 가지 우상론으로 유명하다.

[60] G. Leibniz(1646~1716): 독일의 철학자이자 수학자. 미적분법의 창시자. '단자론'으로 유명함.

은 명백하다!" "행복에 겨운 모습조차도 상황과 지역에 따라 변한다. (…) 모든 구(球)에는 그 중심이 있듯 모든 민족은 행복의 중점을 자체에 두고 있는 것이다!" 이러는 과정에 헤르더는 동양의 히브리인, 북방의 이교도, 기독교 중세의 시에서 천재성을 발견한다. 그의 주요 관심은 민족시에 있다. "자연사가 풀과 동물에 관해 기술하듯, 민족들은 자신에 대해 묘사한다." 그는 중세의 역사가 단순히 우두머리, 즉 황제와 몇몇 선제후의 병리학일 수 없고 전 민족적 구체, 즉 생활방식·교양·풍습·언어 등속의 생리학이어야 한다고 주창한다. 역사는 "왕들·전투·전쟁·법률·야비한 인물들의 역사"가 아니라 "인류 전체와 그 상황, 종교, 사유방식의 역사"라는 것이다. 그는 "여론의 역사(Geschichte der Meinungen)"에서 행위역사(Tatengeschichte)의 열쇠를 발견한다. 그러나 헤르더는 이러한 프로그램을 상술할 인물이 아니었다. 그렇게 하기에는 그의 성격이 너무 사변적이었고 너무 통이 컸으며 로켓처럼 너무 강력했다.

빙켈만과 볼테르

문화사를 두고 사색했을 뿐만 아니라 실제로 그것을 기술하려고도 한 최초의 시도를 한 사람은 볼테르와 빙켈만이었다. 빙켈만은 헤르더의 초기 저작이 나오기 몇 해 전에 쓴 자신의 주요 저작에서 "각 민족과 시대 및 예술가들의 다양한 양식을 포함하여" 고대 예술의 "기원·성장·변화·몰락"에 대해 가르치려는 목표를 수립했다. 그는 동양에서 시작하여 에트루리아를 거쳐 헬레니즘에 이르러 그 각각의 예술시대를 다루고서는 "외부 상황의 의도에 따라" 이 모든 것을 관찰한 듯 로마로 끝을 맺었다. 물론 이 저작 전체는 교조적 정신으로 작성되었다. 요컨대 그리스 예술은 규범으로서 여타의 예술은 이 규범에 따라 평가되리라는 것이다. 개별 민족과 각 시대의 양식들을 인종과 풍토, 헌법과 문헌의 산물로 파악할 때 기준으로 삼는다는 그 예리·정교함도 그때까지 들어본 적이 없는 것들이다.

빙켈만의 저작이 나오기 12년 전에 볼테르는 『루이 14세 시대(Le siècle de Louis XIV)』를 출간했다. 이 책은 다음과 같은 말로 시작한다. "나의 의도는 루이 14세의 생애를 단순히 그려보는 것에 있지 않다. 나는 후세에게 한 개별 인간의 행위가 아니라 지금까지의 모든 시대에서 가장 계몽된 시대에 만나게 되는 인간의 본질을 묘사해 보이고 싶은 것이다." 여기서 그는 모든 문화적 관계, 즉 국내외 정책, 무역과 상업, 행정과 법률, 경찰과 군대, 종파갈등과 교회문제, 과학과 예술, 공적인 생활과 사적인 생활에서 일화들까지 망라해서 다룬다. 물론 이 책은 필사본으로서, 적절하게 짜이지는 못했지만, 대단히 풍부하고 생생한 내용으로 채워져 있다. 그가 취급하는 모든 것을 유리처럼 투명할 뿐만 아니라 다채롭고 현란하게, 그리고 흥미롭고 매력적이게도 만드는 이 놀라운 정신의 탁월한 재능은 이 작품이 오늘날까지도 매혹적인 현실성을 갖도록 자극한다.

헤겔과 콩트

1789년 3월 26일, 실러는 쾨르너[61]에게 이렇게 편지를 썼다. "실제로 교회사, 철학사, 예술사, 풍속사 및 무역의 역사는 정치사와 하나로 묶어 집약되어야 한다. 이때야 비로소 보편역사가 성립할 수 있다." 그러나 당시 독일에서는 누구도 그렇게 생각지 못했다. 정치적으로 정립된 실러 자신의 역사저작들도 마치 관공서에 광고를 목적으로 내걸었던 장중하면서도 화려한 그림의 성격을 여전히 담고 있었다.

역사와 관련된 저작 전체에 가장 지속적으로 영향을 끼친 것은

---

[61] Christian Gottfried Körner(1756~1831): 독일의 법률학자. 실러의 친구.

헤겔의 『역사철학(*Philosophie der Geschichte*)』이다. 『역사철학』은 역사의 의미와 정신 및 본질을 두고 가장 심층적으로 가장 면밀하게 온갖 연관관계를 따지면서 탐구한 그의 저서 중 하나이다. 이 저서는 칸트 이후의 난해한 용어들을 거의 사용하지 않고 있으므로 그의 다른 저작보다 읽기가 훨씬 쉽다. 물론 억지가 없는 것은 아니지만, 핵심을 찌르는 방식은 중국의 가장 오래된 시절에서 7월 혁명에 이르기까지의 세계사 전체를 '자유 의식'의 단계적 실현의 과정으로 묘사하고 있다. 개별 시대를 규정하는 이념을 그 성장과 정점 및 사멸로 엮어나가는 입체적 구성력이 이 작품을 대단히 매력적이고 재치 있는 읽을거리로 만들고 있다. 그러나 독창적인 기발한 착상으로 활력을 주는 그런 요소는 결여되어 있고, 역사 전체의 뼈대만 보여줄 따름이라는 것이 흠이라면 흠이다.

엄격히 반형이상학의 토대에서 이루어진 이와 유사한 발전사적 관찰방식을 콩트[62]는 자신의 『실증철학(*Philosophie positive*)』에서 활용한다. 이는 인류발전의 세 가지 단계설로 구체화된다. 그 최고의 단계는 단연코 실증적 단계로서 신학적 세계관에 대한 과학적 세계관의 승리, 호전적 관점에 대한 산업적 생활형태의 승리, 독재 정치에 대한 민주적 헌법의 승리를 의미한다.

버클[63]은 콩트에게 영향을 받았다. 그의 책 『영국 문명사(*History of civilization in England*)』가 출간되었을 때 그는 대단한 시선을 끌었다. 그는 그 책에서 이렇게 말한다. "대부분의 역사가는 정말 가치가 있는 그런 사태에 대해 우리에게 설명하지 않고, 또한 지식의 진보

버클

---

[62] A. Comte(1798~1857): 프랑스 철학자. 사회학과 실증주의 철학의 창시자.
[63] H. T. Buckle(1821~1862): 영국의 역사가.

에 대해, 그리고 그 지식의 보급이 사람들에게 어떻게 영향을 끼쳤는가에 대해 가르치려 하지 않고 민망하기 짝이 없을 만큼 아무런 의미도 없는 개별적인 것들로, 왕들과 궁정의 개별적인 일화들로, 이런저런 내신들이 말하고 생각한 것에 대한 끝도 없는 이야기들로 자신들의 작품을 채우고 있다. (…) 인간의 역사에서 중요한 사태들은 소홀히 취급되고 중요하지 않은 것들이 보존되고 있는 꼴이다." 그의 관점에 따르면, 인민의 물질적 발전은 주로 기후·식량·토양에 의해 영향을 받는다. 왜냐하면 부의 분배는 이러한 세 가지 조건에 좌우되며, 지식의 발전도 자연의 힘과 위대성을 통해 상상에 영향을 미치거나 온후한 풍토에서 오성을 작동케 하는 자연현상으로부터 규정을 받기 때문이다. 이러한 요소에서 미신 아니면 지식을 확산시키는 종교·문학·정부의 형태가 나타나게 된다. 41살에 생애를 마감한 버클은 이러한 테마에 실제로 도달하지는 못했다. 그의 두 권의 책은 그러한 프로그램의 개요에 해당하는 전망만을 담고 있을 뿐이다. 그 설명이 납득할만한 추론이 아니라 해명의 차원에 그치고 있다. 그의 책은 영국의 수많은 책이 갖는 특징인 장황하게 늘여 쓰는 형식을 빌려 같은 내용이 끊임없이 반복되고, 인용 자료들로 채워져 있다. 버클의 거대한 박식함은 모든 자유로운 움직임을 빼앗는 책의 비만을 초래했고, 심지어 버클의 죽음을 가져온 원인이 된 것처럼 보이기도 한다. 그의 작품을 번역한 아르놀트 루게[64]의 말을 믿어도 된다면, 버클은 문자 그대로 책을 너무 읽다가 죽었다. 덧붙인다면, 저자의 정신적 성향을 고려해볼 때, 그 제목이 암시

---

[64] Arnold Ruge(1802~1880): 독일 철학자·정치평론가. 급진적 헤겔주의자. 마르크스와도 많은 서신을 교환하기도 했다.

하듯 위의 저서는 실제로 보편적 문화사가 아니라 영국 국민의 지성적 발전이 과학연구·사회복지·교육·교통·기술의 진보에서 어떻게 나타났는지 검토한 것에 불과했다고 추정할 수 있다.

부르크하르트

　　그런데 버클의 책과 거의 동시에 출간되었지만 그렇게 야단법석을 일으키지 않은 책이 있었는데, 그것은 실제로 최초의 보편역사에 관한 것이라고 할 수 있다. 그 책은 바로 부르크하르트의『이탈리아 르네상스 문화(Kultur der Renaissance in Italien)』였다. 이 책과 이후 그의 모든 저작에서 어떤 원리가 그를 이끌고 있는지 그는 그리스 문화사에 대한 그의 강독 서문에서 상냥한 반어법으로 명확히 밝혔다. "왜 우리는 보편적 상황과 힘들을 단순한 여론의 차원에서라도 함께 취급할 수 있는 정치사를 본질적으로 읽지 않는가? 탁월한 표현으로 그리스 역사를 다뤄야겠다고 골머리 아파하는 것은 차치하고서라도, 개별적인 형식적 사실들의 정확성만을 연구하는 일이 다반사인 시절에 사건들을 설명하고 궁극적으로 그 사건들을 비판적으로 논평하는 일은 가장 소중한 시간을 우리에게서 빼앗아 가는 꼴이 되고 만다. (…) 우리가 이해하는 대로라면 **우리의 과제**는 그리스 사람들의 **사유방식**과 **관점**의 역사를 제시하고 그리스의 생활에 작용한 건설과 파괴의 생생한 힘을 인식하려는 데 있다. (…) 다행히도 문화사 개념만 흔들리고 있는 것이 아니라 학술적 실천(그리고 다른 몇 가지)도 동요하고 있다. (…) 문화사는 과거 인류의 본질로 파고들어 인류가 **어땠고**, 무엇을 **원했고**, 무엇을 **생각했으며**, 무엇을 **보았고**, 무엇을 **할 수 있었는지** 알려준다. (…) 문화사는 우리의 정신과 실제의 내적 관계를 맺을 수 있게 하고, 우리와의 친화성을 통해서든 우리와의 대비를 통해서든 실제의 참여를 고무할 수 있는 그런 사실들을 강조한다. 그런데 문화사는 지엽적인 것을 무시한다.

(…) 우리가 '비과학적'이어도 달리 어떤 방법이 없다."

야콥 부르크하르트는 실러의 꿈을 실현했다. 실제로 그는 한 민족의 모든 생활을 구성하는 거대한 유기적 통일을 아주 생생하게 모사하는 데 성공했다. 그도 그럴 것이 지금까지 한 번도, 한 사람의 머리에서 이토록 참신한 관찰과 까마득히 먼 상황에 이토록 창의적으로 감정을 이입하는 능력이, 가장 보편적인 연관관계를 들여다보는 호방하고도 광범위한 시선과 결합한 적이 없었기 때문이다. 만족할 줄 모르는 정신적 호기심, 부단한 탐구, 가장 낯선 것, 가장 기묘한 것, 까마득히 잊힌 것, 깊이 감추어진 것에 대한 예민한 감각이 부르크하르트 정신의 정수였다. 여기에는 모든 것을 웃으면서 받아들이는 바로 올림포스 지방의 중립성이 한몫했다. 이 점에서 부르크하르트가 스위스 사람이라는 사실이 절대로 무의미한 것이 아니다. 산악의 작은 분지, 이곳은 독일·프랑스·이탈리아 사람들이 공통의 민주헌법 아래서 서로 이해하면서 살아가는 일종의 작은 유럽이다. 이런 공간에서는 사해동포와 중립의 감정 외에 다른 것은 생각할 수 없다. 그밖에도 이 공간에는 부르크하르트가 계속 추구했던 독일 역사학의 고상한 전통이 있었다. 랑케와 그의 계승자들뿐만 아니라 고전주의자들, 이를테면 칸트·헤르더·괴테·훔볼트·실러도 세계시민적 역사기술의 이상을 염두에 두고 있었다. 종교적 명랑과 활력과 넉넉함을 담고 있는 부르크하르트의 저작『세계사적 관찰(*Weltgeschichtliche Betrachtungen*)』에는 이런 문장이 있다. "정신은 지상의 다양한 시대의 경험에 대한 기억을 자신의 것으로 변화시켜야 한다. 한때 환희와 탄식이 무엇이었던가를 이제는 인식해야만 한다." 이 말이 그의 평생 활동의 신조였다고 할 수 있다.

부르크하르트와는 전혀 다르면서도 친숙하기도 한 인물이 이폴 텐리트 텐[65]이다. 부르크하르트의 형상화의 기본 파토스는 관망하고 싶어 하는 게르만적 기질이었다. 이렇듯 그는 혼잡과 무질서로 들끓는 과거의 삶이 그의 정신 속에 비춰주는 모습만을 보여주려 했다. 텐의 경우 분류하려는 라틴계의 충동이 강했다. 그래서 그는 정신적 사건을 층계구조의 건축양식과 같은 명확한 논리학으로 옮겨놓으려 했다. 부르크하르트는 정신과학에서 출발했기 때문에 문헌학자이자 텍스트 연구자의 시선으로 역사를 읽는다. 반면에 텐은 자연과학에 근거해서 자신의 방향을 정립했다. 따라서 그는 동물학자이자 암석 연구자의 방법을 빌려 역사를 해독한다. 그러나 두 사람의 공통점은 소생의 마술에 있다. 그것은 한 인간, 한 민족, 한 시대의 자질과 환경과 풍토, 즉 정신적 풍경 전모를 그려낸다는 것을 의미한다. 그런데 여기서도 부르크하르트는 따뜻하면서도 간결한 채색주의로 만족하는 반면에 텐은 정련된 인상주의의 모든 기법을 동원했다.

텐은 어떤 프로그램을 지닌 보기 드문 위대한 학자 가운데 한 사람이었다. 프로그램을 위해서는 자신의 방법과 목표, 요구 상황과 결과를 제한적으로 거부하거나 일괄적으로 취하는 선택을 하게 된다. 한마디로 말하면, 텐은 역사연구를 자연과학적 방법으로 추진한 최초의 인물이었고, 예술적 관찰방식과 자연과학적 관찰방식이 기본적으로는 동일한 것이라는 점을 최초로 보여준 인물이기도 했다. 사실 이 두 방식은 원칙적으로는 아무런 차이가 없다. 예술적 대상에서 가능한 한 완전히 자신의 의도를 소멸하게 하고, 객체를

---

[65] Hippolyte Taine(1828~1893): 프랑스 역사가이자 비평가. 그는 『영국문학사』(1864)에서 인종·환경·시대를 문학결정의 본질적인 3요소로 제시할 만큼 문학에 깊은 조예를 갖고 있었다.

어떤 낯선 빛으로 바깥에서 조명하는 것이 아니라 그 내부에서 자체의 고유한 핵심을 통해 조명하려는 세계와 인간의 의도는 예술적이다. 전자의 방식은 사물 위로 그 빛을 투사하지만, 그 피상에만 도달할 수 있을 뿐이다. 이런 관찰방식은 그 대상들을 그저 볼 수 있게만 한다. 후자 방식의 관찰은 사물 속으로 빛을 던져 넣어 그 대상들을 자체 조명하게 만든다. 인간과 사물에 대해 방사선 촬영을 하는 듯한 이러한 방법을 역사가만큼 자연연구자도 취하며, 역사가는 예술가만큼 그렇게 취한다.

그렇다면 도대체 역사적으로 사유한다는 말은 무엇을 뜻하는가? 그것은 사태를 그 내적 연관관계에서 들여다본다는 것을 의미한다. 또한, 그것은 사태를 그 고유한 정신으로부터 파악하고 설명한다는 것을 의미한다. 자연사학자는 실제로 역사가인 셈이다. 그는 조건들을 따진다. 그는 수행사건들을 따지지만, 그에게는 이 사건들이 그가 염두에 둔 조건들의 총합일 뿐이다. 그는 역학 상황에 관해 묻는다. 그는 목적을 따진다. 그런데 그에게 이 목적은 에너지를 비축하고 방출하는 것을 의미한다. 새로운 변이형태가 등장하면 그것에 대해 가능한 한 정확히, 가능한 한 온전히 설명할 의무를 느끼며 이를 이행하려 한다. 그는 관찰한다. 변이형의 식물이 그 토대를 암석에 두는가, 늪지에 두는가, 수중에 두는가? 그 식물은 줄기를 아래로 늘어뜨리는가, 벽을 타고 기어오르는가, 반듯하게 앉아있는가? 그것이 칼리식물[66]인가, 석회식물인가, 암석식물인가? 빛을 어떻게 받아들이는가? 열은 어떻게 발산하는가?

그런데 모든 역사적 현상은 – 문제는 개별적 결과가 풍부한 개인,

---

[66] kalipflanze: 해변과 함수호와 같은 알칼리성 지대에 자라는 식물의 총칭.

특정한 세대 혹은 인종일 것인데 – 새로운 변종의 출현일 뿐이다. 이 변종은 어떤 기후, 어떤 풍토에서 살고 있는가? 그것이 사는 '장소', 즉 지역은 어떤 형세인가? 신진대사의 관계는 어떠한가? 그 형태적 모습은 어떤 구조로 되어 있는가? 빛을 어떻게 받아들이고 열은 어떻게 발산하는가? 어떤 목적을 취하고 어떤 에너지를 방출하는가?

텐은 이와 아주 유사한 방식으로 역사를 관찰했다. 사방에서 비난과 의심을 샀던 이러한 방식의 관찰과 연구에 그는 수천 가지 뉘앙스의 빛을 발산하는 산문의 사치스러운 금빛 외투를 걸쳤다. 이런 산문은 프랑스 문학에서도 찾아보기 어려운 그런 것이었다.

람프레히트   대략 한 세대 전에 여러모로 대단히 유용한 작품인 람프레히트[67]의 『독일 역사(*Deutsche Geschichte*)』가 출간되기 시작했다. 특히 그는 멋진 도식을 내보였다. 이에 따르면 문화사의 노정은 항상 반복되는 특정한 메커니즘의 틀 안에서 전개된다. "기존상황에 대한 반발, 낡은 지배권의 해체, 새로운 자연주의, 대상적 관념론에서 새로운 지배권의 획득, 이 지배질서의 합리화, 아류들 등이 출현하고 나면, 또다시 새로운 자극이 유발되는 등속의 일이 계속 반복된다." 람프레히트는 좀 더 정확히 하려고 문화를 다섯 가지 시대로 구분한다. 그것은 상징의 시대, 유형의 시대, 관습의 시대, 개인의 시대, 주체의 시대를 말한다. 이 주체의 시대는 또다시 감성과 자극의 시기로 세분된다. 각 시대를 지배하는 것은 람프레히트가 뜻이 모호한 외국어 '디아파종(Diapason)'으로 규정하는 "그때그때의 사회심리학적 총

---

[67]   K. Lamprecht(1856~1915): 독일의 역사가. 역사에 작동하는 심리학적 요소에 관한 체계적인 이론을 구축함.

체적 성향"이다. 그가 비록 임의로 독일 역사에 국한함으로써 상당히 제약을 받고 있긴 하지만, '디아파종'이 전체 문화영역에 영향을 미친다는 점을 보여주려 했고, 또 상당히 성공을 거두었던 것만큼은 부정할 수 없는 사실이다. 그와 같은 처리법은 국제적 문화가 지배한 중세 때만 해도 충분히 가능했던 일이다. 예컨대 12세기 프랑스 문화를 기술했다면, 그것은 유럽 전체 문화의 본질을 기술한 셈이었다. 반면에 근대의 경우에는 문화의 주도권이 여러 민족으로 교체되었다. 르네상스 시기에는 이탈리아, 바로크 시대에는 스페인, 18세기에는 프랑스가 주도권을 잡았고, 19세기에는 독일과 영국이, 그리고 그다음에는 또다시 프랑스가 잡기도 했으며, 세기말(Fin de siècle)에는 스칸디나비아의 소수민족 집단들이 잡았다.

이런 점에서 우리는 한 민족을 표본으로 해서 유럽 전체의 문화 발전을 검토할 수도 있다. 람프레히트가 그렇게 하듯, 어떤 외국이 결정적으로 개입하고 있는 곳이라면 어디든 그 나라를 크게 화두로 삼을 수 있다. 그러나 람프레히트는 조형적인 역사가가 아니라는 항변이 더 무게를 지니는 것 같다. 이는 분류와 서술의 문제에도 통한다. 그의 기본구상은 일목요연하지만, 세부 진술에서는 분명하지 않다. 전체는 전혀 세밀하게 짜여 있지도 못하다. 그는 지나친 학자적 성실성 때문에 학술적으로 응당 해야 할 의무를 느끼지 않을 때에는 자신의 새로운 관점에서 다소 무리를 하더라도 독자적으로 자료더미를 한 덩어리로 묶거나 서로 나누는 일에서 주저할 수밖에 없었다. 각각의 문화시대를 묘사할 때에도 자신의 뛰어난 다방면의 교양과 자기 이념의 폭넓은 견인력에도 불구하고 그것들을 실제로 개관하지는 못했다. 게다가 그의 저작은 한때 대부분의 독일 학자의 특성으로 형성되었던 오해하기 쉬운 은어(隱語)로 작성되어 있다. 이런 행태는 괴테로 하여금 독일 사람들은 학문을 알아먹지 못하게 하는 재주를 갖고 있다는 식의 논평을 내놓게도 했다. 그러한 어조가 드물지 않게 옛 프랑스어를 애호하는 글감 형태로 된 것은 독서 재미를 떨어지게 한다. 그런 파토스는 서술자의 모든 방식에 극히 위험한 요소가 된다. 왜냐하면 그런 파토스야말로 가장 경박한 것이기 때문이다. 이때는 독창성과 인간적 영향의 손실이 따른다. 다만 위대한 예술가들, 가령 빅토르 위고[68]와 리하르트 바그너(Richard Wagner), 존넨탈[69]과 코클랭[70], 니체와 칼라일의 경우에만 그것을 감수했다. 그러나 이 모든 결점에도 불구하고 람프레히트의 14권의 장서는 어떤 의미에서 본다면 문화사의 역사에서 하나의 신기원을 이룬다고 볼 수 있다.

브라이지히   람프레히트와 더불어 쿠르트 브라이지히[71]도 정신적 지평의 폭과 판단의 섬세함, 사물의 이해에 대한 대단한 독자성을 지닌 탁월한 학자로 정평이 나 있다. 그는 지금까지 고대 · 중세 · 근대로 나눠온 구분 원칙과 철저히 단절하고, 이런 순차를 세계사의 보편적 노정으로서가 아니라 거대한 개별적 문화권으로 이해한다. 이런 분류법에 따르면, 그리스 문화권 · 로마 문화권 · 게르만-로만 문화권으로 나뉜다. 따라서 게르만 문화권(400년에서 900년까지)은 그리스 문화권(기원전 1500년에서 1000년까지)에 상응한다. "이 두 경우 여전히 야만적 민족이 때로는 동양에서, 때로는 로마에서 더 오래되고

---

[68] Victor Hugo(1802~1885): 프랑스 작가. 비참한 참상을 뜻하는 제목의 소설 『레미제라블』(1862)로 유명함.

[69] Adolf von Sonnenthal(1834~1909): 오스트리아 배우 겸 작가.

[70] B. C. Coquelin(1841~1909): 프랑스 배우 겸 작가. 작품으로는 『예술과 배우』(1880)와 『배우의 예술』(1894) 등이 있다.

[71] Kurt Breysig(1866~1940): 독일의 문화인류학자.

더 풍요로운 문화를 다양하게 차용함으로써 자신의 문화를 촉진시킨 것이다. 동양과 로마의 경우 막강한 군주가 강제적인 힘을 발휘했다. (…) 미케네와 티린스에서 볼 수 있는 왕들의 성과 그 무덤의 잔해들, 그리고 카롤링거 왕조 시대 황제들이 지방 나들이 때 사용한 아헨(Aachen) 지역 성곽의 잔해들이 그러한 정신을 내뿜고 있다." 이어서 '초기 중세'의 시기가 시작되었다. 이 시기는 그리스의 경우 기원전 1000년에서 750년까지, 게르만의 경우 900년에서 1150년까지 지속한다. 이 두 시기의 경우 "귀족들이 힘을 확장하면서 마침내 득세하는 왕국이며, 이어서 부르주아의 화폐경제가 급부상하고, 그 다음 민주주의가 꿈틀거리게 되며, 마지막으로 군주정 사상이 부흥한다. (…) 이 시기의 전체 사회적 성격에서 가장 중요한 것은 강한 개성이 여기저기서 거침없는 선동성을 발휘한 개인주의 외에도 본질적으로는 동질집단의 사상이 지배했다는 점이다." 여기서 이미 알 수 있는 사실은 이와 같은 비교방법론이 구체적인 것을 생동감 있게 다루고 유추와의 차이를 간과하지 않을 때에 유익할 수 있다는 점이다. 그러나 브라이지히의 『근대문화사(Kulturgeschichte der Neuzeit)』는 그 제목에서 비치는 내용 어떤 것도 담고 있지는 않다. 오히려 이 책의 1부는 "보편적 역사기술의 과제와 그 척도"에 관해서 다루며, 아주 방대한 2부는 "근대의 전 단계로서의 고대와 중세"를 취급하지만, 그 절반은 그리스와 로마의 역사 시대를, 나머지 절반은 기독교 문화의 발생과 고대 및 게르만-로만 민족의 초기 중세를 다룬다. 브라이지히는 람프레히트보다 훨씬 더 쉽고 밀도 있는 필치로 작품을 구성하고 있으며, 긴장도와 생생함과 완성도에서도 그를 능가하고 있다. 그리스 예술과 세계관, 로마의 국가와 사회를 압축해서 다룬 장은 그 수법이 탁월하다고 할 수 있다. 더군다나 그는 그

분야의 전문가가 아니므로 더 돋보이는 것이다. 그러나 그가 자신의 고유한 전공영역에 가까이 가면 갈수록 이야기는 장황해지고 만다. 특히 사회사에 지나치게 공간을 많이 할애한다. 게르만-로만의 초기 중세 문화를 조망할 때, 지역발전 · 신분형성 · 민족경제 부분과 관련해서는 거의 500쪽을, 종교 · 과학 · 문학 · 조형예술과 관련해서는 80쪽을 다루고 있다.

그저 프롤로그에 불과할 이 장에서 어떻게 세부적인 내용을 압축할 것인가를 고려한다면, 이 책의 본래 제목의 취지를 살리기 위해서는 비장한 차원을 취할 수밖에 없다는 점을 묵과할 수 없을 것 같다. 1902년 이후로 더는 장서를 탐색할 수 없게 된 필자로서는 매우 유감스럽지만 무한한 공간을 들여다볼 용기를 잃어버린 것처럼 보였다.

슈펭글러　끝으로 대단한 존경심을 품고 언급해야 할 인물이 있다. 그는 니체 이후로 독일 땅에 등장한 가장 강력하고 가장 다채로운 사상가였던 오스발트 슈펭글러이다. 불꽃이 번쩍이는 충만한 정신, 마음을 압도하는 심리학적 예견력과 개성적이고 암시적인 음향의 리듬으로 채워진 『서구의 몰락(Untergang des Abendlandes)』과 같은 작품을 이해하려면 세계문학사의 높은 언덕으로 올라가야만 한다. 2부로 구성된 이 책에서 슈펭글러가 제시하는 것은 '세계사의 형태론적 윤곽'이다. 그가 보고자 하는 것은 "일직선 형태의 세계사의 단조로운 모습"이 아니라 "수없이 많은 강력한 문화현상"이다. "각 문화는 출현하고, 성숙하며, 시들고는 다시 동일하게 반복되지 않는 고유한 표현의 가능성을 지니고 있다. 심층적 본질에서는 서로 완전히 다른 수많은 조형물 · 회화 · 수학 · 물리학이 있으며, 각각은 모두 모든 식물이 자신의 꽃과 열매, 성장과 쇠퇴의 고유한 유형을 가지

듯 생명기간의 한정과 자체 완결성을 가진다. 최고의 생물체인 문화는 꽃이 들판에서 자라듯 고상한 무목적성 속에서 성장한다." 문화는 유기체이고, 문화사는 이의 전기인 셈이다. 슈펭글러는 그러한 문화들은 아홉 가지로 존재한다고 확신한다. 그것은 바빌론 · 이집트 · 인도 · 중국 · 고대 그리스 · 아랍 · 멕시코 · 서구 · 러시아 문화이다. 그는 차례로 이 문화들을 조명하지만, 우리가 불균등하게 수업을 받았듯이 같은 수준으로 다루지는 않는다. 그런데 이 모든 문화의 발전에는 일종의 평행선이 지배한다. 슈펭글러는 이 용어를 빌려 자신이 역사적 사실들(Fakta)로 이해하는 '동시적' 현상이라는 개념을 끌어들인다. "이 사실들은 자체의 문화, 정확히 같은-상대적인-상황에 관계하며, 따라서 정확히 그에 부응하는 의미를 지닌다." '동시적'이라는 것은 예컨대 이오니아 문화와 바로크 문화의 형성에서 실현된다. 폴리그노토스[72]와 렘브란트[73], 폴리클레이토스(Polcleitos)와 바흐, 소크라테스와 볼테르는 '동시대인들'이다. 그러나 자명하게도 동일한 문화 내에서도 그 각각의 발전단계에서 그 모든 생활표현이 완전히 일치하는 현상이 지배한다. 예컨대 미분법과 루이 14세 시대의 국가원리 사이에, 고대의 폴리스와 유클리드의 기하학 사이에, 서양 유화의 공간원근법과 철도 · 전화 · 장거리무기 사이에는 깊은 관계가 있다. 이런 유사 주도원리를 취급하면서 슈펭글러는 깜짝 놀랄 독창적 발견을 이끌어낸다. 네덜란드의 '청교도적 갈색'과 마네 유파(Manetschule)의 '무신론적 자연광', 이집트인이

---

[72] Polygnotos(B.C. 500~B.C. 440): 고대 그리스의 화가. 그리스 회화의 대표자로, 표정이 풍부한 인물 표현이 특징이라고 하나 작품은 전해지지 않는다.
[73] Rembrandt(1606~1669): 바로크 시대 유명한 네덜란드 화가. 유럽 미술사에서 가장 위대한 화가이자 판화가의 한 사람으로 꼽힌다.

갖는 영혼의 근원상징(Ursymbol)으로서의 '길'과 러시아인이 갖는 세계감정으로서의 '평원', 아랍 사람들의 '마술적' 문화와 서구의 '파우스트적' 문화, 후대의 문화가 그 청년기의 표상을 부활시키는 '종교심'과 인간이 다시 역사와 무관하게 되는 중동 지역의 '몰아의 종교심(Fellachenreligiosität)'. 이런 식의 수많은 발견은 긴 밤을 한순간 밝게 비추는 비교할 수 없는 천재의 번개이며, 유추의 진정한 창의적 시선을 가진 비교할 수 없는 정신의 명중탄이기도 하다. 그가 캐묻는 문제와 제시하는 답에 대해 알아들을 수도 없는 예감 아닌 예감을 앞세우면서 가소로운 오만을 떠는 '전문가'들이 이 작품을 대한다고 해서 식자공화국의 관행과 사유방식에 친숙한 사람이라면 이를 누구도 의아해하지 않을 것이다.

문명사학　　문화사 기술은 그 자체로 하나의 문화사적 현상이다. 이 현상은 슈펭글러가 정립한 문화의 각기 단계, 즉 유아기·청년기·성년기·노년기를 관통할 수밖에 없다. 유아기의 인간은 식물처럼 살기 때문에 자기 자신만을, 그리고 자신과 가장 가까운 대상만을 생각하며, 그래서 이 단계에서는 어떤 역사도 기술하지 못한다. 청년기의 인간은 세계를 시적으로 바라보며, 그래서 역사를 시의 형태로 구상한다. 성숙한 성년기에는 행위 속에서 모든 현존재의 목적과 의미를 간파하여 정치적 역사를 기술한다. 노년기에는 마침내 세상을 이해하기 시작하지만 삶에 너무 지쳐 포기한 방식으로 그렇게 한다. 따라서 슈펭글러의 저작은 단지 현존한다는 것 자체만으로도 이미 그의 역사구성의 정당성에 대한 명료한 증거가 되는 셈이다. 슈펭글러가 이해하듯, 서구 발전의 궁극 목적은 신경과민에 걸릴 만큼 훈련된 문명인의 정신 상태이며, 환상 없는 사실철학(Tatsachenphilosophie), 즉 세계시민의 회의주의와 역사주의이다. 한마디로 **슈펭글러** 자신이다. 이는 나쁜 복선을 깔고서 하는 말이 아니다. 자기 자신을 증명해 보이려는 것은 모든 시대의 사상가가 갖는 정당한 권리이다. 이 사상가가 위대하면 할수록 이러한 자신의 권리도 그만큼 더 기본적이고 자명하며 불가피한 것이다.

그러나 슈펭글러가 무신론자·불가지론자·위장된 유물론자라는 점에서 그는 자기 시대의 산물인 셈이다. 그는 생물학·실험심리학·엄밀한 통계학뿐만 아니라 동력학에도 발을 딛고 있다. 우주의 의미나 내재적 신성(Göttlichkeit)을 믿지 않는다. 슈펭글러는 기술시대의 가장 예민하고 영민한 마지막 유산이며, 실제로는 다윈과 영국 감각주의 전체의 제자이기도 하다. 그러나 그는 이들의 학설을 뒤집을 때까지 파고들었던 점에서 그들의 최대 강적이었던 셈이다. 따라서 절대적 설득력을 발휘하는 것은 그의 역사적 추리이지 철학적 추리는 아니다. 예컨대 그의 저작의 마지막 쪽에는 다음과 같은 말이 나온다. "시간이란 그 냉혹한 노정이 일시적 우연의 문화를 이 행성에서 우연의 인간에게 끼워 넣게 하는 것이며, 우연의 삶이 시간을 따라 흘러들어가는 형식이다." 이러한 주장은 맞기도 하고 맞지 않기도 한 것이다. 말하자면 맞는 경우는 특정한 역사적 인간 변종, 이를테면 슈펭글러를 그 가장 두드러진 표본의 하나로서 대변하는 오늘날의 인간 변종의 생활표현으로서만 그럴 뿐이다. 이는 원시 민족들의 물신숭배나 고대 프톨레마이오스의 천체가 참으로 통하는 만큼만 참일 뿐이다.

결실 있는 이러한 새로운 이념은 개별자에게서 나오는 것이 아니라 항상 시대로부터 나온다. 수많은 사람이 이러한 이념을 동시에 생각한다는 것은 바로 그 가치의 시금석인 셈이다. 이 점은 슈펭글러도 인정한다. 그는 자기 작품의 서문에서 이렇게 말한다. "역사적 필연에 대한 사상, 그러니까 시대에 포섭되는 것이 아니라 시대를 만드는 사상은 제한된 의미에서만 그 장본인의 소유물일 뿐이다. 그러나 사상은 시대 전체에 귀속된다. 모든 사람의 사유에 무의식적으로 작동한다." 사실 슈펭글러의 책 1부가 나온 날과 거의 같은 날, 스위스 출신 이론가 머레이(C. H. Meray)의 주목할만한 책이 출간되었다. 이 책은 각 문명은 자체 완결된 전체, 즉 수많은 세포를 가진 유기체와 같은 생물을 의미한다는 확신에서 출발한다. 우리는 수많은 종교와 수많은 문명에서 작동하는 법칙을 알고 있다. 흡사 종교는 생활을 통합하고 조종하는 개별 문화들의 중추신경과 같은 것이다. 그뿐만 아니라 각 문명은 자신의 고유한 양식이 있다. 여기서도 원형질이 특수한 관계를 맺고 있는 세포 세계는 병행현상을 일으킨다. 말하자면 그 원형질의 화학적 구조를 갖는 것이다. 우리는 이 구조를 통해 개별 생물들의 유(Gattung)를 금방이라도 규정할 수 있다. 이런 모든 문명에서 볼 수 있는 점은 이 문명들은 특정한 시간이 지나면, 즉 대략 2000~3000년이 지나면 사멸한다는 사실이다. 이집트·수메르·바빌론·미케네 문화가 그랬고, 최근에야 발견된 미노스 문화가 그랬다. 아주 특유한 이 고도의 문화들은 이러한 시간의 간격을 넘어서지 못했다. 문명은 유기체와 꼭 마찬가지로 특정한 생명 기한이 있다. 물론 이 기한은 강제적인 외부의 개입을 통해 단축될 수도 있지만 연장될 수는 없다. 사멸의 이런 상황에는 우리의 현재 문화도 포함된다. 필자는 이러한 소위 문화생리학적 방법론을 빌려 1918년 초 세계대전의 원인과 지금까지의 경과를 조명하려 했을 뿐만 아니라 이 전쟁이 뚫고 나온 그 출구와 결과를 예측해보려 했다.

자명하지만 슈펭글러는 시대정신을 표방하려 했을 뿐만 아니라 앞선 선배들, 이를테면 헤겔·니체·텐·람프레히트·브라이지히를 이용하기도 했다. 이하의 설명에서는 벌써 슈펭글러마저도 우려 먹을 만큼 유리한 상황이라고 말할 수 있게 되었다.

이처럼 역사를 스케치하는 가운데 우리는 가장 최근의 문화사, 즉 우리 자신의 문화사 연구에 이르게 된 셈이다. 여기서는 그저 일반적 논의를 짤막하게 다루는 것으로 대신하고자 한다. 자신을 위하여

독일에서 어떤 사람이 무슨 일에 대해 공개적으로 말하려면, 공식 석상에서 나올 수 있는 다양한 방향에서의 질문을 염두에 두어야 한다. 우선 그렇게 참견할 '자격이 있는'지 생각해야 하고, 그다음에는 자신의 주장이 모순되거나 불합리한 측면이 없는지 따져 보아야 하며, 마지막으로 자신보다 먼저 다른 누군가가 이미 그렇게 말한 적이 없었는지 검토해 보아야 한다. 이때 문제가 되는 것을 세 어휘로 요약하면 그것은 **딜레탕티즘·역설·표절**이다.

딜레탕티즘[74]을 두고 말한다면, 인간의 모든 활동은 딜레탕트들이 얼마나 그것을 흉내 내려 하는가의 정도에 따라서만 그 현실적 생명력의 길이가 결정된다는 점을 분명히 해둘 필요가 있다. 애호가나 아마추어로 불리는 딜레탕트만이 그 대상과 실제로 인간적 관계를 맺으며, 딜레탕트의 경우에만 인간과 직업이 하나가 된다. 따라서 그의 경우 자신의 활동에 뛰어들어 자신의 온전한 본질로 채우는 것이다. 반면에 직업상 처리되는 일의 경우 딜레탕트적인 나쁜 의미에서 보면 무엇인가가 달라붙어 있다. 즉 그것은 일면성·제한성·주관성·극히 협소한 시각 따위다. 전문가는 항상 자신의 전문 타고난 딜레탕트

---

[74] 이 책의 저자 에곤 프리델은 딜레탕트 예찬론자이기도 하다. 그의 관점에 따르면 딜레탕트만이 대상들과 실제로 인간적 관계를 맺을 수 있다.

영역 안에 갇혀 있어서 현실적 혁명이라고는 거의 촉발할 수가 없다. 말하자면 그는 전통에 너무 친숙해져 있어서 원하든 원하지 않든 전통에 대한 대단한 존경심을 품고 있다. 그는 사물들을 충분히 파악할 수 있을 만큼 그것들에 속속들이 알기도 하지만 바로 그 때문에 또 다른 생각을 통한 결실을 가져오기도 하는 사유의 1차적 조건이 결여되기도 한다. 과학의 전체 역사를 보면 딜레탕티즘의 가치를 여전히 알려주는 실례가 많이 있다. 에너지보존의 법칙을 우리가 알게 된 것은 줄(Joule)이라는 이름의 한 맥주 양조업자 덕분이다. 프라운호퍼[75]는 유리 연마공이고 패러데이[76]는 도서 제본업자였다. 괴테는 삽간골(揷間骨)을 알아냈고, 멘델(Mendel) 목사는 기초적인 이종교배법칙을 발견했다. 연극연출 기술의 딜레탕트였던 마이닝겐(Meiningen) 공작은 새로운 연극 스타일을 만들어냈고, 의술의 딜레탕트였던 농부 프리스니츠(Prießnitz)는 새로운 치료법을 창안했다. 이는 19세기의 사례에 불과할 뿐이며, 수많은 사례의 일각에 지나지 않는다.

완벽히는 알지 못하는 관계들에 대해 말하려는 용기, 정확히 관찰한 것은 아닌 사실들에 대해 보고하려는 용기, 신뢰할 수 있는 것인지도 모르는 사건들을 설명하려는 용기, 간단히 말해 어떤 사태에 대해 기껏 증명한다는 것이 틀렸다고만 말할 수 있을 뿐인 그런 것을 두고 말하려 하는 용기, 이런 용기야말로 모든 생산성, 특히 철학적·예술적 생산성, 혹은 예술이나 철학과 조금이라도 친화성이 있는 것의 생산성의 전제가 된다.

---

[75] J. von Fraunhofer(1787~1826): 독일의 물리학자.
[76] M. Faraday(1791~1867): 전자기 유도법칙을 발견한 영국의 물리학자이자 화학자.

그러나 무엇보다 문화사에 관한 한, 그것을 딜레탕트의 손길 외에 다른 방식으로 처리하는 것은 정말 불가능할 일이다. 왜냐하면 역사가로서는 특정 지역, 예를 들어 15세기 후반의 뷔르템베르크 시에서 벌어진 반목에 대해 권위 있고 신빙성 있게 기술할 것인가, 아니면 슈바벤의 마가레테 마울타슈[77]의 계보에 대해 그렇게 할 것인가, 아니면 문화사 국비장학생 외르겐 테스만(Jörgen Tesman) 박사가 그랬듯이 중세 브라반트(Brabant) 주의 가내공업에 대해 그렇게 할 것인가, 아니면 가능한 모든 지역을 비교·요약할 것인가를 선택할 뿐이기 때문이다. 그러나 이러한 것이 경박하고 부정확한 모호한 방식을 취하기 마련이다. 세계사는 수많은 딜레탕트의 연구와 무자격자의 판단, 허점투성이의 정보로 조립될 수 있을 뿐이다.

불가피한 역설

역설의 문제에 대해서도 간략히 논의해 보기로 하자. 우선, 이른바 모든 '진리'는 상투적인 것으로 되돌아갈 수밖에 없는 역설을 지니는 운명이 있다고 말할 수 있겠다. 어떤 진리가 어제만 해도 기묘한 것이었지만 내일은 통속적인 것으로 되기도 하는 법이다. 따라서 우리는 장래의 진리를 알리면서 일종의 사기꾼 내지는 반푼수로 취급받거나 과거의 진리를 재탕해 먹으면서 빤한 것을 지루하게 계속 유포하는 사람이 될 것인지, 혹은 성가신 사람 아니면 불필요한 사람이 될 것인지 어느 하나를 서글프게 선택해야 한다. 제3의 길이 없다는 것은 분명하다.

다음으로 지적할 것은 바로 위대한 인물들은 계속 모순에 부딪힐 수밖에 없다는 점이다. 그들은 하나의 진리 그 이상을 품고 있는 온상이다. 모든 생물은 이 온상에서 자신의 부식토를 찾는다. 따라

---

[77] Margarete Maultasch(1318~1369): 티롤의 여백작.

서 이 온상에서 생겨나는 식물들은 다종다양하며, 때로는 완전히 상반된 종이 나오기도 한다. 이러한 사물들에 대해 하나의 관점만을 갖기에는 그 식물들이 너무나 객관적이고, 너무나 풍부하다. 그러나 100년에 한 번 등장할까 말까 할 만큼 뛰어난 두뇌를 가진 사람뿐만 아니라 생각하는 사람이면 누구라도 때에 따라서 모순에 빠질 수 있다. 그래서 에머슨은 이렇게 말한 모양이다. "오늘 생각하고 있는 것은 오늘 말하세요. 그리고 내일 생각할 것은 아무 염려치 말고 내일 말하세요. 설령 그것이 예전에 언젠가 당신이 말한 것과 모든 점에서 모순된다 할지라도 말이죠. 결과란 비좁은 작은 머리에서 출몰하는 요정이랍니다." 괴테가 에커만[78]과 대화를 나누었을 때 이와 같은 생각을 했다. 이에 따르면, 진리는 다이아몬드에 비유할 수 있으며, 그 빛은 한쪽으로 발산되는 것이 아니라 수많은 방향으로 뻗어난다. 보들레르[79]도 같은 생각이었다. 그는 필록슨 롸예 (Philoxène Royer)에게 이렇게 편지를 쓴다. "최근에 화두가 되었던 정의 (正義)에서 누구나 그 증명에 관심을 두고 있지만 망각해온 것이 하나 있다. 그것은 스스로 모순될 수 있는 정의다."

그러나 이 문제에서는 아직도 좀 더 깊이 들여다볼 것이 있다. 말하자면 모순은 그야말로 단순히 형식일 수 있지만, 우리의 사유 전체가 그 속에서 움직일 수밖에 없는 필연적 형식이다. 말하자면 어떤 사태를 두고 '참'이라고 부를 때 그것은 A라는 주장을 의미하는 것도 아니고 그 반대의 A가 아닌(non-A) 주장을 의미하지도 않는다. 오히려 그것은 이 두 가지의 상충하는 판단들에서 끌어낸 집약

---

[78] J. P. Eckermann(1792~1854): 독일의 작가. 괴테와의 대화가 유명함.
[79] Ch.-P. Baudelaire(1821~1867): 프랑스의 시인. 외설적인 문투와 신성을 모독하는 표현으로 기소당하기도 했음. 대표작으로는 『악의 꽃』이 있다.

된 통일이자 나선형으로 더 높이 올라가는 정신적 통일을 의미한다. 인류의 전체 정신적 발전사는 이처럼 진정한 중도개념(Mittelbegriff)을 둘러싼 싸움이다. 이 개념은 현실에 대한 일면적인, 따라서 잘못된 각각의 관찰방식이 조화로운 해결책을 찾게 한다. 주지하다시피 헤겔은 이러한 인식을 바탕으로 거대한 철학의 건물을 세운 것이다. 여기서 그는 단순하면서도 결실 있는 도식, 즉 테제-안티테제-진테제의 도식을 들고서 모든 것과 각각의 것을 가늠한다. 헤겔의 체계가 반세기 동안 모든 문화 분야에 거의 절대적인 지배권을 행사하고, 모든 정신적 창안자, 이를테면 그들이 물리학자든 형이상학자든, 예술가든 법률가든, 궁정의 설교자든 노동의 지도자든 할 것 없이 모두가 하나같이 이른바 헤겔의 변증법을 빌려 말한 것은 그 현명하고도 심오한 발견의 절제된 힘 덕분으로 돌릴 수 있다. 입센이 일화적 방식으로 설명하는 이 철학의 정수는 대중적이지만 만만치 않은 형식에 있다. 입센이 어떤 회의에서 비스마르크에 대해 열변을 토했을 때, 거기에 참석한 이 가운데 한 사람이 개인의 자유에 그토록 열광하는 선구자가 세계관 일체에서 보수주의자이고, 외국의 개인을 억압하는 일을 추종하는 그런 사람에 대해 어떻게 그런 호감을 느낄 수 있는지 그에게 물었던 적이 있었다. 그 질문을 듣고 입센은 질문자를 웃으면서 바라보고는 이렇게 답변했다. "그래요. 하지만 선생은 우리가 생각을 끝까지 하다 보면 모든 사유의 경우 반대가 되는 것도 나온다는 점을 아직 이해하지 못한 것이겠지요?"

이제 끝으로 표절의 문제를 다뤄본다면, 정신적 절취에 대한 한탄의 소리가 세계를 가장 떠들썩하게 하는 일 가운데 하나이다. 말하자면 표절은 저마다 스스로 심판을 받고 있다. 표절에는 저주가 내려앉아 있다. 재물을 훔치긴 했지만 하나도 즐겁지 않은 것이다.

합법적 표절자

그것이 정신적이든 물질적이든 마찬가지다. 표절은 그 도둑이 수백 가지 흔적을 남겨 사람들이 알아볼까봐 불안해하고 붙잡힐까봐 두려워하게 만든다. 그 속성은 어떤 부정직한 일도 허용하지 않는다. 실제로 우리는 우리 자신의 생각만을 항상 작동시킬 수 있을 뿐이다. 왜냐하면 우리의 생각은 우리의 기관일 뿐이기 때문이다. 우리가 아니라 다른 사람의 것인 이념을 우리는 다룰 수 없다. 그 이념은 말이 낯선 기수에게 하듯 우리를 땅에 떨어지게 한다. 그것은 우리가 그 열쇠의 번호를 알 수 없는 멋진 보석함과도 같고 외국인에게, 다만 사진과 서명이 들어있는 사람에게만 열려 있는 여권과도 같은 것이다. 따라서 사람들이 붙잡을 수 있는 정신적 재산은 그저 조용히 몰래 훔쳐 모을 수밖에 없다. 왜냐하면 온전히 허망한 것에 자신들의 멋진 시간을 낭비해온 사람들 외에 그 누구도 그 재산의 손해를 보지 않을 것이기 때문이다.

그러나 무의식적인 표절도 있는 법이다. 좀 더 올바르게 말한다면, 상인을 두고 양심이 있는 도둑이라고 부를 수 있듯이 양심을 갖고 범하는 표절도 있는 것이다. "재산은 도둑질한 것"이라는 프루동(Proudhon)의 문장이 경제영역에서 전적으로 맞는 말인지는 의심해볼 수 있지만, 정신 영역에 통용된다는 것은 전혀 의심의 여지가 없다. 정확히 말해 세계문학 전체가 전적으로 표절들로 이루어져 있다고 할 수 있다. 괴테는 에커만에게 원전의 출처를 찾으려는 것은 "아주 우스운 짓"이라고 말했다. "그렇게 하는 것은 뚱뚱한 사람에게 자신이 먹었고, 자신에게 힘을 제공해준 소와 양과 돼지에 관해 묻는 것과 같은 꼴이다. 우리 자신도 능력이 있지만, 우리의 발전은 거대한 세계의 수천 가지 작용 덕분이다. 우리는 이로부터 우리가 할 수 있고, 우리에게 맞는 것을 전유하는 것이다. (…) 요지는 우리가 진리를 사랑하고 그것을 찾아 취하는 영혼을 가지고 있다는 점이다. 대체로 지금 세계는 너무 늙었다. 수천 년 전부터 수많은 중요한 인물이 이 세계를 살아왔으며, 새로운 것을 찾거나 말할 수 있는 것이라고는 거의 없다고 생각해왔다. 나의 색채론도 새로울 것이 별로 없다. 플라톤과 레오나르도 다빈치, 그리고 탁월한 수많은 인물이 나에 앞서 동일한 것을 알아냈고 생각했다. 나도 그것을 알아냈고, 그것에 대해 말했다. 나는 복잡한 세계에서 진리에 통하는 입구를 또 하나 만들려고 노력하고 있다. 이것이 나의 공적이라면 공적이라고 할 수 있다." 이는 분명 괴테가 한 특별히 중요한 고백이었다. 왜냐하면 그는 자신의 색채론 외에 공개적으로 자랑삼은 것은 아무것도 없었기 때문이다.

인류의 전체 정신사는 절도의 역사이다. 알렉산더는 필리포스에게서 훔쳤고, 아우구스티누스는 바울에게서 훔쳤고, 조토(Giotto)는 치마부에(Cimabue)에게서 훔쳤고, 실러는 셰익스피어에게서 훔쳤고, 쇼펜하우어는 칸트에게서 훔쳤다. 정체가 나타날 경우 항상 그 원인은 훔칠 게 너무 적다는 데 있었다. 중세 때는 훔칠 수 있는 대상이라고는 교부들과 아리스토텔레스뿐이었다. 르네상스 때는 문학적 유산에 담긴 모든 것을 훔쳐 모았다. 따라서 그것은 당시 유럽의 인류를 사로잡은 엄청난 정신적 부력이었다. 만일 위대한 예술가나 사상가가 확고한 지반을 얻을 수 없다면, 그것은 항상 그들이 훔칠 대상이 너무 적다는 데 원인이 있는 것이다. 소크라테스는 자신의 생애를 속속들이 알고 있는 플라톤과 같은 뻔뻔한 도적을 가진 것이 극히 드문 행운이었다. 요컨대 플라톤이 없었다면 소크라테스는 알려지지 않았을 것이다. 공기청소기인가, 압력밥솥인가, 휴대용 라이터인가 하는 문제에서는 우선성이 큰 관심거리지만 정신 영역에서 이 문제는 별로 중요하지 않다. 왜냐하면 우리가 이미 슈펭글러의 경우에서 강조했듯이, 생명력이 있고 결실을 볼 수 있는 훌륭한 사상은 개인에 의해 창안되기보다는 항상 한 시대 전체의 집단적 의식의 산물이기 때문이다. 이때 문제는 누가 그러한 사상을 가장 예리하게 공식화하고 가장 명확히 조명하여 광범위하게 그것을 응용할 수 있게 하는가 하는 것이다. 괴테는 이렇게 말한다. "근본적으로 우리는 집단적 존재이며, 우리가 원하는 것을 산출하고 싶어 한다. 왜냐하면 우리에게는 진짜 우리 자신의 것이라고 부를만한 것이라고는 거의 없기 때문이다. (…) 나는 내 작품을 나 자신의 지혜 덕분이 아니라 나에게 그러한 재료를 제공해준 나의 외부에 있는 수천의 사물과 인물들 덕분으로 돌린다. 여기에는 바보와 현자, 명석한 두뇌와 고루한 두뇌, 성인들과 함께 아이들과 청년들도 포함된다. 이들 모두는 자신들이 좋아하는 것이 어떤 것이고, 무엇을 생각하며, 어떻게 살고 활동하며, 어떤 경험들이 그들을 모이게 하는지 나에게 말해주었다. 나는 그런 여타 사람들이 나를 위해 씨를 뿌려놓은 것에서 열매를 따고 수확할 뿐이다."

주지하다시피 셰익스피어도 『율리우스 시저(*Julius Cäsar*)』에서 플루타르코스를 고스란히 베꼈다. 많은 사람은 이 위대한 작가에게 이러한 치명적인 오점이 있다는 사실을 유감스럽게 생각한다. 좀 더 관대한 사람들조차도 이렇게 말한다. 셰익스피어 같은 사람이 그렇게 하다니! 그러나 양쪽 모두에게 이렇게 응수할 수 있다. 셰익스피어에게서 그런 사정 말고는 아무것도 알지 못한다면, 그런 사실 자체가 오히려 그를 진정한 작가로 보이게 한다. 흔히 위대한 작가는 독창성을 지닌다는 것은 사실이지만 그럴 수밖에 없을 때만 그럴 뿐이다. 그들은 독창성에 대한 의지가 없다. 문사들은 그런 의지가 있다. 작가는 사물을 보고, 볼 수 있는 것을 보는 하나의 인간이지 그 이상은 아무것도 아니다. 작가가 즐거워할 때는 어떤 제약 없이 자신의 직무에 충실할 수 있을 때이다. 셰익스피어가 플루타르코스를 베꼈을 때, 그가 작가임에도 **불구하고**가 아니라 바로 작가이기 때문에 그랬다. 천재는 좋은 것과 가치가 풍성한 것을 정열적으로 사랑하며, 그 외는 어떤 것도 추구하지 않는다. 그렇지 않다면 예컨대 플루타르코스에게서 멀리 떨어지는 것만이 진리를 갖는 것일까? 이 경우에는 무엇을 건져낼 수 있을까? 이때는 별로 중요하지도 않고 별로 참되지도 않은 진리가 옛 진리를 대신할 수 있는 위험도 있다. 천재는 자신의 독창성을 상실하는 것보다도 이런 위험을 더 두려워한다고 할 수 있다. 그래서 차라리 베끼는 것을 더 좋아하고 기꺼이 표절자가 되는 것이다.

한번은 파스칼이 『팡세(*Pensées*)』에서 이렇게 말한다. "어떤 작가들은 자신의 작품을 두고 항상 '**나의 책, 나의 논평, 나의 역사**'라고 말한다. 그것은 기회가 될 때마다 '**나의 집**'을 입에 달고 다니는 뻔뻔한 속물을 연상시킨다. 그들 자신보다 다른 사람들에게 장점이 더 많이 있다는 점을 고려해볼 때, 차라리 그들이 **우리 책, 우리 논평, 우리 역사**라고 말했다면 더 나았을 것이다." 끝으로 말한다면, 우리는 모두 세계정신의 표절자, 다시 말해 그 정신을 받아쓰는 서기관일 뿐이다. 어떤 이는 잘 받아쓰고, 어떤 이는 잘못 받아쓰기도 한다. 이게 차이라면 차이일 것이다. 그런데 파스칼은 또 다른 문장을 통해 자신의 주장을 보강한다. "많은 독자는 작가가 다른 사람이 이미 말한 것을 다시 말하지 않기를 바란다. 그렇지 않으면 독자들은 새로울 게 없다고 그를 비난한다. 그러나 공놀이를 할 때 똑같은 하나의 공을 이용하지만 어떤 사람은 다른 사람보다 더 잘 던지기도 한다. 작가의 경우를 두고서도 그가 옛날에 한 말을 그대로 이용하고 있다고 비난하는 것이다. 이는 동일한 생각이 재배열을 통해 다른 정신적 유기물을 형성할 수 없다고 여기는 꼴이다. 어휘는 재배열을 통해 다른 생각을 형성할 수 있는데도 말이다." 오히려 비독창성은 대개 독자 자신에게 있는 셈이다. "그건 내게 새로울 게 없어. 벌써 어디선가 그런 얘기를 들었어." 이런 말은 재능이 없고, 예술적이지도 못하며, 생산성이 없는 사람들의 입에서 가장 흔히 들을 수 있는 얘기다. 반면에 천부적 재능을 타고난 사람은 "벌써 어디선가 들었던" 것이라고는 아무것도 없으며, 모든 게 새롭다는 것을 안다. 유럽 사람은 모든 흑인이 똑같은 얼굴을 하고 있다고 믿는다. 왜냐하면 그는 흑인의 역사에 대해 아는 것이 아무것도 없기 때문이다. 그리고 속물 지식인은 정신적 골상에 대해 아는 것이 없기 때문에 모든 인간은 동일한 정신적 형태를 취하고 있다고 생각한다. 칸트는 『프롤레고메나(*Prolegomena*)』에서 다음과 같이 말한다. "결코 그렇게 생각하지 않는 사람들은 이미 누군가가 말한 것 속에서도 예전에 누구도 볼 수 없었던 곳에서 자신들에게 나타나는 모든 것을 세밀히 관찰하는 예리함이 있다."

물질적으로 새로운 것이라고는 근본적으로 아무것도 없다. 정신적 힘의 변화만이 항상 새로울 뿐이다. 최후의 걸음을 떼면서 말할 수 있는 것은 의미심장한 것은 무엇이든 끊임없이 표절될 수밖에 없다는 점이다. 질서정연하고 명확히 경계선을 갖는 진리의 왕국은 협소하다. 바보짓과 방황, 별난 생각과 멍청한 언행의 황야만이 측량할 길도 없고 그 바닥도 없는 것이다. 전혀 생뚱맞은 이야기를 하는 사람들은 신뢰를 얻어오지 못했다. 왜냐하면 그 말은 거의 언제나 거짓처럼 보였기 때문이다. 독창성은 이중적이다. 즉, 그것은 좋은 것 아니면 나쁜 것이다. 모든 새로운 유기체는 독창적이다. 그 **생리학적** 독창성은 가치 있고 유익하다. 이와 더불어 **병리학적** 독창성도 존재한다. 그것은 비록 유일한 진정한 독창성보다 몇 곱절 이상의 생산성을 지니지만 어떤 가치도 생명력도 지니지 않는다. 머리가 두 개 달린 송아지의 독창성도 있는 일이다.

내가 이 마지막 관찰을 짧게 끝낸 직후 내 손에는 『시대(Die Zeit)』라는 주간지 가운데 오래된 것 한 권이 들려 있었다. 거기서 나는 헤르만 바르[80]가 쓴 「표절」에 관한 글을 보았다. 그는 이렇게 결론을 내렸다. "예술가가 예전에 이미 한번 묘사되었던 것이든 아니든 괘념치 않고 자신이 느끼는 대로 아름다움을 표현할 권리를 그에게서 우리가 취한다면, 그 미가 낡은 것인지 새로운 것인지 그 진정성에 따라 판단할 권리를 예술 감정사에게서 빼앗는다면, 그리고 우리가 그것을 아직 존재한 적이 없는 것으로 쉽게 평가해버린다면, 우리는 모든 유별난 것에 대해 문을 열어주어 진짜 바보조차 우리에게 가장 사랑받는 작가가 되고 말 것이다." 이 대목을 두고 어떤 우연한 '일치'를 생각할 수 있지만, 사정은 그렇지 않다. 나는 한때 헤르만 바르의 열렬한 독자로서 그의 이 문장을 이미 고등학교 시절 『시대』에서 읽어본 적이 분명 있었다. 그런데 이 문장이 나의 저변의식에서 위로 부상한 셈이다. 여기서 분명해지는 것은 표절 자체를 두고 말한다면 표절은 표절일 뿐이라는 점이다.

---

[80] Hermann Bahr(1863~1934): 오스트리아의 소설가 겸 극작가.

01
시작

최상의 것은 병적인 것과 함께 시작되는 것이 아닐까?
― 노발리스

상자 만들기
의 의지
　　간단히 생각해봐도 일찍이 인간이 해온 모든 분류는 자의적이고 인위적이며 오류투성이라는 점을 알 수 있다. 그러나 역시 간단히 생각해봐도 이러한 분류는 유익하고 없어서는 안 될 것이며, 특히 불가피하다는 점을 알 수 있다. 왜냐하면 이런 분류 행위는 우리 사유의 고유한 경향에서 비롯되기 때문이다. 그도 그럴 것이 인간에게는 구분의 강한 의지가 깊이 살아 움직이기 때문에 사물들을 나누어 울타리를 치고 거기에 꼬리표를 붙이려는 열정적이고 격정적인 성향을 인간은 갖고 있는 것이다. 수많은 아이가 좋아하는 노리개는 상자이다. 그런데 성인들조차도 항상 눈에 보이지 않는 바둑판 그물 모양으로 짜진 사물들을 곳곳에서 만나게 된다. 자연 생산물 대부분이 보여주는 단순하고도 간편한 배열, 즉 동물의 몸을 특정 부위로 명확히 가르는 형태, 꽃대의 규칙적인 마디와 그 층위들, 매끈하게 나뉜 크리스털의 면과 모서리 따위가 그런 것이다. 이 모든 것은 우리에게 진기할 만큼 산뜻한 인상을 준다. 우리는 시의 경우

절이, 드라마의 경우 막이, 심포니의 경우 악절이, 책의 경우 여러 문단이 있어야 한다고 요구하며, 그렇지 않으면 낯설어 지치게 만들고 고통을 느끼게 한다고 생각한다. 그것들이 명확히 구분되지 않는 형태를 취한다면 아름답지 않거나 보잘것없는 것처럼 보이게 된다. 우리는 어떤 사람과 민족을 숭배할 때 체계화하고 분류하고 나누는 그 기술의 수준에 따라 그렇게 한다. 우리가 예술이라고 부르는 그것도 이러한 능력과 거의 동일시된다. 그리스 건축가와 조각가는 수천 년 동안 인류의 스승이 되어왔다. 왜냐하면 그들은 구분과 **배율**의 장인이었기 때문이다. 시인으로서의 단테의 명성이 널리 알려진 것은 그가 저승의 비밀 세계를 명확한 선으로 구분함으로써 눈으로 포착할 수 있게 한 것에서 그 원인을 찾을 수 있다. 이런 점에서 모든 과학의 과제는 현실을 투명하게 분할하고 분류하는 것에 있다고 할 수 있을 것이다. 인위적으로 구분하고 계열화함으로써 사실의 전체 모습을 쉽게 개념파악할 수 있게 한다. 이는 물론 자연에는 비약이 없다는 것을 의미한다. 그런데 이 과제가 경유할 수밖에 없는 중간 형태들은 그 자체에 결정적으로 중요하지 않은 것처럼 보인다. 왜냐하면 이 과제는 그 형태 가운데 단 하나만을 보존해온 것이 아니라 자신의 고유한 목적, 즉 세밀하게 구분된 그룹과 영역을 취하려고 단지 그 형태들을 보조선과 가교로서만 이용할 뿐이기 때문이다. 요컨대 여기서 의도하는 것은 어정쩡한 과정들이 아니라 확연한 구분이다. 아니면 차라리 이렇게 말해도 될 것 같다. 아무튼 우리는 구분 외에 달리 생각할 수 없다고 말이다. 우리가 어떤 발전과정을 관찰할 때 우리를 자극하여 움직이게 하는 것은 신비한 **비약**임을 거의 예외 없이 목격하게 된다. 어떤 전기든 우리의 관심을 사로잡는 것은 갑작스러운 명암의 교차, 변화와 전향, 숨을 조이는 것과 안도하게 하는 것 등이다. 이는 신기원을 이루는 하나의 단면을 형성한다. 간단히 말해 우리는 명확한 발음으로 구분된 세계, 즉 **구두점을 찍은** 세계에서만 행복을 느끼는 것이다.

시대구분의 권리

무엇보다 시대구분의 권리는 시간의 추이가 있는 것이면 무엇에든 적용된다. 아마도 시간은 인간을 둘러싸고 있는 것 가운데 가장 무서운 것일 것이다. 그 까닭은 시간이란 더는 존재하지 않으면서도 여전히 우리의 지금을 압박하는 과거와, 아직 도래하지 않았지만 우리의 오늘을 이미 고민하게 하는 부담을 주는 미래 사이의 교점으로서 덧없으면서도 공포를 느끼게 하고 형태도 없고 불가해한 것이기 때문이다. 그러나 우리는 현재를 붙잡고 있지 못한다. 따라서 우리의 가장 소중하고도 귀중한 지참금과 같은 시간은 우리의 것이 아닌 셈이다. 우리가 시간을 소유하려 하지만 오히려 시간에 포섭되어, 우리가 '내일'이라고 부르지만 결코 획득하지 못하는 그 허깨비를 향해 쉼 없이 앞으로 떠밀려간다. 그러나 바로 이런 까닭에 인간은 지칠 줄 모르고 시간을 나누고 쪼개면서 더욱더 작고 규칙적인 배율로 분할하려고 애를 쓴다. 인간은 이러한 목적을 좀 더 완벽히 달성하려고 바람과 모래, 물과 빛과 같은 모든 요소를 보조수단으로 취한다. 인간의 가장 강렬한 욕구, 영원한 꿈은 **연대기**(Chronologie)를 세상에 내어놓는 것이다. 말하자면 만일 우리가 일단 시간을 도식으로 일목요연하게 하여 기준에 맞고 계산 가능하게 만든다면, 우리는 시간을 지배하기 때문에 시간이 우리의 것이 된다는 환상이 생겨난다. 미개인조차도 이렇게 할 단순한 자연적 방법을 갖고 있다. 기독교도보다 훨씬 더 토속적이고 생각이 얕았던 고대인의 경우에는 해 그림자로 만족해야 했다. 그러나 벌써 중세만 해도 시계라는 발명품을 경험했고, 조용할 날이 하루도 없는 생활고와 파우스트적 불안이 들끓는 오늘날의 우리에게는 1초를 40만 분의 1로 나눌 수 있는 장치가 있다. 우리가 시간현미경(Zeitmikroskop)을 시간망원경 (Zeitteleskop)으로 교체하여 우리 인류의 아득한 역사를 돌아볼 때도 사정은 마찬가지다. 여기서도 우리는 고대를 황금·은·철기 시대로 나누는 순수 상징적 분할로 더는 만족지 않으며, 더 정확히 더 예민하게 더 엄밀하게 구분하려 한다. 시대구분의 모든 방식을 논박하면서 이렇게 말하기는 물론 쉬울 것이다. 즉, 유일한 대하(大河)만 있을 뿐이다. 이 대하는 길고 긴 공간에서 발생하여 이 공간 안에서 작용하면서 다른 모든 강이 그렇듯 양 방향으로 무한히 뻗어나갈 뿐이라고. 이렇게 하면 대양도 몇 개의 지류로 나눌 수 있을 것이다. 그러나 우리가 위도와 경도로 구분하듯이 대양도 실제로 그렇게 나누지는 않지 않는가? 항상 우리는 자연과 생명에는 그저 단계적 과정과 수준과 차이가 있을 뿐이라고 확신한다. 그러나 우리는 예리한 이의를 듣고 그들의 이의가 정당함을 인정하면서도 그들의 말을 믿지는 않는다. 왜냐하면 우리의 사유 기저에는 모든 과학적 인식보다 더 실증적이고 더 근원적인 하나의 지식이 자리 잡고 있기 때문이다. 평범한 사람은 물론이고 진정한 학자의 경우에도 그 특성이 되는 이러한 타고난 건강한 수직적 지식이 사후의 지혜를 배격하고 모든 진행은 그 시작과 끝, 전주와 결말을 가질 수밖에 없다는 주장을 고집한다. 전체의 형성과정보다 더 쉽게 조망할 수 있는 개인의 삶을 들여다보면, 그 불분명한 과정에는 어떤 규칙도 없으며, 새로운 나이로 접어드는 일이 대개 갑자기 매개 없이 폭발적으로 이루어진다는 점을 보게 된다. 갑자기 사춘기나 노년기가 찾아오면 사람들은 흔히 '밤'이라고 말한다. 물론 항상 그것을 맞이할 '각오'는 되어있지만, 그것이 현실로 나타나면 대개 깜짝 놀라는 생리적 현상을 동반한다. 이런 돌발적 상황에서 가끔 깊은 정신적 충격을 경험한다. 그럴 때 우리는 이렇게 말하곤 한다. "너 정말 갑자기 어른이 다 됐어." 그리고 (대개 그 주인공이 없는 데서) "그 친구 정말 갑자기 늙어버렸어." 빌헬름 플리스[1]는 자신의 중요한 저작 『삶의 변화 (*Der Ablauf des Lebens*)』에서 다음과 같이 말한다. "갑작스러움은 삶의 모든 경과에서 일어난다. 그것은 기본 현상이다. (…) 어린애는 갑자기 발음을 또랑또랑하게 한다. (…) 그리고 역시 마찬가지로 어린애가 어느 날 갑자기 첫걸음을 떼는 것도 확실하다." 인간은 자궁에서 신비스럽게 성장한다. 그것은 벌레·물고기·두꺼비·포유동물 모두에게도 마찬가지다. 각각은 자신의 특정한 생일, 그것도 특정한 출생의 순간이 있다. 우리 인간 전체 종의 역사에 대해서도 그렇게 말할 수 있다. 새로운 인간 유가 탄생하는 시점이 있는 것이다. 그것은 며칠이 아니라 몇 년 혹은 십 수 년이 걸릴 수도 있다.

새로운 인간
의 수태

그런데 우리가 이런 유사성을 좀 더 자세히 관찰해보면, 어떤 교정의 욕구가 일어나는 지점이 있다는 것을 금방 알아볼 수 있다. 인간의 생명은 언제 '시작되나?' 그것은 분명 출생의 순간이 아니라 착상의 순간에 시작된다. 플리스에 이어 지난 10여 년간 신비로운 주기성의 현상에 몰두해온 대단히 놀랍고도 많은 성과를 낳은 연구들이 출생 전 대략 아홉 달을 생명의 시작에 포함했으며, 점성술사들도 운수를 따질 때에 그렇게 한다. 말하자면 새로운 역사단면의 시작은 새로운 인간을 **수태하는** 그 시점에서 비롯된다. 수태한다는 말은 이중적 의미를 띤다. 새로운 시기는 큰 전쟁이 발생하거나 중

---

[1] Wilhelm Fließ(1858~1928): 베를린의 외과의사. 생명 리듬의 주기이론으로 유명함. 이는 프로이트가 과학적 심리학을 구상하게 되는 계기가 됨.

단되었을 때, 강력한 정치적 변혁이 일어났을 때, 영토의 결정적 변화가 발생했을 때 시작되는 것이 아니라 인간 종의 새로운 변이형이 착상되는 순간에 시작된다. 왜냐하면 인류의 내적 경험만이 역사에 계산되기 때문이다. 그러나 대개 직접적 충격은 지축을 흔드는 외적 사건, 즉 보편적 파국, 이를테면 무서운 역병 · 사회계층의 근본적 위치변동 · 광범위한 침략 · 경제적 가치의 갑작스러운 변동 등에서 시작되기도 한다. 그러므로 변화의 시작은 대개 어떤 엄청난 트라우마(Trauma), 예컨대 도리스인의 이동 · 민족대이동 · 프랑스혁명 · 30년 전쟁 · 세계대전과 같은 쇼크에서 비롯된다. 이러한 쇼크에 이어 새로움의 자궁이 되는 **정신적 외상의 노이로제**(traumatische Neurose)가 나타난다. 이 증상을 통해 모든 것이 철저히 키질되면서 '교란되어' 불안한 무정부와 카오스의 상태가 유발된다. 집단적 표상이 유동하면서 이른바 동원되는 것이다. 정신과 전문의가 말하는 '수의운동(隨意運動)의 상부구조(psychomotorischer Überbau)'는 이후에야 형성된다. 그것은 뇌수 조절과 억제 및 안정의 체계로서 '평소'의 정신적 기능 작동을 일으키는 것이다. 그래서 모든 '의고전주의'는 시대의 이러한 그룹에 귀속된다고 볼 수 있다.[2]

이러한 도식에 근거해서 이제 우리는 근대의 인간을 수태한 해는 '흑사병'이 발생한 1348년이었다고 감히 주장해본다.

---

[2] 수의운동이란 동물의 '주체적 의지'에 따라 일어나는 운동을 말함. 수의운동의 상부구조는, 갑작스러운 충격적 사건 따위가 일어나면 인간은 감당하기 어려운 외상(트라우마)를 입고 카오스 상태에 한동안 빠지지만 뇌의 중추조절 장치가 이후 작동하면서 평상심을 찾게 하고 상황에 맞는 정신적 구조, 즉 상부구조를 형성한다는 뜻. 따라서 외적 '충격'은 '새로움의 시작'을 알리는 징후로 읽으면 된다는 것이 필자가 '수의운동의 상부구조'라는 개념으로 표현한 것임.

'과도기'   근대는 학파에서 말하는 그런 곳에서 시작된 것이 아니다. 근대의 시작에 대한 관례적 규정들이 그 진정한 상황을 아주 개괄적이고 피상적으로 말하고 있다는 암울한 감성이 항상 지배해 왔었다. 이때 대부분의 역사가는 '과도기'를 보조수단으로 사용한다. 그들은 이 과도기를 대략 15세기로 이해한다. 브라이지히는 '후기 중세' 개념을 끌어들여 그 기간을 "대략 1300년부터 약 1500년까지" 잡는다. 그러나 체임벌린[3]은 예리하긴 하지만 다소 일면적으로 정립하여 '19세기'로 그 폭을 좁힌다. 그는 "게르만족의 각성을 온전히 새로운 문명, 온전히 새로운 문화의 기초라는 세계사적 규정을 통해" "유럽 역사의 선회점"이라고 부르면서 1200년대를 "이러한 각성의 중간 시점"으로 규정한다. 셰러[4]는 '중세 초'에 매달리긴 하지만 이 시기에 대해 다음과 같은 말로 시작한다. "재앙이 지나가고 최초의 독일 대학이 설립된 것은 의미심장한 것으로서, 그것은 베스트팔렌 평화조약이 체결될 때까지의 300년 기간의 입구에 들어선 것을 뜻한다." 그러나 근대의 시작에 대한 좀 더 올바른 인식의 문이 전문가들보다 '문외한들'에게 훨씬 더 빨리 열리게 된 것은 그저 당연한 일일 뿐이다. 이미 바사리[5]는 문예부흥(Rinascita)을 트레첸토[6]의 시작에서 읽어냈다. 구스타프 프라이타크[7]는 오늘날까지도 독일 민중의

---

[3] Houston Stewart Chamberlain(1855~1927): 영국 태생의 독일 작가. 인종주의에 입각하여 히틀러 국가사회주의 운동에 중대한 영향을 끼침.

[4] Wilhelm Scherer(1841~1886): 독일 문학사가.

[5] G. Vasari(1511~1574): 이탈리아 르네상스 시대의 화가이자 건축가 겸 미술사가.

[6] Trecento: 대개 14세기 이탈리아 르네상스의 시기 혹은 그 시대 예술사를 칭함.

[7] Gustav Freytag(1816~1895): 독일의 극작가·소설가·평론가.

가장 현란하고 가장 인상적이며 가장 생생한 경험을 보여주는 문화사로 통하는 그의 저서, 『독일 과거의 모습들(*Bildern aus der deutschen Vergangenheit*)』에서 이렇게 말한다. "조금만 더 자세히 들여다보면, (…) 독일 민중뿐만 아니라 세계 모든 민중의 운명을 결정한 거대한 사건들을 유발하는 조용한 힘들이 오랫동안 분주히 움직여왔다는 사실을 알 수 있다. (…) 이러한 관점에서 보면 호엔슈타우펜 왕가와 30년 전쟁 사이의 기간, 즉 1254년에서 1648년의 400년 기간은 독일의 역사에서 그 선사시대 및 그 이후 시대와 확연히 구별되는 완결된 단일 시대로 보인다." 그리고 프리츠 마우트너[8]는 그의 저서 『서구의 무신론과 그 역사(*Atheismus und seine Geschichte im Abendland*)』에서 다음과 같은 공식에 도달한다. "중세를 교회의 개념이 지속적으로 영향을 미쳐온 모든 시대로 이해한다면, (…) 중세는 분명 베스트팔렌 평화조약에까지 이를 것이다. (…) 그러나 중세를 오로지 신정정치로 제한해서 이해하면 (…) 중세는 15세기 말 훨씬 전에 끝이 난 것으로 보아야 한다. 이 경우 중세는 200년 짧아진다."

이 경우 근대는 16세기의 서막과 함께 개시된 것으로 보인다. 그러나 근대는 14세기와 15세기에 태동했다. 비록 질병과 함께 시작하긴 했지만 말이다. 그런데 질병이 생산적인 어떤 것이라고 한다면, 이러한 가상의 역설적 설명을 우리는 우리 연구의 선두에 내세울 수밖에 없다.

모든 질병은 유기체의 운동을 방해한다. 그러나 아주 피상적으로 관찰할 때에만 운동 방해의 개념을 손상의 개념으로 치부하게 한다. 정치 및 사회적 활동·예술·과학·종교의 역사에서도 우리는 기

질병의 가치에 관한 해설의 시작

---

[8] Fritz Mauthner(1849~1923): 보헤미아 출신 철학자이자 저널리스트.

존의 균형을 흔들어놓는 행위가 항상 부패한 현상으로만 이해된 것은 아니라는 사실을 본다. 오히려 모든 유익한 새로움의 형성은 '전복'의 노정에서, 부분들의 해체와 기존 힘의 평행사변형의 변동을 통해서만 실현될 수 있는 것이 분명하다. 이러한 상황은 보수적인 견해에서 보면 항상 병적인 것으로 보일 수밖에 없다.

질병 현상이 형성의 비밀과 밀접하게 관련될 것이라는 예감은 모든 시대 인류에게 널리 확산해왔다. 민중의 육감에는 항상 환자, 특히 정신적 환자를 공포와 경외가 뒤섞인 수치심을 갖고 바라보는 경향이 있다. 로마 사람들은 간질병을 **신성한 질병, 성스러운 질병**(*morbus sacer, morbus divinus*)이라 했고, 그리스 전체에서 가장 중요한 문제를 결정하고 미래를 예언하는 일을 위탁받은 사제는 우리가 그 의미를 알고 있는 모든 것에서 보더라도 오늘날의 용어를 빌리면 히스테릭한 매개자로 규정할 수밖에 없다. 수많은 종교에서 고통의 가치를 높게 평가하는 것은 고통이 삶의 기능을 약화하는 것이 아니라 강화하며, 건강한 사람에게는 닫혀있는 지혜에 이르게 한다는 확신에 그 뿌리를 두고 있다. 고행은 동양에서든 서양에서든 육체를 '약하게' 만들 수 있다고 생각되는 모든 수단, 이를테면 단식 · 불면 · 채찍질 · 고독 · 금욕을 통해 유기체를 인위적으로 병들게 하여 한층 더 높은 상태로 변화시키려는 행위에 해당한다. 성담묘사에서 거의 모든 성인, 아니면 신의 계시를 받은 모든 인간은 육체적 '열등성'을 지니고 있다. 수백 년 전에는 히스테리 환자 같은 마녀를 그 적수인 신의 선민으로 본 것은 이러한 관점의 이면일 따름이다. 당시의 신앙은 이 선민에게 창조주가 가진 그런 힘을 부여했다. 요약하자면 우리는 이상과 같은 병자가 더 많은 축복을 받고 훨씬 더 영민하며 훨씬 더 풍부한 생명력을 품고 있는 상태에서 건강한 사람들보다 더 고차원적인 삶의 형식을 보여준다는 감정을 곳곳에서 명확히 보기도 한다.

모든 사람이 질병의 상황에서 **배우게** 된다는 점은 아무리 편협한 사유를 가진 사람조차도 거의 의심을 하지 않는 것 같다. 병든 유기체는 더 불안하며, 그래서 학습 욕구가 더 커진다. 병든 유기체는 더 감성적이게 되며, 그래서 학습능력이 더 뛰어나다. 더 불확실해서 더 깨어있고, 더 예민하며, 청각도 더 밝아지는 법이다. 지루한 습관과 위험을 곁에 두고 살기 때문에 더 용감해지고, 덜 계산적이게 되고, 더 적극적이게 된다. 정신의 상태가 저승의 문턱에 더 가까이 서 있기 때문에 육신에서는 더 멀며 더 초월적이고 정신은 더 깊어진다. 이렇듯 근본적으로 정신이 심화하는 방향에서의 모든 진보는 질병 현상을 드러내는 듯하다. 육체가 더는 어쩔 수 없을 때에야 비로소 본능은 자기보존의 수단을 취하게 된다. 고등생물일수록 자연히 그 질병의 상태도 항상 깊은 것이다. 고등 복합적 유기물은 균형의 지속적 방해를 전제로 한다. 적어도 그것은 그러한 방해의 지속적 위험, 말하자면 불안정 · 불균형 · 불확실을 전제로 하는 것이다. '가장 건강한 상태'에 있는 것은 의심할 여지도 없이 아메바인 셈이다.

가장 건강한 상태에 있는 것은 아메바다

새로운 것이 형성되는 곳 어디에나 허약하고 병적인 것, 즉 '데카당스'가 존재한다. 새로운 핵을 발전시키는 모든 것은 겉으로 보기에 생명을 단축하는 상황에 부닥친다. 임신한 여성이 그러하며, 이가 나고 있는 어린아이가 그러하며, 털갈이를 하는 카나리아가 그러하다. 봄에는 모든 자연이 신경쇠약증에 걸린다. 직립원인 피테칸트로푸스는 분명 데카당스한 면모를 지녔다. 잘 알려진 질병인 '신경과민'은 자극에 대한 고도의 감수성, 반응의 민첩성, 풍부하고도 비

형성되는 모든 것은 데카당스하다

상한 연상능력, 한마디로 말해 **정신**을 의미할 뿐이다. 유기체가 고차원적으로 발전하면 할수록 그만큼 더 신경도 과민해진다. 백인은 흑인보다 더 신경질적이고, 도시인은 농민보다 더 신경질적이며, 근대인은 중세인보다 더 신경질적이고, 시인은 범인보다 신경이 더 예민하다. 동물의 세계에서도 같은 상황을 목격할 수 있다. 사냥개는 덩치 큰 집 개보다 더 예민하다. 또 이 집 개는 황소보다 더 예민하다. 히스테릭한 사람들은 히스테릭한 정신의 힘이 있어서 물질에도 명령을 내릴 수 있을 정도이다. 그들은 자신들의 몸에 일부러 종창을 돋게도 하고 피가 나게도 하며 화상을 입힐 수도 있으며, 심하게는 가사(假死) 상태에 들어갈 수도 있다. 그들이 종종 미래를 내다보기도 한다는 사실은 입증되기도 했다. 비록 그 범위는 작지만 신경쇠약증 환자의 경우에도 그런 일이 일어나곤 한다. 그는 좀 더 예리하고 민감하며, 호기심이 더 많으며 수면은 더 적게 취한다. 신경쇠약에 관한 모든 관례적 정의에 따르면 그것은 별난 재능을 지닌 사람의 생리적 상황이 적개심으로 표출되는 것과 다름없다.

회복기에 접어든 사람은 기묘하게도 마음이 가벼워지고 경쾌하며 들뜬 상태에 놓이게 된다. 이에 반해 완쾌는 일종의 퇴보를 의미한다. 이러한 까닭은 모든 질병은 영웅적인 생존투쟁을 의미할 뿐만 아니라 위협을 받고 있는 유기체가 낯선 발작과 침입에 대응하려고 마지막 힘까지 다 쏟아내는 필사적 노력으로 비치기 때문이다. 육체는 전투적 비상사태에서 각 세포가 믿기지 않는 에너지를 발산하고, 활력을 증대하며, 힘을 조절하고 비축하면서 대응하는 일반적 저항의 스타디움인 셈이다.

질병의 가치문제에 대해서는 막강한 몇몇 근대 사상가가 주목해 왔다. 헤벨[9]은 자신의 『일기(*Tagebüchern*)』에서 이렇게 적었다. "병적인 상태는 건강한 상태 못지않게 진정한(지속적이고 영원한) 것에 더 가까이 접근한다." 노발리스는 질병은 아마도 "우리의 깊은 사유와 활동에서 가장 흥미로운 자극제이자 소재"일 것이라고 설명한다. 이에 따르면 우리는 아직도 그것을 이용할 기술이 없다. 그는 이렇게 반문한다. "질병은 더 고차원적인 진테제를 위한 수단일 수 있지 않을까?" 그리고 근대 데카당스의 열정적 옹호자인 니체는 그의 글 곳곳에서 질병이 정신의 자기수양에 지대한 의미가 있다는 점을 부각하면서 『즐거운 학문(*Fröhliche Wissenschaft*)』의 서문에서 다음과 같은 결과를 끌어낸다. "질병을 두고 말하자면, 우리는 질병이 과연 우리에게 필요 없는 것인지 물어보려고도 하지 않았다."

열등 기관의 고(高)가치

그러한 물음에 대해 알프레트 아들러[10]는 자신의 책 『열등한 기관들에 관한 연구(*Studie über Minderwertigkeit von Organen*)』에서 엄격한 학문적 형식을 빌려 처음으로 다루었다. 1907년 그의 이 짧막한 글이 나왔을 때, 이 글은 전혀 주목을 받지 못했다. 이후 이 저자는 정신분석학적 연구를 통해서 다소 광범위하게 알려지게 되었다. 물론 이 연구는 관행적으로 볼 때 논쟁적 성격을 띠기보다는 오히려 프로이트의 이론을 보완한 것으로 보인다. 이는 인간이란 선을 행하기 마련이라는 점과 실러와의 관계에 대한 괴테의 유명한 진술을 고려하여 "어디에서든 무엇인가를 두고 서로 논쟁할 수 있는 파트너가 있다"는 사실이 기쁜 일이라고 보는 점에서 그렇다.

아들러는 인간 유기체에서 열등한 모든 물질은 '초과가치'를 형성하려는 경향, 즉 이 물질이 대면하는 상대적으로 더 큰 생명의

---

[9] Friedrich Hebbel(1813~1863): 독일의 극작가. 근대 사실주의의 선구가 되는 비극을 남겼음.
[10] Alfred Adler(1870~1937): 오스트리아의 정신의학자.

자극물에 대해 생산성을 증대함으로써 대응하려는 경향을 갖고 있다는 실험적 확신에서 출발한다. 따라서 우리가 이 열등 물질의 저항이 비상한 수행능력으로 상승한 것을 보게 되는 일은 드물지 않은 것이다. 그 계기는 부단한 실행과 열등한 기관이 드물지 않게 보여주는 적응력에서 찾을 수 있다. 그러나 열등한 기관의 유전적 결과는 운동의 불충분성과 필요 분비물의 과소 생산, 반사작용의 빈곤 등에서 비롯되지만, 그 반대로 과잉운동, 분비물의 과다배출, 과잉 반사작용에서도 그렇기는 마찬가지다.

이런 현상은 간단히 말해 알프레트 아들러가 발견한 일이다. 이 발견을 조금만 더 깊이 생각하면서 몇 가지를 그저 추론만 해보더라도, 우리는 깜짝 놀랄 결과를 얻게 될 것이다. 비유기적 자연을 가지고 시작해 보기로 하자. 이로부터 우리는 작용과 반작용의 법칙에서 그 실태를 가장 단순하고 가장 본질적으로 드러내는 형태를 알아볼 수 있다. 예를 들어 당구공 하나를 다른 당구공으로 맞힌다면 그 당구공은 결코 수동의 상태로 가만있지 않고 반작용을 일으키기 마련이다. 말하자면 같은 힘으로 밀어내는 것이다. 충돌의 자극, 즉 '쇼크'는 그 자체로도 생산적 에너지를 발산한다. 용수철을 팽팽히 하지 않으면 그것은 점차 탄력성을 잃어버린다. 말굽자석은 전기자를 오래 투입하는 만큼 자력을 높인다. 고무는 당겨져 있지 않으면 비틀어진다. 말하자면 자극이 없으면 '오그라드는' 것이다. 유기물에도 자연히 같은 원리가 적용된다. 사용하지 않는 근육은 점차 퇴화한다. 이는 심한 골절상을 입었을 때 목격할 수 있는 현상으로서 '비활동 위축증세'로 알려져 있다. 근육을 심하게 운동시킬 경우 한 기관이 비대해지게 된다. 대장장이·짐꾼·레슬러는 비정상적으로 발전한 그 이두박근만 얼핏 보더라도 그가 하는 일을 짐작할 수 있게 한다. 그러므로 모든 자극은 영양분을 유발하는 특성이 있다. 어떤 기관에 규칙적으로 강하게 자극을 가하면 가할수록 그 수행능력도 그만큼 향상된다.

그런데 여기서 의미 있는 결과가 도출된다. 즉, 병든 기관은 때에 따라 건강한 기관보다 생명력뿐만 아니라 수행능력과 발전력에서도 더 뛰어날 때가 있다는 점이다. 왜냐하면 병든 기관이 훨씬 더 많은 자극을 받기 때문이다. 여기서 질병은 비상한 훈련이 정상적 유기체에 가하는 역할과 완전히 동일한 기능을 발휘한다. 이는 개별 기관뿐만 아니라 유기체 전체에도 통한다. 예컨대 모든 유의 예술가, 특히 배우들은 오랜 기간 청년으로서 살면서 수많은 경우에서 대단한 노련미를 보여주는데 이는 그들이 비상한 마찰과 자극을 거의 항구적으로 받으며 살기 때문이라는, 아주 놀라운 사실은 흔히 볼 수 있다. 반면에 보통 사람들은 대개 아주 합리적으로 '좀 더 성실하게' 살지만, 자연적 퇴행과정에 너무나 쉽게 굴복한다. 왜냐하면 이 과정은 심히 경직되고 정체된 체계를 드러내고, 일반적이고 지엽적인 석회화에 적나라하게 노출되어 있기 때문이다. 여기서는 힘의 관리가 충분히 활기차지 못하므로 풍부한 마찰과 저항, 극적 대립이 없는 것이다. 세포조직의 활동에 긴장이 제대로 작용하지 않는다. 이로써 역설적 문장을 제시할 수 있다면 그것은 바로 건강은 일종의 신진대사 장애 질환이라는 것이다.

건강은 일종의 신진대사 장애 질환이다

그러나 이제 우리의 이론은, 조금만 더 정확한 관찰을 한다면 간파되는 인간 아래 세계의 영역에서도 일련의 놀라운 일이 발생한다는 점을 확인할 수 있다. 다만 나는 내가 그야말로 우연히 접한 몇 가지 사실만을 실례로 보여주고자 한다. 물론 이 사례들은 체계적 탐구를 통해 얼마든지 늘려나갈 수 있을 것이다. 주지하다시피 잘려

학습할 수 있는 히드라

나간 꼬리를 다시 소생시키는 능력을 갖추고 있는 도마뱀을 두고 말한다면, 다시 자란 꼬리 부분은 대개 이전의 꼬리보다 더 두껍고 더 강하다. 우리 지역에 사는 담수폴립(Süßwasserpolyp) 유는 그 머리를 자르면 곧바로 새로운 머리 두 개를 형성하는 특성이 있다. 그래서 그것은 히드라라는 이름을 달고 있다. 흔히 '전설'에서 볼 수 있지만, 학습할 수 있는 히드라의 이야기는 깊은 학술적 의미를 담고 있다. 역시 우리 근처 개울에서 보게 되는 와충류(渦蟲類)의 경우 여러 번 절단해도 머리와 꼬리 끝을 생겨나게 할 수 있다. 지렁이와 여타 하등생물은 몸을 여러 번 절단해도 완전히 새롭게 복원하는 능력을 갖추고 있다는 것은 너무나 잘 알려진 사실이다. 이런 속성은 해면의 인공증식에 이용된다는 점에서 기술 발전에도 도움이 된다. 따라서 이런 경우 상처를 입히는 것은 보통 때라면 성적 생식을 통해서만 가능한 그런 새로운 개체를 발생하게 한다. 수많은 양치류가 상처를 입으면 기생버섯에 감염되어 특이한 새싹을 틔운다. 예컨대 길가의 양치류는 소위 '위치스병'을 유발한다. 또 다른 기생버섯은 꽃실의 발육부전으로 단성으로 이루어지는 동자꽃 속 꽃들이 양성이 되게 만든다. 이때 흠이 있는 수꽃술은 감염을 통해 다시 발육하게 된다. 나무의 경우에도 같은 현상이 나타난다. 벌레 먹고 바람에 부러지고, 가지들이 톱에 잘려 상처를 입은 모든 유의 나무들도 그 자리에 어떤 봉오리를 만들어낸다. 오배자(五倍子)는 파리 · 모기 · 말벌과 같은 곤충들의 독성활동으로 형성된다. 이런 생산물을 병적 기형으로 보는 것은 적어도 논란의 여지가 있다. 왜냐하면 그것은 그 형태가 열매를 빼닮았고 나무의 정상적 성장을 방해하지도 않기 때문이다. 그러나 수많은 쥐오줌풀에 발진하는 진드기 같은 것도 있다. 여기서 우리는 기묘한 사실을 이해할 수 있게 되었다.

요컨대 코믹 오페라 작곡가인 그레트리(Grétry)는 좌우 대뇌 반구 사이의 신경섬유가 부풀어 오른 그날부터 작곡을 시작하여 50곡 이상의 희가극을 썼으며, 학술적 고문서 연구의 기초자인 마비용(Mabillon)은 두부손상을 겪고서야 유명한 학자가 되었다는 것이다.

모든 생물의 최소 인자에서조차도 이와 유사한 일이 일어난다는 사실은 깜짝 놀랄 방식을 이용하는 에를리히(Ehrlich)의 측쇄이론(Seitenkettentheorie)에서 확인된다. 주지하다시피 에를리히는 세포에는 이른바 측쇄가 있으며, 이 측쇄의 기능은 혈액순환에서 영양소를 취하여 세포의 내부로 유도하는 일을 맡고 있다고 가정한다. 그는 이러한 측쇄를 '수취인'으로 규정한다. 이 관점에 따르면, 감염의 과정은 독소가 이 수취인과 결합할 수 있는 더 큰 힘이 있을 때 일어난다. 이때 세포가 측쇄와 독소분자의 결합을 분리해 새로운 수취인을 형성하지 못하면, 독소가 영양소의 보급을 차단하여 개인을 죽게 만든다. 그러나 특이한 점은 여기에 있다. 즉, 세포가 생명을 존속할 수 있게 되면 이전의 수취인을 대신할 뿐만 아니라 잉여 측쇄를 만들어내기도 한다는 것이다.

상처가 내적 결합을 통해 새로운 것을 형성한다는 점과 그 손상이 생식의 역할을 떠맡을 수 있는 유일한 생리적 동인이 된다는 사실은 양성 활동, 즉 성생활이 지질학에서 언젠가 유기물에 나타날 병적 퇴화현상일 수 있는 것이 아닌가 하는 의문이 제기될 수 있다. 미국의 화학자 자크 뢰브(Jacques Loeb)가 농축된 소금물의 용해를 통해 섬게 알을 부화시키는 데 성공한 사례는 적어도 이러한 생식의 형태들이 있었고, 성적 결합의 수단을 포기한 또 다른 물질세계가 있을 수 있다는 이론적 가능성을 열어놓은 셈이다.

그러나 '자극'이 열등한 생물이 한 층 높은 단계로 발전하게 할

아킬레스의
발꿈치

유일한 동인은 아니다. 다만 그것은 좀 더 자세히 예의주시해서 다뤄야 할 생물일 뿐이다. 그것은 이른바 바로 뒤처져 있어서 관심을 더 받는 유기체의 응석받이인 셈이다. 여기서 인간의 경우 자연적 성벽이 이후의 발전과 항상 일치하는 것은 아니라는 점이 도출된다. 오히려 타고난 불완전성이 그 반대로 발전하는 일이 허다하다. 우리는 이를 단순한 반응현상과 연관 지어볼 수 있다. 이미 아들러는 데모스테네스[11]가 천성적인 말더듬이였다는 점을 지적한 적이 있다. 그밖에도 우리는 생리적 결점이 나중에 비상한 일을 하게 하는 계기가 된다는 사실을 목격하기도 한다. 레오나르도[12]와 홀바인[13], 멘첼[14]과 렌바흐[15]는 왼손잡이였다. 인간을 너무나 충만하고도 개성적이면서 암시적으로 그려냈기에 오늘날까지도 그 전범을 찾기 어려운 라우베[16] 시절 부르크 극장의 위대한 배우들은 거의 대개 언어장애가 있었다. 존넨탈(Sonnenthal)은 발음이 어눌했고, 바우마이스터(Baumeister)는 말을 웅얼웅얼거렸으며, 레빈스키(Lewinsky)는 말을 느릿느릿하게 했다. 반면에 그 반대의 경우를 볼 수도 있다. 이른바 '현란한 재능'을 가진 배우들은 비상한 형태의 창작물을 거의 산출하지 못했다. 이런 맥락에서 보면 훌륭한 배우의 재능은 분명 영혼의 울림을 구체화할 때 표현될 수 있다는 점이 논쟁의 여지가 없는

[11] Demosthenes(BC 384~BC 322): 고대 그리스의 정치가.
[12] Lionardo da Vinci(1452~1591): 르네상스 시대 이탈리아를 대표하는 천재적인 화가.
[13] Hans Holbein(1497~1543): 독일의 화가. 헨리 8세의 궁정화가로 지내기도 했음.
[14] Adolf von Menzel(1815~1905): 독일의 화가이자 판화가.
[15] Franz von Lenbach(1836~1904): 독일 화가. 초상화가로 유명함.
[16] H. Laube(1806~1884): 독일의 극작가 및 연출가. 질풍노도 시기 '청년독일'의 일원.

분명한 경험적 사실처럼 들린다. 타고난 연출가의 경우 생활에서는 부끄럼이 많고 어눌하지만, 공연에서는 우아하고도 멋진 연출을 내보이기도 한다. 사적인 인간으로서는 말수가 적고 무뚝뚝하지만, 무대 위에서는 힘이 넘치는 변증법과 황홀한 분위기를 연출한다. 일상에서는 힘이 없는 유약한 모습을 취하지만, 대개 그 연기의 개성은 힘이 넘치며 강철같이 압도적인 면모를 드러낸다. 지난 50년간 최고의 여배우였던 샤를로테 볼터[17]는 그 키가 보통에도 미치지 못했으며, 가장 확실한 배우의 한 사람이었던 마트코프스키[18]는 몸집이 엄청나게 컸다. 그러나 그들이 무대에 섰을 때 누구도 그런 사실을 눈여겨보지는 않았다. 현실 영웅의 경우에도 가끔 이와 비슷한 일이 있다. 유럽 중부의 초기 역사에서 막강한 두 전사, 아틸라[19]와 카를 대제[20]는 땅딸보였다. 근대의 가장 뛰어난 전략가였던 프리드리히 대왕과 나폴레옹도 몸집이 작았을 뿐 아니라 볼품이 없었다. 어마어마한 정신적 힘과 막강한 의지는 불리한 신체 조건에도 그 상반된 영향력을 발휘했다. 어쩌면 그러한 조건 때문에 그런 힘과 의지가 생겨났는지도 모를 일이다. 연애의 유명한 주인공들, 이를테면 라이스[21], 니농[22], 프리네[23], 퐁파두르[24] 등의 경우 실제로 아름다웠던 것

---

[17] Charlotte Wolter(1834~1897): 오스트리아 출신 여배우.

[18] A. Matkowsky(1857~1909): 독일 베를린의 배우.

[19] Attila(?~453): 훈족 왕. 로마 제국을 침략한 변방 민족 최고의 전략가로 통하기도 함. 그는 중세 독일의 전설적인 영웅 서사시 『니벨룽겐의 노래(Nibelungenlied)』에 에첼로, 그리고 아이슬란드 무용담에서는 아틀리라는 이름으로 등장할 만큼 지략이 뛰어난 장수였음.

[20] Karl der Große(742~814): 프랑스에서는 샤를마뉴(Charlmagne)로 불린다. 프랑크 왕국에서 카롤링거 왕조의 시조가 됨.

[21] Laïs of Hyccara: B. C. 340년경에 사망한 고대 그리스의 한 창녀.

[22] Ninon de Lenclos(1620~1705): 프랑스의 유명한 사교계 여성.

이 아니라 누구든 사로잡을 '어떤 것'을 품고 있었다고 한다. 이 어떤 것은 그들의 애교, 상냥함, 반짝이는 정신, 간단히 말해 외적 미모의 결점에서 발전시킨 내적인 아름다움에 있었다. 반면에 우리가 현실적으로 완벽한 미인들을 두고서 말할 때 흔히 듣곤 하는 전형적 비판은 그들이 풍미가 없어 지속적으로 우리를 매혹할 수 없다는 점이다. 그래서 외적인 매력을 별로 끌지 못한다는 것이다. 세상 모든 사람이 그저 순순히 맹목적으로 그들을 경모하기 때문에 그들 자신은 매력을 충분히 산출할 수도 없다. 계속하자면 다음만큼은 상기해야 한다. 미의 왕국에서 가장 위대한 인물인 미켈란젤로는 지독히도 못생겼으며, 완벽한 형식의 열렬한 숭배자이자 탁월한 대가인 바이런(Lord Byron) 경은 선천적인 절름발이였고, 예리할 뿐만 아니라 성숙하기도 한 문장을 촛불처럼 간결하고도 명쾌하게 써내려가면서 가장 자연적인 스타일을 추구한 리히텐베르크[25]와 논리연관의 수직·수평적 사유로 세계를 놀라게 한 칸트, 이 둘은 척추가 굽는 병에 시달렸고, 시적 세계를 울려 퍼지게 한 슈베르트[26]는 소녀들이 싫어한 짤막한 다리의 뚱뚱보 프롤레타리아트였다. 근대의 최고 음악가가 귀머거리였다는 사실에는 어떤 심오한 상징이 담긴 것일까! 이미 그리스 사람들은 이런 맥락을 예감하고 있었다. 그들은 예언자들이 항상 눈이 멀었다고 생각한 것이다. 주변의 모든 것

---

[23] Phryne: BC 4세기경에 활동한 그리스의 유명한 창녀. 피부색이 누르스름했기 때문에 그 이름이 그리스 사람들에게는 '두꺼비'라는 뜻으로 불렸다고 함.

[24] Pompadour: 프랑스 왕 루이 15세의 애첩으로 유명함.

[25] G. Ch. Lichtenberg(1742~1799): 독일의 물리학자 겸 풍자작가.

[26] F. P. Schubert(1797~1828): 오스트리아 출신 유명한 작곡가. 「숭어(Die Forelle)」라는 피아노 5중주가 유명함.

을 끌어당기면서 모든 색을 투시하는 태양과 같은 선견(先見)을 가진 호메로스도 장님이었다. 상처를 입힐 수 없어 당할 자가 없는 아킬레스(Achilles)도 치명적인 화살을 맞는 발꿈치가 있었다. 이렇게 말할 수 있을 것 같다. 즉, 창작의 민족정신에서 볼 때 아무리 행운이 승승장구하더라도 거기에는 항상 은밀한 독액 한 방울 정도는 들어있다고 말이다. 그러나 거꾸로 발꿈치는 어떤 아킬레스에게든 있지만 모든 발꿈치가 어떤 아킬레스든 지배하는 것은 아니라고 생각한다면, 상처를 입을 수 있는 부위, 즉 상처를 입을 수 있다는 의식과 이 부위에 맞선 집요한 영웅적 투쟁에서 영웅이 탄생하는 것이 아닐까? 이는 별로 논리적이지 못한 것으로 생각할 수 있지만 바로 이 때문에 그만큼 더 진실한 셈이다.

그러나 이와는 전혀 다른 입장, 즉 **다윈주의**(Darwinismus)가 있다. 적자생존 주지하다시피 다윈주의는 두 가지 원리, 즉 유전과 적응의 원리에 기초한다. 유전성을 두고 말하자면, 특히 열등성은 아주 쉽게 유전된다는 사실을 관찰할 수 있다. 그리고 변이성(Variabilität)은 병에 약한 속성을 지니는 것이 확실하다. 이미 생물학자 아이머[27]는 새로운 성질(도마뱀의 경우에서처럼)의 형성에 관한 연구에서 이 형성은 우선 질병과 같은 것이라고 주장한 바 있다. '돌연변이설'의 주창자인 생물학자 드 브리스[28]는 새로운 종은 대개 본래의 종보다 더 허약하다고 주장한다. 이에 따르면, 그 키는 확연히 작아지며, 특히 환경질환에 민감하고 쉽게 포착되며, 생생한 색상을 띄지 않고 잎사귀가 마르거나 무르기 십상이고, 그 씨방은 완전히 자라지 못하며,

---

[27] Theodor Eimer(1843~1898): 독일의 동물학자.
[28] Hugo de Vries(1848~1935): 네덜란드의 생물학자. 달맞이꽃 한 품종에서 12 계통의 신품종을 얻어내는 과정에서 '돌연변이설'을 제창하게 됨.

조금만 거칠게 다루면 꽃이 쉽게 떨어진다. 따라서 우선 새로운 종의 속성이 유기체의 기존 경제 질서를 흔들어, 익숙지 않고 견실하지도 않으며 어떤 것도 담보하지 않는 상황을 유발한다는 점과, 둘째로 모든 변화는 애초부터 데카당스를 전제로 한다는 점도 별로 놀랍지 않다. 생물의 감각기관은 외부세계의 자극에 응답하는 수많은 형식일 따름이다. 정신과 전문의가 '민감한 약체'라고 말하는 고도의 예민성은 그러므로 새로운 종의 특질을 형성하게 하는 계기인 셈이다. 살아있는 물질이 처해 있는 어떤 장소에서 지금까지 나타나지 않았던 빛에 대한 병약한 감수성이 발전하는 그 순간에 최초의 '색소 반점'이 생겨나고 이로써 시력도 형성된다. 유기체의 표피가 데카당스적일수록 촉각과 온도감각도 그만큼 민감하게 진화한다. 우리가 전기 충격에 아주 민감하다면 우리는 이미 마르코니[29]의 전기장치처럼 그것을 받아들일 수 있는 기관을 가진 셈이다. 퇴화한 원숭이만 두고 보더라도 네 발로 더는 편안히 걷지 않고 직립보행을 한 것을 떠올릴 수 있다. 강한 몸짓으로 시급히 의사소통하기에 충분한 힘과 비상함을 더는 가질 수 없었던 아주 '열등한' 유인원조차도 확성기라는 대용물을 사용하기에 이르렀다. 대체로 인간이 자신의 동물 선조와 구별되는 것은 자연의 양자로서 그가 사용할 수 있는 신체적 무기가 별로 없었던 상황 덕분이었다. 이 덕분에 인간은 먼 과거를 회상하고 미래를 예견하는 오성의 무기를 만들었던 것이다. 과학을 발견하여 깔끔한 질서를 세웠고, 예술을 창안하여 현실의 흉측성과 증오감에서 자신을 스스로 위로할 수 있게 했고,

---

[29] G. Marconi(1874~1937): 이탈리아 물리학자. 무선 전신을 실용화함. 헤르츠 전파에 기초하여 현대 장거리 무선통신의 기초를 이룸.

철학을 만들어 자신의 고뇌와 실패에 어떤 의미를 부여했다. 이런 것이야말로 데카당스의 산물이지 않는가!

'정상적' 유기체와 그 기관들은 외부세계의 자극에 고리타분하고도 보수적인 방식으로 반응한다. 말하자면 관행적으로 대응할 뿐이다. 반면 새로운 변종의 수신기는 훨씬 더 독창적이고 혁명적이며, '훨씬 더 몰개성적'이고 **더 뛰어난 적응력**을 발휘한다. 미세한 차이를 보이는 자극에 대한 더 예민한 감수성이 있어서 더 개별적인 대응을 하게 되는 것이다. 새로운 변종들은 **지금까지의 조건 아래서는 더는 살아갈 수 없게 하는 낡은 것**의 거부를 의미할 따름이다. 말하자면 **생존투쟁**에서 승리하는 것은 '가장 유능한 것', 즉 속물 철학이나 상인 철학이 우리를 믿게 하려는 것처럼 가장 거칠고 조야하며 아무 생각도 없는 그런 유기체가 아니라 가장 위험하면서도 가장 예민하고 가장 정신적인 유기체이다. 발전의 선택원리를 보면 "가장 잘 적응하는 것이 살아남는 것"이 아니라 **가장 적응하지 못하는 것이 살아남는다**는 사실을 알 수 있다.

그러나 오해를 피하고자 강조해야 할 것은 사태의 본성 자체에서 비롯되는 것이기는 하지만 열등한 모든 유기체가 진화의 견인차가 되는 것은 물론 아니라는 사실이다. 오히려 수많은 생물은 '진정한' 열등 때문에 고통을 겪는다. 그것들은 쉽게 살아남을 수가 없다. 물론 그중에 어떤 것은 좀 더 고차원적인 유기체의 가능성을 자체에 지니고는 있지만, 그것을 실현하기는 쉽지 않다. 그것들은 발전의 순교자, 즉 쓰러지는 전위대(Avantgarde)인 셈이다. 행군대열이 그들을 밟고 지나간다. 비정상적 신경과민성은 비만만큼이나 영양실조를 유발할 수도 있다. 모든 열등성이 어떤 고차원적 삶의 형태인 것은 아니지만, 모든 고차원적 삶의 형태는 열등성에서 비롯된다고 볼 수 있다.

우리의 연구체계가 나아갈 길은 아직 멀다. 지금까지 우리는 열등성의 한 가지 중요한 후속 현상, 즉 **보상작용**에 대해서는 아직 하나도 검토하지 못했다. 이제 이 보조 개념을 끌어들이면서 우리는 일종의 천재 생리학을 다루게 될 것이다. 흔히 우리는 천재를 별난 인종으로 부르곤 하는데, 동종 인간과 구별되는 것은 그가 창조적이라는 점, 그리고 그는 대중이 의존해서 살아가는 평판에 합당한 어떤 사실을 내놓는다는 점에 있다. 말하자면 이 사실은 결실을 보게 하는 토양이자 삶을 요리하는 아궁이이며 유력한 현실이기도 한 그 고유한 자아와 관련 있다. 우리가 이 글에서 이러한 인종을 자주 언급할 것이지만 바로 여기서는 이 문제와 관련된 몇 가지 간단한 논평만을 덧붙이고자 한다.

롬브로소[30]의 『천재와 광기(Genie und Irrsinn)』가 출간된 지도 벌써 두 세대가 지났지만, 이 책이 획득한 지대한 명성은 아직도 일반인의 기억 속에 남아있다. 천재와 광기의 체질 사이에는 깊은 친화성이 있다는 논거를 이른바 수많은 '전문가적' 손길에서 읽을 수 있다. 사실 우리는 역사의 어떤 영역에 일단 시선을 돌려보아야 한다. 그러면 수많은 병든 천재를 떠올릴 수 있다. 타소[31]와 포[32], 레나우[33]와 횔덜린, 니체와 모파상[34], 후고 볼프[35]와 반 고흐[36]도 정신착란을

---

[30] C. Lombroso(1836~1909): 이탈리아의 정신의학자 겸 법의학자.
[31] T. Tasso(1544~1595): 후기 르네상스 시대 이탈리아의 최고 시인.
[32] E. A. Poe(1809~1849): 미국 낭만주의 대표 시인.
[33] N. Lenau(1802~1850): 오스트리아 시인.
[34] Guy de Maupassant(1850~1893): 프랑스 자연주의 대표 작가.
[35] Hugo Wolf(1860~1903): 오스트리아 작곡가. 후기 낭만파 작곡가로 유명함.
[36] V. van Gogh(1853~1890): 네덜란드 화가. 인상파에 지대한 영향을 끼침.

일으켰다. 율리우스 케사르와 나폴레옹, 바울과 마호메트(Mohammed)는 간질병 환자였고, 아마도 알렉산더 대왕과 그의 아버지 필리포스도 그랬던 것 같다.(이러한 계보를 볼 때 간질은 분명 '유전적 질환'인 것처럼 보인다) 루소와 쇼펜하우어, 스트린드베리와 알텐베르크[37]는 추적망상에 시달렸다. 전혀 눈에 띄지 않는 경우에조차도 약간만 더 세밀히 관찰해보면 어떤 병적 특성이 있음을 감지할 수 있다. 예컨대 관행적 관점에서 보면 비스마르크는 힘이 넘치는 아주 건강한 지방 융커의 모범이자 다져진 힘과 정신적 저항력을 겸비한 전형으로 비친다. 그러나 사실 그는 지속적인 위기감에 시달린 신경쇠약의 중환자였다. 쉽게 격렬한 발작적 울음을 터트렸으며, 정신적 불안은 주기적으로 육체적 질병을 불러왔다. 편두통과 안면신경통, 심한 두통 따위가 그런 것이었다. 헬름홀츠[38], 몸젠[39], 멘첼, 분젠[40] 등을 포함하여 여러 중요한 예술가와 연구자의 두뇌구조를 연구한 해부학자 한제만[41]은 정신적으로 뛰어난 사람들의 경우 흔히 뇌수종의 가벼운 증세가 나타난다고 지적한다. "이런 연관관계를 나는 (…) 유전적으로 형성되는 뇌의 구조에서 보이는 뇌수종의 경미한 형태가 쉽게 자극 상황을 일으키며, 이 상황은 수많이 존재하는 연상통로를 활동하도록 자극한다는 (…) 방식에서 생각했다." 그렇다면 천재란 뇌수종의 작용이란 말이 되지 않는가! 쉽게 이렇게 말해

---

[37] P. Altenberg(1859~1919): 오스트리아 작가. 인상주의적 작풍의 산문을 즐겨 썼음.

[38] Hermann L. F. von Helmholtz(1821~1894): 독일의 생리학·물리학자.

[39] Ch. M. Th. Mommsen(1817~1903): 독일의 정치가이자 역사가. 대표작으로 는 『로마사』가 있음.

[40] R. W. von Bunsen(1811~1899): 독일 화학자. 스펙트럼 분석의 기초를 놓음.

[41] D. P. von Hansemann(1858~1920): 독일의 병리학자.

도 무방할 것 같다. 즉, 정신질환의 어떤 징후를 드러내지 않은 의미 있는 인간은 한 번도 없었다고 말이다. 예컨대 정신과 의사들이 '반복현상'이라고 부르면서 같은 말을 반복하는 조발성(早發性) 치매의 한 증상으로 보는 그런 현상을 내보이지 않은 1급 작가는 단 한 명도 없었다. 그 예는 플라톤과 루터, 니체와 칼라일에게서 확인된다. 근본적으로 그러한 점이 대개 천재의 본질을 구성하는 셈이다. 그 재능은 다면적이고 변화무쌍할 뿐만 아니라 변신술과 조절력을 잘 발휘하기도 한다. 그러나 대개 천재는 경직된 일면성을 드러낸다. 루벤스는 항상 살찌고 가슴이 풍만하고 엉덩이가 큼직한 장밋빛의 여성을 그렸다. 쇼펜하우어는 두 권으로 묶은 전집을 유고로 남겼는데, 거기에서 그는 마치 엄격하고도 다소 현학적인 학급담임과 같이 대여섯 개의 기본이념을 계속 되풀이해서 말한다. 도스토옙스키(Dostojewski)의 작중 인물 거의 모두가 다소 같은 얘기를 하고 있다. 천재의 일회성과 모방 불가능성은 바로 이러한 일면성과 고루함에 의존하고 있는 것이다.

누구라도 이 별난 행태에서 쉽게 덧붙여 말할 수 있는 것이 있겠지만, 이로써 우리가 깨닫게 되는 것은 건강한 천재란 없다는 점이다.

병든 천재는 없다

그러나 반대로 우리가 천재는 어떤 집중된 두뇌의 힘과 어떤 강철 같은 논리성과 어떤 명쾌한 정신력을 가졌기에 사태를 차분히 정리하고 꿰뚫어보면서 현상의 모든 세계를 관할하고 있는지, 또 어떤 탁월한 확신을 지녔기에 모든 사물에서 그에 합당한 것을 뽑아내면서 거기에 일치하는 표현을 부여하는지, 또 어떤 재주와 지식을 가졌기에 자신의 삶을 지배하고 형태화하는 것인지, 또 어떤 빛나는 일관성과 건축술을 가졌기에 자신의 작품을 설계하고 구성하면서 단계를 지어가는 것인지, 어떤 인내심과 세심함을, 어떤 결집한 항상성과 낙천성을 지녔기에 자신의 길을 묵묵히 걸어가는지 따위를 생각해보면 다음과 같은 결론에 도달할 수밖에 없다. 즉, 병든 천재는 없다.

이미 롬브로소는 천재와 정신착란이 아주 비슷한 정신상태에 있는 것이지만 결코 같지는 않으며, 서로 근본적으로 구별되게 하는 무엇이 있다고 강조한 바 있다. 그러나 이 무엇은 무엇인가? 이 지점에서 아들러는 우리에게 또다시 어떤 방향을 가리켜준다. 그는 우리 유기체에는 한 기관의 열등함을 다른 기관의 초과발전으로 상쇄하고, 한 측면의 과소기능을 다른 측면의 과다기능으로 보충하는 경향이 있다고 확언한다. 좌우의 뇌, 갑상샘, 허파, 콩팥, 난소, 고환이 서로를 지원할 수 있는 능력을 갖추고 있다는 것은 잘 알려진 사실이다. 중추신경계가 이러한 보충에서 중심역할을 떠맡을 수 있는 것도 특정한 신경망과 섬유조직이 있기 때문이다. 태어날 때부터 시력이 좋지 못하면 그만큼 시각적 정신은 맑아진다고 한다. "기관의 열등성은 (…) 갈망표상의 방향을 규정하고 (…) 보완작용이 일어나게 한다." 그런데 아들러는 특히 의미 있는 특수한 경우에 대해 이렇게 설명한다. "약점에 대한 감정이 신경과민증 환자를 압박한다. 그는 흔히 이를 깨닫지 못하고 온 힘을 다해 보호막을 치려고 한다. 이때 그의 감성이 예민해지고, 다른 사람들 같으면 그냥 넘어갈 그런 것에 대해서도 신경을 곤두세우게 된다. 지나치게 신중하여 행동하든 감내하든 애초부터 가능한 모든 결과를 미리 예단하고서는 좀 더 많이 듣고 좀 더 많이 보려고 애를 쓴다. 그래서 소심해지고 만족할 줄 모르고 행동에 인색해지게 된다." "그는 대개 소심함을 보이면서 정확히 계산되지 않으면 행동하지 않고 요리조리 세밀하게 따지고는 행동한다. 이는 (…) 삶의 어려움을 더 늘리고 싶지 않아서 그런 것이다."

　여기서도 우리는 또다시 지고의 도덕적 현상에서와 마찬가지로 돌의 낙하나 전지의 두 극에서 작동하는 보편적인 세계법칙과 관계하게 되었다. 나이팅게일과 종달새가 멋지게 노래를 부르지만, 그 모습은 아주 소박하다. 반면 공작새와 극락조는 화려한 의상을 걸치고 있지만, 목소리는 듣기 거북하다. 열대기후는 채소류를 무성히 자라게 하지만 사람들의 성격을 느릿하게 만든다. 반면에 거칠고 험악한 자연은 힘을 강화하고 오성을 단련시킨다. 순환기관에 에너지의 공급이 원활하면 마음이 넓어진다. 더우면 사람들이 물을 나누는 데 인색하게 만드는 법이다. 전염병을 치료하는 데는 온도를 높일 적합한 열이 필요하다. 성인들은 자신의 도덕적 경지를 완성하려고 속세를 포기한다. 신의 총애를 받는 사람들은 대개 단명에 그친다. 햄릿은 행동하지 않음으로써 지혜를 얻었고, 오셀로는 무지했기 때문에 영웅이 될 수 있었다. 항상 어디에서든 자연은 저울의 균형을 맞추고, 유리한 것에는 결손으로, 단점에는 장점으로 메우려는 경향을 보인다.

인간의
세 가지 갈래　이제 천재성의 문제를 활용해 보고자 한다. 열등한 모든 신경계는 초 우등의 뇌신경 계통과 연결되어 있다. **이때 다만 전제되는 것은 뇌성물질이 충분히 많이 있어야 한다는 점이다**. 과학적으로 꼭 정확한 표현은 아닐지 모르지만 손쉽게 표현해서 유기체에서 자극의 수용에 이바지하는 모든 것을 말초신경계라고 말하고, 이 자극을 다듬고 조절하고 조직하는 기능을 하는 모든 것을 중추신경계라고 한다면, 우리는 다음과 같이 인간을 세 가지 유형으로 분류할 수 있다. 첫째, 과민반응을 수행하는 말초신경이 있긴 하지만 중추신경은 충분하지 못한 부류의 사람들이 있다. 이들은 생산적이기는 하지만 생활능력은 모자란다. 여기에는 신경쇠약증 환자에서 중증 편집광에 이르기까지 정신적 열등감에 시달리는 사람들이 포함된다. 둘째, 중추신경은 충분히 발달해 있지만 말초신경의 수행능력이 다소 떨어지는 사람들이 있다. 이들은 생활능력은 있지만 생산적이지는 못하다. 이 부류에는 '보통사람들', 즉 농민·도시민·'성실한 상인'·'유능한 공무원'·'단순한 학자'가 포함된다. 끝으로 셋째, 극히 예민한 말초신경뿐만 아니라 과잉 발전한 중추신경계를 가진 사람들이 있다. 이들은 천재들로서 생활능력도 있고 생산적이기도 하다. 따라서 천재성은 일종의 유기적 노이로제, 즉 광기의 지적 형태와 다름없는 셈이다. 이제 우리는 어째서 천재가 주기적으로 병리학적 특성들을 보일 뿐만 아니라 비상한 두뇌작용, 특히 강하면서 부드러운 윤리감정에서도 두각을 나타내는지 이해할 수 있게 되었다. 이런 과잉현상은 부득이한 것이다. 우리는 이런 사정을 고도의 재능을 타고난 민족들에게서도 목격할 수 있다. 예컨대 그리스 사람들이 그런 것이다. '그리스 민족'의 천재들의 경우 디오니소스적인 것은 말초신경에 해당하고, 아폴론적인 것은 중추신경에 해당한다.

모든 천재적 창작을 위해서는 아폴론적 성향이 필요하다는 점에 대해서는 보편적으로 동의하지만, 디오니소스적 성향도 그 못지않게 중요하다는 점에 대해서는 쉽게 넘겨버린다. 그러나 천재들은 잠재적 정신착란자일 뿐만 아니라 잠재적 범죄자이기도 하다. 그들은 바로 천재이면서도 예술적 생산으로 도피할 수 있기 때문에 형법에 연루되지 않을 뿐이다. 괴테는 이렇게 말한다. "내가 저지를 수 없는 그런 범죄가 발생했다는 소문을 나는 단 한 번도 들어본 적이 없었다." 이것이 이 작가의 본질이다. 그가 범할 수 없는 범죄란 아마도 그가 묘사할 수 있는 영역 밖에 놓여 있는 것일 것이다. 그러나

생산으로의
도피

그는 범죄를 예술적으로 형상화할 수 있기 때문에 어떤 범죄도 저지를 필요가 없는 것이다. 이는 매우 심오한 자기고백일 수 있지만, 헤벨이 다음과 같이 썼을 때 그 스스로 예감한 것보다 훨씬 더 심오한 고백이었을지도 모른다. "셰익스피어가 살인자를 형상화한 것은 그 스스로 살인자가 될 필요가 없는 일종의 구원이었던 셈이다." 헤벨의 드라마는 피로 가득 채워져 있으며, 그의 일기장에서도 우리를 깜짝 놀라게 하는 것은 온갖 살인 이야기를 대단히 즐겼다는 점이다. 그는 어떤 살인사건을 듣게 되면 항상 그것을 기록으로 남긴다. 사태와 아무 관계 없는 일도 흥미를 갖고 여기저기 갖다붙이면서 심리학적으로 처리한다. 실러도 십중팔구 타고난 강도 같고, 발자크(Balzac)는 음모술수의 대가처럼 보인다. 그러나 그들의 작가적 재능은 그들의 강도와 모리배 기질과는 비교할 수 없을 정도로 더 뛰어났다. 그들은 모두가 예술가이자 형성자였던 것이다. 단테와 미켈란젤로, 스트린드베리와 포, 니체와 도스토옙스키, 이들은 예술로 도피한 식인종과 다를 것이 뭐가 있는가? 그리고 세계사의 '괴물들', 이를테면 칼리굴라[42]와 티베리우스[43], 당통[44]과 로베스피에르[45], 체사레 보르자[46]와 토르케마다[47]는 현실로 뛰어들어간 예술가

---

[42] Caligula(AD12~AD41): 고대 로마의 제3대 황제.

[43] Tiberius(BC42~AD37): 고대 로마 제국의 제2대 황제.

[44] G. J. Danton(1759~1794): 프랑스의 혁명 정치가. 자코뱅파의 우익을 형성했으나 혁명의 와중에 극좌파 로베스피에르에 의해 처형됨.

[45] M. F. M. I. Robespierre(1758~1794): 프랑스의 혁명 정치가. 자코뱅파의 지도자로서 혁명적 민주주의를 수립하려 했으나 정부군의 습격으로 체포되어 파리에서 처형됨.

[46] Cesare Borgia(1475~1507): 르네상스시대 이탈리아의 전제군주이자 교황 군대의 총사령관.

[47] Tomas de Torquemada(1420~1498): 도미니코회 수사. 스페인의 초대 종교

와 다를 것이 뭐가 있는가? 그리고 위대한 예술가의 야망을 품은 황제 네로(Nero)가 예술적 형상화의 능력이 있었더라면 '피에 굶주린 개'가 되지는 않았을 것이다. 네로가 남긴 유명한 말이 있다. **"쿠알리스 아르티팩스 페레오**(*Qualis artifex pereo*)!" 아마도 이렇게 번역해도 될 것 같다. "내 속에서 이렇게 위대한 예술가가 죽어가는구나!"

예술가뿐만 아니라 종교의 천재도 '예민한 감수성'을 갖고 있다. 붓다(Buddha)와 바울[48], 아시시의 프란체스코[49]와 같은 성인의 경우 모든 낯선 고통에 공감하고 그것을 마치 자신의 고통처럼 받아 안고 모든 피조물을 자신의 형제처럼 느끼려면 자극에 대한 비상한 감수성이 필요한 것이다. 천재적 연구자라도 사정은 마찬가지다. 우주에 흩어진 어떤 기운을 포착하려면 누구도 따라잡을 수 없는 병리학적 감수성을 가질 수밖에 없다. 그렇지 않으면 그는 아무것도 발견하지 못할 것이다. 위대한 종교들이 형성되던 시기는 항상 민족적 사이코의 시대이기도 했다. 그리스의 오르페우스 시대가 그랬고, 원시기독교의 시대가 그랬으며, 새로운 세계상이 열리던 시대도 그랬다. 그러나 이때 문제는 – 이미 암시했듯이 – 보호막 역할을 하는 지적 상부구조(Überbau)가 뒤늦게나마 균형을 잡아주는 조절장치를 설치하곤 하는 **진정한** 질병 상태이다. 이로써 우리는 다시 우리의 출발점으로 되돌아온 셈이다.

재판소 소장.
[48] Paulus(10?~67?): 초대 그리스도교의 사도로 본명은 사울이다.
[49] Francesco d'Assisi(1182~1226): 로마가톨릭의 수사.

02
중세의 영혼

세상이 아직 어둠에 둘러싸여 있을 때
하늘은 그렇게도 청명했고,
세상이 이토록 맑아진 이후로
하늘은 어두워졌다.
－ 요한 네스트로이(Johann Nestroy)

중세의
'낭만성'   우리가 '중세'라는 이름으로 뭉뚱그려 말하곤 하는 신앙이 지배
한 천년왕국은 14세기 중엽에 이르러 갑자기 과거가 되어버렸다.
그 영광과 삶의 징표를 구성한 중세의 가장 대표적인 형태들, 이를
테면 스콜라철학·고딕양식·에로티시즘이 수축하고 노쇠하여 말
라버린 것이다. 이 **중간기**(medium aevum)가 오랫동안 역사학자들에게
는 고대에서 근대에 이르기 위한 하나의 임시구조물, 즉 목조로 만
들어진 비상 통로쯤으로 여겨졌지만, 몇몇 시대와 마찬가지로 이전
세계 및 이후 세계와 뚜렷이 구분되는 명확한 특색을 지니고 있다.
그 원인은 우선 당시만 해도 본질적 특성을 취하면서 통일을 형성
한 단일한 국제적 문화가 있었기 때문이다.
   우리가 중세를 두고 낭만주의라고 부르길 좋아하는 것은 아마도

그것이 가장 중요한 대목은 아니지만 우리 의식이 가장 신뢰하는 특성 가운데 하나이기 때문일 것이다. 당시의 상황을 말해주는 눈부신 광도가 우리에게 비치고 있다. 그 시대의 삶은 분명한 명암의 대조를 이루고 있었다. 밝은 광채와 깊은 그림자, 산뜻하면서도 짙은 보색의 대비가 있었던 것이다. 그에 비해 우리의 현존재는 훨씬 더 원근법적이고, 어정쩡한 채색으로 난무하며, 훨씬 분절되고 미세하게 복잡하다. 이런 차이의 원인은 부분적이긴 하지만 당시 사람들은 우리보다 훨씬 더 무의식적으로 생각 없이 삶을 살았던 것에 있다. 중세는 암울하고 제한적이며 쉽게 믿는 경향이 있는 것으로 우리에게 비친다. 사실 당시 사람들은 실제로 모든 것을 믿었다. 모든 환상, 모든 전설, 모든 풍문, 모든 시를 믿었고, 참된 것과 헛된 것, 지혜와 광기, 성인과 마녀, 신과 악마의 존재를 믿었다. 그러나 그들은 자신에 대해서도 신뢰했다. 곳곳에서 사람들은 실재성을 생각했고, 실재성이 없는 곳에서조차 그 존재를 믿었다. 모든 것이 현실적이었다. 그리고 그들은 모든 실재성 가운데 지고한 것, 즉 신의 존재를 믿었다. 모든 것이 신의 흔적으로 보였다. 이 모든 것 위에서 그들은 자신의 꿈과 도취의 마술적 베일을 펼칠 수 있었다. 모든 것이 아름다웠다. 따라서 그 피안성과 편협성 및 빈곤성에도 불구하고 그 시대는 화려한 낙관주의가 지배할 수 있었다. 그러한 사물의 존재를 믿는 사람은 항상 확신과 기쁨으로 차 있었다. 이런 점에서 중세는 어두웠던 것이 아니라 청명했던 것이 아닌가! 합리주의가 원자들로 해체해 놓은 은하로 우리는 어떤 사소한 것도 시작할 수 없지만, 우리가 마음으로 믿는 뺨이 포동포동한 천사와 완고한 악마와 함께 아주 많은 것을 시작할 수 있지 않을까! 간단히 말해 당시의 삶에서는 오늘날의 그림·인형극·동화극·신비극에 등장하는 인물들이 내보이는 것보다 훨씬 더 다양한 성격을 담고 있었다. 반면 오늘날 우리의 삶은 그만큼 유치한 편이다. 따라서 당시의 삶은 훨씬 더 감각적이고 인상적이며, 훨씬 더 자극적이고 더 흥미로울 뿐만 아니라 어떤 의미에서는 훨씬 더 실재적이기도 했다.

모험으로서의
삶

당시의 존재를 좀 더 조형적으로 꿈을 닮은 듯이 형상화하려면 그러한 내면적 계기들에 몇 가지 외형적 계기를 덧보태야 한다. 우선 그때는 존재를 가볍게 만들어 속도로 밀어붙이게 한 이후의 기술 발전이 야기한 그런 것이 없었다. 모든 기술적 장치는 합리화된 삶의 한 부분이다. 평화의 기획으로 이용된 증기력과 전쟁의 기획으로 활용된 폭약은 질서의 비인격적 요소, 즉 획일화와 기계화를 초래했다. 이런 것이 중세에는 없던 일이다. 중세 사람들에게 싸움은 상상력에 불이 붙어 벌어진 일종의 그림 같은 활동 형식이었다. 그들은 오늘날 같은 전쟁을 벌이지 않았으며, 다소 게으름을 피우면서 삶을 살았다. 현실적 게으름은 수많은 기사와 거지와 방랑자에게서 볼 수 있고, 학자적 게으름은 수도사에게서 보게 된다. 여기에서 또다시 시적 낭만을 읽을 수 있다. 게다가 그뿐만 아니라 자연은 오늘날처럼 소위 길드는 방식으로 인간에게 종속되지도 않았다. 자연은 여전히 현실적 자연, 야생상태의 자연이었다. 자연은 장엄하면서도 두려운 대상으로서 경이로움과 전율로 가득 채워진 신비로움을 품고 있었다. 신문도 잡지도 없었고 책다운 책도 없었다. 모든 것을 구전의 전통에 의존했다. 설령 사람들이 말을 무조건 맹목적으로 믿지 않았다 하더라도, 구전전통을 따랐기 때문에 관습의 특권과 상상력을 형성할 수 있었던 것이다. 오늘 우리가 사는 이 대명천지의 시대, 말하자면 보통의무교육, 편견 없는 연구, 자연과학적 세계관이 지배하는 이런 시대조차도 두 사람이 아주 단순하고도 일상적인 사건의 목격자가 된다 하더라도 같은 사건을 두고 그토록 정확히 동일하게 보고하지는 못할 것이다. 이런 완전한 불확실성은 이와 같은 영역만 지배하는 것이 아니라 거의 모든 영역도 마찬가지로 지배하고 있다. 근대의 확실성 개념은 중세에는 낯설었던 것이다. 여행의 경험이 오늘날의 중대한 의술만큼이나 중요한 결정요인이었다. 가는 길 곳곳에 기습과 돌발적 사고와 같은 위험이 도사리고 있었다. 삶이 온통 모험이었다.

사춘기의
심리상태

　이렇게 말해도 무방하다면 중세를 중부유럽 사람들의 사춘기라고 부를 수 있을 것이다. 그것은 억제된 성생활의 형태를 띤 천 년간의 심리상태라고 할 수 있을지도 모른다. 이런 성생활의 형태는 여성 공포증을 갖는 수도승 제도로, 서정시에서는 연가문학으로, 동통음란[1]에서는 편태(鞭笞) 성도착증으로, 히스테리에서는 마녀 미신으로, 투쟁욕에서는 십자군운동으로 나타났다. 그런데 사춘기의 결정적 기본특성은 사춘기가 거의 모든 사람을 시인으로 만든다는 점에 있다. 그렇다면 시적 관점이 과학적 관점이나 실천적 관점과는 어떤 점에서 구분되는가? 그 차이는 시적 관점이 현상의 모든 세계를 상징적으로 받아들인다는 점에 있다. 정확히 말해 이는 중세 영혼이 부러울 정도의 상태에 있었다는 것을 의미한다. 중세의 영혼은 모든 것에서 상징을 읽어냈다. 그것은 가장 위대한 것에서든 가장 사소한 것에서든, 사유에서든 행위에서든, 사랑에서든 증오에서든, 먹는 것에서든 마시는 것에서든, 탄생에서든 죽음에서든 마찬가지다. 자신이 만든 도구에서, 자신이 지은 집에서, 자신이 부르는 앙증맞은 노래에서, 자신이 여는 예식에서 중세 사람들은 악귀를 쫓아내

---

[1]　Algolagnia: 疼痛淫亂. 성 대상에 고통을 주어 성을 억압하는 형태를 말함.

고 행복을 가져다줄 깊은 상징적 의미를 부여할 줄 알았다. 그래서 그들은 가톨릭교회의 교리에 대해서도 쉽게 관대했던 것이다. 종교는 속세 사물들을 정제하여 고양하는 의미심장한 체계일 뿐이었다.

신성한 개 중세 사람들이 가진 영혼의 팔레트가 아직 어떤 과도기도 거치지 않은 것으로 보이는 것은 사춘기를 생각할 때 떠올리게 되는 고유한 색을 담고 있기 때문이다. 강렬한 색이 서로 뒤섞이지 않고 굳은 채 나란히 놓여 있는 모양새다. 분노의 핏빛 빨간색, 사랑의 눈부신 백색, 절망의 검은색이 그것이다. 지고의 상냥함과 부드러움의 특성이, 우리가 단순히 유치한 충동성의 표출로 평가할 수 없지만 우리에게 수치심을 유발할 수 있는, 생각 없는 거친 행위와 병존한다. 물론 당시 사람들의 행동거지는 어린아이의 그것을 많이 닮았다. 애정행각이 아주 빈번하고, 포옹과 키스를 기회가 있을 때마다 주고받았고, 흔히는 기회가 없을 때도 그랬다. 눈물은 쉽게도 많이 흘렸다. 가정에서의 몸짓언어가 표현수단으로써 아주 큰 역할을 했다. 물론 이 언어는 아직도 우세한 힘을 발휘하고 있다. 몸짓언어에서도 이후에 태어난 사람들이 모든 몸짓에 내포된 상징적 의미를 느끼는 것보다 훨씬 더 강하고 내면적이었다. 그런데 그밖에도 당시 사람들은 어린아이의 솔직성과 순진성을 지니고 있었다. 그들은 자연에 대해 자연스러운 관계를 맺었다. 풀과 숲, 구름과 바람에 맺는 관계가 그랬다. 특히 동물들에 대한 그들의 열정적 사랑은 비상한 감동을 줄 정도이다. 그들은 조각품과 장식물로, 풍자와 성담으로, 집과 궁정에서 자신들의 똑똑하고도 활기찬 형제들을 기념한다. 이 동물들은 마치 본질적으로 자신들과 동일한 것으로 비친다. 심지어 동물들을 목격자로서, 때로는 범죄자로서 법정에 소환되는 인물로 보기까지 했다. 중세로부터 우리에게 전해지는 가장 아름다운 이야기의 하나는 주인의 아이를 위해 목숨을 버린 한 마리의 개가 그 백성들 사이에 순교자와 성인으로 숭배되었다는 줄거리다. 이런 세계를 앞에 두고 우리를 사로잡는 것은 성인이 종종 어린아이들에게서 얻게 되는 감수성이다. 그들은 우리가 모르거나 더는 알 수 없는 어떤 것을 알고 있다. 그것은 마술적 신비와 같은 것이고, 우리 현존재의 열쇠가 그 속에 들어있을 법한 신의 기적과 같은 것이다.

중세 사람들이 돈에 대한 이해관계를 우리처럼 갖지 않았다는 데서 또 하나의 어린애 같은 특성을 읽을 수 있다. 이 점에 대해 좀바르트[2]는 눈여겨볼 다음과 같은 대목을 표현한다. "그들이 경제활동에 맺은 정신적 관계는 아이가 학교수업과 맺는 그것과 거의 같았다." 이는 두 가지 의미를 지닌다. 노동은 그저 공명심의 일거리에 불과하고, 어쩔 수 없을 때에만 대개 수행될 뿐이다. 중세의 수공업자에게 가장 중요한 것은 일을 통한 호의와 연대감이었다. 그에게는 저질품과 대량생산과 같은 개념이 완전히 낯설 뿐이다. 그는 자기 일에 인격을 집어넣었으며, 예술가와 같은 자부심을 갖고 일에 임했다. 그는 오늘날의 노동자보다 훨씬 더 양심적으로 일했을 뿐만 아니라 훨씬 더 많은 게으름을 피울 수도 있었다. 물론 여기에는 많은 이유가 있다. 첫째로, 자신의 필요가 그렇게 많지 않았다. 둘째로, 그 필요는 아주 쉽게 충족될 수 있었다. 때에 따라서는 아예 일하지 않고도 살아갈 수 있었다. 왜냐하면 빈민구호제도가 상당히 발전해 있었기 때문이다. 셋째로, 평균 이상의 소득을 벌어들이는 것은 별 의미가 없었다. 왜냐하면 개개인의 생계 표준이 거의 정확히 고정되

---

[2] Werner Sombart(1863~1941): 독일의 경제학자이자 사회학자. 주요 저서로는 『근대자본주의』가 있음.

어 있었고, 오늘날 모든 지방도시에서 목격할 수 있는 것과 같은 식의 경제적 신분의 긴장관계가 성립되어 있지 않았기 때문이다. 각 신분에 따라 소위 편익과 향유가 공평히 배분되었던 것이다. 그러나 신분을 바꾸는 것은 중세의 사회질서 안에서는 불가능했다. 그도 그럴 것이 신분은 신이 동물의 왕국에서 개별 종들을 나누어 놓았다는 듯이 실재로 받아들였기 때문이다. 중세의 경제는 거의 공산주의적 토대에 의존한 농업협동조합에서 비롯되었다. 그러나 이후의 발전에서 만들어진 조직도 조합의 형태를 띠었다. 수공업자는 협회를 통해, 상인은 길드를 통해 경제적 동일지위나 적어도 조합원의 평등을 추구했다. 이때는 살기 위해 벌이 활동을 한 것이지 벌이를 위해 살았던 것은 아니다. 그밖에도 복음을 여전히 진지하게 받아들인 중세 내내 지속된 다소 강렬한 감정은, 금전이란 악마이며, 이자소득은 항상 종교적 회의를 품게 만든다는 관점이었다. 끝으로 이 청소년기의 세계를 주로 파고든 감성은 노동이란 축복이 아니라 부담이고 저주라는 점이다. 그러나 이쯤에서 생각하게 되는 것은 이처럼 돈이 무의지적으로 누구나 희생을 바치고 모든 운명을 마음껏 주조하고 유도하는 보편적 신성(Gottheit)의 것이 아니라면 한 문화의 총체적 감정 층위에서 차이를 이루는 것은 무엇인가 하는 점이다.

보편은
실재이다

그러나 이상의 사람들이 어린애라고 한다면, 그들은 분명 아주 영리하고 재능을 타고난 성숙한 아이인 셈이다. 이들이 숨이 막히게 하는 구속 상태에서 살았을 것이라는 관점은 적어도 중세 전성기에는 통할 수가 없다. 그들은 극히 맑은 생각과 명석한 두뇌를 갖고 있었고, 예술적 감흥이 풍부한 결과들을 성취한 대가들이자 추상문학의 명수들이었다. 그들의 건축술은 구성적 힘과 계산의 정교함으로 가득 차 있다. 조형물들은 경탄을 자아내는 화려함과 현실의 충실성을 드러내고 있으며, 삶의 표현마다 그때 이후로는 도저히 따라잡을 수 없는 양식의 감각이 배어있다. 그리고 중세의 인간성은 단순 유형으로 표방된다는 주장도 별로 설득력이 없다. 왜냐하면 국가와 교회, 예술과 학문에서 프로필이 뚜렷하고 교체 불가능한 인물들이 없었던 것이 아니기 때문이다. 아우구스티누스나 아벨라르[3]의 자기고백을 보면 대단히 세련되고도 섬세한 개성을 전제로 하는 자기진단과 자기분석의 탁월한 면모를 읽을 수 있다. 초상화 같은 입상은 강렬한 고유성을 지닌 형상물뿐만 아니라 일회성을 포착하는 조각가의 재능을 동시에 보여준다. 로스비타[4] 수녀는 벌써 10세기에 거의 모든 장르, 이를테면 역사 · 산문 · 최루희극[5] · 연애비극과 같은 장르를 아우르면서 모든 예술 중 가장 개성적인 예술의 드라마를 선보였고, 바로 마테를링크[6]를 떠올리게 하는 상냥하고도 명석한 인물들을 형상화했다. 중세의 '전형' 인간에 대한 편견은 중세가 탁월한 철학의 시대였다는 데 그 근거를 두는 듯하다. 이에 대해서는 약간의 설명이 필요할 것 같다.

중세의 중심 사유, 즉 중세에 드리우고 있던 모호한 신조는 다음과 같다. **보편은 실재이다**!(*universalia sunt realia!*) 이에 따르면 이념만이

---

[3] P. Abélard(1079~1142): 프랑스의 초기 스콜라 신학자 겸 철학자. 실재론보다 유명론을 더 중요하게 다룸.

[4] Roswitha(?935~1000): 중세 독일의 수녀 · 시인 · 극작가.

[5] *comédie larmoyante*: '눈물을 자아내는 희극'이라는 뜻으로, 일명 감상적 희극이라고도 칭함. 18세기 프랑스의 희곡작가 라 쇼세(La Chaussée)가 본격적으로 발전시킨 극형식.

[6] M. Maeterlinck(1862~1949): 상징주의를 대표하는 벨기에의 시인이자 극작가.

실재하는 것이 된다. 거의 중세 내내 행해진 중대한 '보편논쟁 (Universalienstreit)'은 고유한 공리가 아니라 그 표현을 둘러싼 문제였을 뿐이다. 그런데 '극단적 실재론(extremer Realismus)'은 **보편이 사물에 앞선다**(*universalia sunt ante rem*)고 주창한다. 즉 보편은 구체적 사물들보다 앞서 있고, 순서상에서 보자면 원인자와 같은 것이라고 한다. 반면 '온건 실재론(gemäßigter Realismus)'은 **보편이 사물 안에 존재한다**(*universalia sunt in re*)고 설명한다. 즉, 보편은 진정한 본질로서 사물 안에 내포되어 있다는 것이다. 또 한편, '유명론(Nominalismus)'은 보편이 사물 다음에 존재한다(*universalia sunt post rem*)는 명제를 제시한다. 요컨대 보편은 사물들과 무관하며 단지 오성의 고안물일 뿐이라는 것이다. 이는 사실 실재론의 해체를 의미한다. 그러나 유명론의 지배가ㅡ이후 우리가 살펴볼 것이지만ㅡ더는 중세의 고유성을 취하지는 않는다.[7]

어디서나 보편·개념·이데아·종(Gattung)이 고유한 실재가 된다는 가정을 출발의 전제로 삼는다는 점에서, 중세가 보편적 세계상에 대단히 중요한 의미를 가질 수밖에 없다고 생각해볼 수 있다. 주지하다시피 그러한 전제는 고대의 최고 철학자가 자신의 체계에 핵심으로 삼았던 것이다. 물론 플라톤은 이러한 관점을 단지 가르쳤을 뿐이고, 중세는 그것을 살려나간 셈이다. 중세의 인간성은 **보편민족**(Universalvolk)을 구성한다. 여기서 기후·국가·지역의 차이는 부차적인 특성일 뿐인 것으로 통한다. 중세의 인간은 황제와 같은 **보편국왕**(Universalkönig)의 명목적 지배를 받았다. 이 왕은 통치를 거의 언제나 이론적으로 집행하지만, 자신의 요구들을 절대로 포기하지는

---

[7] 근세에 유명론(이성)의 지배가 시작되어 중세의 실재론이 패배했다는 뜻.

않았다. 실제의 지배는 **보편교회**(Universalkirche), 좀 더 정확히 말하면 두 종류의 교회가 맡았다. 이 두 교회는 각자 세계적이어야 한다고 주창하면서 한쪽은 자신이 보편 가톨릭교회라고 하고, 다른 한쪽은 자신이 유일하게 진정한 정통교회라고 불렀다. 우리가 이미 보았듯이 이 교회는 모든 개별자의 생계·소득집행·생산·소비를 가능한 한 균일하게 형성하려 한 **보편경제**(Universalwirtschaft)를 취했다. 밥그릇에서부터 대성당까지, 문에 박는 못에서부터 왕이 지방에 둔 성(城)에 이르기까지 망라하는 모든 예술창작에 침투해 있는 **보편양식**(Universalstil)이 있었다. 즉, 그것은 고딕양식이었다. 그리고 **보편풍습**(Universalsitte)이 있었다. 이 풍습은 서구 사람들이 자신들의 발을 내딛는 어디에서든 예절·인사법·삶의 이상 등에 적용되었다. 그것은 기사도로 통했다. 모든 사유의 의미와 원칙의 정점을 구성한 **보편학문**(Universalwissenschaft)이 있었는데, 그것은 바로 신학이었다. 복음주의를 **보편윤리**(Universalethik)로, 로마법을 **보편법전**(Universalrecht)으로, 라틴어를 보편언어(Universalsprache)로 삼았다. 조각에서는 관념적인 장식을, 건축에서는 구성적인 추상을 선호했다. 거의 대개 반자연주의 형태를 띠었다. (물론 자연주의의 부재를 그러한 능력의 부재로 환원할 수는 없다. 자연주의가 기술적 가능의 영역에 들어있었다는 점은 인물 조각품들을 보면 확인된다. 그런데 대개 자연주의는 예술의 정점을 의미한다기보다는 조야한 시작이거나 이전의 단계로의 의도적·계획적 복귀를 나타낸다.) 중세 사람들에게는 자연 자체가 추상이다. 즉, 그것은 정신과 은총의 영역에 대립하는 것으로서 부정을 통해 단순히 삶을 영위하는 모호하고 거의 비현실적인 이념과 같은 것이다.

이런 식으로 중세의 세계는 추상의 신봉과 이념의 삶이라는 기묘한 위계질서로 구축되었다. 대주교 성당이나 스콜라철학의 정교한 '총체'처럼 질서의 분류는 세밀하게 짜여 있다. 한편에서는 농민·공민·기사·소작인·백작·공작·국왕·황제를 포함하는 세속적 영역이 있고, 다른 한편에는 종교적 영역이 있다. 여기에는 모든 신앙인을 기초로 해서 위로 올라가는 신분, 즉 신부·수도원장·주교·교황·공의회가 있고, 이를 넘어 신의 발 앞 최고 높은 자리에 앉아 있는 천사장이 있다. 주도면밀하고 질서정연한 우주의 위계질서를 갖춘 것이다. 사실 당시 사람들은 단순한 변증법적 장난과 재치로써가 아니라 온전한 철학적 의식을 갖고서 보편은 실재라는 명제를 세울 수 있었다.

신앙의 물리학　현실에 낯선 이러한 기본명제의 지배가 그토록 오래 지속될 수 있었던 것은 중세 사람들에게 세계는 과학적 현상이 아니라 신앙의 사실로 통했기 때문이다. 이러한 정신적 규준은 본질적인 면에서 보자면 캔터베리(Canterbury)의 안셀무스[8]에게서 시작된 것으로 보이지만, 이미 훨씬 전에 아우구스티누스가 그 규범을 제시한 바 있다. 그것은 다음과 같다. **나는 믿기 위해 깨달으려는 것이 아니라 깨닫기 위해 믿으려고 한다**(neque enim quaero intelligere, ut credam, sed credo, ut intelligam). "왜냐하면 인간의 지혜는 신앙의 암벽을 뚫고 들어가기보다 오히려 그 암벽에 부딪쳐 쓰러지기 때문이다." 당시 사람들은 인간의 사유와 연구의 유일한 목표가 경험세계를 가능한 한 빈틈없이 파고들고 지배하는 것이라는 근대의 미신에서는 여전히 자유로웠다. 그렇다면 그들이 알려고 한 것은 무엇일까? 두 가지 문제다. 이에 대해 아우구스티누스는 간단명료하게 확언한다. "신과 영혼! 신과 영혼,

---

[8]　Anselmus(1033~1109): 중세 대표적인 철학사상인 스콜라철학의 창시자.

그것만을 나는 생각한다. 그밖에는 아무것도 없지 않는가? 단연코
아무것도 없다." 그에게 물리학은 무엇보다 신에 관한 교리일 뿐이
다. 그것이 그 밖의 것을 가르치는 것은 건강에 아무 도움이 되지
않기 때문에 쓸모없는 일이다. 3/4세기 뒤인 중세의 전성기에 생 빅
토르의 위그[9]는 지식이란 신앙심 고양에 봉사하는 한에서만 가치가
있으며, 지식을 위한 지식은 이단일 뿐이라고 설명한다. 그리고 생
빅토르의 리샤르[10]는 오성은 진리 탐구에 적절한 수단이 되지 못한
다고 덧붙였다. 이런 주장이 오랫동안 우리를 의아하게 할 수 있었
던 것은 우리가 기독교의 최고 진리는 바로 초이성적인 것이라는
점, 따라서 가톨릭 문화의 고전철학자 토마스 아퀴나스[11]가 명확히
진술했듯이 반이성적인 것이 아니라는 점을 상기하지 않았기 때문
일 것이다. 교회사의 입구에는 테르툴리아누스[12]의 다음과 같은 유
명한 문구가 적혀 있다. "하느님의 아들이 십자가에 못 박혔다. 이
는 치욕이므로 치욕이 아니다. 하느님의 아들이 죽었다. 이는 불합
리하기에 믿을만하다. 그리고 그가 무덤에서 부활했다. 이는 불가능
한 일이기 때문에 확실한 것이다." 가치를 이러한 점에 두는 것에서
또다시 어린애 같은 특성을 읽어낼 수 있다. 사실 어린아이의 경우
가장 불합리한 일이 가장 믿을만한 것으로, 전혀 가능하지 않을 것

---

[9] Hugues de Saint-Victor(1097~1141): 파리 생 빅토르 대수도원의 중세 기독
    교 신학자.

[10] Richard de Saint-Victor(1110~1173): 파리 생 빅토르 대수도원의 중요한 중
    세 신학자.

[11] Thomas Aquinas(1224~1274): 중세 유럽의 스콜라철학을 대표하는 신학자.
    이성과 신앙의 조화를 추구함. 대표작으로는 『신학대전』이 있음.

[12] Tertullianus(155년경~220년경): 초기 그리스도교의 주요 신학자·모럴리스
    트. 최초의 라틴 교부(教父)로서 그 뒤 1000년 동안 서방 그리스도교의 어휘
    및 사상 형성의 기초를 이룸.

같은 일이 가장 확실한 것으로 보이게 된다. 어린아이는 정신이 말짱한 이야기보다 동화를 더 신뢰하며, 자연적 인과과정을 교란하는 모든 현상을 더 높은 현상으로 볼 뿐만 아니라 더 실재적인 현상으로 간주하기도 한다. 바로 이것이 중세 사람들의 '물리학'이다. 그들에게는 기적이 실제로 현실적이며, 자연적 현상세계는 더 높고 더 밝고 더 참된 정신세계의 창백한 여운과 비본질적인 그림자에 불과할 따름이다. 간단히 말해 중세 사람들은 마술적 존재로 살았던 셈이다. 여기서 또다시 우리는 비록 더 어둡기는 했지만 더 심층적인 인식이 그들을 이끌었던 것이 아닌가, 그리고 그들은 신비의 근원에 우리보다 더 가까이 서 있었던 것은 아닌가 하고 물을 수밖에 없다.

모든 것이 존재하다 '현상주의'·'회의주의'·'불가지론' 등과 같이 미세하고도 위험한 사변들이 중세에 완전히 낯설었던 것은 아니다. 아우구스티누스의 '독백'에는 다음과 같은 구절이 있다. "그대, 자신을 알고자 하는 그대는 그대가 존재함을 아는가? 압니다. 어떻게 아는가? 모르겠습니다.

그대는 단순하다고 느끼는가, 아니면 복잡하다고 느끼는가? 모르겠습니다. 그대는 움직여진다는 사실을 아는가? 모르겠습니다. 그대가 생각함을 아는가? 압니다." 이는 데카르트가 인간 사유의 새로운 단면을 열게 한 연역법이라고 할 수 있다. 데카르트는 이렇게 말했다. **"나는 생각한다. 그러므로 존재한다**(Cogito ergo sum)." 『고백록』에 따르면 물체가 존재한다는 것을 우리는 그저 믿을 수 있을 뿐이다. 그러나 이 믿음은 실천을 위해 절대적으로 필요한 일이다. 이는 18세기 초엽 버클리[13]가 자신의 관념론적 교조주의(Dogmatismus)를 정립할 때와 같은 방식이다. 그러나 아우구스티누스는 우리가 다른 사람의 의지를 인식하려면 그러한 믿음이 필요하다고 생각한다. 이런 확신은 바로 쇼펜하우어에게서도 들을 수 있는 주장 같다. 쇼펜하우어는 언젠가 한번 이렇게 말한 적이 있다. 즉, 악이란 것이 없다고 한다면, 악에 대한 공포도 분명 없을 것이라고 말이다. 이는 가장 모던한 심리주의인 셈이다. 그러나 이러한 사변이 근대철학의 연구들과 중요한 차이가 있는 것은 중세의 사변이 확고부동한 신앙의 초석에 모든 것을 올려놓고 있다는 점, 그리고 모든 것을 신앙에서 출발하는 반면에 근대의 인식론은 잘해야 신앙으로 귀결된다는 점에 있다. 중세의 사변에서 피조물은 유일한 구세주의 위대한 사건이며, 세계는 신앙의 한 현상일 뿐이다. 이런 기본명제에 대해 중세 사람들은 의심을 한 적이 거의 없었다. 예수의 교리도 잘 파악하고 있었다. 그 교리의 핵심은 단순하고도 진지한 훈계로서 이 세계가 존재하며, 그것은 **신**의 작품이라는 점, 극빈한 사람과 우직한 사람, 아이들, 죄인들, 수선화와 참새 따위와 같은 **모든 것**이 존재한다는 점, 이 모든 것은 믿거나 사랑할 때에 존재한다는 점을 믿고 의심하지 말라는 것이다.

이처럼 중세는 우리에게 모순에 찬 기묘한 상을 제공하고 있다. 즉, 한편으로 중세는 은총의 안정, 말하자면 모든 삶에 빛을 비추고 보호하면서 감싸 안는 장엄한 정오의 휴식을 보여주는가 하면, 다른 한편으로는 내면 깊이 파고들고 자극하는 대단히 불만족스러워하는 광경을 드러내고 있다. 신의 은총 속에서 보호를 받으면서 모든 것이 행복하게 사는 듯하다. 그러나 신은 어떻게 만족하게 하나? 이 까다로운 질문이 쾌활하고 평화로운 존재의 표면 곳곳에서 진동

장면전환

---

[13] G. Berkeley(1685~1753): 아일랜드 출신 영국 경험주의 철학자의 대부.

하고 있다. 중세의 영혼이 우리 앞에 놓여 있다. 그것은 깨끗한 은빛 거울의 모습으로 비치지만 근본적으로 흔들리고 있다. 끊임없이 무언가를 구하고 다니지만 얻지 못했다. 들끓는 마음으로 방랑하면서 더듬어 나갔다. 첨탑들은 천상을 향해 뻗어 있고, 돌로 굳어진 점근선은 저 깊은 창공에서 사라진다. 끊임없이 연애에 목말라하고, 아주 특유하게 찾아내고 고안하여 그 대상들을 의인화하고 있어 그 대상들은 손에 잡히지 않으며, 그저 끝없는 동경의 상징이 될 뿐이다. 특히 비교할 수 없는 그리스도의 형상이 있다. 이 형상은 그 모습을 본받아 살게 하지만 누구든 신성한 의무인 세례를 통해서 그 모습을 닮아가게 하지 않았던가!

14세기 중엽과 더불어 전혀 다른 유의 인간성이 무대에 등장했다. 좀 더 정확히 말하면 다른 유의 인간성의 맹아를 지닌 무대가 나타난 것이다. 인간은 계속 무언가를 찾아다니고 또 얻을 것이다. 운동도 계속될 것이다. 비극의 문화를 시민의 광장이 대신하고, 카오스의 문화를 조직의 문화가, 그리고 마침내 기계적 문화가 대신한다. 이제 더는 세계는 신이 원하는 신비의 세계가 아니라 인간이 만든 합리성의 세계인 것이다.

03
잠복기

영원한 섭리를 따라 눈치챌 수 없는 발걸음으로 네 길을 가라.
오로지 눈치챌 수 없게 하는 것만으로,
내가 너에 대해 실망치 않게 하라.
네 발걸음이 내게 비칠 때조차도 실망케 하지 마라.
그땐 돌아가라!
가장 가까운 거리가 항상 직선인 것만은 아니다.

ㅡ 레싱

우리가 근대의 인간이 맞이한 발전 단면을 '잠복기(Inkubationszeit)' 흑사병의
발견
라고 부른다면, 이때 세상에 나타난 새로운 것이 독소(毒素)였다는
인상을 쉽게 떠올릴 수 있을 것이다. 이후에 살펴볼 것이지만 새로
운 것도 하나의 독소였었다. 이는 물론 부분적일 뿐이다. 왜냐하면
우리의 지구에는 약이 되는 것과 병이 되는 것이 대체로 동시에 혼
재하고 있기 때문이다. 그밖에도 중독현상은 우리가 이 책의 1장에
서 보여주려 했듯이, 유기적 존재를 새롭게 만들거나 풍부하게 하고
완전하게 만드는 요소를 감추고 있는 형태를 취하기도 한다. 겉으로
보기에 상극일 뿐만 아니라 본질적으로 낯설기도 한 해로운 물질을
식물이나 동물에 투입했을 때 꽃이 만개하기도 하고 새로운 머리가

생겨나기도 한다면, 그러한 투입이 모든 시대의 경우에도 유사한 작용, 즉 새로운 머리를 성장하게 하고, 꽃을 만발하게 하는 생명의 형태를 산출할 수 없을 이유가 있겠는가? 물론 사정이 이러할지라도 잠복기라는 명칭을 두고 부정 혹은 긍정의 가치판단을 내릴 수는 없는 노릇이다. 단지 우리는 인류의 자궁 속에서 생겨나 성장하면서 마침내 강하고도 거대한 현상으로서 새로움을 잉태시킨 한 세기 반에 대해 그 모습을 그려보고자 할 뿐이다.

나는 근대의 탄생기가 유럽 사람들이 걸려든 중병, 즉 흑사병을 통해 규정될 수 있다고 말한 바 있다. 이는 물론 흑사병이 근대의 원인이었다는 말이 아니다. 오히려 그 반대라고 할 수 있다. '근대'가 먼저 있음으로써 흑사병이 생겨났다. 트로엘스-룬드[1]는 자신의 독창적 저작인 『옛 시대 관점에서의 건강과 질병(*Gesundheit und Krankheit in der Anschauung alter Zeit*)』에서 이렇게 말한다. "질병이 자체의 역사를 갖는다는 것은 개연성이 없는 것이 아니다. 역사마다 예전에는 등장한 적이 없고, 따라서 회귀되지 않는 자신의 특정한 질병을 갖고 있다고 하겠다." 그렇다면 각 시대가 자체의 질병을 만들어내고, 이 질병은 그 시대가 야기하는 다른 모든 것과 마찬가지로 그 시대의 형태를 취한다고 설명할 수 있을 것이다. 질병은 예술·전략·종교·물리학·경제·연애 및 여타의 생활표현이 그 시대의 산물인 것과 마찬가지로 시대의 특수한 산물이다. 분명 질병은 병리학의 영역에서 발견되는 시대의 산물이다. 신체를 구성하고 있는 것은 바로 정신이다. 전체의 경우에서든 각각의 경우에서든 정신이 항상 우선적이다. 우리가 ― 여러 측면에서 불완전하기는 하지만 ―

---

[1]　Troels-Lund(1840~1921): 덴마크의 역사가.

개인을 비유로 들 경우 흑사병은 임신이 새로운 유기체의 원인자가 아닌 만큼 근대의 원인자인 것은 아니라고 말할 수밖에 없다. 오히려 두 경우의 진정한 원인자는 새로운 생명의 씨앗이 모체에 들어갔다는 사실에 있다. 이 사실의 결과와 그 표현이 임신이다. '새로운 정신'은 유럽의 인류에게 일종의 발전 질병, 즉 보편적 정신장애와 그 질환의 형태 중 하나를 낳았다. 그중 가장 치명적인 것이 흑사병이었다. 그런데 이 새로운 정신이 어디에서 왔고, 그것도 하필이면 왜 그 당시 그곳에 출현했고, 어떻게 발생하게 되었는가에 대해서는 아무도 모른다. 세계정신(Weltgeist)으로도 설명되지 않는다.

대체로 검은 죽음이나 집단적 사멸로 불리는 흑사병이 어떤 상황에서 갑자기 유럽을 휩쓸게 되었는가 하는 문제조차도 전혀 풀리지 않고 있다. 어떤 이들은 십자군원정이 흑사병을 전염시켰다고 주장하지만, 아랍인들은 우리의 경우만큼이나 흑사병에 대해 어떤 공포심조차 가지지 않았다는 것은 눈여겨볼 사항이다. 또 어떤 이들은 그 발생 진원지에 대한 혐의를 중국에 두기도 한다. 동시대 사람들은 흑사병에 대한 책임을 별자리의 운세나 일반인의 죄, 성직자들의 성적 타락, 유대인 등에게 돌렸다. 최초 이탈리아에서 흑사병이 갑자기 발생했으며, 그러고는 슬그머니 유럽대륙으로 옮아갔다. 다른 대부분의 역병처럼 그 끔찍함이 금방 드러난 것이 아니라 멈추지 않고 천천히 가정에서 가정으로, 지역에서 지역으로 확산했다. 독일·프랑스·영국·스페인을 거쳐 마침내 북유럽 끝에 있는 아일랜드까지 전염되었다. 흑사병이 사람들을 한층 더 오싹하게 한 것은 그 경로를 예측할 수 없었던 점에 있다. 예를 들어 프랑스 동부 같은 지역은 아무 피해를 당하지 않았으며, 몇몇 집은 건너뛰기도 했고, 갑자기 사라졌다가 몇 년 뒤에 다시 출현하기도 했다. 15세기 중엽까지 흑사병의 출현은 연대기로 기록된다. 예컨대 '보헤미아의 흑사병', '라인 강 유역에서 대규모 사망', '프로이센의 흑사병', '그 지역 일대의 죽음', '일반적인 죽음의 해', '뉘른베르크에서 1만 명 사망', '흑사병이 독일 전 지역을 휩쓸다. 기이하게도 여성과 아이보다 건장한 남성이 더 많이 죽음', '해협도시에서 대규모의 흑사병 발발' 등이 그것이다. 그것은 외관 증상에서 보자면 림프선종의 흑사병이었다. 이 흑사병은 림프샘을 붓게 하는 이른바 페스트 선종으로서 심한 두통을 일으키고, 몸을 급속히 마르게 하여 감각을 마비시켰으며, 때때로 헛소리까지 하게 만들었다. 동시대 사람들의 보고에 따르면, 이 병에 걸리면 하루나 이틀 만에, 길면 일주일 안에 사망했다고 한다. 어디서든 치사율이 아주 높았다. 예컨대 흑사병이 절정기에 도달했을 때, 베른(Bern)에서 매일 60명이 죽었고, 쾰른(Köln)과 마인츠(Mainz)에서는 매일 100명이 사망했다. 엘빙(Elbing)에서는 전체 사망자가 3만 명에 이르렀고, 옥스퍼드 전체 대학생 가운데 2/3가 사망했으며, 요크셔(Yorkshire) 수도원의 성직자 3/5이 죽음을 맞았다. 2년간의 전염병이 멈춘 뒤에 프란체스코회의 수사들이 사망자 수를 계산했을 때, 12만 명을 넘어섰다. 최근의 계산에 따르면, 유럽 전체의 인명 손실은 2500만 명에 달한다. 당시 사람들은 죽은 사람을 헤아리는 것보다 살아남은 사람을 세는 것이 더 쉬울 것이라고 생각했다.

유사역병   흑사병이 동반한 것은 **채찍질**이었다. 종교적 흥분 현상에서 비롯된 편태고행자들이 큰 무리를 지어 지역을 옮겨 다녔다. 그들은 검은 망토를 걸치고 붉은 십자가를 단 야릇하게 생긴 모자를 쓰고서 깃발을 흔들면서 음산한 노래를 불렀다. 그들이 나타나면 모든 사람이 종을 치면서 교회로 모여들었다. 그곳에서 무릎을 꿇고, 오랫동안 몸에 채찍을 가하는 고통을 참아내면서 기도를 했다. 평신도와 성직자의 죄의 충동을 저주하는 편지가 하늘에서 떨어지면 그것을 큰 소리로 읽어 내려가면서 고해성사를 했다. 그 교리에 대해 말할 수 있는 것은 그것이 분명 이단적이었다는 점이다. 그들은 채찍질할 때 그들의 피와 구세주의 피가 섞이는 것이기 때문에 이러한 행위야말로 진정한 최후의 만찬이라고 가르쳤으며, 성직자들은 존재 가치가 없는 불필요한 인물들이라고 설파하면서 기도를 할 때 어떤 성직자도 용인하지 않았다. 두려움에 사로잡혀 교회와 세상일에 절망한 사람들에게 미친 그들의 영향은 어마어마했다. 그들의 수는 불순한 인자들, 이를테면 떠돌이 모험가, 계급의 낙오자, 거지무리, 광인, 도착증자 등으로 점차 늘어났다. 이는 공포와 기대, 역겨움과 신에 대한 전율이 기묘하게 뒤섞여 있던 동시대인들에게 전례 없는 감동적 인상을 주었다. 광신자와 정신착란자, 범죄자들이 눈덩이처럼 불어나면서 그들은 소름 돋는 단조로운 노래를 불러댔다. "이제 그대들의 손을 높이 들지니, 신이 이 많은 주검을 치우도록! 이제 그대들의 팔을 높이 들지니, 신이 우리를 가련히 여기도록! 예수여, 우리가 당신의 이름을 세 번 부르는 사이에 우리의 주가 되어 죄에서 우리를 구하소서! 예수여, 당신의 붉은 상처를 통해 불의의 죽음에서 우리를 보호하소서!"

이런 채찍질은 단순히 흑사병의 결과로 나타난 현상이 아니었고, 일종의 종교적 치료 시도이기만 한 것도 아니었다. 그것은 오히려 일반적 정신장애의 광범위한 징후로서 유사역병과도 같은 것이었다. 요컨대 흑사병은 단지 그 외형적 연결점에 불과할 뿐이었다. 이러한 가정은 대중이 보인 그와 같은 정신적 질환 현상이 당시 흑사병과 독립적으로 나타났다는 사실이 말해준다. 흑사병이 돌기 1년 전에 벌써 남자들과 여자들이 손에 손을 잡고 원을 그리면서 언제나 광적인 형태로 몇 시간 동안 춤을 추는 행위가 목격되었으며, 이 행위는 입에 거품을 물고 절반 이상이 완전히 힘을 잃고 바닥에 쓰러질 때까지 계속되었다. 춤을 추는 동안 그들은 간질병적인 발작을 일으켰다. 이것이 바로 그 유명한 **무도병**(舞蹈病: Veitstanz)이다. 이병은 곧 군중 속으로 전파되었고, 춤 행위가 일어나는 동안 항상 성교를 벌이는 자세를 취했으며, 결국 하나의 유행이 되어 뜨내기들은 그와 같은 경련을 일으키는 흉내를 냄으로써 밥벌이를 할 수 있었다. 같은 맥락에서 슈바벤 지역의 어린아이 십자군원정대가 갑자기 종교적 최면에 걸려 대천사 미카엘을 숭배한다면서 노르망디에 있는 미카엘 성지로 몰려가기도 했다. 이러한 신념이 너무나 확고해서 힘으로도 막아낼 수 없었던 아이들은 물론 일부이기는 했지만 정신을 포기하기까지 하는 중병에 시달리곤 했다.

우물에
독을 타는
사람들

　당시의 **유대인 박해**도 역병의 성격을 드러냈다. 물론 여기서 우리가 어느 시대에도 가능하지 않았을 그런 현상을 다룬다고는 말할 수 없다. 아무튼, 유대인들이 우물에 독극물을 탔다는 소문이 갑자기 프랑스 남부지방에서 떠돌았다. 그리고는 이 소문이 마치 흑사병처럼 빠르게 이웃 지방으로 퍼져 나갔다. 소름 끼치는 유대인 학살 사태가 벌어진 것이다. 이 사태에서 채찍을 든 사람들은 돌격대를 구성하여 네부카드네자르(Nebukadnezar)와 티투스(Titus)에서 러시아의 대량학살(Pogrom)에 이르기까지의 전체 역사에서 출현한 그런 맹목적 영웅주의를 유대인들에게 선보이게 했다. 남편이 장작더미 위에서 불타는 것을 목격한 아내들은 자식들과 함께 불길 속으로 뛰어들었다. 에슬링엔(Eßlingen)에서는 유대인들이 유대교회당에 모여 스스로 몸에 불을 붙였다. 콘스탄츠에서 한 유대인은 화형이 두려워

물에 뛰어들어 자살하려 했지만, 이후에 강제로 뉘우치고는 자신의
집에 불을 놓아 가족들과 함께 죽었다. 유대인 박해의 1차적 원인은
종교적 문제에서 비롯된 것이지만 2차적 원인은 사회적인 문제에
있었다. 당시 유대인 문제에 대한 세계의 입장은 분열되어 있었다.
종교와 세속 세계의 실세들은 유대인들에게 관용을 베풀었으며, 심
지어 그들을 후원하게까지 했다. 그들에게 유대인은 오늘날보다 당
시 더 무게를 지녔던 그들의 엄청난 경제적 재력뿐만 아니라 높은
교양 때문에도 필요했다. 유대인들은 궁정에서 아랍문화의 중개자
로서뿐 아니라 특히 의사로서도 높이 평가받았다. 그러나 특히 그들
은 쉽게 세금을 거둘 수 있을 뿐만 아니라 많은 세금을 내는 과세
대상자들이었다. 개별 특권계급이 화폐주조 세입·관세·염전 세
입 등등과 같은 명목으로 거둬들인 세수의 수입원 가운데서도 항상
유대인들이 단연 돋보였다. 그러나 민중은 구세주를 살해한 사람들
이 유대인들이었다는 사실을 잊지 않았다. 온건한 사상을 가진 성직
자들이 그러한 죄에 대한 책임을 모든 후세인이 떠안을 이유가 없
다고 설교했을 때, 사람들은 유대인이 오늘날까지도 복음을 부정하
고 있고, 심지어 복음을 음해하고 있다고 항변했다. 사실 서구의
모든 문화민족 가운데 유일하게도 가장 보잘것없고 가장 허약하고
가장 많이 흩어져 사는 이 민족이 기독교의 불빛에서 엄격히 배제
된 이런 얼토당토않은 사실에 대해 당시 사람들은 정신분석학의 수
준에서 자세히 따져보질 않았다. 그때만 해도 사람들은 유대인의
고리대금 때문에 현실적으로 심한 압박을 받은 것도 사실이다. 유대
종교는 이자수입만큼은 금지하지 않았다. 그들의 눈에는 이단의
'비유대인'에게 최대한 해를 입히는 것이 업적이 되는 것처럼 보였
다. 기독교도만 조합에 가입할 수 있어서 유대인들은 다른 모든 직

업에서 배제될 수밖에 없었다. 이러한 박해에서 유대인 화형보다 오히려 차용증 분서를 노린 사람들이 적지 않았다. 동시대 연대기의 한 저자는 이렇게 말한다. "그들의 재물이 그들을 살해하게 한 독약이었던 셈이다."

우주의 요동 이 시기에는 인간들뿐만 아니라 하늘과 땅도 요동쳤다. 불길한 혜성들이 나타났고, 영국에서는 전대미문의 무시무시한 폭풍우가 일어났으며, 거대한 메뚜기 떼가 들판을 샅샅이 훑었고, 지진이 땅을 황폐하게 만들었다. 필라흐(Villach)는 인근 서른 개 마을과 함께 묻힌 것이다. 대지는 황폐했다. 곳곳에서 가뭄으로 흉작이 횡행했다. 이런 현상들에서 문제는 '자연의 우연한 장난'도 인간들의 '미신 해석'도 아니었다. 당시의 거대한 충격과 불가사의한 동요, 깊은 개념의 세례가 인간들에게 일어났다는 것이 사실이라면, 대지에도 그와 유사한 일이 발생할 수밖에 없었다고 볼 수 있다. 물론 지구뿐만이 아니다. 가까운 행성들도 그랬을 것이다. 말하자면 태양계 전체가 그랬다. 당시의 '편협한 경신(輕信)'에서 보인 징조와 기적은 현실적 징조로서 전체 우주적 사건의 신비로운 연관관계의 명확한 표현이었다고 할 수 있다.

세계의 몰락 그러나 수많은 극심한 사태와 모순 때문에 현재와 미래에 대해 갈피를 잡지 못한 인간은 겁에 질려 방황하면서 확고한 어떤 것을 붙잡으려 했다. 진지한 사람들은 온전히 신이나 교회에 의존해서 단식하고 기도를 하면서 참회했다. 반면에 경박한 사람들은 무절제한 세속적 충동에 뛰어들어 욕망과 쾌락의 문을 열어 사형수들이 사형집행 직전에 받는 최후의 식사처럼 최대한 기름진 만찬을 인생에서 얻으려 했다. 수많은 사람이 최후의 심판을 기다리고 있는 꼴이었다. 염세적·금욕적 조류에서뿐만 아니라 일종의 향락의 욕망과 같은 불건전한 '삶의 쾌락'에서도 세계몰락의 분위기가 보편적으로 진동했다. 이 분위기는 명확하든 불명확하든, 의식적이든 무의식적이든 그 시대를 관통하면서 지배한 것이다.

세계가 실제로 몰락하고 있다는 인간의 직감은 완전히 옳았다. 지금까지의 세계, 즉 협소하면서도 긴밀하지 않고, 순수하면서도 혼탁하고, 경쾌하면서도 구속적인 중세의 세계가 비탄과 뇌성을 울리면서 돌이킬 수 없는 심연과 영원의 시간 속으로 가라앉고 있었다.

중세의 세계관이 의존한 토대는 실재가 보편이라는 명제였다. 실재하는 것은 개인이 아니라 그 개인이 속하는 신분이었다. 개별 성직자가 현실적인 것이 아니라 그가 은총을 베푸는 가톨릭교회가 현실적이다. 그가 누구든 상관없다. 그는 흥청망청 사는 사람, 사기꾼, 탕아 등속일 수도 있지만, 이런 신분이 그의 직분의 신성함을 해치지는 않는다. 왜냐하면 그는 바로 현실적이지 않기 때문이다. 현실적인 것은 마상무술경기에서 창을 휘두르고 사랑을 얻고 약속의 땅에서 싸움을 하는 기사가 아니라 그를 에워싸고 있고, 그의 신분을 상승시키는 기사 사회의 위대한 이념이다. 현실적인 것은 돌과 유리에 시문을 새겨 넣는 예술가가 아니라 공동체 안에서 수많은 사람과 함께 그가 창조한 하늘 높이 솟은 대성당이다. 예술가 자신은 익명에 그친다. 현실적인 것은 인간의 정신이 외로운 투쟁에서 성취한 사상이 아니라 신앙의 영원한 진리이다. 인간의 정신은 이 진리를 그저 체계화하고 정립하면서 설명할 따름이다.

그러나 이 모든 표상이 중세 말엽에는 느슨해지기 시작하여 풀어지더니만 마침내 그 표상과 정반대되는 것으로 바뀌게 된다. 스코투스[2]를 계승했고, **정교한 박사**(*doctor subtilis*)라는 별명을 얻을 만큼 섬세하고도 첨예한 구분 덕분에 스코투스 철학의 학생대표로 불린 위대한 요한네스 둔스[3]는 겨우 34살이었던 1308년에 사망했지만, 중도 실재론자(Realist)였다. 그는 모든 과학적 인식의 목표가 되는 보편이 단순한 이성적 개념으로 형성될 경우 모든 과학은 해체될 수밖에 없다고 생각한다. 하지만 동시에 그는 실재성이 보편성은 물론이고 개별성과도 무관하므로 이 둘을 구체화할 수 있다고 설명한다. 또 다른 곳에서 그는 개인성은 불완전한 현실이 아니라 좀 더 완전한 현실이며, **궁극적 실재**(ultima realitas)라고 말한다. 프란체스코회의 피에르 아우레올(Pierre Aureol)은 나중에 쓴 글들이 모호하기는 하지만 애초부터 개념론자(Konzeptualist)였다. 즉, 그는 보편을 단순한 **개념**(conceptus)으로 설명한다. 이에 따르면, 개념이란 개별 사물들에서 취해지며 자연에 나타나는 것이 아니다. 이를테면 소크라테스의 경우 **소크라테스성**(Socratitas)만이 현실적이지 **인간성**(Humanitas)이 현실적인 것이 아니다. 유명론의 실제적 기초자이자 스코틀랜드에서 가장 뛰어난 학자 중 한 사람으로서 **개별성의 학자**(doctor singularis), **무적의 모험가**(venerabilis inceptor), **무적의 학자**(doctor invincibilis)라는 별명을 가진 윌리엄 오컴[4]은 이보다 훨씬 더 멀리까지 나아갔다. 흑사병이 떠돌던 시절에 죽었지만, 그에게 보편은 단지 **정신의 개념**(conceptus mentis), **일의적인 복수 개체**(significans univoce plura singulari)의 기호일 뿐이다. 보

---

[2] Johannes Scotus Erigena(810~877경): 아일랜드 출신의 신학자이자 번역가. 그리스 철학과 신플라톤주의를 그리스도교 신앙과 통합하는 데 관심을 기울임. 대표적인 작품은 『예정론에 대하여』(851)와 『자연의 구분에 대하여』(862~866)가 있음.

[3] Johannes Duns Scotus(1266~1308): 중세 스콜라철학의 대표자 가운데 한 사람. 이성과 신앙의 조화를 추구한 토마스 아퀴나스를 비판하고, 철학과 신학, 이성과 신앙을 철저히 분리시켰다.

[4] William of Ockham(1288~1347): 중세 시대 영국의 유명한 철학자이자 신학자.

편은 사물이 아니라 사유하는 정신 속에만 존재할 뿐이라는 것이다. 우리가 보편적 개념을 빌려 인식한다고 해서 보편이 실재성(Realität)을 갖는다는 결론을 끌어낼 수는 없다고 한다. 오컴은 이러한 입장에서 출발하여 완전한 현상론(Phänomenalismus)으로 나아간다. 둔스 스코투스가 표상에서 사물의 실제적 모사를 읽고 있다면 오컴은 단지 **기호**(signa)만을 볼 뿐이다. 여기서 기호들은 우리가 사물들을 보고 만들어내며, 사물들과 연관을 짓는다고 한다. 따라서 기호들은 사물들과 유사할 필요가 없다는 것이다. 즉, 그것은 연기가 불의 기호이고, 한숨이 고통의 기호인 것과 마찬가지로 연기가 불, 한숨이 고통과 어떤 유사성을 갖지 않는 것과 같은 이치라는 것이다. 오컴은 이런 연역의 방식을 계속 밀고 나가면서 독특한 비결정론(Indeterminismus)에 이른다. 이에 따르면, 신은 어떤 법칙에도 얽매이지 않으며, 어떤 사건도 필연적으로 일어나는 것이 아니다. 그렇지 않다면 이 세계의 우연과 악의 존재 사실에 대해 해명할 길이 없다. 신이 그런 세계를 창조하지 않았고, 만일 원했다면 전혀 다른 세계도 창조할 수 있었겠지만 그렇게 하지 않았다. 보편적으로 통용되는 윤리적 규범 같은 것도 없다. 그렇지 않다면 냉정한 행위와 이기적 행동조차도 유익한 것이라고 설명할 수 있을 것이다. 모세의 십계명은 절대적 도덕률이 아니라 제한적인 타당성만을 지닐 뿐이다. 그것은 살인과 도둑질과 일부다처제를 금한다. 그러나 아브라함(Abraham)은 자기 아들을 제물로 바치려 했고, 이스라엘 사람들은 이집트 사람들의 황금 항아리를 들고 왔으며, 족장들은 많은 여자를 아내로 삼았었다. 그런데 신이 그것을 허용했던 것이다. 이러한 해설이 (한편으로는 오컴이, 또 다른 한편으로는 이미 둔스 스코투스가 행한 바의 것인데) 분명히 말하고자 하는 것은 신은 선·악의 저편에 서 있다는 점이다. 오컴 철학의 정점을 이루는 것은 비합리주의와 불가지론에 대한 고백이다. 요컨대 직접적인 순간경험을 넘어서는 모든 인식은 신앙의 문제라는 것이다. 신은 인식되지 않으며, 그의 존재는 개념으로는 파악되지 않는다고 한다. 제1원인자의 실존은 증명할 수 없으며, 제1원인자들은 무한히 많다는 것이다. 따라서 다양한 피조물을 포함하고 있는 여러 세계를 생각할 수 있다고 한다. 말하자면 삼위일체, 현현(顯現), 영혼불멸은 논리적 증명의 대상일 수 없다는 식이다.

당나귀의
모습을 취한
그리스도

그러나 오컴을 자유사상가, 예컨대 볼테르와 니체의 선구자로 본다면 혼란을 일으킬 법하다. 물론 오컴이 교황의 전제정치에 반대하고 황제와 주교의 독립을 지지한 당시 '근대론자들'을 열정적으로 추종하기는 했지만, 신앙을 엄격히 고수하기도 했다. 깊이 파고드는 그의 회의주의적·비판적 태도는 바로 그 자신의 종교적 관점의 강렬한 표현이기도 했다. 신의 무제한적 자의(恣意)라는 사상은 그를 분노케 한 것이 아니라 오히려 그에게 어떤 안정을 제공했다. 그가 보인 신에 대한 복종심은 어떤 인과율과 도덕으로도 제한되지 않는 전능의 표상을 통해서만 충족될 수 있었다. 이로써 그는 기독교의 신비로운 사건들은 증명할 수 없다고 강조했으며, 이 사건들에 대한 어떤 공격과 회의에도 단호히 방어했다. 교리의 불가해성과 불합리성을 통찰할 때 신앙이 그에게는 먼저 도움이 되었다. **불합리하기 때문에 믿는다**(credo quia absurdum)는 원리가 그를 통해 한때 강력한 힘을 발휘하기도 했다. 이때 그가 강조한 것은 전적으로 **믿는다**는 점에 있었다. 요컨대 신앙과 지식은 서로 다른 사항이지만 바로 이러한 사실이 신앙을 구제한다는 것이다. 그러나 만일 사람들이 **불합리한 것**에 방점을 두고 신앙과 지식은 서로 다른 사항이지만 이 사실이 신앙을 무효화하고 지식을 구제한다는 결론을 끌어내게 된다면 어떻게 될까? 이는 평이하긴 하지만 지극히 위험한 발상일 수 있다. 물론 오컴은 이러한 발상에는 아직 이르지 못했다. 오히려 그는 불합리성을 신앙과 연결 지으려고 모든 가능한 불합리한 것을 끌어들이기에 지칠 줄 몰랐다. 그리하여 그는 한번은 섬뜩한 신성모독을 풍기는 문장을 말하기까지 한다. 즉, 신은 자신을 인간의 몸으로 나타내기도 했듯이 원했다면 당나귀의 모습으로라도 현현했으리라는 것이다.

이와 유사한 수많은 사례에서 우리가 명확히 보게 되는 것은 오컴의 경우 반이성성(Widervernünftigkeit)의 원리가 그의 목적을 넘어 뒤집혀서 마침내 그 자신의 의도에 반하는 결과를 초래하여, 중세의 순박한 기적신앙과는 본질적으로 완전히 상이한 것이 되고 말았다는 사실이다. 오컴의 지식과 의도가 없었더라면 그러한 원리는 이른바 핵심적 상황을 바꾸어 정반대의 징후를 띠며 나타났을지도 모른다. 그는 사태를 너무 극단으로 팽창시켜 파열시켰으며, 지나치게 예리하게 하여 꺾어지게 만들었던 셈이다.

아무튼, 그의 유명론은 전적으로 의식적이었다. 이로써 500년간 스콜라철학의 작업이 모든 스콜라철학을 지양하는 하나의 문장으로 통합된다. 요컨대 보편자들은 실재하지 않으며, 보편자들은 **사물에 앞서는**(ante rem) 것도 **사물 안에**(in re) 있는 것도 아니라 **사물 다음에**(post rem) 오는 것이며, 좀 더 정확히 하면 **사물을 대신하는**(pro re) 것으로서 사물들의 단순한 대리기호와 모호한 상징일 뿐이라는 것이다. 어휘, 용어, 내뱉은 소리 따위는 편리한 요약을 위한 인위적 보조수단일 뿐이며, 근본적으로 말한다면 공허한 변설이다. 요컨대 **보편은 명목**이라는 것이다.

유명론의 승리는 근대사의 가장 중요한 사실로서 종교개혁, 화약과 인쇄술의 발명 그 이상의 의미가 있다. 그것은 중세의 세계상을 완전히 뒤집어 놓았으며, 지금까지의 세계질서를 뒤집어 놓았다. 다른 모든 것이 이 새로운 국면의 영향이자 결과인 셈이다.

유명론의 두 얼굴

유명론은 그 주안점을 부정적 결과에 두느냐 긍정적 결과에 두느냐에 따라 그 모양이 바뀌는 이중적 모습을 취한다. 부정적 측면은 보편 · 집단표상 · 상위이념의 실재성을 부정한다. 말하자면 지금까지의 존재를 충족시키거나 움직여온 그 모든 거대한 삶의 힘 따위의 실재성을 부정한다. 따라서 그것은 **회의주의**(Skeptizismus)나 **허무주의**(Nihilismus)와 같은 것이다. 긍정적 측면은 특수 · 개별표상 · 물질적 순간 감성의 실재성을 긍정한다. 말하자면 일상현실의 감각적 존재와 실천을 지배하는 그 모든 정립적인 힘의 실재성을 긍정한다. 따라서 그것은 **감각론**(Sensualismus)이나 **유물론**(Materialismus)과 같은 것이다. 이 새로운 두 개념이 당시의 삶에 어떻게 지배적인 영향을 끼쳤는지 이제 우리는 좀 더 자세히 고찰해보고자 한다.

몽롱한 의식상태

여기서 인류는 마치 어느 날 갑자기 자신의 평형기관을 상실한 것처럼 보인다. 이는 모든 생성기와 과도기에 나타나는 현상이다. 이때는 낡은 것이 더는 통용되지 않고, 새로운 것은 아직 작동하지 않는 시기이다. 이는 마치 북극의 밤에 볼 수 있는 분위기이다. 말하자면 어제의 빛이 아직도 먼 지평선에 흐릿하게 깔려 있고, 내일의 빛이 간신히 지평선 위로 희미하게 떠오르고 있는 모양이다. 이는 정신이 완전히 비몽사몽 간에 놓인 꼴을 취한다. 모든 것이 여명 속에 놓여 있고, 모든 것이 이중의 의미를 취하고 있는 모습이다. 세계의 진정한 모습을 더는 읽어낼 수가 없다. 우리라도 그것은 땅거미가 질 때와 같은 것이라고밖에 할 수 없다. 햇빛 아래서 읽을 때와 비교하면 이미 너무 어둡고, 램프를 켜고 읽기에는 아직 너무 밝다. 나중에 우리가 살펴볼 것이지만, 근대의 초기와 관련된 이러한 모습은 특별한 함의가 있다. 그것은 **신의 자연광** 아래서 인간이 세계의 책을 읽는 습관을 벌써 잊어버렸고, 인간이 막 켜게 된 **이성의 인공 불빛** 아래서 아직 그렇게는 할 수 없는 꼴과 같은 것을 의미한다.

이와 같은 완전한 방향상실의 결과는 우선 심층적 **염세주의** (Pessimismus)로 나타난다. 과거의 힘들에 대해 절망할 수밖에 없게 되었기 때문에 모든 힘에 대해 실망한다. 사람들은 지금까지의 안정성이 좌절되었기 때문에 더는 어떤 안정성도 없다고 믿는다. 두 번째 결과로는 어떤 정신적 **원자론**(Atomismus)이 대두한다. 집단표상이 더는 중력의 중심점을 갖지 못하고, 그 중심을 통해 배열을 결정하는 핵을 갖지도 못한다. 그것은 원을 돌면서 해체되고 만다. 상위 중심 이념이 사라졌기에 의지력의 활동도 방향이 없다. 그것은 **의지 상실** (Abulie)로 표출되기도 하고 **과잉의지**(Hyperbulie)의 방출로 나타날 수도 있다. 억제노이로제(Hemmungsneurose)나 방출노이로제(Entladungsneurose)로 표현되기도 한다. 때에 따라 극단적 의기소침함과 무기력함, 무감각한 우울증과 기력상실증에 빠져들기도 하고, 또 때에 따라서는 병적인 활동충동의 광적인 상태에 빠져들기도 한다. 이것이 바로 정신과 전문의가 **기분장애**(Folio circulaire)라고 말하는 질병의 유형이다. 마지막으로 고정축의 결핍이 **도착증**(Perversität) 형태로 표현되는 일이 일어나기도 한다. 그것은 모든 영역, 이를테면 선·색채·복장·풍습·사고방식·예술형식·법규범 등속에서 기괴함과 꾸밈, 은밀스러움, 비틀기, 부조화, 자극성, 난해한 행위 등이 선호된다. 불합리의 논리학과 반자연적 물리학, 풍속에 어긋난 윤리학, 추의

미학이 등장한다. 이는 지진이 일어날 때와 같은 꼴이다. 정상적 생활 일체, 즉 법적·도덕적인 것을 포함하여 지상의 척도와 기준이 망가지는 것이다.

상층부의
무정부 상태

모든 것이 흔들렸다. 중세 생활의 모든 방향을 결정한 황제 권력과 교회 권력이라는 두 좌표축이 흐릿해지기 시작하여 가끔은 거의 보이지 않을 때도 있었다. 14세기의 첫 반세기의 경우 제국은 바이에른의 루트비히와 오스트리아의 프리드리히가 공동 집권한 기묘한 이원집정제의 권력 형태를 취했기 때문에 이때부터 1410년 세 명의 독일 왕들, 지기스문트(Sigismund)와 벤첼(Wenzel), 그리고 모라비아의 요스트(Jošt Moravský)가 등장하기까지 조용한 날이 없었다. 거의 정확히 동시대 1409년의 세계는 세 명의 교황, 즉 로마 교황, 프랑스 교황, 공의회에서 선출된 교황이 등극하는 전대미문의 사건을 경험했다. 당시 사람들에게는 이러한 세 교황의 갑작스러운 출현을 통해 마치 구원자가 셋이 있어서 각자 세 대부를 둘 수 있기나 한 것처럼 혼란스러웠다. 황제들이나 교황들이 서로에 대해 이단자·무신론자·사기꾼으로 몰아붙이는 바람에 세 위치의 사람 모두를 실제로 그렇게 간주할 지경에 이르렀다. 그들의 직위를 두고 더는 신이 의도한 품위가 아니라 날조된 품위를, 더는 종교적·세속적 존엄의 정상이 아니라 거짓된 사이비 가치를 읽어냈다. 현자 나탄(Nathan)은 이렇게 결론짓는다. "그대들이 가진 반지 세 개 모두가 진정한 반지가 아니다. 아마도 진정한 반지는 사라진 것 같다." 이러한 분열 사태 그 자체만으로도 교황권의 이념은 그 뿌리까지 흔들리고 파헤쳐진 것이 틀림없다.

신분의 해체

여기서 우리는 신분의 해체작업이 우선 최고 상층부를 강타했고, 사회 고위 상층부에서의 무정부 상황이 개막되기에 이르렀다는 사

실을 보게 된 셈이다. 그러나 곧 이러한 해체는 모든 계층에게로
확산하기 시작한다. 전반적 몰락이 이 시대의 사회적 특징이라고
할 수 있다. 물론 봉신(封臣)들은 여전히 출정 명령을 수행했지만,
이는 그것이 자신들에게 유리하거나 개인적 필요가 있을 때 그랬을
뿐이다. 중세 때 그토록 일상적으로 노래한 신하로서의 충실이라는
상황이 이제 더는 경외심이 아니라 기회의 포착으로 결정되는 냉혹
한 거래 상황으로 바뀌었다. 농노들은 지금까지 거의 식물의 뿌리처
럼 얽힌 존재를 영위해오게 했던 자신의 고향을 떠났다. 도시의 경
우 지금까지 혈통과 전통을 통해 지배권을 행사해온 세습귀족이 몰
락했다. 소유의 관습조차 점차 허물어져 내렸다. 그 침전물이 아래
로 가라앉고, 선입견과 과거에 아랑곳하지 않는 새로운 신선한 세
력이 아래에서 위로 솟아오르기 시작했다. 이러한 환경에 이어 당시
기독교적 색채를 띤 온갖 공산주의적 강령을 담아내던 기층 계급들,
이를테면 무산자들, 곤궁한 자들, 하역꾼들이 등장했다. 신분은 더
는 신성한 것으로 통하지 않았으며, 당시의 문학이 예리하게 반영하
고 있듯, 여러 신분은 서로에 대하여 독설과 절제 없는 경멸을 보여
주었다. 도시의 사육제극에서 농민은 귀족적 서사극의 마지막 남은
흐릿한 공명에서 그렇듯 순전히 바보, 일종의 광대로 비웃음을 산
다. 그러나 농민은 이에 아랑곳하지 않고 단맛이 잔뜩 들어있는 값
비싼 저속함과 비열한 행동을 보이는 틸 오일렌슈피겔[5] 이야기에서
농민이 그렇게 장난스럽게 행동하는 것은 도시인들을 아주 생생하
게 웃음거리로 만들고 야유하기 위한 것이었다. 귀족의 타락상은
동시대의 문학 일체에 항상 등장하는 주제였고, 성직자들의 풍기문

---

[5] Till Eulenspiegel: 독일의 근세 초기의 통속문학서. 작자 미상.

란 행태가 『여우 라이네케(*Reineke Fuchs*)』[6]에서 경멸적인 풍자의 줄거리로 묘사된다. 각기 상대방 신분에 대해 그토록 오만하고도 무정하게 비방하지만, 누구도 자신의 신분을 고수하려 하지는 않는다. 그도 그럴 것이 신분은 피부처럼 타고난 것이라는 중세의 원칙이 더는 효력을 발휘할 수 없게 된 것이 옛일이 되었기 때문이다. 농민은 깔끔하게 차려입은 도시인이 되고자 했으며, 도시인은 철갑으로 무장한 기사가 되고자 했고, 농민들은 우스꽝스러운 결투를 서로에게 신청하기도 했다. 여성 수공업자들은 서로 반목했고, 반면에 기사는 부르주아와 그들의 안락한 생활을 아주 부러운 시선으로 바라보았다. 부르주아의 자연적 위상을 경멸하고 다른 사람들의 행운을 불만스러운 야릇한 시선으로 바라본 어리석은 행위에서 작품 『마이어 헬름브레히트(*Meier Helmbrecht*)』[7]는 생생한 소재거리를 찾았다. 이 작품은 한 부유한 농민 아들의 이야기를 다룬다. 주인공 아들은 기사가 되고자 백방으로 노력하지만, 이 때문에 비참하게 패망한다. 또한 이 소설에서 우리는 가족이 이제는 신성한 관계의 끈이 되지 못한다는 사실을 보게 된다. 이 작품의 등장인물인 아들과 딸은 자신들의 부모에 대해 마치 오늘날 남을 두고 말할 때처럼 이야기한다. 그런데 이러한 해체와 와해의 면모들이 천천히 평화롭게 진행된 것이 아니다. 이 시대는 내적 · 외적 갈등과 공개적 방식과 은밀한 형태의 반목이 끊임없이 들끓은 거대한 전장과도 같았다. 교황들에 대한 공의회의 투쟁, 황제들에 대한 교황들의 투쟁, 영주들에 대한

---

[6] 괴테의 작품. 이 작품은 중세 유럽에 널리 유포된 '여우 이야기'를 제재로 한 것임.

[7] 13세기 사회 풍자소설의 하나. 저자는 베른헤르 데어 가르테네르(Wernher der Gartenäre)임.

황제들의 투쟁, 시장들에 대한 영주들의 투쟁, 길드에 대한 시장들의 투쟁, 성직자들에 대한 길드의 투쟁 등이 벌어졌다.

이처럼 모든 가치의 파국적 와해와 모든 연대의 급속한 해체에 대응하는 방식은 단 두 가지 입장뿐이었다. 하나는 그러한 운명에 완전히 맹목적으로 맡기는 무비판적 태도의 **숙명론**(Fatalismus)이었고, 다른 하나는 모든 것을 부정하면서 혹평에 혹평을 더하는 **주관주의**(Subjektivismus)의 태도였다. 첫 번째 관점은 스코투스 추종자들이 취한 태도이다. 이들은 모든 이성적인 것은 신이 의도한 것이라고 주장한 토마스 아퀴나스의 신봉자들에 반대하면서 신의 의도에 따른 모든 것이 이성적이라고 설명한다. 따라서 어떤 것이 선하기 때문에 신이 그것을 행한다고 말해서는 안 되며, 신이 그것을 행하기 때문에 그것은 선한 것이라고 말해야 한다는 것이다. 주관주의적 관점은 '자유정신의 형제들', '떠돌이들', 라인 지역과 여타 지역에서 그 본질을 드러냈던 막무가내인 강도단들이 보여주었던 바의 것이다. 그들은 구걸로도 연명했지만 강압과 강탈로도 연명했으며, 사유재산은 죄에 해당하는 것이기 때문에 그러한 강탈이 허용된다고 보았다. 그들은 자신들의 교리를 설교와 팸플릿, 논쟁 등을 통해 확산시켰다. 이를 통해 통찰력과 재치가 발전되었다고들 한다. 그들의 '재기 넘치는 말투'가 유명해져 외경심을 일으키기도 했다. 그들의 주요명제는 다음과 같은 식이다. 즉, 초현세적 신은 존재하지 않는다, 인간이 신이다, 인간은 신과 같기 때문에 어떤 중개자도 필요가 없다, 선한 인간의 피는 그리스도의 피만큼이나 존중할 가치가 있다, 형제와 자매들이 풍속이라고 말하는 것이 풍속적인 것이다, 자유는 어떤 규제도 어떤 죄와도 관련이 없다, '자유정신' 앞에서는 어떤 도둑질도 어떤 간음 행위도 없다, 신의 왕국과 올바른 행복의 땅은 지상에 있다, 이것이 진정한 종교를 의미한다는 둥속이다. 간단히 말해, 자기 자신만을 의지하고, 어떤 양심의 가책으로도 묶이지 않는 자아(Das Ich)가 진정한 그리스도라는 것이다.

두 가지 입장 모두에 허무주의가 깔려 있다. 스코투스주의는 신의 전능과 유일 실재성을 너무 강조하기 때문에 자아가 소멸하고 만다. 반면에 자유정신의 추종자들은 자아의 전능과 유일 실재성을 너무 강조해서 신이 소멸하고 마는 것이다. 언뜻 보면 스코투스주의는 종교성의 정점을 이루고 있는 것으로 생각할 수 있지만, 좀 더 세밀히 관찰하면 **신의** 이성에 대한 극단적 신뢰가 아니라 **인간의** 이성에 대한 깊은 절망감에 그 뿌리를 내리고 있다는 사실을 감지할 수 있다. 두 교리가 설파하는 내용을 들여다보면 형이상학적 기관이 병들어 있음을 간파하게 된다. 양쪽 모두가 감정의 흥분상태에 빠져 있다. 과도한 열기와 과도한 냉기는 동일한 생리작용을 일으키는 성향이 있다. 양극단의 세계관에서 드러나는 명제들은 서로 바꾸어도 무방할 만큼 비슷한 면모를 보인다. 스콜라철학 말기에 보인 수많은 요구는 우리가 오컴의 경우에서 보았듯이, 단지 경향적으로만 극단적인 신성모독과 구분될 뿐이다.

실천적
허무주의

15세기 초에 당대 허무주의가 실용화하기 시작한다. 후스파 운동(Hussitenbewegung)에서 슬라브 문화권의 **관념론적 파괴충동**(Idealistischer Zerstörungstrieb)이 최초로 유럽의 역사 무대에 출현했다. 체코의 후스파들은 근시안적이면서도 잔혹하고 음흉한 정책을 통해 초인적인 업적을 선동하면서 당대의 공포와 전율로 불릴만한 행동을 개시했다. 그들은 저항할 수 없는 현대적 전술을 고안하여 종교적·민족적·사회적 열정이라는 3박자의 기치를 걸고 그들의 길을 막는 것이면 무엇이든 허물어버렸다. 후스파의 거친 물결이 체코의 국경을 이내 넘어 독일 땅 절반까지 밀려들었으며, 이욕이나 복수심도 아닌 파괴를 위해 파괴할 뿐인 무의미한 문화·예술 파괴가 곳곳에서 광포하게 일어났다. 그것은 러시아 사람들이 수세기 동안 차르 전제정치의 지배를 참아왔었는데, 이제 또다시 아마 수세기 동안 소비에트 권력을 참아내야 한다는 사실만을 말해줄 뿐인 현실성에 맹목적이고도 막무가내인 적개심을 품은 슬라브인 기질일 뿐이다.

당시의 영혼이 처한 상황은 페트라르카[8]가 아비뇽(Avignon)의 교황청 상황을 두고 설명하는 다음과 같은 말로 요약할 수 있다. "모든 선이 그곳에서 무너져 내리고 말았다. 처음에는 자유가 무너졌고, 그다음에는 안정·기쁨·희망·신앙·사랑이 차례로 무너졌다. 그것은 영혼의 끔찍한 상실을 의미했다. 그러나 소득만큼은 줄어들지 않아서 탐욕의 왕국에서는 그것이 손실로 계산되지 않은 셈이다. 그곳에서 장래의 삶은 지옥에 대해 설명하는 공허한 우화로 통했다. 육신의 부활, 새날, 그리스도의 심판과 같은 모든 우화는 어리석기 짝이 없는 이야기로 보인다. 그곳에서는 진리가 광기로, 금욕이 바보짓으로, 겸손이 수치로, 방종이 관용으로 통한다. 생활이 지저분하면 할수록 그만큼 높이 평가받았다. 명예는 범죄의 정도에 비례했다."

그러나 이제 그 시대의 긍정적 특색도 살펴볼 시점이 되었다. 이미 암시했듯이, 그 특색들은 유물론의 경향으로 표출되었다. 이때는 괄목할만한 경제적 도약이 있었다. 그것은 내적·외적 도약을 의미한다. 합리화가 증대했고, 생산 공정이 세련되었으며, 상품교역이 더욱 활발해지고 확장되었다. 이제 이런 질문을 해볼 수 있겠다. 즉,

경제생활의 향상

---

[8] F. Petrarca(1304~1374): 이탈리아의 인문주의자이자 연애 서정시인.

유물론의 확산이 경제생활 향상의 결과인가, 아니면 역으로 경제생활 향상이 유물론 확산의 결과인가? 지금까지의 모든 논의에 따르면 독자는 우리가 두 번째의 답밖에 지지할 수 없다는 사실을 받아들이게 될 것이다. 특정한 정신적 상황과 특정한 정서가 먼저 있었고, 여기서 경제상황의 특정한 발전이 이루어지게 된다. 자신의 이해관계를 갖는 인간이 자기 정신과 감정의 비가시적 **내면세계**나 신과 내세의 은밀한 **천상세계**를 지향하는 것을 선호한다면, 유익한 창작물을 신앙·사유·형상의 영역에서 산출할 것이지만 자신의 경제활동은 단조로운 초보적 형태에 머물게 될 것이다. 그러나 무엇보다 자신의 관점을 포착할 수 있고 음미할 수 있는 **주변세계**에 둔다면, 경제적 번영을 누릴 수 있는 상황에 이를 수도 있다. 그는 새로운 도구와 기술을 고안할 것이고, 새로운 풍요의 원천을 찾을 것이며, 삶의 안락과 향유의 새로운 형태를 취하면서 물질의 주인이 되게 될 것이다.

경제사는 '촉진 상황'과 '유리한 조건들'에 대해 수도 없이 많은 이야기를 들려준다. 그러나 이러한 조건들과 상황은 늘 있지만, 시대마다 상이하게 이용된다. 그러한 경우들이 없을 때조차도 경제적 의지가 아주 강력하다면 무의 상태에서 그러한 상황과 조건들을 주문을 걸듯 불러내며, 각 조건을 '유리하게' 만들고 각기 상황을 '촉진하게' 개조하기도 한다.

비잔틴권의 급격한 몰락으로 유럽에서 가장 중요한 교역이 이루어진 레반트(Levante) 지역의 무역은 도나우(Donau) 강을 따라 가는 옛길을 점차 포기하고 바닷길을 열어나갔다. 14세기 이탈리아에서는 왕이 지배한 일련의 도시공화정이 이루어져 있었다. 그 선두에는 (오늘날 영국이 그렇듯) 달마티아(Dalmatien)·코르푸(Korfu)·크레타

(Kreta) · 키프로스(Zypern)와 같이 대단히 가치 있는 일련의 거점을 통해 지속적으로 안전을 확보해준, 지중해 동부 전 지역에서 막강한 권력을 행사한 지중해의 여왕, 베네치아 공화정이 있었다. 북해와 발트 해 영역은 한자 동맹[9]이 지배했는데, 이 동맹은 유일한 상인 조직으로서 - 오로지 개별 계약에 기초하여 어떤 군주의 비호도 받지 않고, 아주 드문 경우에만 무력에 의존했을 뿐이지만 - 한 세기 반 동안 육해와 공해의 광범위한 영역에 걸쳐 무역을 독점적으로 관리해왔다. 북방과 남방의 이 거대한 두 세력 사이에서, 비록 그보다 규모가 작긴 했지만 명성이 높았던 경제센터가 힘을 발휘하고 있었다. 그것은 상부 이탈리아에서 당시만 해도 아주 낙후한 상태에 머물고 있던 라인 강 하류를 따라 내려가는, 플랑드르와 프랑스 및 영국으로 이어지는 무역노선이었다. (한자 동맹의 상인들은 영국에서 그로센(은화)을 주고 여우 가죽을 사서 굴덴(금화)을 받고 영국에 여우 꼬리를 되판다고 말하곤 했다.) 서부에서는 원형의 해안도시가 번창했고, 중부 독일에서는 수공업 도시가 호황을 누렸다. 수건을 만드는 도시, 맥주를 생산하는 도시, 섬유생산 도시, 청어 도시가 형성되었다. 망치와 직조기 소리가 요란했고, 거래가 분주했으며, 고트랜드(Gotland)에서 나폴리로 가는 운송업이 활기를 띠었다.

　　중세사회는 기사와 성직자로 그 구조를 유지해왔다. 이제는 시민과 수공업자가 주도권을 잡았으며, 농민조차도 세 종류의 현실 직업이 있다고 느끼기 시작한다. 사회적 가치의 이러한 급변은 우선 길드가 점차 등장하면서 이루어진다. 일종의 성내귀족을 의미하는 이

길드의 등장

---

[9]　die Hanse: 중세 북유럽의 상업권을 지배한 북부 독일 도시들과 외국에 있는 독일 상업 집단이 상호 교역의 이익을 지키려고 창설한 조직이다. '한자(Hansa)'란 원래 유럽 여러 나라에서의 도시 상인들의 조합을 말함.

른바 '세습귀족'의 지배가 14세기가 지나 사이에 거의 곳곳에서 전복되었다는 사실에 대해서는 이미 언급한 바가 있다. 그들은 늙었고 비만이었으며, 관성적 유산 상속자들이었고, 둔감한 어제의 남성들이었던 셈이다. 반면, 길드 회원들은 곧 주도권을 행사할 생활력의 의미를 소화할 줄 아는 그 시대의 현대인이었다. 그들은 자신들의 정치적 입장에서 민족적이고 반교회적이었다. 그들의 계열에서 예술가들이 등장했으며, 이들은 모든 새로운 것을 이해하려 했다. 그들은 마치 신비론을 해명할 때만큼이나 돈의 경제 원리를 해명하려 했다. 미래의 보병과 병과가 그들로 편성되었으며, 그들은 노동과 계몽, 평신도와 민법을 위해 투쟁했다. 그들은 다소 협소하고 건조하지만 건강하고 경건한 중산층 정책을 추진했으며, 단어의 진정한 의미에서 **기독교-사회적**(christlich-sozial) 입장을 취했다.

전문
딜레탕티즘

그들의 조직은 아직도 전적으로 가부장적이다. 이 조직은 단순한 경제적 이해집단만이 아니라 윤리적 결집체이기도 하다. 그 조직원은 단순히 사업에만 관련하는 것이 아니라 도제에 대한 기술교육 및 윤리지도에도 책임을 지는 장인(匠人)의 가족과도 관련 있다. 같은 식으로 길드의 개별 구성원이 종교생활에서만큼이나 법적 종속관계를 맺은 것은 아니었다. 가능한 한 좋은 일자리를 제공하는 경제적 문제가 명예문제에 버금갈 정도는 아니었다. 다른 한편, 그 구성원들이 병이 들거나 노동을 할 수 없게 되었을 때, 후견을 맡고 음식을 제공하는 일이 길드의 가장 중요한 의무이기도 했다. 특수한 집회공간에서 갖는 동료들의 집회, 협동적 축제와 시위, 공동의 인사 격식과 술 문화는 단결심을 고양했다. 그러나 이런 아름다운 동료의식도 사소한 것마저 관리하게 하고, 경직된 일상생활을 하게 하면서 생각 없이 마냥 지침만을 따르게 하는 폐단을 초래하기도 했다. 지금도 부정적인 의미에서 '조합주의적인'이란 말로 규정하는 그런 모든 일이 발생했다. 말하자면 모든 일이 지나칠 정도로 규제되었다. 호칭과 경례는 견습생의 수와 점포의 크기에 비례했다. 종시계가 세 시를 치기 전까지는 맥주를 마시러 가서는 안 되었으며, 하루 저녁에 6굴덴 이상을 쓰지 못하게 했고, 대기업이 생겨나지 못하게 자기 공장에서 만든 물건만을 사도록 했으며, 공장은 노동을 항상 통제할 수 있게끔 좁은 골목길 안에 세우게 했고, 앞서 주문받은 일을 끝내기 전에는 새로운 작업을 떠맡을 수 없게 했다. 섬세한 작업을 요구하는 일은 낮에만 하게 했다. 좋고 이성적으로 보이는 모든 것도 결국에는 견디기 어려울 만큼 제한을 받았다. 거대한 관계를 조망하고 모순들을 유기적으로 통합할 가능성이 없었다. 바로 다음에 나타날 현실성을 밀도 있게 관찰할 방법이 없었다. 말하자면 생활 전체가 형식과 공식의 무거운 갑옷을 걸치고 다녔던 셈이다. 이는 정신에 낯선 전문 딜레탕티즘(Fachdilettantismus)에 의해 강요된 것이다. 어떤 창조적 자유나 생산성, 천재성도 없이 현존재를 꽉 조이고 있는 물질에 너나없이 끈적끈적하게 달라붙는 꼴을 취했다. 그러나 이러한 물질주의(Materialismus)가 자신의 분야에서 위대한 승리를 구가한 셈이다. 그야말로 물질을 재주껏 성실히 세밀하게 가공하고, 모든 질료를 세련되고 아름답게 다듬는 일이 전성기를 누리게 된 것이다. 노동 대상에 대한 경외심은 오늘 우리 시대의 개념으로도 거의 이해할 수 없을 정도였다. 오늘날 어떤 화려한 주택에서도 당시 대문열쇠나 옷장을 만들 때 불어넣은 그런 창작정신과 애정과 독창성이 감지되진 않는다. 그 시대는 **장인정신의 영웅시대**였다.

현실감각이 증대하면서 현존재를 합리화하고 목적의식적으로 취급하는 일도 확대된다. 사실 이미 우리는 이 시대에서 일상생활에서 불편한 문제를 과학적으로 극복하려는 – 비록 아주 여리긴 했지만 – 최초의 맹아를 보게 된 셈이다. 물론 자연연구의 영역에서 아직도 큰 혼란이 지배한 것은 사실이다. 온갖 가치 있는 여러 발명을 하고 있었지만, 그 계획과 방법이 엉성하기 짝이 없었다. 레기오몬타누스[10]와 같이 철저하면서도 다방면에 정통한 석학도 있긴 했지만, 골동품 전문수집가 정도의 활동만 했을 뿐이다. 그는 자신이 발굴한 값비싼 물건들을 순수 아마추어가 즐기는 방식으로 체계도 없이 진열·보관했다. 일종의 동물학 교과서에 해당하는 콘라트 폰 메겐베르크[11]의 『자연의 책(Buch der Natur)』은 그나마 체계를 아주 잘 갖춘 것으로 통하지만, 우화 세계의 동물을 모방한 측면도 없지 않다. 여기에는 용, 날개 달린 말, 인어, 스핑크스, 켄타우로스, 불을 내뿜는 개 등속이 등장한다. 결실도 있었을 뿐더러 빈틈없는 경험적 전통이 지배한 유일한 영역은 역시 수공업 부문이었다. 실험의 완성 과정에서 일련의 뛰어난 제품들이 고안되었다. 특이한 시계와 자물쇠, 인공 수중 탐사기, 금세공에 유용한 섬세한 도구들, 멋진 오르간 등이 만들어졌다. 그러나 이 모든 것이 과학적 의도에 의한 것이라기보다는 생활취향이 고양되고 편리를 추구하는 가운데서 성취된 것일 뿐이다. 화폐경제도 수 개념의 정확성이 중요한 것임을 최초로 서서히 부각하게 만들었다. 이때까지도 사람들은 대개 원시적인 방식으로 대충 뭉뚱그려 계산하며 살았기 때문에 계산의 오류는 거의 다반사였고, 누구도 오류에 대해 책망하지 않았다. 산술시험 같은

---

[10] Regiomontanus(1436~1476): 독일의 천문학자·수학자. 뉘른베르크에 독일 최초의 천문대를 세워 핼리 혜성을 관측함.
[11] Konrad von Megenberg(1309~1374): 독일의 가톨릭 학자. 다재다능한 작가.

개념 자체가 없었다. 자릿값을 매기는 데 영의 숫자를 사용할 줄도 몰랐다. 주판의 사용은 번거로운 일로 여겼을 뿐만 아니라 신뢰하지도 않았다. 나눗셈은 거의 아무도 따라 할 수 없는 기발한 재주로 통했다. 사람들은 대충 수긍할만한 결과가 나올 때까지 한참 동안 머리를 짜내어 온갖 방식으로 나눗셈하려고 했다. 오늘날 우리에겐 자명해 보이는 계산법이 그때만 해도 전혀 발전하지 못했다.

역사 영역에서는 괄목할만한 진척이 이루어졌다. 현재의 사건을 그려내고 과거의 사건을 재현하려는 욕구가 보편적 현상이었고, 기록물 보관소가 설립되면서 거의 모든 도시가 자체 연대기를 갖게 된다. 물론 '프랑스의 헤로도토스'로 불리는 프루아사르[12]와 같은 인물이 어느 때든 나타날 수는 있는 일이었지만 그는 독보적 위치에 서 있어 그 시대 전체에 걸쳐 주목할만한 사건이라고 할 수 있다. 그의 작품은 화술에 대한 갈리아 사람의 특별한 재능을 최초로 완벽히 보여준다. 형형색색의 그림을 곁들이고 그 시대의 향기를 가득 채우고 있으며, 유려한 문체로 구성되어 있다. 그가 헤로도토스를 연상시키는 것은 **현실**의 연대기 저자라는 점에 있는 것 같다. 그는 **비사**(秘史), 일화, 흥미진진한 풍문을 애호했으며, 세계사를 풍문의 어떤 사적인 사건으로 이해하면서 '사료(史料)'보다 자신의 눈과 귀를 더 신뢰한다. 그는 파도바(Padova)의 마르실리오[13]의 관점을 따르면서 의사, 교구 성직자, 법률가, 근대 국가이론의 창시자, 교황제도에 반대하는 '평화의 옹호자', 정치적 탄원서를 제출하는 자 등과 같이 회의적이면서도 예리하고 독선적인 박학다식한 사람들이 제

---

[12] Jean Froissart(?1333~?1400): 프랑스의 연대기 작가이자 시인.
[13] Marsilio da Padova(?1280~1343): 이탈리아의 저술가. 주요 저작으로는 『평화의 옹호자』가 있음.

시하는 생생한 상들을 연구의 대상으로 삼는다.

현실문학 그러나 성장하고 있는 리얼리즘(Realismus)을 가장 강력하고 적합하게 드러낸 사유형태를 꼽는다면 당대의 **문학**(Dichtung)이라고 할 수 있다. 우리는 이미 풍자문학의 급속한 확산에 대해 언급한 바 있다. 그러나 이제부터 풍자는 그 자체로 항상 리얼리즘적 문학의 장르를 취한다. 풍자는 사실들, 즉 구체적인 개별 특징을 상세하고도 정확히 그려내지 못하면 실패하는 꼴이 되기 때문에 현실의 사실에 깊은 애정을 갖고 접근해야 한다 해도 무방할 듯하다. 전 유럽에서 애호한 교훈적인 권선징악 연극은 풍자적인 사육제극(Fastnachtsspiel)과 흡사한데, 이 연극은 패륜과 미덕 행위를 주제로 다루기 때문에 언뜻 보기에는 재미없는 알레고리(Allegorie)처럼 보이지만 현실의 상황을 예리하게 조명하기도 한다. 수난극(Passionsspiel)에서도 익살스러운 장면들이 주기적으로 삽입되지만, 당시 사람들의 순박한 취미를 아직 모독하지 않는 형식을 취하고 있다. 그것은 많은 사건을 통해 삶을 다양하게 관찰하고 생생한 현실감을 얻게 한다. 프랑스에서는 현대 익살극(Posse)의 모든 요소를 담고 있는 소극(Farce)이 형성되었다. 이 장르의 가장 탁월한 표본이 되는 『파들랭 선생(*Maître Pathelin*)』에는 이미 몰리에르의 모든 맹아가 들어있다. 서사시(Epos)도 교육적인 경향을 드러내 보인다. 물론 이 서사시는 '영국의 호메로스'로 불리는 초서[14]가 영국 사회의 극히 다채로운 풍경을 그려놓은 『캔터베리 이야기(*Canterbury Tales*)』의 고전적 수준에 도달하진 못했다. 이 풍경에는 영국 사회의 모든 그늘과 계층, 과도기와 혼합의 면모

---

[14] J. Chaucer(1343~1400): 중세 영국의 최고 시인. 영국문학의 아버지로 통하기도 함.

가 그려져 있다. 드라이든(Dryden)은 이 작품과 관련하여 이렇게 말한다. "나는 모든 순례자와 그들의 분위기와 특색, 그들의 복장을 너무 생생하게 읽고 있어서 마치 내가 그들의 복장을 한 채 그들과 함께 서더크(Southwark)에서 저녁을 먹고 있다는 착각이 들 정도다."

서정시는 민중시(Volkspoesie)가 갑자기 새로운 전성기를 맞은 모습을 보여주었다. 곳곳에서 노래의 샘물이 용솟음치며, 모든 것이 노래로 불린다. 방앗간주인 · 떠돌이 직인 · 광부 · 여행하는 학생 · 농민 · 어부 · 사냥꾼 · 보병들에 대해 노래했을 뿐만 아니라 심지어 성직자들까지도 노래했다. 모든 것, 이를테면 사랑 · 농담 · 비애 · 기도 · 사교 등이 노래의 형태를 취한다. 서사문학(erzählende Dichtung)은 발라드(Ballade)를 압축한 형식으로 변한다. 일종의 생생한 대상들과 명확한 물질이 지배하는 모습을 취한다. 무너진 성곽의 돌들이 말을 하기 시작하며, 보리수가 바람에 슬픈 듯이 휘어지며, 토끼풀이 귀여운 아가씨에게 조심하라고 일러준다. 기사 서정시의 대상은 거의 언제나 유부녀였지만 이제 이 서정시에서는 아가씨가 중심을 이룬다. 이 서정시에서 노래하는 대상은 이제 더는 과거 시인이 헛되이 연모한 까칠한 성격의 취하기 어려운 부인이 아니라 '관계'의 목적을 달성할 수 있는, '동침'할 수 있는 여성이다. 애절함도 연모 대상자의 차가운 태도 때문이 아니라 주로 변심 때문에 일어난다. 비극의 주인공도 더 이상 불행한 청혼자가 아니라 버림받은 연인이다. 이 서정시에 등장하는 전문 예능인도 이제 더 이상 궁정시인이 아니라 현실적인 우악스러운 민중적 모습을 취하는 떠돌이 악사이다. 그의 거동과 이력은 간단명료하고 압축적이다. 일화도 특별한 주목을 받기 시작한다. 역시 기발한 착상을 담고 있다. 여기서 보이는, 우리가 앞서 말한 '재기 넘치는 말투'는 의미심장한 경구, 첨예하게 다듬어진 재담들이다. 어떤 제2의 전성시대도 그토록 탁월한 풍부한 속담을 가진 적이 없으며, 생활과 사유의 경제학에서 그러한 속담에 그토록 광범위한 영역을 할애한 적도 없었던 것 같다. 조형예술의 영역에서 민요의 정교한 표현은 정밀화로 표현되었으며, 이 정밀화는 당대 생활의 전모를 다소 투박하긴 했지만 소형 풍속화로 포착했다.

해방　　합리주의적 조류는 항상 해방운동을 수반하곤 한다. 그리고 해방운동은 그 시대의 성격을 상당 부분 결정하기도 한다. 누구나 자기 자신의 자유로운 주체이고자 하는 것이다. 우리는 이를 모든 영역에서 보게 된다. 이를테면 '로마로부터'라는 말은 왕들의 구호였고, '제국으로부터'라는 말은 영주들의 구호였으며, '군주로부터'라는 말은 도시들의 구호였고, '토지로부터'라는 말은 부역 농민들의 구호였다. 농노제도가 완전히 폐지되진 않았지만 다만 서서히 그 자체로부터 해체되어갔다. 사회적 해방은 위로부터 혹은 아래로부터 올 것이라는 우스꽝스러운 훈령에 따라 발생하지는 않는다. 예컨대 황제 요제프의 칙서는 파리의 인권선언만큼 유치한 문서였다. 오히려 사회적 해방은 시대가 그것을 요구하는 순간 자동으로 저항할 수 없게 출현한다. 농노제도가 사라지는 순간, 그것은 비장한 의식행위나 격렬한 봉기 덕분이라기보다는 그것이 일거에 더는 존립하지 않을 때이다. 말하자면 도시에서 슬그머니 자취를 감추고 마는 것이다. 좀 더 긴밀하고 촘촘한 삶의 구심이 생겨나면, 세계의 어떤 권력도 이 구심을 향해 몰려드는 분자들을 막을 순 없다. 분자들은 유성이 태양 속으로 떨어지는 것과 동일한 필연에 따라 이 힘의 구심 속으로 끌려들어가기 마련이다.

　　우리가 보았듯이 **모든** 정치적·사회적·경제적 굴레에서의 근본적 해방은 아마도 오늘날 귀족공산주의자들(Edelkommunisten)이라고 불러도 될 '자유정신의 형제들'이나 **나를 위한 것도, 너를 위한 것도 아니다!**라는 투쟁구호를 외치는 후스 추종자들, 그리고 노동을 꺼리는 프롤레타리아트 대중, 모든 직업과 신분에서 낙오한 무리로 구성된 온갖 부류의 '떠돌이'를 그 대표적 분자들로 취했다고 볼 수 있다. 아마도 당대 가장 많이 읽은 책으로 보이는『장미 이야기 (*Roman de la Rose*)』는 **성**(sexuell)의 공산주의가 무엇인지까지 가르치는 듯하다.

> 자연은 절대 어리석지 않으니,
> 그것은 우리의 지팡이였다.
> 이로써 자연은 아름다운 후손들을 탄생시켰으니, 이를 우리
> 는 부정할 수 없지.
> 모든 여자는 모든 남자를 위한 것이고, 모든 남자는 모든 여
> 자를 위한 것이지.
> 여자는 모든 남성 공동체를 위해 존재하고,
> 모든 남성 공동체는 여자를 위해 존재하느니.
> Nature n'est pas si sote
> Qu'ele féist nostre Marote.
> Ains nous a fait biau filz n'en doutes,
> Toutes por tous et tous por toutes,
> Chascune por chascum commune,
> Et chascun commun por chascune.

유물론의 주관적 측면은 점점 더 파괴적인 **천민주의**(Plebejismus)로 표출된다. 이른바 생활의 내면 멜로디를 구성하는 관습과 풍습, 어투와 몸짓, 이 모든 것이 더욱 투박하고 거칠며, 속물적이고 직접적

기사문화의
붕괴

이게 된다. 이는 일부 하층민의 경우에서 뚜렷하게 나타난다. 그러나 **모든** 생활 영역이 현저히 더욱 조야하고 감각적인 색채를 띠었다. 기사도 이제 더는 기사가 아니었다. 성실·명예·'관용'·'일편단심'·절제는 궁정문학이 가르친 덕목이었다. 이것이 이제는 완전히 변했다. 귀족이 강도 같지 않다면 그저 좀 더 선량한 농민, 아니면 차라리 좀 더 나쁜 농민이 되거나 귀찮은 싸움꾼이 되었다. 지금까지는 연가(戀歌)의 문제들이 그를 확실하게 붙들어 왔다. 사랑의 궁정, 사랑의 법칙, 행동과 고뇌는 선민들의 명예였다. 그리고 원한다면 유치한 언행조차도 그야말로 이상적 문제로 취급되기도 했다. 예전에는 융커 두 명이 함께 길을 걸으면 이런 문제들이나 종교 혹은 시를 주제로 대화를 나누었다. 이제 그들이 유일하게 나누는 대화는 거의 말과 창녀, 결투와 곡물 가격 따위와 같은 것들이었다. 카이저스베르크(Kaisersberg)의 가일러[15]는 이렇게 말한다. "단지 귀족이라는 이름만 남았을 뿐, 귀족답다고 할 수 있는 것이라고는 아무것도 남아있지 않다. 그것은 알맹이가 빠진 호두껍데기, 노른자 없는 달걀과 같지만 속은 벌레들로 우글거린다. 미덕도, 현명함도, 경건함도, 애국심도, 겸손함도 없다. (⋯) 추악함과 만용과 분노와 온갖 악행이 들끓었다."

이로써 기사문화는 붕괴한 것이다. 흔히 주장하듯이 화약 때문에 그렇게 된 것은 아니다. 그 까닭은 첫째로 전쟁 수행 방식이 새로워졌기 때문이 아니라 변화된 환경에 그들이 시기적절하게 적응하는 것을 방해한 그 문화의 협소성과 오만함 때문에 기사들이 폐위된

---

[15] J. Geiler(1445~1510): 설교가. '독일의 사보나롤라'로 불릴 만큼 설교 재능이 뛰어났음.

것이며, 둘째로 화약 무기는 한참 뒤에야 사용되었기 때문이다. 13세기 초엽 동유럽을 잠식한 우구데이 칸(Ogdai Kahn)의 몽골군대는 중국에서 가져온 소형 야포를 전투에서 이미 사용하고 있었으며, 같은 세기 중엽 마르쿠스 그라쿠스(Marcus Graecus)는 정확한 화약제조법을 제공했고, 유명한 스콜라 철학자 로저 베이컨[16]은 동시대 자신의 글에서 화약을 가장 효과적인 폭약으로 인식했다. 그러나 유럽 사람들은 그때만 해도 그러한 제조법에 아직 미숙했으며, 따라서 비록 그들이 그런 화약을 보유하고 있긴 했지만 베르톨트 슈바르츠[17]를 통해 그것을 실용화하기까지는 100년이나 걸렸다. 1346년 크레시(Crécy) 전투에서 영국 군대는 "사람과 동물을 위협하려고" 납 산탄을 발사했으며, 같은 해 아헨에서는 "천둥소리를 내는" 엽총이 만들어지기도 했다. 아랍 사람들은 알리칸테(Alicante)를 포위 공격할 때 베르톨트 슈바르츠가 자신의 계획을 실현하기 3년 전인 1331년에 벌써 화포를 사용했다. 그러나 그 뒤 소총이 상용화되기까지는 한 세기 반이나 더 걸렸다. 따라서 기사들은 이러한 상황으로 '재편되기'까지 충분한 시간이 있었다. 하지만 그들은 답답할 정도로 낡은 체제를 일방적으로 집요하게 고수하려 했다. 그들은 자기 몸을 철갑으로 무장했으며, 관절 부분은 통 모양의 편물로 감싸고 머리는 들어 올릴 수 있는 면갑(面甲)이 달린 투구로 보호하여 신체의 어느 한 부위도 노출되지 않게 했다. 말하자면 그들은 움직이는 요새이자 기마 탱크였던 셈이다. 그러나 바로 이들이 말을 타야 했기 때문에 그러한 무장을 무용지물이 되게 만들었다. 왜냐하면 말도 그렇게

---

[16] Roger Bacon(?1214~1294): 영국의 중세 신학자이자 철학자.
[17] Berthold Schwarz: 14세기 후기 독일의 전설적인 연금술사. 대포 발명가로 통하기도 함.

완벽하게 보호할 수는 없었기 때문이다. 그들의 걸음은 거북이만큼 이나 육중했다. 기사들은 자신들에게 엄청난 패배를 안겨다 준 젬파흐(Sempach) 전투 때까지도 당시 유행한 끝이 뾰족하고 코끝이 휘어진 구두를 신고 있어서 그 모습은 마치 철갑 조각배에 발을 담그고 있는 것처럼 우스꽝스럽게 보였다. 그런 구두를 신고서는 뒤뚱거리며 간신히 걸을 수 있을 뿐이다.

이 전투에서 결정적 승리를 이끈 인물은 아르놀트 폰 빙켈리트(Arnold von Winkelried)였다. 그의 영웅담이 후세에 전설로 남게 되었다고들 한다. 그러나 이런 식의 설명은 민중사의 사실에 대한 하나의 피상적 해설에 불과하다. 이 전설은 완전히 사실이며, 중대한 의미에서도 사실이며, 서사가 될 만큼의 사실이기도 하다. 스위스 연합군은 오스트리아 기사들이 빗발처럼 찌르는 창 다발을 몸으로 받아 부러뜨린 빙켈리트였다. 그 창 다발은 인류의 꽃으로 통한 기사들의 무례함과 무능, 합스부르크 왕가의 지배욕과 비인간성의 묶음과 다름없었다. 이 전투는 정신적 타성과 불의, 교만하기 짝이 없는 모험적 계급의 이기심을 응징한 최초의 봉기였다. 농민에게서 새로운 의지가 용솟음친 것이다. 그러나 봉건주의에 대한 진정한 불구대천의 원수와 승리자는 아주 엉뚱한 곳에 앉아 있었다.

이제 그 시대의 어두운 구렁에서 온갖 빛과 그늘을 품은 새로운 정신의 아성이 솟아올랐다. 그것은 불가사의한 **도시** 현상이었다.

거대한
가치전도

중세 천 년 제2의 시기 서막에서도 도시들은 존재했다. 그러나 이제 비로소 도시는 존재 전체를 관장하는 힘을 발휘한다. 도시란 무엇인가? 사람들은 그저 부정적으로만 정의할 뿐이다. 이에 따르면 도시는 '농촌'의 극단적 대립자이다. 농민은 식물처럼 유기적으로 살아가지만, 도시인은 뇌수 조직처럼 기계적으로 살아간다. 농촌에서 인간은 환경의 자연적 산물이지만, 도시에서는 환경이 인간의 인위적 산물이다.

도시에서는 모든 것이 서로 다르다. 표정은 서로 낯설고 긴장되며, 피곤함에 지치고 흥분된 모습을 취한다. 움직임은 더욱 발 빠르고 조급하며, 세밀하게 뜯어보고 목적의식적이며, 완전히 새로워진 템포를 지닌다. 섬뜩한 스타카토 기법이 존재 속을 파고든다. 풍경 전체가 변한다. 변덕스럽고 엉뚱하며 자연스럽지 못한 형식을 띠는 도시는 '농촌'에서 성장하고 '농촌'의 땅과 결합한 것에 대해 의식적이든 무의식적이든 반대하게 하여 멀리 떨어진 풍경까지도 지배하게 된다. 숲과 들판과 마을은 그저 단순한 장식 부속물에 불과하다. 모든 것이 이러한 정신에 지배를 받으면서 '환경'의 정치적·경제적 생활의 혈액순환마저 조종당한다. 중세 말기의 도시를 관장한 모든 입법적 행정은 냉혹한 의지를 드러내면서 지배적인 중추기관이 되었다. 이 기관은 자신의 영향권 안에 있는 것이면 무엇이든 집어삼켰다. 주민들에게 어떤 교역도 금지했으며, 도시에서 생산될 물건은 만들지도 못하게 하는 절대적 독점권을 누렸다. 모든 상인은 도시에서 자신의 물건을 전시할 때 개시권(開市權)을 빌리도록 강제했으며, 그 수장이 가격을 결정할 권리가 있을 때는 거의 노상강도에 가까울 정도였다.

어느 시대든 도시의 탄생은 현대적 인간의 탄생을 동반했다. 그러므로 당대를 특수하게 규정짓는 모든 특색이 특히 도시에서 두각을 나타낸다고 해서 놀랄 일은 아니다. 이러한 특색에서 우선 눈에 띄게 표출되는 것이 물질주의이다. 여기서 모든 도시는 극단적 이기주의의 모습을 취하며, 그 자체로만 타당한 소우주를 생존가치가 있는 것으로 받아들이고, 다른 모든 것은 이 소우주 작동을 위한 도구로만 간주한다. 시민의 자격이 없는 사람은 자연히 적대계층에 속한다. 단지 거기에 속하지 않는다는 이유만으로 그렇게 취급되었다. 도시의 삶은 아주 복잡하고도 불안전했기 때문에 온갖 노이로제의 화근이 될 수 있다. 동시에 도시의 삶은 더 의식적이고 냉정하며 신중한 태도, 말하자면 더 합리적인 태도를 요구했기 때문에 해방운동에 좀 더 쉽게 접근할 수 있게 하기도 했다. 이미 중세 말엽에는 도시의 공기가 자유를 만든다는 말이 유행하기도 했다. 자유는 생활형태의 어떤 평등이나 균등을 산출하곤 해서 바로 여기서 모든 계층에 충격을 주는 민중적 파도가 유발되기도 한다.

그림처럼 화려한 오물 　　이와 같은 도시는 외부에서의 공격을 최대한 막아내고, 내부에서는 경제적 자립을 최대한 완벽히 구현하려는 데서 비롯된 일종의 성내(城內)와 다를 것이 없다. 도시의 외관은 참호와 방벽, 성문과 탑, 외곽 성벽과 보루, 비상다리와 망루 등과 같은 수많은 복잡한 방어시설을 통해 그림 같은 모습을 취한다. 그러나 그 내부의 정경이 훨씬 더 그림 같다. 직선으로 뻗어있는 도로는 극히 드물며, 대개 굽고 휘어져 있어서 모퉁이와 구석이 불규칙하게 수없이 많이 나타난다. 주택들이 들어선 모양은 서로 교차하기도 하고 단절되기도 하여 그야말로 혼란스럽다. 도로 옆에 고층 건물을 세우는 것은 여전히 풍습으로 남아 있었다. 2층이 1층 위로 돌출되어 있고, 그 위에 한층 더 돌출된 3층이 또다시 솟아 있다. 자그마한 돌출 창문과 탑으로 장식된 이러한 '돌출 건물들'은 그 정경을 그림처럼 보이게 했지만, 도로는 협소해진 느낌을 불러일으킬 뿐만 아니라 어둡기까지 하여 공기가 부족한 것처럼 느껴지게 했다. 그러한 건물이 가능했던 것은 당시 목조건물이 여전히 대세를 이루고 있었기 때문이다. 그러나 목조건물은 대형화재를 주기적으로 불러오곤 했다. 많은 공장과 상점은 단층 건물을 형성하고 있었다. 상점들이 도로에까지 물건을 내놓아 통로가 거의 차단될 정도였다. 지하 상점들조차 자신의 '목'을 도로로 내밀 정도였으니 통로의 사정을 상상할 수 있을 것이다. 도로의 포장상태는 비참하기 짝이 없었으니 아예 포장 자체가 없는 것으로 보아도 무방할 정도였다. 도로가 오물과 진흙으로 덮여 있어서 나무로 만든 무거운 장화를 신지 않고는 누구도 건널 수가 없을 지경이었다. 굴뚝은 보이지도 않았고, 처마는 너무 원시적이어서 그 내용물을 도로 한가운데로 쏟아냈다. 물론 도로 한가운데에는 배수구가 있긴 했다. 천편일률적인 집 모양은 대문 앞에 쌓아놓은 퇴비 더미 모양과 같다. 공터에는 아주 비위생적인 두레우물이 있었다. 게다가 좁은 골목길에 쓰레기와 오물, 죽은 동물을 내다버리는 습관이 그대로 남아 있었다. 더 끔찍한 것은 살아있는 동물들이었다. 황소와 암소, 거위, 양, 돼지를 도로로 떼로 몰고 다니거나 그 동물들이 남의 집으로 불쑥 뛰어들었던 것이다. 지붕은 대개 짚으로 덮여 있고, 앞면은 아무 장식도 없어 옹색할 정도로 방치되어 있다. 아주 드문 경우에만 세공과 채색 흔적을 볼 수 있다. 창문은 유리가 끼워져 있지 않은 것이 대부분이었고, 아예 어떤 것으로도 막지 않은 경우도 있고, 어떤 경우에는 넝마나 기름을 먹인 종이로 가려져 있다. 당시 도시의 외관은 우리가 상상하는 것처럼 낭만적이지 않았다. 그런데 산책을 즐기는 오늘날 사람들을 가장 놀라게 할 일은 어떤 조명등도 없었다는 사실일 것이다. 가로등이 없었고, 빛을 내는 진열장도 없었으며, 맑게 울리는 시계탑도 없었다. 가정집에서는 흐릿한 수지 양초와 송진이나 어류를 이용한 등잔이 불을 밝혔다. 그 불빛이라고는 길까지도 비치지 않았다. 저녁에 문밖을 나서려면 개인용 랜턴을 들고 나가거나 횃불잡이를 대동해야만 했다. 세력가나 신분이 높은 사람이 자신의 시내 방문을 알릴 때에만 조명등이 켜졌다. 저녁 9시 이후면 모든 활동이 깊은 잠에 빠져들었다. 다만 노숙자들과 은신처에 숨어 있는 노상강도들, 그리고 선술집의 애주가들과 도박꾼들만이 잠을 자지 않고 돌아다닐 뿐이었다.

그러나 낮 동안에는 대단히 분주했다. 사람들이 끊임없이 오갔으며, 흥정하고 잡담하는 소리가 끊이질 않았다. 온갖 잡음으로 이루어진 시끌벅적한 심포니가 길을 메웠다. 종을 울리는 소리, 경건한 노랫소리가 이어졌으며, 여기에 가축들이 울어대는 소리와 식당에서 술주정을 부리는 사람들이 고래고래 지르는 소리가 뒤섞였다. 울타리가 없는 작업장에서 나는 해머와 망치 소리, 덜컹대며 달리는 마차 소리, 수레를 끄는 동물들이 쿵쿵거리며 걷는 소리, 문맹이 일반적인 시대에 플래카드를 대신해서 여기저기서 수없이 외치는 시끄러운 소리가 요동쳤다. "말 그림이오, 멋진 인형이오, 갓 구운 빵이여, 여기 딱지, 파이프요, 오프라텐, 카드놀이요!" "속옷 수선은 제가 잘 하죠, 바늘도 있고 골무도 있으며, 돈주머니와 허리끈도 많고요, 후크, 코바늘, 원하는 건 다 있답니다!" "이보시게, 그 낡아빠진 광주리랑 내다 버리시게!" "자, 염소 새끼요, 팔려고 끌고 왔답니다!" "따끈따끈한 팬케이크! 자, 오셔서 한번 드셔 보세요!" "따끈한 빵이오! 자, 오셔서 한번 잡숴보세요!" "열을 셉니다! 자, 어서어서 오세요, 드시고 싶은 건 뭐든 드세요!"

당시 사람들은 아주 이른 새벽에 일어났다. 이상의 소란은 여름의 경우 새벽 4시, 겨울의 경우 아침 다섯 시에 시작된다. 그 대신 대개 오후 3시면 조용해진다. 사람들은 이런 시각적·청각적 풍경을 경험할 뿐만 아니라 그러한 도시 전체에서 풍기는 특이하게 뒤섞인 냄새까지 맡게 된다. 기름진 뜨거운 과자, 지글지글 끓는 소시지와 훈제고기, 길 사방으로 뿜어진 공장의 증기, 시내 한가운데서 검은 연기를 내는 역청공장, 두엄 구덩이와 쇠똥, 사방에 널려있는 과일 나뭇가지, 꽃대, 채소 줄기, 수많은 교회에서 피우는 향 연기 등속의 냄새들이 뒤섞여 있다. 이는 오늘날도 동양의 도시들이 풍기는 모습과 거의 흡사한 풍경이다.

우리의 개념에서 보자면 편의시설은 소박하기 이를 데가 없었다. 계단은 어둡고 미로처럼 불편했다. 바닥과 벽에 양탄자를 걸친 경우는 아주 희박했으며, 가구는 꼭 필요한 것만으로 갖추어져 있었다. 좀 사치스럽다 싶은 것은 선반에 놓인다. 이 선반에는 예쁜 무늬가 새겨진 잔과 항아리, 주전자가 놓였다. 부유한 집의 주방은 붉은 구리 솥과 하얀 주석 그릇들로 반짝였다. 침대는 넓고 폭신했으며, 거의 항상 창공이 트인 전망을 갖추었다. 깃털 방석이 널리 사용되고 있었지만, 잠옷은 아직 알려지지 않은 상태여서 벌거벗은 채 잠을 잤다. 포크의 발명에 대해선 깜깜했다. 고기가 미리 썰려 있지 않으면 나이프로 썰어 손가락으로 집어 먹었고, 채소와 소스는 숟가락으로 떠먹었다. 꽃 항아리와 새장은 잘 사는 사람들의 재산목록에 들어가는 물품이었다. 그림이 걸려 있는 경우는 드물었지만, 해충은 사방에 우글거렸다. 당시의 화장실이라고 할 수 있는 '변소'는 악취를 풍길 만큼 상태가 좋지 않았다. 당시도 벌써 공중화장실이 있었다. 일반적으로 정화 개념은 상당히 발전해 있었다. 공중목욕탕은 사회생활에서 중요한 역할을 했다. 그곳에서 사람들은 먹고 마시며, 주사위놀이를 하고 음악공연도 했기 때문에 당연히 인기가 높았다. 부자들은 개인 풀장을 갖고 있었으며 친구들을 초대해 그곳에서 연회를 베풀기도 했다. 유흥을 즐길 술집도 있었고, 공중 무도회와 사격축제, 사육제, 대목장, 크리스마스 축제, 성 요한 축제, 유력한 영주를 기리는 잔치 등이 열리기도 했다.

궁색하기 그지없는 사적인 건축물과 뚜렷하게 대비되는 것은 공공건물이었다. 인공 분수대, 도시 성문, 반구 천정과 조각품 및 높다란 탑이 있는 화려한 교회, 높은 지붕과 채색유리가 있는 의사당, 널찍한 청사식당과 환한 회의실, 직물·곡물·신발 보관소, 경기장, 도살장, 포도주 생산 공장 등의 건물은 튼튼하면서도 웅장했다.

국도

중세 교통의 중심은 도시와 일정하게 연결된 마을(혹은 외딴 농가)과 수도원이었다. 큰 수도원들은 대단히 넓은 땅을 갖고 있어서 수백 명의 사람을 수용할 수 있었다. 이런 무료숙박소를 찾은 사람들 속에는 수도승뿐만 아니라 평신도와 학동을 포함하여 수많은 수공업자와 공무원도 끼어 있었다. 유명한 성 갈렌(Sankt Gallen) 수도원에는 말 사육장, 양조장, 제과점, 젖소 낙농장, 양떼 사육장이 부속되어 있었고, 말안장장이·구두장이·무두장이·칼 대장장이·금세공사가 일할 수 있는 작업장들이 있었으며, 과일·채소·약초를 재배하는 정원들도 있었고, 학교·수련원·병원·목욕탕·'백혈병 환자를 위한' 요양원과 순례자를 위한 숙소도 있었으며, 그뿐만 아니라 고귀한 외부 손님들이 묵는 (소위 별이 붙은) 호텔도 있었다. 근대의 대중적 특성을 한 가지 더 말하자면, 또 다른 두 가지 중추 요소, 즉 도시와 **도로**가 형성되었다는 점이다.

당시까지만 해도 제대로 된 국도가 아직 없었다. 그것은 도시의 골목길만큼이나 형편없었다. 이미 곳곳에 닦여 있던 화려한 로마의 도로들은 소실되고 없었다. 고작 들길에 대해서만 말할 수 있을 뿐이다. 사람들은 이 들길을 걷거나 마차를 타고서 목적지에 도착했다. 그러나 이런 들길도 이제 사람들의 왕래로 소란스럽게 빼곡히 메워졌다. 당시 도로의 풍경은 마치 진찰을 받으려고 줄을 지어 서 있는 사람들의 모습을 연상케 한다. 온갖 종류의 사람들 행렬이 대상(隊商) 행렬을 방불케 했다. 수사들과 수녀들, 학생들과 수공업자 패거리들, 용병들과 검투사들, 떠돌이와 걸인들, 편태고행자와 악사들, 보부상들과 보석 채굴자, 집시들과 유대인들, 돌팔이 의사들과 무당들, 향토 순례자들과 예루살렘 순례자들이 줄을 이었던 것이다. 예루살렘의 순례자들은 약속의 땅에서 왔다는 징표로 종려 나뭇가지를 손에 들고 있었다. 거지꼴을 취하는 사람이 수도 없었다. 그들은 빨간색을 칠한 팔에 붕대를 감은 '매사냥꾼', 간질병 환자처럼 행동하는 '겁쟁이', 가짜 맹인들, 신체장애 아동을 데리고 있는 여인들 등등과 같이 온갖 종류의 걸인 모습을 보였다. 민중에게서 볼 수 있는 온갖 버라이어티쇼가 펼쳐졌다. 여기에는 곡예사, 무용수, 마술사, 접시 돌리는 사람, 광대, 불을 삼키는 곡예사, 동물 소리를 흉내 내는 사람, 개와 숫염소와 기니피그 조련사 등이 등장했다. 이들 모두는 '조직으로' 움직였다. 요컨대 협동조합제도는 당시 가장 두드러진 현상 가운데 하나다. 그것은 모든 직업, 모든 활동, 모든 생활 형태에까지 관련되어 있다. 도둑조합, 거지조합, 이교도 협회가 있었고, 비방과 찬양 연합이 있었으며, 심지어 창녀와 나병 환자들까지도 '협회'를 둘 정도였다. 이러한 단체는 하층 신분을 대변했다. 그런데 이 신분은 다소 자연발생적인 것인데 비해 그 단체는 만들어진 것이어서 이 둘의 관계는 자연적인 식물분류에 대한 인위적 분류와 같은 이치인 셈이다.

협동조합 정신은 당대의 관행에서 가장 많은 시선을 끌었지만, 오늘날까지도 사실에 배치되게도 신비로운 낭만주의로 둘러싸여 있다고 할 수 있다. 사실 즉결재판은 대단히 속물적이면서도 무미건조한 제도였다. 재판의 과정은 죄수에게 섬뜩한 복면을 씌운다거나

신성한
즉결재판

음침한 지하실에서 진행된 것이 아니라 백주에 공터에서 공개적으로 열렸다. 수많은 사람의 입에 오르내린 그 불가사의한 관습은 그 위원 가운데 몇몇의 표정과 암호에 의해 이루어졌다. 그것은 마치 프리메이슨의 경우에서 볼 수 있는 방식과 흡사했다. 재판절차는 대단히 원시적이고 조야했다. 피고소인의 유·무죄를 가리는 것은 피고소인이 한 선서의 신빙성을 증명하는 선서보조인 수에 좌우되었다. 즉결재판의 위원들을 호칭하는 '현인'이 결정적인 목격자들을 쉽게 찾게 되었을 때도 대부분의 증언은 평판이 좋은 사람의 처분에 따라 결정되었다. 합법적인 사법도 편파적이고도 극히 야만적이었지만 무기력했기 때문에 항상 즉결재판이 그것을 대신했다. 즉결재판이 내리는 유일한 처벌은 교수형이었다. 또 한편, 위법행위 일반을 다루는 공공 재판에서도 (일부의 경우 우리가 보기에 아주 대수롭지 않아 범죄라고도 할 수 없는 범법에 대해서도) 잔혹한 처벌이 내려졌다. 위폐범은 양손을 '절단'했고, 간통한 여성은 생매장했으며, 국가반역자는 사지를 찢어 죽였다. 남을 음해하는 자는 이마에 낙인을 찍었으며, 살인범은 환형(轘刑)에 처하거나 가죽을 벗겼고, 신을 모독하거나 위증을 한 사람은 혀를 뽑았으며, 선동자는 손을 자르거나 귀를 잘라냈다. 그런데 이러한 형벌은 당시만 해도 논리성과 일관성이 있는 법조문이 없었기 때문에 임의로 집행되었다.

연애가 성욕에 밀려나다

분위기가 극도로 음산했다. 최고위층 사회에서도 입에 담지 못할 저주와 악담을 퍼붓는 일이 다반사였다. "똥통에 빠져 죽을 놈!", "페스트에 걸려 죽을 놈!", "지옥 불에 타 죽을 놈!", 등등과 같은 욕설은 세간에서 흔히 들을 수 있는 말투였다. 그리고 어떤 박물(博物) 표본이 쇼킹한 것으로 통할 수 있느냐 하는 문제는 그때그때 통용되는 유행 문제일 뿐이다. 더욱더 문명화된 수천 년이 전대미문의 일이 된 것처럼 우리 시대는 사교를 일률적인 영양섭취로 맛없는 일이 될 만큼 남용했다. 당시 모든 영역에서 투박한 것, 육중한 것, 중후한 것을 편애하는 형태가 지배적이었다. 성행위에서 연애가 성욕에 밀려났다. 여성은 더 이상 동화 속에서 볼 수 있는 이상적인 고상한 존재가 아니라 향유의 수단일 뿐이다. 이러한 시·공간에서는 남성의 의상이 여성의 의상보다 더 화려하고 요란스럽고 현란한 특성을 띠게 된다. 남성은 연어·카멜레온·칠면조·극락조처럼 화려한 빛깔의 '예복'을 걸쳤다. 완전히 **동물적** 형태를 닮았다. 이는 한편으로는 여성을 단순한 성욕의 대상으로 전락시키는 것이면서도 다른 한편으로는 고양하는 행태이기도 하다. 왜냐하면 여성을 초현세적 숭배대상으로 삼음으로써 중세의 여성은 인형·장식품·고가의 노리개로 품위를 손실하게 되었고, 이로써 오늘날 미국에서와 꼭 마찬가지로 완전히 삶에 곁달린 존재로 되고 말았기 때문이다. 그렇긴 하지만 이제야 여성은 땅을 밟고 선 인간이 되었다. 보편적인 해방운동이 여성에게도 영향을 미쳤으며, 여성의 등장이 더 자유롭게 되었고, 가정과 사회에서 그 법적 지위가 더욱 독립적이게 되었다고 말할 수 있을 것이다. 이러한 시·공간에서 여성은 정신적·도덕적 우선권을 취하게 된다. 그들은 당대 종교적·학문적 일에도 참여했다. 이에 대해서는 뒤에서 우리가 다룰 신비주의에 대해 논할 때 좀 더 언급할 것이다.

물질의 시대에는 당연히 먹고 마시는 일이 중요한 역할을 한다. 음식문화
그러나 여기서도 음식이 혀끝을 최대한 얼얼하게 하는 아주 통속적인 취향이 우세하다. 그래서 오늘 우리의 입맛으로는 도저히 참아낼 수 없을 정도로 많은 향신료가 들어간다. 계피·후추·대황(大黃)·창포·양파·육두구(肉荳蔲) 열매·생강·사프란 따위의 향신료가

널리 애용된다. 오늘날의 요리사조차도 참을 수 없을 만큼 카네이션·레몬·건포도 향이 첨가된다. 식사와 식사 사이에 군것질로 먹는 과자류에조차 '향신료 가루' 범벅이다. 후추와 설탕을 으깨어 빵에 발라 구워 먹기도 했다. 먹는 양도 오늘날과 비교해보면 상상할 수 없을 만큼 많았다. 예컨대 메뉴는 다음처럼 몇 단계를 거친다. 1단계: 후춧가루를 뿌리고 사프란에 꿀을 뿌려 다져 넣은 달걀말이, 좁쌀 밥과 채소, 양파와 섞어 절인 양고기, 자두즙을 발라 튀긴 닭고기. 2단계: 기름에 볶아 건포도를 으깨 바른 대구포, 기름에 튀긴 잉어, 후추를 넣어 삶은 뱀장어, 겨자 무침을 한 훈제 청어. 3단계: 식초로 찐 생선, 말린 사과(슈투르테반트[18]에 의하면, 버터 바른 사과), 식용유에 튀긴 참새요리와 무채, 오이를 곁들인 돼지고기. 다른 방식의 단계도 있다. 1단계: 아몬드 밀크에 넣고 끓인 양고기와 닭고기, 새끼 통돼지 바비큐, 거위, 잉어와 가물치, 고기만두. 2단계: 후추 소스를 발라 구운 들짐승 고기, 설탕에 절인 쌀, 생강을 넣고 찐 송어요리, 설탕을 뿌린 둥근 빵. 3단계: 달걀물을 가득 채워 구운 거위와 닭 불고기 요리, 잉어와 가물치, 케이크. 이러한 요리에서 중요한 것은 주로 모양을 내는 것이어서 그렇게 호사스럽지도 않고, 단계별로 이루어지는 개별 요리는 오늘날 우리가 수많은 접시에 담겨 나오는 오르되브르 방식처럼 어떤 사람은 이것을, 또 어떤 사람은 저것을 골라 먹게 된다고 생각하면 그렇게 많은 양도 아닐 수는 있다. 물론 특별한 대식가는 모조리 먹어치울 수도 있다. 오늘날 미식가의 처지에서 보면 그렇게 많은 요리를 한꺼번에 내놓는 일은 야만적일 수 있다. 특히 기름에 튀긴 무채 참새요리는 분명

---

[18] E. Sturtevant(1869~1947): 독일의 화가이자 작가.

역겨운 맛을 냈을 것이다. 물론 부잣집도 일상 요리만큼은 아주 간소했다. 우리 시대의 손님이라면 설탕이 빠졌다고 아마도 아쉬워했을지도 모를 일이다. 당시만 해도 설탕은 너무 비쌌을 뿐만 아니라 치료제로도 사용되었기 때문에 특별한 경우에만 식탁에 올렸다. 게다가 식단에 채소류가 포함되는 일은 거의 드물었고, 고작 올라가는 것은 양배추나 조밥 정도였다. 푸른 완두콩은 특식으로 통했다. 쌀밥은 이미 상용되고 있었지만, 식탁에 자주 오른 것은 아니었다. 특히 오늘 우리라면 이것이 빠져서는 식사라고 상상할 수도 없는 두 가지 음식이 빠져 있었다. 그것은 바로 수프와 감자였다.

술은 주기적으로 많이 마셨다. 특히 독일이 그랬다. 여기서는 맥주가 주를 이루었다. 포도주는 시어지기 쉬워 간수하기가 까다로웠다. 꿀과 향료를 첨가함으로써 포도주를 개량했다. 맛이 좋은 남부 포도주는 부유한 사람들조차 애피타이저[19]로만 마셨을 뿐이다. 사람들은 포도주를 대할 때 경건한 마음을 가졌고, 의약으로 취급했다. 말하자면 소독제·수면제·소화제로 보는 동시에 신의 선물로 보기도 한 것이다. 이 신의 선물을 노래한 아름다운 음주가가 있다. "그대 가장 사랑스러운 위로의 신이시여 찬양을 받으소서! 목마름에 지쳐 있을 때마다 그대 나를 구원하여 내 모든 걱정을 떨쳐주셨고, 내 사지에 힘을 불어넣어 주셨도다. 눅눅한 볏짚을 요 삼아 밤을 지새우는 수많은 나그네를 기쁘게 하시는도다. 춤을 춰본 적이 없는 수도사와 수녀들도 춤을 추게 하시고 취하게 하셨도다."

이제 우리는 **극악무도**나 **악마주의**라고 할 수 있는 당시의 가장 중요한 특성 중 하나에 이르게 된 셈이다. 당시 사람들의 경우, 적어도

---

19 appetizer: 식욕을 돋구려고 식전에 먹는 요리나 음료.

그중 상당수는 악마와 같은 것이 실제로 있다고 생각했다. 악귀는 그들에게 들이닥치는 외부의 사건들 속에도 존재한다고 믿었다. 그러므로 겁에 질려 당황하는 수많은 사람이 반기독교도가 세계를 지배하게 되어 최후의 심판 전날에 나타나는 악의 제국이 이미 개시되었다고 확신했더라도 놀랄 일은 아닌 듯하다. 그들을 지배한 기본 감정을 가장 그럴싸한 개념으로 요약한다면 '세계의 악몽'이라고 할 수 있을 것이다. 외부의 인상과 사건들이 끔찍한 악몽, 요컨대 유령이 출몰하는 무서운 꿈처럼 작용했다. 고통에 신음하는 인간이 어떻게 하면 소유하고 누릴 것인가 하는 욕망에만 사로잡혀 다른 아무 소리도 듣지 못하고 그저 벌벌 떨기만 하는 지속적인 공포 노이로제 상태에 놓이게 되었다. 당시의 인간들은 그 모습에서 이미 황폐한 상황을 보여준다. 우리의 개념에서 보자면 그들은 그야말로 흉측한 모습을 취하고 있다. 바싹 말라 창백하거나 부어올라 비대했으며, 종종 이 두 모습이 그로테스크하게 결합되기도 했다. 말라비틀어진 다리가 불룩한 배를 받치고 있으며, 살이 처진 가슴 위로 초췌한 얼굴이 삐죽 솟아 있었다. 눈은 보이지 않는 무서운 환영에 붙잡혀 최면에 걸린 듯 좀처럼 고정된 시선을 갖지 못하고 겁에 질린 표정을 짓고 있다. 몸놀림은 둔중하면서 거칠거나 겁에 질려 자신감이 없는 태도다. 이는 지나친 소심함이나 그 반대의 태도, 즉 내면의 공포를 소리 질러 알리고 싶어 하는 난폭함을 나타내기도 한다.

4중의 촉수   정치적 상황은 정신장애를 일으킬 만큼 혼란스러웠다. 이웃의 행복뿐만 아니라 자신의 가까운 미래도 아랑곳하지 않고 오로지 자기 자신만 기름진 빵을 거머쥐려는 맹목적 욕심이 대부분의 권력자가 드러낸 외교술의 특색을 이룬다. 이로써 사방에서 곤궁이 유령처럼 활개를 치게 된다. 중부유럽은 마치 한 마리의 해파리에 사로잡힌 꼴이다. 4개의 풍향 각각에서 대륙을 쪼개는 촉수가 뻗어난다. 동부에서는 **슬라브족**의 위험이 도사리고 있었다. 그 위험의 중심은 야기에우오(Jagellon) 왕가가 다스리는 폴란드-리투아니아 연합왕국이었다. 이 거대한 제국은 흑해까지 세력을 뻗어 그 본산지를 넘어 갈리치아 · 볼리니아 · 포돌리아 · 적(赤)러시아 · 우크라이나까지 점령했을 뿐만 아니라 탄넨베르크(Tannenberg) 전투에서 독일기사단을 분쇄하여 서프로이센(Westpreußen)과 동프로이센(Ostpreußen)까지도 장악하고 있었다. 북부에서는 **스칸디나비아**의 세 왕국이 뭉친 막강한 칼마르 동맹(Kalmarische Union)이 맹위를 떨쳤으며, 서부에는 새로운 강대국인 **부르고뉴**(Burgund) 공국이 버티고 있었다. 이 공국은 신성로마제국을 계속 분열시키려 했다. 특히 남부에서는 **터키**가 압박했다. 터키는 국민의 모든 활동을 오로지 군사정벌 목적에 기여하게 만들었다. 이 정벌은 종교적 목적, 민족적 목적, 사회적 목적을 위해 추구된 것이 아니라 그저 정복 자체를 위한 것처럼 보였다. 그리고 그것은 바로 옆에 있는 것을 먹고 소화하는 생물같이 유기적으로 성장하지 않고 '동격'으로 자라는 크리스털처럼 비유기적으로 무의미하게 무한정 팽창했다. 그 성공은 당시 어디에서도 볼 수 없었던 대단히 엄격한 조직을 갖춘 오스만투르크족 덕분이었다. 이를테면 아시아와 유럽에 파견된 두 베크레르베크[20]는 술탄(Sultan)의 지휘를 받았으며, 각 주의 베크(Beg)는 이 두 베크레르베크의 지휘를 따랐고, 각 구역의 지도자인 알라이베크(Alaibeg)는 베크의 지도를 받았으며, 작

---

[20] Beglerbeg는 터키어로 Beylerbey를 의미하는데, 이는 영어구조로 옮기면 Bey of Beys가 되며, 그 뜻은 사령관 중의 사령관(commander of commanders), 즉 최고사령관을 나타낸다.

은 봉토의 봉군인 티말리(Timarli)는 알라이베크의 감독을 받았다. 대군(大君)은 그저 손짓만 하면 되었고, 동시에 이 거대한 진영을 움직였다. 오늘날 관찰자의 경우 터키가 유럽의 몸통을 어떻게 계속 그렇게 갉아먹을 수 있었는지 이해하기가 좀처럼 쉽지 않을 것이다. 그러나 동시대인들은 이런 위험을 감지하는 일에서 우리처럼 그렇게 골똘히 생각할 필요가 없었던 것 같다. 다만 그들은 그런 위험을 감지했으면서도 그것을 막아낼 역동적인 행동, 집단적 행동으로 옮기는 일이 극히 드물었을 뿐이다. 서구 연합국은 서로 간 협력을 통해 동방정교회를 로마 교회에 복속시키려 했다. 그래서 이 동맹의 조건들을 놓고 첨예하게 논쟁을 벌이는 데 소중한 시간을 낭비하는 사이에 터키의 진군은 격파의 성과를 거뒀다. 1361년 터키는 아드리아노플(Adrianopel)을 점령했으며, 한 세대 뒤에는 잔혹한 암젤펠트(Amselfeld) 전투에서 거대한 세르비아 제국을 분쇄했다. 같은 해 번개를 뜻하는 **이을드림**(Yıldırım)이 별명인, 오스만투르크에서 술탄 칭호를 쓰기 시작한 후 **두 번째** 지도자인 술탄 바예지드(Bajazeth)가 즉위했다. 중세 최후의 십자군을 상대로 그는 즉위하자마자 니코폴리스(Nikopolis)에서 결정적인 승리를 거두었다. 이때 그는 성 베드로 성당의 제단을 자신의 말이 쓸 마구간으로 만들기 전까지는 조용히 있지 않을 것이라고 맹세했다. 약 반세기 뒤, 콘스탄티노플이 점령되었을 때 서구 전체가 공포에 휩싸였으며, 그로부터 5년 뒤 아테네가 정복되었다. 다음 10년 사이에 보스니아·루마니아·알바니아가 정복되었으며, 발칸반도 전체에서 터키의 지배가 지속해서 공고해져 갔다. 이미 헝가리까지 위협을 받는 처지였다.

룩셈부르크
의 혜성

14세기 중엽부터 15세기 중엽까지 중부유럽을 지배한 집단은 룩셈부르크 사람들이었다. 그들은 광신적이면서도 무신론적이었고,

무모하면서도 줏대가 없었으며, 정치적 술수가 뛰어나면서도 정신이 병든 종족처럼 보였다. 그들은 몰락이 보편화한 밤에 순간의 빛을 번뜩이고는 이내 어둠 속으로 사라지는 혜성과도 같았다. 그래서 그들은 독일과 유럽의 역사에서 우발적 돌출현상 그 이상을 의미하지도 않는다. 그러나 그들이 대범하게 시작하여 성공을 거두게 된 계획이 결국 행운을 가져와 그때 이후로 유럽에서 어떤 왕조도 획득하지 못한 권력을 잡았다는 점을 생각해보면 그들의 출현은 특기할만하다고 할 수 있다. 그러나 그들이 너무 많은 것을 의도한 것이 결국 실패의 원인이 되고 말았다. 그들은 나중에 오스트리아 · 프로이센 · 보헤미아 지배권으로 나뉘는 3국 연합이 한 것 못지않게 많은 것을 성취하려 했다. 동시에 그들은 합스부르크 · 호엔촐레른 · 오토 왕가를 제후로 두려는 정책을 추진했다. 그들의 기획은 결코 완성될 수 없는 거대한 건축처럼 너무 거창했으며, 그들의 정치적 환상은 바로 당대의 의미에서 상피병(象皮病)에 시달렸다.

카를 4세[21]가 집권한 1기 룩셈부르크 왕조는 학문과 예술에 대한 현명하고도 정성 어린 장려를 통해, 특히 '마지막 호민관' **리엔초**[22]의 눈부신 활약으로 번창했다. 리엔초는 역사에서 지속적인 영향을 끼친 발자취를 남기진 못했지만 유능한 동시대인으로 깊이 각인된 그런 전설적인 모험가 가문 출신으로서 열렬한 몽상가였다. 모든 것을 장악하는 그의 사유는 양보를 몰랐고 조건 없는 광활한 공간을 담고 있었으며, 길들지 않은 야생동물처럼 거침이 없었고 한계를

---

[21] Karl IV(1316~1378): 신성로마제국 황제. 아비뇽에서 유수중인 교황을 귀환시켜 독일의 국제적 지위를 높임.

[22] C. di Rienzo(1313~1354): 이탈리아의 중세 정치가. 14세기 중반에 로마의 호민관으로 활약함.

몰랐다. 이는 그로 하여금 가능의 한계선을 넘어서게도 했지만, 그의 몰락을 자초하게도 했다. 거대했던 옛 로마를 부활시키고 유럽의 황제를 세계의 황제로 복원하려 한 그의 거창한 꿈은 그의 죽음과 함께 사라졌다. 물론 지금까지도 그는 빛나는 전설적 인물 가운데 한 존재로 계속 살아남아 있다. 전설적인 그 이미지는 현실 역사에서 '신기원을 이룬' 수백 가지 사건 이상으로 우리의 상상을 고무하고 있다.

　룩셈부르크 왕가의 마지막 왕인 지기스문트도 전혀 다른 방식에서이긴 하지만 전설적인 이름을 날렸다. 그는 후스[23]를 유인하는 편지를 보내 죽음으로 몰아넣는 배신의 음모를 꾸몄다. 사실 그의 행위는 당시의 관점에서 보면 법을 위반한 것은 아니었다. 어떤 저명한 동시대인도 이런 의미에서 발언한 적이 없었다. 그렇지 않았다면 법조계와 정치계, 그리고 신학계에서 공회를 논박했을 것이다. 그러나 여기 우리는 비역사적 민중적 관점에서라도 진정한 진리를 인식해야만 할 것이다. 그도 그럴 것이 좀 더 고도의 심층적인 의미에서 보자면 그는 신뢰할 수 없는 태도를 보였기 때문이다. 그는 자신이 핵심 기반으로 하는 땅에서 움직인 진취적인 세력들에 반대했으며, 법의 문제를 곧이곧대로 따르려 하면서 민중의 의지를 구현하려는 사람들을 쓰러지게 내버려두었다. 그는 위선적으로 오락가락했다. 천박한 타협을 모색하면서 때로는 후스에게 유연성을 보이라고 구슬리고 때로는 고위 성직자들에게 아첨했다. 두 갈래로 기른 붉은빛 콧수염에 말쑥한 용모에다 매끄러운 언변술을 구사한 호색한이기도 했다. 그는 반짝이는 재담, 우아한 귀부인, 정선된 생선요리의

---

[23] Jan Hus(1369~1415): 보헤미아의 종교개혁가이자 순교자.

미식가였다. 말은 매끄러웠지만 내용이 공허했으며, 방향도 신념도 증오도 사랑도 없는 그야말로 **비현실적인** 인간과 같았다. 말하자면 겉만 번지르르했지 속은 아무것도 없는 꼴이었다.

그밖에도 주목해 볼만한 점은 거의 같은 시기에 두 명의 광기 어린 왕이 그러한 시공간을 지배했다는 사실이다. 프랑스의 샤를 6세가 1380년에서 1422년까지, 그리고 악마같이 그로테스크한 사디스트이자 알코올 중독자인 벤첼이 1378년에서 1419년까지 군림했다. 벤첼은 자신의 궁정요리사가 내놓은 몇몇 음식이 맛이 없다고 해서 그를 창에 꽂아 굽게 만들었다. 또 한 번은 사형집행인을 불러 놓고, 사람이 목이 떨어질 때 그 당사자가 어떤 기분이 들지 꼭 한 번 알고 싶다고 그에게 말했다. 그러고는 자신의 목을 앞으로 내밀고는 눈을 가린 채 무릎을 꿇고 자신의 목을 베라고 그 집행인에게 명령했다. 집행인은 왕의 목에 그저 칼을 슬쩍 대기만 했다. 벤첼은 그에게 무릎을 꿇게 한 다음 눈을 가리고는 단칼에 그의 머리를 잘라버렸다. 한번은 사냥하다가 지나가는 한 수도사를 보게 되었다. 그는 활의 현을 당겨 쏘아 죽이고는 수행원들에게 아주 특별한 들짐승 하나를 잡았다고 말했다. 그의 이런 비행을 두고 누군가가 벽에 이런 낙서를 했다. **"벤첼라우스, 늙어빠진 네로!"** 벤첼은 그 아래 이렇게 썼다. "청년이 아니니 당연히 어른이지!" (이 모든 구체적 사항은 1413년경 벤첼의 궁정에서 특사로 근무한 적이 있는 딘터(Dynter)가 들려준 이야기다.) 널리 알려진 사실은 벤첼이 나중에 체코의 국민적 성자가 된 얀 네포무크(Jan Nepomuk)를 몰다우(Moldau)에서 익사시켰다는 것이다. 그 원인은 벤첼의 왕비가 네포무크에게 고해성사를 한 적이 있었는데, 그 내용을 벤첼이 요구했고 신부가 그것을 거부했기 때문이라는 것이다. 이는 알코올 중독증에 항상 동반되는 의처

중의 표현이라고 할 수 있다. 그는 일종의 **정신이 멀쩡한 광기**(*folie raisonnante*)라고 할 수 있을 만큼 자신의 모든 행동을 아주 예리하게 기획할 줄 아는 대단히 교활한 외교술을 펼칠 줄도 알았다. 이 두 명의 광인들을 이어 이제는 두 명의 정신박약아가 등장했다. 그들은 누구나 알고 있는 영국의 헨리 6세와 그 못지않은 독일의 프리드리히 3세이다. 프리드리히 3세는 43년간 독일을 통치한 황제이다. 아니 통치했다기보다는 정치에 완전히 무관심했을 뿐만 아니라 유치할 만큼 무기력하게 살았다. 독일의 한 연대기 저자에 의하면, 콘스탄티노플이 함락되었다는 소식이 독일로 날아들었을 때, "황제는 독일에 우두커니 남아 자신의 정원을 손질하면서 작은 새를 붙잡고 있었다. 이 얼마나 가련한 사람인가!"

영국
-프랑스의
카오스 상태 영국 및 프랑스 역사는 이러한 시·공간 속에서 거의 서로 단절 없이 얽혀 있었기에 분리해서 생각할 수가 없다. 이 역사는 피에 굶주린 반목·흉악한 살인·배신·천박한 정치의 잔인한 연극을 연출한다. 셰익스피어는 그러한 공포의 배우들을 정신을 몽롱하게 하는 마취성의 마력을 뿜어내는 아우라에 담갔다가 들어냄으로써 무지갯빛을 발산하는 진기한 뱀의 피부를 입혀놓았다. 이 빛깔은 혐오감과 매력을 동시에 가진다. 왕들이 등장하는 그의 드라마는 이글거리며 타오르는 지옥의 길을 연상시키며, 당대가 초인적인 영웅과 짐승 같은 비열한 행위 사이에서 이리저리 몰리면서 스스로 만든 구렁텅이 속으로 구제할 길 없이 빠져드는 모습으로 비친다. 물론 여기서 현실이, 불가사의한 것처럼 보이지만, 어쨌든 시간 속에 놓여 있는 것은 사실이다. 그 주인공들은 빛깔이 화려한 독버섯이나 사나운 육식 식물처럼 우리에게 영향을 미친다. 그 포악함과 간계를 감추려고 신비로울 만큼 아름다운 유혹의 향기를 발산하기도 한다.

영국 왕이 프랑스 왕으로 즉위하겠다고 요구한 데서 촉발된 **왕위 계승전**은 한 세기 이상 지속했다. 영국은 진군과 후퇴를 거듭하는 힘든 전투에서 빛나는 승리를 거두어 때로는 프랑스의 상당 부분을 점령하기도 했지만, 결코 오래 유지하지는 못했으며 결국 칼레(Calais)에 교두보를 확보하는 것으로 만족해야만 했다. 오를레앙(Orléans)의 처녀 잔 다르크(Jeanne d'Arc)가 반전을 가져온 것이다. 그는 지기스문트만큼 비현실적 현상이긴 하지만 완전히 상반된 의미에서만 초월적 존재로 지속해서 살아남아온 인물이다. 그녀는 정신의 세계에서 그녀를 두고 천박한 경험주의자들이 논박하는 어떤 긍정적 요소도 말할 수 없는 그런 실존적 인물이지만 명확히 발자취를 남긴 그 영향력은 인류 역사 전체를 관통하고 그 정점에서 서 있다고 할 수 있다.

두 국가의 내부 역사도 피로 얼룩져 있고 혼란스럽다. 영국의 **장미전쟁**이 그렇다. 이웃 국가 간의 전쟁이 흔히 그렇듯이 장미전쟁은 특별히 비인간적 형태를 띠었다. 그뿐만 아니라 위클리프[24] 추종세력인 롤라드(Lollharen)파에 대한 잔인한 탄압도 있었다. 프랑스의 경우 파리에서 시민봉기가 있었고, 지방에서는 대규모 농민반란이 일어나기도 했다. 그중 자크 보놈[25]이라는 별명으로 불린 농민들이 칼르(Caillet)를 지도자로 해서 일으킨 자크리(Jacquerie)의 난이 유명하다. 이 난은 세계사에서 가장 잔인한 사건 중 하나라고 할 수 있다. 이후

---

[24] John Wycliffe(1320~1384): 영국의 선구적 종교개혁가. 교황에 대한 공세(貢稅)를 반대하고, 교황령 재산에 대해 비판함. 이른바 '가난한 신부'를 뜻하는 롤라드를 민중 속으로 보내 그 속에서 복음을 설교하게 함.

[25] Jacques Bonhomme: '촌뜨기들'이라는 뜻.

권력이 강화된 왕권과 독립을 주장한 영주들 사이에 전쟁이 벌어졌다. 영악하면서도 정열적인 루이 11세 치하에서 왕국은 점점 더 중앙집권화되어갔다. 그러나 이러한 성공은 모든 것이 집결되어 있어 그 시대 문화의 가치와 의미를 담고 있던 부르고뉴 왕국의 와해를 그 대가로 치러야 했다. 사실 부르고뉴 왕국은 가장 아름답고 가장 번창한 도시를 세웠으며, 산업의 가장 정선된 산물과 수공업 예술품을 쏟아냈고, 수많은 화가와 음악가 및 신비주의자가 살았던 곳이다. 대체로 부르고뉴 문화는 '잠복기'를 가장 잘 대변한 것으로 통한다. 그것은 피와 현란한 색채, 거친 격정과 경쾌한 미의 의지, 번영과 어둠, 유치함과 도착증, 육중함과 화려함, 찬란하면서도 야만스러운 망상으로 채워진 세계였다. 이런 문화를 두고 네덜란드의 역사학자 호이징아[26]는 자신의 탁월한 처녀작에서 '중세의 가을'로 묘사한다. 우리에게 이 문화는 눈보라와 우박세례를 받으면서 희망을 싹틔우고, 꿈틀거리는 자연의 온갖 떨림 속에서 새로운 생명을 땅속 깊은 곳에서 성장시키는 신비로운 이른 봄과 같아 보인다.

이러한 시·공간에서 유럽의 정책이 드러낸 유일한 자산 두 가지가 있다면, 그것은 아랍 사람들을 스페인에서 몰아낸 것과 러시아에 대한 몽골의 지배를 근절한 것에 있다.

반교권주의 　이미 여러 번 언급했듯이 교회의 사정도 나쁘기는 마찬가지였다. 성직자에 대한 노골적 경멸이 그 시대를 상징한다고 할 수 있다. 성직자들이 보인 조악함과 무지, 탐닉과 음탕함, 소유욕과 게으름과 같은 행태는 그 어떤 동기가 있다 해도 비난받았다. 그들은 놀고

---

[26]　Johan Huizinga(1872~1945): 네덜란드 역사학자로서 인간의 문명과 관련하여 '놀이하는 인간(Homo Ludens)'이라는 개념으로 인간을 규정하는 점에서 독특하다.

마시고 사냥했으며, 오로지 자신의 배를 채울 것만 생각했고, 여자들의 꽁무니만 쫓아다녔다. 특히 이탈리아에서는 교회의 신부가 정부(情夫)와 거의 동격으로 통했다. 수없이 많이 떠돈 공공연한 표현과 상투적인 말투나 격언이 바로 이들 신분을 빗대어 나온 것들이다. 주교는 천국에 갈 수 없다는 것이 공공연한 관점이었다. 호화롭고 사치스러운 식사를 두고 사람들은 수도원장의 밥상이라고 불렀다. 독신생활을 하는 성직자를 두고서도 평신도는 아내가 하나이지만, 성직자는 아내가 열이라고 비꼬았다. "농부가 여자들을 데리고 있는 한, 교회 신부들은 결혼할 필요가 없다." "수도사는 버터 바른 빵 위에 사냥한 짐승의 고기를 십자 모양으로 얹어놓고는 자신의 고기를 위해 십자가를 그렸다고 말한다." 상당수의 성직자는 내연의 처를 두는 것을 당연한 것으로 여겼다. 이 여자들은 항상 영혼의 목자(Seelenhirt)에게 속해 있었기 때문에 '영혼의 암소(Seelenkühe)'로 불렸다. 제르송[27]과 같은 권위 있는 신학자도 순결 서약은 결혼을 포기하겠다는 말과 같을 뿐이라고 설명했다. 누군가의 방탕한 행위를 비난하려고 할 때 사람들은 카르멜교단 수사(Karmeliter)처럼 오입질했다고 말했다. 신부가 주점을 찾고, 춤을 추고 음담패설을 멋지게 늘어놓는 일이 거의 일상처럼 되었다. 바티칸에서조차도 외설적인 이야기를 쉽게 들을 수 있었다. 콘스탄츠에서 공의회가 열릴 때면 영주의 정부(情婦)들과 곡예사, 뚜쟁이들이 사방에서 몰려들었다. 아비뇽은 교황들이 거주한 이후부터 유곽도시로 이름을 날렸다. 좀 더 심하게 말하면 일부 성직자들은 인민들이 공감한 무신론의 조류에 휩싸이기도 했다.

---

[27] Jean de Gerson(1363~1429): 프랑스 파리 대학의 총장이자 신학자.

위클리프　　　그 같은 현상은 목적의식이나 통일성이 결여된 막연한 저항이 산발적으로 일어난 징후에 불과했다. 교황청에 대한 최초의 집단적 공격은 위클리프에게서 시작된다. 그는 과학적 체계와 정확성, 활력과 논쟁적 파괴력뿐만 아니라 문학적 표현능력을 갖추고서 나중에 종교개혁의 기초를 형성한 모든 사상을 대변했다. 몇 가지 논점에서는 종교개혁의 논지를 능가하기도 했다. 그는 교회가 더는 교회가 아니며, 교황이 더는 교황이 아니라는 단순 명료한 원리에서 출발한다. 그의 주장으로는, 교황은 권력욕에 사로잡힌 총독이 되어서는 안 되고 그리스도의 겸손한 봉사자여야 하며, 영혼에 대한 통치권은 단지 신이 그에게 부여한 봉군의 권력에 불과할 뿐이다. 그러나 교황이 자기 주인의 법을 지키지 않고, 그 주인이 불구대천으로 여기는 세속적인 욕망과 세속적인 소유욕에 빠지는 나쁜 봉신(封臣)이라면, 그의 봉토는 다시 회수되어야만 한다는 것이다. 그런데 이제 교황의 권한이 신의 법에 기초하고 있지 않으므로 교회는 가시적인 수령일 수 없다고 했다. 위클리프가 원한 교회는 교황의 권력이 없는 교회 그 이상도 그 이하도 아니었다. 그러나 이때 중요한 두 가지 계기를 더 끌어들인다. 즉, 그는 평신도에게 성서를 읽을 권리를 부여할 것을 요구한다. 그래서 성서를 영어로 번역하기도 했다. 그다음 그는 교회의 거의 모든 관행, 이를테면 성지 참배와 성유물 숭배, 고해 및 종부성사, 독신생활과 위계질서 등과 맞서 싸웠다. 심지어 그는 화체(化體)의 교리마저 논박했다. 후스파의 교리는 위클리프의 체계를 한 지점도 확장하지 못했으며, 오히려 여러 논점에서 축소해 놓았다. 따라서 이 교리는 위클리프주의를 더 빈약하고 공허하게 복사한 것에 불과했기 때문에 원본의 고유한 특성을 담아내지 못했다. 그러나 후스 추종자들의 모습은 그 진지함과 강인한 개성, 불굴의 진리 욕구 덕분에 섬뜩했다. 물론 여기에는 고집불통과 편협함이 뒤섞여 있었다. 그 특성은 거의 모든 슬라브계 사상가에게서 볼 수 있는 것들이다.

콘스탄츠 공의회의 강령에는 세 가지 주안점이 들어있다. 즉, **교회일치 · 교회개혁 · 교회신앙**이 그것이다. 그런데 이 세 가지 문제 가운데 어느 것도 해결책이 되진 못했다. 공의회주의는 교회 안에서 일종의 공화주의 운동과 같은 것이어서 교황제도를 일종의 천황제와 같은 유사군주제로 강등하여 그 고유한 통치를 주교 의회라고 할 수 있는 공의회 손에 두고자 했다. 그러나 그 궁극적 결과는 이 모든 노력에 대한 교황청 수위설(首位設)의 승리뿐만 아니라 **교황의 절대주의**였다.

이렇듯 교황권이 완전히 승리했다. 그것도 전에 없는 승리였다. 그것은 주교와 지방교회에 대한 승리일 뿐만 아니라 이교도와 자유사상가에 대한 승리이기도 했으며 황제와 제국에 대한 승리이기도 했다. 그러나 가장 중요하고도 유일하게 결정적인 한 군데, 즉 인간의 마음에서만 승리를 거두지 못했다. 그래서 심근경색을 앓는 노인처럼 갑자기 쓰러져 가사(假死) 상태에 빠졌다. 외형적인 승리와 패배는 역사의 과정에서 **아무것도** 결정짓지 못한다. 황제사상은 그 실패 때문에 **죽은** 것이 **아니다**. 교황사상은 그 승리에도 **불구하고** 사망했다. 교황사상은 유령의 그림자처럼 다만 아직 세계 위에 드리우고 있을 따름이다. 교황은 위축되지 않고 지배했다. 그러나 사람들은 그를 더는 진지하게 받아들이지 않았다. 더는 그를 믿지도 않았다. 이 사실이 중요하다. 그는 더 이상 베드로의 후계자도 민중의 목자도 그리스도의 총독도 아니다. 그는 그저 막강한 교회의 영주, 최고 주교, 로마 교황령의 왕좌에 앉아 돈 자루를 쥐고 있는 왕, 부유한 늙은이 등등일 뿐이다.

교황관(敎皇冠)이 그에게 무슨 소용이 있는가? 그는 더 이상 성스러운 대부가 아니다. 모두가 그에게 충성을 맹세하려 했고, 이 세계에 대한 그의 통치권을 인정하고 싶어 했으며 저 세상에 대한 통치권도 인정하려 했지만 아무 쓸모 없게 되었다. 그는 그런 인물이 아니었기 때문이다. 만일 교황이 – 보잘것없지만, 인간의 힘이 닿는 대로 – 솔직히 그리스도의 모습은 고사하고, 우직할 뿐 아니라 오해를 잘 하고 우유부단하지만, 그 우직함 속을 신성으로 채우고, 무지함에서도 부단히 깨달으려고 노력하고, 우유부단하긴 하지만 몹시도 인간적인 늙은 어부였던 바로 베드로의 모습만이라도 닮으려고 노력했다면, 유럽 전체는 오늘날까지도 가톨릭 신자로, 그것도 신실한 가톨릭 신자로 남았을 것이다.

그러나 그들은 그렇게 생각하질 않았다. 도리에 어긋난 일을 하려 했다. 그들은 영혼을 관리하는 동시에 현세의 지배자가 되려고 했으며, 전자의 지배권은 후자의 지배권을 포기할 때에만 구할 수 있다는 법칙에서 스스로를 해방하려고 했다. 이러한 비진리와 이러한 불가능성 때문에, 요컨대 도덕적 세계질서를 무모하고도 부당하게 거스르려 한 그러한 행위들 때문에 그들은 좌초했다.

단순한 것이 항상 승리하는 법이다. 이 경우를 놓고 다음과 같이 단순하게 생각해볼 수 있다. 어떤 사람이 황금과 자색으로 꾸며진 대궐을 갖고 있다. 그는 수백만 사람에게 명령하고 수백만에게 유죄판결을 내린다. 황제에게서 자신의 권리를 취하면서 이 권리의 특권은 자신이 유일자의 현세적 대리인이라는 것에 근거한다고 말한다. 그러나 유일자는 인간들 속에서 경멸받는 거지로 살았기 때문에 누구에게도 명령할 수 없었고 명령하려고도 하지 않았으며, 누구에게도 유죄 심판을 하지 않았고 황제의 것은 황제에게, **그리스도**의 대리인 **카야파**(Kaipha)의 것은 카야파에게 돌려주었다.

　여기서 간과해서는 안 될 한 가지 사실이 있다. 위클리프의 정신은 그가 사망한 직후에 랭커스터(Lancaster) 가문에서 완전히 절멸했고 후스의 정신은 타협점을 찾았다는 사실을 차치하더라도, 이 운동의 성격은 **반가톨릭**이 아니라 **성직자에 반대**할 뿐이라는 점이다. 이는 엄청난 차이를 지닌다. 그것은 곧 사람들이 교리나 제도에 맞서 싸운 것이 아니라 그것이 왜곡되고 품격을 상실하는 데 맞서 싸웠을 뿐이라는 것을 의미한다. 말하자면 그것의 사용 자체가 문제인 것이 아니라 잘못된 사용이 문제라는 것이다. 따라서 이는 신학적 문제보다 법률학적 문제에 더 가깝다는 뜻이다.

　신앙이 흔들려 방향을 상실한 이러한 단계에 다다르자 인간이 교회의 머슴이라는 사실을 의심하기에 이른다. 하지만 이때도 교회 그 자체를 포기할 엄두는 내지 못한다. 이로써 항상 땅 밑에서 작용해온 특수한 조류가 고개를 쳐들게 된다. 난감한 상태가 보편화하면 이 조류는 생활에서 새로운 힘으로 나타난다. 성직자들에게서 신의 소리를 들을 수 없을 때, 사람들은 신의 의지를 전하는 또 다른 전도사를 찾기 마련이다. 그리하여 모험적이면서 종종 대단히 진기한 신앙, 지금까지 이상한 것으로 취급받아온 악령 신앙(Dämonenglauben)에 빠지게 된다. 말하자면 필연을 가장한 다신교가 등장하는 것이다. 신과 인간을 연결하는 온갖 상상의 매개형식이 곳곳에서 자체 본질을 드러낸다. 점쟁이가 성직자 못지않게 공포와 경외심을 일깨웠다. 분위기 전체가 거칠고도 섬세하며, 영리하면서도 어리석고, 무해하면서도 사악한 마성으로 가득했다. "작은 악령들은 햇빛에 흩날리는 먼지만큼이나 많다." 식탁에도 앉아 있고 공장과 침대 난간에도 웅크리고 앉아 있다. 숫염소의 등을 타고 들판을 돌아다니기도 하고, 까마귀와 쥐와 두꺼비의 모습으로 출현하기도 한다. 그밖에도 온갖 자연의 정령이 고대 신화학의 흐릿한 기억 속에서 떠오르는 신비로운 생명들을 덤불과 숲, 옹달샘과 호수, 불과 바람 속으로 안내한다. 지금도 아동동화(Kindermärchen)에 자주 등장하는 경이로운 정령들이 당시 성인들이 해야 할 일과 하지 말아야 할 일들을 일깨웠다. 그들은 숲과 물의 요정, 선녀와 마녀, 도깨비와 요괴 등속들이다. 교회의 성인들조차 자연종교의 신들과 이교도의 정령들이 되기도 한다. 유대인과 이교도, 그리고 무슬림들도 증오와 혐오뿐만 아니라 공포와 경외심도 유발했으며, 세상 모든 사람이 성체훼손 · 악마의 미사 · 인신제물을 믿었다. 그러나 이러한 미신을 허황한 종교적 망상으로 돌려놓거나 사악한 저의에서 비롯된 것으로 비방했을 때, 그러한 미신의 진정한 동기를 곡해할 수밖에 없었다. 민중은 신에 적대적인 그러한 행위들을 단순히 부정적인 의미로만 읽은 것이 아니라 악마의 장난을 일종의 전향된 기독교 문화로 보기도 했다. 그래서 그들은 반기독교도의 형태를 대할 때와 같은 자세로 그것을 경모했다. 이미 우리가 강조했듯이 당시 사람들 마음속에는 악마가 세계를 지배한다는 다소 분명한 확신이 스며들어 있었으며, 그래서 그들이 악마의 교회, 악마의 공동체, 악마에 대한 예배가 은밀히 존속해왔다고 믿었던 것은 논리적인 일일지도 모른다.

그 외에도 비록 난해하긴 하지만 체계적인 주술신앙의 영향력이 점차 확장되었다. 주문(呪文)과 예언, 해몽과 조류이동에 대한 해설, 시간과 행성의 움직임을 점치는 행위가 일상생활의 경제학이 되었다. 모든 일에서 전조를 읽어냈다. 말하자면 말의 울음소리, 늑대의 울부짖음, 바람의 방향, 구름의 형태에서 어떤 징후를 읽어냈던 것이다. 저주와 축복의 기도에는 악귀를 쫓거나 불러들이는 힘이 있었다. 특정한 부적과 몸짓도 그런 힘을 발휘했다. 길에서 꼽추를 만나면 행운이 찾아오며, 노파나 – 아주 이상한 일이지만 – 성직자를 만나면 불행이 닥친다고 믿었다. 수많은 민담도 악귀의 힘이 어디든 편재하며 종종 승리한다는 신앙을 반영하고 있다. 이를테면 세계에 확산해 있는 주술사 베르길리우스[28]의 전설이 유명하다. 악마의 모습을 취하고 있는 그는 신의 금지명령에도 불구하고 음모의 술책을 통해 황금과 권력을 획득하는 데 성공하며, 자신의 마술 거울을 빌어 세계의 모든 지혜를 꿰뚫어본다. 그는 파우스트의 선구자인 셈이다. 전 세계에 드리운 숙명론이 캄캄한 허공 위로 구름처럼 몰려들었다. 이 숙명론은 아주 오래전 별에 담긴 숙명 앞에 가만히 부복(俯伏)하고 있는 자세에서 결정적 지혜를 읽어낸다.

그러나 이제 이 불행을 완성하기 위해 종교를 상실한 세계 위로 황금의 누른 혼탁한 물결이 덮친다. 불현듯 부가 점점 더 부패작용을 일으킨다. 그러나 여기서 문제는 황금을 취하는 것이 범죄가 된다는 중세의 관점이 핏속 깊이 흐르고 있는, 준비되지 않은 유아 같은 인류이다. 프라이당크[29]는 이렇게 말한다. "신은 세 생명을 창조했다. 그것은 기사·농민·성직자이다. 악마의 계략이 네 번째 생명을 창조했다. 그것은 고리대금이라고 불리는 생명이다." 그런데 프라이당크는 고리대금업을 일종의 공개적인 상업행위로 이해한다. 동일한 관점을 체사리우스 폰 하이스터바흐[30]도 다음과 같이

---

[28] Vergilius(BC 70~BC 19): 로마의 최고 시인으로 통함. 로마의 국가 서사시 『아이네이스』의 저자.
[29] Freidank(? ~ ?): 13세기 초에 활동한 독일의 교훈적인 음유시인.
[30] Cäsarius von Heisterbach(약 1180~약 1240): 찬가 전기(傳記) 편찬자.

간명하게 요약한다. "장사꾼이 죄짓지 않고는 장사를 해먹을 수가 없는 법이다." 탁발승들도 이와 유사한 관점을 드러낸다. 사람들이 구세주조차도 돈을 활용한 것이 아니냐고 그들에게 물었을 때 그들은 이렇게 대꾸했다. "그렇지요. 그러나 그분은 돈지갑을 유대인에게 주었지요!" 카이저스베르크의 가일러[31]도 다음과 같이 말한다. "돈놀이한다는 것은 일하는 것이 아니라 게으름을 피우며 다른 사람들을 학대한다는 것을 의미한다." 제조가 아니라 재산을 통해 매상을 올리는 이자소득이나 상품독점 따위와 같은 소득은 사기의 은밀하고도 정교한 형태일 뿐이라는 것이 일반적 견해였다. 물론 이런 관점이 언뜻 현대의 감정에 비치는 만큼 그렇게 배리적인 것은 아니다. 오늘날 우리도 말하자면 소위 괜찮은 사회에서도 어느 정도 그러한 관점을 노출하기 때문이다. 요컨대 이러한 사회에서도 누군가가 친구나 지인에게 이자를 (설령 그것이 부르주아 사회에서의 이자라고 할지라도) 노리고 돈을 빌려주거나 유용한 목적을 (아주 보잘것없는 유용성일지라도) 갖고 그들에게 물건을 계속 팔아먹으려 한다는 사실이 드러난다면 그는 당장 사회적 경멸을 받게 된다. 말하자면 여기서도 과거 모든 세계를 지배했던 윤리원칙이 예절과 좋은 풍습의 관행을 어느 정도 유지하고 있는 부류 속에서는 생생하게 그 효력을 발휘하는 것이다. 영국에서 장사꾼 같은 행위를 하지 않는 사람에게 **신사**(gentleman)라는 말을 붙일 수 있었던 것은 그렇게 오래된 일이 아니다.

수공업은 장사로 보지 않았다. 노동의 대가를 받기 때문에 장사일 수 없었다. 물건의 수송도 그렇기는 마찬가지였다. 대개 원료는

---

[31] Geiler von Kaisersberg(1445~1510): 스위스의 수도승이자 유명한 설교가.

주문자가 직접 배달했다. 재봉사에게는 천을, 구두장이에게는 가죽을, 제빵사에게는 밀가루를, 양초제조업자에게는 밀랍이 제공되었다. 물론 사고파는 일로 먹고산 사람들도 이미 부지기수였던 것도 사실이다. 이로써 이들은 특수한 심리상태에 빠지게 된다. 말하자면 한편으로 그들은 그 시대의 관점을 공유하면서도 다른 한편으로는 벌이가 되는 일을 포기할 수가 없었던 것이다. 그들은 상업을 활성화했지만 양심불량에서 자유로울 수가 없었다. 그러한 상황은 도덕적 타락으로 이어져, 에라 모르겠다는 식의 감정을 일으키기 마련이었다. 그런 상태에서는 법이 무시되고 마치 그 시대의 선과 악 저편에 서 있는 것처럼 행동하면서 도덕 불감증에 사로잡혔던 것이다.

이제 우리가 그 시대의 **패덕**(Unsitlichkeit)을 말할 단계에 왔다면 우선 두 가지를 먼저 짚고 넘어가야 한다. 첫째, **모든** 시대는 기본적으로 '비도덕성'을 품고 있다. 둘째, 종종 이 비도덕성은 그 시대의 풍속을 한 차원 높이는 복잡한 자유의 형식을 취하기도 한다. 그런데 우리의 경우라면 아마도 인류의 확고한 요소가 된다고 할 수 있는 부도덕성에 대한 소위 정상적인 합법성의 척도를 훌쩍 뛰어넘었으며, 다른 상황이라면 편견을 떨쳐내는 일이 증대되고 있다고 말하고, 풍속적 뉘앙스에 대한 감성이 더 예민해진 것이라고도 말할 수 있는 그런 생활의 모든 표현이 여기서는 정반대로 모든 도덕적 감성에 대한 완전한 **무감각**, 도덕적 마비의 징후로 읽혔다고 말해도 무방할 것이다.

성교의 자유에서 특히 특색 있는 것은 온천장이다. 그것은 곳곳에 있었으며 심지어 작은 마을에도 있었다. 온천장은 연인의 밀회장소, 혹은 지인들의 즉흥적인 만남의 장소였다. 남자들과 여자들이 발가벗은 채 목욕을 했고, 몸을 가릴 경우 기껏 수건으로 허리를 감싸는 정도에 불과했으며 아침부터 저녁까지 그렇게 했다. 같은 욕조에 두 명이 들어가거나 좌석이 있는 이층 난간으로 둘러쳐진 넓은 풀장에 둘이 들어가는 경우도 있었다. 물론 특실도 갖추어져 있었다. 이런 온천장을 찾은 사람들은 창녀나 경박한 여자들뿐만 아니라 사방에서 온 온갖 부류의 사람도 있었다. 방탕한 생활이 온천장에서 펼쳐졌다. 모든 시대에 그랬듯이 치료를 목적으로 찾아가는 사람도 있었지만 모험가, 호색, 사랑에 굶주린 여성 등과 같이 온갖 사람이 그곳으로 몰려들었다. 그 시대 온천장을 둘러싼 입소문은 이랬다. "불임 여성에게는 목욕이 최고다. 목욕이 해줄 수 없는 것을 손님들이 해준다." 한편 고상한 부류 사이에 떠도는 낙태에 관한 소문도 들린다. 베르톨트 폰 레겐스부르크[32]는 이렇게 증언한다. "여자들은 남자들을 즐기려고만 했지 아이들로 인한 고생은 하지 않으려 했다." '집창촌'은 그 이전 이후로도 없을 만큼 많았다. 작은 도시마다 여러 곳에 집창촌이 있었다. 이색적인 것은 "아직 가슴이 없는 소녀들을 고용하는 것"은 금지한다는 시 당국의 규정이 있었다는 점이다. 이로 미루어 짐작건대 미성년자들조차 유곽으로 끌어들인 것이 분명했다. 열두서너 살의 소녀들을 유곽의 손님으로 받아들이는 것을 금지한 조항도 역시 이목을 끈다. 결혼한 여자도 드물지 않게 그곳에서 일했다. 덧붙여 말한다면, '미모의 처녀'가 사회적으로 인기가 좋았다. 그런데 당시 사람들은 사회의 그러한 희생양들을 경멸스럽게 대하는 오늘 우리의 위선적 태도와는 거리가 아주 멀었다. 영주들이 공식적으로 연회를 열 때, 그러한 여자들

---

[32] Berthold von Regensburg(1220~1270): 전성기 중세 독일의 설교가. 탁발승으로서 대중에게서 많은 인기를 누렸음.

이 단체로 출현했다. 그도 그럴 것이 이미 언급했듯이 그들은 다른 모든 조합과 마찬가지로 조직화되어 있었기 때문이다. 조합에 속하지 않은 '무면허 여성'은 불법시하여 배제했다. 일반 처녀들과 식당 여종업원, 부르주아 출신의 딸들은 그들에게서 엄격히 통제되었다. 특히 그들은 수녀원이 보인 지저분한 경쟁에 대해 심하게 비방했다. 당시 수녀와 창녀가 거의 같은 의미로 쓰인 것이 사실이다. 한번은 당시 프랑켄 지방의 수도원에서 일어난 스캔들의 상황이 너무 심각해서 교황이 조사 지시를 내렸을 때, 그 책임을 맡은 위원은 자신이 만난 거의 모든 수녀가 임신을 한 상태였다고 보고할 수밖에 없었다. 남성 수도원들도 방탕의 현장이기는 마찬가지였다. 동성애가 수도회의 일원들 사이에 광범위하게 퍼져있었다.

이목을 끄는 풍습은 '시험의 밤(Probenächte)'이다. 이 밤에는 처녀가 구혼자에게 직접 성교를 하는 것은 제외하고 모든 애무를 허용한다. 이 방식을 통해 양쪽은 파트너의 특질을 확인할 수 있다. 이런 교제가 반드시 결혼으로 연결되는 것은 아니었다. 처녀도 남자들처럼 종종 퇴짜를 놓기도 했다. 이는 지금도 세계 곳곳에 남아있는 '지붕 구멍으로 통과하기'나 '창문으로 기어들기'와 같은 풍습을 연상시킨다. 다만 이런 관습은 당시 최상위층을 포함한 모든 부류에 일상적 관행으로 통했다. 심지어 새신랑이 자기 집에 손님이 찾아오면 그에게 특별한 경의를 표하려고 '신의와 양심으로'라는 이름으로 신부 옆에서 자게 하는 일이 드물지 않게 있었다. 남편들은 내연의 처를 공공연히 두었을 뿐만 아니라 그 자식을 본처의 자식과 함께 양육하기도 했다.

성의 영역에서 지배적이었던 것은 아무 거리낌이 없었다는 점이다. 공식적인 무도회에서 저속하고 음탕한 노래를 부르는 것이 (오늘날 농부들 사이에서 여전히 불리고 있지만) 다반사였다. 키스와 포옹은 친절한 남성의 공식적 예법으로 통했다. 막 사귄 부인에게 자신의 사모의 정을 입증하려는 남자는 곧바로 여자의 젖가슴에 손을 댄다. 남자와 여자가 서로 아무 거리낌 없이 옷을 벗는 일은 온천 장에서만 일어난 것이 아니라 기회 있을 때마다 있는 일이기도 했다. 루이 11세가 파리에 왔을 때, 그 도시에서 가장 예쁜 처녀들을 선발하여 발가벗은 채로 왕 앞에서 온갖 전원극을 연출케 했다고 한다. 마지막으로 짚고 넘어가고 싶은 것은 당국이 허락한 도박꾼들이 있었다는 사실이다.

우리가 이런 상황을 두고 바리새인처럼 격분해야 할 이유는 전혀 없다. 나중에 가서는 가면을 쓴 상태에서 은밀히 일어났던 일이 당시에는 공개적으로 솔직히 행해졌을 뿐이다. 그런데 이런 일이 사회적으로 공인되었다는 사실에서 당시 인간유형이 보인 무절제성의 한 징후를 읽을 수 있다.

바보 복장 당시의 정신 일체를 아주 명료하게 드러내 주는 것은 당시 등장한 복장이다. 그것은 호색가들과 미치광이들이 입을 법한 복장으로서 모양과 색채가 요란하기 그지없었다. 아마도 의상의 역사에서 단 한번 있을 법한 복장이다. 여자들은 맨살의 가슴이 보이도록 옷에 둥근 구멍을 뚫었다. 그리고 젖가슴이 최대한 풍만하게 보이도록 천으로 가슴을 아래에서 위로 강제로 밀어 올렸으며 옷 밑 젖가슴에는 무엇을 집어넣기도 했다. 꽉 달라붙는 남자 바지의 경우 성기 모양이 최대한 강하고 크게 보이게 하려고 그 속에 눈에 띌 만큼 큰 성기 집을 부착하기도 했다. 전시효과를 노린 이런 유행과 대비를 이룬 것은 그로테스크한 두건으로 얼굴 전체를 가끔 가렸다는 점이다. 볼 수 있도록 눈 부위만큼은 틔어놓았다. 그런 복장은 성도

착증을 해소하기 쉽게 했다. 여자들은 단발머리를 했고, 남자들은 교태 어린 곱슬머리를 했다. 기름을 살짝 바른 파마머리로 아래로 잔물결을 일으키며 흘러내리게 했다. 땋아 내린 머리도 드물지 않았다. 코르셋을 착용하여 가슴을 일부러 도드라져 보이게 했다. 턱 전체를 수염으로 덮으면 진기한 모습으로 비치기도 했다. 포크 모양으로 나누거나 끝을 완전히 뾰족하게 하고 활의 현 모양으로 위쪽으로 쓸어 올리기도 했다. 이때 항상 진한 향수를 뿌렸으며 붉은빛으로 염색하길 선호했다. 한때는 평소 혐오감을 불러일으킨 이런 악마적 색깔이 이제는 선호하는 유행 풍조가 된 셈이다. 괴상하리만큼 위쪽으로 휘어진 큼직한 구두도 있었다. 간혹 이 구두의 끝이 무릎에 닿기도 해서 그 끝을 구두끈으로 동여매어야 할 정도였다. 여자들은 바닥에 질질 끌리는 긴 치마를 입고 긴 꼬리가 바닥에 끌리는 기묘한 두건을 쓰기도 했다. 남자들은 터번을 쓰고 두꺼운 솔과 깃이 달린 옆구리가 트인 조끼를 입거나 주름이 들어간 긴 수건을 어깨에서 발아래까지 늘어뜨리기도 했다. 복장에는 금과 진주, 호박을 달았으며, 가끔은 여러 모양의 자수를 박아 넣은 장식도 들어있었다. 이 장식의 무늬는 번개·구름·삼각형·뱀·문자·상징기호 따위였다. 색깔은 현란하여 불안정했다. 주홍빛·풀빛·은빛·유황색을 특히 애호했다. 이러한 복장은 최대한 알록달록한 격자무늬의 인상을 주게 했다. 따라서 저고리에 형형색색의 천을 덧대었으며, 울긋불긋한 안감이 나와 보이도록 소매는 풀어헤쳤다. 특히 바닥에 길게 끄는 치마는 밑단에 잔주름을 넣었다. 양쪽의 바짓가랑이는 같은 모양을 취하지 않게 했다. 바지의 레이스에 금붙이와 은방울을 주렁주렁 달아 걸을 때마다 찰랑찰랑 소리가 났다. 간단히 말하자면, 이것이 오늘날 우리가 바보들의 복장을 상상할 때 떠올리는 그런 진부한 의상이다. 바보들이 들고 다니는 종이 몽둥이만 없을 뿐이다.

환영 다시 한 번 모든 것을 되돌아보면, 광포하고 무시무시한 비현실적 지옥의 환영을 떠올리게 하지만, 다시 한 번 강조해야 할 것은 일상생활 속에 즐겁게 안착된 존재가 내비치는 인상의 각 분야에서도 그렇기는 마찬가지라는 점이다. 여기서도 실제의 생활태도는 가면으로 둘러싸여 있을 뿐이다. 그것은 독과 부패의 핵을 싸고 있는 현란하면서 딱딱한 껍데기와 같은 것이다. 세계 속으로의 도피가 자체 목적이 아니라 그저 자신에게서 도망치고 싶은 것일 뿐이었다. 14세기 중엽 후반 윌리엄 롱랜드(William Longland)라는 필명으로 『쟁기질하는 농부 피터의 환영(Vision Peters des Pflügers)』을 쓴 영국의 위대한 작가도 그렇게 보았다. 그의 눈에 비친 당대 사회는 온갖 악습을 어깨에 걸머지고 계속 노래를 부르면서 점점 더 견딜 수 없는 공포의 언덕을 비틀거리며 오르고 있는 모습이다. 이 시인은 마침내 꿈에서 깨어났을 때 비통한 울음을 터뜨릴 수밖에 없었다.

왕좌에 오른
돈놀이꾼 이제 우리가 그 시대의 모습을 간략하게 스케치하지만 명확한 굵은 선으로 드러낼 수 있는 그 대표적 현상을 말해야 한다면 대단히 난처한 상황에 빠질 수밖에 없다. 그 시대는 걸출한 인물들을 배출하질 못했다. 고작 **하나의** 덩어리, **하나의** 원료, **하나의** 효소만 있을 뿐이었고, 찾고 더듬는 일이 보편적 현상이었지만 어느 지점에서도 분명한 자의식을 가진 강인한 개인을 만들어내지는 못했다. 이런 형태를 보려면 거의 수백 년을 거슬러 올라가야 하며, 거기서 우리는 두 인물을 만날 수 있다. 그들은 당대의 두 가지 적대적 경향을 이른바 **미리 선보인** 셈이다. 그들은 독일의 두 황제, 합스부르크의 루돌프(Rudolf)와 프리드리히 2세였다. 그들이 후세대의 생활을 선취했다는 점에서 둘은 일종의 천재적 기질이 있었던 셈이다. 물론 합스부르크 왕의 경우를 두고서 이 수사를 붙일 때는 그가 비천재적·반천재적 인간의 본질적 특성을 집약하고 있으며, 이런 특성을 극단으로 밀어붙였을 때 그러한 행태에서조차도 창조적 행위를 읽어낼 수 있게 한다는 의미에서일 뿐이다. 그는 도시문화가 지닌 물질주의 일체를 앞질러 경험했으며, 삶의 모든 관계에서 아직도 우선적으로 낭만을 생각한 그런 시대에 그것을 구체화했다. 호엔슈타우펜 왕가[33]에 이어 이와 같은 인물이 왕좌에 오른 것은 기묘한 우연 때문도 아니며 선제후 정책의 변화 때문도 아니다. 이런 가문의 변화에서 황제 이념은 철이 지난 것으로 보였다. 이제 독일 왕권은 두 가지 가능성만 있었다. 그것은 완전히 퇴위하거나 아니면 지금까지 부정적 요소로 작용했던 자신의 면모를 일신하여 새로운 기초 위에서 군림하는 것이었다. 합스부르크의 루돌프 왕이 그렇게 했다. 이 점에서 그는 정당했다. 자신의 색깔을 지닌 인물만이 독일 제국에 질서를 재편할 수 있었던 것은 분명한 사실이다. 그는 열정이나 이상이 아니라 손에 잡히는 확실하고도 가장 가까운 것을 목표로 했다. 이는 확실하게 포착하는 정신의 결과였다. 루돌프는 근대사 최초의 위대한 속물이며, 왕의 외투를 걸치고서 부르주아 경향을 추구한 최초의 인물이라고 할 수 있다. 그는 상인으로 성공했을 뿐만 아니라 가문의 권력을 국가의 권력으로 바꾼 현실정치가(Realpolitiker)로서도 성공했다. 그는 편견을 멀리한 사람이었다. 말하

---

[33] 호엔슈타우펜 왕가는 독일의 귀족 가문 중의 하나로 1138년부터 1254년까지 독일의 왕, 신성로마제국 황제 및 슈바벤 공작을 배출한 가문을 말한다. 1194년부터는 시칠리아 왕도 이 가문에서 배출되었다. 이 가문의 이름인 호엔슈타우펜(Hohenstaufen)은 슈바벤 가문이 소유한 성의 이름 슈타우펜에서 유래한다.

자면 그는 양심이나 환상을 좇지 않았던 것이다.

그의 용모와 통치방식에서 특색 있는 것은 겉치레가 없었다는 점이다. 그의 복장은 색깔이 없고 우중충하고 남루할 만큼 눈에 띄지 않았다. 세간에 칭찬이 자자할 만큼 두드러진 그의 이 '소박함'은 한편으로는 치밀한 계산과 그의 독서광 습관에 근거를 두고 있었고, 다른 한편으로는 인색과 소심함, 그리고 또 다른 한편으로는 기질의 절대적 결핍에 그 뿌리가 있었다. 그는 예술적 재능이 전혀 없는 자연인이었다. 예술은 이해하지 못하고 그저 공감할 정도였을 뿐이다. 자신의 궁정시인들에 대해 대단히 인색하게 굴었고, 자신에게 '유리한 글'을 부탁할 때에만 후원했을 뿐이다. 그는 사람을 대할 때마다 자기 개인의 장점만을 늘어놓았다. 자신의 장점을 잘 관리할 뿐만 아니라 지속시킬 줄도 알았다. 그는 자수성가한 전형들이 보이는 태도, 즉 때로는 유연하고도 나긋나긋함을, 또 때로는 냉혈적이고 강력한 행동을 취했다. 로마 사람처럼 순전히 정치적이었고, 경건한 척하는 위선을 떨지도 않았고 확신도 하지 않았다. 그도 그럴 것이 그의 속 좁은 마음에는 광신적인 것이 자리를 잡을 틈이 없었기 때문이다. 그는 모든 사업가가 그렇듯이 좋은 입소문에 신경을 곤두세웠으며, 자신에게 걸림돌이 되는 것은 덮거나 미화하려고 애썼다. 말로 표현할 수 없는 거칠고 조야한 것들을 포획하려 했고, 이득이 될만한 것은 구걸하거나 협박해서라도 취하려 했다. 요한네스 셰르[34]는 그를 두고 오늘날 그와 같은 사람이라면 증권거래소의 루이 필립과 같은 역할을 했을 것이라고 정확히 꼬집었다. 그는 현대의 금융자산가를 연상시킨다. 말하자면 그는 오늘날 대자

---

[34] Johannes Scherr(1817~1886): 독일의 소설가이자 문학비평가.

본가들에게서 흔히 보게 되는 육욕과 능력이 뒤섞인 전형적 형태인 투기꾼성욕(Börsianersexualität)을 가지고 있었다. 그의 **합법적인** 자식의 수는 대단히 많았다. 예순여섯에 나이 열넷의 처녀와 결혼을 했지만 그것으로도 만족스럽지 못했던 것 같다. 왜냐하면 '의사들의 권고에 따라' 더 많은 애첩을 두려 했기 때문이다.

그러나 역사의 본성은 이런 이상한 성벽에도 불구하고, 아니 오히려 바로 그것 때문에 정상적 면모를 취했다. 말하자면 그는 근대의 발기인, 특히 오스트리아 강국의 기초자가 된 셈이다. 그는 오스트리아가 확장되고 독보적으로 커질 수 있게 한 캔버스를 실제로 만들어낸 인물이었다. 그는 오스트리아 합병 정책의 발기인이자 6세기 동안 합스부르크 왕가에 엄청난 성과를 가져다준 '시간 끌기'와 교란, 절반의 공약과 지연 따위 전술을 입안한 인물이기도 했다. 당시에 이미 그는 이후 걷게 될 오스트리아-헝가리 국가형태의 노정을 명확히 선취해 간파했다. 보헤미아 · 헝가리 · 남슬라브는 독일적인 본산의 핵을 둘러싸고 군집해 있던 나라들이었다. 그는 하나의 정신을 성공적으로 구현한 것이다. 이 정신은 세상이 한참 뒤에야 그 유용함을 알아봄으로써 퀴른베르거[35]에게 최초로 명성을 안겨준 그런 것이었다. 요컨대 이 정신은 "오스트리아의 가정과 궁정과 국가가 의무적으로 지니고 있어야 할 것처럼 비쳤다."

이와 전혀 다른 면모의 인물이 프리드리히 2세였다. 그는 한때 왕관을 쓴 가장 천재적인 인물 중 한 사람이었다. 그의 인문적 보편성과 영민한 통치술은 율리우스 케사르를 연상시키며, 그의 자유분방함과 지혜는 프리드리히 대왕을, 열정과 진취적인 기상, 장난기

왕좌에 오른 허무주의자

---

[35] Ferdinand Kürnberger(1821~1879): 오스트리아 작가.

어린 예술적 감성은 알렉산더 대왕을 상기시킨다. 그러나 이 모든 성격에는 허무주의적 색채가 강하게 드리우고 있다. 모든 인간에 대한 그의 보편적 이해는 살아있는 모든 사람이 동등한 자격을 갖추고 있다는 인식보다는 누구도 올바르지 않을 수 있다는 확신에 근거를 두고 있었다. 그의 사유의 자유분방함은 무신론의 한 형태이며, 예민한 사고력은 회의주의의 형식을 취하며, 그의 기질과 열정은 정치적·종교적 모든 굴레에 대한 일종의 창조적 해체의 성향을 띠고 있다. 그는 분쇄자일 뿐이었다. 물론 장엄하고도 마성적인 그런 분쇄자였다.

루돌프의 극단적 물질주의에서 윤리적 관점을 찾아볼 수 없다는 점에서 그가 도덕적 치외법권 지역에 머물렀다고 본다면, 프리드리히가 윤리적 관점을 자신의 깊은 내면에서 구함으로써 그와 유사한 정신적 자세를 견지한 것으로 이해해도 무방할 듯하다. 그는 니체가 '자유로운 정신'으로 이해한 것을 견지했을 뿐이다. 그의 거침없는 행위는 선악의 구분이 없는 형태를 취했으며, 그것은 고대의 인물, 이를테면 알키비아데스[36]와 뤼산드로스[37]와 같은 인물이 보인 방종한 태도와 같은 것이다. 자유정신을 추구하는 자들은 거의 모두 점성술과 심령술에 굴복하여 '미신'을 좇았으며, 모든 사건을 숙명론자의 차가운 시선으로 헤아렸다. 이는 체스놀이를 할 때 말이 겪는 종종 터무니없는 그런 맹목적 필연에 굴복하는 것과 같은 이치인 셈이다. 이는 그가 탁월한 학문적 소질을 갖춘 인물로서 당시의 세계관에서 보자면 무가치하고 신을 인정하지 않는 것처럼 보인 공부

---

[36] Alkibiades(BC 450~BC 404): 고대 그리스 아테네의 정치가이자 군인.
[37] Lysander(? ~ BC 395): 스파르타의 정치가·제독.

와 연구를 촉진했다는 사실, 그리고 대학과 도서관을 건립하고 최초의 동물원을 세웠다는 사실, 그리고 자연학에 대한 열정적 관심을 보이면서 조류학에 관한 뛰어난 논문을 직접 집필하여 자신의 궁정에 철학을 포함하여 정신적으로 진취적이고 역동적인 활력을 불어넣으려 했다는 사실 등과 배치되는 것은 아니다. 그 자신이 이탈리아 문체의 시를 쓴 최초의 인물 중 한 사람이긴 했지만, 그도 시인들에게서 오로지 정치적 도구만을 읽어내려 했다. 물론 그는 이 분야에서 루돌프와는 비교가 안 될 만큼 탁월하고도 일목요연한 방식으로 기여한 것이 분명하다. 이때 그는 자신의 왕권신수설을 철저하게 관철했다. 그는 자신의 왕권신수설을 중세의 귀에는 완전히 낯설 뿐인 자연법칙적 필연으로 규정했다. 그가 기독교도보다 아라비아 사람들을 더 선호했다는 것은 주지의 사실이다. 섬세하고도 냉정한 그들이 세련된 외교술과 교제법, 관대하면서도 노련한 철학, 고도로 발전한 대수학과 의술, 천문학과 화학을 겸비하고 있었기에 그들이 그의 마음을 사로잡은 것은 당연한 이치인지도 모른다. 그가 선두에 서서 팔레스타인에 입성한 것은 십자군운동 전체 역사에서 특별한 사건에 해당한다. 이를 교황이 금지했을 뿐만 아니라 십자군 기사들도 지지하지 않았을뿐더러 반대까지도 했지만 그는 그 어떤 선임자들보다 더 많은 성과를 얻어냈다. 물론 이 성과들은 아랍 권력자들과의 우호적 교섭을 통해 이루어진 것들이다. 이로써 술탄은 황제만큼이나 세련되고 영민한 장수로 주목받았으며, 또한 이로써 곧 팔레스타인 문제가 양쪽에 서로 유리한 방향에서 해소될 수 있게 되었다. 그러나 이성성과 자연성이 사람들에게는 큰 매력으로 작용하지 않는 모양이다. 동시대인들은 약속의 땅에서 성취한 프리드리히의 무혈 승리를 그의 덕분으로 돌리지 않았다.

그가 주장했다고 하는 다음과 같은 말은 세상에 널리 알려진 이
야기다. 요컨대 아주 옛날에 살았던 고등 사기꾼 중 최고의 사기꾼
은 모세·그리스도·마호메트였을 것이라는 이야기다. 심지어 '세
명의 협잡꾼(De tribus impostoribus)'이라는 내용의 책을 집필한 사람도
바로 그였다고 주장하는 이들도 있다. 이는 완전히 틀린 주장이다.
물론 그가 그렇게 주장했다는 말도 증명할 길은 없다. 한번은 그가
농지를 둘러보면서 이렇게 외쳤다고들 한다. "이 곡식들에서 얼마
나 많은 신들이 생겨나는지 보게 되지 않을까?" 한 미사에서 존엄한
성체현시대(聖體顯示臺)가 무엇을 뜻하는지 그에게 물었던 한 아라비
아 영주에게 그는 이렇게 답변했다고 한다. "성직자들은 이것이 우
리의 하느님이라고 날조하지요." 이 말조차도 그저 전설처럼 전해
지는 말뿐인 듯하다. 그러나 수세기 동안 부단히 전해져 내려온 그
러한 일화들 속에는 항상 심오한 하나의 진리가 담겨 있기 마련인
법이다. "그래도 지구는 돈다"고 했다는 갈릴레이(Galilei)의 말도 역
사적인 것이 아니며, 루터도 "내가 달리 어쩔 도리가 없어 여기 서
있다"고 말한 적이 없었다. 그러나 이러한 날조에도 불구하고 제기
될 수 있는 사실은 그 사람들이 그러한 말을 당시에 **했을 수** 있다는
점, 그리고 심지어 그들이 그런 말을 **할 수밖에** 없었을 것이라는 점
이다. 그러한 말들은 실제 상황을 좀 더 통일적이고 인상 깊게 요약
해주는 의미를 담고 있기 때문에 어떤 의미에서는 역사의 진실보다
더 진실할 수도 있다. '세 명의 사기꾼'이라는 주장도 그런 맥락에
서 이해할 수 있다. 프리드리히는 이러한 주장으로 다음과 같이 말
하고 싶었을지도 모른다. "모세의 후계자들이 십계명을 부단히 어
기고 있다는 사실을 나는 알고 있다. 마호메트의 제자들이 코란을
위배하며 살고 있다는 사실을 나는 알고 있다. 그리스도의 사도들이

그의 이름을 빌려 증오하고 살해하고 있다는 사실을 나는 알고 있다." 사정이 이러하다면 세 종교, 즉 유대교·이슬람교·기독교 모두가 고등 사기인 셈이 된다. 반면에 그렇지 않다면 그것은 그가 세 종교 지도자 각 개인에 대한 악감정을 드러내고 싶은 것일 뿐이게 될 것이다. 그렇다면 그는 종교에 대한 광신적인 무법자거나 근대의 계몽된 천치임이 틀림없었을 터다. 그러나 그는 둘 어디에도 해당하지 않은 사람이었다. 오히려 그의 중심을 관통하고 있는 것은 종교에 대한 철저한 무관심이었다. 세 종교가 보이는 유일신에 대한 고백을 두고 그는 증오하지도 않았고 거기에 맞서 싸우지도 않았다. 그러한 고백을 하는 세 종교 모두에 대해 그는 무관심한 태도를 보였다. 특정 종교의 교리에 대해 처벌을 해야 한다는 확신조차도 그에게는 하나의 신앙으로 보였다. 말하자면 프리드리히는 어떤 것도 믿지 않은 셈이다. 니체가 어디에선가 이렇게 바로잡는다. "모든 것을 이해한다는 것은 모든 것을 경멸한다는 것과 같다." 모든 사람, 모든 것에 대한 이러한 경멸이 프리드리히 2세의 영혼을 황폐하게 한 기본 파토스였다.

이런 비밀스러운 개성이 그가 동시대인들에게 찬양만큼이나 혐오를 유발했다는 점을 이해할 수 있게 한다. 어떤 이는 그를 두고 **세상의 경이**(*stupor mundi*)라고 말하는가 하면, 또 어떤 이는 그를 무정부주의자로 취급한다. 그레고리우스 9세의 공개문서는 이렇게 시작된다. "바다에서 한 동물이 솟아올랐다. 온통 불경스러운 이름을 붙여도 될 듯하다. 발은 곰이고 아가리는 포효하는 사자이며, 사지는 표범의 그것을 닮았다. 그 머리와 몸통과 꼬리를 자세히 살펴보니 바로 그 황제가 아니겠는가." 그러나 민중은 그를 민족의 성인, 범접할 수 없는 전설적 인물로 대한다. 그는 절대 죽은 것이 아니라 언젠가는 돌아와 교황의 자리를 뒤엎고 제국을 번영케 할 것이며, 역경과 고통에 시달리는 모든 이에게 구세주요 해방자로 나타날 것이라고 믿는다. 시간이 지나면서 프리드리히가 점점 더 왜곡된 모습으로 그려지고 마침내 1546년에는 그 극점에 도달한다. 그 뒤에는 그가 키프호이저(Kyffhäuser) 산에서 잠을 자고 있다는 민담이 떠돌기도 했다. 이 민담은 19세기 산문의 시대에 이르면 별 보잘것없는 그의 조부 프리드리히 1세까지 끌어들여 조부의 붉은 수염이 대리석 탁자 주변에 돋아나 모든 학교장을 경이에 떨게 했다고까지 한다.

반대의 일치

그러나 14세기와 15세기에 유럽은 그야말로 작은 루돌프와 프리드리히로 들끓었다. 이제 물질주의와 허무주의가 완전히 동일한 정신 상태에 이르게 된다. 양쪽은 좀 더 고차원적인 힘들이 존재에 영향을 미친다는 점을 부정한다. 허무주의는 그런 작용을 더는 신봉하지 않았기에 그러했고, 물질주의는 아직도 그것을 신뢰하지 않았기에 그러했다. 양쪽 모두 질병 현상으로서 병리학적인 생의 단면인 셈이다. 허무주의는 현실에서 완전히 눈을 돌려 모든 것이 공허한 아지랑이와 안개로 흐릿하게 소멸하는 멀고도 아득한 전망 속에서 현실을 찾기 때문에 그러하며, 물질주의는 현실에서 눈을 전혀 돌리지 않고 중요하고도 본질적인 특색들을 인식할 수 없을 만큼 너무나 가까운 전망 속에서 현실을 보기 때문에 그러한 것이다. 허무주의는 심장 확대의 고통을 겪는다. 왜냐하면 허무주의는 모든 것을 동일한 자격으로 인정하여 다양을 뜻하는 만큼 **아무것도** 아님을 뜻하기 때문이다. 반면 물질주의의 허약성은 심장의 축소에서 비롯된다. 그것은 직접 붙잡을 수 있는 것, 가장 조야한 감각의 일방통행만을 허용하기 때문이다. 말하자면 무가치하고 중요하지 않은 것을 좇는다는 것이다. 양쪽의 입장은 **진지하지 않은** 존재 관점을 대변하며, 기초도 뿌리도 없다. 속물은 정확히 자유정신만큼 공허하다.

이처럼 양쪽은 정신적 경향에서 은밀한 친화성을 가진 셈이다. 그러나 그 작용과 외관적 현상에서 양쪽은 극단적 대립을 형성한다. 그것은 극단의 인생관과 관련 있다. 모든 가능한 형태, 특히 현실을 개념파악하는 그 형태에서 양쪽은 상극을 이룬다. 이 두 극단의 대립이 같은 시대에, 심지어 동일한 사람에게서 어떻게 형성될 수 있었을까? 여기서 우리는 '잠복기'를 채우고 지배한 **시대정신**에 눈을 돌리게 된다. 우리가 그 대표적 인물들을 확정지으려고 인위적인 정보수단과 임시구조물로 손을 뻗게 되면 대단히 유리한 위치에 설 수 있을 것이다. 요컨대 삶이 겉으로 보기에 전혀 통합될 수 없는 모순들의 통합 속에 들어있고, 인간은 두 모순의 집합에 불과하다는 것이 그 시대의 기본정신을 이루었다고 할 수 있다. 이 기본정신은 당대 가장 위대하고도 아마도 유일했을 한 철학자에 의해 일목요연하게 정립되었다.

그 철학자는 트리어(Trier)의 쿠에스(Kues) 출신으로서 1464년에 사망한, 쿠자누스라 불린 니콜라우스[38]였다. 그는 당대 가장 박식한 학자 가운데 한 사람으로서 모젤(Mosel)의 한 가난한 어부의 아들로 태어나 영향력이 높은 고위 성직자로 부상했다. 당대 중요한 신학 논쟁에서 결정적 역할을 하기도 했다. 이 논쟁에서 그는 근대적 입장, 즉 공의회의 관점을 내세웠다. 이 관점을 그는 자신의 주요 저서 『가톨릭의 일치에 관하여(de concordantia catholica)』를 통해 바젤 공의회

니콜라우스
쿠자누스

---

[38] Nikolaus Cusanus(1401~1464): 독일의 추기경·수학자·철학자로서 교회개혁과 교회일치를 위해 애를 씀.

에 제시한 것이다. 그의 주요 적수는 「교회와 그 권위에 대한 대전(Summa de ecclesia et eius auctoritate)」이라는 논문을 통해 수세기에 걸쳐 교황청 교리의 골간을 확정한 후안 데 토르케마다[39]였다. 또한, 니콜라우스 쿠자누스는 콘스탄티노플의 인증서를 의심한 최초의 인물이었다. 뒷날 로렌초 발라[40]는 그 증서가 위조된 것임을 폭로한 바 있다. 니콜라우스 쿠자누스는 설교집을 집필하여 기독교도·유대·터키·인도·페르시아 사람들을 포함한 모든 종파를 통합하려 했다. 그는 「달력의 수정에 관하여(De reparatione calendarii)」라는 글을 통해 그레고리우스력을 선취하는 달력 개혁을 주창했고, 지구의 형태와 그 자전에 대해 가르치기도 했다. 그가 자신의 철학에서 어느 정도 신비주의 색채를 드러내는 것은 일찍이 그가 데벤테르(Deventer) 공동생활형제단의 회원이었다는 점을 반영하고 있는 셈이다. 그러나 스콜라적·자연철학적 사유과정도 그의 학문체계에서 중요 지점을 형성하고 있다. 그래서 온갖 다양한 학파가 그를 끌어들인 것인지도 모른다. 사실 그는 라이프니츠와 헤겔의 충격에 맞먹을 만큼 당대의 교양내용 일체를 유기적 통일로 동화시킨 포괄적 지성이었다.

그가 1438년 교황청 공사의 임무를 띠고 콘스탄티노플로 돌아왔을 때, 그의 철학의 기본원칙이 그의 의식 속에 확실히 포착되었다. 그것은 바로 **반대의 일치**(coincidentia oppositorum)였다. 이에 따르면, 실존하는 모든 것은 대립물들의 교차점을 이루며 상호 활동하면서 영향을 미친다. 반대의 일치를 이루는 그러한 지점은 신이며, 이 신은

---

[39] Juan de Torquemada(1388~1468): 스페인의 가톨릭 성직자.
[40] Laurentius Valla(1407~1457): 이탈리아 이름으로는 Lorenzo Valla. 이탈리아의 인문주의자·수사학자.

절대적 극한을 의미하는 동시에 극소를 의미한다. 왜냐하면 신은 모든 것을 포괄하는 무한자이자 극소의 사물에도 내재하기 때문이다. 반대의 일치는 세계를 의미하기도 한다. 이 세계는 개별 존재 속에서 가늠할 길 없는 다양성을 형성하지만, 전체로서 통일성도 구성한다. 또한 반대의 일치는 각 개인에게도 해당한다. 각 개인은 전체에 포함될 뿐만 아니라 모든 전체도 그 각 개인에 내재하기 때문이다. **"전부 속의 부분은 전체를 반영한다**(*in omnibus partibus relucet totum*)." 반대의 일치는 인간의 경우에도 해당한다. **소우주**(*parvus mundus*)인 인간은 생각할 수 있는 모든 대립, 즉 사멸과 불멸·육체와 영혼·동물성과 신성을 자체 내에 통합하고 있으며 그것들을 서로 연결할 줄 **안다**. 마지막으로 반대의 일치는 **쿠자누스 자신**이기도 하다. 그는 종교와 자연과학·교부신학과 신비주의를 화해시키고 있다. 그는 낡은 것을 신중히 보존하고 새로운 것을 열렬히 포교하는 점에서 세속인이자 신의 사도이고, 이단자이자 추기경이며, 마지막 교부철학자이자 최초의 근대인이기도 하다.

그런데 이처럼 현저한 적대적 요소들, 말하자면 모순된 것들이 어떻게 서로 통합될 수 있는가 하는 문제는 신의 비밀인 셈이다. 우리는 이 비밀을 오성을 통해서는 해명할 수 없고 초감각적 직관, 말하자면 쿠자누스가 두 개의 모순을 또다시 서로 연결지으면서 **아는 무지**(*docta ignorantia*)와 **이해할 수 없음의 이해**(*comprehentio incomprehensibilis*)로 규정하는 내면의 과정을 통해서만 포착할 수 있을 따름이다. 그런데 쿠자누스는 아직 자석과 전기의 현상에 대해 몰랐다. 알고 있었다면 자신의 양극이론에 관한 대단히 의미 있고 설득력 있는 증거를 그러한 현상들에서 끌어낼 수 있었을 것이다. 아무튼, 그가 자신의 철학에 도입하여 내적·외적 경험의 모든 영역을 탐색하면서 해석하고, 최상의 심성적 방식으로 자신의 생활과 활동에서 구현한 것은 바로 **창조적 역설**(schöpferische Paradoxie)의 원리였다고 할 수 있다.

이중의 진리,
이중장부,
대위법과
죽음의 무도

우리는 바로 앞 장의 끝에서 중세의 인간은 모순 가득한 모습을 취했다고 말한 바 있다. 그러나 이 모순성은 '잠복기' 인간의 그것과는 본질상 완전히 다른 것이라고 할 수 있다. 우선 그 뚜렷한 차이는 중세의 경우 모든 것이 거대한 통일, 즉 신앙에서 비롯된다는 점과 그다음으로 이 차이는─내가 보기에─**객관적으로** 존재했다는 점에 있다. 그 사람들조차도 그것을 감지하지 못했다. 그런데 이제 사정이 달라졌다. 쿠자누스의 동시대인들은 그 모순들을 확실히 의식하면서 그것으로 고통을 받았다. 당대가 야기한 모든 현상에는 단절과 균열, 거대한 틈새가 보였다. 이원론(Dualismus)이 세계를 지배한다는 느낌을 받았다. 말하자면 **두 개의 영혼을 가진 인간**(Zweiseelenmensch)이 역사에 등장한 것이다.

우리는 당대에 최초로 **도시**와 **농촌**이 명확히 갈라지는 현상이 나타났다고 이미 언급한 바 있다. 이제부터 두 개의 모순적인 문화, 즉 기사문화와 상인문화가 존재하게 된다. 전자는 **성내**(城內)에, 후자는 **부르주아**에 집중되었다. 같은 시대에 신학에서 **이중의 진리 학설**이 출현했다. 요컨대 같은 주장이 신학에서는 타당할 수 있지만, 철학에서는 틀린 것일 수 있다는 이론이 제기된 것이다. 이로써 중세에서는 상상도 할 수 없었지만 근대의 전체 역사에서는 따분하기 그지없는 일로 비친 학문과 종교의 세계관 사이에 거대한 틈이 최초로 발생하게 된다. 근대의 역사에서 하품날 수밖에 없었던 것은 모든 성직자 · 정치가 · 예술가 · 철학자 · 자연과학자의 주장들을 따라잡는 것이 이제는 그렇게 대단한 일도 아니고 크게 흥미로운 일도 아니기 때문이다. 그들은 대개 궤변의 연역법으로 문제를 취급하면서 신앙과 지식의 두 가지 경험 형태를 화해시키려 하면서 곧바로 첨예한 모순으로 몰아가려고 했다. 반면 중세만 하더라도 나는 내가 아는 것을 믿으며, 내가 믿는 것을 나는 알고 있다는 식으로 큰 통일이 형성되어 있었다. 그러나 '이중의 진리'를 예수회의 정신으로만 받아들인다면 그것은 자유주의적 역사기록이 범한 수많은 천박한 오해 가운데 하나일 것이다. 오히려 문제는 세계관의 새로운 지배권이라고 할 수 있다. 여기서도 우리는 다만 '반대의 일치' 사유에 관한 수많은 공식 가운데 하나만을 취급하고 있을 뿐이라는 사실은 오컴주의자들이 대변한 **불일치**(Diskrepanz)설에서 아주 분명해진다. 여기에는 신학의 모든 본질적 문제, 이를테면 원죄와 최후의 심판·육화와 동정녀 출산·최후의 만찬과 부활을 둘러싼 두 가지 관점이 있지만, 최고의 진리를 획득하는 것은 그러한 관점의 통합에 있다. 그리고 이러한 시·공간에서 완전히 이질적인 영역에서도 이원론적 기술이 지배하게 된다. 즉, 상인의 회계제도에서 이중장부가 등장한다. 모든 계약을 이면으로 하는 것이 관례로 통했다. 거래계좌가 반대의 일치 형태를 취한 셈이다. 그런데 새로운 세계감정을 가장 강렬하게 드러낸 장르가 음악이다. 중세의 독창곡 원리가 혼성음악의 원리로 변했으며, **대위법**(Kontrapunkt)이 온전한 형태를 갖추게 된다. 그 최초의 고전적 작가는 1453년 런던에서 사망한 존 던스터블[41]이다. 역시 반대의 일치를 상징적으로 탁월하게 보여준 장르는 14세기와 15세기에 조형 및 연극 예술을 빌려 구체화한 **죽음의 무도**

---

[41] John Dunstable(1358~1453): 영국의 작곡가. 중세 말에서 초기 르네상스 음악으로 넘어가는 과도기에 감미롭고 격조 높은 음악으로 유럽의 동시대 작곡가들에게 지대한 영향을 끼침.

(*danses macabres*)라고 할 수 있다. 젊은이와 노인·부인들과 아이들·농부와 주교·왕과 거지·바보와 성인, 따위와 같이 생각할 수 있는 모든 인간 부류가 커다란 원을 그리며 거칠게 춤을 추면서 죽음의 현을 켠다. 당시 사람들이 삶을 바라보는 방식에서 이토록 입체적이고 충격적으로 표현한 적이 없었던 것 같다. 죽음과 춤이 한덩어리가 되어 만취한 듯 몽롱한 상태에 빠진 사람들을 무덤으로 이끈다. 이러한 시대의 모습은 광분한 죽음의 향연처럼 지금도 우리 곁을 지나가고 있다. 그 삶의 쾌락은 방황의 병적 쾌감이었다.

영혼을 넘어 그러나 그러한 모습은, 당대 전체에서 가장 중요한 것은 아니지만 대단히 중요한 의미를 지닌 제3의 조류에 대해 우리가 말하지 않는다면 온전히 그려냈다고 할 수 없을 것이다. 우리가 물질주의와 허무주의를 그 시대의 이중적 정신의 두 대척자로 이해했다면, 분명 여기서는 축복을 받은 듯 안정 속에서 시대 위를 고요히 맴도는 영혼을 넘어(Überseele) 서 있는 것을 대하고 있는 셈이다. 이는 **신비주의**를 두고 하는 말이다.

아마도 당시는 악마가 세계를 지배한 듯하다. 인간은 악마의 존재를 믿었다. 우리 자신의 경우에도 악마는 그렇게 출현하는 것 같다. 그러나 그것은 가상으로만 출현할 뿐이다. 왜냐하면 사실 악마가 세계를 지배하는 것은 아니기 때문이다. 당시에도 신은 죽지 않았으며, 길을 잃고 방황하면서도 길을 찾는 사람들의 심성 속에서 예전처럼 강하게 살아 움직였다. 바로 당시에 아주 새롭고도 자연적인 내면의 경건성이 인간의 영혼 밑바닥에서 솟아났다. 민중 가운데 소박한 사람들에게는 의미 있는 다양한 이상이 있었다. 스트라스부르(Straßburg)의 상인 룰만 메르스빈(Rulman Merswin)은 기독교의 모든 신도가 가진 보편적 기초교리에 의존해, 신의 은총을 받은 평신도인

'**신의 친구**(Gottesfreund)'는 천국의 은총을 전하는 천부적인 사도라고 설명한다. 이러한 사유를 중심으로 기독교가 자신의 생활에서 중요하다고 생각한 사람들이 모여들었다. 그들을 결속한 것은 바로 그러한 심성의 순박성과 구원에 대한 갈망이었다. 특히 여성들이 이러한 종교적 운동에 끼어들기 시작한 것은 새로운 현상이라고 할 수 있다. 왜냐하면 그들은 지금까지 종교의 문제에서 완전히 뒷방 신세를 면치 못했기 때문이다. 한마디로 명성 높은 교의도 여성들의 영혼에 대해서는 꺼렸던 것이다. 종교적으로 각성한 여성들이 자신들의 면모를 드러내기 시작하면서 신과의 교류에서 경험한 황홀한 감정을 편지와 일기, 회고록과 전기의 형식으로 수록하기 시작했다. 고해성사 때의 황홀한 감정을 특유의 방식으로 쓴 글들이 나오기도 했다. 곧 그들도 수도승으로서 수도원 생활을 하게 된다. 급기야 이들은 나중에 가면 남자 수도승을 옆으로 밀어내기까지 한다. 그들에게서 신비적인 집단적 체험이 일어나기도 한 것이다. 여기서 우리는 중요한 문화사적 사실을 목격하게 된다. 요컨대 그것은 중대한 영혼의 혁신이라고 할 수 있는 중대한 정신적 운동이 종종 여성들이 먼저 그 문을 열게 되었다는 사실이다. 사실 여성들은 모든 신비로운 생성과 그 발아력에 대한 자연적 감수성, 즉 현재보다 미래에 벌어질 일에 대한 예민한 감수성을 가지고 있는 법이다. 대체로 이런 텔레파시의 감성은 남성보다 여성의 경우에서 더 예민하게 발전해왔다. 또한, 여성은 남성보다 훨씬 덜 보수적이고 훨씬 덜 일면적이다. 남성은 폐쇄적이고 편협한 면모를 지니며 천부적 직업인이고 전문가이다. 그러나 여성은 일종의 전체성(Allheit)을 보여주며, 그의 영혼은 모든 가능성에 열려 있다. 여성은 모든 것이 될 수 있고, 모든 것으로 변화할 수 있는 그런 재능을 지니고 있다. 이런 재능은 남성의

경우 천재에게만 부여된 것이다. 그래서 모든 천재에는 항상 여성성
이 달라붙어 있기 마련이라고 종종 주장되며, 이런 주장은 타당하기
도 하다고 할 수 있다.

　그 시대의 모든 종교적 현상은 거대한 공동의 기본의지에 의해
활력을 얻었다. 신에게 돌아가려는 이런 의지는 수천의 형식적 의식
에 의해 은폐되고, 착각을 일으키게 하는 궤변의 삼단논법에 의해
모호해진 교회의 신이 아니라 삶의 모든 것을 흘러나오게 하는 깊
고 순수하고 청명한 원천 그 자체에서 비롯된다. 교회 안에서 이
운동을 이끈 주체는 수도회, 특히 도미니코회와 프란체스코회였다.
이런 경우 항상 그렇듯이, 이 수도회는 원시기독교의 가르침과 풍습
에 따라 기독교적 신앙과 생활을 개혁하기 시작한다. 도미니코회는
다소 온건한 노선을 취하여, 그리스도의 후계자 자격을 말할 때는
'절대 필요'의 경우에만 한정하면 된다고 설명했다. 반면 프란체스
코회는 대단히 엄격했다. 이 수도회는 세상을 포기하지 않고 자신의
변신만으로 사도의 모습을 취하려는 사람은 누구도 신의 은총을 입
을 수 없다고 가르쳤다. 이는 바로 바울의 현세적 후계자들인 교황
들에게 적용되는 일이었다. 이 점에서 교황 요한 22세가 프란체스
코회의 교리를 이단으로 규정한 것도 놀랄 일이 아니다. 그러나 설
교의 영역에서 프란체스코회는 반대로 세상과 밀접한 연관관계를
유지하면서 민중에게 영향을 미치려 하여 특히 유연성과 침투성을
강조했다. 이때 노골적인 현실성과 풍자성을 수단으로 삼는 것도
꺼리지 않았다. 반면에 도미니코회는 신비주의 철학의 고전주의자
가 되었다. 그 최고의 등불은 독일이 배출한 가장 심오하고 보편적
인 수뇌 가운데 한 사람인 **마이스터 에크하르트**[42]이다.

새로운 종교　　에크하르트는 특이한 복합적 인물이다. 그는 수정같이 투명한 사

상가요 무성한 비유어와 입체 언어를 사용한 시인이자 종교적 천재로 통한다. 사후 교황청에서 금지조치 처분을 받은 그의 학설은 모든 신비주의적 사변의 집합체를 이루었다. 그가 불가지론자인 것은 분명하다. 진리를 두고 그는 그것이 개념파악될 수 있다면 더는 진리일 수가 없다고 말한다. 신성은 꿰뚫어볼 수 없는 어둠과 확고부동의 안정으로 지배한다. 우리가 신성을 두고서 말할 수 있는 것은 그것이 무한하므로 연구될 수 없고 만들어질 수도 없다는 부정성뿐이라는 것이다. 이에 따르면, 어떤 긍정적 수사도 신을 우상(Abgott)으로 만든다. 신은 이런 존재도 저런 존재도 아니다. 누군가가 신을 인식하여 무엇인가를 표상했다고 말한다면 그는 '어떤 것'을 인식했을 뿐 신을 인식한 것은 아니다. "어떤 영상이나 매개 혹은 유사성의 도움을 빌리지 않고 신을 인식해야 한다. – '내가 신을 그렇게 매개 없이 인식했다면, 내가 바로 그분을 닮아가고 바로 그분이 내가 될 수밖에 없지 않겠는가!' – 그런데 이게 바로 내가 염두에 둔 것이 아닌가! 신이 바로 내가 되고 내가 바로 신이 되는 것!" "그대 마음에 그리는 아무리 보잘것없는 형상일지라도 그것은 신만큼이나 큰 의미가 있다. 왜 그럴까? 그런 형상이 온전한 신을 생각지 못하게 만든다. 왜냐하면 그런 형상이 그대 마음에 들어오는 순간 신은 자신의 신성 일체와 함께 사라질 수밖에 없기 때문이다. 그러나 그런 형상이 사라지는 그곳에 신이 찾아오는 법이다. 오, 가련한 중생이여, 그대 속에 신이 한번 머문다고 해서 무슨 손해가 되겠는가?" "어떤 인간도 신이 그로 하여금 자신을 의식하도록 만들고 싶어 갈망한 만큼 그렇게 갈망한 적이 없었다. 신은 언제든 그렇게

---

42 Meister Eckhart(1260년경~1327년경): 독일의 신학자이자 신비주의 사상가.

하려고 기다리고 있지만 우리는 그렇게 할 아무 준비도 되어 있지 않다. 신은 항상 우리 가까이 있지만 우리는 그분에게서 멀리 떨어져 있다. 신은 우리 안에 있지만 우리는 그분 바깥에 서 있다. 신은 우리에게 고향 같지만 우리는 그분을 이방인처럼 대하는 것이다!" 신을 순수 직관하고, 바로 신과 하나가 되고, '신처럼 되기' 위해 오로지 필요한 것은 **명상의 태도**(Stillehalten)뿐이다. 신이 말하도록 인간은 침묵해야 하며, 신이 활동할 수 있게끔 인간은 참아야만 한다는 것이다. 모든 피조물은 그저 부질없을 뿐이다. 신만이 존재할 뿐이며, 우리가 잘못 이해하여 믿고 있는 그런 신과 피조물은 없다. 따라서 우리는 우리의 피조물성을 떨쳐내야 한다고 한다. 이는 '이별', 즉 감각적인 것 일체에서 벗어나는 것과 가난을 통해서만 이룰 수 있다. 가난한 사람은 아무것도 모르고 아무것도 욕망하지 않고 아무것도 소유하지 않는 사람이다. 여전히 특정한 무엇인가를 욕망하는 사람은 아직 충분히 가난하지 않다는 것이다. 때문에 기도를 할 때 오직 신을 위한 것 외에는 아무것도 갈구해서는 안 된다고 한다. 무엇인가를 간구하는 사람은 아무것도 얻지 못한다는 것이다. 교회의 은총조차도 진정으로 경건한 사람에게는 필요 없는 것이다. 그에게는 모든 식사가 성체(聖體)이기도 하다. 문제는 고해와 미사 등이 아니라 우리 안에 그리스도가 탄생하는 일이다. 마리아가 축복을 받은 것도 육체가 아니라 정신적으로 아기 예수를 잉태했기 때문이며, 모든 사람은 언제든 그녀를 닮을 수 있다. 미덕은 행위가 아니라 존재에 있기 때문에 활동이 우리를 성스럽게 하는 것이 아니라 우리가 활동을 성스럽게 한다. 활동이 성스러울 때는 그 자체를 위한 것일 때일 뿐이다. "내가 결정적으로 주장하는 것은 그대가 그대의 활동을 천국과 하느님을 위해, 혹은 그대의 행복을 위해, 말하자면 외적인 요구에서 행하게 된다면 진정 그대는 올바른 길에 서 있지 못한 것이다. 그런 일로 그대가 행복을 누릴 수 있을지는 몰라도 그것이 최선은 아니다." 그러나 인간이 하고자 한다면 최고의 것을 획득할 수 있다고 한다. 왜냐하면 그런 의지는 전능하기 때문이다. 당신 자신 외에 그 누구도 당신을 방해할 수 없기 때문이라는 것이다.

우리의 검토가 비록 빈약하기 그지없지만 이쯤에서도 벌써 분명해지는 사실은 에크하르트와 그의 학파가 실현하고자 한 것은 지금까지의 기독교 신앙을 완전히 새롭게 창조하는 새로운 종교의 출범에 있었다는 점이다. 이는 루터의 종교개혁에 비교할 때 지진이 지형의 변화에, 세상을 씻어내고 풍요롭게 하는 악천후가 동·식물계에 생기를 불어넣는 기후변화에 관련 있는 것과 같은 관계라고 할 수 있다. 만일 이 운동이 관철되었다면 유럽에 새로운 시대가 열렸을 것이다. 그러나 이 운동은 교회로부터 탄압을 받았다. 그런 시대의 개막을 온전하게 성취하려면 그러한 근본적 혁신을 감당할 만큼 아직 성숙하지 못한 유럽의 인류를 상대로 하기보다는 자신의 이해관계를 논리적으로 방어하기에 급급했던 교회를 상대로 해야 했을 것이다.

이 신비주의는 두 가지 기본요소를 내포하고 있다. 그것은 곧 도취와 실행이다. 전자는 스트라스부르의 **요한 타울러**[43]에게서, 후자는 콘스탄츠의 **하인리히 주조**[44]에게서 강하게 나타났다. **숭고의 박사** (*doctor sublimis*)라는 별칭을 얻었던 타울러는 사변의 깊이와 예리함에

에크하르트
학파

---

[43] Johann Tauler(1300년경~1361년경): 독일 신비주의 신학자.

[44] Heinrich Suso(1295년경~1366): 독일 신비주의 신학자. 본명은 하인리히 폰 베르크(Heinrich von Berg).

서 자신의 스승 에크하르트를 능가하진 못했지만, 사변에 중점을 두지도 않았다. 그가 "필요한 꼭 한 가지"라고 항상 힘주어 설교한 내용은 그리스도를 무조건 닮는 것이었다. "누구도 신의 자리만큼 높이 올라갈 수 있다고 착각해서는 안 될 일이다. 사람은 그리스도의 삶을 용감하게 따르고 활동하는 가운데 이전보다 더 정직하고 온전하며 능숙해질 수 있다. 그러므로 오점 하나 없는 거울, 완전한 형상인 예수 그리스도를 그대 앞에 세워라! 그분의 모습을 따라 그대의 삶을 속속들이 채워나가라! (…) 만사가 그대를 달콤하게 하는 만큼 쓰라리게도 하는 법이다." 반면에 주조는 새로운 지혜를 설파하는 달변의 설교자였다. 그를 두고 사람들은 신을 노래하는 연가시인(戀歌詩人)이라고 부를 정도였다. 그의 자유 서정시의 중심에는 영혼은 하느님의 신부로서 그를 몹시도 갈망한다는 신비주의 사상이 배어있다. 그는 이렇게 외친다. "나의 이 번민을 온전히 기록할 수 있도록 하늘 넓이만한 양피지, 바다 깊이 같은 잉크, 풀과 잎사귀 같은 펜을 내게 주시는 이가 누구이신가?" 그는 "십자가에 못 박힌 주님을 찬양하기 위해" 8년 동안 못이 박힌 십자가를 맨살 등에 붙이고 다녔다.

그밖에도 영향을 미친 인물로는 **얀 반 로이스브루크**[45]가 있다. 그는 동시대 사람 모두 신의 계시를 받은 기적으로 칭송한 그뢰넨달(Groenendael) 대수도원을 설립했다. 그는 계시의 영감(靈感)을 육중한 미와 단순한 깊이로 표현한 수많은 작품을 그려냈다. 베로나(Verona)의 주민들이 길에서 단테[46]와 마주쳤을 때 당황한 눈빛으로 아이들

---

[45] Jan van Ruysbroeck(1293~1381): 플랑드르 출신 신비주의 신학자.
[46] A. Dante(1265~1321): 이탈리아 최대 시인. 『신곡』으로 유명함.

에게 이렇게 말하곤 했다고 한다. **"저 사람이 바로 지옥에 있었다던 바로 그 사람이야!** (*Eccovi l'uom ch'è stato all'Inferno!*)"** 이와 마찬가지로 로이스브루크를 두고서도 동시대인들에게는 그가 천국에서 왔다는 식의 열광적인 감정이 있었다고들 한다. 그는 모든 것을 해맑게 보는 어린아이의 천진난만한 생각을 피안의 세계를 볼 줄 아는 노인의 투시력과 결합했다. 그의 저작들은 가장 깊이 감추어진 것들을 보여주는 비유의 입문서처럼 보인다. 교회는 그에게 **엑스터시 박사**(*doctor ecstaticus*)라는 명칭을 부여했고, 그의 고향 사람들은 **영광을 받을 자**(*l'admirable*)로 그를 떠받들었다. 그가 1381년 향연 107세의 나이로 사망했을 때 주변의 모든 종이 저절로 울렸다고 한다. 그의 제자 가운데 한 사람인 헤르하르트 흐로테[47](Gerhard Groote)는 데벤테르에 '공동생활형제단'이라는 평신도수도회를 만들었다. 이 수도회는 신도들의 자유연합체로서 그 유일한 목적을 신비주의자들이 가르친 대로 기독교도로의 개종과 **신에 대한 새로운 헌신**(*moderna devotio*)에 두었다. 곧 독일과 네덜란드 곳곳에서 그러한 형제단의 집들이 생겨났다. 토마스 아 켐피스[48]도 이 형제단 출신이다. 그의 저서 『그리스도를 모방하여(*Imitatio Christi*)』는 성서 다음으로 지구에 널리 유포되어 가톨릭과 청교도 신자들이 애독하는 책이 되었으며, 유럽 각국의 언어로뿐만 아니라 유럽 외부의 언어로도 번역되었다. 그 책은 위대한 신비주의자들의 학설을 자유로우면서도 힘 있고 고상한 필치로 대중화했다. 정관주의(靜觀主義)의 요소가 그 책에서 아주 특별히 예리하게 부각되고 있다. "할 수만 있다면 인간들의 혼잡함을 피하도

---

[47] Gerhard Groote(1340~1384): 네덜란드의 신비주의 신학자. '공동생활의 형제단'을 발족함.
[48] Thomas a Kempis(1379~1471): 네덜란드의 신비주의 신학자.

록 하라. 우리가 우리 양심을 손상하지 않으려고 침묵하고 싶을 때가 더러 있는데도 왜 우리는 다른 사람들 사이에 끼어 그렇게 잡담하길 좋아할까? 나는 할 수만 있다면 자주 침묵을 지키고 사람들을 자주 만나지 않았으면 한다." 심사숙고하여 논쟁하는 것조차도 아무 쓸모 없는 일로 통한다. "나는 참회가 무엇인지 말하고 해석하느니 차라리 그것을 내 안에서 찾고 싶다. 하느님을 사랑하고 오로지 그분에게만 봉사하는 것 외에는 어떤 것도 그야말로 무용하고 공허할 뿐이다." "큰 사랑을 가진 사람이야말로 정말 위대하다. 자신은 보잘것없는 존재이면서도 대단한 모든 명예를 부질없는 것으로 보는 이야말로 정말 위대한 사람이다. 세속의 모든 일을 오물로 여기고 그리스도를 영접하는 일에만 신경을 쓰는 사람이야말로 정말 현명한 것이다. 자기 자신의 의지를 내버리고 신의 의지를 행하고 완성하는 법을 배우는 사람이야말로 제대로 배운 사람이다."

프랑크푸르트 사람

그런데 이러한 시대정신이 가장 멋진 기념비를 세운 곳은 저자 미상의 책인 『완전한 삶에 관한 소책자(Büchlein vom vollkommen Leben)』였다. 이 책을 새롭게 각색하여 출판한 루터는 서문에서 이렇게 말한다. "이 소책자는 이 책을 읽고 이해할 모든 독자에게 미리 다음과 같이 경고한다. 즉, 이 책은 몇몇 불필요한 어휘 때문에 미숙할 뿐만 아니라 그 말투도 보통의 설교자나 선생의 그것과 다를 것이 없다고 성급한 판단을 서둘러 내리지 말 것을. 그렇다! 이 책은 물 위에 떠도는 거품처럼 위로 둥실 떠오른 것이 아니라 하느님이 그 저자의 이름을 알고 있는 진정한 이스라엘의 어떤 사람이 요르단 강의 밑바닥에서 건져 올린 것이다." 2년 뒤에는 이렇게 적고 있다. "예전의 내 어리석음을 계속 자랑삼는다면, 내가 보기에 성서와 성 아우구스티누스 다음으로 이와 같은 책이 나온 적이 없었던 것 같다.

이 책을 통해 나는 더 많은 것을 배웠고 지금도 이 책에서 하느님과 그리스도와 모든 사람에 대해 더 배우고 싶은 것이다. 하느님께서 이런 책이 세상에 더 많이 나오는 것을 용인하신다면 우리는 독일의 신학자들이 틀림없이 최상의 신학자들이 될 것을 목격하게 될 것이다." 전지 다섯 장을 넘지 않는 이 작은 책은 사실 지위가 높은 사람이든 낮은 사람이든, 현명한 사람이든 단순한 사람이든, 배운 사람이든 배우지 못한 사람이든 누구나 읽어야만 하는 그런 책이다. 왜냐하면 그 책은 모든 사람을 대상으로 삼기 때문이다. 읽을 때도 단순하게 읽을 것이 아니라 주의 깊게 연구하고, 마음으로 뒤따라 체험하면서, 그중에서도 낱말 하나하나를 암기하면서 읽는 것이 가장 좋다. 왜냐하면 인간적 높이와 깊이, 위대함과 겸손을 가장 잘 해명하는 자료 중 하나이기 때문이다. 따라서 우리가 그 책의 기본 사상을 간략하게 논하려는 것은 헛된 시도일 뿐이다.

인간은 완전해져야만 한다. 그런데 완전과 부분은 어떤 것인가? 완전은 자신의 존재에서 모든 본질을 개념파악하고 완결 짓는 형태를 취하는 **하나의 본질**(das eine Wesen)이다. 그러나 부분 혹은 미완은 이러한 완전에서 흘러나오거나 형성되어 가는 것을 의미한다. 그것은 마치 불빛(Schein)이 태양이나 빛에서 쏟아져 나오는 것과 같은 이치이다. **그것은 이런 혹은 저런 것으로 비칠 뿐이다.** 그것은 **피조물**을 의미하기도 한다. 원죄는 피조물이 이런 완전자, 즉 불변의 선을 이탈하여 특수한 것, 가변적인 것, 미완, 특히 자기 자신으로 전향한다는 의미일 뿐이다. 피조물이 어떤 선을 두고 그것이 마치 자신의 것인 양 행동하는 경우 전향이 일어나는 것이다. "악마가 자신도 어떤 존재이고, 어떤 존재이고자 하며, 그 어떤 것은 자신의 고유한 것이라고 망상하는 것 말고 달리 무엇을 하겠는가? 이것이 전향이 아니고 무엇인가? 아담이 이와 같은 것 말고 달리 무엇을 했겠는가? 사람들은 아담이 사과를 따 먹어서 탈선했거나 '타락했다'고들 말한다. 나는 그런 일이 일어난 것은 그가 자신의 '나(Ich)', '나에게(Mir)', '나의(Mein)' 등과 같은 것을 가정했기 때문이라고 말하고 싶다! 만일 그가 일곱 개의 사과를 먹었다면 그런 가정이 없었을 것이고 그는 타락하지 않았을 것이다!" 인간의 영혼은 두 개의 눈을 가지고 있다. 하나는 영원을 꿰뚫어보는 재능이 있으며, 다른 하나는 시간과 피조물들을 들여다보고 그 속에서 차이를 지각하는 재능이 있다. 영원을 꿰뚫어보는 유일한 시선은 신의 것으로서 모든 피조물이 단순한 피조물로서 실행할 때의 그것과는 전혀 다른 것이다. 이런 시선을 갖게 된 사람은 더는 어떤 질문도 하지 않게 된다. 그는 천국을 발견했으며 영원한 생명을 이미 **지상**에서 찾은 것이다. 그는 모든 유혹과 증오, 탄압과 불행, 수치를 뚫고나간 그리스도가 생각한 **마음의** 평화를 얻는다. 사도들뿐만 아니라 선택받은 하느님의 친구들과 그리스도의 후계자들 모두가 누린 기쁨이 넘치는 안정을 그도 누린다. 그러나 '옛사람', 이는 아담·불복종·자아성(Selbstheit)·타자성(Etwasheit) 등속을 의미한다. 자신의 자아성에 따라 '옛사람의 방식대로' 살아가는 '아담의 자식(Adamskind)'은 그 본질상 악마의 자식이요 형제로서 살아갈 수밖에 없다. "이 모든 것을 두고 압축해서 해주고 싶은 말은 바로 그대 자신과 작별하라는 것이다!" 이는 그리스도의 제자들에게도 해당하는 말이다. 어떤 것을 얻거나 벌려고 그리스도의 삶을 살아가는 사람은 사랑에서가 아니라 임금노동자로서 그렇게 하는 것일 뿐이다. 즉, 그는 그 외 아무것도 얻지 못한다. 진정 유일한 구원자는 수천의 임금노동자와 하수인들이 아니라 하느님일 뿐이다. 인간이 '자신의 최상의 것'을 얻고자 하는 한 아무엇도 구할 수 없다. 왜냐하면 그럴 경우 자기 자신을 위해서 무엇인가를 찾고, 자신만이 최선이라고 억측하기 때문이다. 그가 최선이 아니므로 자신이 추구하는 최선의 것도 구할 수 없는 노릇이다. 그러나 완전을 맛본 사람의 경우에는 **창조된** 모든 것이 허물어져 버린다. 그 자신조차도 폐쇄한다. 비로소 진정한 내면의 삶이 시작된다. 이때부터 앞으로 걷는 걸음마다 인간 자신은 신을 닮아간다. 그것은 자신의 것이라고는 더는 남아있지 않을 때까지 진행된다. 이 단계까지 가면 신이나 신의 것과 같은 구별이 소멸한다. "우리는 우리 자신에서 벗어나 우리 자신의 의지를 죽게 하고 오로지 하느님과 그의 의지에 따라 살게 된다. 하늘나라 아버지에게 자신의 의지를 맡긴 예수 그리스도가 우리를 돕고 있다." "여기서 프랑크푸르트 사람의 이야기는 끝이 난다."

'하느님이 그 이름을 알고 있는'『소책자』의 저자는 말하자면 독일기사단의 일원이었고, 독일 영주의 저택에서 마지막 여생을 보냈던 곳이 프랑크푸르트 암 마인이었다. 그 책은 에크하르트가 죽은 뒤 대략 한 세대 지나 발간되었으며, 그것은 로이스브루크가 사망하기 직전에 있었던 일이다. 다른 모든 신비주의적인 글이 그렇듯이 그 책도 금서목록에 올랐다. 그러나 수백 가지 매력적인 정신을 담고 있는 그 책은 항상 새롭게 사람들의 이목을 끌었다. 루터가 말년에 대주교가 되어 수많은 옛 교리와 예배의식에 눈을 돌리고 있을 때 그 책은 새로운 숭배자를 얻었다. 말하자면 그 책은 이른바 이단 내부에서 이단자로 통할 만큼, 루터 시대의 가장 뛰어난 청교도 신비주의자였던 제바스티안 프랑크[49]에 의해 새롭게 선을 보인 것이

---

[49] Sebastian Franck(1499~1543년경): 16세기 독일의 자유사상가 · 인문주의

다. 그 책은 경건주의자 사이에도 떠돌았으며, 쇼펜하우어가 애독한 도서 중 하나였다. 쇼펜하우어는 그 책의 저자를 '프랑크포르터(Frankforter)'라고 부르면서 그를 부처(Buddha) 및 플라톤과 나란히 놓았다. 그 책은 잊을만하면 다시 나타나 사람들의 마음과 머리를 일깨웠다. 그도 그럴 것이 그 책은 바로 성서처럼 진정 하느님의 말씀으로 쓰인 책처럼 보였기 때문이다.

채색된
신비주의

이러한 신비주의적 사변과 당대 회화 사이에는 밀접한 연관성이 있다. 우리가 여러 번 살필 것이지만 나중에 좀 더 세밀하게 논의해야 할 것은 조형예술, 특히 회화가 시대정신을 예비하면서 새로움을 가장 먼저 표현했다는 사실이다. 회화는 예술의 모든 표현형식에서 가장 현대적이다. 물론 늘 그렇지는 않지만 거의 항상 그렇다. 이 시기에도 사정은 마찬가지였다. 고독한 신비주의 사상가들은 당시 사람들의 포착력을 훨씬 앞질러 간 사회적 연관관계들을 알아차렸고, 독일 및 플랑드르의 위대한 대가들은 조형예술을 통해 신비주의 색채를 드러냈다.

자명하게도 당대의 물질주의와 마성주의(Diabolismus)도 회화를 통해 그 성격을 강하게 드러냈다. 초상화를 그릴 때는 얼굴의 잔주름, 모피의 털, 저고리 이음새 하나하나까지 드러낼 만큼 아주 정밀하게 현실에 충실한 기법이 동원되었다. 교수대의 진풍경에서 보게 되는 영악하기 짝이 없는 타락과 비열한 악마적 행위, 저속한 행태와 탐욕은 우리를 아연실색하게 한다. 그런 풍경은 민중의 삶의 모습이나 고문 장면에서뿐만 아니라 예기치 못한 곳에서도 만나게 된다. 위고 반 데르 구스[50]의 「아이들에 대한 숭배(Anbetung des Kindes)」에서 그려

자 · 급진종교개혁자.

진 기도하는 목동들은 죄수들을 주일예배로 이끈 동기가 되기도 했다. 파렴치하고 야수적인 행태를 자극적으로 생생하게 그린 대가를 하나 꼽는다면 울름(Ulm)의 한스 물처[51]를 들 수 있다. 그는 자신의 그림 화보에 냉혹한 건달과 교활한 강도들의 그림을 개밋둑처럼 모아놓았다. '암스테르담 특별진열실'을 채운 익명의 대가[52]는 자신의 동판화에 동물학에서나 볼 수 있을 만큼 거친 사람들의 생활 모습을 집약해놓았다. 싸움질하는 농부들, 숨어서 사람들을 기다리는 포주들, 넝마를 걸친 유랑자들, 아래턱이 뾰족한 맹한 얼굴에 멍한 눈빛을 한 탕아들, 색정이 넘치는 돼지 입 모양을 한 여자들, 이상하게 생긴 희귀동물 맥(貘: Tapir)의 코 모양을 한 사람들에게서는 더는 인간의 모습을 볼 수가 없다. 품위를 갖춘 진지한 질책을 하는 그림에서도 그것이 뿜어내는 증오심 때문에 우리를 아연실색하게 한다. 겐트 제단화(Ghent Altarpiece)로 그려진 얀 반에이크[53]의 이브는 이상화되었다기보다 여윈 어깨와 허약한 팔과 다리, 처진 가슴과 볼록한 배를 하고 있는 모습에서 당시 살았던 여성들의 원조처럼 보인다.

그러나 리얼리즘적 창작물은 아주 중요한 것도 대표성을 띠는 것도 아니었다. 그 정점은 에크하르트 · 로이스브루크 · 주조의 세계에 색채를 가미한 작품들에서 나타난다. 표현의 의지가 강할 때 항

---

[50] Hugo van der Goes(1440년경~1482): 플랑드르 출신 화가. 종교화로 아주 유명함.
[51] Hans Multscher(1400~1467): 독일의 조각가이자 화가. 독일 후기 고딕양식의 대표자 중 한 사람.
[52] 암스테르담 레이크스 박물관 판화전시실에 그의 선각화(線刻畵)와 에칭 작품이 가장 많이 수집되어 있었기에 그렇게 부른다. 오늘날은 보통 '하우스북'('하우스부흐')의 마스터라고 지칭된다.
[53] Jan van Eyck(1395~1441): 플랑드르의 화가. 주로 초상화와 종교적 주제를 많이 다룸.

상 새로운 표현수단이 나타나듯이, 바로 당시 후베르트[54]와 얀 반에이크 형제는 수성도료처럼 금방 마르지도 않을 뿐만 아니라 덧칠을 가능하게 하는 유성물감을 개발했다. 이로써 색의 혼합과 덧칠, 빛의 분할이 가능해짐으로써 대상들을 더욱 새롭고 섬세하게 표현할 수 있게 되었다. 이로써 동시에 지금까지 취할 수 없었던 화려한 색채의 그림을 그릴 수 있게 된 것이다. 화려한 금빛자수, 반짝이는 비단, 보석, 황금빛직물, 갑옷, 우아한 목재가구가 동화 속에서나 상상이 되는 황홀한 광채를 발산할 수 있게 되었다. 당시 가장 위대한 심리학자들을 지목한다면 플랑드르의 경우 얀 반에이크의 형 후베르트와 로제르 반 데르 베이든(Rogier van der Weyden)을, 독일의 경우 슈테판 로흐너(Stefan Lochner)와 한스 멤링(Hans Memling)을 꼽을 수 있다. 회화의 바탕을 들여다보면 특이하게도 극장의 장식품을 연상시킨다. 나무와 동산과 집들이 무대세트처럼 평면을 이루며, 가로수 사이로 보이는 전망은 무대배경과 흡사하다. 모든 것이 마치 장난감 상자에서 끄집어낸 듯한 인상을 풍긴다. 이는 일반 극장뿐만 아니라 아동극장의 경우도 마찬가지다. 이러한 인상은 예컨대 멤링의 이른바 「마리아의 일곱 가지 고통(Sieben Schmerzen Maria)」이 잘 드러내고 있다. 이 그림에서는 도시 전체가 한눈에 보이도록 구성되어 있다. 성벽·성문·탑·계단·좁은 길·교차로가 극히 교묘하게 배치되어 있다. 그러나 이 그림은 '모형종이의 그림' 같은 인상을 풍긴다. 그림 속에 배치된 인물들도 각본에 짜인 듯 딱딱한 몸짓을 취하고 있으며, 그 모습은 마치 체스 판의 말과 같이 굳어있다. 말하자면

---

[54] Hubert van Eyck(1385/90년경~1426): 플랑드르의 화가 및 심리학자. 화가 얀 반에이크의 형. 궁정화가로 활동.

꼭두각시 인형 놀이에서 볼 수 있는 **빳빳한** 자세를 취하고 있다. 풍덩한 모양의 화려한 의상은 마치 이 그림의 주안점인 것처럼 보이며, 넓게 주름잡은 옷맵시는 사람의 신체와는 아무런 관계도 없다는 식의 인상을 준다. 이런 의상은 당시 일상적으로 입던 옷보다 훨씬 더 과장되게 형상화된 것이다. 그러나 이러한 인상은 신비로 가득 채워진 또 다른 작품들에서도 마찬가지다.

가끔 사람과 사물들, 혹은 우리 자신들조차도 **만져 느낄 수 없는** 존재들처럼 (초봄이나 여름 정오 시간대에, 아니면 사순절에 오래 잠을 자지 못했을 때 명확한 원인도 없이) 나타날 때도 있다. 마치 설명할 수 없는 어떤 아우라에 휩싸여 있는 듯한 느낌을 준다. 우리가 납득할 수 있는 것은 아무것도 없다. 우리 자신의 신체를 포함한 모든 것이 중후한 현실성과 감각성을 상실하여 무게감도 없고 물질성도 사라진 것처럼 보인다. 이와 같은 정신적 분위기 속으로 플랑드르 및 쾰른 대가의 그림들은 우리를 데려가고 있다. 비참하게 가녀린 손과 공포에 짓눌려 밤을 지새운 듯한 얼굴을 한 깡마른 남자들과 몹시도 허약해 보이는 여자들은 상상의 세계 속에서나 만날 수 있는 인물들이다. 비애와 우수에 젖은 듯하면서도 영원한 축복을 확신하고 있는 듯한 모습들이다. 이들 인물에는 신성이 어디에든 깃들어 있다는 확신과 현세의 수천 가지 적대적인 불확실성이 주는 항구적인 공포가 뒤섞여 있다. 그들은 모든 피조물이 고통스럽게 겪어야 할 삶에 대한 공포 때문에 **빳빳하게** 굳어 있다. 의아해하면서 움츠린 눈빛으로, 몹시도 놀란 시선으로 현존재를 바라보면서 한치 앞도 분간할 수 없는 어둠 속에서 아무것도 붙잡을 수 없다. 이것이 세계인가? 그들은 당혹감을 불러일으키는 유치함과 천사의 광채가 혼재하는 이 세계 속에서, 우리에겐 아득하고도 낯설지만 또다시 우리 자신의 고향을 연상시키는 한 차원 높은 꿈나라의 시민들이다. 그런데 사물들과 행위의 이 세계는 완전히 경시되거나 무시되지는 않는다. 그 세계가 저기에 있다. 그러나 바깥에 있을 뿐이다. 높다란 창문을 통해 그 세계가 시야에 들어온다. 마술 세계의 풍경형태를 취하고 있다. 그런데 산 · 도시 · 성 · 강 · 방앗간 · 나룻배, 이 모든 것은 마치 망원경을 통한 풍경으로만 보인다. 말하자면 현실의 세계처럼 보이지 않는 것이다. 마치 비현실의 환영이나 아슴푸레한 기억으로 떠오르는 세계처럼 영혼 주변을 맴돌 뿐이다. 이 영혼은 공간을 넘어서면서도 신의 품에 있는 대지에 머물고 있다. 시간도 정지한 것처럼 보인다. 과거와 미래는 현재와 하나가 되어 있다. 신 앞에서 시간은 움직이지 않는 법이다. 에크하르트는 이렇게 말한다. "그곳에서는 모든 것이 **지금**(Nun)이다."

비교   모든 것을 다시 한 번 요약하자면, 우리 시대와 너무 흡사하다는 것이다. 우리가 유행성 정신장애의 시대에 살고 있다는 점에 대해 오늘날 누구도 더는 논박하지 않는다. 의견의 다양성은 이런 현상의 의미를 말해줄 따름이다. 이미 세기말(Fin de siècle)의 인간은 정신의 과잉충전이 빚어낸 전형성을 담고 있다. **세계대전**은 흑사병과 관련이 있다. 이를 두고 흑사병은 시대의 산물이라는 것을 누군가가 의심할지라도 세계대전 중에 흑사병이 발생했다는 점에 대해서는 누구도 부정할 수 없다. ('책임문제'를 두고 초등학생들을 대상으로 설문조사한 것을 바탕으로 추측한다면, 동일하게 힘이 센 두 당사자가 서로 원하지 않으면 싸움은 일어날 수 없다는 것이다.) 여기서 한 걸음 더 나아가면 중세 말의 성격을 말해주는 지금까지의 지배세력의 거대한 해체를 읽게 된다. 마지막 세대의 정치생활에 혼을 불어넣었던 이상은 **입헌군주제**(Konstitutionalismus)였다. 입헌군주제는 당대 황제사상만큼이나 활기를 띠었으며, 우파도 좌파도 그것을 더는 심각한 것으로 받아들이지 않았다. 오늘날 진보이념이 프롤레타리아트 독재라고 한다면, 그때는 개별 황제의 독재가 그것이었다. 중세에는 교회가 중심이었다면 그 마지막 세기에는 **공식적 학문**(offizielle Wissenschaft), 즉 지식인들의 조직이 중심이었다. 중세의 문화 일체는 성직자계급에서 비롯되었으며, 당시 창조된 모든 위대한 것은 성직자에 의해 이루어진 셈이다. 예술·과학·철학뿐만 아니라 좀 더 발전한 수공업·합리적 농경·산업까지도 그들의 손에서 놀아났다. 그들은 대성당과 신학체계뿐만 아니라 도로와 다리도 건설했으며, 교양과 도덕을 민중에게 전파했을 뿐만 아니라 숲을 개간하고 늪지를 메우기도 했다. 우리는 생활의 진보가 이루어진 곳에서 그들의 손길을 의식하게 된다. 그것은 경전 사본의 세밀화나 아리스토텔레스의 변증법에서든 가축사육이나 삼포식 경작에서든 마찬가지다. 동일하게 지배적인 정신적 위상에서 전문적인 학문이 마지막 세대에 등장했다. 교회가 지배하던 시대와 마찬가지로 이 전문학문은 진리를 완전히 독점적으로 소유하려 하면서 생활의 모든 영역과 직업에서 무엇을 생각하고 무엇을 해야 할 것인지 교조적으로 규정하려 한다. 예컨대 예술가·연구자·병사·상인·노동자 등에게 관련된 전문적 규정성을 제시하는 것이다. 말 그대로 전문적인 학문이 실제로 우리가 신봉하는 우리의 종교가 된 꼴이다. 오늘날까지도 이 학문은 세밀하게 분류된 등급이 있는 학위증의 위계질서를 갖고 있다. 다만 교황만이 이 증서를 갖고 있지 않을 뿐이다. 이 학문은 타협할 줄 모르는 근시안을 가진 성직자처럼 이교도를 탄압하며, 서품식을 거치지 않은 누군가가 자신이 부여받은 은총을 갉아먹을까봐 노심초사한다. 그러나 이제 교회의 권력은 두 가지 조건에 의

존한다. 즉 그것은 실제로 정신적 헤게모니를 소유하는 것과 그 봉사자가 이상적 노력을 성실히 수행하게 하는 것이다. 그러나 중세의 전환기에 이러한 두 가지 상황은 소멸하기 시작한다. 문화는 점차 평신도의 손아귀에 들어가게 되며, 다수의 성직자는 자신들의 직무를 기계적·속물적 행태로만 수행한다. 게다가 교리에 완전히 어긋나는 새로운 세계상(Weltbild)이 여명을 틔웠다. 오늘날 직무의 박학다식성도 이와 완전히 유사한 상황에 부닥쳐 있다. 박학다식성에 대한 신봉은 와해되고 있다. 그것은 신분이 낮은 계층이나 정신적으로 낙후한 계층에서만 살아있을 뿐이다. 가톨릭 교리와 같이 세계를 포함하는 보편자가 되라는 요구가 더는 지탱할 길이 없다. 그것은 어떤 문화영역에서도 더는 지도적인 위치가 아니다. 이런 문화영역에서는 무오류의 교부(敎父), 위대한 참회자, 용감한 순교자들이 더는 나오지 않으며, 일반 공무원들과 입술로만 신을 믿는 사람들, 신성한 정신이 아니라 빵과 명예에 대한 속물적 욕구가 살아 움직이는 성직봉록 수령자들만이 나올 뿐이다.

예술에서도 어떤 공통성이 나타난다. 두 경우 단순한 장르에 속하는 리얼리즘의 경향과 고차원적인 문학과 회화 영역에 대한 양식화의 의지가 강하게 부각된다. 이때 특히 특징적 형태는 14세기와 15세기의 장엄한 신비극과 수난극이다. 그 명확한 의도는 일회적인 것이 아니라 항구적인 것으로 통용될 전형을 제시하는 것과 특정한 인간의 사건이 아니라 인류의 사건, 즉 행위와 고통, 지옥의 길과 구원의 길을 드러내는 것에 있다. 여기서 주목할 점은 표현주의 드라마에서와 꼭 마찬가지로 여기서도 파토스가 무의식적 캐리커처로 변할 때가 적지 않다는 것이다. 대표적인 개성이 결핍되어 있다는 점도 두 시대가 갖는 공통점이다. 거기서든 여기서든 레닌[55]·루덴도르프[56] · 리프크네히트[57] · 무솔리니[58]의 개성만이 있을 뿐이다. 이들은 확대 반사경에 비친 뒤집힌 시대의 꼴만을 압축 · 반사하고 있을 뿐이다. 탁월한 남성적 능력이 결핍된 현상과 더불어 수 세기 동안 정신적 활동에서 배제됐던 여성들이 결정적으로 출현했다는 사실도 두 시대의 공통된 특징이라고 할 수 있다. 오늘날 부르주아 문화가 당시 기사문화가 처한 상황과 유사한 상태에 놓여있다는 사실을 의심하기는 어렵게 되었다. 현재 접신교(接神敎: Theosophie)의 조류가 오래전보다 훨씬 더 광범위하게 확산하고 있다는 점은 누구나 알고 있다. 심지어 유사성은 공중목욕탕과 같은 것에까지 걸쳐 있다. 몇 해 전까지만 해도 공중목욕탕은 충격적인 것으로 받아들여진 것이다. 허리띠를 두르고 어깨에 솜을 넣은 신사복과 여성들의 단발머리와 같은 유행형태에서도 두 시대는 서로 닮았다. 아마 훗날 우리 시대도 14세기가 우리에게 그렇게 비치듯이 비현실적인 유령의 모습으로 비칠지도 모를 일이다.

르네상스의 개념에 대한 탁월한 연구를 통해 콘라트 부르다흐[59]는 이렇게 말한다. "영혼에 대한 무한한 기대, 이것이 14세기의 기

[55] V. I. Lenin(1870~1924): 1917년 러시아 10월 혁명을 성공시킨 혁명가. 대표작으로는 『무엇을 할 것인가?(Was tun?)』가 있음.

[56] E. Ludendorff(1865~1937): 독일군 장교. 1차 세계대전 후 반동 정치운동의 지도자가 되고, 이후 나치 당원이 되기도 함.

[57] K. Liebknecht(1871~1919): 독일 사회주의 혁명가. 로자 룩셈부르크와 함께 '스파르타쿠스 동맹'과 독일공산당을 발족시킴. 로자 룩셈부르크와 함께 암살당함.

[58] B. Mussolini(1883~1945): 이탈리아의 파시스트 정치가. 1922년부터 1943년까지 이탈리아 수상 역임. 전후 1945년 공산주의 게릴라에게 체포되어 사형됨.

[59] Konrad Burdach(1859년경~1936년경): 독일 게르마니스트 · 문예이론가.

세계의 출현

본특징이다." 이는 이 장의 서두에서 우리가 세계 몰락의 분위기로 규정한 것과 맥락을 같이한다. 카를 크라우스[60]는 광신적 공상과 초인적 붓터치로 그린 한 작품에서 우리 시대를 묵시록에서 볼 수 있는 '인류 최후의 날'로 보았다. 그러나 세계는 인간이 생각한 것처럼 그렇게 몰락하지 않았다. 그러한 분위기는 대개 정반대를 예고하곤 한다. 즉, 새로운 방식으로 출현한 세계를 새로운 방식으로 개념 파악하고 바라보라는 것이다.

---

[60] Karl Kraus(1874~1936): 오스트리아 문필가. 대표 작품으로는 『윤리와 범죄』, 『문학과 거짓』 등이 있음.

04
리나시타

미는 계시의 법칙이다.
— 레온 바티스타 알베르티(Leon Battista Alberti)

'문제'와 '사실'은 두 개의 중대한 극이다. 이 두 극 사이에서 인 두 개의 극
간의 모든 정신활동이 운동한다. 우리가 아직 사실(Tatsache)로서 받
아들이지 못하는 것, 그것을 우리는 문제(Problem)라고 부르는 것이
다. 반면 우리가 이제는 문제로 받아들이지 않는 것, 그것을 우리는
사실이라고 부른다. 그러나 모든 문제가 사실로 굳어지려는 경향이
있듯이 모든 사실에는 또다시 문제로 휘발되는 은밀한 경향이 작동
한다. 이처럼 일련의 무한한, 그렇지만 상승하는 결정화와 승화, 응
축과 해체가 인류의 진정한 내적 역사를 이룬다.

그러나 특정 시대의 문화를 조망하는 역사가는 미묘한 역설을 만
나기 마련이다. 각 시대는 그 자체가 만든 문제들과 사실들의 특정
한 토대를 기반으로 한다. 다만 그 문제들과 사실들은 그 시대의
특성이 있고 그 시대의 존재를 이끌며 형태화하기도 한다. 이것이
각 시대가 겪는 삶의 운명이다. 하지만 그런 운명에 빠져있는 문화
들을 다루는 학문과 철학이 확립한 사실들, 그리고 대개 위대한 자

랑거리를 구성한 문화들은 후세에 태어난 사람들의 눈에는 극히 문제적인 것으로 비칠 때도 있다. 반대로 수세기 전부터 씨름해온 문제들이 오늘 우리에게는 극히 긍정적인 문화사적 사실로 나타나기도 한다.

프랑스의 한 사상가는 한때 이렇게 말한 적이 있다. "사실보다 더 경멸할만한 것은 아무것도 없다." 이렇게 덧붙일 수 있겠다. 사실보다 더 비양심적이고 더 덧없는 것은 아무것도 없다고 말이다. 옛날부터 확정되어 짐짓 명확한 이성과 예리한 관찰에 기초해 있는 듯이 보이는 '정확히' 확립된 것 거의 모두가 덧없이 사라지고 말았기 때문이다. 우리의 경우에도 바로 그렇게 진행될 것이다. 우리의 이온 · 세포 · 성운 · 퇴적물 · 박테리아 · 전자파 등을 두고서 다음 세대는 우리가 그러한 것들을 **신봉했다**는 점에만 고작 관심을 둘지도 모른다. 고정된 진리는 아무것도 없다. 단지 존속되는 것은 진리 뒤에 서 있었던 영혼뿐이다. 인간의 모든 철학은 어느 날 기껏 역사적 관심을 얻게 될 뿐인 운명을 지니고 있지만 인간의 역사에 대한 우리의 관심은 철학적 관심이고자 하는 일을 절대로 멈추지 않을 것이다.

문화는
문제들의
풍부화이다

따라서 우리는 어떤 문화의 힘과 그 수준을 '진리'와 '긍정적 성과' 혹은 정확한 인식 등의 잣대로 평가할 수 없다. 우리가 문화를 평가할 때 물어야 할 것은 그 정신적 신진대사(Stoffwechsel)의 강도와 살아있는 그 에너지의 비축 정도이다. 한 인간의 물리적 수행능력이 신체의 크기가 아니라 그 운동의 힘과 속도에 달린 것처럼 한 시대 정신의 생명력은 바로 그 운동성과 탄력성, 각 부문의 내적 추진력, 그 평균의 가변성, 간단히 말해서 문제들의 풍부화에 따라 결정된다. 이것이 정신적 생산성이 갖는 고유한 영역이다. 여기서 종교 및 예술 문화가 어째서 후세에 전해지고, 순수과학의 시대는 한갓 지나가는 활력만을 지닐 뿐이게 되는가 하는 물음에 대한 답을 구할 수도 있다. 과학은 현존재의 일반경제를 개선한다. 그것은 생활의 방정식을 약간 더 단순화하기에 적합한 몇 가지 새로운 법칙을 발굴한다. 이 행성을 좀 더 안락한 공간으로 만들어 덜 힘겨운 거처로 변화시키기도 한다. 그러나 우리는 과학이 제공한 것은 동물적 욕구를 충족시키는 빵과 사과 정도일 뿐이지 한 차원 높은 정신 속으로 뛰어들게 하여 풍성한 정신활동의 충동으로 이끌지는 못한다고 생각한다. 인간의 정신이 구하고 얻은 실제 성과들은 우리의 독자적 생활을 고양하는 강장제를 담고 있지는 않다. 우리는 "그것들을 접할 뿐이다." 그것들과의 우리의 접촉은 단순한 덧셈의 과정이지 곱하거나 제곱하는 과정이 아니다. 반면에 삶의 기계를 개선하는 것이 아니라 현존재의 모호한 사건을 더욱 복잡하게 얽어내고, 인간이 본성적으로 의존하는 안정된 생활감정을 뒤흔드는 일로 제한을 두었던 예술과 종교의 창작물은 항상 정신적 에너지자본(Energiekapital)을 관리해왔다. 그것들은 우리의 근육을 꿈틀거리게 하고 새로운 피를 머리로 보내 혈액순환의 속도를 높이는 포도주와 같은 것이다.

김이 빠져 맹물 맛이 나는 그런 시대도 있다. 우리에게 그런 시대의 문화는 너무 증류되어 너무 '맑아서' 향유할 수가 없다. 거기에는 문제들이 결핍되어 있는 것이다. 특정 시대가 후세대에게도 무언가를 말할 수 있으려면 물의 일반적 요소뿐만 아니라 우선 형태와 향기와 색깔을 지닌 소금과 같은 **불용해** 성분도 포함한 생명수의 **원천**이어야 한다.

이탈리아 르네상스는 더 이상 아무것도 신뢰하지 않았고, 아직도 아는 것이 아무것도 없었던 정신의 무정부 상태의 시대였다. 그러나 우리는 당시의 삶이 아름답고 풍요로웠으며, 힘이 넘쳐나고 있었다고 느끼고 있다.

지금까지 우리의 설명에서 이탈리아에 대해서는 거의 언급하지 않았다. 물론 의도적이었다. 왜냐하면 이탈리아는 14세기와 15세기에 자체의 세계를 형성했기 때문이다. 그 땅의 발전을 그토록 고립시킨 원인은 수없이 많다. 우선 순수 지형학적 원인을 꼽을 수 있다. 지형학적 원인은 오늘날보다 당대에 있어 훨씬 더 중요한 의미를 지녔다. 이 반도는 중세와 근세의 역사에서 분열되어 있었지만, 내부적으로는 항상 통일을 이루고 있었다. 왜냐하면 이 반도는 자연적 경계에 의해 여타 유럽과 명확히 구분되어 확고히 격리되어 있었기 때문이다. 북부는 알프스 산이, 나머지 방향은 바다가 경계를 둘렀다. 아펜니노(Apenin) 산맥은 척추처럼 이탈리아를 관통하면서 개별 지역들을 탄탄하게 서로 연결 짓고 있다. 유리한 자연조건도 자립에 한몫했다. 기름진 토양, 남과 북의 적당한 중간에 위치함으로써 누리게 되는 온화한 기후, 입항할 수 있는 풍부한 강물, 유용하고 멋진 풍성한 채소들이 나라 전체를 하나의 공동체로 묶게 했다. 이런 공동체 의식은 유럽 대부분 지역의 그것을 능가했다. 그리고 이런 조화는 다국적 언어로도 다양한 민족성으로도 교란되지 않는다. 이탈리아의 국민성은 단일해서 아주 명확하다. 친절과 위선, 활기와 태만, 형식감각과 무질서함, 경박함과 맹신, 순수성과 교활성, 피상성과 천부적 재능의 결합 형태는 세계 어느 지역에서도 찾아보기 어렵다. 예술을 삶의 중심에 두는 것을 자명한 것으로 여기는 태도도 어디에서도 보기 어려우며, 타고난 음악성도 세계 다른 지역에서는 보기 어렵고, 사람들이 이처럼 타고난 연기력을 발휘하는 곳도 여기만큼 보기 어려우며, 여기서만큼 일체의 사유를 오로지 눈과 기질, 공상을 통해 하는 곳도 없을 것이다. 두 번의 세기에 걸쳐 유럽의 머리와 심장이 되었던 그런 과거와 그런 중심도시를 가져본 나라도 없었다. 한 번은 로마의 케사르를 통해, 그다음 또 한 번은 로마의 주교를 통해 그랬다. 어떤 국민도 그렇게 잘 짜인 아름다운 절음의 언어는 없다. 찌르듯 솟아오르는 풍만한 울림, 풍부하고도 뚜렷한 형식, 부드러운 말의 결합, 우아한 마침억양을 담아내는 언어를 두고 자연의 노래라고밖에는 할 수 없다.

본래부터 이탈리아는 항상 도시국가를 형성해왔다. 에트루리아 시대부터 오늘날까지 모든 결정은 항상 도시들에서 이루어졌다. 고대의 로마는 그러한 도시 중 하나에 불과했다. 로마의 역사는 **도시로부터 기초를 놓았다**(*ab Urbe condita*)는 의미를 담고 있다. 서구의 기독교 교회는 이러한 도시의 이름을 빌려 로마 교회로 불리는 것이다. 르네상스 시대에도 오로지 도시국가만 있었을 뿐이다. 대부분의 유럽 국가가 이룬 혈연관계의 시골 농경과는 달리 이탈리아 문화는 항상 교양을 갖춘 지적인 **도시**(*Urbane*) 문화였다. 이것이 어떤 결정적 차이를 나타내는 것인지 우리는 이미 앞 장에서 에둘러 표현한 바가 있다. 곁들여 말한다면, 이탈리아 도시들은 기본적으로 순수 해협도시였다. 로마나 피렌체처럼 직접 바닷가에 붙어 있진 않지만 그렇게도 자유롭게 빛을 발한 활동적 정신이 발전한 곳은 어디에도 없었다. 이 정신은 도시민들의 성격을 말해주는 것으로서 바로 해협도시에서보다 훨씬 더 풍부하고 강렬하다. 혈통·언어·기질·신앙·토양·역사와 여타의 생활환경에서 보인 강렬한 통일성이 어디에서도 균일성으로 나타나지는 않는다. 롬바르디아와 베네치아, 토스카나(*Toskana*)와 움브리아(*Umbria*) 및 여타의 이탈리아 지방 사람들 사이에는 독특한 개성적 차이가 있었다. 각기 사회적·예술적·정치적 생활을 극히 다채롭게 형상화하고 유익한 경쟁으로 보존하려고도 했다.

'라틴 양식'　르네상스의 역사적 개념에는 큰 혼란이 있어왔다. 왜냐하면 사람들이 그 개념을 서로 공통성이 없는 일련의 문화조류에 무분별하게 적용해왔기 때문이다. 사람들은 북유럽, 말하자면 독일·영국·네덜란드 르네상스뿐만 아니라 프랑스 르네상스와 더불어 심지어 스페인의 르네상스에 대해서도 말한다. 이 모든 표현은 잘못 이해된 것이지만 한때 통용되기도 했다. 우리도 그 표현을 이용하긴 하겠지만 이때 잊어서는 안 될 것은 르네상스라는 이야기 틀 안에서만 그것을 취급해야 한다는 점이다. 사실 이탈리아 바깥 나라들에서는 우리가 '고전적' 르네상스 혹은 '라틴' 르네상스라고 부르는 이탈리아 고도르네상스(Hochrenaissance)의 특정 양식원리에 대한 형식적 수용이 문제였던 것이다. 물론 이런 여린 덧칠의 형식을 빌리고 있긴 하지만 각개 민족성이 굴절되지 않은 힘으로 계속 살아 움직였다. 그 이후 유럽문화의 발전에서 암석층의 모든 지층을 관통하면서도 개별 시기마다 아주 다양한 영향권을 행사한 '라틴 양식'을 우리는 정확히 일별함으로써 개념적 혼란에서 벗어날 수 있어야 한다. 라틴 양식은 1450년경 이탈리아에서 출현하여 그곳에서 약 100년간 맹위를 떨쳤지만 1500년 무렵 프랑스로 옮겨갔다. 프랑스에서 그 양식은 여타 유럽의 모든 양식 변화에도 불구하고 지속되어 바로크(Barock) 전성기 한가운데서조차도 **프랑스 양식**(französischer Stil)으로 살아남았다. 이 때문에 19세기 중엽 프랑스에서 주도권을 행사한 예술사가 비올레 르 뒤크[1]도 **르네상스의 루이 14세**(*Louis Quatorze clôt la renaissance*)라는 말을 한 것이다. 그러나 이 말 자체는 아직도 별로

---

[1]　Viollet-le-Duc(1814~1879): 프랑스의 건축가 및 저술가.

회자되지 않는다. 왜냐하면 프랑스에서 고전적 양식이 이를테면 앵그르²와 퓌비 드 샤반³의 경우에서 보듯 개별 경향으로 존속하긴 했지만 빈 회의⁴ 때까지 상당히 오래 유지되었기 때문이다. 프랑스 문학의 경우를 놓고서도 유사한 주장을 할 수 있다. 프랑스 문학은 그 기본특성에서 항상 의고전주의적 형식을 취했다. 라틴 정신은 모파상이나 졸라⁵의 명확하고 냉정한 건축술에서와 마찬가지로 이 정신에 맞서 싸운 낭만주의자들 사이에서도 살아 움직였다. 전혀 다른 경우는 18세기의 독일 의고전주의였다. 이 의고전주의는 그리스적 경향을 더 많이 취하고 있었기 때문에 좀 더 정확히 규정하자면 **독일 헬레니즘**(deutscher Hellenismus)이라고 할 수 있다. 반면에 영국과 네덜란드에는 현실적 의고전주의가 존재하지 않았다. 이 문제와 관련된 좀 더 정확한 연구는 이후 논의 과정에서 그 역사적 맥락이 닿는 시점까지 유보하고 지금 당장은 다음과 같은 확신으로 만족할 수밖에 없다. 즉, 고대의 유령이 세기의 변화 속에서도 우리가 살고 있는 대륙에 종종 출몰하여 유럽의 시계(視界)에서 완전히 사라진 적이 없었다는 점이다. 그런데 그 유령은 다양한 나라에서 다양한 방식으로 오랫동안 머물면서 항상 다양한 형태로 모습을 드러냈다. 이탈리아 사람들이 **리나시타**(rinascita)로 이해하는 바로 그것은 온전

---

² J. A. D. Ingres(1780~1867): 19세기 프랑스 고전주의 회화를 대표하는 화가.

³ Puvis de Chavanne(1824~1898): 프랑스의 화가. 문학적·상징적·신화적 주제를 많이 다룸.

⁴ Wiener Kongreß: 나폴레옹 몰락 이후 유럽 질서의 재편을 위해 오스트리아의 수상 메테르니히가 빈에서 개최한 일종의 유럽 국제회의.

⁵ E. F. Zola(1840~1902): 프랑스의 소설가·비평가. 유대인 출신 장교 드레퓌스가 인종차별에 따른 간첩혐의를 받고 유죄선고를 받았을 때 그의 무죄를 증명하려고 백방으로 노력한 이른바 '드레퓌스 사건'에서 지식인 현실참여의 모범을 보였다.

히 이탈리아에 한정되었다. 따라서 문화사적으로 엄격히 말한다면 이탈리아 르네상스만을 거론할 수 있을 뿐이다. 이탈리아 사람들도 분명 그런 감정이 있었다. 그들은 문화와 교양을 의식적으로 꽃피우려 했다. 그렇지 않았다면 세계의 주목을 받지도 못했을 것이다. 그리고 그들은 그리스 사람들과 꼭 마찬가지로 혹은 그와 유사한 감정에서 모든 외국인을 야만인으로 간주했다. 그들이 프랑스 · 독일 · 스페인 · 영국, 혹은 무어 사람일지라도 마찬가지였다.

신을 닮은 존재로의 재탄생 이번에도 우리는 또다시 출발점에 대한 물음에서부터 시작할 수밖에 없다. 도대체 언제 르네상스가 시작되었는가?

피코 델라 미란돌라[6]는 자신의 『인간의 품위에 대한 견해(*Rede über die Würde des Menschen*)』의 유명한 구절 중 하나에서 신이 아담의 아들에게 하는 말을 이렇게 표현한다. "내가 너를 세상 한가운데 둔 것은 네가 거기 무엇이 있는지 쉽게 간파할 수 있도록 하기 위해서였다. 나는 너를 천상의 존재로도 지상의 존재로도 창조하지 않았으며, 유한한 존재로도 불멸의 존재로도 창조하지 않았다. 그러므로 너는 너 스스로 조각가가 되어 너의 특성을 끌질할 수 있다. 너는 동물로 타락할 수도 있지만 너의 자유의지로 신의 형상을 닮은 존재로 **재탄생할** 수도 있다." 신의 형상을 닮은 존재로의 재탄생, 바로 이것이 르네상스의 본래 의미이다. 이런 생각은 중세에는 대단히 낯선 불경에 해당하지만, 근대의 경우 그 속성에 해당할 뿐인 대단한 정신적 비약이다. 이런 생각이 지평선 위로 출현한 그 순간 르네상스가 시작된 셈이다. 그러나 이러한 생각은 이미 14세기 초 이탈리아 르네상스를 가득 채우고 있었다. 사실 이탈리아 문화를 갱신하

---

[6] Pico della Mirandola(1463~1494): 르네상스 시대의 이탈리아 철학자.

려는 반성의 관점을 지녔던 이탈리아 르네상스의 작가도 거의 모두 단테와 조토[7]의 시대를 신기원 · 전환 · 위대한 시작으로 규정했다. 주지하다시피 이탈리아 예술의 역사를 기록한 최초의 기록자였던 바사리는 트레첸토(Trecento: 14세기) · 콰트로첸토(Quattrocento: 15세기) · 친퀘첸토(Cinqecento: 16세기), 이 3세기를 장족의 발전을 이룬 민족적 운동의 단위로 평가한다. 그는 1550년에 출간한 저서에서 치마부에[8]가 **그리기와 칠하기의 새로운 방법**(*nuovo modo di disegnare e dipignere*)에서 시작해서 본질적으로 이 세 개의 세기에 부합하는 세 단계 혹은 시 · 공간을 구분하고 있다고 말한다. 이에 따르면, '고트 사람들의 야만상태' 이후 우선 토스카나에서 새로운 대가들이 나타난다. 이들에 의해 예술이 재발견 · 부활 · 재탄생된 것처럼 보인다. 바사리는 이런 예술을 두고 이후 전통이 되어 르네상스 전성기에 상용어로 표현된 **리트로바**(*ritrovare*) · **리조르게르**(*risorgere*) · **리나시타**를 사용한다. 반면 한참 뒤에 상용어가 된 **리나시멘토**(*rinascimento*)는 '르네상스'라는 표현만큼이나 그에게 낯설었다. '르네상스'는 오늘날 일상적으로 쓰는 말이지만 이 용어가 처음 나타난 것은 1750년 볼테르와 백과전서파에게서였다. 르네상스의 이 노장 역사가와 동일한 결과를 획득한 것은 부르다흐의 정확하고 포괄적인 최신 연구였다. "새로운 삶의 모습인 재탄생은 이미 보나벤투라[9] · 단테 · 페트라르카 · 보카치오[10] · 리엔초의 시대를 지배하고 있었다. 15세기에도

---

[7] Giotto di Bondone(1266~1337): 단테가 극찬한 이탈리아 건축가이자 화가. 성화로 유명함.

[8] Cimabue(1251~1302): 이탈리아 화가. 모자이크 작가. 중세 초기에 이탈리아 회화를 지배한 비잔틴 양식의 최후를 장식한 거장.

[9] S. Bonaventura(1221~1274): 중세 스콜라 철학자 및 신학자.

[10] G. Boccaccio(1313~1375): 이탈리아의 작가. 초기 인문주의자로서 근대 소

영향을 미치면서 16세기에는 지속적인 효력을 발휘하여 확고한 위상을 갖게 되었다. (…) 14세기를 (…) 배제하는 (…) 사람은 동시대 역사적 증언자들이 이구동성으로 하는 진술과 그들의 관점과 충돌하게 된다."

중세와의
작별

이 모든 점을 고려할 때 우리는 이탈리아에서도 근대의 '구상'이 대략 14세기 중엽에 시작되었다는 결론에 이르게 된다. 당시 리엔초는 로마의 정치적 부활이라는 원대한 계획을 내세워 등장했으며, 또 한편으로 페트라르카와 보카치오는 고대 문학의 부흥이라는 프로그램을 발전·충족시켰다. 그리고 당시 '회화의 새로운 기법'이 착수되어 영혼의 활동, 즉 경건한 태도로 인간의 감정과 운명 속으로 깊이 침잠하는 것을 핵심과제로 삼았다. 단테의 사망과 더불어 이탈리아 중세는 종말을 고했다. 부르다흐는 여기서 한 걸음 더 나아가 단테를 르네상스의 진정한 창작자로까지 보았다. 그러나 이는 우리가 동의할 수 없는 관점이다. 오히려 우리는 바로 단테의 경우 중세가 다음 세기 위에 드리울 경보의 그림자를 미리 보여주는 마지막 섬뜩한 몸부림과 함께 인류와 **작별**을 고했다고 믿고 싶다. 마치 이 시기의 중세는 그 지구궤도의 끝에서 다시 한 번 거대한 주사위놀이로 모든 것을 한덩어리로 모으려 한 것처럼 보인다. 그런데 만일 단테의 문학 외에 중세에 남은 것이 아무것도 없다면, 우리는 그 신비로운 세계에 대해 알 수 있는 모든 것은 다 아는 꼴이 될 것이다. 근대의 문턱에서 들리는 그 불가사의한 노래는 마치 거대한 까만 청동 기념비처럼, 울림을 상실한 옛날을 영원히 기억이나 하려는 듯이 서 있다. 이 초인적 관찰자의 힘은 그의 그림이 비록 과거를

설의 선구자. 『데카메론』으로 유명함.

압축해 놓은 상징에 불과하지만 모든 새로운 영상에 너무 밝게 비추어 캄캄하게 만들어놓을 만큼 불가사의했다. 오직 이러한 중세만이 그 시대의 모든 지혜를 순수예술의 형식으로 보존하여 신앙의 영역으로 끌어올린 그런 기적을 위한 영혼의 전제조건도 제공할 수 있었다. 『신곡』의 각 절마다가 백과사전인 동시에 설교이고 서사적 드라마다. 신앙과 인식과 시적 형상을 이토록 숭고하게 통일시킬 수 있는 것은 중세의 정신뿐이다. 이러한 통일은 이후 모든 예술가가 성취하고 싶어 하는 꿈이 되었다. 그러나 그러한 창작방식의 단순한 시도조차 우리 시대에는 그저 광기로 평가절하될 뿐이었다. 마침내 그것이 가능했던 것은 우리 문화의 조건들이 근본적으로 변했을 때였다.

르네상스의 연대기

이탈리아 르네상스가 너무 일찍 시작되었다는 주장에 대해 항변하는 이들이 상당히 많이 있다. 이는 특히 문화사만을 염두에 둘 때 - 이렇게 하는 일이 거의 관행처럼 되어 있는데 - 더한 형편이다. 사실 조토와 '조토 양식'을 동일하게 중세에 포함할 수 있다. 그 구성의 의도적 장식들, 그 연출의 순박성과 민중성(Volkstümlichkeit), 단순 서사의 형식을 취한 소설적인 것에 대한 애호, 가끔 부분 색채를 무시하기까지 한 동물세계와 풍경의 양식화, 간단히 말해 회화의 방식을 빌린 일종의 그림책과 같은 것은 조토 양식에 중세풍을 부여했다. 지금까지 창작된 작품들에서 가장 소름 끼치는 인물들로 가장 인상적인 형상을 드러낸 그림 중 하나인 「죽음의 승리(Trionfo della morte)」와 같은 작품도 엄밀히 말해 비슷한 양식으로 그려진 단테 그림과 흡사하다. 물론 그 작품은 이미 후기 트레첸토에 해당하는 것이다. 이 때문에 대부분의 예술사가는 르네상스가 콰트로첸토와 더불어 비로소 시작된 것으로 이해하며, 심지어 어떤 이는 이 세기의 중반 이후로 그 시작을 잡기도 한다. 물론 이들의 주장이 완전히 틀린 것은 아니다. 또 다른 이들은 '초기 르네상스(Frührenaissance)'·'전(前) 르네상스'·'원조 르네상스(Protorenaissance)'와 같은 개념에 의존하기도 한다. 그러나 이러한 어려움은 조형예술의 르네상스가 겨우 그 싹을 보이던 때를 훨씬 거슬러 올라가 이미 정치적·사회적 르네상스, 특히 문학적 르네상스가 존재했다는 사실을 간파하면 아주 손쉽게 해소된다. 화가와 조각가들, 그리고 건축가들조차 그저 마지못해 고딕양식과 성문자(聖文字)의 각인과 거리를 취하면서 간신히 르네상스를 더듬으면서 찾고 있을 때, 이미 인문주의자들은 엄격하고도 온전한 '르네상스'-프로그램이 있었다. 우리는 주목해볼만한 그 과정을 한번 추적해보고자 한다.

선구적인
이탈리아 이탈리아에서 새로운 운동은 북부와 거의 같은 시기에 착수되긴 했지만, 전혀 다른 성격을 취했다. 우리가 이미 보았듯이 여타 지역은 새로움의 표상 내용이 방향을 완전히 상실한 상황을 야기했던 반면에 이탈리아는 의식적으로 그리고 대단히 풍요롭게 그 새로움의 내용을 경험했다. 이로써 이탈리아는 여타 유럽보다 거의 모든 면에서 한 세대를 앞서게 되었던 셈이다. '잠복기'에 이탈리아로 여행했다면 희뿌연 안개지대를 벗어나 환한 햇빛 속으로 걸어들어가는 느낌을 받았을 것이다. 반면에 북부 상류 지역은 온통 먹구름이 끼어 모든 것이 흐릿했으며, 졸렬하고 형식이 없고 혼란스러워 삶을 무겁게 짓누르는 듯했다. 전혀 다른 세계가 우리를 맞이한다.

이탈리아의 경우 우선 눈에 띄는 것은 사회와 정치의 때 이른 결정적 현대화이다. 기사제도와 봉건주의가 흔적도 없이 제거되었다. 이 둘은 쇼펜하우어에 따르면 '기독교-게르만의 어리석음'의 합작품이다. '체면(point d'honneur)'이니 '귀부인'이니 하는 말들이 완전히 사라졌다. 애정은 그저 감각적 향유나 좀 더 고차원적 교제의 방식일 뿐 더는 센티멘털의 문제가 아니었다. 용병이 가신(家臣)을 대신했다. 이제 용병에게 전쟁은 낭만적 이상이 아니라 터득해서 최고의 몸값을 받기 위한 냉혹한 전문 직업으로 통했다. 그는 구두장이가 구두를, 혹은 화가가 초상화를 제공하듯이 전투를 수행한다. 그는 주문자의 성격과 세계관에 대해서는 전혀 상관하지 않는다. 성격의 차이는 복잡한 전투가 아니라 경쟁이나 돈으로 매수한 자객을 썼느냐 정도로 표현되었을 뿐이다. 독극물을 이용한 정적 제거가 가장 탁월한 재능으로 통했다. 이탈리아 사람들은 그 선배인 로마 사람들처럼 마상무술경기를 두고 노예들이나 코미디 배우들에게나 어울림 직한 저속한 관람거리로 생각한다. 전쟁도 순전히 돈의 문제였다. 뛰어난 용병을 고용할 수 있는 사람이 정치적 대결이나 상업적 경쟁에서 항상 우위를 점할 수 있었다. 그러나 부르주아는 무기를 직접 사용하는 것을 염두에 두지 않는다. 그들은 시간이 걸리는 군사훈련에 몰두하기보다 거래·대내정책·학문·예술·향락·사교가 그들의 이해에 훨씬 더 유리하며 더 중요하다고 생각한다. 그런데 직업군인뿐만 아니라 화포 분야에서도 압도적인 우위를 가장 먼저 확보한 곳도 이탈리아였다. 통치기술이 완전한 현실정책으로 이미 자리 잡았으며, 현명하면서도 노회한 외교술에 근거한 특정한 요소를 냉정히 고려했다. 특히 이런 외교술은 이미 베네치아에서 완벽한 기교를 발휘했다. 근대의 성격을 말해주는 국가의 모든 형식이 이미 완성 형태로 발전하고 있었다. 그것은 '주권 국민(souveräne Volk)'이 판을 치는 극단적 민주공화국에서 권력의 외형적 장악을 부정하는 듯한 독재의 현대판 금권정치(Plutokratie)에까지 이른다. 금권정치는 교활한 음모, 교묘한 파당, 맹목적 후원자 의식, 저항할 수 없는 자본의 절대주의를 통해 더욱더 안정적으로 지배적인 위치를 굳혀 나간다.

경제활동의 급부상은 대륙 전체의 발전을 의미하는 것이기도 하지만, 이것이 이탈리아의 상업중심 도시만큼 강력한 의미를 획득한 곳은 없었다. 우리가 이미 보았듯이 북유럽은 화폐경제로의 변화가 수많은 도덕적·실용적 장애 때문에 불완전했지만, 상부 이탈리아와 토스카나는 이미 초기자본주의의 개화를 경험했고, 상업교역을 아주 쉽게 할 뿐 아니라 활력을 불어넣게 한 일련의 발명 덕분에 더욱 활기를 띠게 되었다. 지금도 사용하는 상업용어는 대부분 이탈리아에서 비롯된 전문용어이다. 우리는 롬바르디아 사람들이 이런 유용한 도구의 창조자였다는 사실을 기억한다. 경제장부에는 기획의도·전망·체계라는 말이 적혀 있다. 알베르티[11]는 자신의 생활규칙을 두고 이렇게 말한다. "더 많은 사람과 거래하려고 모든 상인과 장인의 사무실을 꼼꼼히 적어둠. 가게 안팎에서 이루어지는 모든 구매, 모든 판매, 모든 계약, 모든 거래에 대해 세밀히 적도록 손에 항상 펜을 들고 다님." 손에 펜을 든 상인, 이것이야말로 완전히 새로운 것이다.

피렌체의 페루치(Peruzzi) 은행은 14세기에 이미 유럽 지점을 16군데나 두고 있었으며, 이 지점들은 영국에서 이집트까지 뻗어 있었다. 거래관계는 아시아 내륙에까지 미쳤다. 피렌체의 화폐 굴덴(Gulden)은 서양 전 지역에서 선호도와 가치가 가장 높은 주화로 통했다. 페루치 외에도 카포니(Capponi)·바르디(Bardi)·피티(Pitti)·루첼

---

[11] L. B. Alberti(1404~1472): 이탈리아 르네상스 시대의 건축가·화가·시인·음악가.

라이(Rucellai)·스트로치(Strozzi)와 같은 가문이 있었다. 보다시피 이 가문들은 비교할 수 없는 궁전 같은 저택들로 불후의 이름을 남긴 가문들이다. 메디치(Medici)가의 놀라운 부상은 15세기에 이르러 비로소 시작되었다. 메디치가는 곧 유럽 금융권을 최초로 장악했다. 메디치가의 줄리아노(Giuliano)를 희생양으로 삼은 1478년의 거대한 음모사건으로 유명해진 파치(Pazzi)가(家)만이 메디치가를 어느 정도 대적할 상대였다. 미사를 보는 도중에 성당 피습사건이 발생했다. 교황이 이 사건에 연루되어 있었다. 파치가의 한 사람이 줄리아노를 덮쳐 자신도 상해를 입을 만큼 광분하여 비수로 줄리아노를 마구 찔렀다. 그러나 이 습격사건은 그날 낮에 진압되었고, 이로써 메디치가의 지배는 더욱 확고하게 된다. 여기서 보듯, 당시의 금권정치는 오늘날의 그것과는 본질적으로 달랐다. 그것은 영웅적인 열정과 광신적인 용맹으로 표출되었던 것이다. 회사의 헤게모니를 위해 생명을 바치기도 했다. 오늘날 경쟁하는 대기업 가문들은 유권자와 기자들을 매수하고 의회의 지도자들을 음모적으로 동원하여 서로 싸운다. 로마에서는 교황들에게서 재정지원을 받은 키지(Chigi) 은행이 지배했다. 이 은행의 은행장인 아고스티노 키지(Agostino Chigi)는 라파엘로[12]의 친구이자 파르네제(Farnesina) 궁전의 건축가이기도 했다. 그는 "돈을 벌 때는 상인, 쓸 때는 왕"처럼 했기 때문에 메디치가의 로렌초(Lorenzo)처럼 **위대한 인물**(il magnifico)이라는 별명을 얻기도 했다. 당대를 풍미한 베네치아와 제노바 사이의 처절하면서도 영예로운 상업경쟁은 널리 알려진 사실이다. 그러나 당대 이 모든

---

[12] Sanzio Raffaello(1483~1520): 르네상스 시대의 이탈리아 화가. 『아테네 학당』으로 유명함.

도시공화정의 금융활동에서 정수를 이룬 것은 투시력을 가진 듯한 왕성한 활동과 뻔뻔한 몰양심이었다. 상업윤리의 (이 개념 자체가 모순적이지만) 중심에 돈벌이가 이미 자체 목적으로서, 삶을 규정하는 파토스로서, 힘을 향한 의지(Wille zur Macht)의 가장 강력한 표현형식으로서 자리 잡았다. 덧붙인다면, 이탈리아에서 경제활동의 성격은 유대인조차 이 분야에서는 그저 말단 역할밖에 하지 못한다는 말로 정리될 수 있다. 이탈리아에서는 유대인이 필요 없었으며, 사업수완에서 그들을 훨씬 능가했다고 말할 수 있다.

르네상스의
도시 이미 언급했듯이, 이 모든 것은 도시제도의 발전과 관계가 있었다. 이탈리아 도시들은 이미 현실적인 도시들이 되어 있었고, 이 도시들은 여전히 성벽으로 둘러싸인 중세 마을과 같은 북유럽 도시들과는 판이했다. 브뤼헤(Brügge)를 베네치아와, 쾰른을 밀라노와, 뤼베크(Lübeck)를 제노바와, 당시의 파리를 로마나 피렌체와 비교해서 생각해보면, 마치 어두운 뒷골목에서 탁 트인 광장으로 들어가는 느낌을 받을 것이다. 우리는 앞 장에서 14세기와 15세기의 경우 건축 붐과 예술 감각이 그 설비와 안락함에서 아직 개인저택으로까지는 거의 퍼지지 못했고, 교회·시청·도시상가와 같은 공공건물에만 국한되었을 뿐이라고 지적한 바 있다. 여기에는 아직도 중세적 집단감성의 잔재가 남아 있었다. 이와 전혀 달리 이탈리아 도시들에서는 개별화가 진척되어 있었다. 이탈리아 도시 곳곳에서 경쟁을 하듯 개별 취향에 따른 궁궐과 저택, 개인 기도실이 세워졌다. 부자들의 넓은 거실은 값비싼 그림들로 장식되었으며, 그들의 무덤은 생전에 노심초사한 그런 사치스러운 기념비들로 꾸며졌다. 북유럽 도시에서 독특한 건축물은 예전과 다름없이 **대성당**(Dom)이었지만 이탈리아 도시에서 그것은 **궁전**(Palazzo)이었다. 여기서도 아주 미미한 신분적 편견이 지배했다. 다만 여기서 특기할만한 사실은 외형적인 귀족티를 추구하지 않은 메디치가와 같은 부르주아 졸부들의 경우 이탈리아 반도에서 가장 강력하고 번화하고 문명화된 문명 도시를 돈과 사람을 다루는 능숙한 처세술과 빛나는 가문을 통해서만 주도권을 행사할 수 있었다는 점이다. 그러나 이탈리아 다른 지역 곳곳에서도 재능 있는 현대적 귀족이 이미 중세의 혈통귀족을 압도했다. 밀라노에서는 용병대장 스포르차(Sforza) 가문이 지극한 우대를 받았으며, 로마 교황청에서는 왕성한 활동력과 현명함을 지닌 사람이면 누구나 공작이나 추기경이 될 수 있었다. 상대적으로 강한 귀족 공동체를 형성한 베네치아에서조차 명문귀족은 부자가 된 상인들로만 구성되었다. 물론 이러한 실세들은 자신들의 출신성분을 따질 필요가 없는 타고난 통치능력과 비범한 내면의 고상한 품성을 겸비하고 있었다. 아마도 그것은 현실적 인간의 **위대성**이라기보다는 비교할 수 없는 영혼의 **위용**일 것이다.

이러한 풍요로움은 생활의 단순한 외형에서도 나타난다. 장식과 편의시설, 곧 온갖 종류의 장식과 장치에서도 그것이 감지된다. 삶을 에워싼 틀이 풍요로울 뿐만 아니라 여느 때보다 더 섬세하다. 진정성이 느껴지고 성숙되어 있고 자명하다. 강제적이지도 않고 중용적이며 조화롭다. 특히 정선된 느낌이 든다. 말하자면 그 소유자의 성격을 읽어내게 한다. 반면에 북유럽의 경우 개성도 없고 관습적이며 우연적이다. 졸부 티가 나고 허세를 부리지만 특색이 없다. 유치하고 조악하며 투박하다. 안락한 이탈리아의 주택은 넓고 환한 공간, 통풍이 잘 되는 높다란 창문, 값비싼 바다 양탄자와 벽걸이 양탄자, 금빛 가죽이나 비단 무늬의 벽지, 고상한 목제가구, 가치 있는 그림을 담고 있는 고품격의 액자, 대리석 벽난로와 무늬장식의 천장, 마욜리카 도자기, 청동과 상아 조각상, 크리스털 잔, 섬세한 하얀 천에 화려한 동양자수가 놓인 수예품을 빼고는 생각할 수 없다. 여기에 이륜마차가 수없이 왕래하는 포장된 넓은 도로가 있다. 이탈리아 사람들이 가장 선호하는 것은 전원 빌라이다. 이런 빌라에는 북유럽에서는 알려지지 않은 인공동굴과 분수대, 정원과 가로수가 배치되어 있다. 북유럽에서는 기껏 엉성한 '뒤채 정원'만으로 만족한다. 부르주아는 이 정원에서 닭 모이를 주고 채소를 재배하며 저녁 몇 시간을 보낸다. 끝으로 이탈리아에서는 화장술이 세련되었다. 화장품·화장수·향수가 있었으며, 우리 시대에도 낯설기만 한 미용 도구들이 있었다.

예술적인
식탁의 향연

　사치스러운 식탁도 다른 어느 곳보다 훨씬 수준이 높았다. 그러나 예술적인 만큼 맛도 뛰어났던 것은 아니다. 장난기 어릴 만큼 장식이 많아 미각보다 시각적 효과를 더 살린 편이다. 피렌체의 베네데토 살루타티[13]가 1946년 나폴리에서 열었던 한 유명한 연회 장면을 다음과 같이 그려볼 수 있다. 먼저 오르되브르로 각 손님에게 황금빛 잣으로 수놓은 작은 케이크 한 접시와 마욜리카 도기 쟁반에 담은 치즈 한 접시가 나오고, 그다음에 격언과 문장(紋章)을 새긴 쟁반에 말랑말랑한 닭 가슴살이 나왔다. 가장 귀한 손님의 접시 중앙에는 파이프 관을 따라 올라온 물줄기가 분수 모양을 이룬다. 이어서 다양한 고기 메뉴, 이를테면 오리·송아지·수탉·햄·꿩·자고 고기가 나온다. 이때 큼직한 은빛 양푼이 등장한다. 그 뚜껑을 열면 수많은 작은 새가 날아 나온다. 수천 마리의 인조 모형 공작도

---

[13]　Benedetto Salutati(1331~1406): 토스카나 출신 인문주의자. 피렌체 르네상스를 이끈 가장 중요한 정치적·문화적 인문주의자 가운데 한 사람.

등장한다. 부채를 활짝 편 채 입에는 불 냄새가 나는 훈제 고기를 물고 있다. 후식은 온갖 달콤한 것으로 짜여 있다. 파이와 마르치판[14], 부드럽고 달콤한 빵 등이 그런 것이다. 이탈리아와 시칠리아산 포도주도 곁들여진다. 두 명의 손님 사이에는 열다섯 종류가 적힌 메뉴판이 놓였다. 식사가 끝날 무렵 손을 씻도록 향료수가 제공되었으며, 값비싼 향료 나무로 엮은 녹색 잔가지 다발은 넓은 홀을 향기로 가득 채운다. 이런 만찬을 우리가 앞 장에서 알게 된 향응과 비교해서 생각해보면, 어느 시골농부의 잔칫집에서 궁정식탁으로 옮겨온 인상을 받을 것이다. 그리고 로마 스트로치가의 로렌초가 베푼 또 다른 연회장도 있다. 이 경우 우선 손님들은 검은 휘장이 드리워진 어두운 홀로 안내된다. 그 홀의 벽에는 해골바가지들이 놓여 있고, 네 모퉁이에는 조명 불빛 아래 유령 모양의 전신 해골이 서 있다. 중앙에는 까만 천이 덮인 식탁이 있고, 그 위에는 두개골 2개와 커다란 뼈가 4개 놓여 있다. 시종들이 그 해골바가지를 들어 올리면 갓 구운 꿩고기가 보이고, 뼈 사이에는 소시지가 놓여 있다. 아무도 먹을 엄두도 내지 못하지만, 유명한 대식가인 교황청의 광대 마리아노(Mariano)만 깔끔히 해치웠다. 손님들이 이러한 충격에서 벗어날 때 즈음이면, 쌍미닫이 문이 활짝 열리게 된다. 그러면 별이 총총한 하늘을 연상시키는 휘황찬란한 홀이 눈에 들어온다. 손님들이 자리에 앉으면, 또 한 번 놀랄 일이 일어난다. 요컨대 각 손님의 음식과 술병이 식탁 아래서 하나씩 위로 솟아오른다. 그 기계장치는 눈치챌 겨를도 없다. 이미 언급한 바 있는 아고스티노 키지도 로마에서 연회를 연 적이 있었다. 이 연회에서 그는 한 번 사용한 금·

---

[14] Marzipan: 일종의 달콤한 비스킷 종류의 단 과자.

는 식기를 몽땅 테베 강에 버리게 했다. 이는 다소 러시아풍의 허세를 부린 과장이었다. 그 식기들이 단순한 장식용이 아니었기 때문에 그 은행가는 강바닥에 몰래 그물을 쳐놓고 값비싼 그릇들을 다시 건져 올리게 했다. 교황이 참석한 또 다른 향연에서 그는 이스탄불에서 잡아 산 채로 가져오게 한 특별한 생선을 내놓았다. 작별인사를 할 때 교황은 그에게 (그토록 기지 넘치고 정중한 예를 갖춘 대화는 르네상스 이탈리아에서만 가능했던 것이지만) 이렇게 말한다. "아고스티노, 나는 항상 우리가 남다르게 서로 절친했다고 생각해왔다네." 아고스티노는 이렇게 응수한다. "성하의 광채가 저의 집의 누추함을 다시 한 번 확인시켰나이다." 이런 대화에서 짐작할 수 있는 것은 연회의 경우 식사 자체가 핵심이 아니라는 점이다.

프로필의
세계

우리가 개성(Individualität)을 탐색할 때 북유럽에서는 거의 아무런 성과도 거둘 수가 없었다. 반대로 이탈리아의 경우 약간만 과장하면 그곳엔 개성밖에 없다고 말할 수 있다. 얼굴이나 몸 전체의 특성을 예리하게 포착하여 그린 모습은 기념패·초상화·비석·기념주화에서도 볼 수 있고, 전기·편지·연설문·각서 따위에서도 읽을 수 있으며, 정치·철학·예술·사교에서도 만나게 된다. 그야말로 의식적으로 의도한 특수성이며, 고집과 아집으로까지 끌어올려진 프로필이다. 그 예로 메디치가의 메달을 관찰해봄 직하다. 보기 흉할 정도로 복잡하게 그려진 얼굴은 마치 최후의 비밀을 폭로하지 않으려는 듯 복잡한 배경을 뒤에 두고 있다. 아니면 운에 맡기고 아무것이나 잡아보자는 모습이다. 라파엘로는 두 명의 교황을 그렸다. 한 교황은 매독에 걸린 사람·수간음자·장군·독재자와 같은 온갖 명칭을 달고 있는 **끔찍한 대신관**(大神官) 율리우스 2세처럼 온갖 힘을 뿜어내는 강력한 인물로 그려져 있다. 후텐(Hutten)에 따르면,

그 교황은 천국 입성이 허용되지 않았기에 천국을 폭력으로 전복하려 했다. 그는 누구와도 화해하며 지내지 않았고, 모든 이웃을 총알이 빗발치는 전쟁으로 끌어들여 유린했으며, 콘스탄티노플과 예루살렘을 다시 정복하려 했다. 성 베드로 바실리카교회가 그를 의도적으로 인정하지 않는다고 해서 그 교회를 무너뜨리는 동시에 축제 프로그램으로 로마의 사육제를 승인케 했다. 자신의 장례식도 관장하려 하면서 임종 때까지 여덟 군데의 포도 생산지를 돌아보려 했다. 그는 천사의 곳간에 쌓아둔 보물을 욕심 많은 족벌이 아니라 자신의 후계자에게 물려주려 한 유일한 교황이었으며, 미켈란젤로의 위대성을 알아본 당대 유일한 위인이었다. 풍속화 속에 그와 나란히 서 있는 또 한 명의 인물이 있는데, 그는 바로 레오 10세(Leo der Zehnte)이다. 근시안에 목이 짧고 뚱뚱하다. 연신 땀을 흘리며 숨을 헉헉거린다. 걸을 때는 항상 두 명의 시종관이 그 뚱뚱한 몸을 앞으로 끌고 가려고 부축한다. 잠에 취한 듯 무기력한 모습을 하고 있다. 특히 인문주의자들이 세련된 강연을 하고 있을 때는 목이 떨어져라 꾸벅꾸벅 존다. 반면에 천박한 농담과 허세를 떠는 복장에 대해서는 열광한다. 그는 남이 음식을 게걸스럽게 먹는 것을 보길 좋아한다. 그 최상의 즐거움은 자신의 궁정광대가 자기 앞에서 엄청난 양의 달걀과 꿩고기를 먹어치우는 것을 볼 때이다. 사람들의 말에 따르면, 그가 좀 더 오래 살았다면 로마와 기독교뿐만 아니라 그 자신마저 팔아치울 만큼 무절제한 향락가가 되었을 것이라고 한다. 그가 사망했을 때 그의 무덤에 세울 양초 몇 개 장만할 수 있는 것 외에 별로 남긴 것이 없었다. 그러나 그럼에도 그가 집권하는 동안 '황금시대'라는 이름을 날릴 수 있었다. 왜냐하면 당시 로마는 유럽문화의 경이로운 중심지였고, 인문주의자들에게 그를 맡겼기 때문이다.

물론 이러한 예술적 번영은 전적으로 혹은 부분적으로 그의 의지에 반하는 방향으로 전개되었지만, 사람들은 그를 위대한 후원자로 칭송했다. 이런 왜곡을 후세대는 비록 레오 10세에게 더 이상 후원을 받지 않는 상태에 놓였음에도 불구하고 아무 비판 없이 사실로 받아들였다.

선전언론의
출현 이미 펜이 주도권을 잡기 시작했다. 이로써 언론, 특히 그것의 가장 완전하고 일관된 존재방식인 선전언론의 맹아들이 최초로 왕성하게 발전한다. 여기에 결정적 역할을 한 것은 우선 인문주의자들이 사회 전면에 나타난 현실이다. 인문주의자들은 고대문화의 전파를 위한 특수한 이해와 보편교양의 육성에 기여한 점에서 분명 도덕적 악역을 맡은 셈이다. 그들이 고대의 모범과 원칙을 들먹이면서 가르친 것은 극단의 방법을 선택할 때 후안무치, 절대적 무정견, 무절제한 자기도취, 변증법적 사유 곡예, 거리낌 없는 생각 등이 명예와 성공의 주요수단이 된다는 것이었다. 그들은 오늘날 같으면 신문의 모퉁이 난에서나 볼 수 있는 그런 자가당착적이고 노골적인 생각을 글로 실었다. 오늘날의 신문들이 이용하는 그런 온갖 기삿거리도 그들은 능숙한 조작기술로 완벽하게 다루었다. 말하자면 사실을 왜곡하고 어떤 동기들에 대해 중상모략하기도 했다. 사생활을 파헤치고, 소문을 기정사실인 것처럼 다루었으며, 추측성 위험일 뿐인 공인의 활동을 넌지시 공격하기도 했다. 이런 예를 들자면 한도 없다. 이미 그들은 서로에 대해서도 격분하여 논쟁했다. 그들의 힘은 오늘날의 저널리즘과 아주 흡사하게도 재치와 달필, 그리고 이해하기 어려운 주제를 호감 가는 대중적 형식으로 바꾸는 능력에 의존할 뿐만 아니라 오직 자신들만이 접근할 수 있는 자료에 대한 기득권에도 의존했다. 오늘날에는 이른바 보도자료 같은 것이 있는데, 이

자료를 확산시킬 수 있는 것이 신문의 특권이다. 반면, 당시에는 재발견한 고대의 교양자료를 전파하는 것이 문제였다. 이런 점에서 그들은 현대의 저널리스트들보다 우월한 위치에 있었던 셈이다. 왜냐하면 그들은 거의 모두가 아주 뛰어난 교육을 받았을 뿐만 아니라 고대문화에 대한 정열적 열의와 열광을 지니고 있기도 했기 때문이다. 그래서 그들은 온갖 도덕적 타락에도 불구하고 그들의 정신적 노력에서 어떤 동일성을 취할 수 있었다.

물론 그중에는 도덕적으로 어떤 비난도 할 수 없을 만큼 온전한 인물도 많았으며, 또 어떤 이들은 후세 사람들도 그들 업적의 위대한 성취를 찬양하지 않을 수 없을 만큼 정열과 재치를 발휘했다. 요컨대 그중 두 명은 라파엘로나 마키아벨리처럼 불멸의 인물로 남아 있는데, 바로 이미 여러 번 언급한 바사리와 피에트로 아레티노[15]다. 바사리는 일종의 취미독재(Geschmacksdiktatur)를 유감없이 발휘했다. 이런 독재는 이후 어떤 평론가도 누리지 못할 정도였다. 그자신도 테크닉이 능숙한 예술가였지만 다소 온건한 편이었다. 이로써 그는 이후 왕왕 나타나는 현상을 보여준 셈이다. 즉, 그것은 창작성이 빈약한 사람도 비평의 재능을 보일 수 있다는 점이었다. 게다가 그는 예술 대행업을 - 이 분야에서도 수많은 후계자를 배출하는데 - 자신의 활동에 접목했다. 미켈란젤로와 같이 까다로운 성격의 사람조차도 바사리에게 채무가 있다는 것을 알고, 비록 바사리가 그 자신에 대해 다루었던 그 내용과 평가가 어떤 감동도 주지 못했지만 아부하는 듯한 소네트를 넣은 자신의 그림을 보답으로 보냈다.

---

[15] Pietro Aretino(1492~1556): 이탈리아 베네치아 출신 시인·산문작가·극작가.

그러나 바사리의 비판적 폭로를 감히 논박하거나 그를 당대의 위인 반열에 두지 않으려 한 사람들은 모두가 그에게 극단적 보복심을 사거나 부당하게 압박을 받았다. 이때 바사리에게는 왜곡이 아무 문제도 되지 않았다. 이런 식으로 그는 수많은 예술가를 문자 그대로 옴짝달싹하지 못하게 만들었다.

신 같은
아레티노 더 무서운 인물은 '신 같은 아레티노'였다. 그는 근대 저널리즘의 대부로 통했기 때문에 그의 시선이 악하다고 누구도 감히 주장하지 못했다. 그는 자신의 두 명의 적수, 즉 카를 5세와 프랑수아 1세에게 동시에 연금을 받았으며, 또 다른 군주들, 이를테면 영국·헝가리·포르투갈 국왕들에게서 하사품을 받았고, 수많은 영주에게서 많은 선물을 받았다. 술탄조차도 그에게 아름다운 여성노예를 선물로 보낼 정도였다. 그런데 그는 교묘한 탄압의 완벽한 기술자였다. 그 예로서 우리는 그가 미켈란젤로와 교류한 이야기만 언급하고자 한다. 그는 제일 먼저 미켈란젤로에게 몇 통의 편지를 썼다. 그 편지에서 미켈란젤로의 예술을 숭배한다는 표현을 아주 교묘하게도 자신의 권위와 결합했다. '저는'이라는 말로 시작하여 이렇게 적었다. "호평과 악평을 너무 많이 해온 터에 거의 모든 인정과 멸시가 제 손을 통해 이루어져 모든 영주의 입에 제 이름이 오르내리는 것 같습니다. 귀하의 경우에도 경외라는 말밖에는 덧보탤 것이 없어 보입니다. 왜냐하면 세상에는 국왕들이 아주 많이 있지만, 미켈란젤로는 단 한 분밖에 없는 것이니까요!" 이어서 그는 미켈란젤로에게 '스케치 작품 하나'라도 주길 부탁했다. 미켈란젤로는 그 부탁을 들어주려 했다. 그러나 그 선물은 아레티노의 의도에 따라 전달되지 않은 것 같다. 왜냐하면 답장을 받지 못한 또 다른 독촉편지를 보면, 아레티노가 전형적인 협박편지를 보낸 것을 확인할 수 있기 때문이다.

무엇보다 다음의 편지글이 그것을 증명해준다. "귀하께. 저는 이제야 귀하가 구상한 최후의 심판을 온전하게 보았습니다. 여기서 저는 귀하의 작품이 지닌 미가 어떻게 구성되어 있는지 알게 되었습니다. 그것은 바로 라파엘로의 그 유명한 그림을 재현한 것이었죠. 그런데 신성한 세례를 받은 기독교도로서 저는 우리의 지고한 종교적 감성의 내용을 이루는 것을 귀하의 정신이 무절제한 자유로 감히 표현한 것이 수치스럽습니다. 명성이 자자한 바로 그 미켈란젤로 선생께서 사람들에게 보여주고자 한 것은 자신의 예술 완성을 자신의 개성으로 삼았을 때와 같은 수준으로 경건과 신앙이 자신을 비켜가고 있다는 사실입니다. 귀하의 신성에 대한 감정을 보통 사람과 교제할 때의 수준으로 떨어뜨릴 수 없는 귀하께서 지고한 사원에서 어떻게 그렇게 할 수 있었을까요? (…) 그런 그림은 거룩한 성소가 아니라 화려한 침실에나 어울리는 것이지요. (…) 교황 율리우스가 귀하의 손으로 짠 석관 속에 자신의 속세 일부를 남겨두려고 귀하께 황금 더미를 맡겼을 때, 귀하께서 그 책임을 완수할 수 없다는 것쯤은 나 같은 사람조차도 짐작할 수 있는 일이 아닐까요? (…) 그러나 하느님께서는 그런 교황이 진정 위인처럼 보이게 되는 것은 고작 웅장한 건축물을 통해서가 아니라 바로 그 자신의 직분을 올바르게 이행할 때일 뿐이라는 점을 분명히 하고 있습니다. 그럼에도 귀댁들은 마땅히 해야 할 일을 수행하지 않았습니다. 사람들은 그것을 두고 도둑질하는 짓이라고 할 것입니다." 그는 이 편지의 끝에서 비종교적 태도를 고발하고, 도둑질이라는 비난과 함께 빗나간 한 천재의 완전한 예술에 독소가 뒤섞여 있음을 애석해하는 척하면서 의기양양한 농담으로 끝을 맺는다. "이제 저는 귀하께서 만일 **신성** *divino(divino)*을 지니고 있다면 저도 **맹물**(*dell'acqua*)이 아니라는 사실을 증명했길 바랍니다." 아레티노가 세상에 공개하려 한 이 편지가 미켈란젤로의 명예에 끊임없이 손상을 입힌 것은 물론 사실이다. 그러나 이는 르네상스의 역설적 속성이기도 했다. 말하자면 아레티노는 직업상 책임을 져야 했던 그런 파렴치한 행위에도 불구하고 가장 친절하고 도움을 아끼지 않는 사람 가운데 한 사람, 아이들과 동물들에게 정성을 쏟는 사람, 자신의 집을 누구에게나 개방하여 지칠 줄 모르고 연회와 자선을 베푸는 사람, 환자를 돌보고 죄수를 풀어주며 모든 거지에게 선물을 주는 사람, 한 줌 가득 손에 쥔 돈을 몽땅 남에게 나눠주는 사람, 자신의 충고와 도움이 필요한 사람 누구에게나 달려가는 사람으로 통했다. 그는 자칭 '인류의 비서'였고, 그의 친구 가운데 어떤 이가 부른 대로 하면 **비참한 사람들의 은행가**(*il banchiere della misericordia*)였다. 그의 비열한 행위에서도 거대한 도량과 우아한 태도가 빠지진 않았다. 이런 용모에 대해서는 그의 동료 티치아노[16]가 그린 그의 모습을 보면 이해할 수 있다. 그 그림에서는 현실적 정신력을 말해주는 듯한 제왕과 같은 모습이 풍긴다.

위대한 창부

이처럼 개별 인물에 대한 권력 감정이 당시 모든 사람의 심중을 관통했다. 밀라노 사람들이 프란체스코 스포르차[17]를 위해 개선문을 세웠을 때 그가 외친 다음과 같은 말이 마치 모토처럼 르네상스에 드리우고 있었다. "지금까지 왕들이 세운 건물은 미신의 처소였지만 여기 이 건물은 바로 나 스포르차입니다." 그의 부인도 독자적 생활에 눈을 뜬다. 사회적으로뿐만 아니라 교육에서도 남편과 완전히 동일한 지위를 누린다. 해방의 시기에 거의 대개 그렇듯이 완전

---

[16] V. Tiziano(1488~1576): 이탈리아 르네상스의 대표적인 베네치아파 화가.
[17] Francesco Sforza(1401~1466): 15세기 이탈리아에서 중요한 역할을 한 용병 대장.

히 해방된 여성, 이를테면 **위대한 창부**(la grande Putana)가 지배적인 의미를 획득한다. 말하자면 때때로 사회생활 전체를 관장한다. 특이하게도 스스로 황후(Imperia)라고 칭하는 그 여성은 국왕의 살림을 이끌어가며, 라틴어와 그리스어로 된 책을 읽는다. 라파엘로는 그녀를 그린 초상화에서 사포(Sappho)로 묘사한다. 비록 그녀는 때 이른 죽음을 맞이했지만 이후 거의 신화적 인물로 되었으며, 어떤 시인은 그녀를 두고 이렇게 노래했다. "두 신이 위대한 로마를 선사했노라, 마르스(Mars)가 제국을, 비너스(Venus)가 황후의 제국을."

물론 이런 정신의 전면적 활력은 온 세상이 뛰어들고 있는 대학에도 유리하게 작용했다. 특히 볼로냐(Bologna)와 파도바(Pauda) 대학의 법학도들과 살레르노(Salerno) 대학의 의대생들은 전 유럽에 알려졌으며, 예전의 파리와 이후 독일에서 그러했듯 이탈리아로 유학하는 것이 유행이었다. 당시만 해도 독일의 대학은 상당히 낙후한 처지였다. 이탈리아의 주요 명성은 대학 그 자체 때문이 아니었다. 그곳의 정신활동이 특별히 풍요롭고 광채가 난 것은 바로 일체의 전문성을 배제한 덕분이다. 지도적인 사람이면 누구나 몸에 대학이나 그 이상을 구현하고 있었다. 그도 그럴 것이 이때의 인간성은 모든 면에서 대가에 이를 만큼 충분히 성숙해 있었지만 삶에서 대가를 만족시키기에는 **한 가지** 일로도 충분하다는 냉정한 불구의 믿음에 이를 만큼 노쇠하지 않았기 때문이다. 반대로 르네상스의 이상은 **전인**(全人: uomo universale)이었다. 탁월한 인문주의자들은 어문학자요 역사가, 신학자요 법률학자, 천문학자요 의사였다. 거의 모든 위대한 예술가뿐만 아니라 수많은 평범한 예술가도 화가인 동시에 조각가이자 건축가였으며, 때로는 재능이 탁월한 시인이자 음악가였고, 예리한 감수성이 있는 학자이자 외교가였다. 당시만 해도 인간의 재능은 인위적으로 특정 통로로 강제 몰이된 것이 아니라 자유로운 흐름을 타고 모든 분야에서 결실을 보았다. 이와 반대로 오늘 우리는 이미 전문화한 두뇌를 갖고 세상에 나간다. 우리는 한 인간이 한 가지 일 이상을 할 수 있다고 상상조차 할 수 없다. 우리는 각자 특정한 꼬리표를 달고 있기 때문에 어떤 이가 이 꼬리표를 달고 있지 않으면 깜짝 놀라거나 불신하며 애처로워하기까지 한다. 우리의 문화에서 학자, 말하자면 보통 학자의 경우에도 이러한 상황이 너무나 지배적이어서 우리는 그의 꼬리표를 보고 무의식중에 다른 모든 정신적 활동까지 추단할 정도이다. 사실 보통의 학자는 언제나 한 가지 일만을 이해하기 때문에 다른 모든 영역에 대해서는 어린아이나 눈뜬장님처럼 속수무책이다. 그러나 바로 진정한 예술가의 본성은 모든 것을 이해하고, 모든 인상에 대해 개방적이며, 모든 존재형태에 접근하기 때문에 **백과사전적** 영혼을 지닌다는 점에 있다. 그러므로 예술문화 시대의 경우 총체적 재능을 지닌 인간들에게서 가장 위대한 다면성을 볼 수 있는 것이다. 그들은 모든 것을 다루며 그렇게 다룰 수 있다. 고대 그리스에서 탁월한 인물로 평가받으려면 야전사령관과 검투사는 물론이고 음악가와 웅변가로서와 같이 모든 면에서 빼어나야 했다. 그리스 사람들은 한 분야의 전문가를 경멸했다. 전문가는 '속물(Banause)'로 취급했다. 르네상스에서 **재능**(virtù)은 다면성(Vielseitigkeit)과 동의어로 쓰였다. 당시 재능 있는 사람은 자신의 능력을 발휘할 수 있었던 거의 모든 분야를 지배했다. 전문가는 퇴폐 문화에서만 등장할 따름이다.

르네상스
시대의
대중

다면성의 재능을 지닌 예술가들은, 이후 두 번 다시 없었고 예전에 단 한 번 아테네에서만 있었던 비교할 수 없는 대중을 만났다. 당시 사람들을 둘러싼 것은 정의하기 어려운 천재성의 아우라였다.

그것은 생산활동을 하던 모든 사람에게 최고의 힘을 발휘하도록 고무한 이상야릇한 긴장감으로 충전된 분위기였다. 오늘 우리에게 예술은 향유의 대상일 뿐이다. 예컨대, 극장·화랑·소설·연주회는 삶에 부차적인 즐거움을 제공하는 것, 말하자면 우리가 기분을 전환하고 원기를 되찾을 수 있게 하는 것으로서 고가의 불필요한 사치품, 일종의 샴페인이나 수입품과 같은 것이다. 우리는 그런 것 없이도 삶을 생각할 수 있다. 그러나 아테네나 피렌체의 경우 예술은 새의 날개처럼 인간의 활력에 절대적으로 필요한 삶의 기능 장치였다. 이탈리아의 카니발 행렬과 놀이와 축제는 우리의 경우와 같이 원시적 민속축제나 세련된 사교를 위한 강장제 음료가 아니라 오늘날 미국에서 보이는 회합 활동처럼 활동적이고자 하는 사람 누구에게나 중요한 생활의 한 부분이었다.

예술가는 사람들과 동떨어져 혼자 고독하게 오직 자신으로부터 자신만을 위해 외적인 성과와 반향에 아랑곳하지 않고 오로지 자기 내면의 천재성에 이끌려 창작한다는 말은, 아무도 이에 이의를 달지 않기에 누구나 믿고 있는 유행하는 수많은 비진리 가운데 하나이다. 예술가는 자신에 근거해 창작하는 것이 아니다. 우리가 이미 말했듯이 예술가는 자기 시대로부터 창작한다. 말하자면 그 시대의 풍습·여론·취향·진리, 특히 오류 등으로 구성된 편물 전체가 그의 자양분이다. 그 이외 어떤 것도 갖고 있지 않다. 예술가는 자신을 위해 창작하지 않는다. 자신의 시대를 위해 창작할 뿐이다. 그 시대와의 의사소통, 즉 그 시대의 생생한 반응이 그의 힘의 원천이다. 그는 시대의 반향을 통해서 비로소 자신이 표현했다는 것을 확인하는 것이다. 니체가 말하듯이 "사후에 태어나는", 즉 좀 더 높은 층의 공기나 좀 더 풍성한 토양의 유기물에나 어울리는 불운을 가진 예술가들은 항상 이식과 불균형과 발달장애를 경험하기 마련이다. 당대에 희귀식물처럼 취급받은 니체 자신이야말로 그 가장 좋은 본보기인 셈이다. 이는 물기를 충분히 내지 못한 토양의 책임일 수 있다. 시대가 너무 궁핍하고 너무 공허하고, 영혼이 부재할 때 그런 일이 발생한다. 태양과 오존, 공기와 빛이 부족한 것이다. 시대가 낙후하여 예술가가 요구하는 수준에 이르지 못했을 때도 그런 현상이 일어난다. 우리는 인류의 능력이 항상 어떤 같은 평균을 유지하며, 전체적으로 더디 진보하지만 진화의 차원 안에서는 상대적으로 다소 동일한 상태에 머문다고 가정해볼 수 있다. 몇십 년 사이에 갑자기 천재들이 땅에서 사라지고 나면 몇 세대 지나지 않아 흉작이 들 것이라고는 상상할 수 없다. 그러나 우리가 쉽게 생각할 수 있는 것은 토양의 조건이 때로는 특히 좋을 때도 있고, 또 때로는 극히 나쁠 때도 있으며, 때로는 – 이런 경우가 흔한 것이 유감이지만 – 수백 개의 씨앗이 발아하지 않거나 제대로 발육하지 않을 때도 있고, 또 가끔은 생명력이 있는 모든 것이 그 성장의 극한에까지 도달할 때도 있다는 사실이다. 특정한 식물의 씨앗은 적합한 지대라면 더 이상도 더 이하도 아니게 바로 건강하게 제대로 싹을 틔워 성장한다. 그러나 그 씨앗이 너무 메마르고 너무 거친 땅에 떨어지면 앙상한 가지에 그 잎이 퇴색되고 시들시들한 식물을 보게 되거나 힘이 없어 땅에서부터 휘어져 겨우 기면서 천식을 앓는 듯한 난쟁이 식물을 보게 될 것이다. 그러나 그 씨앗을 기름진 땅과 온후한 수분을 머금은 열대성 풍토에 뿌리면, 그것은 본래의 모습을 알아볼 수 없을 만큼 신비로운 차원의 모양과 색채를 띠는 식물로 성장하게 될 것이다.

로만 민족은 천재에 대단히 유리한 풍토를 갖고 있다는 점에서

게르만 민족보다 유리한 위치에 있다. 로만 민족은 천재를 둘 수 없는 때에도 천재를 배출하기까지 했다고 말해도 무방할 정도다. 그들의 경우 위대한 인물은 항상 그 민족 전체를 대변한다. 괴테는 볼테르를 두고 프랑스를 말한 적이 있다. 마찬가지로 칼데론[18]을 두고 스페인을 말할 수도 있다. 그러나 게르만 국가의 경우 천재는 거의 항상 설명할 수 없는 예외, 살아있는 반항아, 다행스러운 우연으로 작용한다. 괴테조차도 자신을 두고 독일이라고 말할 수 없었을 터다. 마찬가지로 누구도 가령 셰익스피어는 영국 사람의 전형, 스트린드베리는 스웨덴 사람의 전형, 입센은 노르웨이 사람의 전형, 쇼펜하우어는 프로이센의 전형, 바그너는 작센 사람의 전형이라고 진지하게 주장하지는 않을 것이다. 이탈리아 르네상스 기간에 창작 활동을 한 빼어난 수많은 사람 가운데 누구를 두고서도, 그들은 수많은 이가 모호하게 감지한 것을 해박하게 형태화한 전형적인 순수 혈통 이탈리아인이었다는 점을 부정할 수 없다. 비교적 작은 이 중심지를 지배한 것은 창작자에게 최고의 가치가 될 수밖에 없는 갈등과 친화와 정신적 조밀함이었다. 도시공화정들 각각이 독립된 세계였다. 말하자면 자극과 긴장의 끝없는 동요 속에서 살아 움직이는 소우주였던 것이다. 벌집에서처럼 빽빽이 밀치고 들어서 진동하는 수많은 개인에 의해 온도와 체온이 상승하듯, 그 공동체도 고유한 기질을 가졌으며, 이 공동체가 발산하는 악습과 열정은 삶을 고양하고 예술을 촉진하는 자극제가 되기도 했다.

가끔 우리는 당시 이탈리아의 '정치적 분열상태'를 놓고 애석해하는 소리를 듣게 된다. 사실 민족 정치가의 관점에서만 생각해본다

이탈리아의
'분열상태'

---

[18] P. Calderon(1600~1681): 17세기 스페인 연극을 대표하는 극작가.

면 그런 상태는 즐거운 일이 아닐 것이다. 밀라노는 스포르차가(家), 피렌체는 메디치가, 만토바(Mantua)는 곤자가(Gonzaga)가, 페라라(Ferrara)는 에스테(Este)가, 바티칸은 교황이, 나폴리는 아라곤가가 지배했으며, 여기에 베네치아와 제노바와 같은 두 개의 해협 공화국과 더 작은 수많은 주권국이 있었다. 이 모든 국체는 공개적인 반목이나 은밀한 외교술을 통해서만 서로 싸웠을 뿐만 아니라 내부적으로도 사회적·정치적 당파로 분열되어 있었다. 그러나 민족정신의 고취와 정치력의 강화가 문화의 발전과 맞물려 돌아가는 일은 상당히 드문 일이다. 페리클레스 시대 그리스 사람들도 18세기 초 독일 사람들도 민족적 단일국가의 행운을 누리지 못하고 정치적으로 대단히 암담한 상황에 놓여 있었다. 그러나 그럼에도 당시 두 나라는 우리 행성에서 가장 강력한 정신적인 힘의 원천이 되었다. 반면 로마 사람들은 온 세상을 지배했을 당시 예술과 학문의 분야에서 빈약하기 그지없는 아류의 딜레탕티즘에 머물렀을 뿐이다. 카를 대제가 자신의 권력을 등에 업고 추진한 라틴 르네상스는 비참하기 짝이 없었다. 루이 14세 치하의 프랑스는 허세를 부리는 천박한 금란문화(金蘭文化)만을 형성했고, 나폴레옹 치하에서는 공허한 위선적 제국의 양식을 만들어냈을 뿐이다. 독일은 1813년 이후에도, 그리고 1870년 이후에도 의미 있는 예술적 발전을 취하지 못했으며, 특히 통일 이후 10년 동안 가장 속물적이고 정신이 가장 빈약한 저질의 문화시대를 경험했다. 한편 패배한 프랑스는 회화와 소설 분야에서 완전히 새롭고도 강렬한 예술을 산출했다.

진정한 인간적 교제방식인 친밀성은 수많은 작은 개인을 통해서만 가능하다. 진정 효과적이고 생동감 있는 교육이 되려면 학생 수가 아주 적은 학급을 전제로 하듯, 정신적 지도자와 민중 사이의 개별적 관계, 그리고 민중 그 개별 구성원들 사이의 관계가 제대로 맺어지려면 국가정체는 너무 거대할 필요가 없는 것이다. 이탈리아 르네상스의 생활은 지독한 방황 속에서도 인간적 면모를 상당히 많이 품고 있었다. 반면에 오늘날 삶은 비인간적인 모습을 취하고 있다. 말하자면 전혀 조망할 수 없을 만큼 영혼을 상실한 기계처럼 되어버린 것이다. 중세의 모습도 이탈리아 르네상스의 삶과 흡사하다. 중세의 심층적 실재론과 같은 내밀성은 어떤 거대한 국가의 모습을 취할 수 없었던 셈이다. 하나의 성, 작은 자치도시, 점처럼 흩어진 마을들이 그 현실의 모습이다. '세계제국'은 공허한 죽은 개념이다. 로마 사람들은 제국을 건설했지만, 그리스 사람들은 그렇게 하지 않았다. 왜냐하면 재능 면에서 더 뛰어났기 때문이다. 입센의 드라마나 모차르트의 오페라가 노천극장에서 공연될 수 없는 것도 바로 같은 이치이다. 진정한 정신문화는 언제나 상대적으로 작은 국가 안에서만 그 뿌리를 내릴 수 있을지 모른다. 가장 풍요로운 정신적 발전은 항상 아테네·피렌체·바이마르와 같은 난쟁이국가(Zwergstaat)에서 비롯되었다. 지금은 더는 '쪼개져' 있지 않는 이탈리아가 그 통일의 두 세대가 지나는 동안은 그저 프랑스 문화를 공허하고도 밋밋하게 복사하는 일에 급급했을 뿐이다.

향상된 정신문화는 '정치적 도약'·'군사적 팽창'·'민족적 의식의 고취'와 맞물려 돌아갈 수 있다. 그러나 이것이 항상 맞아떨어지는 법칙일 수는 없다. 아무튼, 한 단계 높은 모든 발전의 진정한 원천은 항상 어떤 위대한 사상에 있다고 할 수 있다. 위대한 사상은 대중을 강력하게 사로잡아 창조적이게 한다. 즉 그것은 공동의 행위를 하도록 촉구한다. 왜냐하면 창조적일 수 있게 하는 여타의 가능성을 대중은 갖고 있지 않기 때문이다. 위대한 사상은 정치적 형태를 취할 수 있다. 그러나 그것은 집단정신이 특별한 인공적 분위기를 조성할 때에만 표출될 수 있다. 사람들은 그리스 문화의 번영을 페르시아 전쟁과 연계시키기도 한다. 그러나 도대체 페르시아 전쟁이란 무엇이었던가? 그 본질에는 바로 사상이 있다. 쉽게 먹을 수 없고 소화할 수도 없는 반도 중의 작은 반도인 그리스는 거대한 서남아시아에 손쉽게 동화될 수 없다는 생각, 정신은 분자들보다 필연적으로 더 강할 수밖에 없다는 생각, 생명의 차원에서 질이 양보다 더 합당하고 더 활동적이라는 생각이 바로 그것이다. 당시 승리를 거둔 그리스 시민들은 마차포병과 거대한 함대, 훌륭한 막사와 하렘(Harem)을 거느린 페르시아 사람들보다 더 많이 생각하고 더 많이 느끼고 더 많이 관찰했다. 말하자면 내면적으로 더 강렬하게 살았던 셈이다. 근본적으로 말하면 당시 호메로스와 헤라클레스가 승리한 것이다. 그러나 그들이 승리했다는 것은 그들이 그곳에 있었다는 대단히 중요한 사실에 비춰보면 부차적 결과일 뿐이다! 300년 뒤 그리스도 정복을 당했다. 그러나 이 또한 부차적일 뿐이다. 그도 그럴 것이 로마 사람들이 정신적으로 그리스 사람들에게 의존했기 때문이다. 그것은 바로 호메로스와 헤라클레스가 언제나 그곳에 있었기 때문이다.

'고대로의
복귀'

르네상스 '사상'의 본질은 무엇인가? 이에 대해서는 이미 암시한 바 있다. 즉 인간은 자신이 신을 닮은 창조적 존재라는 점, 아니 그 자신이 일종의 신이라는 점을 인식했다 – 아니, 인식할 수 있다고 믿었다 – 는 것이다. 이는 새로운 힘으로 길을 여는 원조 프로메테우스의 사상이다. 이 사상이 표현되는 그 형식은 고대로의 복귀(Rückkehr zur Antike)이다. 그런데 여기에 하나의 문제가 있다. 왜냐하면 다음과 같이 물을 수밖에 없기 때문이다. 어떤 민족이 새로운 삶의 조류가 자신의 문화 속으로 파고드는 바로 그 순간에 오래전에 침몰한 다른 문화를 모방하겠다고 어떻게 생각할 수 있는가?

우선 이렇게 말할 수 있을 것 같다. 즉 이와 같은 '르네상스'는 고대와 다시 접합하는 것이고 유럽의 역사 과정에 고대의 교양 소재를 수용하여 완전히 습관화하는 것이며, 생물학적 법칙처럼 표현하는 것이다. 이로써 르네상스는 일련의 법칙성을 따라 세기가 지나도 부흥한다. 이미 알렉산드리아 문화는 기본적으로 하나의 르네상스로서 고전시대의 문학적 전통으로의 의식적·의도적 복귀를 의미한다. 로마의 문학이 그리스 문학의 형식일 뿐이며, 정확히 말한다면 단순한 번역문학일 뿐이라는 것은 일반적으로 알려진 사실이다. 중세도 두 개의 르네상스를 경험한 바 있다. 즉, 그것은 카롤링거 왕조 시대의 르네상스와 오토(Otto) 대제 시대의 르네상스이다. 그리고 이탈리아 르네상스도 결코 최후의 르네상스는 아니었다. 우리는 이 글을 전개하는 과정에서 종종 이와 유사한 운동들을 목격하게 될 것이다.

오래전부터 논의되어온 것은 이탈리아 르네상스란 향토사(鄕土史)의 연장일 뿐이고, 고대와의 정신적 관계가 온전히 분리된 적이 없었으며, 로마의 건축 및 조각 예술의 잔재가 도시와 농촌의 풍경에서 완전히 소멸한 적도 없었고, 피의 혼합과 새로운 문화의 유입으로 상당한 변화를 겪었음에도 그 민족의 성격은 본질적으로 지속 발전되어 왔다는 점이다. 이런 생명연장은 고대 로마에 그 뿌리를 둔 셈이다.

그러나 앞서 제기된 문제는 의외로 아주 쉽게 해소된다. 말하자면 이탈리아 르네상스는 '르네상스'가 아니라 그저 새로운 어떤 것일 뿐이다. 다시 말해 이탈리아 르네상스는 아주 사소할 정도로만 고대에 기대고 있어서 어떤 결정적 의미도 없는 표현의 방식만을 빌리고 있다고 할 수 있다. '고대로의 복귀'는 18세기에 설파된 "자연으로 돌아가자(Rückkehr zur Natur!)"는 구호처럼 누구에게나 자명한 손쉬운 장식 표현일 뿐이다. 페트라르카의 동시대인들도 루소의 동시대인들이 자연으로 돌아가지 않은 만큼 고대로 회귀하지 않았다.

페트라르카　　페트라르카는 고대에 대한 최초의 위대한 옹호자였다. 그는 지칠 줄 모르고 고대의 원고를 발굴·수집하면서 사본들과 대조·정서했다. 무엇보다 키케로의 수많은 편지글과 연설문을 재발견할 수 있었던 것은 그의 덕분이다. 그러나 근본적으로 그는 고대의 문헌 가운데서 자신이 지혜와 웅변술의 정수로 간주하는 것만을 유통하려고 했다. 하지만 자신이 한마디도 이해하지 못한 그리스어로 된 호메로스의 원본도 매력적인 것으로 보았다. 덧붙여 말한다면 그는 고대를 무조건 추종한 지성은 아니었다. 그가 신기원을 이룬 것은 키케로를 상기시킨 일보다 다른 업적을 통해서였다. 최초로 그는 뛰어난 연애시를 이탈리아어로 썼으며, 소네트 형식[19]을 창조했다. 이후 이 형식은 이탈리아 작가들과 독자들이 애호하는 장르가 되었다. 무엇보다 그는 근대적 감수성을 지닌 최초의 인물이었다. 요컨대 그는 (고대인들에게는 완전히 낯설고 이질적인 감수성에 해당하는) 세계고(Weltschmerz)의 시인, 루소 스타일의 매력적인 감성을 담은 인생고백록의 창시자, 지극히 낭만적인 자연적 매력의 발굴자였다. 그는 고대인들이 혐오한 등산을 시도한 최초의 인물이었다. 고대문화를 대할 때도 기독교적 색상을 입힌다. 그는 이렇게 말한다. "오,

---

[19] 시가(詩歌)의 한 형식으로, 14행으로 이루어진 짧은 시. 각 행은 10음절로 이루어지며 일정한 각운을 가짐.

선한 구세주 예수여, 모든 학문과 모든 정신의 진정한 신이시여, 내가 태어난 것은 학문을 위해서가 아니라 당신을 위해서입니다. 당신을 믿는 저 어린양들이 모든 지식을 다 갖고서도 당신을 알아보지 못하는 플라톤과 아리스토텔레스, 바로[20]와 키케로보다 훨씬 더 당신께 가까이 서 있습니다." 성구를 두고서도 그는 세속적 글귀에서보다 꽃은 적지만 열매는 훨씬 더 많이 취할 수 있다고 말한다. 대개 사람들은 그를 열광케 한 키케로 정신이 그에게 유용할 때는, 그저 많은 사람의 입에 오르내림으로써 **많이 회자된다**는 점을 보장해주는, 매끄럽고도 친숙하며 그러면서도 이해하기 쉬운 형식을 전유할 때일 뿐이라고들 말한다. 이에 기초하여 그는 오늘날 신문의 문예란에 해당하는 습작(Lehrbrief)이라는 장르를 개발했다. 그래서 그의 동시대인 가운데 많은 이는 그의 말투를 두고 일종의 코미디라고 비난하기도 했다. 이후 그는 이러한 비난을 종종 감수할 수밖에 없었다. 사실 그의 모든 창작물과 그의 유명한 연애 서정시조차도 제스처만을 취할 뿐 뭔가를 감추고 있는 주름들로 접혀있다. 결코 그 내심을 드러내지 않아 모호했다. 그도 그럴 것이 그의 삶의 노정과 그의 문학이 결코 일치하지 않기 때문이다. 그는 자신의 유일한 연인 라우라(Laura)에게 정열적인 시를 써 바쳤지만 그러면서도 몇몇 다른 여인과 연애관계를 유지했다. 그는 소박성, 이를테면 현실도피와 전원을 소재로 한 시를 쓰는 일에 몰두했다. 그러면서도 성직을 맡으려고 지속적으로 애썼다. 그는 명성을 경멸하는 듯한 태도를 보였으면서도 시인으로서의 영예를 차지하려고 백방으로 노력했다. 아무튼 열정적 성실성과 자기를 인식시키려는 영웅적 충동이

---

[20] M. T. Varro(BC 116~BC 27): 고대 로마의 뛰어난 학자이자 작가.

교차했다. 그는 이미 바로 근대의 복합적 성격을 소유한 셈이었다.

고대를 각성시킨 두 번째 인물로 불리는 **보카치오**의 고대 연구는 전적으로 형식 차원의 문제였다. 그는 자신의 스승 페트라르카의 경향을 완전히 기계적으로 수용한다. 그는 당시 그런 경향이 큰 유행을 타고 있다는 이유만으로 그것을 대변했다. 그는 그리스어를 배우려 했지만 그렇게까지는 하지 못하고 빠진 부분이 상당히 많은 호메로스의 번역물을 단순히 라틴어로 옮겨놓는 데 그치고 말았다. 후세대는 그를 아주 공평하게 취급했다. 그것은 그들이 그를 '데카메론'의 애교스러우면서도 음란한 생활 모습을 그린 저자로만 지속해서 상기한 점에서 그러했다. 15세기의 대단히 중요한 두 인문주의자인 에네아 실비오(Enea Silvio) – 그는 이후 교황 비오(Pius) 2세가 되었는데 – 와 포조(Poggio)도 고대의 세계관을 내심 싫어했다. 포조는 알렉산더 대왕을 흉악한 강도, 로마 사람들을 지구의 재앙으로 취급했다. 고대 세계 어디에서도 성실·경건·인간성을 찾아볼 수 없다는 것이다. 그리스의 경우 피렌체에서만 코시모 메디치(Cosimo Medici)가 설립한 플라톤 아카데미가 움직였을 뿐이라고 한다. 이 아카데미의 가장 중요한 일원인 마르실리오 피치노(Marsilio Ficino)는 플라톤의 탁월한 번역자이기도 했지만 플로티노스[21]의 번역자이기도 했다. 그는 플로티노스에게 플라톤과 같은 지위를 부여했을 뿐만 아니라 그를 자신의 철학의 전범으로 삼기도 했다. 여기서도 또다시 반고대적 경향을 보게 된다. 주지하다시피 신플라톤주의(Neoplatonismus)는 그리스 토착의 사유를 해체하여 신비주의적 사유로 전환한

---

[21] Plotinos(250~270): 고대 철학자, 3세기 로마의 영향력 있는 지식인·문필가 집단의 중심인물.

것을 의미한다. 그것은 곧 기독교 정신에 가까운 사변을 뜻하기도 한다. 이때의 인문주의자 대개는 정밀한 문헌학적 작업을 추진한 흔적을 찾아볼 수 없다. 원본이 임의대로 각색 · 수정 · 보완되어 동시대의 저술들이 아무 거리낌 없이 고대의 저술들로 출간되었다. 고대의 취향을 모방하는 르네상스 필치에도 문제는 고대 작가들을 현실에 맞게 내면화하는 전유의 방식이 아니라 진부한 문구들을 학생티를 내듯 그대로 베껴 쓰는 태도였다. 로렌초 발라는 키케로를 우상화하는 것에 반대하고 최초로 언어 및 문법의 학술연구를 도모했다. 그는 키케로를 퀸틸리아누스[22]의 문하생으로 다루었고, 세간에 엄청난 주목을 받은 그의 '우아한' 필치는 동시대 어떤 누구도 그만큼 표준 라틴어로 글을 쓸 수 없다는 것을 입증해 보일 정도였다. 그 외에도 그는 고대의 생활형식(Lebensform)을 현재로 전이하려는 시도를 우스꽝스러운 일로 치부했다. 일방적인 키케로 추종자들에 대해서도 반대했다. 폴리치아노[23]도 원숭이가 인간을 훨씬 더 많이 닮았지만, 황소나 사자의 모습이 원숭이의 모습보다 훨씬 더 멋진 것처럼 보인다고 기술한다. 르네상스 시기 가장 위대한 지성 가운데 한 사람인 조반니 피코 델라 미란돌라도 고전적 고대문화에 대한 편파적 숭배를 경고한다. 그는 중세 스콜라 철학자들의 목소리를 빌려 한번은 이렇게 말한다. "우리는 안드로마케의 어머니와 니오베의 아들들을 놓고 논쟁을 벌이는 자구에 얽매인 사람들이 다니는 학교가 아니라 신의 일과 인간의 일을 두고 좀 더 심층적으로 파고드는 현자들의 무리 속에서 영원히 살게 될 것이다. 이 무리에

---

[22] M. F. Quintilianus(35년경~?96): 고대 로마의 교육자 · 작가. 대표적인 작품으로는 수사학과 관련된 『웅변교수론』이 있음.
[23] A. Poliziano(1454~1494): 이탈리아의 인문주의자이자 시인.

더 가까이 다가설수록 야만인들조차도 혓바닥이 아니라 가슴에 정신을 품고 있다는 사실을 깨닫게 될 것이다." 그리고 그의 조카 프란체스코 피코(Francesco Pico)는 이렇게 말한다. "아우구스티누스를 플라톤에 비교하고, 토마스와 알베르투스 그리고 스코투스를 아리스토텔레스에 비교하는 것을 누가 부끄러워하겠는가? 누가 이사야보다 아이스키네스와 데모스테네스를 더 선호하겠는가?" 15세기 말엽 사보나롤라[24]의 지도로 강력한 반동이 이어졌다. 그것은 새로운 정신을 질식게 하고 고딕양식으로 되돌아가려는 최후의 영웅적 시도였다. 이 위대한 설교자가 쌓은 장작더미 위에서는 고대인들과 인문주의자들의 성과들도 또 다른 속세의 공허한 것들과 함께 불타올랐다. 물론 이 운동 전체가 막간극에 불과했다. 그러나 이 운동은 한동안 광범위한 계층들을 사로잡아 극히 지대한 영향을 미쳤다. 회화 · 문학 · 철학에 그 성격을 각인시켰으며, 일련의 탁월한 예술가로 하여금 이 운동이 표방한 세계상과 표현방식을 따르게 했다. 유쾌한 살롱 예술의 세속적 장인들과 도취적인 삶의 향유를 찬미하는 화가들이 우울한 몽상가와 세계를 경멸하는 고행자들로 변했으며, 부드러운 서정시를 쓴 시인들은 성직자와 같은 엄숙한 문장가들이 되었다. 그중 몇몇은 사보나롤라의 뇌성 같은 연설을 들은 뒤에는 더는 붓을 잡지도 않았다. 그 뒤 16세기 초에는 '인문주의자들의 퇴위'가 이어진다. 모든 세계가 그들에게서 등을 돌렸다. 누구도 더는 그들의 좀스러운 행위와 말꼬리 물기, 공허함과 선전욕구, 경박함과 부패, 피상성과 정신지체의 상태를 용인하려 하지 않았다.

---

[24] G. Savonarola(1452~1498): 이탈리아의 그리스도교 설교가 · 종교개혁자 · 순교자. 전제군주들의 부패와 맞서 싸운 것으로 유명함. 그러다가 결국 화형당함.

이로써 다음과 같은 결론이 나오게 된다. 첫째, 이탈리아 르네상스는 거의 **라틴** 르네상스와 같은 것이었다. 둘째, 이탈리아 르네상스는 오랫동안 주로 **문학**에만 연관을 맺었다. 셋째, 이러한 문학적 수용도 대개 이론적·학술적 차원에 그쳤다. 넷째, 고대문화에서 취한 것은 전형적인 고대적 요소들이 아니라 이미 기독교 문화를 예고한 그런 요소들이었다. 르네상스는 그 개별 대표자들의 경우에서만큼은 '이교도적'이었다. 그들이 기독교의 신앙 표상에 대해 회의적인 입장을 취했고, 심지어 일부의 경우 무신론적 태도를 보였다는 점에서 그들의 경우 르네상스는 부정적 의미를 지닌다. 고대 로마 시대의 이교도와 같은 종교와 세계관이라는 긍정적 특성들은 유치할 만큼 피상적인 형태를 취했다.

삶을 형태화하고 삶을 지배하는 포괄적 힘은 친퀘첸토 첫 10년 친퀘첸토
사이에 등장한 의고전주의(Klassizismus)였다. 그것은 고딕과 바로크 사이에 낀 짧은 막간극(Intermezzo)이었다. 건축술과 만테냐(Mantegna)나 시뇨렐리(Signorelli)와 같은 화가들의 경우에서는 이미 의고전주의가 좀 더 일찍이 시작된 셈이다. 의고전주의는 여섯 세기에 걸쳐 보편적 열정과 기예로 확립된 이념이 된다. 그 시대를 가로지른 표어는 윤곽(Kontur)이다. 말하자면 조소(彫塑)가 회화를 점유한다. 동시에 당시 조명을 받은 고대의 몇몇 조각상을 모범으로 한 단순화 의지(Verfachungswille)가 지배적이게 된다. 비참한 쇠퇴의 형식을 취한 이처럼 차갑고 공허하고 삭막한 아류 예술이 곡해된 결정적인 전범이 됨으로써, 그 전제적 압박에 눌려 이제 모든 것이 인위적으로 소독되고 다림질되어 영혼이 사라진 삭막한 형식을 취한다. 오만방자할 만큼 일체의 장식을 배격한 이러한 형식은 콰트로첸토의 건축물을 두고 볼 때 엄청난 승리를 거둔 셈이지만, 자연에 부합되게 천부적

본성의 특권만을 고집해서 생활의 모든 표현을 장악했다. 그러나 그것은 소인배들의 손아귀에서 오만방자하고 자족적인 고리타분함으로 일그러졌다. 단순함은 빈곤, 명료함은 천박함, 청순함은 정화로 표출되었다. 로마제국의 예술이 고대 로마의 대상(大商)이 지닌 경직되고 빈약한 정신세계의 욕구에 상응했듯, 이제 예술은 갑자기 배타적인 규범이 되어 지고의 이상으로 승화되었다. 16세기에는 비트루비우스[25]가 압도적인 영향을 미치기 시작한다. 그의 교본이 건축가들 사이에서는 절대적 규범집으로 통했다. 물론 알베르티는 이에 대해 달리 생각했다. 그는 자신의 책 『회화론(Trattato della pittura)』에서 이렇게 말한다. "고대 사람들은 위대해지는 것이 상당히 쉬웠다. 그들은 학습의 전통을 통해, 지금 우리라면 엄청난 노력과 경비를 들여야 경험할 수 있는 그런 지고한 예술들을 감상할 수 있었기 때문이다. 물론 오늘의 우리가 더 위대할 수도 있다. 왜냐하면 우리는 **선생도 전범도** 없이 예전에 우리가 듣지도 보지도 못한 예술과 학문을 찾아내고 있기 때문이다." 친퀘첸토는 삶이 지닌 기적과 신비와 혼동, 그 규명 불능성과 불합리성을 예술과 분리해놓고 말았다.

토르소와 같이 미완의 조각 작품조차도 극히 제한된 범위에서만 영향을 끼쳤을 뿐이다. 고대의 회화보다는 고대의 시인들과 웅변가들이나 공론가들의 영향이 더 컸다. 도대체 이 시대 사람들은 고대에서 무엇을 전수받았을까? 좀 자세히 살펴보면, 한 쌍의 기둥 형식과 지붕 형태, 원형 아치와 천정의 우물모형, 기념패와 꽃무늬, 유창한 표현법과 은유법, 라틴식 이름과 이교도적 알레고리(Allegorie), 순

---

[25] M. Vitruv(?~?): BC 1세기에 활동한 로마의 건축가. 「건축 십서(十書) (De architectura)」라는 논문이 유명함.

전히 이것들이 전부인 것처럼 보인다. 교황을 대제사장, 추기경을 원로원, 도시 관료를 집정관과 대법관, 수녀를 여사제로 호칭했다면, 그리고 조반니(Giovanni)를 야누스(Janus), 베드로(Pietro)를 페트리우스(Petreius), 안토니오(Antonio)를 안토니우스(Antonius)라는 라틴어 이름으로 고쳐 불렀다면, 그리고 어떤 시인이 어리석게도 "우리를 위해 십자가에 못 박히신, 오 최고의 신 주피터여"라고 노래하고, 또 다른 어떤 이가 성모상에 걸려 있는 성체(聖體)의 등불을 플라톤의 가슴 위에 올려놓았다면, 이는 우리에게 한갓 유행의 괴벽이나 기괴한 변모로만 비칠 것이다. 그러나 문제는 이와 같은 사람들이 모범적인 고대 예술에서 어느 날 갑자기 막강한 영향을 입고 새로운 예술과 언어와 세계관을 창조한 것이 아니라는 점이다. 오히려 이 전체 과정을 제대로 해명해보자면, 그처럼 새로운 관찰의 유형은 이미 당시 그곳에 잠복하고 있었고 그저 범례를 따르려 했을 뿐이라고 말하는 것이 옳을 수 있다. 왜냐하면 사람들은 그러한 범례들 속에 유사한 세계감정이 구현되어 있다고 보았거나 그 속에서 그런 감정을 찾을 수 있다고 믿었기 때문이다. 로마의 잔재들은 곳곳에 그것도 아주 오래전부터 다양하게 이미 현존해왔다는 점을 비트루비우스는 이미 깨우치고 있었지만, 이탈리아 사람들은 그때서야 비로소 그 모범들을 좇아야겠다고 생각했다. 이들은 합리주의 · 간결한 형식 · 현세를 추구하고 회의적 태도를 보였기에 고대의 로마인들이 된 셈이었다. 문학과 관련하여 특기할만한 사실은 물려받은 전통 전체 가운데 바로 키케로가 독보적인 위치를 점유했다는 점이다. 그의 웅변은 맑은 물처럼 투명했지만, 장식 기술이 발휘되어 찰랑찰랑 흐르는 듯했고, 손에 잡히듯 간명하면서도 광채가 나는 구조를 형성하여 쉽게 사고체계를 자극했다. 외형상 화려한 그의 사유

체계는 내적 빈곤을 교묘히 은폐하는 만물 백과사전처럼 보였다. 그것은 마치 시대적 요구를 적실하게 충족시켜 줄 수 있는 것처럼 여겨졌다. 그래서 어떤 인문주의자들은 키케로 외에 다른 어떤 것도 읽기를 꺼렸거나 그의 입에서 나오지 않은 말은 사용하지 않으려 했다.

양식화의 의지 사실상 르네상스 운동의 바닥을 의미한 이른바 고도르네상스의 시기에도 웅장함은 빠지지 않았다. 그것은 모든 생활의 표현을 관통하면서, 모든 예술작품에 견줄 바 없는 장엄함과 화려함과 근엄함을 부여한 웅장한 양식화의 의지(Stilisierungswille) 덕분이었다. 여기에는 의식적으로 자연에 맞선 쾌활한 재현의 성격이 담겨있다. 왜냐하면 이러한 재현은 자연을 다르게 받아들이려 하기 때문이다. 말하자면 자연적으로 속물적으로 자명한 형태로 '양식 없이' 자연을 받아들이는 것이 아니라 장중하게 형식적으로 다듬고, 미적 감각을 살려 장식하고, 세심하게 주름을 잡아 내놓은 것이다. 북부 지방의 의상을 살펴보면 그 시대정신이 가장 개성적으로 표현된 것임을 알 수 있다. 남부에서도 그 똑같은 형태가 나타나지만 그 경향만큼은 반대이다. 여기서는 왕의 의상처럼 존엄한 인상을 풍기는 것을 멀리하는 듯한 의상이 유행한다. 화려한 색채와 기괴한 형태를 꺼렸다. 바닥을 끌 만큼 의상을 늘어뜨려 물결이 이는 듯한 효과를 내게 했다. 그 기본 톤은 힘 있게 흘러내리는 굵은 선이었다. 여성들에게 요구한 것은 풍만한 가슴과 탄력 있는 엉덩이에 늘씬한 키였다. 그렇지 않으면 외모가 풍속화에서나 볼 수 있는 것처럼 저속하거나 왜소한 모양을 풍기지 않도록 꾸미게 했다. 그래서 비단 · 명주 · 금란과 같이 장중한 멋을 내는 소재를 선호했다. 바닥을 끄는 긴 옷자락, 통이 큰 소매, 어깨가 넓은 외투, 인조 가발뿐만 아니라 부분적으로 희거나 노란 명주실을 넣은 가발로 두툼하게 위로 올린 머리 모양을 좋아했다. 유행 색은 우아한 금발이었다. 여성들은 모든 가능한 비약과 염색약을 동원하거나 온종일 햇볕 아래 누워 금발을 가꾸려 했다. 모든 여성은 여신 주노(Juno)의 느낌을 풍기고 모든 남성은 주피터(Jupiter)의 위엄을 갖추려 했다. 그래서 길게 멋지게 기른 수염이 또다시 등장하게 된다. 청년티를 내는 것은 소녀티를 내는 것만큼이나 미숙한 것으로 여겨졌다. 성숙한 남성과 원숙한 여성만을 높이 평가했다. 남성의 특성이 있는 여성이 사랑을 받았다. 남성복으로서는 차분하고 어두우면서 눈에 잘 띄지 않는 색이 유행의 규정처럼 받아들여졌다. 여성들은 수십 파운드의 무게가 나갈 만큼 속을 두툼하게 채운 스커트를 걸쳤으며, 그것은 엉덩이를 강화하는 데 이용되었다. 가슴을 위로 밀어 올리는 코르셋과 굽이 높은 구두를 착용했다. 걷고 서고 앉는 모든 거동의 이상형은 자유로우면서도 우아한 기품, 자제된 안정, 말하자면 **고요한 장중함**(*gravità riposata*)이었다. 걸음은 더는 걷는 것이 아니라 배회하는 것을 의미했다. 생활이 항상 우아한 환영파티, 인상적인 사교축제, 웅대한 사교무대였다. 이 무대에서 손가락 끝까지 세심하게 관리하는 사람들이 자신들의 완벽한 행동거지의 멋진 재주를 과시했다.

전성기 이탈리아 르네상스를 지배한 기본특성은, 이내 프랑스로 옮겨가 그곳에서 오래 안착한 극단적 합리주의였다. 미슐레[26]는 이렇게 말한다. **"예술과 이성의 조화, 그것이 바로 르네상스다."** 이 공식은 모든 것을 함축하고 있다. 르네상스는 세계를 나누고, 배치하고, 조율하여 맑게 조망할 수 있게 하려 했다. 이러한 계기에서 르네상

---

[26] Jules Michelet(1798~1874): 프랑스의 역사가.

스가 건설하고 파괴하고, 긍정하고 부정하고, 발굴하고 묵살하고, 인식하고 오해한 그 모든 것이 흘러나온다. 르네상스는 현존재를 **포착하고** 조직하려고 하며, 어느 시대에서든 쉽고 안전한 방향의 정립이 가능하도록 하는 관점을 제시하려고 한다. 그 이상은 모든 영역에서의 균형, 즉 박자이다. 이런 방향에서 그 정상을 취한 것은 르네상스 건축물의 율동미 있는 구조와 선의 조화이다. 여기서는 단순성과 천재성이 돋보인다. 그 밖의 모든 것에서도 상황은 마찬가지였다. 정원·가구·장식품 따위를 배치할 때, 그림과 조각품을 잘 보이는 곳에 통일적으로 정돈할 때, 인간의 신체와 그를 둘러싼 환경을 균형감 있게 파악할 때도 지배한 것은 수학적·음악적 원리였다. 당시 모든 예술가는 작곡의 탁월한 대가들이었다. 그러나 이외의 것들과 관련해서는 눈에 띄는 것이 별로 없다.

소피스트의 시대   이탈리아 르네상스는 사실 소피스트의 시대라고 불러야 마땅할 페리클레스 시대와 아주 흡사한 면모를 지닌다. 펠로폰네소스 전쟁·아테네 민주주의·아테네의 희극, 이는 그야말로 소피스트적 현상들이었다. 물론 이때 염두에 두는 것은 이러한 철학적 학파의 성격을 담고 있지 않은 궤변론의 통상적 개념이 아니라 플라톤에 의해 확산된 비꼬는 말투뿐이다. 근본적으로 모든 의고전주의, 이른바 모든 '황금' 시대는 소피스트의 특성을 지닌다. 아우구스티누스와 나폴레옹의 시대도 페리클레스 시대와 친밀한 유사성을 보여준다. 예술·세계관·집필에서 정화(淨化)의 힘을 발휘하는 논리학이 승리한다. 이런 유사성은 우리의 경우 우선 정치적 생활 형태에서 나타난다. 민주주의나 사이비 민주주의에 근거하여 다소 전제정치를 펼친 두 번에 걸친 도시공화정이 있었다. 메디치가의 방식대로라면 페리클레스도 자신의 권력을 오직 '제1공민'으로서 행사했을 뿐이다. 왜냐하면 페리클레스는 자신의 권력을 상속법이나 왕권신수설에 의존치 않고 정치적 영악함, 자기 성격의 조정력, 탁월한 예능에 의존했기 때문이다. 반면 테미스토클레스[27]나 알키비아데스와 같은 인물은 재능은 있으나 지조가 없고, 정치적 추진력은 있으나 애국심이 결핍되어 있어 뛰어난 용병대장 정도에 불과한 것이다. 그밖에도 이탈리아의 작고 허약한 도시에 대해서는 큰 도시가 냉혹하고도 이기적이며 증오에 찬 불확실한 헤게모니를 행사했다. 그것은 그리스가 '동맹국'에 행사한 헤게모니와 같은 것이다. 그들은 '민족통일'에 대한 어떤 감정도 아랑곳하지 않고 비열하고 잔인한 온갖 수단을 동원하여 서로 싸웠다. 다른 한편 그들은 다른 모든 민족보다 우월한 공동의 문화를 갖고 있다는 의식을 통해 서로 연결되어 있다는 감정을 가졌다. 그래서 예술적·정신적 문제에서는 연대감을 가졌지만 모든 정치적 사건에서는 그 못지않게 불치의 분열 형태를 보였다. 이런 유사성은 내부 정책의 상황에서도 같은 수준으로 나타난다. 르네상스 이탈리아에서도 우리는 시민들이 전권을 요구하는 과대망상의 폴리스에 맡겨져 있음을 보게 된다. 과도한 전횡·저속한 질투·중상모략·소유욕에 의한 타락·파렴치한 억압이 극치를 이루었고, 탁월한 인물들을 의심·박해·추방·살해하는 일을 최고의 원리로 삼았다. 단테와 사보나롤라의 운명은 페이디아스[28]와 소크라테스의 그것과 맞먹는다. 정신적·사회적 생활

---

[27] Themistokles(BC 524년경~BC 460년경): 고대 그리스 아테네의 정치가·해군전략가. 그 유명한 살라미스 해전에서 승리함으로써 그리스가 페르시아에 예속되는 것을 막을 수 있었음.

[28] Phidias(BC 480~BC 430): 고대 그리스의 조각가. 서양 고대 최고의 조각가·건축가로 알려져 있음. 그 유명한 파르테논 신전 조각에서도 중요한 역할을 했음.

에서 고급 기생들이 한 전대미문의 역할에 대해서도 생각해볼 수 있고, 동성애의 예술적·사회적 의미를 생각해 볼 수도 있다. 끝으로 해가 중천에 떠 있을 때 자살로 끝을 낸 두 문화는 강렬하면서도 짧은 번영기를 누렸다. 요컨대 플루타르코스는 B.C. 5세기의 아테네 사람들을 두고 그들은 극히 악한 만큼 극히 선하기도 했으며, 꼭 아테네의 풍토처럼 극도로 달콤한 꿀과 치명적인 독소를 지닌 미나리를 동시에 생산했다고 말한 바 있다. 이는 르네상스 시기의 이탈리아 사람들에게도 해당하는 말이다.

인문주의자들

당연히 인문주의자들은 소피스트들에 견줄만하다. 이때 떠올리게 되는 것은 그들의 과도한 자기 정화, 정제된 변증법, 정열적 탐구욕, 드물지 않게 싸움뿐만 아니라 때로는 살해를 촉발키도 한 냉혹한 상호경쟁, 합리주의와 비판주의, 인간을 '만물의 척도'로 삼는 관습적 주관주의, 극한의 무신론으로까지 나아가는 – 물론 기존 신앙의 외형을 공격하지는 않는 – 종교적 회의주의, 지금까지의 관점과 대립하여 인식과 지식의 확산을 업으로 삼는 편력하는 대가의 재능, 달변에 (달변을 두고 에네아 실비오[29]와 같은 예민한 지성은 달변만큼 세계를 지배할 수 있는 것은 아무것도 없다고 설명한다) 대한 극단적 숭배 등이다. 그들이 여러 약점과 결점에도 불구하고 대성황을 이루고, 오늘날 우리에게 거의 병리적 현상처럼 보일 만큼 하나같이 칭송되고 있는 데는 두 경우 모두 같은 이유가 있기 때문이다. 그들은 그 시대의 마음을 읽고 그 마음으로 말했다. 말하자면 그 시대의 심층적 소망과 요구를 기막힐 정도로 예리한 감각

---

[29] Enea Silvio Piccolomini(1404~1464): 210대 로마 교황. 유명한 인문주의자 가운데 한 사람으로 콘스탄티노플을 점령한 오스만투르크에 맞서 십자군을 일으키려 했으나, 목적을 이루지 못하고 세상을 떠남.

으로 간파했다. 그들은 사람들의 무한한 마음을 움직일 줄 알았고, 부단히 움직이면서 적응하는 능력을 갖추고 있었으며, 고상한 호기심과 지적 욕구를 갖고서 정신의 모든 대상을 받아들일 넓은 도량이 있었다. 삶의 질을 한 차원 끌어올리는 그 능력에서도 당대의 합법적 대표자들이었던 셈이다.

사실 인문주의자들은 그 시대 가장 명망이 높은 사람들이었다. 누구나 그들의 호의를 얻고 그들과 교제하고 싶어 했다. 그들은 조형예술가들보다 사회적으로 더 높이 평가되었다. 르네상스의 모든 창조적 힘이 오로지 그들에게만 집중되었다는 것은 특기할만한 사실이다. 궁중의 광대들조차도 화가와 건축가들보다 더 높은 사회적 지위를 누리는 일이 드물지 않았다. 물론 사람들은 그들의 재능을 즐기면서 자자하게 칭송도 했지만, 일종의 좀 더 나은 하인으로만 취급했을 뿐이다. 다만 라파엘로만이 그의 탁월한 사회적 재능, 말하자면 개인적 호의와 재현 능력 덕분에 예외적인 대접을 받았다. 바사리는 『이탈리아의 뛰어난 건축가 · 화가 · 조각가의 생애(*Le Vite de'più eccelleti architetti, pittori, et scultori italiani*)』에서 스스로를 화가로 명확히 규정한다. 이때 그는 자신의 동료들에게 정중한 예의를 갖춰 깍듯이 대한다. 그러면서 그는 자신의 동료 가운데서 작가가 탄생해야 한다는 식의 아부 섞인 말을 하기도 한다. 알베르티는 예술가들에게 시인들은 물론이고 수사학자들과 교제할 것을 충고한다. 이들이 예술가들에게 소재를 제공한다는 것이다.

이로써 우리는 이미 간략히 언급한 바 있는 매우 특기할만한 지점에 이르게 된 셈이다. 즉 그것은 르네상스의 '문학성'이다. 인문주의자들은 예술가들에게 '소재'뿐만 아니라 정신의 심층을 이루는 모든 소재, 이를테면 세계상과 의식의 재료, 캔버스와 프로그램도

르네상스의
'문학적' 성격

제공했다.

앞 장에서 우리는 조형예술, 특히 회화가 세계를 새로운 방식으로 파악하고 이 세계의 특성을 가장 먼저 찾아내는 표현수단이라고 말한 바 있다. 그 이유는 다음과 같이 설명할 수 있다. 개인의 성장 과정을 관찰해보면, 어린아이의 경우 자신이 받아들여 가공하는 첫 인상들은 눈을 통해 이루어진다는 사실을 확인할 수 있다. 어린아이는 듣거나 심지어 생각하는 것보다 보는 것이 훨씬 먼저 이루어진다. 집단의식의 형성과정도 이와 유사한 연대기적 순서를 따른다. 개별 문화시기의 생활을 채우는 새로운 내용은 우선 회화 · 조각 · 건축과 같은 시각예술(Gesichtskunst)에 의해, 그다음에 시와 음악과 같은 청각예술(Gehörskunst)에 의해, 마지막으로 과학 · 철학 · '문학'과 같이 사유하고 해석하는 예술에 의해 포착된다. 말하자면 새로운 **감각**이 먼저 있고, 한참 뒤에야 이 새로운 **감각**에 관해 묻게 되는 것이다.

이러한 규칙에서 이탈리아 르네상스는 예외적이다. 여기서는 문학이 조형예술을 앞질렀다. 조형예술이 아직도 중세에 묶여 있거나 순전히 자연주의를 추구하고 있을 때 고대 예술의 모방과 르네상스 및 의고전주의가 이미 언어예술로 표현되고 있었다. 이런 모순된 변칙이 어떻게 일어날 수 있었던가? 이 수수께끼는 단순한 시각적 착각을 벗겨내고 조형예술에 앞선 문학을 조금만 더 자세히 살펴보면 이번에도 아주 쉽게 풀린다. 말하자면 문학은 다른 여러 예술과는 전혀 다른 차원에 놓여 있다. 일반적으로 말해 그것은 예술이 아니라 전적으로 비생산적인 불임의 학술적 강령이자 양식적 유희인 셈이다. 조형예술이 이미 꽃을 피워 만개한 지 오래된 16세기에 서야 비로소 창조적인 문학, 즉 그 이름값을 하는 시가 출현하며,

이때도 시는 그 정신적 자세에서 회화에 한참 뒤처져 있었다. 아리오스토[30]와 타소의 서사시는 원근법이 없었으며, 해부학에 대한 지식, 고도의 개별화 능력, 진정한 연극술과 현실의 초상화가 결핍되어 있었고, 그 구성법은 초보적인 단계에 있었다. 심층의 차원이 없이 단선·직선적이었고 장식으로 덮여 있는 꼴을 취했다. 특히 르네상스 예술가들의 최고 영예를 의미한 고귀한 단순성과 자연성이 없었다.

사실 두 세기 동안 시문학예술(Dichtkunst)도 조형예술도 없었다고 볼 수 있다. **다만** 예술을 새로운 것, 창조적인 것, 고유한 것, 즉 **탄생**으로 이해한다면 조형예술 같은 것은 있었던 셈이다. 그러나 이런 확신은 조형예술이 여느 때와는 달리 과학적 토론·연구·회상을 통해 일부 살아났다는 또 다른 확증에만 제한해야 한다. 이런 현상은 일종의 르네상스의 저주처럼 보인다. 왜냐하면 이로써 전체 운동에서 지식적인 것·인공적인 것·의도된 것·만들어진 것·내세워진 것 등의 성격이 부각되었기 때문이다. 이러한 성격은 세대를 거듭하면서 더욱 강화되어 그 진행 수준이 마침내 황폐한 강령을 불러올 지경에 이른다. 이는 내실 있는 성장의 모든 씨앗을 죽일 수밖에 없는 영혼의 상실과 냉혹함으로 치달았다.

파괴의 흉한 균열은 이제 문화의 모든 고차원적 활동영역을 가로지른다. 예술은 전문가의 일, 지혜는 학자들의 몫, 풍습은 유복한 사회의 문제로 통한다. 화가·조각가·시인은 더는 신성한 축복의 진리를 탐구하고 포교하는 사람들로서 모든 인류를 위해 창작활동을 하는 것이 아니라 '정교함'의 가치를 이해할 줄 알고, '부가표상

문화의 절단

---

[30] L. Ariosto(1474~1533): 이탈리아 인문주의자·작가·군인.

(Nebenvorstellung)'을 실행할 수 있는 '조건'을 갖춘 소집단을 위해서 활동한다. 건축의 장인들은 이제 더는 중세에서 그렇듯 보편적인 신의 욕구를 충족시키는 집행자로서가 아니라 예술적 식견이 있고 예술을 애호하는 교황과 화려한 장식을 선호하는 영주, 혹은 명성을 좇는 일반 개인에 고용된 사람으로서 교회와 대성당 같은 건물을 지었다. 사상가들은 선별된 전문 대중을 위해 명상활동을 했고, 시인들은 민감한 취향을 가진 특권계급을 위해 그들의 시를 다듬었다. 예술작품은 부자들의 삶을 윤택하게 하는 장식용으로 쓰였으며, 음악은 고등 학문에 포함되었다. 전쟁·정의·정치·상업, 따위와 같은 모든 일도 전문가의 몫으로 돌려졌다. 건축물들은 그 이마에 근대의 정신을 명확히 새기고 있다. 한결같게 차갑고 무뚝뚝하며 예리한 모양을 취하고 있어서 사람들이 그 속에서 살 수 있다고 믿기 어렵다. 주택들이 그 대표적인 사례에 해당한다. 그 벽은 접근하기가 거북할 만큼 화려한 장식을 하고 있다. 초상화에서는 위대한 남성들과 우아한 여성들만 볼 수 있을 따름이다. 성모 마리아는 더 이상 **가련한 처녀**(donna umile)가 아니라 동일한 자격을 갖춘 주권자로서 세 명의 신성한 왕을 품에 안고 있는 당당한 **마돈나**(Madonna)로 등장한다. 요컨대 그리스도는 근접하기 어려운 만군의 주인으로, 아기 예수는 엄격한 교육을 받아 장래의 자기 신분을 의식하고 있는 황태자로, 사도들은 냉정한 자의식적인 기사들의 모습을 취하고 있다. 화가는 우아한 사람들을 위해 우아한 사람들의 세계를 그림으로 그렸다. 우아한 사람들은 '아가 방'을 두고 있었으며, 거친 말과 급한 행동, 무질서를 혐오했다. 그들은 풍요와 안락, 품위 있는 분위기에서 성장했으며, 결코 함부로 행동하지 않으려 했고, 친숙한 척도 하지 않았으며, 어떤 동요와 기습의 순간에도 자세를 흐트러뜨리

지 않았다. 화가들은 이런 웅장한 세계에서 취향으로 통하는 것만 그렸다. 감동이 없었다. 감동이라고 한들 그것은 통속적이었다. 서사가 없었다. 서사라고는 대중적 취향을 따른 것일 뿐이다. 세부사항도 없었다. 세부적인 것이라고는 바자 따위에서 볼 수 있는 것들뿐이었다. 명료함과 다의성과 함축성이 없었다. 신사(Gentleman)는 다의적이지 못하다. 요란한 색채도 뚜렷한 명암의 대조도 없었다. 민감한 사람은 걸어다니기 어려울 지경이다. 조형물과 건축물에서 최대한 안정과 우아한 인상을 풍기게 하려고 하얀 돌만을 사용했으며, 이로써 진정 로마 문화를 모방한 것이라고 믿었다. 그런데 이는 바로 로마 제국이 다채로운 물질, 즉 녹색 · 붉은색 · 노란색 · 보라색, 얼룩무늬와 줄무늬, 그리고 불꽃모양의 무늬가 들어간 돌에 대해 얼마나 열정적이었는지 모른 데서 빚어진 일이다. 로마 사람들은 건축물의 전면과 부조(浮彫)에 최대한 밝고 화려하게 색칠했으며, 개선문과 입상과 흉상을 강렬한 색채로 꾸몄다.

당시 고리타분하며 아는 체하고 거만한 전문가와 학자 유형이 탄생했다. 이 유형은 오늘날까지도 유럽문화에 전염되고 있다. 중세에는 인간이 성직자와 평신도로 나뉘어 있었다. 이제는 인류를 가르는 2차 절단이 이전보다 훨씬 더 깊고 예리하게 돼가고 있다. 교양을 쌓지 못하고 교육을 받지 못한 사람들, 이를테면 '민중'으로서 **새로운 평신도**와 삶의 모든 수수께끼를 풀 열쇠 보관자로서 아카데미에 봉직하는 정통의 식자들이 계속 생겨나고 있는 지경이다. 새로운 귀족이 등장하고 있는 것이다. 이들은 예전의 귀족들보다 훨씬 더 편협하며, 접근하기 어려울 만큼 오만방자하고 훨씬 더 비인간적이며 배타적이다.

여기서도 페리클레스 시대와의 유사성은 한계를 드러낸다. 당시에는 총체적 문화가 있었다. 물론 여기에는 중의적 의미가 담겨 있다. 첫째, 이때의 문화는 모두를 위한 것이었다. 누구든 소포클레스·페이디아스·소크라테스와 같은 인물들뿐만 아니라 투키디데스와 히포크라테스와 같은 '학자들'도 이해했다. 둘째, 모든 영역에서 (이는 첫 번째 문화의 결과인 듯한데) 최고에 도달한 문화가 있었다. 반면에 르네상스 시기의 이탈리아 사람들은 보편주의를 들먹였지만 그저 기술적 형식적 차원에 머물렀고, 그래서 문화의 중요한 여러 갈래에서 결실을 거두지 못했다. 그들의 유일한 독창적 창작은 〈사냥(caccia)〉이라는 음악이었다. 이 음악은 악기를 동반한 일종의 2부 합창곡 같은 것이지만 일상생활의 온갖 잡음이 뒤섞여 있었다. 빗방울 튀는 소리, 시장 상인들의 흥정 소리, 길에서 외치는 소리, 처녀들이 재잘대는 소리, 동물들의 울음소리 따위가 마치 후렴구처럼 반복되었다. 이는 물론 현대적 표제음악(Programmusik)의 초기 시도라고 볼 수 있다. 이러한 이탈리아 사람들은 창조적인 철학자도 배출하지 못했다. 르네상스가 사멸한 뒤에야 비로소 팔레스트리나[31]나 조르다노 브루노[32]와 같은 세계적 수준의 음악가와 사상가를 배출한 것이다. 드라마 활동은 생활을 관찰하는 기지 넘치는 풍자적 익살극에 국한되었다. 마키아벨리의 『만드라골라(Mandragola)』조차도 아주 빼어난 오락문학일 뿐이다. 가장 진지한 장르는 단순한 장치연극(Ausstattungsstück)이었다. 이 연극은 오늘날 거의 알려지지 않

---

[31] G. P. da Palestrina(?1525~1594): 이탈리아의 작곡가. 16세기 이후 르네상스 최후의 거장으로 통함.

[32] Giordano Bruno(1548~1600): 이탈리아의 철학자·천문학자·수학자·신비주의자. 로마가톨릭교회의 전통 천문학에 맞서 코페르니쿠스의 태양 중심 이론을 수용하는 등, 주류 교권에 맞섬으로써 화형대에서 이슬로 사라짐.

았지만 화려한 무대장치가 동원된 판타지로 채워져 있다. 아무튼, 당시 이탈리아 사람들은 드라마처럼 강렬하게 그림을 그리고 모델을 만들고 건축을 했으며, 특히 **삶을 그렇게 살았기** 때문에 글로 쓰인 연극작품이 결핍되어 있다고 해서 비난할 수는 없다.

이탈리아 르네상스의 역사는 그림으로 쓰였다. 화가들은 이탈리아의 사회적 정신이 14세기 중엽부터 16세기 중엽까지 묘사한 그기이한 길의 굽이굽이를 가장 부드러운 이해와 가장 강력한 표현력으로 반영했다. 그러나 그럼에도 그중 한 사람을 그 시대정신의 절대적 대표자로 감히 선정할 수밖에 없다. 대신 일찍이 2위와 3위의 스타 순위에 오른 인물들도 고려할 것이다. 예컨대 피사넬로[33]는 콰트로첸토 시기의 인간을 채우고 있었던 다채로운 세부사항들에 대해 순수하면서도 해박한 희열을 표현하려고 대단히 풍부한 언어를 구사했으며, 베노초 고촐리[34]는 새로운 세대의 쉼 없이 들끓는 삶의 쾌락을, 생활의 전모가 영원한 카니발처럼 보이는 축제·행렬·건축 등에 대한 청춘의 열정을 시로 풀어내어 물결 같은 심포니를 만들어냈다. 다른 한편, 사보나롤라 시대는 검소·고행·정신화의 형태를 취하면서도 항상 사랑스럽고 부드러운 웃음을 머금고 있는 페루지노[35]의 인물들 덕분에 감동적인 기념비를 세웠으며, 예술사에서 예명 소도마(Sodoma)라는 이름으로 계속 살아가고 있는 조반안토니오 바치[36]와 같은 예술가의 경우에서 르네상스의 절정을 보게 되

---

[33] Antonio Pisanello(1395년경~1455): 이탈리아 화가이자 조각가. 많은 벽화를 남겼음.
[34] Benozzo Gozzoli(1420~1497): 이탈리아 초기 르네상스 시대 화가.
[35] Perugino(1450~1523): 이탈리아의 초기 르네상스 화가. 라파엘로의 스승.
[36] Giovanantonio Bazzi(1477~1549): 이탈리아의 르네상스 시대 화가.

며, 타락과 도착중으로 연결될 수 있는 그 세련된 향락의 감수성은 지극히 개성적인 면모를 드러내고 있다. 그러나 르네상스를 거론할 때 누구도 그와 같은 이름을 떠올리지 않는 것이다. 미켈란젤로·레오나르도 다빈치·라파엘로에게 확고한 지배권을 준, 즉 그들을 3거두로 불러온 것은 오래전에 확고하게 자리 잡은 전통이 되었다.

미켈란젤로   유독 미켈란젤로만이 동떨어진 곳에 서 있다. 그는 의고전주의의 완성자·바로크의 발의자·최후의 고딕 예술가·표현주의의 아버지로 광고되어 왔다. 이는 모두 맞는 말이면서도 하나도 맞지 않는 말이기도 하다. 매우 기묘하게도 그는 하나의 완전한 세계를 스스로 구축하고 있으면서도 어떤 제자도 어떤 동시대인도 얻지 못하는 다면적이면서도 일면적인 지성이며, 우리 같은 종과는 다른 생활조건에 순응하는 인류라는 포유류의 광의적 범위에 속하며, 시간과 자연의 속성을 넘어 서 있는 인종 만신전(萬神殿)의 몇 안 되는 웅대한 동상처럼 보인다. 이러한 모습에서 그 자체를 넘어선 자연의 힘이 느껴진다. 그것은 어느 때든 살아남을 것 같기도 하고 그래서 어느 시간에도 묶이지 않을 법하다. 왜냐하면 오늘날도 우리는 그것이 언젠가 실존했다고 생각할 수 없을 정도이기 때문이다. '미켈란젤로의 시대'는 없다. 그는 마치 날카롭게 솟은 거대한 암초나 접근하기 어려운 거대한 등대처럼 자신의 시대에 우뚝 솟아있다. 미켈란젤로 유파도 없다. 정확히 말하면 그런 유파가 있을 수가 없다. 왜냐하면 그에게서 무엇인가를 배울 수 있다는 착각은 엉뚱한 창작의 길로 들어서게 했으며, 예술사에서 위험천만의 결과만을 초래했기 때문이다.

그는 자신의 시대와는 형식적으로도 소통하지 않았다. 그는 자신의 주변세계에 어울리지 않았고, 그 주변세계도 그에게 어울리지 않았다. 그가 접한 모든 환경은 인간에 대한 증오감을 내뿜었다. 그는 어떤 사교와 유대 관계에도 적응하지 못했다. 그의 겉모습은 밀쳐내고 싶을 만큼 혐오스러웠다. 얼굴은 자그마했고, 표정은 창백한 '말레이' 사람의 모습이었다. 복장은 항상 지저분했다. 사람을 불신하고 경계했으며, 언제나 자기 자신과 다른 사람에게 불만인 듯 말이 없었다. 향유의 기쁨이란 몰랐으며 검약하다 못해 궁색할 정도였다. 바보 같은 젊은 도우미 한 명과 함께 초라하기 그지없는 방에서 살았다. 먹는 것이라고는 빵과 포도주 같은 것이었고, 쉬는 일이란 옷을 입은 채 고작 한두 시간 잠을 자는 것뿐이었다. 그의 성격은 사교성이라고는 없었다. 다른 예술가들을 싫어했고 관용을 베풀 줄도 몰랐다. 배타적인 자만을 인정할 수는 있었지만 받아들이기는 어려울 정도였다. 여든아홉 살을 살면서 위안과 행복을 모르고 지냈으며 단 한 번의 사랑의 시간도 (물론 지고한 연애 감정이 있었으며, 특히 비토리아 콜론나[37]와 토마소 데이 카발리에리[38]에 대한 감정이 열정적이었는데) 갖질 않았다. 반면 그의 마음을 온통 채우고 있었던 것은 체념이었다. 그는 스스로에 대해 이렇게 말한다. "나는 어떤 치명적 고통도 알지 못한다." 사실 리히텐베르크는 미켈란젤로를 두고서 "모든 독액을 빨아들이는 재능"을 지니고 있다고 말한다. 그러나 아니다. 그는 사랑스러운 데가 없었다. 이것이 미켈란젤로의 실제 모습이다. 요컨대 아주 유별난 거인들, 즉 멀고도 낯선 빙하의 세계에서 온 영웅들은 그런 별난 인물이 되곤 한다. 그 스스로도 시대를 넘어 서 있고 다른 모든 것에서 엄청난 거리를 취

---

[37] Vittoria Colonna(1492~1547): 이탈리아 여류시인.
[38] Tommaso dei Cavalieri(1508~1587): 미켈란젤로의 청년 조수이자 연인.

하고 있다는 것을 잘 알고 있었다. 한번은 사람들이 그의 가슴은 메디치가 사람들의 가슴을 전혀 닮지 않았다고 상기시켰을 때 그는 이렇게 응수했다. "10세기가 지나면 누가 그걸 알겠는가?" 다른 모든 르네상스 작품은 그의 작품들과 비교해보면 '아름답긴' 하지만 소형에 불과하다. 그는 너무 웅대해서 레오나르도 다빈치조차 그의 옆에서는 귀엽게 보일 정도이다.

레오나르도
다빈치

레오나르도 다빈치를 두고 말하자면, 그 역시 르네상스의 대표자로 간주할 수 없다. 이미 그 이유가 분명한 것은 그에 대해 우리가 아는 것이 별로 없기 때문이다. 그는 마치 미묘한 안개에 휩싸여 있는 것 같다. 르네상스의 신비를 보통 책을 읽듯이 쉽게 해독하는 해박한 부르크하르트조차 그를 두고 '불가사의한 대가'라고 말한다. 그는 자신의 그 유명한 '모나리자'의 웃음만큼이나 이해하기 어려운 인물이다. 그의 다른 모든 그림도 여러 의미를 나타내 보이는 듯한 묘한 분위기를 풍긴다. 말하자면 그의 그림은 마술을 부리는 듯 기묘한 여운을 남기고 있다. 그것은 공허한 여운이 아니라 무한의 여운이다. 그의 손에서는 풍경조차도 아득하고 낯설며 뭔가 비밀을 담고 있는 것처럼 보인다. 예술가들이 자신의 내면에 있는 것을 바깥으로 내밀어 뭔가를 **말하고** 싶어 하는 것이 거의 모든 예술가가 갖는 심층적 본질인데, 레오나르도 다빈치는 자신의 창작품 뒷면으로 감쪽같이 사라져버린다. 아마 「최후의 만찬(Abendmahl)」은 같은 화법에서 나온 가장 객관적인 작품일 것이다. 이 작품은 그의 화풍의 본질을 상징한다. 그는 **레스피라치온**(*respirazione*: 증발)과 **스푸마토**(*sfumato*)를 결합한 명암법의 대가가 되었다. 그는 그림을 그릴 때 햇빛이 안갯속으로 비치듯이 그리고, 우중충한 날씨가 얼굴을 그리기에 가장 좋은 빛이 된다고 가르쳤다. 그 자신의 개성이 마술적인 키아로스쿠로(Chiaroscuro: 모호한 빛)였다. 그는 뿌연 환경 속에 잠겼다가 베일에 싸여 그 윤곽만 알아볼 수 있는 모습으로 그림자처럼 나타났다. 그런데 특기할만한 일은 바로 로도비코 모로와 체사레 보르자와 같이 불가사의한 인물들이 이 불안정한 지성으로 하여금 그들에게 지속해서 봉사하게 하는 데 성공했다는 사실이다. 불가사의의 경계라고 할 수 있는 그의 보편성은 세계사에 독보적인 일로 남아 있는데, 이 보편성이 그를 종잡을 수 없는 프로테우스[39]로 만들었다. 그는 화가 · 건축가 · 조각가 · 철학자 · 시인 · 작곡가 · 검객 · 육상선수 · 수학자 · 물리학자 · 해부학자 · 군수품 기술자 · 발명가 · 축제 조직가였다. 그는 수문과 크레인, 풍차와 천공기, 비행기와 잠수함을 발명했다. 이 모든 활동을 그는 예민한 딜레탕트로서가 아니라 그 각각이 마치 그의 유일한 삶의 내용인 양 대가의 정신을 발휘하여 행했다. 그리고 이런 운명은 마치 그의 특색들을 의도적으로 소멸시키고 싶어 한 것처럼, 그의 주요 작품들을 프란체스코 스포르차의 동상과 기병전처럼 완전히 허물어지게 했거나 「최후의 만찬」처럼 상당히 손상된 상태로 우리에게 전해지게 한 것이다. 그러나 가장 명백한 사실은 그의 본질을 탐구하기 불가능한 상황이 붉은 연필로 스케치한 그의 모습을 베일 속에서 비치는 듯이 모진 듯 수줍어하는 형태로 그려내게 한다는 점이다. 그것은 그가 직접 그린 자화상과 같아 보인다.

이제 남아있는 인물은 라파엘로뿐이다. 그는 실제로 그의 시대를 가장 완벽하게 대변한 셈이다. 이는 – 이상한 경우라고 할 수 있는

라파엘로

---

[39] Proteus: 그리스 신화에 등장하는 늙은 바다의 신. 모든 사물로 모습을 변하게 할 만큼 변신의 귀재를 은유적으로 표현할 때도 쓰임.

데 - 그가 특별히 탁월하거나 개성이 뚜렷하여 남다른 아집을 가진 인물이어서가 아니라 오히려 바로 개성이 결핍되어 있었기 때문이다. 이 결핍 때문에 그는 모든 것을 받아들이는 전형적 거울이 되어 자신에게 비치는 모든 빛을 포착하여 되비칠 수 있게 했다. 라파엘로의 작품은 친퀘첸토를 세밀히 밝게 온전히 그린 아름다운 기록이자 - 친퀘첸토가 어떤 의미에서는 르네상스의 의지가 가장 강렬하게 집중된 것이기 때문에 - 실제 이탈리아 르네상스 전체의 정수라고 할 수도 있다. 이처럼 독특하면서도 공허한 특질을 혼합한 결과 그를 둘러싸고 전체적으로 엄청난 견해차가 항상 있어왔다. 그의 작품은 그의 시대를 꿰뚫는 횡단면이자 평균이기도 하다. 그런데 이런 목적을 성취하려면 그가 절대 보통사람이 아니었다는 것을 전제로 한다. 그의 시대는 위대함과 영예와 풍요로 가득했기 때문에 이 모든 것을 자신 속으로 흡수한 그로부터 행운과 풍요, 비교할 수 없는 광채가 후세에 비치게 된 것은 자연스러워 보인다.

라파엘로의
후대 명성일찍이 미켈란젤로가 라파엘로를 두고서 그가 세상에 널리 알려진 것은 그의 천재성이 아니라 그의 근면성 덕분이었다고 말한 바 있다. 그런데 이 미켈란젤로가 라파엘로와 완전히 등지는 새로운 시대를 열었다. 그것은 곧 바로크의 시대였다. 예술에서 바로크의 가장 중요한 업적은 명확한 선의 해체였다. 따라서 윤곽의 대가인 라파엘로는 바로크에 대해 일언반구도 하지 않았다. 사실 이러한 바로크적 양식시대의 독재자인 베르니니[40]는 라파엘로를 모방하는 것에 대해 직설적으로 경고했다. 그러나 이미 또다시 의고전주의로 되돌아간 루이 14세 시대에도 궁정화가 르브룅(Lebrun)은 라파엘로

---

[40] G. L. Bernini(1598~1680): 이탈리아의 화가·건축가·조각가.

보다 더 높은 평가를 받았다. 하지만 그림 「시스티나의 마돈나(The Sistine Madonna)」가 드레스덴(Dresden)으로 옮겨졌을 때, 아우구스트 3세는 그 그림을 집무실에 세워놓게 하고서는 왕좌가 그 그림 앞에 굴복할 수밖에 없다고 말하자 난처해하는 대신들에게 이렇게 말했다. "이 자리는 위대한 라파엘로를 위한 것이오!" 그러나 당시 드레스덴의 권위 있는 예술가들은 마돈나의 가슴에 안긴 아기는 다소 상스러우며, 그 표정이 천박하다고 설명했다. 19세기에는 그 그림의 천사들은 제자들이 그려 넣었다고 주장하기까지 한다. 부셰[41]는 로마로 여행하는 자신의 제자 중 한 명에게 비록 그 명성에도 불구하고 슬픈 화가인 라파엘로 연구에 너무 몰두하지 말라고 충고했다. 독일의 의고전주의를 안착시킨 빙켈만이 라파엘로에 상당히 감명을 받았다는 것은 주지의 사실이다. 그러나 그는 지금까지 있었던 가장 삭막한 알레고리 작가 가운데 한 사람이었던 그의 친구 라파엘 멩스[42]가 라파엘로보다 더 위대하다는 점에 대해 한 순간도 의심하지 않았다. 19세기가 개막될 때까지만 해도 회화에서 절대적 헤게모니가 한동안 라파엘로에게 있었던 것처럼 보인다. 적어도 당시 상당할 정도의 주도권을 쥐고 있었던 나자렛파(Nazarener)는 라파엘로를 칭송하기에 여념이 없었다. 그러나 좀 더 자세히 살펴보면 그렇게 감흥에 치우친 젊은 화가들이 과도하게 칭송한 라파엘로는 실제의 라파엘로가 아니었다는 것을 간파할 수 있다. 그들이 라파엘로를 거론했을 때의 그 라파엘로는 항상 로마 이전 시대의 라파엘로를 염두에 둔 것이었다. 말하자면 라파엘로가 대가의 진가를 발휘했을

---

[41] F. Boucher(1703~1770): 프랑스 로코코 시대 미술의 전성기를 대표하는 화가.

[42] A. Raffael Mengs(1728~1779): 독일의 신고전주의 양식의 화가.

때 그린 그림들은 그들의 눈에는 이미 졸렬한 것으로 비쳤다. 나자렛파와 이들과 친숙한 낭만주의자들은 라파엘로를 두고서 끈적끈적한 신화를 만든 장본인들이었다. 이에 따르면, 라파엘로는 고상하고 순진무구한 젊은 화가로서 몽유병 환자처럼 삶을 살면서 자신의 모든 창작품을 노력과 무관한 초현세적 영감 덕분으로 돌렸고, 예술적 재능이 풍부한 아이에게서 보게 되는 그런 순수성을 가진 인물로 나타난다. 이는 바로 미켈란젤로가 말한 라파엘로와 현실에 부응한 그 라파엘로와는 정반대의 모습을 취하고 있는 꼴이다. 이런 라파엘로는 거의 한 세기 동안 물감을 흩뿌려 그린 그림, 복제품, 기념 손수건의 그림에 등장하는 인물로서 독일 시민들의 정신을 빼앗아 놓았다. 그러나 그 뒤, 이탈리아 예술의 정점을 라파엘로 이전 시기로 설정한 라파엘로전파(前派)의 예술가들(Präraffaeliten)이 등장하여 라파엘로를 그저 영혼이 없는 차가운 대가로만 취급했다. 그 대표는 러스킨[43]이었다. 그가 보기에 라파엘로의 진수로 알려진 것은 실은 공허한 허위 우아함일 뿐이다. 예컨대 그는 그 사도의 소명을 두고 이렇게 말한다. "우리는 이런 사안에 대한 우리의 믿음이 일순간 사라지게 될 것이라는 점을 느끼고 있다. 남아 있는 것이라고는 외투와 근육질의 팔뚝, 잘 손질된 그리스 사람들의 가슴 털 등과 같은 혼합물뿐이다. 라파엘로를 통해서 부드러움과 진지함, 웅장함과 신성함의 전설을 이루었던 그 모든 것이 손상된 것이다. 그는 성서문학에 기초함으로써 멋지게 조각되고, 멋지게 세워지고, 멋지게 주름 잡히고, 멋지게 군상을 이룬 아름다운 인간을 죽은 구도 속에 배치했다." 에드몽 드 공쿠르[44]는 라파엘로를 두고 속물들을

---

[43] John Ruskin(1819~1900): 빅토리아 시대 영국의 뛰어난 예술비평가.

위한 성모 마리아상의 창조자라고 불렸으며, 마네[45]는 라파엘로의 그림을 보면 문자 그대로 뱃멀미가 난다고 말한다. 이에 미루어 볼 때, 벨라스케스[46]의 다음과 같은 말에 동의한 감정사가 당시 없었던 것은 아니라고 볼 수 있다. "진실을 고백하자면, 라파엘로는 전혀 내 맘에 들지 않습니다."

'신의 총아'

1517년은 루터가 비텐베르크(Wittenberg) 성(城) 부속교회에 95개의 테제를 발표한 종교개혁의 해라는 것은 누구나 알고 있다. 그해에 라파엘로는 그의 이름을 거론할 때 누구나 떠올리게 되는 「시스티나의 마돈나」를 그렸다. 그리고 같은 시기에 발다사레 카스틸리오네(Baldassare Castiglione) 백작은 일종의 르네상스 성서(Renaissancebibel)라고 부를 수 있는 『궁정인(Courtegiano)』을 완성시켰다. 이 책은 일상의 행동규범을 다루는 책으로서 영웅(Held)이 신사로 등장한다. 당시의 신사는 세련된 기품과 품위를 갖추고서 생활의 곳곳에서 예절을 지키는 모습에서 오늘날 신사를 닮았다. 그러나 이때의 신사는 근심과 걱정이 없는 명랑함과 단아함이 넘치는 인물이다. 라파엘로는 모든 욕망이 집중되는 – 영주들 · 여성들 · 신들이 사랑하는 – 이런 온전한 신사를 그렸고, 자신도 그렇게 살았다. 그리하여 그의 그림은 4세기를 지나온 것이다.

그러나 신의 총아 라파엘로는 적어도 우리의 생활감정으로 볼 때 큰 결점을 갖고 있었다. 말하자면 신의 총아들은 제멋이 없는 법이다. 그들은 '남쪽의 푸른 바다', '나른한 봄날', '요람에 누인 귀여운

---

44 Edmond de Goncourt(1822~1896): 프랑스의 문학 · 예술비평가.
45 E. Manet(1832~1883): 프랑스의 화가. 인상주의의 아버지로 통함.
46 D. Velazquez(1599~1660): 17세기 스페인 화단에서 가장 중요한 화가로 간주됨. 그의 화풍이 프랑스 인상주의의 태동에 지대한 영향을 입힘.

아기'처럼 따분하다. 온통 순진하고 온통 동일하고 온통 행복할 뿐이다. 삶과 예술에서 우리가 동경하는 것은 이와 다른 것이다.

의고전주의의 근본 오류

라파엘로는 한때 이렇게 말했다. "아름다움을 그려내고자 내 눈으로 직접 그 많은 대상을 보아야만 했다. 모델이 없어서 머릿속에 떠오르는 이념에 따라 생각으로 그림을 그렸다." 이때 그가 염두에 둔 것은 어떤 부분에서든 절대적으로 온전한 여성적 아름다움이 자연에는 없기 때문에 각각의 추억에서 그러한 이상을 상상으로 조립해야겠다는 것이었다. 온전한 것의 묘사가 예술의 과제라는 관점은 라파엘로의 근본 오류였다. 그리고 그것은 의고전주의 전체의 근본 오류이기도 했다. 의고전주의, 즉 엄격한 질서·통일·직선·조화·무색의 투명성이 모든 예술의 꽃이라고 우리에게 증명이나 해보이려는 듯한 위대한 예술가가 시대마다 항상 출현하고 있다. 그러나 그것은 고작 그들 자신들에게나 증명해 보일 따름이다. 사실 수많은 '고전적' 창작물은 간혹 초자연적·비현실적 미를 지니므로 우리는 순간적으로 그것이 예술의 정점이고 다른 모든 것은 이 정점을 더듬어가는 미완의 시도라고 추단하는 경향이 있다. 그러나 그것은 착각이다. 자연현상은 (가장 규칙적이라고 생각할 때 믿는) 규칙의 구현이 아니다. 오히려 반대로 흥미롭기 그지없는 이탈이며, 경이로운 괴물과도 같다. **불규칙성**이 자연·삶·인간의 본질을 이룬다. '규칙성'은 인위적으로 증류된 것이거나 기묘한 우연일 뿐이다. 자연이 만들어내는 가장 규칙적인 형상물은 크리스털이다. 광물학자면 누구나 완전한 정방형의 크리스털이란 존재하지 않는다는 사실쯤은 알고 있다. 그러나 규칙성에 대한 광물학자의 단순한 인정이 이미 크리스털을 일종의 토템처럼 만들어놓았다. 원추형의 산, 좌·우 균형 잡힌 동물들, 한결같은 기후 따위를 종종 목격할 수 있다. 그러나 자연에는 변덕이 있기 마련이다. 우리는 고전적 창작물을 얼음에 덮인 산을 바라볼 때처럼 경탄과 숭배의 눈으로 관찰한다. 그러나 그 속에 살고 싶지 않으며, 살 수도 없다. 우리는 산맥 중턱 덤불 속에, 혹은 끝없이 움직이는 물가의 구불구불한 대지에 우리의 주거지를 세운다. 우리는 불치의 낭만주의자이지 고전주의자가 아니다. 우리가 그렇게 될 수밖에 없는 것은 자연도 낭만적인 것만을 창조할 수밖에 없기 때문이다.

라파엘로는 문제를 제기하지 않는다. 이것이 그를 문제 삼게 하는 주된 원인이다. 헤르만 그림[47]은 자신의 멋진 책 『라파엘로의 생애(Das Leben Raffaels)』에서 이렇게 말한다. "라파엘로는 아무것도 의도하지 않는다. 그의 작품은 쉽게 이해된다. 그는 자연처럼 의도 없이 창작한다. 장미는 장미일 뿐 그 이상도 그 이하도 아니다. 나이팅게일의 노래는 나이팅게일의 노래일 뿐이다. 그 속에는 해명할 어떤 비밀도 더는 없다. 라파엘로의 작품들도 개성적 첨가물에서 자유롭다. 그의 경우 대단히 감동적인 작품에 내재하는 개성적 특수성도 결여되어 있다. 이런 특수성은 예술가 자신의 경험이 새겨질 때 만들어지는 것이지만, 그는 자신의 작품 어디에도 그런 개성을 새겨 넣지 않는다." 우리가 이런 비교를 조용히 음미해보면 장미와 나이팅게일은 일종의 키치(Kitsch)라고 고백할 용기를 가질 수 있다. 물론 그것들도 약간은 아름답다. 그냥 아름다울 뿐이다. 그러나 무의식중에 이렇게 묻게 된다. 아름답다, 그래서 어쨌다는 거지? 라파엘로를 두고서도 마찬가지다. 진정한 예술작품을 말할 때는 이런 문제로 시작할 수밖에 없다. 예술작품은 아름다움을 지니고 있다고 말하거

---

[47] Herman Grimm(1828~1901): 독일의 예술사가.

나 작품을 우리 눈앞에 장엄하게 펼쳐놓고 아름답다고 주장하는 것만으로는 만족할 수 없다. 예술작품은 그 자체를 넘어서서 해명의 열쇠를 제공하고, 죽은 자를 일깨우고, 꿈을 풀이할 수 있어야만 한다. 따라서 예술작품은 삶의 해석자일 수밖에 없다. 예술작품을 통해 생활의 모든 처지에 귀를 기울이고 문제를 제기할 수 있어야만 한다. 모든 예술작품은 어떤 '경향'을 띠며, 바로 여기에 작품의 가치가 있는 것이다. 예술작품이 경향을 띤다는 것을 달리 말하면 작품의 뒤에는 인간이 서 있다는 뜻이다. 이 인간은 질문과 답, 사유와 열정을 갖고 있다. 그러나 라파엘로의 인물들은 '개성의 첨가물에서 자유롭게' 서 있다. 마냥 아름답게 푸르고 붉게 그려져 있지만 그 모습은 꼭 막대사탕이나 주석병정처럼 보인다. 그 유명한 여인들의 그림도 비누상자나 향수 포장지에서 쉽게 볼 수 있는 모습이며, '시스티나 초콜릿'의 상표에서도 만날 수 있다는 인상을 지울 수 없다. 그의 구성법도 상황은 마찬가지다. 예컨대 「서명의 방(Stanza della segnatura)」의 '철학'이 화려한 무대의 막을 거둬내는가? 라파엘로 작품 가운데 독특한 것으로 통하는 아주 유명한 그 그림(「아테네 학당」)이 종종 윤이 날만큼 닦이기도 한다. 라파엘로는 달필이었다. 사람들은 그의 작품에서 종종 그 주문자를 찾아내기도 한다. 레오나르도 다빈치와 미켈란젤로를 이해하지 못하고, 예술에 대해 거의 무지한 레오 10세는 무의미한 광채와 공허한 형식을 추구했다. 물론 음악의 경우는 다소 예외적이었다. 그는 자기 방식의 순수 음악성을 통해 순응의 천재인 라파엘로에게 어느 정도 영향을 미쳤다. 인문주의자 벰보[48]도 그의 친구 라파엘로에게 공허한 수사학으로 영향을 입

---

[48] P. Bembo(1470~1547): 르네상스 시대 이탈리아의 추기경.

히는 데 성공한 것이다.

그러나 라파엘로는 지금까지 살았던 가장 완벽한 화가 가운데 한 사람이었지 않은가? 의심의 여지가 없다. 하지만 여기서 우리가 그를 화가로서가 아니라 문화개념에 입각해서 관찰할 때, 전략가로서의 나폴레옹과 신학자로서의 루터와 맥락지어 생각해볼 수 있다. 라파엘로의 완벽성, 그것은 바로 우리에게서 그를 너무 멀고 낯설게 하여 말을 못하게 하는 원인이 된다. "접근을 어렵게 하는 것은 생산적이다"라는 격언은 괴테의 가장 심오한 격언 중 하나다. 완성된 전체는 바로 완성되었기 때문에 종결되어 처분되는 것이다. 그러나 절반이 남은 것은 발전의 가능성이 있고 계속 진행될 수 있다. 그 보완을 위한 탐색이 계속 이루어지는 것이다. 이런 점에서 완벽성은 생식력이 없는 셈이다.

완전(das Ganze)을 요약해서 말하자면 두 부류의 천재가 있다고 말할 수 있다. 특수 · 일회 · 고립 · 큰 별 등으로 분류되는 천재의 가치는 유일성 · 기괴함 · 사이코, 초시대적 거대한 예외 등을 표현하는 데 있다. 그러나 또 한편 모든 세인의 감정과 생각을 대변하는 천재도 있다. 이때 그것을 너무나 간명하게 요약하고 조명함으로써 영원한 전형이 된다. 라파엘로는 이 부류에 속하는 천재이다. 헤르만 그림도 그렇게 생각한다. 그는 라파엘로를 두고 이렇게 말한다. "그는 매혹적일 만큼 평균성과 일반성을 지니고 있다. 그래서 누구든 그와 같이 될 수 있겠다는 생각이 들게 한다. 그는 모든 사람의 친구와 형제처럼 모든 이에게 가까이 서 있다. 그의 옆에 서 있어도 그보다 왜소하다고 느끼는 사람이 없을 정도이다." 그가 그린 귀여운 여인의 모습, 깔끔한 인물 배치, 밝고 힘이 넘치는 색의 조화는 누구든 이해한다. 그는 보통사람이 생각하는 그런 화가였다. 라파엘로는 누구에게나 말을 건다. 그러나 바로 이런 이유 때문에 그는 사실 누구에게도 말을 걸지 않는 것과 같다.

마키아벨리 우리는 앞에서 이탈리아 르네상스는 철학자를 한 명도 배출하지 못했다고 말한 바 있다. 그렇지만 이 르네상스에는 그만한 무게가 있는 인물이 있었다. 그는 실천적 관찰자이자 서술자이며, 대단히 영민하고 폭넓은 시야를 가진 판단자이기도 했다. 바로 마키아벨리였다. 마키아벨리는 경험이 풍부하고 통찰력이 예리했으며, 논리정연하고 일관된 관점을 견지했고, 배포가 큰 그 시대의 수뇌였을 뿐만 아니라 일종의 민족적 성인이자 르네상스의 수호자이기도 했다. 그는 르네상스의 생활의지(Lebenswille)와 그 정신적 구조를 대담하게도 간명한 공식으로 표현했다. 또한 그는 정치가였다. 바로 정치가인 탓에 자명하게도 비도덕론자였던 것이다. 4세기에 걸쳐 그에게 쏟아진 온갖 비난은 그가 가장 완벽히 구현한 바로 그러한 속성이 없었던 데서 연유한다. 말하자면 논리정연하게 사유할 재능이 부족했기에 그러한 비난을 쏟아냈던 것이다. 그를 저주하거나 논박만이라도 하고 싶어 하는 사람들이 망각한 것은 그가 체계적 철학자도 아니었고 윤리적 개혁자도 아니었으며, 종교적 지도자도 아니었고 그러려고도 하지 않았다는 사실이 아니라, 그의 정신활동의 목적과 내용은 오직 인간을 그 실제의 모습대로 그려내고, 이런 현실성에서 실천적 열쇠를 취하려 했다는 사실이다.

그는 국가를 자연현상, 즉 기술하고 분류할 수 있는 과학적 대상으로 보았다. 말하자면 해부학·생리학·생물학 등을 통해 정확히 연구할 수 있는 그런 자연현상으로 간주한 것이다. 여기에는 '관점'·'신학'·'도덕'·'미학', 심지어 철학도 필요 없다는 식이다. 이는 완전히 새로운 관점이었다. 동물학자가 상어·사자·코브라를 두고 도덕적 입장에서 이들이 푸들·토끼·양보다 '더 나쁘다'라고 평가하는 것이 아니라 단지 그들의 생활조건과 종의 번식에 가장 유리한 전제를 확인하려고만 하듯이, 마키아벨리도 그가 분석하고자 한 '지배자'의 현상에 대해 이와 유사한 태도를 보인다. 그는 이 과제를 이렇듯 기묘한 방식으로 해결했다. 그래서 아스톤(Aston) 경은 새로운 역사가 "마키아벨리를 영원히 회상할" 것이라고 타당한 지적을 한 것이다.

마키아벨리는 그의 동시대인 누구 못지않게 풍부한 상상력을 동원하여 열정적으로 '고대를 부활시킨 인물'이었고, 또 누구 못지않게 부정적으로 왜곡시킨 장본인이기도 했다. 이때 그가 염두에 둔 것은 폴리스였다. 물론 그것은 이탈리아식 폴리스였다. 그의 정치이론의 정점에는 "국가는 권력이다"라는 명제가 놓여 있다. 그는 전 인민의 무력화, 고대 로마식의 도시애국주의, 민족적 왕권의 복고를 희망한다. 그러나 이때 그가 잊고 있었던 것은 그러한 재구성이 기독교 문화의 혁명적 경험을 배후에 두고, 범유럽적 세계정치로의 도약을 목전에 두고 있던 그런 시대에는 불가능한 일이라는 사실이었다. 그가 생각한 이상적 인물은 주지하다시피 비양심적인 악한일 뿐만 아니라-공직자에게는 대단한 치욕으로 통하는-무원칙적 모험가이기도 했던 체사레 보르자였다.

이로써 우리는 르네상스의 도덕지표를 검토할 단계에 이르렀다. ^{'비도덕주의'}
르네상스에 깔려 있던 미와 악덕·정신과 폭행·욕망과 부패의 묘한 분위기는 후세대의 상상력을 지속해서 자극해왔다. 그것은 광택이 나게 닦고 구획을 나누는 세계만을 상상할 수 있었던 시민들을 격분케 했는가 하면, 타락하기 쉬운 사춘기의 상상력을 르네상스 내내 넘어서지 못한 김나지움 학생들의 열정에 불을 지피기도 했다. 물론 둘 다 적절치는 못했다.

　우선 생각해볼 수 있는 것은 르네상스에서 저질러진 대개의 범죄는 개개 공인들에 의한 것이어서 공무의 성격을 띠었으며, 그래서 이들에게는 직업적인 강도와 살인을 제외한 범행은 해볼만한 고상한 일로 비쳤다. 예컨대 교황 알렉산데르 보르자와 같이 르네상스의 표본적 악한을 두고서도, 사생활에서는 선하고 온유하여 복수욕이 없었고, 가난한 이들의 친구이자 자선가였다고 전해진다. 그러나 정치적 활동을 하지 않은 대부분의 개인은 모든 시대에서 그렇듯 다른 사람들에게 해를 끼치지 않는 평화로운 삶을 살았다. 특히 시대의 규정적 특성을 한 몸에 담고 있던 예술가들에게서는 흔히 말하는 바로 그 르네상스의 비도덕주의가 거의 보이지 않는다. 공공연한 타락상태에 맞선 위대한 적수, 도덕주의에 대한 소름이 돋을 만큼의 영웅적 초인(Übermensch) 같은 인물도 없진 않았다. 그 선두에는 피렌체의 양심 사보나롤라가 서 있다. 그는 피렌체 사람들의 이상을 뜻하는 **달콤하면서도 쓴**(soave austero) 맛을 구현하듯 한편에는 악마적 에너지를 갖고 양심을 실현했다. 그는 위대한 선지자였지만 그리스도적 의미에서 기독교도는 아니었다. 왜냐하면 그에게는 균형과 인간적인 면, 위대한 관용과 품위가 없었기 때문이다.

　이제 우리는 재능과 타락, 대단히 섬세한 미적 감각과 교묘히 위장된 비열한 작태가 평화 공존하고 있고, 가장 완벽한 정신 수양이 가장 완벽한 흉악과 경쟁을 이룬 사실을 더는 검토할 수 없으므로 그러한 사람들이 내심 자책하면서 스스로 불행하다고 느낄 수밖에 없었다고는 말할 수 없다. 오히려 반대로 그들은 절대적으로 아무 책임도 없으며 그래서 스스로 행복을 느꼈을 것이라고 말할 수밖에 없다. 왜냐하면 그렇지 않았더라면 그들은 결코 그런 일을 저지르지 않았을 것이기 때문이다. 르네상스의 순박성은 그 악덕에 뿌리가 있다. 파렴치한 악행에도 불구하고 단아함 · 품행방정 · 완벽한 격식 따위를 말하는 장면을 읽어보면 도덕적 전율을 느끼게 하지만, 당시 사람들을 기만하고 착복하면서 살해를 하는 그 행위는 격분을 넘어 감탄을 자아내게 할 정도라고 말하고 싶다. 당시 살인은 그저 생존 경제학의 일부일 뿐이었고, 기만도 오늘날처럼 생존 경제학의 일부일 따름이었다. 우리의 신문업계, 우리의 당파제도, 우리의 정치외교, 우리의 상업거래, 이 모든 것은 서로 간의 기만 · 편취 · 매수의 메커니즘으로 작동한다. 이런 일을 두고 누구도 괘념치 않는다. 어떤 정치가가 국시를 근거로 하거나 자기 당의 이해를 바탕으로 해서 청산가리가 든 초콜릿을 다른 당의 정치가에 강제로 먹이려 한다면, 문명세계 모두가 경악을 금치 못할 것이다. 그러나 어떤 국가 공무원이 유사한 동기에서 기만술을 펼치고 사실을 왜곡하면서 위선을 떨고 음모 행각을 벌이더라도 우리는 그것을 그저 당연한 것으로 취급한다. 15세기와 16세기의 이탈리아 사람들도 어떤 계제에 따른 살인을 사회적 신진대사, 다시 말하면 – 거의 이렇게 말했을 성 싶은데 – 사회적 교섭형태로 여겼을 정도였다. 이는 오늘날의 모든 유의 '패덕'처럼 사회적 · 개인적 교류의 불가피한 요소를 이룬다. 차이는 그저 정도의 문제일 뿐이다.

그러나 그럼에도 르네상스의 '죄과'는 거론해야 할 것 같다. 그 죄과는 상당히 깊어 보인다.

르네상스의 '죄과'

르네상스 시대 사람들은 삶 전체를 화려한 무도회로 만들려고 노력했고, 빛나는 성과를 거두려 했다. 그들의 삶 위에는 로렌초 메디치(Lorenzo Medici)의 "아무튼 축제를 즐기세!"라는 말이 광고판의 불빛처럼 반짝였다. 그리고 레오 10세가 교황이 되었을 때, 그는 이렇게 외쳤다. "하느님이 일단 우리에게 주신 즐거운 교황의 문화를 위해 축배의 잔을 듭시다!" 이는 천박한 개인적 표현이 아니었다. 세상 모든 사람이 교황의 권리와 의무를 두고 그렇게 생각했다. 향락에 대한 열정적인 욕망, 그러나 그것은 예술과 정신을 관류하는 향락의 욕구였다. 이런 욕구가 당시 사람들의 영혼을 채우고 있었다. 만족할 줄 모르는 미에 대한 욕구가 있었던 것이다. 그래서 아름다운이라는 말은 어디에나 따라붙었다. 예컨대 아름다운 말과 작품, 아름다운 행동과 비행, 아름다운 등장과 퇴장, 아름다운 생각과 열정, 아름다운 거짓과 스캔들, 생활소재로서의 미 등이 그런 것이다. 이는 집·동상·그림·시와 같은 개별적인 것뿐만 아니라 삶 전체를 예술작품으로 만들고 싶었던 욕구와 관련되었다. 그러나 그들은 창작의 비밀에 대해 좀 더 현명하고도 내밀한 입장을 취하지는 않았다.

프리드리히 군돌프[49]는 새로운 시각이 풍부한 그의 저작 『셰익스피어와 독일 정신(*Shakespeare und der deutsche Geist*)』에서 이렇게 말한다. "세속의 귀족은 모든 일을 두고서 세속적으로 쉽다고 하거나 어렵다고 말하지만, 신이라면 그런 일을 두고 뭐라고 말할까 하고 묻지 않는다." 이 말이 전적으로 셰익스피어를 두고 한 말인지 아닌지는 우리의 관심사가 아니다. 그러나 르네상스 시대의 이탈리아 사람들에게는 정확히 들어맞는 말이라고 할 수 있다. "신이라면 뭐라고 할까?" 이는 중세의 가장 심오한 물음이자 유일한 물음이라고 할 수 있지만, 이탈리아 사람들에게는 관심사가 되지 못했다. 그런데 정말 우리는 한갓 어릿광대, 궁정의 익살광대, 실내 도배장이, 오락

---

[49] Friedrich Gundolf(1880~1931): 바이마르 공화정 시기의 뛰어난 시인이자 문학가.

제공자로서만 세상에 배치된 것일까?

　여기서 우리는 지구인들의 생활에서 거대한 갈등, 아마도 가장 거대하다고 할 수 있는 갈등을 짚어봐야 할 것 같다. 이 갈등은 심각한 동요를 일으키게 하는 물음과 관련 있다. 즉, 삶의 의미는 무엇인가? 미(美)인가 선(善)인가? 이 둘이 항상 서로 갈등 관계에 있다는 의미에서 두 개의 권력이라고 할 수도 있다. 미는 자신을 위해, 오직 항상 자신만을 위해 존재하고자 한다. 반면에 선은 결코 자신을 위해 존재하고자 하는 것이 아니라 항상 비아(非我: Nicht-Ich) 속에 자신의 존재 목적을 둔다. 미는 형식, 오로지 형식일 뿐인데 반해 선은 내용, 단지 내용일 뿐이다. 미는 감각을 지향하며, 선은 영혼을 지향한다. 세계를 좀 더 풍요롭게, 좀 더 바람직하게, 좀 더 소중하게 하고, 좀 더 매혹적인 정신과 광채로 채우는 것이 인간의 가장 행복한, 가장 고귀한 과제가 아닌가? 혹은 그저 선량한 사람이 되고, 다른 사람에게 손을 내밀고, 그들에게 봉사하고 도움이 되는 것이 최선이고 가장 자연스럽고 가장 신의 의지에 합당한 것이 아닐까? 우리의 현세적 변화의 목적은 무엇인가? 이 세계의 힘과 찬연함을 무한히 긍정할 수 있을까? 이는 우리의 순수성을 대가로 할 때에만 가능할 것이다. 혹은 신이 우리에게 맡긴 영혼을 구원하여 정결하게 하고 탈세속화할 수 있을까? 그러나 지금까지 우리는 그렇게 온전히 살아오지 못했다. 누가 옳은가? 예술가인가 성인인가? 창작자인가 정복자인가?

　우리는 이런 갈등을 톨스토이[50]의 삶에서도 목격하게 된다. 뛰어

---

[50]　L. N. Tolstoi(1828~1910): 러시아의 대문호. 개혁가이자 사상가. 러시아의 고전적 리얼리즘의 대표자.

난 몽상가이자 형상화의 대가였던 그는 어느 날 갑자기 예술을 열렬히 증오하기 시작하여 농부이자 은둔자로 변신했다. 우리는 셰익스피어의 마지막 문학에서 그의 어두운 그림자를 감지하게 된다. 입센의 만년의 작품들에서 불안에 떨고 있는 그의 목소리를 듣게 되며, 스트린드베리의 작품 전체에서는 그의 목소리가 청동 종소리와 섞여 울리는 듯하다. 우리 시대 가장 강력하고도 가장 따뜻한 지성인 버나드 쇼[51]도 자신의 가장 섬세하고도 가장 풍부한 정신으로 쓴 가장 자유로운 희극의 하나인 『갈림길에 선 의사(Arzt am Schneideweg)』에서 톨스토이를 그려내려 했으며, 오스카 와일드[52]는 『도리언 그레이의 초상(Bild des Dorian Gray)』에서 그를 우리의 영혼 앞에 생동감 있게 등장시키고 있다. 영원한 미에 대한 꿈이 도리언 그레이에게서 실현된다. 추함도 나이도 때도 그의 육체를 손상시키지 못한다. 그러나 육체는 영혼의 그림자일 뿐이며, 이 영혼은 순수성과 선을 통해서만 아름다울 수 있을 따름이다. 그렇다면 도리언 그레이는 기만당한 사기꾼에 불과하다. 그도 그럴 것이 세상은 그가 불멸의 청춘과 기품을 지니고 있다고 생각하지만, 폐쇄된 다락방에 놓여 있어 볼 수 없는 초상은 그의 영혼이 추함을 향해 내디뎠던 걸음 하나하나를 기록하고 있었다.

제2차 원죄   르네상스는 인간이 저지른 제2차의 진정한 원죄에 해당한다. 그것은 종교개혁이 인간을 파라다이스에서 두 번째로 추방하게 된 것과 같은 꼴이다. 종교개혁은 **노동의 신성성**(Heiligkeit der Arbeit)[53]이라는

---

[51] George Bernard Shaw(1856~1950): 아일랜드의 극작가 겸 소설가 및 비평가.
[52] Oscar Wilde(1854~1900): 아일랜드의 극작가 · 소설가 · 시인 · 단편 작가이자 프리메이슨 회원.
[53] 중세까지만 해도 노동은 기피와 저주의 대상이었던 것에 비추어 노동이 신

도그마를 낳았고, 르네상스는 **스스로 향유하고** 결국 신격화한 인간을 낳은 것이다. 둘은 서로 공조한다. 양심의 노동과 나르시즘적인 자기반성과 자기숭배는 **근대의 단조로움**을 양산했고, 세계는 이 단조로움 속으로 더 깊이 들어가게 된다. 그 상관관계는 고대나 중세에는 낯설었던 개념인 '이해관계'를 의미한다.

단테의 신곡은 비상 경고문처럼 르네상스의 입구에 걸려 있다. 그는 자기 나라의 미래를 예견하면서 신에게서 가장 멀리 떨어진 곳에서 살 수밖에 없게 될 그런 사람들의 운명을 그려냈다. 이 사람들은 눈물마저 얼어붙는 만년 빙하의 땅에 유배되어 있다. 이들에게는 다른 죄인들이 누리는 마지막 자비조차도 금지되어 있다. 그들은 후회조차 할 수 없는 지경이지 않은가! 그런데 단테는 줄지어 서 있는 그들을 지나가다가 형벌 중에 가장 끔찍한 형벌을 당한 알베리고(Alberigo)를 만난다. 창조주가 그의 **영혼**을 거둔 것이다.

르네상스의 운명은 알베리고의 운명이었다. 르네상스는 어떤 영혼도 가질 수 없는 저주를 받은 셈이다.

성한 대접을 받게 된 것은 세계가 이미 새로운 시대로 접어들고 있다는 것을 암시한다고 할 수 있겠다. 루터가 직업(Beruf)을 산고(産苦)를 뜻하는 Labor와 관련짓기보다 신의 명령을 암시하는 '소명'이라는 뜻의 말 'Berufung'과 연관 지어 '신성한' 신조어로 만든 것도 이 시대의 변화와 무관한 것이 아니라고 할 수 있다.

05
이성의 침투

인간은 오류 덩어리다. 은총이 없다면 무기력하다.
인간에게 진리를 보여줄 것은 아무것도 없다.
모든 것이 그를 기만한다.
진리의 두 버팀목인 오성과 감각도 서로 기만한다.
— 파스칼

세계사는 연극적 문제이다

이제 우리는 하던 작업을 잠시 멈추고 지금까지의 이야기를 간략히 조망하고 이어질 이야기에 대해 간단히 설명하면서 우리가 논의하고자 하는 이야기의 목적과 취지를 미리 밝히고자 한다.

세계사는 **연극적** 문제이다. 세계사는 다양·복잡·변화무쌍하지만 특정한 심리적 법칙에 따라 진행되는 인간 집단정신의 숙명적 노정을 밟는다. 이 숙명의 길 각각의 단계는 (이를 흔히 시대라고 부르는데) 중첩되기도 하고 분리되기도 한다. 그 노정은 일련의 무대의 성격을 지닌다. 각각의 무대는 이전·이후의 무대와 명확히 구분되지만, 이 무대들과 유기적 연속성을 구성한다. 이때 앞선 무대에 영향을 미치고 이어질 무대의 조건을 결정짓는다. 인간 역사의 드라마에는 명확하고도 확고한 필연이 지배한다. 그러나 이 드라마는 학술제 때 선보이는 차가운 학교극(Schulstück)이 아니라 천재의 손에 그려지는 문학이기 때문에 그러한 필연성은 경직된 삭막한 논리학이나 계산된 심리학적 도식주의의 성격을 띠는 것이 아니라 어렴풋이 예감될 뿐 배후에서 간접으로만 영향을 미치면서 은밀하게 군림한다. 그것은 오직 삶의 생기발랄한 혼동을 먹고 무성해지며, 연기자들이 그것을 의식하는 것이 아니라 이후에 가서야 드라마 비평가들과 역사가들에 의해 환멸에 찬 무기력한 어투로 폭로되거나 묘사되는 특성이 있다.

근대의
드라마

이 장에서 설명하려는 것은 사람들이 '근대'라고 부르는 기간에 유럽의 정신이 밟은 발전과정에 관한 것이다. 지금까지 흑사병이라는 거대한 트라우마의 직접적 결과인 '트라우마적 신경증(traumatische Neurose)'의 상황을 간략히 기술해왔다. 그러나 이는 엄청난 내적 동요와 정신적 변화를 고작 피상으로 보여준 것일 뿐이다. 사실 중세의 세계상은 유명론에 의해 폐위되었으며, 이는 곧 지금까지 생활의 모든 면을 지배했던 세계상에서의 잠재의식적인 이탈을 동반하기도 했다. 지금까지 확고한 신앙으로서 삶의 기초를 이루었고, 인간의 과거 · 현재 · 미래의 방향을 항상 담보해주었던 종교 · 윤리 · 철학 · 경제 · 애정 · 예술의 규범과 '진리'가 한번에 무너진 것이다. 그 무너진 잔해의 현장에서 각자의 취향에 따라 어떤 부류는 강도와 착복의 형태를 취하면서 의심쩍은 마지막 귀중품을 챙기려 하고, 또 어떤 부류는 그 세계의 모든 재화에 대해 둔감한 감각으로 저주하고, 또 어떤 부류는 욕망과 향락 사이를 오락가락하며 아직 아무도 모르는 다음 시간에 필요할 것에만 눈을 두었다. 그러나 우리가 보았듯이, 이미 15세기 이탈리아에서는 우리가 '수의운동(隨意運動)의 상부구조(psychomotorischer Überbau)'라고 부른 것이 형성되기 시작했다. 그것은 지금까지의 신경증상(노이로제)을 조정하고 균형

잡으면서 조직하는 것이었다. 허약한 체계에서 벗어나 안정적인 체계가 형성되면서 병적인 상황으로부터 새로운 정신상태의 생리적인 긍정적 성격이 나타났다. 여기서 새로운 방향이 가시적으로 정립된다. 삶을 황폐케 한 치명적 질병이 치유 가능한 열병이었다는 것을 깨닫게 된다. 이로써 유기체 전체가 회복되면서 새로운 생명체가 빛을 받고 성장할 수 있는 단계에 이른다. 이런 안정 상태는 이탈리아의 친퀘첸토 초기에 이미 상당한 수준에 도달하여 그 세기가 진행되는 가운데 여타 서부유럽의 절반에까지 영향을 미쳤다.

새로운 시선 　유럽 사람들의 의식에 서서히 파고든 이 '새로움'의 정체는 어디에 있는가? 그것은 바로 극단적이고 배타적이면서도 모든 것을 포괄하는 **합리주의**(Rationalismus)의 등장에 있었다. 이렇게도 말할 수 있을 것 같다. 즉, 그것은 감각주의(Sensualismus)의 출현을 의미한다고. 왜냐하면 이 둘은 본질적으로 동일하기 때문이다. 감각주의자는 자신의 감각이 알려주는 것만 믿는다. 그런데 그로 하여금 이렇게 믿게 하는 것은 무엇인가? 그것은 그의 오성이다. 합리주의자는 자신의 오성이 납득할 수 있는 것만 토대로 삼는다. 그런데 그에게 이 토대를 제공하는 것은 무엇인가? 그것은 그의 감각인상이다. 다만 이 둘은 동일한 정신상황을 상이한 요점에 따라 다르게 드러낼 뿐이다. 왜냐하면 인간은 자신과 자신의 자연적 자원을 무조건 믿기 때문이다.

이후의 근대에는 그저 자명할 뿐이었던 현실에 대한 이런 견해가 지금까지의 기독교적 민족가계(民族家系)의 역사에서는 전대미문의 일이었다. 왜냐하면 그리스와 로마 사람들은 그저 친숙한 것만 인식했을 뿐이기 때문이다. 그런 견해의 첨예한 극단적 면모는 우리가 알고 있는 전체 세계사에서도 새로운 것이기까지 하다. 그도 그럴 것이 고대의 세계상은 동양적 전통을 완전히는 극복하지 못한 합리화된 신비주의일 뿐이었기 때문이다.

15세기의 전환기에는 주목할만한 일이 발생한다. 지금까지 경건의 몽롱한 관습에 따라 신과 영원, 그리고 신의 고유한 영혼의 신비에 순종했던 인간이 이제 눈을 뜨고 주변을 살핀다. 이제 더는 하늘의 신성한 신비에 넋을 놓고 **자신의 위**를 바라보지 않으며, 이제 더 이상 불길에 휩싸인 지옥의 공포에 떨면서 **자기 아래**를 바라보지도 않으며, 이제 더 이상 자신의 칠흑 같은 과거와 그 암흑의 숙명과 같은 문제에 시달리면서 **자기 내면**을 바라보지도 않는다. 오히려 이제 그는 바로 이 세계를 감싸 안고 인식하면서 이 세계가 자신의 소유물이라고 생각한다. 이 세계가 그의 것이고 그를 만족하게 하는 것으로 사유한다. 이는 그리스 사람들이 행복하게 지냈던 그 시대 이후로 처음 있는 일이다.

그러나 이러한 시선은 기묘하게도 깊으면서도 얕은 것이다. 그것은 비장하지 않은 만족과 속물적인 쾌감의 시선이며, 실용적 영특함의 시선이고 문제를 느끼지 못하는 이성성(Vernünftigkeit)의 시선이다. 그것은 일종의 **양키의 시선**(Yankeeblick)과 **반추동물의 시선**(Wiederkäuerblick)이 결합한 꼴이다. 여기서는 세계가 아름답고, 세계가 푸르며, 세계가 상큼한 과즙을 낸다. 이 세계는 맛 나는 냄새를 풍기고 어느 때보다 더 좋은 맛을 낸다. 분명 그대를 위해 모든 반추동물의 특별한 은인인 신이 이 세계를 창조했으니, 그대는 할 수 있는 만큼 이 세계에 동화되라고 유혹한다.

그러나 이런 시선의 경우 이 세계는 맛 나는 초원 그 이상을 의미한다. 세계는 건축부지이다. 그것은 생각할 수 있는 모든 유용한 일, 자선과 삶의 촉진을 위한 부지, 의술·측량술·분석기술의 공간을 위한 부지, 생활의 세련·편리·고양을 위한 기관과 설비를 갖출 부지, 천국의 비밀을 풀기 위해 천국까지 닿은 바빌론의 탑을 쌓을 부지, 순수 오성의 힘이 활동하고 그 힘을 확장할 수 있는 무한히 넓은 공간을 위한 부지이다. 이때의 오성은 오로지 자신에만 의지하고 자신만을 신뢰하며 그 어떤 것도 두려워하지 않는다. 그 어떤 것도 이 오성을 좌절시키지 못한다. 이는 그 동물적 시선과는 또 다른 새로운 시선의 **영웅적** 한 측면이기도 하다.

1500년에서
1900년까지
의 곡선간단히 말하면 인간은 오랜 시간에 걸쳐 처음으로 자신이 오성이 있고, 이 오성이 전능하다는 것을 깨닫는다. 그는 자신이 사유하는 존재, 이성적 존재 혹은 그 이상의 존재임을 알게 된다. 그는 '르네상스'라는 말의 의미대로 이러한 힘을 재탄생시킨다. 이렇게 깨어난 오성은 모든 것 속으로 침투한다. 말하자면 하늘과 땅, 물과 빛, 무한히 큰 것과 무한히 작은 것, 인간 상호 간의 관계, 신과 내세에 대한 인간의 관계, 자연의 주재와 예술의 법칙 속으로 파고들었던 것이다. 따라서 인간이 이 세계에 홀로 존재한다고 믿는 것은 놀랄 일이 아닌 셈이다. 이제 근대의 전체 역사는 엄격히 일면적인 합리주의로 정립된 방향의 확장이자 고양일 뿐이다. 개별적 반발은 형식적 제스처에 불과하다.

유럽의 정신은 1500년에서 1900년까지 화려한 무지개를 펼쳤다. 이 정신은 계획에 따라 일을 추진하면서 거의 모든 지적 가능성을 길러낸다. 16세기 이탈리아에서는 이미 우리가 다룬 바 있는 예술의 극단적 합리화, 북부에서는 '종교개혁'이라는 이름으로 고백된 신앙의 합리화가 나타난다. 이 정신은 반종교개혁 및 바로크 운동에서 마치 비합리주의와 신비주의로 되돌아가는 듯한 모습을 취하기도 한다. 그러나 이는 시각적 착각일 뿐이다. 예수회운동[1]은 지고의 논리성과 지성적 장력이 만들어낸 산물이며, 바로크는 체계화하고 계산하고 분석하는 오성의 독재를 의미할 따름이다. 이 오성은 자신을 알아볼 수 없게 수천의 기묘한 가면을 쓰고 예술적 의상을 걸치기도 한다. 이는 바로 합리주의다. 합리주의는 순수 오성문화가 만들어내는 산문과 단조로움에서 벗어나기 위해 황홀케 하는 것을 마신다. 그 뒤 18세기는 논란의 여지가 없는 순수이성의 승리를 모든 영역에서 성취한다. 이때는 볼테르와 칸트, 라신과 빙켈만의 시대였다. 사람들은 이러한 이성 극단주의를 넘어설 수 없을 것이라고 믿었지만 극복한다. '청년독일'²을 통해, 그리고 이와 친숙했던 외국의 경향을 통해 극복한다. 이들은 예술 · 종교 · 학문 등 삶의 전모를 순수 정치적 문제로 삼고 이로써 비합리주의의 특색 일체를 벗겨내려 했다. 이 와중에 그 반대의 조류, 즉 낭만주의가 형성된다. 이는 바로크를 쏙 빼닮았지만, 바로크에 비해 훨씬 무기력했다. 그 것은 지성주의(Intellektualismus)에 대한 반동일 뿐이었다. 지성주의는 순전히 지식을 수단으로 하여 계획을 입안한 반문학적 문사들의 반란을 의미한다. 그것은 완전히 학술적 · 강령적 · 교조적 입장을 취했으며, 역설 · 논쟁 · 유행변화에 재치 있는 말로 대응하는 것을 재

---

1 Jesuitismus: 1534년 8월 15일 성(聖) 이냐시오 로욜라(I. Loyola)가 세운 로마가톨릭 수도회. 1540년 교황 바오로 3세가 정식으로 인가한 이래로 신교(新敎) 세력에 대항하여 천주교를 세계적으로 포교하는 데 힘썼다.
2 Junges Deutschland: 19세기 독일에서 일어난 사회 및 문화의 혁신운동 집단. '청년독일'이라는 명칭은 루돌프 빈바르크의 〈미학 원정(Ästhetische Feld-züge)〉(1834)에서 처음으로 사용됨. 과도한 이성의 요구에 억눌린 감성을 복원하려고도 했음. 그렇다고 이성을 배제하고 오로지 감성만 요구하는 감성지상주의 운동만은 아니었다. 청년독일운동은 지성에 근거한 감성운동이었다고 할 수 있다. 이의 대표적인 독일 시인으로는 하이네 · 라우베 · 헤르베르크 등이 있음.

미로 삼았다. 그리고 19세기 중엽은 '자연과학적 세계관'과 기술의 승리를 몰고 온다. 이로써 '부정의 부정'이라는 마르크스주의적 의미에서의 발전은 자살로 끝을 맺고 무의미할 뿐 아니라 자연적 필연과 같은 세계대전의 파국으로 와해된다.

그러나 세계대전 자체는 한 시대의 종말을 의미하는 동시에 새로운 시대의 시작을 뜻하는 것이기도 하다. 왜냐하면 세계대전에서 이미 언급했듯이 새로운 역사의 탄생을 유도하는 거대한 트라우마 가운데 하나를 보기 때문이다. 세계대전은 세계의 몰락과 위기를 의미하지만, 그러나 동시에 좀 더 정확히 표현하자면 '근대'라는 이름을 이끌어온 유럽 정신이 부단히 촉발시킨 대위기의 종말을 의미하기도 한다. 우리는 새로운 시대의 문턱에 서 있으며, 따라서 이제 종결된 발전의 시기를 회고함으로써 근대의 역사를 서술하는 것이 가능하게 되었다. 거의 500년의 세월을 허비하고서야 처음으로 인간은 세계를 다시 불만스러운 것으로 받아들이고, 세계의 소유물과 이 소유물의 원천인 자신의 오성과 감각에 대해 회의하기 시작한다. 이는 오늘 우리 문화의 지평선에서 보자면 희뿌옇게 동이 트는 아득한 징후이자 가능성일 뿐이지만 우리 세계감정의 완전한 전회를 알리는 것이기도 했다.

'원시인'의
신비로운
경험세계

우리는 이미 논리 기능의 착취적 패권에 길들어 있어 어떤 정신적 태도도 우리에게는 부조리하거나 가치가 낮은 것으로 보일 지경이다. 그러나 이는 자의적 관점에 지나지 않는다. 오히려 세계를 합리적으로 개념파악하는 우리의 방식은 대단히 예외적이고 특수하며 반자연적인 것이다. 이런 관점에서 1910년에 출간된 프랑스의 연구자 레비브륄[3]의 저서 『원시사회에서 정신의 기능(*Les fonctions mentales dans les sociétés inférieures*)』은 시사하는 바가 대단히 크다. 이 저서는 광범위하고도 면밀한 관찰에 근거하여 이른바 '미개 민족들'의 심리상태를 연구한 책이다. 미개 민족에는 모든 사물과 생물이 의미가 있다. 예컨대 그들에게는 나무·동물·인간·형상·도구와 같이 눈에 보이는 것뿐만 아니라 눈에 보이지 않는 존재까지도 활동하는 것으로 통한다. 꿈의 경험도 현실적인 것으로 받아들이며, 심지어 그것은 깨어있을 때의 경험보다 더 현실적인 것으로 여긴다. "우리에게는 지각에 해당하는 것이 자연인에게는 대개 눈에 보이지 않고 만져지지 않는 신비로운 힘인 정령 및 영혼과의 교류를 의미한다. 이 신비로운 힘은 사방에서 자신을 둘러싸고서 자신의 운명을 결정하는 것으로 이해하기 때문에 그의 의식에서는 자신의 표상에 잡히는 만질 수 있고 보이는 확실한 요소들보다 더 중요한 위치를 차지한다. 따라서 자연인은 신뢰해서는 안 될 수상쩍은 주관적 표상에 비해 꿈을 낮게 자리매김할 이유가 없는 것이다. 오히려 반대로 꿈은 지각의 특권 형식일 뿐이다. 왜냐하면 이 형식에서 물질적 요소는 극히 미미하며, 눈에 보이지 않는 힘과의 의사소통이 가장 직접적이고 완벽한 것으로 통하기 때문이다." "그러므로 몽상가와 예언자, 심지어 때로는 광인들에게도 순종하고 경의를 표한다. 그들이 눈에 보이지 않는 현실과 소통하는 특별한 능력을 갖추고 있다고 보는 것이다." "우리의 경우 지각의 객관성에 대한 가장 본질적 특성은 모든 관찰자가 주어진 동일한 조건에서 동일한 방식으로 이 객관성을 동시에 취한다는 점이다. 그러나 원시인의 경우 이와 정반대로 현존하는 모든 것을 배제할 때 생물이나 대상들은 그 모습을

---

3   Levy-Brühl(1857~1939): 프랑스의 철학자 및 인류학자. 원시인의 심리를 연구하여 사회사상·원시종교·신화학 등의 비합리적 요소를 이해하는 새로운 접근법을 인류학에 제공함.

드러낸다고 본다. 모든 세계가 당연히 이런 형태를 취한다 해도 누구도 의아해 하지 않는다." "원시인들은 눈에 보이지 않는 사물의 특성을 확인하는 데 별도의 경험이 필요하지 않다. 따라서 그들은 이런 관찰방식에 경험으로 논박하는 것에 대해 전혀 동요치 않는다. 왜냐하면 현실의 가시적인 것·만질 수 있는 것·포착할 수 있는 것에 한정되는 경험은 바로 가장 중요한 것, 즉 은밀한 힘과 정령들을 놓치게 하기 때문이다." 간단히 말해, 원시인은 감각으로 지각되지 않지만 현실적인 세계, 즉 **신비적인** 세계에서 살아간다. "의사가 의술을 펼친다면, 그것은 질병의 정신에 작용하는 매개의 정신인 것이다. 물리적 활동은 신비적인 활동을 배제하고서는 파악할 수 없다. 좀 더 정확히 말하면, 사실 물리적 활동이란 없으며, 신비적인 활동만 있을 뿐이다."

논리 이전의
단계인가
논리를
넘어선
단계인가?

유감스럽게도 이 탁월한 책의 저자는 현대적 '과학자'이다. 그는 원시민족을 내려다보는 입장에서 연구를 하여 원시사회의 관점을 자기 자신의 사유방식에 아직 미치지 못한 불완전한 이전 단계로만 취급할 뿐이다. 그리하여 그는 그들의 정신 상태를 — 그의 고백대로 하자면 — "마땅히 붙일만한 말이 없어서" 논리 이전(prälogisch)의 단계라고 부른다. 이때 그가 분명히 강조하는 것은 그들의 정신은 반논리의 상태에 있는 것도 유사논리의 상태에 있는 것도 아니라는 것이다. "'논리 이전'이라는 말로 내가 하고 싶은 얘기는 우리의 경우와는 달리 그런 모순을 중단시킬 의무감을 느끼지 않는다는 것뿐이다. 그러한 사유방식이 자의적인 모순에 빠지는 것은 아니지만 (우리에겐 그것이 그저 터무니없는 것으로 보이지만) 이 모순을 기피하려고도 하지 않는다." 물론 논리 이전이라는 말은 사람을 헷갈리게 한다. 왜냐하면 그것은 우리의 경우 기존의 사유방식을 극복하게 만드는 논리사유를 위한 일종의 습작 내지는 사전 연습과 같다는 인상을 주기 때문이다. 그러나 **논리를 넘어선 사유**(überlogisches Denken)의 경우 좀 더 적합하다고 말할 수 있을 것 같다. 하지만 사실 세계를 이런 식으로 개념파악하는 방식도 원시인들에게는 제한적인 것으로 보인다. 이들에게 이런 표상은 그저 간단하고 자명한 것일 뿐이다. 왜냐하면 그러한 표상은 그저 자연에 더 가까울 따름이기 때문이다. 예언자와 환각증세를 일으키는 사람들을 포함한 어떤 문화민족도 지금껏 원시인들과 유사한 태도를 취한 적이 없었다. 결코 '원시인들'이라고 할 수 없는 그리스 사람들의 관점에도 인간은 두 가지 형태로 존재한다. 즉, 지각되는 현상으로서의 인간과 이의 비가시적인 모사(Abbild), 즉 죽은 뒤에 자유로워지는 '프시케 (Psyche)'가 있다. 꿈에 나타나는 형상들도 그들에게는 소중한 실재로 통한다. 현실에서 한걸음만 더 내딛어보면, 예술·종교·현실 철학·진정한 과학 등과 같은 모든 창조적 활동은 논리 이전의 사유 형식을 취하고 있다. 왜냐하면 삶 자체가 '논리 이전적인' 것이기 때문이다. 자연 전체가 경이롭다. 경험 사실을 밑바닥까지 내려가면 경험 사실을 설명하는 것은 기적을 확신하는 것일 수밖에 없다. 어문학자는 말의 기적, 생물학자는 식물 생명의 기적, 역사가는 세계 진행의 기적에 몰두한다. 온통 비밀투성이일 뿐이다. 어떤 인간도 그것을 해명할 수 없다. 어떤 물리학자가 제아무리 천재라 할지라도 그가 끊임없이 만나게 되는 것은 기적이다. 과학이 신비의 영역으로 깊이 파고들 때, 파고들 수 있는 만큼만 과학적으로 밝혀낼 뿐이다. 오늘날 우리가 더는 기적을 경험하지 못한다면, 그것은 우리가 그만큼 똑똑해졌다기보다는 우리의 열정이 소멸되었고 우리의 상상력이 빈곤해졌으며, 본능이 허약해져 정신적으로 공허해졌다는 것,

간단히 말해 우리가 더 바보가 되었다는 것을 의미할 따름이다. 기적이 더는 보이지 않는 것은 우리가 그만큼 진보하고 계몽된 세계에 살고 있기 때문이 아니라 오히려 그만큼 침체되어 신을 상실한 시대에 살고 있기 때문이다.

합리주의의
막간극

'경험'과 '사유법칙', 즉 거친 감각적 인상과 이에 어울리는 결함 많은 **논리학**에 위배되지 않는 현실의 단면에만 자의로 빛을 비추고 인정하는 도깨비불과 같은 합리주의는 ─ 이에 대해 명확히 하자면 ─ 특정 권력의 존속이 끝나면 사라질 운명에 처한 일시적 **편견**에 불과하다. 부정할 수 없는 것은, 합리주의란 유일한 편견이 아니라 인류가 그 역사에서 지나가야만 하는 수많은 편견 가운데 하나일 뿐이라는 사실이다. 그러나 합리주의는 여타의 편견보다 더 나으며, 그것은 유일하게 의미 있는 것이고, 따라서 합리주의 일반은 편견일 수 없다는 가정은 근대유럽이 가진 지역적 망상이다.

그러므로 내가 여기서 설명하고자 하는 것은 두 비합리주의, 즉 중세의 비합리주의와 장래의 비합리주의 사이에서 오성이 잠시 지배력을 행사했던 막간극이다. 인류 역사의 틀에서 보면 비합리주의는 일시적 유행·흥미로운 변덕·문화사적 호기심 그 이상을 의미하지 않는다. 장래의 ─ 정확한 점성술과 점복술, 탁월한 지성들이 지속해서 쏟아내는 보고서, 미적분이 구구표와 관계하는 것과 같이 오늘날 우리의 심리학과 관계하는 영혼과학, 우리라면 생각도 할 수 없는 수천 가지 또 다른 것들을 소유한 ─ 인간은 여러 '성과'를 거둔 우리의 근대를 두고 지금까지의 역사에서 생산성이 가장 저조하고 가장 암울하고 가장 고루한 시대로 이해하리라는 것은 아마도 가정을 넘어서는 사실이 될지도 모른다. 과거 인간의 경우에도 마찬가지일 것이다. 우리로서는 이해할 수 없는 위대한 예술을 창조한 이집트 사람들, 우리로서는 도달할 수 없는 세계에 대한 성숙한 지혜를 가졌던 중국 사람들, 우리로서는 재현하기 어려운 점성술과 운세의 과학이 있었던 바빌론 사람들, 우리로서는 범접하기 어려운 심오한 종교를 가졌던 인도 사람들, 이들은 자유로운 망상으로 보자면 지금까지의 발전의 영예로 비칠 우리 시대의 유사한 문화 창작물에 그저 동정어린 웃음만을 보낼 것이다. 그들은 멤피스[4]의 사제가 헤로도토스의 저작에 언급된 그리스 사람들에게서 확인한 말, 즉 우리는 영원히 아이들로 남아 있다고 했던 말을 우리에게서도 확인하게 될지도 모른다. 우리보다 더 민감한 귀를 가진 사람은 근대 유럽의 전체 역사를 두고 **동양에서 소리 낮춰 웃는 비웃음** 소리를 들을 수 있을 것이다. 우리의 모든 '진보'는 나지막하게 수군거리는 비웃음을 동반하고 있는 셈이다.

우리가 그 발전과정을 묘사하고자 하는 유럽의 합리주의는 아시아의 어느 작은 반도를 잠시 스쳐지나가는 고정관념에 불과하다. 그것은 인류의 가장 초보적이고 가장 원시적이며 가장 유치한 정신적 시기의 한 산물일 뿐이다. 우리가 '근대'라는 명칭으로 설명하고자 하는 대상은 실상 회색의 **고대**, 즉 **인류의 유아기**(Menschheitskindheit) · **태고**(Urzeit) · **선사**(Prähistorie)와 같은 고대의 역사인 것이다.

적어도 모든 학생이 항상 배울 수밖에 없는 바로 이 근대는 아메리카를 발견한 결과였다. 그러나 아무래도 우리는 발견이라는 말을 강조할 수 없는 지경이다. 사정은 바로 정반대이기 때문이다. 당시 살았던 그 사람들은 새로운 모험심, 즉 먼 이국에 대한 충동, 새로이 각성한 리얼리즘, 억제할 수 없는 지식욕을 가졌기 때문에 어느 날

세 가지
검은 기술

---

[4] Memphis: 고대 이집트 고왕국 시대(BC 2575경~2130경)의 수도.

서인도에 도달할 수밖에 없었다. 이들 모두 동일한 필요성에 따라 발명과 발견을 할 수밖에 없었던 것이다. 당시 창작된 그림이나 서정시는 그 시대의 산물이라는 사실을 오늘날 대학교수라면 누구나 아는 일이다. 그러나 기술적 성과물의 경우도 사정은 다르지 않다. '우연한' 발명이란 없는 법이다. 19세기 초 삶의 속도가 무한히 가속화되고 시 · 공간에 대해 새로운 감정을 갖게 된 것은 전화 · 전신 · 고속열차 등속 덕분이라는 것도 진실이 아니다. 오히려 새로운 삶의 속도가 먼저고, 새로운 시 · 공간 감정은 자석 · 전기 · 증기력을 이용할 수 있는 세대와 함께 이미 시작된 셈이다. 말하자면 이 속도가 이러한 삶의 형태를 만들어낼 수밖에 없었던 것이다.

근대를 유도한 사건 가운데 아메리카의 발견도 가장 본질적인 것은 아니다. 당시 사람들이 아메리카를 발견한 것이 아니라 그곳에 좌초했을 뿐이라는 사실을 인정하기가 싫다면 그저 도착했을 뿐이라고 말해야 할 것이다. 어떤 시대의 모든 정신적 상황에서 중요한 것은 **의식적인** 문화활동뿐이다. 아마도 다음과 같은 세 가지 사실이 형태의 변화에 결정적 영향을 끼쳤을 것이다. 즉, 그것은 베르톨트 슈바르츠가 발명한 흑색화약의 보편적 사용, 책의 대량생산을 가능하게 한 검은 활자 인쇄기의 이용, 그리고 연금술의 비밀에 대한 열정적 관심이다. 이 **세 가지 검은 기술**(Schwarzkunst)은 근대로의 진입에서 대단히 의미심장한 사건이다.

너무나 유명한 이런 거대한 현상들과 함께 15세기의 마지막 1/3분기와 16세기 초는 과학과 기술 분야에서 또 다른 괄목할만한 일련의 진보를 성취한다. 1471년에 최초의 천문대가 세워지고, 1490년 마르틴 베하임[5]은 최초의 천구를 그려낸다. 1493년 하르트만 셰델[6]의 『세계 연대기(Liber chronicarum)』가 출간된다. 이 책은 신기원을 이룰 만큼 2000개가 넘는 목판으로 짜인 지리적 · 역사적 작품에 해당한다. 1505년 최초의 우체국이 설립된다. 1506년 로이힐린[7]은 자신의 히브리어 문법책을 펴낸다. 1510년 피터 헬레[8]가 호주머니에 넣어 다닐 수 있는 '뉘른베르크의 달걀(Nürnberger Ei)'로 유명한 태엽시계를 고안한다. 1515년에는 이동식 화포가 사용되었다. 그리고 현대적 시간 개념의 발판이 마련되었다. 공공장소 시계들은 15분마다 울리기 시작했다. 그 뒤 몇 년간 계속 과학적 활동이 활발하게 이루어진다. 1540년 세르베투스(Servetus)는 혈액순환의 미세한 원리를 알아냈다. 3년 뒤, 그러니까 코페르니쿠스 체계가 공포된 그해, 위대한 해부학자 베살리우스(Vesalius)는 자신의 기초 저서인 『인체의 구조(De humani corporis fabrica)』를 출간했으며, 크리스토프 루돌프 (Christoph Rudolff)는 최초로 대수학 요강을 독일어로 집필했고, 아담 리제(Adam Riese)는 실용적 산술 교과서를 펴냈다. 게오르크 아그리콜라(Georg Agricola)는 광물학, 콘라트 게스너(Konrad Gesner)는 과학적 동물학에 기초를 놓았으며, 우주과학자이자 동판 조각가로서 라틴어 이름 메르카토르(Mercator)로 알려진 게라르드 크레머(Gerhard Kremer)는 프톨레마이오스 체계를 혁신하여 구면에 경위선의 범위를 투영한다. 그 투영법이 탁월해서 '메르카토르 도법(Mercators Projektion)'은 오늘날까지도 이용되고 있다.

우리가 아직도 중세에서 합리주의로 넘어가는 일종의 과도기에 파라켈수스

---

[5] Martin Behaim(1459~1507): 독일의 항해가 및 지리학자. 세계 최초로 지구본을 만듦.

[6] Hartman Schedel(1440~1514): 독일의 의사이자 연대기 편찬자.

[7] J. Reuchlin(1455~1522): 독일의 인문주의자.

[8] Peter Hele(1485~1542): 독일 뉘른베르크 출신 자물쇠 장수이자 시계제조업자.

서 있다는 사실은 당대에 독특한 정신적 활동을 벌인 수많은 신비주의자 및 카발라 학자(Kabbalisten)와 신비 예술가가 보여주고 있다. 이들은 모두 새로이 발생한 동물학적 개체의 모습을 취하고 있다. 물론 퇴화기관의 흔적이 있다. 그것은 마치 수중생활에서 육지생활로의 과도기를 이미 거치긴 했지만, 아가미와 허파의 이중 호흡기나 물갈퀴를 여전히 간직하고 있는 생물과 같은 꼴이다. 근본적으로 그들은 당대에 '과학'으로 이해한 바를 가르친 바로 그 사람들이다. 그중 아그리파 폰 네테스하임[9]과 테오프라스투스 봄바스투스 파라켈수스[10]가 최고의 인기를 누렸다. 전자는 1510년에 일종의 마술의 교과서와 같은 『신비의 철학(De occulta philosophia)』을 출간했다. 그는 이 책에서 마술을 자연의 마술과 천상의 마술 및 종교의 마술로 구분한다. 첫 번째 마술이 보여주고자 하는 것은 어떻게 하면 현세의 힘들을 다스리는 주인이 될 수 있는지이고, 두 번째 마술은 천체의 비밀을 파고드는 방법에 관한 것이며, 세 번째 마술은 악마를 지배할 힘을 얻는 방법에 관한 것이다. 그런데 파라켈수스는 모든 시대에서 가장 독특한 인물 중 한 사람이다. 그는 인문주의자이자 물리학자였고, 연금술사이자 천문학자였으며, 손금을 보는 점쟁이이자 염을 하는 사람이었고, 외과 의사이자 마술사였으며, 수소의 발견자이자 의학의 학문적 혁신자이기도 하다. 이처럼 의사·교사·연금술사로서의 그의 다양한 이력은 세간을 떠들썩하게 했고, 사람들을 모이게 했다. 이 가운데는 지혜를 갈구하고 진정 학문을 배우려

---

[9] H. C. Agrippa von Nettesheim(1486~1535): 독일의 신비주의 지식인. 그의 종교 관념에는 기독교·신플라톤주의·유대 신비주의 사상이 혼재함.

[10] Theophrastus Bombastus Paracelsus(1493~1541): 스위스 태생의 독일 르네상스 시대의 물리학자·생물학자·점성술가·천문학자·보편신비주의자.

는 문하생들도 있었지만 (당시에는 속물적인 황금의 탐욕과 고상한 지식 욕구가 거의 구별되지 않은 관계로) 모험가들과 게으름을 피우는 온갖 부류의 사람도 포함되어 있었다. 곳곳에서 감성 수양의 운동이 벌어졌는가 하면 정보를 모으고 확산시키면서 그에 대한 스캔들과 예찬하는 일이 일어나기도 했다. 결국에는 그의 천재성이 사업에 방해된다고 본 몇몇 사람의 선동으로 그를 은밀히 살해하려는 음모까지 있었다. 후세 사람들의 회고에 따르면, 그는 한편으로는 1년에 한 번씩 장터에 나타나는 괴팍하기 짝이 없는 전형적인 협잡꾼으로 살았는가 하면, 다른 한편으로는 학문의 순교자와 인류의 자선가와 같은 전형적인 예언가로 살았다. 사실 두 관점 모두 맞는 말이다.

그의 저작들도 이처럼 분열적 성격을 드러낸다. 과장되고 인위적이며, 허풍을 떨고 장황하며, 어둡고 장중한 느낌을 준다. 그래서 그의 저작들은 그 필명으로 봄바스투스를 달고 있어도 전혀 부당하지 않은 것처럼 보인다. 그런데 그는 테오프라스투스라는 이름조차도 영예롭게 생각했다. 곧 그는 신의 참된 대리였고, 심오한 지식과 진정한 지혜의 전도사였다. 그가 항상 되풀이해서 강조한 것은 진리를 인간의 책이 아니라 자연의 책에서 구해야 한다는 것이었다. 즉, 갈레노스[11]의 저술에서 얻을 수 있는 것은 인생의 나무에서 자라는 버섯과 같은 것일 뿐이라는 것이다. 멍청이만이 버섯을 나무로 착각할 수 있다고 본다. 이를 한마디로 표현하기 위해 그는 **범신론적 의술**(pantheistische Medizin)을 가르쳤다. 이에 따르면, 모든 것은 서로 연

---

[11] Claudios Galenos(129~?199): 고대 로마의 의학자이자 철학자. "의사는 자연의 머슴이다"는 말로 유명함.

관되어 있으며, 의사의 과제는 이런 연관관계를 밝히는 것에 있다. 이 세계도 생명과 장애, 용모와 질병, 호흡과 맥박, 열병과 치유를 품고 있는 거대한 유기체로 통한다.

그는 모든 수수께끼에는 열쇠가 있다고 확신했다. 말하자면 원소 보존의 법칙에 대해서는 아직 몰랐던 것이다. 물론 이 법칙은 라듐의 발견으로 새로이 논박되곤 한다. 그러나 주지하다시피 라듐은 또 다른 원소인 헬륨으로 대체될 수 있다. 이처럼 지금까지 자연연구의 기둥이었던 것이 '비과학적인' 것이 되며, 지금까지 한갓 미신으로 통한 것이 '과학적인' 것이 된다. 이것이 이른바 과학의 역사이다. 이런 역사를 고려하면 학식 있는 기능공의 오만은 꺾일 수밖에 없다. 지금까지 과학은 건강한 인간오성의 자유로운 사유만이 접근할 수 있는 것으로 여겨온 것이다.

덧붙이면 연금술은 단순히 금세공만을 목적으로 하는 것이 아니었다. 사람들이 찾았던 '묘약'과 같은 신비로운 물건은 고대의 테리아카(Theriak)처럼 만병통치약으로 통했다. 당시 사람들은 세계의 수수께끼를 단번에 풀 보편적인 구원의 공식, 즉 모든 비밀의 문을 열 수 있는 만능키가 있다고 생각했다. 이것이 바로 지혜의 열쇠에 담긴 심오한 의미이다.

_{인적자원과 이동용 인쇄기} '이 시대의 경향'의 또 다른 두 가지를 꼽는다면, 그것은 화약과 인쇄술이다. 이 두 기술은 분명 연금술과는 비교될 수 없을 만큼 당대에 치명적인 영향을 입혔다. 화기의 사용으로 전대미문의 난폭과 야만과 기계화가 전쟁의 본질을 이루게 되었다. 화약을 통해 용맹이 일반화·평준화·탈개인화 된다. 특수한 보호 장비와 공격 무기로 무장한 채 말을 타고 맨투맨으로 벌이던 기사의 싸움은 그러한 장비와 무기를 다루는 특수한 재능이 요구되었거나 적어도 수년

간의 연습과 훈련을 통해 이루어진 것으로서 그 직업이 용맹과 관련된 특정한 사회적 계급을 만들어냈던 것이다. 그러나 화력전술과 보병의 결정적 등장과 함께 특정한 인종·성정·능력이 동원된 전쟁은 끝이 남으로써 용맹이 일반화되었다. 즉, 용맹 따위는 사라지게 된 것이다. 무기는 더 이상 인간 개인의 기관, 곧 신체의 부분이길 멈추고 반대로 인간이 무기의 비인격적 기관이 된다. 말하자면 인간이 거대한 전쟁기계의 부속품이 된 것이다. 이로써 두 가지 결과가 나타난다. 그 하나는 전쟁의 수행에서 말할 수 없는 잔혹성과 야만성을 수반한다는 점이다. 개별 인간은 전체에서 손쉽게 대체할 수 있는 부품에 불과하다. 다시 말해 공장에서 쉽게 생산할 수 있는 대량상품과 같은 처지에 놓이게 된다. 또 하나의 결과는 전투가 주민 대다수, 즉 모든 사람에게로 확장된다는 점이다. 사실 '인적자원(Menschenmaterial)'이라는 개념은 화약의 발명과 더불어 형성된 것이며, 일반의 병역의무도 그렇기는 마찬가지다. 그도 그럴 것이 이런 의무는 누구든 수행할 수 있는 것이 되었기 때문이다. 이런 점에서 근대의 역사는 전쟁 개념과 그 본래의 내용과 의미가 진보적으로 해체된 역사라고 할 수 있다. 이런 와해의 궁극적 단계가 세계대전인 셈이다. 이 전쟁은 장사에 그 원인이 있다.

　기계화하고 평준화하는 또 하나의 유사한 경향으로서는 인쇄기가 있다. 인쇄기의 발명은 양질의 저렴한 종이 생산이 뒤따르지 않았다면 보편적 의미를 획득하지 못했을 것이다. 구텐베르크[12]는 (그 밖의 누구였든) 처음에는 형상을, 이후에는 서명을, 그리고 마침내

---

[12]　J. Gutenberg(1367~1468): 독일의 인쇄술의 창시자이자 근대 활판인쇄술의 발명자.

책의 용도를 지닌 글을 새겨 넣는 데 사용한 목판을 그 각각의 구성 요소와 활자로 분해했다. 여기서 최초로 개인주의의 행태가 발생한다. 그것은 중세의 굴레, 말하자면 연대와 협력에서의 해방을 의미한다. 여러 요소, 말하자면 어휘·문장·사유의 유기체를 구성하는 세포들이 자립성을 획득하여 자유롭게 떠돌면서 자신의 삶을 각자 살면서 무한한 조합의 가능성을 열어놓았다. 지금까지는 모든 것이 고정적이고 주어진 것, 정태적이고 관습적이었다. 이제는 모든 것이 유동적이고 가변적이며, 역동적이고 개별적인 것이 된다. **이동용 인쇄기**는 인문주의의 상징이다. 그러나 그 이면의 모습은 이렇다. 모든 것이 기계처럼 관리되고 등가(等價)와 동일모형이 지배적 원리가 된다. 모든 인쇄기는 책의 구성에서 주춧돌과 같은 기능을 하는 동시에 비인격성·복무·테크닉·원자 속의 원자를 만들어낸다. 이와 유사한 현상을 새로운 정신조차도 여타의 분야에서 드러냈다. 방금 위에서 우리는 전쟁의 형태에 대해 말한 바 있다. 이를테면 기사들은 저마다 전사였지만 병사는 익명의 전투분자에 불과하다. **신민**이 시민을 대신하게 되며, **노동자**가 수공업자를 대체한다. **화폐**가 상품을 대신한다. 병사·신민·노동자·화폐가 공통성을 갖는 것은 사람들이 임의대로 덧붙이거나 바꾸거나 교환할 수 있는 동일한 부피와 순수 양을 지니는 형국에 처하게 되었다는 점이다. 이들의 가치는 개별적 개성에 의해 결정되는 것이 아니라 숫자에 의해 결정된다. 동일한 현상이 외적인 생활의 영역 전반에서도 나타난다. 중세와 비교할 때 근대의 인간은 더 실용적인 가구, 좀 더 빨라진 교통수단, 더 따뜻한 난로, 더 밝은 조명기구, 더 안락해진 주택, 개선된 교육시설을 갖게 된다. 이와 같은 기타의 수백 가지 사물 덕에 인간은 더 자유롭고 더 경감된 개별적인 삶을 보장받는다. 그러나 이 모든 가구 · 교통수단 · 난로 · 조명기구 · 주택 · 교육시설이 한결같은 모양을 취하고 있다. 바로 자연과 역사는 이 모든 것에 대한 대가를 치를 수밖에 없게 된다. 말하자면 **개별성**(Individualität)은 생성되지만 **인격성**(Persönlichkeit)은 소멸하는 것이다.

이는 코페르니쿠스에서 출발한 새로운 천문학적 관점이 불러일으킨 세계상의 결정적 전위와 관련 있다. 새로운 우주의 체계를 내세우는 그의 논문 「천구의 회전에 관하여(De revolutionibus orbium coelestium libri VI)」는 그가 사망한 그해에 출간되었으며, 이 책에는 청교도 신학자 오지안더[13]가 쓴 서문이 실려 있다. 이 서문은 그의 체계 전체를 자의적으로 해석하여 가설로 규정한다. 그가 그렇게 한 까닭은 아주 간단하다. 요컨대 루터와 멜란히톤[14]이 그러한 체계에 반대했기 때문이다. 루터는 이렇게 말한다. "그 바보가 천문학 체계를 몽땅 뒤집어 놓으려 한다. 그러나 성서는 여호수아가 지구를 멈추게 한 것이 아니라 태양을 멈추게 했다고 우리에게 전하고 있다." 그러나 코페르니쿠스의 이 저작은 이미 훨씬 전에 쓰인 것이다. 그는 (교황 바울 3세를 염두에 두고 쓴) 헌사에서 논문 집필이 교황 때문에 9년간 네 번이나 중단할 수밖에 없었지만 이미 그 전에 비밀 통로를 통해 출간을 강행할 수밖에 없었다고 해명한다. 어떤 인식이 일단 형성되면 그것은 억압할 수 없으며, 금방 공기를 타고 전염되면서 마치 세균처럼 확산한다.

덧붙이자면 그의 발견이 완전히 새로운 것은 아니다. 그리스도 탄생 250년 전에 사모스(Samos)의 아리스타르코스[15]도 코페르니쿠스

---

[13] A. Osiander(1498~1522): 독일 루터파 신학자.
[14] Philipp Melanchthon(1497~1560): 독일의 인문주의자 · 종교개혁자.
[15] Aristarchos(BC? 220~BC 150): 그리스의 문법학자.

와 유사한 체계를 이미 정립했다. 이에 따르면 태양과 항성은 움직이지 않으며, 지구가 자전하면서 태양의 주변을 돈다. 플루타르코스는 플라톤에 대해 보고하는 자리에서 플라톤은 "더 이상 지구가 천체의 중심인 것이 아니라 지구의 위상을 좀 더 나은 별로 자리매김했다"고 말한다. 그러나 이 그리스인은 이 세계를 협소하고 완결된 구로 생각했으며, 하나의 우주로서 기묘하게 분류된 아름다운 총체로 보려고 했다. 그것은 사원이나 입상 혹은 도시국가처럼 쉽게 상상할 수 있고 편안히 구경할 수 있는 세계의 모습을 띠었다. 태양 중심 우주체계는 그의 세계상과 어울리지 않았고, 이로써 **오류**를 범한 셈이다. 이제 인간에게서 확장의 충동과 동시에 질서와 동일형태 및 규칙성에 대한 충동, 수학적 어법으로 말하면 공식으로 표현할 수 있는 세계에 대한 충동이 잠을 깨게 된다. 새로운 천문학을 통해 인간은 겉으로 보기에 아무것도 아닌 존재로 전락하지만 사실은 우주의 비밀을 캐고 간파하면서 법칙을 만드는 자로 부상한다. 오히려 인간은 희미한 불빛의 지구가 배회하고 있는 우주를 무한히 확장하려고 한다. 그러나 인간은 암흑과 신비로 감싸여 있어 연구 불가능한 운명처럼 보이는 이 무한성을 인간의 정신으로 지배하고 계산할 수 있게 하려고 한다. 만일 태양 중심 우주체계 때문에 인간은 더욱 의기소침해지고 더욱 겸손하게 되었다고 계속 주장한다면, 이야말로 가장 심각한 역사왜곡의 하나가 될 것이다. 사정은 정반대이다.

아무튼, 코페르니쿠스는 그 범위에서 지금까지의 학설을 압도하는 태양 중심 우주체계를 가르쳤다. 그러나 이때의 우주는 고정된 유한한 세계를 의미한다. 물론 이 세계의 중심에는 움직이지 않는 태양이 위치한다. 그 중심의 가장 바깥 경계는 '제8의 영역'을 구성한다. 이 영역 너머에는 더는 아무것도 존재하지 않는다. 따라서 그의 체계는 우리의 체계와는 본질적으로 다른 것이다. 말하자면 그의 체계는 포착할 수 없을 만큼 서로 멀리 떨어져 있는 수없이 많은 태양계를 가정하고 있는 우리의 체계보다는 훨씬 협소할 뿐만 아니라 훨씬 단순하고 조망하기도 쉽다. 말하자면 고정되고 안정적인 체계를 이루고 있다. 우리의 체계에서 태양계는 대단히 빠른 속도로 심연 속을 운행한다. 이 심연을 두고 우리가 말할 수 있는 것이라고는 끝이 없다는 점뿐이다.

그러나 근대 초의 극명한 상징이 되는 도구는 천문학자들의 책상이 아니었고 인쇄기도 아니었을뿐더러 시험관이나 경전도 아니었다. 그것은 **나침반**이었다. 물론 나침반은 이미 오래전에 발견된 것이긴 하지만 이때서야 비로소 사람들이 적극적으로 활용하려 했던 것이다. 우리가 이미 여러 번 강조했듯이 새로운 정신적 태도의 본질은 지금까지 들어본 적이 없는 특색을 지닌다. 그것은 억제할 수 없는 태도로서 모든 것의 베일을 벗겨내고 그 본질을 꿰뚫고 탐색하려는 지칠 줄 모르는 욕구이다. 그래서 이 시대의 10년의 기간은 발견의 시대로 불리기도 한다. 그러나 사람들이 추구한 그 시대의 발견들 그 자체는 크게 중요한 것이 아니다. 결정적인 것은 발견하려는 **경향**이다. 탐구를 위한 고상한 탐구는 그 시대 지성들의 욕구를 채운 마성(魔性)의 열정이었다. 지금까지는 고작 필요악으로 취급되었던 여행이 이제는 인간 최고의 쾌락이 된다. 모든 이가 이곳저곳으로 방랑생활을 하며 떠돌아다녔다. 여기에는 학생·수공업자·병사·예술가·상인·학자·성직자가 포함된다. 인문주의자나 의사들은 대개 방랑생활을 통해서만 직업을 수행할 따름이었다. 사람을 평가할 때 얼마나 멀리까지 돌아다녔는가가 중요한 기준이 되기도 한다. '나그네'야말로 거의 모든 직업분야에서 일종의 귀족과 같은 고상한 자격을 부여받았다. 당시 사람들은 말 그대로 모든 새로움을 **경험**했다. 이런 새로움에 대한 여행의 열정이 곧 물길에 대한 관심을 압도할 수밖에 없는 것은 불가피한 일이었다.

근대의 발견의 역사에서 선두에 선 인물은 포르투갈의 왕자 엔리케였다. 물론 그가 직접 항해를 한 것은 아니었지만 '항해왕 엔리케'라는 호칭을 얻기에 합당할 만큼 바닷길을 여는 데 정열을 바쳤다. 그는 포도주 한 잔도 마시지 않았고 여자를 멀리했다. 그의 유일한 열정은 아프리카 해안의 베일을 벗기는 일에 집중되었다. 그의 시대에 이르기까지 케이프 보쟈도르(Kap Bojador)는 어떤 배도 건널 수 없는 최후의 경계로 통하고 있었다. 왜냐하면 그곳에서부터 염분 함유량이 급증해서 어떤 강인한 선원들도 더는 뱃길을 열 수 없다고 생각했기 때문이다. 바로 여기서 **케이프 논**(Cap Non)이라는 독특한 명칭이 유래한다. 당시만 해도 최초 아리스토텔레스가 제기하고 프톨레마이오스가 증명한 관점, 즉 회귀선 안에서는 수직으로 떨어지는 태양광선이 어떤 식물도 자랄 수 없게 하므로 황량한 사막만이 있을 뿐이라는 관점이 보편적으로 지배하고 있었다. 그러나 엔리케는 탐험 길에 선박을 띄우게 했다. 1445년 그의 신하 가운데 한 명이 즙이 많은 과일과 거대한 야자수 숲이 있는 광활한 남부의 해안을 발견했다고 보고했다. 그는 이상하게도 이렇게 덧붙였다. "이 모든 것에 대해 저는, 세계의 구획에 관한 대단히 올바른 문제들을 알렸지만 이곳에 대해서는 아주 잘못 생각한 프톨레마이오스에게 결례를 무릅쓰고 적고 있습니다. 적도 부근에는 검은 피부의 원주민이 수없이 많이 살고 있으며, 나무들은 믿을 수 없을 만큼 높이 뻗어 있답니다. 바로 이 남쪽에서는 초목들이 울창할 뿐입니다." 같은 해에 사람들은 풍요로운 해각(海角)에도 도착했다. 그때 이후 그곳은 케이프 곶(Cap verde)으로 알려지게 되었다. 곧 아프리카 교역이 활기차게 된다. 가장 중요한 교역 품목은 사금과 사향(麝香), 그리고 상아였다. 마데이라(Madeira)에서는 거대한 사탕수수농장이 형성된다. 물론 왕자는 과학에 대한 관심 외에 그 어떤 것도 염두에 두지 않았지만, 노예사냥도 이런 최초의 탐험이 수반한 현상 중 하나에 속한다.

1460년 그가 사망했을 때, 그의 계획들은 차질을 빚게 된다. 그러나 80년대는 또 한 번 의미심장한 진보를 이룬다. 1482년 마르틴 베하임도 참여한 여행 탐험이 있었다. 이 여행은 콩고의 길목을 찾아냈다. 1486년 바르톨로뮤 디아스[16]는 아프리카의 최남단에 도착했다. 폭우가 심했기 때문에 그는 그곳을 **카보 토르멘토소**[17]라고 불렀으며, 후에 그의 왕 주앙(João) 2세가 **희망봉**(Cabo de bõa esperanza)으로 이름을 바꾸었다. 그는 희망봉 여기저기를 돌아보고는 인도양으로 가는 길을 알아냈다. 그러나 이때 그의 대원들은 회귀하기로 결정했다. 왕이 이름을 바꾸어 표현하려 했던 동인도로 가는 남쪽 항로에 대한 희망은 12년 뒤에야 실현되었다. 바스코 다 가마[18]가 캘리컷(Kalikut)에 도착했다. 이곳은 풍요로운 인도 말라바르(Malabar)의 중심 도시이자 향신료 교역의 중심지이기도 했다. '후추해안'이라는 말은 유럽에서 향신료 무역을 한 포르투갈 사람들에게서 유래한다.

그러나 이미 6년 전에 제노바 출신 크리스토퍼 콜럼버스[19]가 서

콜럼버스

---

[16] Bartolomeo Diaz(1450~1500): 포르투갈 출신 항해사.

[17] Cabo tormentoso: 일명 '폭풍의 봉우리'라고도 함.

[18] Vasco da Gama(1460~1514): 포르투갈의 항해사.

[19] Cristoforo Colombo(1451~1506): 이탈리아의 탐험가. 유럽의 초기 신대륙 항해에 지대한 영향을 끼침.

쪽으로 최초로 출정한 적이 있다. 그는 스페인 통치하에 복무하면서 자신의 이름을 스페인식으로 크리스토발 콜론(Cristobal Colon)으로 부르는 것을 영예롭게 생각했다. 그런데 처음 아메리카로 가는 길을 선택할 때 그는 대단히 서툴렀다. 말하자면 가장 먼 길로 돌아간 것이다. 만일 바람이 유리하게 불지 않았더라면 아마 그는 목적지에 도착하지 못했을 지도 모른다. 그의 계획은 "서쪽으로 항해하면서 동양"에 도착한다는 것이었다. 그는 마르틴 베하임이 말한 '사과 모양의 지구'를 철석같이 믿고 있었다. 그러나 그도 지도에 그려진 착각을 공유했다. 즉 아시아는 서로 결속력 있게 운집해 있으며, 편자 모양으로 지구를 감싸고 있다는 것이다. 그렇지만 대개 주장하듯이 그도 '서인도'로 향한 길에 도달할 수 있다고 믿었던 것이 완전히 틀린 것은 아니다. 그러나 그는 자신의 의미에서 논리적이긴 하지만 카타이(Kathai: 중국)나 돌출한 섬 지팡구(Zipangu: 일본)에 도달할 것이라고 가정했다. 그가 이렇게 가정할 수 있었던 것은 유명한 세계 여행가 마르코 폴로[20]의 『경이로운 세계(Mirabilia mundi)』라는 작품 때문이다. 사실 마르코 폴로는 200년 전에 육로를 이용하여 동쪽으로 가던 도중에 중국과 일본에 도착했다. 콜럼버스도 실제로 지팡구로 가던 도중 최초로 입항한 섬 쿠바에서 체류한 적이 있다. 그 뒤 얼마 지나지 않아 그가 에스파뇰라(Española)라고 부른 이웃한 섬 아이티(Haiti)를 발견했을 때 지팡구와 쿠바는 중국 본토에 속한다는 식으로 자신의 관점을 수정했다. 그는 자신이 아시아에 와 있다고 생각했고, 자신의 마지막 여행에서는 카타이 대제와의 협상을 위한 아랍

---

[20] Marco Polo(1254~1324): 이탈리아의 상인 · 탐험가. 『동방견문록』으로 널리 알려져 있음.

통역관을 붙여달라고 할 정도였다. 심지어 밤새 고고한 자태로 무리를 지어 다니는 홍학을 보고 흰옷을 입은 중국의 승려로 착각하기도 했다. 2차 여행에서는 자메이카(Jamaica)에, 3차 여행에서는 오리노코(Orinoco) 강 하구를 통해 대륙에 도착했으며, 마지막 여행에서는 그가 인도의 후방이라고 설명한 온두라스(Honduras)에 도착했다. 그리고 4년 뒤, 마르틴 베하임이 사망한 그해 1506년에 사망했다. 이때 그는 자신이 새로운 대륙을 발견했다는 것도 몰랐다.

따라서 이 대륙의 이름을 콜럼비아(Columbia)에서 따오지 않았다고 해서 특별히 부당한 일은 아니다. 물론 이 대륙의 명칭에 아메리고 베스푸치[21]의 이름을 붙인 것에는 아주 사소한 이유가 있었다. 아메리카를 발견한 사건은 그 시대의 분위기를 반영한다. 콜럼버스가 없었더라도 그 사건은 일어날 수밖에 없었다고 말하는 데에는 한 치의 주저함도 없다. 유명한 자연연구자 카를 에른스트 폰 베어[22]는 이렇게 말한다. "설령 콜럼버스가 요람에서 죽었다 해도 아메리카는 곧 발견되었을 것이다." 1497년 베네치아 사람－영어 이름 존 캐벗(John Cabot)으로 알려져 있는－조반니 가보토(Giovanni Gabotto)는 영국의 깃발을 달고 래브라도(Labrador) 해안에 상륙하여 콜럼버스보다 1년 먼저 대륙을 밟았다. 그리고 1500년, 페드로 카브랄(Pedro Cabral)은 캘리컷으로 항해하는 도중 서쪽으로 표류하다가 브라질을 발견하게 되었으며, 이런 식으로 아주 우연히 유럽과 아메리카를 잇는 더 짧은 길을 알게 되었다. 덧붙이면, 콜럼버스가 대륙을 발견했을 때 그는 과학의 차원에서든 실용의 차원에서든 아무 일도 착수할

---

[21] Amerigo Vespucci(1454~1512): 이탈리아의 상인·탐험가·항해사. 현재 아메리카(Amerika)는 그의 이름에서 연원함.

[22] Karl Ernst von Baer(1792~1876): 러시아 에스토니아 태생의 독일 발생학자.

수가 없었다. 새로운 지역에 대한 그의 관리는 그야말로 공포의 정치였다. 흉측한 그의 이면을 드러냈을 뿐이다. 그것은 절제 없는 황금 욕구, 원주민에 대한 무지막지한 만행, 자신의 부하들에 대한 음모와 맹목적 질투였다. 그가 입안한 행정조처는 근시안적인 만큼 비인간적이었다. 뻔뻔한 노예무역으로 주민의 수를 감소시키고, 농장노동으로 주민들을 쇠잔케 했으며, 스페인 범죄자들을 에스파뇰라로 귀양을 보냈고 인간사냥을 목적으로 사냥개를 끌어들였다. 탐욕이 그를 사로잡아 내면의 고상한 감성을 질식시키고 그의 본질의 이상적 면모를 암흑으로 뒤덮게 했다. 그가 신대륙에 발을 들여놓은 그 순간 최초로 대륙을 알리게 된 뱃사람이라는 이름으로 모든 것을 농간할 여지가 이미 만들어진 셈이다. 그가 존경심을 얻었던 것은 자신의 계획을 추진하는 하는 데 있어 어떤 것에도 동요치 않는 불굴의 지구력과 수행능력 덕분일 뿐이었다. 아무튼 그의 업적은 열광·탐욕·아집의 산물이며, 그의 항해 일체는 우연한 특권의 결과이자 복권당첨과 같은 것이었다. 그의 항해 기록의 업적은 저급한 이해관계가 맞물린 스포츠의 그것과 흡사하다. 콜럼버스는 실험가였다. 그는 실험의 방식으로 정해진 방향으로 출항하여 아메리카를 발견했다. 그리고 달걀 하나를 두고 그것이 세워질 때까지 실험했다. 이 두 가지 결과는 곧 그의 천재성을 입증한 셈이다.

1100일의 지구탐험

의식적으로 이루어진 그 시대의 가장 위대한 탐험 행위는 스페인에 복무한 포르투갈 사람 페르나오 마갈랴잉시[23]의 세계일주 항해였다. 그는 1519년 9월 스페인을 출발했다. 도중에 그의 동료들이

---

[23] Fernão Magalhães(1480~1521): 포르투갈의 항해사 및 탐험가. 영어식 이름으로는 '마젤란'으로 통함.

일으킨 수많은 반란과 음모에도 불구하고 그는 남아메리카 동부 해안을 따라 대륙의 최남단까지 항해하여 1520년 늦가을, 그의 표현에 따르면 대륙을 열도로 나누는 험난하기 그지없는 지대를 가로질러 태평양에 도착했다. 그는 북서쪽으로 방향을 잡고 태평양을 횡단했다. 거의 넉 달 동안 선원들이 돛에 달린 가죽과 쥐로 연명할 만큼 피곤과 궁핍에 찌든 항해 끝에 그는 스파이 섬에 도착했으며, 며칠 뒤 필리핀 제도에 도착했다. 그곳에서 엄폐물도 없이 무모하게 원주민들과 전투를 하다가 1521년 4월에 전사했다. 그의 배 〈빅토리아호〉는 세바스찬 델 카노[24]의 지휘아래 몰루카 섬으로 항로를 잡았으며, 그곳에서부터 인도양을 횡단하여 희망봉과 케이프 곶을 지나 무사히 귀항했다. 꼭 3년이 지난 1522년 9월, 탐험대는 처음 출발한 그 항구에 정박한 것이다. 1522년 7월, 케이프 곶의 섬 산티아고에 도착했을 당시 선원들은 그곳의 달력이 7월 10일 화요일을 가리키고 있음을 알아챘다. 그런데 정작 그들 자신은 7월 9일 수요일로 알고 있었다. 그들이 동쪽에서 서쪽으로 지구를 돌아왔을 때, 하루를 잃어버린 셈이다. 만일 반대 방향으로 항해했다면, 그들도 『80일간의 세계일주(Reise um die Erde in achtzig Tagen)』[25]의 주인공처럼 성공했을지도 모른다. 주지하다시피 이 책이 보이는 영민하고도 놀라운 재치는 그 주인공이 자신도 모르던 어느 날 갑자기 내기에서 성공을 거뒀다는 점이다. 그런데 전자의 선원들은 그들의 발견에 대해 필리스 포그(Phileas Fogg)[26]만큼 신기해하지도 기뻐하지도 않았다. 그도 그럴 것이 그들의 발견이 지구가 공처럼 둥글다는 것을 입증한 것일 뿐

---

[24] J. Sebastian d'Elcano(1476~1526): 세계 최초로 지구를 일주한 선박의 선장.
[25] 프랑스의 공상과학 작가 쥘 베른(Jules Verne: 1828~1905)의 작품.
[26] 『80일간의 세계일주』의 주인공.

이기 때문이다.

같은 시기에 중앙아메리카, 그리고 대략 10년 뒤 남아메리카 서부해안이 유럽인들에 의해 개척되었다. 우리는 두 개의 사건, 즉 멕시코와 페루의 정복 과정에 대해 다소 장황하게 설명하고자 한다. 왜냐하면 이 두 사건은 세계사에서 가장 파렴치하고 가장 무의미한 행위에 해당하기 때문이다.

에르난도 코르테스[27]가 1519년에 멕시코 땅을 밟았을 때, 그곳에서 그는 유럽문화를 훨씬 능가하는 고도의 문화, 더 정확히 말하면 초고도의 문화를 목격했다. 백인이자 가톨릭 신자로서 자신의 종교와 인종이라는 이중의 과대망상에 눈이 멀어 있던 그는 다른 세계관과 피부색을 가진 사람들이 자신과 동등한 존재일 뿐이라는 생각을 가질 수가 없었다. 이는 비극이자 그로테스크한 일이었다. 대륙에서 가장 야만적이고 가장 미신적이며 가장 교양 없는 일원이었던 스페인 사람들은 어떤 망상에 사로잡혀 자신들로서는 그 원인을 도무지 깨칠 수 없는 문화를 관찰했던 것이다. 물론 코르테스와 같은 인물도 어떤 위대성에 대해서는 부정하지 못한다. 그도 다른 모든 정복자처럼 거칠고 야비하며, 고차원적인 도덕적 자제심이 없는 욕심꾸러기 정복자였지만 계획적인 소신, 정치적 현명함, 기본예절 같은 것이 없진 않았다. 단순히 피에 굶주려 일을 벌이지는 않았으며, 살육을 혐오하기도 했다. 그래서 그는 아스텍 사람(Azteke)들의 산 제물 의식을 폐기하기도 했다. 이는 아마도 스페인의 정복 과정 전체에서 교양인의 품위를 갖춘 몇몇 행위 가운데 하나가 될 것이다. 그러나 그의 주변은 성직자들과 같은 예외적인 소수를 제외하고는

---

[27] Hernando Cortez(1485~1547): 스페인의 정복자.

모국에서조차 쫓겨난 건달과 범죄자와 같은 천박하기 짝이 없는 인물들로 널려 있었다. 이들은 영락한 스페인 사람들로서 당시 유럽의 인간말짜 가운데 말짜였다. 이들이 탐험에 동참한 유일한 동기는 황금에 대한 저속한 욕심 때문이었다. 아스텍의 몬테주마(Montezuma) 황제가 보낸 특사에게 코르테스는 노골적으로 이렇게 말한다. "우리 스페인 사람들은 심장병을 앓고 있는데, 그 특효약은 황금입니다."

우리는 멕시코 문화가 로마제국 시대의 그것과 결코 동떨어지지 않은 발전단계에 도달했다고 볼 수밖에 없다. 분명 멕시코 문화는 슈펭글러가 '문명'이라고 규정하는 바로 그러한 단계에 이르렀다. 그 특성은 대도시의 규모, 세련된 편의시설, 전제적 통치형태, 팽창의 제국주의, 육중한 조형건축물, 층층의 장식물, 윤리적 숙명론과 토속적 종교관 등에서 확인된다. 기막히게 아름다운 호수의 원주 위에 세워진 주요 도시 테노치티틀란(Tenochtitlan)에서 스페인 사람들은 웅장한 사원과 마천루를 목격했다. 그곳에는 거대한 병기창과 막사, 그리고 병원이 있었다. 넓은 동물원과 식물원, 이발소와 공중목욕탕, 분수대도 있었고, 양탄자와 화려한 깃털로 모자이크한 그림들도 있었다. 고가의 황금조각품과 방패무늬가 들어간 세공 예술품, 화려한 면직 외투와 가죽으로 만든 의상, 향기 나는 목각의 천정, 요리용 전열기구, 향수분사기와 온수기가 있었다. 10만 명의 인파가 찾는 주말시장에는 온갖 진기한 물건이 풍성히 진열되었다. 기막히게 조직화된 우편체계는 모든 지방과 연결된 잘 닦인 도로와 계단을 통해 모든 소식을 재빠르고도 정확히 알릴 수 있게 했다. 경찰과 과세기구는 대단히 정확하고도 신뢰성 있는 기능을 발휘했다. 부잣집 부엌에서는 감칠맛 나는 요리와 음료 냄새가 풍겼다. 야생동물 고기 · 생선 · 와플과자 · 통조림 · 부드러운 수프 · 매콤한 양념요리 등이 나온 것이다. 그리고 이전과는 다른 새로운 음식들도 있었다. 맛좋은 칠면조 요리도 나왔다. 멕시코 사람들이 가장 애호하는 **초코라틀**(Chocolatl)은 술보다 바닐라와 여타의 향료를 섞은 상큼한 크림을 곁들여 차게 해서 먹었다. 알로에를 발효한 음료수인 **풀케**(pulque)는 아스텍 사람들이 맛 나는 아티초크(Artischocke)로 불리는 채소와 정선된 설탕을 섞어 마셨다. 송진가루가 포함된 **예틀**(yetl)이라는 담배는 도금한 목재파이프에 다져 넣어 피웠거나 은빛 물부리가 달린 엽궐련 모양으로 해서 피웠다. 스페인의 어떤 보고에 따르면, 도로는 통행하는 사람들이 손과 발을 하나도 더럽히지 않을 만큼 깨끗했다. 주민들의 정직성도 놀라울 정도였다. 모든 집이 문을 활짝 열어두었다. 집을 비울 때 사람이 없다는 표시로 문고리에 나무로 만든 바통을 걸어두었다. 이를 도둑질의 기회로 삼은 사람도 없었다. 재산권 다툼으로 재판을 벌이는 일이 거의 없어 판사가 필요 없을 정도였다. 스케치를 위한 그림 그리는 거리가 있었다. 요컨대 초상화를 그리고 싶을 때는 이 거리를 찾으면 된다. 그 외에도 속기 화가들이 있었다. 이들은 믿기지 않을 만큼 빠른 속도로 모든 사건을 아주 비슷하게 재현했다. 아스텍 사람들의 수학 개념이 대단히 발전해 있었던 것이 분명하다. 왜냐하면 그들의 산술체계가 까다로운 제곱원리에 기초해 있었기 때문이다. 기본 자연수는 20이었다. 그 다음으로 높은 기본 자연수는 $20^2 = 400$, 그 다음의 수는 $20^3 = 8000$과 같은 식이었다. 인도 사람들과 별개로 제로를 발견한 마야족(Maya)은 유럽의 대수학자들에 의해 아주 더디게 정착된 복잡하면서도 대단히 중요한 수의 개념을 이미 사용하고 있었다.

확실히 아메리카 문화권은 선사시대부터 사람들이 살았던 지역을 둘러싼 거대한 문화지대의 하나였던 것이 분명하다. 이 문화지대는 이집트와 서남아시아에서 인도와 중국을 거쳐 중앙아메리카로 뻗어 있으며, 고대 이전의 두 유럽 세계, 즉 에트루리아와 에게 세계까지도 포함한다. 이는 '범바빌론문화(Panbabylonismus)'라는 이름으로 수많은 찬반을 일으킨 가설이기도 하다. 사실 아스텍 사람들은 그 달력의 체계와 상형문자, 그리고 별을 숭배하는 정신에서 바빌론 사람들과 긴밀한 유사성을 보인다. 다른 한편 그들이 내보인 일련의 특색은 바로 이집트 사람들을 상기시킨다. 그 통치형태는 왕권신수설과 사제통치가 결합한 꼴이다. 관료체계는 광범위한 인민대중의 지지 속에서 행정의 주요과제를 구했다. 세밀한 계획에 따라 행해진 의식행위는 그들의 소통형식을 말해주는 셈이다. 신들의 형상은 찡그리고 있는 것도 있고 동물의 형상을 한 것도 있다. 자연주의적 초상화를 그리는 그들의 재주도 대단히 뛰어났다. 예술의 형식을 고차원적인 양식으로 끌어올리는 경향이 아주 강하다. 건축물은 대단히 화려하고 웅장하다.

멕시코 사람들의 종교와 기독교도의 그것 사이에는 놀라울 정도의 유사성이 있다. 최고의 사제이기도 했던 멕시코 황제의 왕관은 교황의 삼중보관과 거의 흡사하다. 그들의 신화에도 이브와 뱀, 대홍수와 바벨탑 등의 이야기가 등장한다. 그들도 형식은 약간 다르지만 세례·고해·저녁미사와 같은 관습을 행했다. 밤 기도와 사순절과 고행으로 일생을 보내는 수도사들이 사는 수도원도 있었다. 십자가를 성스러운 상징으로 보았고, 심지어 삼위일체와 신의 육화를 믿었다. 그들의 풍속계율은 성서의 그것과 맞아떨어지는 경우가 허다하다. 그 교훈 가운데 하나는 다음과 같다. "모든 이와 화평하라. 비방을 겸허하게 감내하라. 모든 것을 지켜보시는 신이 너를 대신하여 복수하리라." 또 다른 교훈도 있다. "남의 아내를 은밀히 주시하는 자는 이미 눈으로 간음한 것이니라."

　그러나 그들의 종교는 당시 기독교처럼 인간을 산 제물로 바치는 풍습의 오점을 갖고 있었다. 전쟁포로들이 이단자의 역할을 했다. 포로들은 특정한 축제날 사원으로 끌려 나왔다. 행사를 담당한 사제가 예리한 칼로 그들의 가슴을 가르고 아직 김이 나고 팔딱거리는 심장을 끄집어내어 신의 제단에 내려놓았다. 이런 풍습은 분명 후세 사람들에게 수치심을 불러일으켜 멕시코 사람들은 짐승과 같았다는 억측을 낳게 했다. 그러나 그런 결단의 풍습을 두고서는 몇 가지 덧붙일 거리가 있다. 우선 그러한 풍습은 아스텍 사람들에게만 국한되는 일이다. 톨텍족(Toltec)은 그런 풍습을 행하지 않았으며, 아스텍족의 경우에도 그 풍습이 차츰 소멸했다. 적어도 멕시코에서 두 번째로 큰 도시인 촐룰라(Cholula)에는 케찰코아틀(Quetzalcoatl)이라는 신의 신전이 있었는데, 그 예배의식에서는 인간을 제물로 바치던 일을 채소로 대신했다. 이후 이 풍습은 피를 뿌리는 잔인성을 띤 것이 아니라 여전히 원시적이긴 했지만 하나의 종교적 의식에 불과한 것으로 변모했다. 이 의식을 통해 신과 하나가 되려 했으며, 가끔 경건한 사람들이 스스로 피를 뿌리는 그런 의식을 자청하는 것이 덜 불명예스러운 것으로 간주되기도 했다. 사실 그런 풍습은 단지 공포와 미신의 결과이긴 했지만, 광신과 복수욕에서 비롯된 스페인 사람들의 이교도 화형의식에 비하면 도덕적으로 훨씬 덜 심각하며, 오락거리로 포로들이 서로를 살육하게 한 로마 사람들의 검투사놀이에 비하면 분명 한 차원 높았다.

백색의 신　멕시코 종교가 지닌 가장 진기한 특징 가운데 하나는 방금 언급한 케찰코아틀 신의 귀향에 대한 신앙이었다. 사람들은 이 신이 오래전에 세상을 지배했고 가능한 모든 유용한 기술을 민중에게 전수했으며, 기존의 모든 사회제도를 만들고는 마침내 마법의 배를 타고 언젠가 다시 돌아오겠다는 약속을 하고 떠났다고 가정한다. 지금까지 사제들은 그 신이 이제 돌아올 시간이 가까웠다고 설교해왔다. 신은 동방에서 올 것이라고 기대한다. 말하자면 그 신은 하얀 피부, 푸른 눈, 금발의 수염에서 아스텍족과는 구분된다고 한다. 이 모든 예언은 실현될 것이라고들 믿었다. 그런데 이런 선동적인 신앙이 스페인 사람들에 의해 가장 야비한 방식으로 철저히 악용됐다. 요컨대 그러한 신앙은 무식한 강도를 동반한 패거리가 몰려와 멕시코의 문화세계를 억압하고 완전히 짓밟는 데 악용할 수 있는 빌미 가운데 하나가 되었던 것이다. 이러한 파괴에는 또 다른 원인들도 있었다. 그것은 바로 원주민들의 활동력을 저하시키는 환경이었다. 열대 기후는 사람을 무기력하게 했고, 안정과 풍요 속에서 몇 백 년 동안 채소와 열매를 취할 수 있는 듯해 보인다. 반면 유럽 사람들은 화포와 폭탄, 강철갑옷과 말로 무장했으며, 이러한 무기는 멕시코 사람들의 경우 듣지도 보지도 못한 것들이었다. 유럽 사람들은 물리적 활동 면에서는 말할 것도 없고 도덕적 차원에서도 이들에게 무시무시한 인상을 남겼다. 스페인의 전략적 발전단계는 마케도니아가 페르시아에 우세했던 것만큼이나 아스텍족의 그것을 능가했다. 이는 왕국의 내적 분열과 막강한 부족의 몰락을 몰고 왔다. 그러나 주요 원인은 마야족의 문화가 이미 빈사 단계에 이르러 어떤 식으로든 몰락할 운명에 처했던 사실에 있었던 것 같다. 우리가 알고 있는 역사 전체를 들여다보면 낡은 문화는 새로운 문화에 전복된다는 사실을 확인할 수 있다. 수메르 문화가 바빌론 문화에 바빌론 문화는 아시리아 문화에 아시리아 문화는 페르시아 문화에 페르시아 문화는 그리스 문화에 그리스 문화는 로마 문화에 로마 문화는 게르만 문화에 전복되었던 것이다. 그러나 좀 더 낮은 단계의 문화가 좀 더 높은 문화에 동화된다는 점도 알 수 있다. 예컨대 바빌론 사람들은 수메르의 설형문자를, 페르시아 사람들은 칼데아(Chaldea)의 천문학을, 로마 사람들은 그리스의 예술과 철학을, 게르만 사람들은 로마 교회를 물려받았다. 그런데 아메리카에서는 이와 같은 일이 전혀 없었다. 인디언 문화가 흔적도 없이 사라진 것이다. 이는 세계사에서 독보적인 경우로서 한 민족이 다른 민족, 즉 야만적이긴 하지만 민족에 의해 억압당한 것이 아니라 파렴치한 강도들에게 약탈당하고 살해되었다는 전대미문의 사실을 웅변한다고 볼 수 있다. 그리스와 로마 문화에 대해서는 말할 것도 없고 이집트와 서남아시아 문화처럼 오래전에 몰락한 문화가 지금도 은밀한 방식으로 유효한 영향을 미친다는 점에서 보면 스페인의 정복의 치명적인 범죄가 인류를 더욱 빈곤하게 만든 것이 분명하다.

페루　　아스텍 문화와 친화성이 있는 페루의 문화는 사실 아스텍의 그것보다 더 높은 수준에 이르렀던 것 같다. 이 두 민족은 상당히 유사하지만 서로에 대해 아무것도 모른 것처럼 보인다. 페루는 신기할 정도로 진짜 공학 구조물로 채워져 있다. 끝이 없는 운하와 수로, 관개 설비로 땅이 풍요로웠고, 광활한 들판뿐만 아니라 언덕도 기막히게 개간되었다. 과수원은 구름을 아래로 두고 있었다. 모든 장애를 극복한 도로는 전역을 가로지른다. 도로를 따라 가다 보면 벌채된 층층이 계단 길, 수량이 풍부한 협곡, 긴 터널, 예술미가 넘치는 현수교를 이내 만나게 된다. 퇴비를 만들어내는 페루 사람들의 방식에서 유럽 사람들은 많은 교훈을 얻기도 했다. 분화석(糞化石)을 퇴비로 이용한 것이 경작의 새로운 시대를 연 것으로 우리는 알고 있다.

그뿐만 아니라 그들의 직조기술은 비길 데가 없었다. 이 직조기술은 오늘날까지도 해독되지 않는 복잡한 매듭체계로서 문자를 대신하기도 했다. 페루 사람들은 조각에서도 대가였다. 정식 드라마도 있었다. 그들의 국가체제는 일종의 공산주의였지만 귀족 상층부와 최고의 신권을 인정한 제도였다. 아마 우리의 대륙이 지금까지 이와 유사한 이성성과 정의와 복지를 실현한 적이 없었다고 주장하더라도 터무니없다고 말할 수 없을 것이다. 그들의 독창적인 관개시설, 그리고 태양을 최고의 신으로, 달을 그 자매로 숭배한 종교와 미라 숭배는 아스텍족보다 훨씬 탁월하게도 이집트 사람들을 연상하게 한다.

페루 정복은 멕시코 정복보다 훨씬 더 잔혹하다. 거기에는 극악무도한 야만성과 흉악함이 결합해 있었다. 돼지의 젖을 먹고 자랐다는 말이 빈말이 아닌 듯, 악한 프란시스코 피사로[28]는 짐승보다 더한 탐욕과 파렴치의 대명사로 취급해도 무방할 것처럼, 그리고 사람에게 퍼부을 수 있는 온갖 욕설을 들어도 마땅할 것처럼 보인다. 그의 만행은 후세 사람들의 기억 속에 살아남을 만큼 악질이었다. 그의 '정복'의 역사를 요약하면 다음과 같다. 그는 페루의 황제 아타우알파[29]와 회담을 했다. 황제는 덩치는 크지만 무장하지 않은 수행원과 함께 나타났다. 회담 중에 갑자기 피사로가 신호를 보내자 잠복하고 있던 군인들이 들이닥쳐서는 황제의 시종들 전원을 쓰러뜨리고 아타우알파를 체포했다. 몬테주마처럼 온화하고 부드러운 - 당시 유럽에서는 결코 볼 수 없었던 - 품성을 갖추었던 인물로

---

[28] Francisco Pizarro(1471~1541): 스페인의 잔인한 정복자.
[29] Atahuallpa(1502년경~1533): 잉카 제국의 13대 황제이자 마지막 황제.

비친 황제는 좀 더 나은 강도의 두목이라면 부끄러워했을 그런 야비한 짓에 대해 처음에는 당황했지만, 곧 본래의 모습으로 돌아가 자신의 품위를 지켰다. 심지어 그는 스페인의 그 악한과 대화를 나누면서 그를 조롱하는 듯한 발언을 하기까지 했다. 이 침략자들에게 오로지 중요한 것은 자신의 보물이라는 것을 간파했을 때 그는 인질 몸값으로 어른이 머리 위로 팔을 뻗어 닿을 높이까지 한 방 가득 황금을 주겠다고 약속했다. 피사로가 동의하고는 지금까지 자신의 모국에서 한 번도 본 적이 없는 산적같이 쌓인 어마어마한 양의 노획물을 끌어갔다. 황금을 모두 끌어모은 후에는 잉카의 황제를 교살하게 했다. 이처럼 가소롭기 짝이 없는 파렴치한 행위와 위선적인 우둔함 때문에 다른 몇몇 동료 강도조차도 그에게 항의할 정도였다. 이 사건은 기독교도들이 바로 그들의 구세주를 십자가에 못 박은 지 정확히 10세기 반이 지난 1533년에 일어난 것이다.

아메리카 복수의 선물

피사로는 대부분의 살인자가 당한 그런 종말을 맞았다. 어느 날 그는 자신의 동료들 손에 살육되었다. 스페인의 누구도 아메리카에서 보인 그의 파렴치한 행위를 감싸지는 않았다. 그러나 강도질한 재물로 살아가는 것에 대해 무감각하고 둔감한 반응을 보이는 것이 점차 습관으로 굳어졌다. 오늘날도 행해지는 이런 습관이 생겨난 것은 불과 몇 백 년도 되지 않았다. 이때의 인간 모습은 영혼이 없는 반쯤 죽은 시체처럼 우중충하고 활력이 없으며 스스로를 쇠약하게 하는 꼴이다. 그것은 위로할 길 없는 정신의 박약 상태, 소름 끼치는 마음의 음산함과 거친 잔혹성을 말해준다. 말하자면 유럽 전체가 복수의 신에 쫓기고 있었던 것이다. 유럽은 신세계에서 옥수수와 담배, 토마토와 바나나, 카카오 씨와 감자, 코치닐과 바닐라뿐만 아니라 황금과 **매독**까지도 가져갔다.

'화류병'으로 불리는 매독은 단기간에 그 시대의 유행병이 되었다. 동시대의 보고에 따르면, 그 당대 저명한 인사들 거의 모두가 매독 환자였다. 알렉산데르와 체사레 보르자, 율리우스 2세와 레오 10세, 켈티스[30]와 후텐[31], 카를 5세와 프랑수아 1세가 여기에 포함된다. 프랑수아 1세의 경우 황당하기 짝이 없게 매독에 걸렸다고 한다. 유명한 『프랑스의 역사(Histoire de France)』의 저자 메즈레(Mézeray)의 설명에 따르면, 왕 프랑수아 1세가 연애관계를 맺고 있던 미모의 여성 페로니에르(Ferronière)의 남편이 이 왕을 파멸시키려고 의도적으로 심한 매독에 걸려 결과적으로 왕의 죽음을 초래했다고 한다. 이 질병은 누구도 스스럼없이 공개적으로 밝혀도 하나도 수치스럽게 생각하지 않을 만큼 확산했다. 그것은 상류층의 일상적 얘깃거리가 되었다. 심지어 그것을 소재로 한 시가 쓰이기도 했다. 분명 그 질병은 **유럽의 암흑화**의 주요 원인 가운데 하나였다. 이 암흑화는 중세의 몰락 이후 확산하기 시작했다. 그것은 인간이 벌인 최상과 최하의 행위, 그리고 가장 현세적인 행위와 가장 형이상학적인 행위에서 불신의 요소를 초래하게 했다. 이는 곧 인간을 이중으로 독살한 꼴이다.

아메리카의 황금은 매독 그 이상의 저주를 불러온 셈이다. 중세만 해도 아주 귀했던 귀금속이 갑자기 그리고 대량으로 쏟아져 나오면서 화폐경제의 확산을 직접적으로 촉진했다. 그것은 바로 자본주의의 본격적 가동을 가능하게 했다. 빈부격차가 가늠할 수 없을 만큼 벌어졌고 임금으로 따라잡을 수 없는 물가상승이 보편화했다.

---

[30] C. Celtes(1459~1508): 독일의 학자 · 시인.
[31] Ulrich von Hutten(1488~1523): 독일 인문주의자 · 풍자시인.

16세기 전반기에 물가가 100~150% 치솟았으며, 개별 상품의 가격은 200~250% 올랐다. 유럽에 안겨준 아메리카의 복수의 선물은 전염병과 곤궁이었다. 전염병은 두 가지 형태로 나타났다. 그것은 바로 매독과 황금 욕망이었다. 누구든 가능한 한 빨리 힘들이지 않고 부자가 되고 싶어 했다. 보석에 대한 욕심 때문에 국내의 땅이 파헤쳐졌다. 사실 거기서도 새로운 귀금속이 발견된다. 개선된 채굴기술을 통해 귀금속을 찾아냈던 것이다.

이쯤에서 우리는 '잠복기'가 끝났음을 알게 된다. 독소가 계속 작용하여 유럽 유기체의 머리와 심장을 포섭했다.

파우스트   사람들의 상상에 그려진 초기 근대의 모든 경향을 한마디로 요약한다면 그것은 바로 파우스트(Faust)의 모습이다. 파우스트는 **연금술사**이자 **마술사**이다. 그는 과학과 마술을 통해 부와 세속적 권력을 획득하려 한다. 파우스트는 **프로테스탄트**이자 **신학자**이다. 그는 루터의 동시대인인 멜란히톤의 동향인으로서 한때 비텐베르크에 머물기도 했다. 파우스트는 **인문주의자**이자 고대의 **애호가**이다. 그는 사라져버린 플라우투스[32]와 테렌티우스[33]의 희극을 복원하려 하며, 호메로스 시대의 영웅들을 하데스에게서 끌어내며, 비약으로 젊음을 되찾아 헬레나(Helena)와 연애를 한다. 이로써 그는 **르네상스**의 감성을 상징적으로 충족시킨다. 이는 헬레니즘 정신과의 결합을 통한 고딕 정신의 부활을 의미한다. 심지어 파우스트는 **인쇄술**의 실제 창안자로서 수세기 동안 통해왔다. 구전되는 이야기 가운데 하나에 따르면, 구텐베르크가 여전히 목판으로 인쇄를 했던 반면에 그는

---

[32] Plautus(BC 254~BC 184): 고대 로마의 희극작가.
[33] Terentius(BC 186~BC 159): 고대 로마의 희극작가. 플라우투스와 함께 로마의 2대 희극작가로 불림.

'주형'을 고안하여 호환성 있는 활자를 찍어낼 수 있게 했다. 이러한 가정은 또다시 논박되고 있지만, 사람들은 그를 정신의 확장이라는 인간의 유일한 충동이 다른 어떤 발명보다 바로 인간의 배를 채우게 한 그러한 인쇄술을 발명한 인물로 치켜세움으로써 건강한 본성을 입증해 보였다. 파우스트는 악마에게 자신을 맡기고 계약 조건으로 그가 하는 모든 질문에 답해줄 것을 요구한다. 이때 항상 진리에 대해 캐묻는다. 여기서 당대의 가장 심오한 특색이 드러난다. 그것은 곧 무한한 **인식충동**이자 모든 문제에 대응하는 비밀의 공식이 있다는 믿음이다. 이 사실을 성담이 또 한 번 입증해 보였다. 요컨대 성담은 파우스트를 악마의 동맹자이자 희생자로 그려내면서 모든 '순수이성'은 악마에게서 나오며, 오만을 부린 이 이성의 맹목적 추구는 성서의 처음 몇 장에 기록된 것처럼 "너희 둘은 신을 닮아갈 것이다"라는 사탄 뱀의 기만적인 조언을 통해 환기된다는 점을 의미심장하게 보여준다. 새로운 시대와 더불어 시작된 기본 경향은 파우스트의 이름으로 이미 명확히 드러나는 바, 그것은 바로 행복이다. 이는 이 세상에서 중요한 것은 행복이며 이 행복은 권력과 관능적 쾌락, 그리고 지식과 관련 있다는 믿음으로 표출된다.

괴테의 파우스트 문학의 탁월성과 (아무리 무의식적인 것이라 할지라도) 천재성은, 파우스트를 통해 근대문화사를 간명하게 표현한 점에 있다. 파우스트는 신비주의자로 시작하여 현실정치가로 끝을 맺는다. 파우스트는 음주벽·성욕·세계고·초인의식 따위와 같이 수천 가지 가면과 분장 앞에 유혹당하는 근대 인간의 모습을 취한다. 그는 때마다의 경험을 통해 각성하면서 현상들의 통일성을 포착하려고 고통스럽게 노력하지만, 번번이 실패하고 마는, 만족할 줄 모르는 인물의 전형이다. 파우스트의 비극은 근대 인간의 비극이며, 합리주의 · 회의주의 · 리얼리즘의 비극이다. 그의 곁에는 악마가 서 있다. 그러나 메피스토(Mephisto)는 사악한 것이 아니라 그저 외설적이고 냉소적이며, 물질적이면서도 대단히 재기발랄할 뿐이다. 그 모습은 순수하지만 차갑고 삭막한 지식인, 면밀히 분석하는 두뇌의 소유자, 자기중심을 시종일관 몰아가는 인물의 대표로 현상한다. 오로지 영민함(Nurgeistreiche)이 근대 인간에 내재한 파괴적인 마성(魔性)이다. 메피스토는 지성주의 · 감각주의 · 허무주의와 같은 음흉한 시선을 갖고 있다. 그는 노력하는 파우스트에게 세계를 한눈에 보여주면서 그의 발아래 세계를 내려놓는다. 그러나 기만당한 파우스트는 이 세계가 그저 가상으로만 자신의 소유물이 될 뿐이라는 것, 말하자면 단지 비현실적인 그의 오성에만 속할 뿐이라는 것을 인식해야만 한다. 중세 인간의 세계상은 협소했을 뿐만 아니라 부분적으로 틀리기도 했다. 그도 그럴 것이 그 세계상은 **구체적**이었고 **마음**으로 포착되었기 때문이다. 그러나 중세가 몰락한 이후 더 이상 실재(Realität)와 같은 것은 없다! 유럽이 경험한 최후의 위대한 실재성은 '잠복기'의 망상이었다. 그 시대의 인간들은 여전히 실재의 세계 속에서 살았다. 왜냐하면 피상적 관찰에서 생각할 수 있듯이 망상에 빠진 사람들에게는 어떤 것도 환영일 수 없으며, 오히려 반대로 모든 것이 생생하고 실제적인 것일 뿐이기 때문이다. 자신의 꿈도 망상의 이미지도 그리고 희망의 표상도 그렇기는 마찬가지다. 그때 이후로 시도된 모든 일은 현실을 낚아채려는 헛된 필사적 노력이었다.

신에 대한
인간의 승리 '파우스트'의 결말이 실제로 도덕적이지 못하다는 감성을 극복하기는 쉽지 않다. 파우스트는 사랑을 통해 구원을 받지만 납득할만한 근거가 없다. 왜냐하면 두 가지의 가능성만 있을 뿐이기 때문이다.

그 하나는 모두가 신의 사랑을 통해 구원받을 것이라는 점이다. 이럴 경우 저주받을 사람은 하나도 없다. 파우스트는 그저 누구도 그를 타락시키지 않을 것이기 때문에 악마의 꾐에 넘어가지 않을 수 있다. 그러나 이런 식으로 생각할 수 없는 것은 괴테가 천국과 지옥, 축복과 저주라는 중세의 세계상을 완전히 의도적으로 수용하고 있기 때문이다. 오히려 문제는 두 번째 가능성으로서, 파우스트가 신의 마음에 합당한 각별히 순수하고 경건한 삶을 영위했기 때문에 구원을 받을 것이라는 점이다. 그러나 파우스트는 그렇게 살지 않았다. 그는 죄와 내면의 유혹자를 상대로 싸운 적이 없었다. 그러므로 승리해 본 적이 없는 것은 말할 것도 없다. 그는 자신의 신을 위해 싸운 적이 없었다. 그럴 생각조차도 없었다. 천국은 고작 시작과 결말에 등장할 뿐이다. 그러나 그것은 인상적인 풍경이자 숭고한 무대처럼 파우스트 영혼의 이야기 전체 그림에서 없어서는 안 될 인상적인 얼룩점과 같은 것이다. 시작과 끝, 그 사이에는 순전히 세속의 삶만 있을 뿐이다. 파우스트는 박식한 학자·박애주의자·방탕아·식민지 개척자·은행가·변덕쟁이·정부(情夫)·기술자 등등이기는 하지만 신을 찾는 인물은 아니다. 그런데 어떻게 구원받을 수 있는가? '파우스트' 전체 내용보다 그리스도가 세 번이나 시험을 당하는 내용을 포함한 성서의 몇몇 구절이 훨씬 더 많은 종교성을 담고 있다. 물론 파우스트도 시험을 당하기는 하지만 이 시험은 기독교적인 시험이 아닌 것이다.

파우스트의 갈등은 철학적·학자적·세속적 갈등이며, **근대** 인간의 전형적 갈등이다. 작가가 이 갈등을 비극적인 갈등으로, 다시 말해 인류 전체의 비극으로 묘사하고 있는 것은 매우 주목할만한 일이다. 여기에는 18세기의 분위기가 묻어있다. 그것은 **공통감각**

(common sense), 즉 '순수이성'을 느끼게 한다. 간단히 말해 그것은 교양과 인식의 일방통로를 향한 고전주의의 세계상이다. 심지어 19세기의 분위기도 감지된다. 행동주의·테크노크라시·제국주의가 바로 그것이다. 그렇다면 결국 파우스트는 무엇으로 자신의 필생작업을 '장식'하는가? 그는 방탕한 생활을 청산하는 것으로 마무리한다.

신 중심에서 지구 중심 으로의 세계상

　　자연에 대한 인간의 승리, 이 화음을 울리면서 '파우스트'는 끝이 난다. 이와 더불어 근대의 비극도 막을 내린다. '파우스트'의 시작에서처럼 근대의 문턱에도 신에 대한 인간의 승리가 자리 잡고 있다. 그것은 우주법칙에 대한 인간의 입법권뿐만 아니라 감각과 오성에 근거한 인간의 전능을 보여주는 것과 같았다. 괴테에게 파우스트의 특색 그 이상을 제공한 아그리파 폰 네테스하임은 라틴어 경구로 이렇게 말한다. "파우스트는 철학자·악마·용사·신이자 그 모든 것이다." 근대 초 천문학적 발견으로 인간중심적 세계상이 중단되었다고 보는 것은 매우 형식적이고 대단히 피상적인 관점일 뿐이다. 사실은 정반대이다. 완전히 인간의 바깥에 있는, 즉 신·피안·신앙·무의식에 정박했던 중세의 세계감정은 인간적인 것, 오로지 인간적인 것(Nurmenschliche), 즉 현세·경험·오성·의식에 뿌리를 내리고 있는 세계감정으로 대체된다. 인간이 만물의 척도가 되어 신의 자리를 차지한다. 지상이 천국을 대신하며, 지금까지 **신을 중심으로** 했던 세계상이 이제 마침내 인간 중심과 **지구 중심**의 세계상으로 바뀐다. 지금까지 불신의 대상으로서 하찮게 평가받아 온 현세적인 것이 이제 마침내 정당한 것일 뿐만 아니라 실재적인 것, 그것도 유일하게 실재적인 것으로 둔갑한다. 천문학적 실험과 그 체계 속에서 볼 때 지구는 보잘것없는 빛의 점에 불과했던 것이 인간의 마음과 머리에서 모든 것을 지배하는 중심이 되어 유일하게 중요한 것, 유일하게 유효한 것, 유일하게 증명될 수 있는 것, 유일하게 참인 것으로 변한다. 말하자면 천지만물의 중심이 된 것이다.

이전에는 고작 모호한 기본감정에 불과한 것으로 통했던 이러한 새로운 인식이 당시 사람들을 그토록 요동치게 한 것이 무엇인지 오늘날도 감이 잘 잡히지 않는다. 경박스러울 만큼의 명랑함과 삶의 쾌락이 그 시대 전체를 채웠다. 보편적 정서와 기질, 색조와 '분위기'에 입각해서 개별 문화사의 시대를 살피다 보면 대개 어느 하루의 시간대와 분위기를 떠올리게 된다. 예컨대 18세기 초엽 '고전주의' 시대의 경우 땅거미 지는 아늑한 늦은 오후의 인상을 풍긴다. 이때가 창가에 서서 밖을 내다보거나 커피를 마시고 담배를 피우면서 잡담을 나누기에 가장 좋은 시간대이다. 우리는 '잠복기'를 백야(白夜)와 비교한 바 있다. 잠복기란 별처럼 밝지만 겨울밤처럼 무섭기도 한 것이라고 말할 수도 있다. 모든 것이 어렴풋하며 환등기의 이미지처럼 비현실적이다. 그러나 16세기 초는 서늘하면서도 신선한 여름의 아침과도 같다. 수탉이 홰를 치고 바람이 노래하며 모든 자연이 생명의 김을 피워 올린다. 삼라만상이 잠에서 깨어나 하루의 일과를 시작하고 태양을 향해 가벼운 몸짓으로 화려하게 기지개를 켠다. 화산 같은 모험심 · 고상한 호기심 · 지식욕이 바람 소리를 내며 머리와 심장을 지나간다. 사람들은 동화 속의 나라와 같은 인도를 탐구하면서 동화의 성격을 훨씬 능가하는 것까지 알게 된다. 말하자면 지금까지 상상으로도 꿈꿔보지 못한 것들이 있는 대륙을 보게 된 것이다. 비밀의 열쇠를 구하여 대단히 가치 있는 것, 즉 감자를 찾아낸다. 영구기관을 얻기 위해 노력하면서 대단히 중요한 비밀의 장막을 벗겨낸다. 그 장막에서 드러난 것이 바로 천체의 영원한 운행이다. 그러나 외부에서 이렇듯 중요한 일들을 발견하는 사이에 아우구스티누스파의 한 젊은 수도사는 인간의 내면에서 그보다 훨씬 중요한 것을 찾아냈다. 그에 따르면, 인간의 내면은 황금모래 · 담배 · 감자 · 인쇄기 · 화포보다, 그리고 그 어떤 천문학보다 더 가치가 있다. 그는 자신의 형제들에게 신의 말씀을 다시 찾아낼 길과 기독교도의 자유를 가리켜 보였다.

06
독일의 종교

종교개혁에서 우리의 관심을 끄는 유일한 것은 루터
의 성격이다. 그런데 그 성격은 군중에게 실제로
외경심을 품게 한 유일한 것이기도 하다. 그 밖의
모든 것은 오늘날도 매일 우리에게 부담을 주는
잡다한 혼합물일 뿐이다.

— 괴테

모든 창조적 활동의 내용과 목적은 선과 감각, 즉 간단히 말해 신과 민족
신은 곳곳에 편재한다는 사실을 입증하는 것에 있을 뿐이다. 지고한
것, 요컨대 유일한 실재는 항상 존재하지만 대개는 눈으로 볼 수가
없다. 천재는 그것을 볼 수 있게 한다. 바로 이것이 천재의 역할이
다. 그래서 사람들은 역성을 들어 천재에게는 신성이 충만하다고
말한다. '신'이라는 말을 통해 그는 곳곳에서 신을 다시 발견하고
간파하며 재인식한다. 세계 내 존재하는 신을 재인식하는 것은 위대
한 사람이 가진 독특한 능력이자 재능이다. 모든 사람은 자신의 신
과 악마를 자체에 지니고 있다. "당신의 가슴 속에 당신 운명의 별
이 있습니다." 이 문구는 진부할 만큼 빈번히 인용되어 왔지만 제대
로만 이해한다면 지극히 심오하면서도 여러 가지 해명의 열쇠가 된

다는 것을 알 수 있다. 신은 세계를 외부에서가 아니라 내부에서 지배하며, 이 지배는 중력과 화학적 친화력으로서가 아니라 인간의 마음에서 이루어진다. 당신이 살고 행동하는 이 세계의 운명은 당신의 영혼이 그러한 것과 꼭 마찬가지다.

이러한 사실은 개별자의 경우보다 민족 전체의 경우에서 더 명확히 드러난다. 모든 민족은 각자의 세계를 만들어왔으며, 바로 그러하기 때문에 그 세계를 감내할 수밖에 없다. 인간은 수많은 신에게 간청할 수 있으며, 자신이 간청하는 그 신이 자신과 후손에게 결정적일 수 있다. 미개인은 자신이 신이라고 부르는 통나무 주변을 춤을 추면서 돈다. 그렇다. 세계도 실제로 무감각한 죽은 통나무와 같은 것이다. 이집트 사람들은 태양·동물·나일 강 등과 같이 신성한 자연 일체를 신으로 섬겼다. 그러다보니 그들은 항상 자연의 한 거대한 부분으로만 남아 있을 수밖에 없었다. 그것은 성과 있는 활동을 할 때든 말없이 침묵을 할 때든 마찬가지다. 이집트에서 개인이란 별 의미가 없다. 그리스 사람들은 진중하든 경솔하든, 아름다우면서도 게으르고, 호색이면서도 기만당하는 인간 군상으로 채워진 전시실을 두고 있었다. 그들은 이 군상을 신이라 불렀지만 이 신들 때문에 몰락했다. 인도 사람들은 현존재가 무의미하고 비현실적이라는 깊은 확신에서 공허(Nichts)만을 신뢰했다. 이러한 신앙이 진리가 되어 역사의 변동에도 불구하고 변함이 없는 것은 인도라는 축복의 땅과 거대한 공허이다.

기독교 문화가 서구의 민족들을 공동의 신앙으로 묶었다고 흔히들 말하지만 실제로 그랬던가? 겉으로 보기엔 그런 것 같지만 좀 더 깊이 들여다보면 고대의 경우와 마찬가지로 오늘날도 각 민족의 신과 운명이 있다고 말할 수밖에 없다. 각 민족을 지금도 엄격히 서로 구분케 하는 것은 인종·의상·외적 풍속·국가 형식·사회 구조 따위가 아니다. 바로 이러한 문제들에서는 문명화된 민족이라면 거의 흡사하기 때문이다. 예컨대 그리스와 아일랜드, 포르투갈과 스웨덴에서는 실크해트를 쓰고 모피코트를 입으며, 음악과 거리 청소를 좋아하고, 의회주의와 농경, 사회적 에티켓에 대해 다소 유사한 관점을 가지지만 신의 경우 어디서든 다른 신이다.

그들 모두가 기독교도라는 것은 사실이다. 하지만 기독교 문화의 엄청난 힘과 생명력은 이 문화가 각 시대 각 민족에 모든 사고와 감정을 정립할 수 있는 형식을 갖고 있다고 고백하게 만든 것에 있다. 만일 기독교가 1900년 동안 하나의 바가텔[1]만 즐겼다면 절대로 세계종교가 되지 못했을 것이다. 테르툴리아누스[2]의 불합리신앙 (Absurditätsglauben)과 칼뱅[3]의 수학적 합리주의, 혹은 퀘이커 교도가 자신의 신과 맺는 계보 관계와 사탄주의 교리 사이에 어떤 공통성이 있는가? 그저 단순한 우연, 이를테면 루이 14세와 크롬웰과 같은 인물의 독재적 정서 때문에 프랑스는 교황주의로 돌아갔고 영국은 개혁되었다고 설명할 수 있을까? 프랑스의 신은 절대주의적인 반면에 영국의 신은 청교도적이었다.

우리는 이 책의 4장에서 근본적으로 보자면 이탈리아 르네상스만 존재했을 뿐이며 여타 유럽의 경우 대단히 비유적이고 전의적인 의미에서만 르네상스의 명칭을 달고 있을 뿐이라고 주장한 바 있다.

종교개혁의
네 가지
구성분자

---

[1] Bagatelle: 음악 용어로서 피아노용의 가벼운 소곡.
[2] Tertullianus(155년경~220년경): 초기 그리스도교의 주요 신학자·모럴리스트. 최초의 라틴 교부(教父)로서 그 뒤 1000년 동안 서방 그리스도교의 어휘 및 사상 형성의 기초를 이룸.
[3] Jean Calvin(1509~1564): 프랑스 태생의 스위스 종교개혁자.

마찬가지로 종교개혁은 그 뿌리와 본질에서 보자면 **독일적** 현상일 뿐이라고 말할 수 있다. 여타 나라의 종교개혁, 이를테면 영국·프랑스·스칸디나비아·헝가리·폴란드 등의 종교개혁은 독일적 현상의 복사 내지는 희화화일 뿐이다. 이와 관련하여 모리츠 하이만[4]은 자신의 에세이 가운데 하나에서 예리하게 논평한다. "독일 민족은 여타 민족처럼 관념적인 것을 단순히 기치로 내세운 것이 아니라 거의 액면 그대로 취하면서 현실적인 것을 경박하기 짝이 없는 것으로 받아들였다." 이는 종교개혁운동 기간 내내 독일 민족이 어떤 정신적 태도를 취했는지 명확히 말해주는 대목이다. 독일 민족은 당시 자신들의 종교 지도자들이 제시한 투쟁구호를 문자 그대로 전유했다. 이러한 전유 과정에서 그것은 아집으로 표현되거나 오해되기까지 했다. 심지어 본래의 경향과 반대되는 방향으로 치닫기도 했다. 그러나 그럼에도 기이할 만큼 역설적이게도 그러한 새로운 규범을 정치적 현실로 번역하는 가운데 당황스러울 정도의 나태함을 드러냈다. 한마디로 독일 민족은 정신적 종교개혁을 아주 긴밀히 취한 반면에 실천적 종교개혁은 매우 가볍게 다루었던 것이다. 이로써 대단히 불리하게도 독일 민족은 세계사적 영향력을 발휘한 당대의 또 다른 두 가지 운동, 즉 앵글로색슨계의 칼뱅파와 라틴계의 예수회 사이의 어정쩡한 위치에 놓이게 되었다. 칼뱅파는 그 에너지와 일관성에서 모범을 보이면서 정치적·사회적·경제적 실천을 통해 획기적인 변혁을 성취했고, 예수회도 마찬가지로 놀라운 정신력을 통해 도덕과 지성을 소생시키는 힘을 내보였다. 그러나 바로 당시의 발전단계에서 독일은 역사적으로 유효하면서도 일관

---

[4]   Moritz Heimann(1868~1925): 독일의 작가이자 저널리스트.

된 **실천을 할** 만큼 충분히 성숙되지는 못했다. 물론 독일도 거대한 꿈을 품고 미래를 잉태하고 있었지만, 카오스 상태에서 결단력이 취약하여 새로운 계기를 간신히 만들어낼 수 있을 뿐이었다. 그런데 그 결실마저도 다른 나라에서 수확해가고 만 것이다. 종교개혁 시대의 특성을 만들어낸 세계를 움직인 모든 사상은 독일을 토양으로 하여 탄생했지만, 그 효력을 드러내는 동시에 외국으로 빠져나가고 말았다.

독일의 종교개혁은 결코 단일 운동이 아니었다. 그것은 적어도 네 개의 구성분자로 이루어진 복합물이었다. 대개 유일한 구성분자로 간주되어온 첫 번째 것은 **종교적** 요소이다. 그러나 이 종교적 요소는 역시 강렬한 두 번째 요소인 **민족성**과 애초부터 결합되어 있었다. 얼마 전까지만 해도 로마에게 감독받기를 원했지만, 교회는 '남부유럽'이 아니라 독일적이어야 한다고들 하면서, 더는 외국의 군주에게 – 정치적으로 말하자면 로마 교황령의 군주였기 때문에 – 세금의 막대한 일부가 흘러들어가는 것을 원치 않았다. 여기서이미 세 번째 구성분자가 드러난다. 곧 그것은 엄청나게 팽창된 **경제적** 요소이다. 이는 원시기독교적 상태를 모범으로 하여 사회구조의 근본적 변동을 초래하려 했던 모든 조류가 합류하는 지점이었다. 마지막 네 번째는 **학술적** 요소로서 학계를 들끓게 만들었다. 인문주의는 학문적 비판의 성장을 의미했다. 이 요소는 상대적으로 가장 취약한 부분이었지만 그 의미를 과소평가해서는 안 될 일이다. 왜냐하면 이 요소는 전체 투쟁에서 정신적 무기를 제공했기 때문이다. 그러나 이처럼 다양한 경향을 하나로 결합한 공통성은 **복음에 대한 소명의식**이었다. 성서에는 수도원과 수도사, 수도원장과 주교, 미사와 순례, 고백과 속죄에 관한 내용이라고는 아무것도 없다. 여기서 종교적 개혁 운동이 시작되었다. 로마 교황에 관한 내용도 없다. 이는 민족적 종교개혁에 근거가 된다. 어업금지와 산림보호, 십일조와 부역에 관한 내용도 거의 없다. 여기서 사회적 종교개혁의 정당성을 끌어낸다. 교회가 천 년 이상의 작업을 통해 세운 교의에 대한 이야기도 없다. 여기서 문헌학적 · 역사적 연구의 갱도작업이 시작되었다.

비텐베르크
의
나이팅게일

거대한 변혁과 가치전도의 전조가 불투명하든 투명하든 의식적이든 무의식적이든 비치기 시작하면서 이 민족의 거의 모든 부류 사이에서 희열과 공포가 뒤섞인 색조의 긴장이 드리웠다. 당시의 수많은 글 속에 '여명'의 이미지가 다시 등장한다. 이를 가장 아름답게 표현한 시로서는 한스 작스[5]의 시, 「비텐베르크의 나이팅게일(Die wittenbergisch Nachtigall)」이 유명하다. "일어나라, 아침이 밝아오고 있다! 푸른 숲에서 나이팅게일의 흥겨운 노래 소리가 들리네. 산등성이와 계곡 사이로 이 노래가 울려 퍼지누나. 밤이 서쪽에서 기울고, 낮이 동쪽에서 열리고 있다. 아침의 서광이 흐릿한 구름 사이로 비치며, 밝은 태양이 얼굴을 내민다. 달이 아래로 기울고 있다." 같은 제목의 희곡에서 스트린트베르크 울리히 폰 후텐은 "지성들이 깨어나니, 산다는 게 얼마나 즐거운 일인지!"라는 유명한 자신의 말을 "오, 바야흐로 새로운 것이 다가오고 있도다!"라는 감탄사로 종결짓는다.

그런데 이 새로운 것이란 무엇이었던가? 그것은 다름 아닌 마르틴 루터였다.

아마도 세계사에서 논쟁이 이토록 다양한 견해로 표출되게 한 인

---

[5] Hans Sachs(1494~1576): 독일의 시인 · 작곡가.

물도 없을 것이다. 비텐베르크의 이 비합법적 교황을 둘러싸고, 가톨릭 신자들은 그를 열광적으로 칭송한 반면에 신교도들은 그를 열정적으로 깎아내렸으며, 무신론자들은 그를 정신적 은인으로 여겼고 경건주의자들은 종교를 타락시킨 인물로 간주했다. 어떤 이들에게는 그가 '독일의 카틸리나'[6]로, 또 어떤 이들에게는 '인류의 가장 위대한 선행자'로 통한다. 괴테는 그를 '대단히 의미심장한 천재'로 여겼고, 니체는 "자신의 텃밭에서 놀고 있는 우매한 농민"으로 취급한다. 실러는 그를 두고 이성의 자유를 위해 투쟁하는 자라고 했으며, 프리드리히 대왕은 '광분한 수도사요 야만적인 글쟁이'로 다루었다. 사람들은 그가 먹보·주정꾼·사기꾼·위선가·파렴치한·매독환자·편집증환자·자살자 등임을 입증하려 했다. 반면에 독일 예술가들은 그의 모습을 그릴 때 그의 머리 주변에 후광을 드리웠다.

그에 대한 적대적인 몇몇 연구자도 그에게서 창조적 독창성을 박탈하려고 애를 썼다. 그들은 그가 주창한 모든 이념이 그가 말하기 이전에 이미 나온 것들이고, 심지어 그보다 훨씬 중요한 "수많은 종교개혁자가 종교개혁 이전에" 이미 존재했다는 사실을 보여주려 했다. 사실 종교개혁의 조류는 루터 훨씬 이전에 벌써 형성되어 있었다. 우리는 이미 3장에서 15세기 전반에 걸쳐 표출된 수많은 반교회의 정신적 분위기 가운데 몇몇을 고찰한 바 있다. 이번에도 크게 다르지 않을 수 있다. 루터 주변에서 갑자기 벌어진 강력한 분노가 지상 깊이 오랫동안 들끓었다. 그런데 그것은 지축을 흔들 만큼 강

종교개혁 이전의 종교개혁자들

---

[6] L. S. Catilina(BC 108경~BC 62): 로마 공화정 말기의 귀족. BC 63년에 공화정을 전복하려다 실패함.

력한 힘으로 표출될 정도였다. 15세기 말엽, 신부들에 대한 적대적 정서가 문학으로 표현되는 횟수가 더욱 늘어만 갔다. 1494년에 출간된 제바스티안 브란트[7]의 작품『바보들의 배(*Narrenschiff*)』에는 그러한 표현과 아주 유사한 문구가 자주 등장한다. "사람들은 성직자 신분을 마치 미물처럼 가소롭게 평가한다. 그래서 이제는 원숭이가 하는 짓과 똑같은 일을 하는 수많은 젊은 사제가 있다. 정작 가축은 목동이 필요 없음에도 가축을 몰아가려는 성직자들의 모습이 우스운 꼴이다." 거의 같은 시기에 나온 저지 지방의 독일어 방언으로 표현된 풍자시「라인케 데 포스(Reinke de Vos)」는 로마를 두고 이렇게 비꼰다. "그곳에서는 입에 침이 마르도록 정의를 떠들어대지. 말이야 좋지! 원하는 건 바로 돈인데도 말이다. 일이 아무리 꼬여본들 돈으로 곧 풀어낸다네. 지불 능력이 있는 사람에게 충고랍시고 해주는 말은 돈주머니에 한 푼 없는 이에게는 고통이 따를지니라는 것이다." 시 전체가 유명한 각운을 형성하고 있다. "장님이 장님을 인도하면 필히 그 둘은 신에게서 멀어질 것이다." 가톨릭교회에 대한 조롱을 함의하는 '계몽주의'가 인문주의자들에 의해 선동되어 널리 유행하게 되었으며, 이탈리아의 모든 교양층과 심지어 교황의 측근들조차도 그것을 노래하게 되었다는 사실을 이미 우리는 들어온 바이다. 비텐베르크 테제가 발표되기 1년 전에 유명한 철학자 피에트로 폼포나치[8]는 영혼의 불멸성에 관한 작은 책을 펴냈다. 이 책이 주는 교훈은 교주는 미덕만을 알고 있는 대중에게 상벌이 있다면서

---

[7] Sebastian Brant(?1458~1521): 독일의 풍자작가.

[8] Pietro Pomponazzi(1462~1525): 이탈리아의 철학자. 13세기말 이후 이탈리아의 대학교에서 발전한 르네상스 인문주의에서 아리스토텔레스주의 철학을 표방함.

영혼불멸설을 날조했을 것이라는 점이다. 그것은 유모가 어린아이로 하여금 행실이 바르게 행동하게 할 많은 일을 고안하고, 의사가 환자들로 하여금 건강을 위해 최선을 다하도록 미혹하는 이치와 같은 것이다. 또 다른 글에서 폼포나치는 성유물의 효능을 상상의 효능으로 설명한다. 불멸성을 믿을 수밖에 없는 것은 그렇지 않다면 종교가 기만일 수 있기 때문이라는 항변에 대해 그는 실제로 그럴 수 있다는 말로 응수한다. 그 이유는 세 개의 율법, 즉 모세의 율법·그리스도의 율법·마호메트의 율법이 있기 때문이라는 것이다. 사정이 이렇다면 세 율법 모두 거짓이 되며, 이 경우 온 세상이 기만을 당하는 꼴이 되고, 아니면 적어도 둘은 거짓이 된다. 이 경우 절반 이상 사람들이 기만을 당하고 있는 셈이다. 이런저런 유사한 논쟁을 로마 교황청은 묵인했다. 그도 그럴 것이 당시에는 단지 믿음에 근거해서라면, 즉 교회에 대해 형식적이나마 복종한다면 원하는 바를 말하고 쓸 수 있었기 때문이다.

우리는 위클리프가 종교개혁을 온전히 선취했으며, 특히 본질적인 지점에서는 그것을 뛰어넘었다는 점에 대해서도 이미 강조한 바 있다. 그가 무엇보다 훈계하는 것은 조각상을 섬기지 말아야 한다, 성유물을 우상화해서는 안 된다, 교황은 베드로의 후계자가 아니다, 교황이 아니라 오로지 신만이 죄를 용서할 수 있다, 주교들의 축복은 아무런 가치가 없다, 사제들에게도 혼인이 허용되어야 한다, 성찬식의 포도주와 빵이 그리스도의 실제 육신으로 바뀌지 않는다, 진정한 기독교도들은 일상의 신앙을 통해 그리스도의 육신을 받아들인다, 동정녀 마리아에게 기도해서는 안 된다, 교회 이외 다른 장소에서도 기도할 수 있다, 등속과 같은 것이다. 그리고 요한 베셀[9]은 교회의 통일은 신도들을 눈에 보이는 수령에게 복종케 하는 것이 아니라 천국의 왕인 그리스도와 결합시키는 것에 달려있다고 설명한다. 이에 따르면 대부분의 교황은 타락해 있고, 공의회조차도 오류가 없는 것이 아니다. 나아가 그는 비밀고해, 면죄부와 **행위의 보속**(*satisfactio operis*), 활동을 통한 자기 정당화를 부정하고 불의 정죄를 교황이 어떤 영향도 미치지 않는 순수 정신의 속죄 과정으로 간주한다. "교황이 임의대로 결정할 수 있다면, 이는 그가 그리스도의 총독이 아니라 그리스도가 그의 총독이 되는 꼴이다. 왜냐하면 그리스도의 판단이 그의 의지에 달려있기 때문이다." 요약하자면, 그가 함축적으로 표현한 바대로 그는 교회와 함께하면서도 교회를 신뢰하지 않는다. 그의 동시대인인 에르푸르트(Erfurt) 신학교수인 요한 폰 베젤(Johann von Wesel)은 이에 한술 더 뜬다. 그는 성찬식과 종부성사(終傅聖事)를 논박하면서 성유(聖油)는 요리할 때 사용하는 기름 그 이상 아무것도 아니라고 설명하고, 사순절은 필요 없다고 규정한다. 베드로가 기름을 사용한 것은 자신의 물고기를 좀 더 나은 가격에 팔기 위해서였다는 것이다. 그리고 그는 교황을 자색 옷을 걸친 원숭이라고 불렀다. 당대의 빛으로 통한 로테르담의 에라스무스(Erasmus)도 성유물 숭배와 화체설(化體說), 그리고 스콜라철학의 교리를 비웃었다. 그의 주장에 따르면 그러한 궤변을 통해서는 그리스도와 그 사도들을 눈곱만치도 이해할 수 없다. 그는 성사(聖事)를 무감각한 단순한 의식행위로 간주하고, 성서가 온갖 방식으로 왜곡되어 일부는 얼토당토않게 되었다고 주장한다. 그리스도의 신성과 삼위일체설은 성서를 빌려서는 논증할 길이 없다고 말한다. "교회에서 교황들보다 더 해로운 적수는 없다. 그도 그럴 것이 그들은 천인공

---

9   Johann Wessel(1419~1489): 독일 르네상스 시대의 신학자이자 인문주의자.

노할 자신들의 생활을 보존하기 위해 그리스도를 또 한 번 살해하고 있기 때문이다."

그러나 바로 에라스무스의 예에서 우리는 루터와 그의 선배들 사이에 존재하는 엄청난 차이를 볼 수 있다. 왜냐하면 후자들은 그저 개혁을 **가르쳤을 뿐**이지만 루터는 삶을 그렇게 **살았기** 때문이다. 그가 이 모든 이론을 자신의 끓어오르는 피로 채웠다는 점에서 비교할 수 없는 그의 독창성이 있는 것이다. 분명 에라스무스는 아주 다채로울 뿐만 아니라 박식하고도 예리한 지성이었고, 상당히 논리적이고도 보편적인, 심지어 용감한 사상가였다. 그러나 그는 사상가일 뿐이었다. 루터가 위대한 인간이었다면 에라스무스는 그저 위대한 두뇌였을 뿐이다. 그는 자신의 이념 중 몇 가지도 실천적 증언을 보일 생각을 하지 않았다. 대부분의 종교개혁자보다 더 개혁적이고 더 급진적인 방향을 잡은 그가 자신의 인품을 걸고 이 새로운 운동에 뛰어들지 않고 겁을 먹고 기회 있을 때마다 그것을 기피했던 것이다. 그는 자신의 편지에서 자신은 루터의 문체를 거의 이해할 수 없다고 여러 번 강조한다. 이는 분명 공포에 대한 위장술이었다. 그는 오랜 지기였던 후텐이 몰락·추방당하여 죽음에 임박해서 바젤에 있는 자신의 집을 은신처로 찾았을 때 냉정하게 문전박대했다. 그는 죽음이라는 말에 벌벌 떨었다. 이는 완벽한 지성의 경우에 흔히 볼 수 있는 일이다. 그러나 그는 돈과 권력에 대한 대단히 비열한 공포에서도 자유롭지 못했다. 성직의 봉록과 교회에서 받는 풍부한 선물, 성직 신분이 주는 명성 앞에서 안절부절 어쩔 줄 몰라 했다. 그의 적대자들이 그를 까닭 없이 비난한 것은 아닌 셈이다. 그는 개처럼 빵 한 조각에도 넘어갔다고들 한다. 이런 이유 때문에 역사는 그를 무시했고, 그가 아니라 바로 편협한 고집불통 농민의 자식을 인류의 위대한 혁신가요 자선가로 꼽은 것이다. 대개 인간의 서열은 그 사상에 의해서가 아니라 행위에 의해서 결정된다. 세네카[10]는 바울[11]보다 더 위대한 철학자였지만 우리는 후자를 비교할 수 없을 정도로 더 높이 평가한다. 가난한 세네카는 논거를 멋지게 세우고 인간애와 스토아학파의 무욕(無慾)에 대해 심오하고도 감동적인 열변을 쏟아냈다. 그런데 이때의 세네카는 철학자로서의 세네카이다. 한편 생활인으로서의 또 다른 면모의 세네카도 있다. 그는 돈에 눈이 멀어 회의할 줄 모르는 백만장자였고 네로의 범죄를 추종한 인물이었다.

사실 루터의 경우 '새로움'이란 별로 없다. 물론 이 새로움에 위대한 인간의 과제가 있는 것은 아니다. 정신적인 일에서 결정적인 것은 무엇(Was)이 아니라 항상 어떻게(Wie)에 있다. 천재는 마지막에 한 삽을 뜬다. 더하지도 덜하지도 않는 것이 천재에게 신이 부여한 사명이다. 천재는 입소문에 관심을 두지 않는다. 그는 기본적으로 누구든 말할 수 있는 것들에 대해 말하지만 간략히 멋지게 말한다. 누구도 할 수 없을 만큼 심오하게 감성적으로 드러낸다. 그는 수많은 사람 속에서 선잠을 자고 있는 시대정신을 재현한다. 하지만 그는 그것을 너무나 매혹적인 설득력과 냉정한 단순성으로 드러내기 때문에 마침내 시대정신은 공유재산이 된다.

도도한 정신적 조류를 이루는 '이념'은 늘 역사 과정의 변화와 진보를 결정하는 것이었다. 그런데 이러한 이념은 - 우리의 전체 경험에서 확신하건대 - 항상 위대한 인물들과 연결되어 있다. 세계사

---

[10] Seneca(BC 4년경~AD 65): 로마의 정치가이자 철학자.
[11] Paulus(AD 5년경~AD 68년경): 기독교의 포교와 신학에 주춧돌을 놓은 사도로 통함. 바울로나 바오로로 불리기도 함.

는 탁월한 개별 인간들에 의해 만들어진다. 그들에게서 바로 '시대정신'이 집약적으로 구현되기 때문에 이 정신은 누구에게든 생생하고 유효한 것이 되는 것이다. 이념이 항상 우선적이다. 그러나 분명이 이념은 삶과 현실을 특정한 개인들에게서만 획득한다. 루터가 종교개혁을 고안한 것은 아니다. 이를테면 그것은 벨스바흐[12]가 아우어등(Auerlicht)을, 모스[13]가 모스의 전신기 키를 고안하지 않은 것과 마찬가지다. 그러나 루터는 자기 시대를 누구도 따르지 못할 새로운 빛으로 채웠다. 이로써 그는 세상 모든 사람이 볼 수 있는 빛을 만들어냈던 것이다. 그는 자신의 세기에 혀가 되어 항상 새로운 시작을 알리는 창조적인 말을 내뱉었다. 우리는 조금 뒤에 가서 아주 뛰어난 사람들을 만나게 될 것이다. 그들은 부유하면서도 세련되었고, 자유분방하면서도 탁월한 정신을 소유했다. 그러나 누구도 자기 시대의 의지와 깊은 내면의 욕구를 루터만큼 완벽히 표현해내지는 못했다. 루터는 당대의 상황과 필요를 같은 시대를 사는 사람들의 이름으로 아주 단순하면서도 압축적이고 적실하게 말했다. 그래서 우리 시대 가장 위대한 신학자인 아돌프 폰 하르나크[14]는 루터 탄생 400주년 기념사에서 다음과 같은 말로 추도사를 마무리한 것이다. "그분은 긴 밤을 지나 우리가 도달해야 할 길의 방향을 제시해주셨습니다. 그 길을 두고 감히 말해본다면, 그것은 바로 종교개혁이었습니다."

---

[12] Carl Auer von Welsbach(1858~1929): 오스트리아의 발명가이자 과학자. 오늘날의 라이터 전신을 발명함.

[13] S. Morse(1791~1872): 미국의 발명가. 전신기를 발명하여 '모스 전신기'라는 상호를 달게 됨.

[14] Adolf von Harnack(1851~1930): 독일의 자유주의 신학자이자 교회사 연구자.

루터의 인품에 대해 어느 정도 파악해보려 한다면 – 20세기 사람으로서는 그것을 개략적으로나마 취하기도 어려울 법한 일이지만 – 우선 다음과 같은 사실에서부터 출발해야 할 것이다. 즉 분명 루터는 신·구가 기묘한 방식으로 혼재하는 과도기의 인물이었다는 사실이다. 아마 바로 이 신·구라는 독특한 합금이 위대한 혁신자들과 종교개혁자들, 그리고 온갖 유의 갱신주의자가 취한 재료인 것 같다. 우리는 그 전형도 중간 중간에 만나 볼 셈이다. 이런 모순 상태의 원인은 단순명료하다. 옛것이 그들 혁명가 속에 여전히 완강히 붙어살았기 때문에 이들은 이 옛것을 청산하는 투쟁에 힘을 집중할 수 있게 하는 열정적·창조적 증오를 불러낼 수 없었다. 어떤 대상에 철저한 열정으로 맞서려면 그것을 철저히 견뎌낼 수 있어야만 하고, 실제로 그것을 견뎌내려면 그것이 **될** 수밖에 없다. 아우구스티누스가 마니교도(Manichäer)였기에 교부가 될 수 있었고, 미라보(Mirabeau) 백작이 삼부회 의원이었기에 프랑스 혁명을 굴릴 수 있었으며, 프리드리히 니체가 목사의 아들이었기에 무신론자이자 비도덕주의자가 될 수 있었던 것이다. 이는 마르크스와 라살[15]처럼 철저한 부르주아 혈통에 부르주아 교육을 받은 사람들이 사회주의의 기초를 놓을 수 있었던 것과 같은 이치이다. 가톨릭의 사제만이 가톨릭 정신을 그 가장 깊은 핵에서부터 해체할 수 있을 뿐이다. 바울이 되고자 한다면 먼저 사울이 되어야만 한다. 물론 근본적으로 그의 삶 전체에서 한동안 사울의 한 부분이 남아있기 마련이다. 자기 자신과 자신의 과거에 맞선 항구적인 투쟁을 통해서만 미래의 투쟁을 위한 힘을 길러낼 수 있을 따름이다.

---

[15] F. Lassalle(1825~1864): 독일의 사회주의 운동가.

　루터는 자신의 정신적 기본구조에서는 아직도 완전히 중세적 현
상을 드러내 보였다. 눈길을 끄는 그의 모습은 통일적인 면모와 성
직자 분위기를 풍기며, 돌처럼 차갑고 딱딱해 보인다. 이런 엄격한
프로필은 고딕양식의 입상을 연상시킨다. 그의 의향은 독특할 만큼
교조적 일면성을 띠었으며, 도식적이고 직설적이었다. 그의 사고는
감성에 뿌리를 내리고 있는 만큼 충동적이다. 상당 부분 고정관념에
얽매어 있다. 그는 사물들을 모든 측면, 이른바 복안(複眼)으로 살펴
야만 하는 근대인의 저주와 은총에서 면제되어 있었다. 그런데 바로
그의 시대는 미묘하고 복잡한 다채로운 인물들의 출현을 그 특징으
로 한다. 그는 라블레[16]와 같은 풍자가나 이탈리아의 모든 위대한
르네상스 사람과 동시대를 살았다. 물론 그의 동향인 가운데는 작센
선제후 모리츠(Moritz)처럼 세속인이자 외교관으로서의 유연한 정신
을 소유한 인물이 있었는가 하면, 에라스무스처럼 다채로우면서도
섬세한 심리학자도 있었고, 파라켈수스 박사처럼 진자운동을 하는
복합적 인물도 있었다. 반면에 루터의 영혼에는 뉘앙스나 굴절이
아니라 우리가 중세의 인간에서 본 바와 같이 명암이 확고히 병존
했다. 모든 것이 강한 색조를 드러냈다. 급격히 서로 뒤바뀌기도 했
지만, 융합과 중첩은 없었다. 칠흑 같은 절망과 눈부실 만큼의 희망,
빛줄기 같은 선의와 암흑 같은 분노, 여리고 여린 부드러움과 거칠
기 한이 없는 실천력이 병존했다. 루터의 행위 특성이라고 할 수
있는 본능 및 근본의 충실성과 무반성성은 근대와는 완전히 상반된
특징으로 볼 수 있다. 우리가 근대의 대주제로 이해한 합리주의는
그에게 아무런 압력도 행사하지 못했다. 그는 마치 어느 스콜라 철

---

[16]　F. Rabelais(1494~1553): 프랑스 르네상스 시대의 대표적인 작가.

학자일 뿐인 것처럼 이성과 그 작용을 혐오하면서 이성을 '악마의 창녀'로 취급했다. 새로운 천문학도 성서에 위반된다고 해서 부정했다. 그 시대의 위대한 지리학적 발견 중 어느 하나도 안중에 두지 않았다. 그는 '사회적으로' 사고하지도 않았다. 농민전쟁에서 그의 태도를 엿볼 수 있듯이, 그는 질서의 맹신자였고 항상 '당국'의 편에 서 있었다. 모든 사회적·정치적 문제에서 중세적 결속관계를 추종했던 것이다.

그의 삶에서도 근대적 정신 태도의 기본특색을 형성하는 수학적 계획성과 투명성이라고는 찾아볼 수 없다. 그가 보이는 추동력은 **무의식적**이다. 의식적으로 원하지 않았지만 어느 날 갑자기 그 시대의 영웅이 되었고, 의식적으로 추구하지 않았지만 모든 사람의 입에 오르내리는 말을 내뱉었다. 그는 몽유병 환자 같은 확신에서 길을 나선 것인데, 그 길에 수많은 사람이 쇄도했던 것이다. 그는 소용돌이와 모색의 시대이자 해체된 시대를 그 한가운데서 경험했지만 굴절되지 않은 중세적 힘과 자기 확신을 담지하고 있었다. 그 모습은 과거에 획득한 토양에 발을 깊이 확고하게 담그고 먼 새로운 미래를 바라보는 꼴이었다. 이런 점이 그를 지도자로 만들어 제2의 모세로서 신·구라는 두 시대의 바다를 자신의 요술지팡이로 갈라놓을 수 있게 했다. 한마디로 그는 유럽이 목격한 **최후의 위대한 수도사**인 셈이다. 그것은 빙켈만이 사멸하는 의고전주의 시대에 최후의 위대한 인문주의자, 비스마르크가 승승장구하던 자유주의 시대에 최후의 위대한 융커였던 것과 같다.

그러나 다른 한편 루터는 그 시대 사람들이 마침내 생생하게 그 실현을 목전에 두었던 정신적 연관관계들을 목격했다. 루터 사유의 근대성은 본질적으로 세 가지 계기와 관련되어 있다. 우선 그 하나는 **개인주의**이다. 그가 종교를 내적 체험의 문제로 삼음으로써 인간 정신활동의 최고 영역에서 이탈리아 예술가들이 상상의 영역에서 이룬 것과 유사한 것을 실현했던 셈이다. 루터가 모든 영혼은 내면 깊숙한 곳에서 자신의 고유한 신을 새롭게 창조할 수밖에 없다고 말한 교시에는 개성의 가장 심오한 궁극적 해방의 의미가 담겨 있다. 그런데 이는 두 번째 계기가 되는 **민주주의**와 관련 있다. 모든 신도는 진정 성직의 신분을 가지며, 교회의 모든 구성원이 성직자라고 선포함으로써 루터는 평신도와 그리스도의 관계를 특정한 중개인, 즉 그리스도의 사도와 그 직무의 위계질서를 통해 허용한 중세적 대리체제를 무효화했다. 이로써 그는 교회 활동에 이후 프랑스혁명이 정치활동에 끌어들인 것과 동일한 평등의 원리를 도입했다. 세 번째로 그는 일상의 모든 활동을 신에 대한 봉사활동이라고 말함으로써 **세속적인** 계기들을 종교적 활동으로 바꾸어놓았다. 어디서든 어느 때든, 그리고 어떤 신분과 직업, 공무와 생업에서든 신의 뜻에 맞을 수 있다고 확신함으로써 루터는 노동을 신성한 것으로 만들어놓았다. 이는 우리가 나중에 좀 더 정확히 다루게 될 엄청난 결과를 초래하기도 한다.

주지하다시피 헤켈[17]은 다음과 같은 문장으로 '발생론적 기본원칙'을 제시한 바 있다. 요컨대 개체의 발생과 발달을 함축하는 개체발생(Ontogenese)은 종족의 발달사인 계통발생(Phylogenese)의 여러 발생 단계를 반복한다. 즉, 인간은 모태에서 개체 형성의 순간 원세포부터 종에 이르기까지 자신의 조모가 밟은 발생 단계 일체를 반복한다는 것이다. 같은 방식으로 루터도 가톨릭교회의 발전과정을 그대

대위기

---

[17] Ernst Häckel(1834~1919): 독일의 동물학자 · 진화론자.

로 되풀이했다. 교회의 역사는 계통발생에 부합한다. 그 발전과정의 역사는 개체발생의 거대한 '변화'에까지 이른다. 루터는 중세 초기에 볼 수 있었던 성사(聖事)와 성소(聖所)의 작용에 대한 확고한 신앙에서부터 출발한다. 에르푸르트에서 엄격한 스콜라철학의 교리에 헌신했으며, 아우구스티누스 수도원에서 자살과 경계를 이루는 열정으로 수도사의 고행, 이를테면 추위에 떨면서 철야기도와 단식을 하면서 구원을 갈구했고, 비텐베르크에서 신비주의 교리에 열정적으로 몰두했으며, 로마에서는 이미 한 세대 전부터 세계를 뒤흔들어 온 거대한 반교회적 조류에 심취하기도 했다. 이때 그는 교황의 반대자가 되는 것도 개의치 않았다. 마침내 그는 완전히 성숙한 사람으로서 자신의 삶의 전성기에 교황제도 및 가톨릭교회와 단절을 감행한 것이다.

루터의 삶에서 대위기는 수도원 시절에 찾아왔다. 당시 그는 천재 소질이 있는 사람이라면 생존의 이유와 자신에 대해 흔히 회의하곤 하는 그런 위험한 나이를 맞고 있었다. 루터와 대단히 유사한 면모를 지녔던 칼라일은 그러한 상태에 대해 일종의 자서전 형태인 자신의 소설 『의상철학(Sartor resartus)』에서 직관적으로 표현한다. 이 소설에서 주인공은 자신이 처한 상황을 두고 이렇게 설명한다. "마치 하늘과 땅에 있는 모든 것이 나를 해칠 것처럼 보였고, 하늘과 땅은 탐욕의 괴물이 벌리고 있는 무한히 넓은 목구멍 같았다. 나는 이 괴물이 나를 한입에 꿀꺽 삼킬 것만 같아 부들부들 떨었다." 그러나 어느 날 또다시 주인공이 회의에 시달리면서 불안한 마음에 거리를 헤매고 있을 때, 갑자기 불빛이 그에게 비쳤다. 그것을 그는 '개종'이라고 부른다. "불현듯 생각이 하나 떠오르면서 내게 물었다. 도대체 너는 무엇을 두려워하는가? 무엇 때문에 너는 항상 탄식하고 겁쟁이처럼 공포에 질려 부들부들 떨면서 거리를 배회하려 하는가? 네가 마주칠 수 있는 최악의 경우는 도대체 무엇이란 말인가? 죽음인가? 그래 기껏 죽음인가! 지옥의 고통과 인간이나 악마가 네게 행할 수 있고, 또 행하려 하는 그 모든 것도 말해 보거라! 너는 가슴이 없는가? 너는 그 어떤 것도 참아낼 수 없겠지만, 비록 공격당하고 있지만 자유의 아이로서 지옥의 고통이 너를 쇠약케 하는 동안에도 그 고통을 발로 짓누를 수 없단 말인가? 그런 고통이 올 테면 오라 하지! 나는 맞서 용기를 구할 것이다. 내가 용기를 생각하고 있는 사이에 그 용기는 벌써 불길처럼 내 영혼을 온통 감싸 안았다. 나는 저급한 공포를 영원히 떨쳐낼 것이다. 예견치도 못한 힘으로 강해졌다. 그 힘은 정신으로 거의 신의 그것과 같았다. 이때부터 나의 절망적 기분의 성격이 달라졌다."

거의 허무주의적 체념의 상태에 이르게 할만한 이런 절망적 상황은 거의 모든 위대한 정신적 잠재력을 지닌 사람들의 삶에서 결정적 신기원을 이루게 한다. 그것은 과도기에 해당하는 일로써 형성되는 정신으로 하여금 한편으로는 더 이상 순수한 입장만을 취할 수 없게 하지만, 다른 한편으로는 그러한 정신이 이후의 생산활동에서 여전히 명확한 방향을 잡지 못한 상태를 나타낸다. 이러한 정신은 이미 모순의 상태, 즉 수많은 사물과 관계가 불완전하고 무의미한 상태에 있음을 예리하게 파악하지만, 모든 천재적 창작의 전제조건을 이루는 염세주의와 예민한 감성을 아직 따라잡지는 못한다. 말하자면 어떤 과제에 대한 명확하고도 확실한 의식을 아직은 갖지 못한 것이다. 지금까지의 관습 상황과 학생 신분으로 살아갈 수 없다는 것을 의식하지만, 창조적인 활동을 하면서 자신의 고유한 세계를 형성하여 가르치는 능력은 아직 인식하지 못한 상태이다. 따라서 겁에 질린 눈은 부정적인 심급기관만을 쳐다볼 뿐이다. 이는 완전한 자기말살, 즉 자살 분위기의 단계이다. 그러나 무엇보다 우리가 루터를 천재라고 부를 수 있는 바로 그 연유는 그가 당대 모든 성공적인 종교개혁자 가운데 유일하게도 악마와 씨름하면서 자기 고유의 세계를 구성했기 때문이다.

불멸의 야훼　　당시 루터를 쓰러뜨려 체념에 빠지게 한 그 절망의 뿌리는 신과 그의 율법에 대한 공포였다. 이 공포는 바리새인으로 남아 있던 바울까지도 괴롭힌 까다롭기 그지없는 문제와 같은 것이었다. 그것은 다음과 같은 문제였다. 즉, 어떻게 하면 내가 신의 분노를 면할 수 있을까? 어떻게 하면 신의 열망뿐만 아니라 채울 수 없을 만큼 엄격한 신의 율법을 충족시킬 수 있을까? 알다시피 이때의 신은 루터를 아연실색케 한 **유대인의 신**(Judengott)이었다. 타협과 이중성을 몰랐던 정직한 인간은 기독교 전체 역사를 관통하고 있는 끔찍한 역설의 상황 때문에 또다시 혼란에 빠졌다. 이 역설의 끔찍한 균열을 메우려고 이미 50세대가 헛되게도 자신들의 지혜와 신앙을 동원해온 셈이다. 이 균열은 순전히 민족주의 색채를 띠면서 오로지 동향인의 이해관계에 집착하면서 어떤 경쟁도 비타협적으로 배척하는 엄격하고도 거만한 사장을 신과 동일시하려 한 데서 비롯됐다. 이와 유사한 행태는 이미 스토아학파 철학자들이 취한 바 있다. 이들은 신이 신화화한 제우스와 다를 것이 없다고 주창했다. 이와 같은 꼴은 한쪽이 다른 쪽의 신을 모독하는 행태를 취한다. 초기 기독교도 가운데 가장 영민하고 예리했던 마르키온[18]의 추종자들도 두 가지 신성, 즉 세계를 창조한 '조물주(Demiurg)'와 (그들은 '세계'를 '유대인'

---

[18]　Marcion(85년경~160년경): 초기 기독교의 신학자. 자칭 바울의 제자.

으로 이해하여 세계의 창조자를 일종의 악한으로 설명한 것인데) 이 세계를 구원하려고 자신의 아들을 보낸 '지고의 신'이 존재한다고 일관되게 주장했다. 그들은 여타 다른 민족의 신과 마찬가지로 유대인의 신을 온전히 부정할 결단력이 없다면 유일하게 남아 있는 논리적 가능성은 두 신을 모두 받아들이는 일밖에 없다고 판단했다. 이는 페르시아가 그 모범이 되는 일종의 이원론이다. 물론 이때 유대인의 신은 암흑의 정신을 대변한다. 그러나 그와 같은 해석은 이교도를 전제로 한 위장술에 불과하므로 당연히 교회는 그것을 수용할 수 없었다. 그밖에도 마르키온 추종자들(그리고 여타 종파)은 구약성서를 뒤돌아보지도 말고 내버릴 것을 제안하기도 했다. 그러나 그것을 관철시키지는 못했다. 진정한 유대인은 여호와를 **단념할 수**가 없었다. 일찍이 출현하여 언젠가 다시 세상에 출현할지도 모를 가장 순수한 그러한 종교론이 난폭하고 악의에 찬 옛 베두인의 괴수와 같은 망령에 의해 상처를 입고 혼란스럽게 되었다.

   그러나 어느 날 루터도 자신의 다마스쿠스를 경험[19]한다. 그때 구세주가 그에게 한 말은 "왜 네가 나를 핍박하느냐?"가 아니라 "너는 왜 나 때문에 핍박을 당하고 있다고 생각하느냐? 나의 아버지는 여호와가 아니다"라는 것이었다. 그는 기독교도의 하느님은 '정의'의 신이 아니라 자비로운 신이며, 복음의 내용은 법이 아니라 은총이라고 인식했다.

   루터가 내면적 갈등을 겪던 시기에 신에 대해 일종의 증오심을

루터의
다마스쿠스

---

[19] '다마스쿠스의 경험'은 기독교도를 탄압했던 사울이 신을 만나게 되는 사건으로서 이 경험 이후 사울은 기독교도의 억압자가 아니라 그것을 포교하는 선교사 바울로 변하게 됨. 이때부터 어떤 '악한에서 선인'으로 180도 바뀌면 '사울이 바울이 되다'는 말이 유행하게 됨.

품고 있었다는 것은 다소 충격적인 일이다. 그는 자신의 생애에 신이 세상에서 사라지는 순간이 있으리라 생각했다. 사실 인간은 진심으로 사랑할 수밖에 없는 것을 언젠가 다시 강렬하게 증오하거나 거의 기대하지도 않은 채 또다시 그것을 얻으려고 열렬히 구애하기도 한다. 이는 경건의 경우에도 마찬가지다. 기본적으로 루터의 종교투쟁은 아늑한 초원에서 풀을 뜯고 있는 양떼처럼 **신에게만 빠져 있는 유치한 사람들**과 모든 평균적 종교에 감추어져 있는 나태한 자기이해와 생각 없이 자명한 것으로만 받아들이는 오래된 패덕에 대한 투쟁이었다.

루터의
영웅시대 루터의 청년시절 이야기는 정말 드라마와 같다. 번개와 천둥이 치던 날 수도사의 맹세를 했고, 반박문을 내걸고 라이프치히에서 논쟁을 벌였으며, 교황의 파문칙서를 불태웠고, 보름스(Worms) 의회에서 자신을 변호했다. 각 상황마다 대범하게 대처한 그의 행동은 잊을 수 없을 만큼 의미심장한 사건이어서 세계사적 특성을 담은 거대한 연극 장면과 같은 것이다. 루터는 마치 연극을 연출할 때처럼 확고하고도 능숙한 기술을 발휘하여 가톨릭교회를 꼼짝달싹할 수 없는 곤경에 빠뜨렸다. 이 곤경의 원인은 면죄부 판매였다. 세월의 변화 속에서 면죄에 대한 실제 거래가 이루어졌다. 거짓맹세·강간·살인·위증·간음 등과 같은 각각의 범죄에 대한 각각의 면죄 절차가 있었다. 테첼(Tetzel)의 훈령에는 수간(獸姦)의 경우 12두카텐(Dukaten), 성물 절도는 9두카텐, 사기는 6두카텐, 부모 살해는 (대단히 저렴한) 4두카텐을 치르도록 명시되어 있다. 이론상 그럴 수 없지만 실제상 특정 죄에 대해 미리 벌금을 치를 수 있었다. 말하자면 일종의 범죄 예치금을 예치해둘 수 있었다. 모든 거래는 고객 유치와 광고의 현대적 수단을 가진 큰 은행과 상사를 통해 실행되었다. 예컨대 베르겐오프좀[20]에서 발행되는 복권을 판매할 때 당첨에서 '고액'을 벌 수 있는 동시에 속죄 예치금을 미리 준비할 수 있다고 광고했다. 교회가 중상주의에 빠져 품위를 상실한 상태를 더는 용납할 수 없을 지경이었다. 이 모든 관행이 기독교와 더는 아무 관계가 없다는 주장은 바로 교회에 대한 공개적·냉소적 거부와 조소를 반증한 셈이다. 이런 사실은 장님조차도 알아차릴 정도였다.

루터가 여론에 미친 영향력이 정점에 도달한 해는 1520년이었다. 그해 그는 짤막하지만 의미심장한 세 개의 글, 『독일 민족의 기독교도 귀족에게 고함(An den christlichen Adel deutscher Nation)』, 『바빌론에 포로가 된 교회(Von der babylonischen Gefangenschaft der Kirche)』, 『기독교도의 자유(Von der Freiheit eines Christenmenschen)』를 발표했다. 이 글들은 이후 그가 다시는 성취하지 못한 힘과 깊이가 있고 그 내용이 치밀하고 풍부하며 논리정연하다. 그는 대단히 설득력 있게 설명한다. 이에 따르면, 모든 기독교도는 진실로 성직자의 신분을 가지며, 교황은 결단코 세상의 지배자가 아니다. 왜냐하면 그리스도가 빌라도 앞에서 자신의 나라는 지상이 아니라고 말했기 때문이다. 그리스도가 직접 행한 일, 즉 세례·참회·최후의 만찬만이 성사로 간주될 수 있으며, 여타의 짜맞춰진 성사와 세계 지배에 대한 교황의 요구 때문에 교회는 바빌론에서 유대인들이 그랬듯이 낯선 적대적 권력에 무릎을 꿇게 되었다. 기독교도는 만물의 자유로운 주인이므로 누구에게도 종속되지 않는 동시에 만물에 봉사하는 머슴이기에 모든 이에게 종속되어 있다. 전자는 신앙을 통해 그렇게 되며, 후자는 겸손을 통

---

20 Bergen op Zoom: 네덜란드 남서부 노르트브라반트 주에 있는 자치 지방.

해 그렇게 된다. 진정한 기독교도의 삶은 신앙이 사랑을 통해 표현되고, 가장 자유로운 마음으로 기꺼이 봉사활동에 임할 때 실현된다. 이때 그는 타인에게 무료로 자발적으로 봉사한다. "재물과 기독교도의 삶의 영광을 이해할 수 있는 사람은 만물을 취하고 있어 범죄와 죽음, 지옥도 필요가 없는 동시에 만물에 봉사하고 겸손하기에 유용한 이가 되는 것이라!" 여기서 루터는 자신의 젊은 시절 위대한 스승이었던 신비주의자의 모습을 닮아 있다. 이 덕분에 그는 우리가 여전히 재론하게 되는 활동과 신앙의 관계에 대한 중요한 쟁점을 간단히 해결할 수도 있었다. 하지만 이후 그는 사소한 갈등과 음모에 시달리면서 일과 종파 논쟁으로 경직되었다. 특히 오해를 살 수 있다는 공포 (위대한 천재에게 어울리지 않는 공포) 때문에 정상의 위치를 포기하고 말았다.

창조적인
변방

그런데 이 거대한 흐름이 교양의 도시 파리, 혹은 찬란한 로마나 세계를 지배하는 마드리드가 아니라 이제 막 설립된 초라한 비텐베르크 대학에서 시작되었다는 것은, 새로운 창조적인 힘들을 풀어주고 중대한 정신적 변혁을 모색한 주체가 거의 항상 변방이었다는 역사적 사실을 말해주는 셈이다. 기독교 역시 로마제국에서 멸시받은 작은 지방에서 탄생했으며, 유대의 일신교는 거대한 동양의 수도들에서 멀리 떨어진 곳에서 출현했고, 회교는 아랍의 황무지에서 승승장구했다. 마찬가지로 **사회적** 의미에서 루터가 변방의 자식이었고, 아무것도 아닌 미천한 신분에서 두각을 나타낸 것도 필연인 셈이다. 신이 강하든 약하든, 밝은 빛을 내든 그저 흐릿한 불빛이든, 모든 세상을 위해서든 소수의 공동체만을 위한 것이든 인간의 몸으로 현시했다는 것이 중요하며, 이는 언제나 필연인 것이다. 신은 종의 모습으로 지상 곳곳을 거닐고 있다.

앞서 말했듯이, 루터는 여러 가지 면에서 아직도 철저히 중세적 현상을 드러냈다. 사실 그는 극도로 권위적인 신앙가였다. 그 태도는 거의 맹목적일 정도였다. 그는 교황을 거부했지만 그의 동시대인 제바스티안 프랑크가 이미 인지했듯이, '세상'은 "봉사를 위해 믿게 될 교황을 원하고 원할 수밖에 없으며, 그래서 교황을 훔쳐오든 땅에서 파내오든 어쨌든 찾아올 수밖에 없다. 누군가가 매일 교황을 앗아가면 세상은 곧바로 또 다른 교황을 찾기 마련이다." 루터의 교황은 **성서**였다. 그의 경우 성서에 있는 것은 문자 그대로 진리이므로 어떤 사소한 변경이나 제한도 있을 수 없었다. 그래서 그는 앞서 말했듯이, 구약성서를 항상 몸에 지니고 다녔다. 그것은 마치 옛날 문화발전 시기를 탐구해 캐낸 사용되지 않은 유물과도 같았다. 말하자면 오래전에 기능을 상실한 유물 같은 것 말이다. 그는 '말씀'을 자기 자신의 해석과 동일시했다. 이는 종종 틀리기도 했고 편협한 면모를 보이기도 했다. 이러한 편협한 신앙의 표본을 보이는 한 사례가 마르부르크 종교회담에서 보인 최후의 만찬을 둘러싼 그 유명한 논쟁이다. "**이것은 내 몸이다**"라는 성찬제정의 말이 발언되었을 때, 츠빙글리[21]는 이 말을 다만 상징적으로만 받아들일 수 있으며, 여기서 '**이다**'는 동질성을 나타내는 것이 아니라 **기표**로 해석해야 한다고 설명한다. 그러나 이에 대해 루터는 몹시 분개하여 회의 시간 내내 테이블을 손가락으로 두드리면서 낮고 굵은 목소리로 "**이다, 이다**"를 되풀이했다. 그에게는 바로 표현의 문법적 형식만이 중요할 뿐이었다.

그런데 이런 경직된 편협한 신앙에서 우리는 루터의 성격을 말해

---

[21] Ulrich Zwingli(1484~1531): 스위스의 종교개혁자.

주기도 하는 근대의 특징도 이미 읽어낼 수 있다. 왜냐하면 루터는 지금까지 군림한 최고의 기관, 즉 살과 피의 살아있는 권위였던 교황을 먹물과 종이로 이루어진 '문자'의 죽은 권위로 바꾸어놓았기 때문이다. 개별 인간의 오류와 독선을 이단과 독선의 비인간적 형식, 즉 과학적 형식이 대신하게 된다. 신학의 자리를 **문헌학**이, 신성한 교회의 자리를 가장 세속적인 기관, 즉 **학교**가 대신한다. 신앙의 중심 자리에 이제 더는 구세주의 삶과 고통이 아니라 신시대를 지배하는 글을 쓰고 인쇄를 하고 독서를 하는 과학적 인간의 승리로 채워진 '책'에 관한 이야기가 들어서는 일이 무의식중에 실현된 사실이야말로 **문헌** 시대가 열렸음을 알렸다. 성사(聖事)는 프로테스탄트의 정신을 좇아 이제 더는 신비로운 마술에 의해서가 아니라 오로지 말을 통해서만 이루어진다. 구텐베르크형의 인간이 고딕형 인간에 대해 승리를 구가한다. 여기서부터 바로 오성의 문화와 오성의 종교, 즉 '계몽'의 노선이 전개된다. 루터 자신은 이런 불가피한 결과들을 구현하지 않았을 뿐만 아니라 예견도 하지 못했지만, 그에 의해 기초가 다져진 교회는 그런 결과들을 실현했다. 그의 특유한 영향력과 활동은 인쇄술이 없었다면 생각할 수 없는 일이다. 그는 독일 민족이 배출한 가장 탁월한 언론인이었으며, 99개의 테제는 세계사가 찍어낸 최초의 특별호라고 할 수 있다.

하르나크는 자신의 교의사(教義史: Dogmengeschichte) 한 곳에서 루터는 아이처럼 교회당을 헤집고 돌아다녔다고 말한 바 있다. 이 말은 이 종교개혁자의 장단점 일체를 압축해서 보여주는 셈이다. 루터의 활동은 세련됨이나 능숙함과는 거리가 있으며, 편협성과 사고분일(思考奔逸) 증세를 보이기도 하지만 어린아이의 순수성과 내면성, 풍부한 감성과 천진난만함도 드러낸다. 아이였기에 자기 민족에 종교를 제시할 수 있었고, 또한 아이였기에 어떤 종교적 체계도 정립할 수 없었다. 그리고 그의 추동력은 아이가 지닌 충동·비약·아집의 성격이 강했기 때문에 그의 활동도 수미일관성에서 엇나가 있었다. 후에 그는 여러 가지 점에서 자기 자신과 진정한 프로테스탄티즘에 충실하지 못했다. 프로테스탄티즘은 강제신앙·허식·입술신앙[22] 일체에 대해 명확하고도 용기 있게 저항하며, 복음교리의 순수성과 기독교의 기본원리로의 회귀를 의미한다. 그리고 그것은 신과 신도를 연결하려는 일체의 중개자를 거부하고 경건에 기초하여 그리스도를 진정 유일한 사제로 좇는다는 것을 의미한다. 그러나 이미 루터는 살아있는 동안 자신의 역사적 사명으로 여기고 투쟁해온 내용의 상당 부분을 다시 철회하기도 했다. 교회 권력욕의 새로운 체제와 형식적인 죽은 기도가 확산되었고, 또 다른 형식적인 기독교 문화가 각광을 받았다. 새로운 궤변이 그 교활함과 몰상식 면에서 가톨릭의 그것과는 비교가 안 될 정도였다. 그것은 당돌한 형태를 띠면서 복음을 더욱 암울하게 만들었고 인간을 제1계급과 제2계급의 기독교도로 갈라놓았다. 가톨릭 사제의 경우 자신의 우월성을 초월적 원천에서 길러냈던 반면에 프로테스탄트 목사들과 신학자들의 헤게모니는 성서에 대한 진정한 학술적 이해에서 자신들이 평신도를 훨씬 능가한다는 빈약하고 허약하기 짝이 없는 주장에 근거했다.

루터와 그의 추종자들은 구세주 현상을 도대체 어떻게 이해했던가? 그들 환경 속으로 그리스도가 출현한다는 것은 근대의 감정, 요컨대 유럽의 감정에는 완전히 낯설어 거의 이해할 수 없는 일이었다. 그것은 그들 주변에 비치는 마술적 조명이며, 마력을 지닌 오

---

[22] 말로만 믿는 신앙인을 두고 하는 말.

팔 광채이다. 이 속에서 끝없는 갈색의 사막, 신기루, 떨리는 정오의 고요가 반사된다. 그것은 하나의 삶의 형태로서 우리가 추체험할 수 없는 것이며, 그것을 넘어서는 경우 **이러한** 삶의 형태와의 이별을 뜻하기도 한다. 동양이 보이는 현란하고 소리 없는 다채로움, 모방할 수 없을 만큼 숭고한 소박성과 명료성이 초기 기독교에 내재했을 뿐만 아니라 모든 피조물이 심장의 고동으로 공감할 수 있을 뿐이었다. 가장 원시적인 동시에 가장 태고적(太古的)인 문화는 복음을 통해 자연인의 단순성을 들려주고 천 년 인간의 지혜로 통합을 취한다. 루터와 같은 이는 수백 년 동안 걸쳐온 야만적 오해의 외투를 기독교 신앙에서 벗겨낼 수 있었다. 이 신앙을 집중·단순화하여 더 용이하고 이해하기 쉽게 함으로써 합리화에 대응할 수 있었다. 그러나 이러한 영혼의 세계가 지닌 무한한 유연성·허약성·지각 과민성을 강골의 독일 농민도 취할 수 있고, 이러한 영상세계의 다채롭게 번쩍이는 이국적 색채를 작센 지방의 우직한 신학교수도 추체험할 수 있으며, 너무나 자명한 무한에 내재하는 신앙세계의 심오한 원초적 지혜를 이제 막 열리기 시작한 신문문화(新聞文化: Zeitungskultur) 시대의 아들은 추체험할 수가 없다.

언어 창조자
로서의 루터

　　루터의 성서번역도 그것을 바라보는 관점에 따라 실패나 대작으로 평가받는 업적에 해당한다. 번역으로써는 성서의 세계에 담긴 분위기와 지방색 등과 같은 환경 일체는 고사하고 집필자의 감정과 생각도 충분히 전달되지 않는다. 그러나 루터는 갖가지 의미를 살려 독일화한 성서를 만듦으로써 독일 문헌 중 가장 독일적인 책을 집필하는 데 성공했다. 따라서 종종 사람들은 루터가 신고지 독일어의 창시자가 되었다고 과도하게 주장하기도 한다. 야콥 그림[23] 계열의 권위 있는 이들도 이러한 관점에 동의해왔다. 야콥 그림은 이렇게 말한다. "루터의 언어는 신비할 만큼의 순수성과 강력한 영향력 덕분에 신고지 독일어의 정착에 핵이자 기초가 되었다고 할 수밖에 없다." 한편 루터가 스스로도 분명히 강조했듯이, 소위 '작센 관청어'를 그가 사용했고, 중부 독일어와 남부 독일어를 묶어주는 일종의 단일 어법이 이미 1350년에 프라하 룩셈부르크 왕가의 관청에 의해 시도되었으며, 이때부터 여타의 독일 궁중관청으로 확산되었다는 사실을 이제는 부인할 수 없다. 그러나 두 가지 사항만큼은 여전히 고려해야 한다. 첫째, 루터 시절에는 국민들 사이에 실제로 사용된 표준적인 공용어가 없었고 수많은 방언이 있었을 뿐이라는 것과 루터의 글, 특히 그가 번역한 성서의 획기적인 보급과 영향을 통해서만 단일 언어가 점차 광범위하게 확산되어 보편적인 문어체 독일어로 수용되었다는 점이다. 둘째, 작센의 공용어는 관청의 언어처럼 딱딱하고 무겁고 깊이가 없었던 반면에 루터는 동일한 언어를 사용하면서도 그 표현에서 품위와 깊이를 더하여 강함과 부드러움을 동시에 엮어내어 가능한 모든 의식적 경험에 쓰일 수 있는 언어로 만들었다는 점이다. 그는 자신이 택한 재료로 관청의 스타일과는 정반대의 어법을 창출했다. 그는 '식탁의 대화법'으로 설명할 때처럼 가정의 주부, 골목길의 아이들, 시장의 평범한 남자들에게 질문을 하면서 그들이 말할 때 하는 입버릇을 관찰했다. 이런 독특한 방식으로 그는 연극에서 활용되는 감정이입과 모방의 재능을 발휘하여 대상들에 대해 대단히 세밀하고도 교훈적일 뿐만 아니라 가장 단순하고도 가장 일상적인 말로써 표현하는 기술을 발휘했다. 그것은 자연스럽고도 생생한 언어로, 쉽고도 설득력 있는 언어의 기술

---

23 Jacob Grimm(1785~1863): 독일의 언어학자 · 철학자 · 신화학자.

이었다. 여기서 우리는 또다시 루터가 지닌 특유의 연극적 재능을 만나게 된다. 이 재능은 그의 설교문과 반박문에서 표현되는데, 이 글들은 항상 가상의 상대방을 설정한 것이어서 비밀스러운 대화체의 성격을 지니고 있다. 이 점에서는 레싱을 상기시킨다. 만일 루터가 없었다면 오늘날 독일은 필경 절반은 저지 독일어, 또 절반은 고지 독일어로 말하는 두 개의 언어권 나라가 되었을 것이라고 주장한다면 루터를 두고서는 사실상 할 말을 다했다 해도 무방할 것이다.

루터와 예술   사소하다고 할 수 없는 루터의 음악성도 그의 스타일을 읽게 해준다. 무엇보다 그는 예술성이 뛰어난 푸리오조(Furioso)의 대가이다. 그는 몇몇 곡의 교회음악을 직접 작곡하여 류트와 플루트로 연주하기도 했다. 대위법의 악장을 이해하고 높이 평가했으며, 네덜란드 출신 대위법 작곡가의 열렬한 숭배자가 되기도 했다. 그는 독일 찬송가가 프로테스탄트 예배에서 확고한 자리를 굳히게 만들었고, 이 찬송가를 학교에서 부지런히 배우도록 하고 싶어 했다. 이 모든 경우에서 그는 〈하느님의 영광스러운 아름다운 선물〉이라는 '곡'을 침이 마르도록 칭송했다.

그러나 그 밖의 예술들을 두고 보면 당장 이 위대한 인물의 지독한 편협성을 읽어내게 한다. 그는 시에 대해서는 올바른 평가를 내리지 않는다. 모든 문학 장르 가운데서 교훈적인 우화를 가장 높이 평가한다. 우화는 외적 삶을 인식하는 데 가장 유용하다는 것이다. 이런 관점은 다소 속물적인 경향을 드러내는 것이지만 그 당대의 기본 정서이기도 했다. 드라마를 두고서도 그는 실용주의에 가까운 관점을 드러냈다. 테렌티우스의 희극들은 현실세계에서 많은 교훈을 얻게 하는 거울이고, 라틴어로 된 학교극은 언어연습에 유용하며, 종교극은 복음의 진리를 전파하는 데 유용한 도구가 된다는 것이었다. 그에게 조형예술은 거의 존재하지 않은 것처럼 보인다. 그는 르네상스 전성기에 해당하는 1511년에 이탈리아 상부 지역을 경유하여 로마로 여행했다. 그러나 그는 그곳 예술작품의 아름다움에 대해 경탄하는 말 한마디도 내뱉지 않는다. 피렌체에서 목격한 깔끔하게 세워진 양로원들이 가장 마음에 들었으며, 로마를 두고서는 그곳 건축물에 투입된 수많은 재원이 독일에서 흘러나간 것이라고만 한탄했다. 쾰른의 돔 성당과 울름의 대사원에서 그의 관심을 끌었던 것은 예배를 방해하는 나쁜 음향효과뿐이었다. 로마의 예술적 웅대함은 말할 것도 없고 역사적 웅대함에 대해서도 거의 이해하지 못했다. 그는 자신의 동료 멜란히톤과는 정반대로 역사적 감각을 지니지 못한 듯했다. 예컨대 율리우스 케사르를 두고서는 '그저 유인원'에 불과했다고 말하는가 하면, 키케로를 두고서는 아리스토텔레스를 훨씬 능가하는 현자(賢者)로 치켜세웠다. 그 이유는 키케로가 국가에 봉사하는 데 자신의 전력을 쏟은 반면에 아리스토텔레스는 '게으른 당나귀'에 불과했기 때문이라는 것이다. 이런 식의 판단, 즉 고대 로마의 가장 위대한 전략적·정치적 천재와 고대의 모든 지식을 한자리에 모아 정리하여 표현했을 뿐만 아니라 새로운 여섯 학문을 정립한 포괄적이고 가장 활동적이었던 그리스의 지성을 두고서 행한 그러한 판단은 '주관주의'에서 빚어진 것이 아니라 역사적 관계들에 대한 몰이해의 결과일 뿐이라고밖에 할 수 없다.

역사지식에 대한 이러한 본질적 결여는 봉기를 일으킨 농민에 대한 그의 태도에서 적나라하게 노출된다. 농민봉기는 그의 평생 삶에 오점을 찍게 만들었다. 농민전쟁은 독일이 일찍이 경험한 사회혁명 중 가장 큰 운동이었다. 다만 농민들의 거친 무규율성과 그 지도자

루터와
농민전쟁

들의 암투는 목표를 달성하는 데 걸림돌이 되었다. 이미 언급했듯이 이 혁명운동은 원시기독교 이념에서 출발했기에 그 타깃을 귀족에 둔 것이 아니라 1차적으로는 부유한 성직계급에, 그다음으로는 세속적인 영주들에 두었다. 황제에 대해서는 그가 이 운동에서 선두에 설 것이라고 기대하기까지 했다. 항상 복음으로 돌아갈 것을 설파한 루터를 두고서도 당연히 그렇게 할 것이라고 믿었다. 이 봉기가 가장 큰 위험요소를 담고 있었던 것은 운동이 애초부터 농촌에 한정된 것이 아니라 프롤레타리아트 인자들 속에서 오랫동안 격렬한 효소작용을 일으키게 했고, 다수의 가난한 성직자가 모여들었던 도시들을 습격하는 일이었다는 사실이다. 간단히 말해, 문제는 제4신분 전체의 전면적 운동이었다.

1525년에 제시된 유명한 '12가지 요구사항'은 아직까지는 온건한 편이었다. 요컨대, 공동체는 자신들의 목사를 선출할 수 있게 한다, 곡물 십일조는 존속되어도 다른 조세부과가 더는 없어야 한다, 농노제도는 폐지되어야 하고, 사냥·낚시·벌채는 자유로워야 한다는 등과 같은 것이었다. 계속되는 혁명의 과정에서 여기에 덧붙은 것들이 있다. 그것은 독일 전체에서 도량과 화폐의 통일, 모든 관세의 철폐, 사법제도의 개편 등이었다. 이런 새로운 질서의 결과에서 입은 손실을 귀족들은 교회 재산으로 충당할 수밖에 없었다. 그래서 교회 재산의 완전한 환수가 이 운동의 가장 중요한 기획 지점 중 하나였다. 이의 적대자들은 이를 절대 허용하지 않으려 했기 때문에 전쟁으로 치달았다. "언제든지 쏘아대는 벌들처럼" 사방에서 농민들이 떼 지어 모여들었다. 도시는 제대로 방어하질 못했다. 몇 주 지나지도 않아 프랑켄과 라인 지역 영주들이 굴복했다. 거대한 농민회의가 제국의 완전한 혁신을 논의하기 위해 하일브론(Heilbronn)에 소집되었다. 같은 시기에 튀링겐(Thüringen)에서 공산주의적 경향을 가진 급진적인 그룹, 즉 토마스 뮌처[24]의 지도 아래 있던 '재세례파'가 승리의 진군을 하고 있었다. 당시 프랑켄과 튀링겐의 농민들이 결정적 타격을 가하려고 손을 잡고 통일전선을 펼쳤더라면 '백기'의 패배만큼은 모면했을지도 모른다. 그러나 그들은 고립과 약탈로 세력을 분산시켰고, 연이어 벌어진 일곱 전투 모두에서 완전히 패배했다. 이런 패배는 그들에게 기병대가 없었기 때문이었다. 그해 9월, 봉기는 완전히 좌절되었다. 그런데 농민의 문제를 농민전쟁으로 풀게 만들었던 고루함과 잔인성, 그리고 이기심이 그 결과를 다음 시대에 고스란히 떠넘기게 되었다. 이는 오늘날의 혼란에까지도 간접적으로 영향을 미치는 셈이다.

독일 민족에게 이처럼 중대한 결정의 시간에 루터는 완전히 실망스러운 태도를 보였다. 그는 집회서(Jesus Sirach)를 인용한다. "밀기울과 노고와 채찍질은 나귀의 것이다." 이는 농민들을 염두에 두고 한 말이다. 그는 농부를 식량의 생산자로 보지 않고 인간 사회에서 짐을 나르는 동물로 보았다. 농민전쟁에서 잔혹한 행위가 양쪽 모두에서 일어났지만 압제자들 쪽에서 훨씬 더 심했던 것이 분명하다. 당시에는 그런 행위조차도 당연한 것처럼 통했다. 루터가 이 전쟁에서 농민들에 대하여 극히 적대적인 태도를 보였다는 사실은 농민들의 거동을 완전히 일방적으로 다룬 이야기를 그가 그대로 받아들였을 뿐만 아니라 자신의 순수 종교적 사안이 정치화됐다는 주장에 대해 그가 불만을 터뜨렸다는 사실로도 충분히 설명 가능하다. 아무

---

[24] Thomas Münzer(1490~1525): 독일의 급진적 종교개혁가이자 농민전쟁의 지도자. 봉기 실패로 참수됨.

래도 이해할 수 없는 것은 그가 이런 악의적인 태도를 농민들의 그런 적대행위가 발발하기 전에 이미 취하고 있었다는 사실이다. 12가지 요구사항에 대응하여 그는 거기에 담긴 거의 모든 요구를 단호히 묵살한다. 십일조는 목사들의 몫으로 계속 돌려져야 하지만 그 나머지는 공동체의 가난한 사람들의 몫이어야 한다는 온전히 정당한 요구에 대해 그는 이렇게 논평한다. "이런 항목은 뻔뻔한 강탈과 노상강도 짓에 해당한다. 왜냐하면 그들의 몫이 아닌 당국의 몫인 십일조를 문제로 삼으면서 자신들이 원하는 것을 취하려 한다. 그대들이 헌사하고 좋은 일을 하고 싶다면 그대들의 재물로 그렇게 하도록 하라." (이는 흔히 소득의 1/3까지 취하면서도 공동의 유익한 목적에 전혀 쓰이지도 않는 지극히 부당하고 억압적인 의무에 해당하는 십일조가 결코 농민의 재산이 아닌 것처럼 말하는 것이 아닌가!) 그리고 그는 농노제도를 신의 뜻에 부합하는 제도라고 설명한다. 이때 그는 모든 것에 활용할 수 있는 성서에서 논거를 제시한다. 아브라함도 노예를 두고 있었으며, 바울은 누구든 소명으로써 부여받은 직업에 충실해야 한다고 가르쳤다는 것이다. 그러나 그 부당한 이유를 간파한 이후에도 그는 적절치 못한 어조로 계속 말했다. 그는 「강탈하고 살인하는 농민들에 맞서(Wider die räuberischen und mörderischen Bauern)」라는 글에서 이렇게 적고 있다. "농민들을 미친개처럼 취급해야 할 때가 바로 지금이다." 그리고 또 이렇게 말한다. "때로는 문을 잠그고 목을 졸라 교살하고 칼로 살해를 해야만 한다. 은밀히 하든 공개적으로 하든, 누구든 할 수만 있다면 (…) 영주는 기도로써 남을 구하기보다 차라리 살육으로 천국을 얻는 것이 나을 그런 경이로운 시절이 온 것이다." 여기서 애써 억제하고는 있었지만 루터의 영혼 기저에서 꿈틀거리던 거친 이교도성과 야만과 폭력이 고개를 내밀었던 셈이다. 이때 알 수 있는 것은 기독교 개혁의 위대한 시기로 통하는 16세기가 바로 신을 포기한 시대이며, 기독교도가 절멸한 시대라는 놀라운 사실이다.

그런데 루터의 행동 일체에서 가장 나빴던 점은 그가 그토록 잔인하고도 비이성적인 행위를 주로 취하게 한 이유가 기회주의였다는 사실이다. 사실 기회주의는 엄격히 따지고 들 수 없게 하는 속성을 지니고 있다. 그것은 신랄하게 비난하기에는 너무 인간적인 것이며, 강고한 지성을 가진 사람들의 약점이기도 하다. 이들은 자신들의 활동무대 속에서 살면서 그것이 방해를 받을까 염려하기 때문에 단지 그 내부의 안정과 자유를 위해 외부세계의 요구들과 종종 타협하곤 한다. 괴테와 실러도, 칸트와 쇼펜하우어도, 데카르트와 갈릴레이도 이런 기회주의에서 자유롭지 못했다. 공인의 성격을 지닌 모든 지성은 기회주의적인 경향을 띨 수밖에 없으며, 근본적으로 그의 활동 기능은 다소 적실하면서도 조절력이 있고 멀리 내다보는 기회주의적 활동과 다름없다는 것은 명약관화하다. 그러나 다음과 같이 주장해도 무방할 것이다. 즉, 기회주의자이면 결코 안 될 사람이 **하나** 있다. 바로 종교개혁자! 왜냐하면 그의 가장 은밀한 소명이자 중요한 사명은 동요하면서 타협하거나 '양보하고' '조정하는' 것이 아니라 어떤 사소한 실천의 양보와 제한에 굴하지 않고 자신의 영혼에 독재적인 자리를 잡고 있는 특정한 삶의 이상을 실현하는 것에 있기 때문이다. 모든 종교개혁자는 편집광이다.

루터도 처음에는 그랬다. 동시대에 미친 그의 영향력과 역사에서의 그의 후작용은 오로지 그런 정신에만 의존했던 것이다. 하지만 나중에 그는 이 정신에서 비켜나 자신의 가장 강력한 잠재력이었던 정의와 진리에 대한 건강한 본능에 더는 의존치 않고 자신의 최대

약점에 해당하는 노회한 외교술로 항상 중간 길을 걸으려고만 했다. 아마 그는 이로써 프로테스탄트 교회의 확산을 용이하게 하는 데 '사명'을 이용할 수 있다고 생각한 것 같다. 그러나 이때 그가 망각한 것은 신이 그를 이 세상에 보내면서 **그에게 맡긴 사명**은 자신에게 주어진 것을 좌로나 우로도 치우치지 말고 항상 가감 없이 드러내는 것에 있다는 사실이었다. 그가 그토록 돌변하게 된 원인도 너무 일찍이 그를 사로잡은 생에 대한 권태감에 있었던 것 같다. 1530년에 이미 그는 당시 독일의 최대 종교음악가인 루트비히 젠플[25]에게 이렇게 편지를 썼다. "참으로 내 생명이 곧 끝날 모양이야. 세상이 나를 증오해서 나를 그냥 내버려두지 않을 것 같네. 세상이 나를 역겨워하고, 나는 그들을 경멸하고 있네." 그는 강력한 폭발을 통해 자신의 에너지를 모두 소비하고서도 아무런 수확도 거두지 못하는 헤르더나 루소 또는 니체같이 활화산의 성격을 지닌 인물처럼 보인다.

루터와
성체변화

앞서 우리는 루터가 역사적으로 사고하는 재능을 타고나지는 못한 것 같다고 말한 바 있다. 아무튼 그는 비과학적 두뇌의 소유자였다. 자신의 사상을 정리 · 분류 · 유추하는 능력이 부족했다. 이는 16세기 과학적 문헌이 경쾌한 건축술과 구성력, 그리고 조망성에서 획기적인 면모를 성취한 것과는 극히 대조적인 모습이다. 이후 프로테스탄트 신학을 두고 온갖 험담이 나온 대부분의 원인은 체계적이면서 논리적으로 명료하게 사고할 수 없었던 루터의 무능에서 기인한다. 이런 면모는 성체배수(聖體拜受) 제도에 대한 그의 관점에서 이미 드러난다.

---

[25] Ludwig Senfl(1490~1543): 스위스 출신 독일 음악가이자 작곡가. 궁정의 수석음악가로 활약함.

빵이 변한다는 관념은 중세의 세계관에서는 아무런 문제가 되지 않았다. 우리가 이미 상세히 설명했듯이 그러한 세계관에서는 보편 개념만이 실제적인 것으로 통했기 때문이다. 개별 성체가 실제적인 것이 아니라 최고의 보편자, 즉 성체로 현시하는 편재적인 신만이 실제적인 것이다. 물론 이미 오래전에 실제의 성체변화를 논박한 자유사상가들이 있었지만 뜻을 관철하지는 못했다. 이와 관련해서는 베렝가르[26] 논쟁이 가장 유명하다. 11세기 중엽 베렝가르는 성체 제정의 말씀은 비유적으로 이해할 수 있다고 가르쳤다. 그의 교의는 비난의 화살을 받았고, 그 자신은 철회를 강요받았다. 이때 그는 그리스도의 육체는 최후의 만찬 때 신도들이 나눠 먹었다고 설명한다. 이에 대해 스위스의 츠빙글리와 칼뱅, 그리고 이들의 추종자들은 최후의 만찬은 단지 그날을 기념하기 위한 상징적 행위일 뿐이고, 성체는 단지 그리스도의 몸을 **의미할** 따름이라고 주장한다. 이 둘의 관점은 너무 선명해서 이 가운데 어느 하나를 단호히 선택할 수 있다. 오늘날 누구든 진정 빵의 변화에 대한 관념을 자신의 것으로 취하거나 만찬을 순전히 정신적 행위로만 이해할 수도 있다. 중세적 경향을 띠는 루터의 종교관은 분명 전자의 관점에 기울어져 있었다. 이미 우리가 들어왔듯이, 그도 마르부르크 종교회담에서 전자의 관점을 완강히 고수하면서 특정한 지점에서 가톨릭이 옳을 수 있다는 점을 인정하려고도 하지 않았다. 그러나 칼뱅파의 관점이 훨씬 더 근대적인 것으로 보였다. 그래서 그는 누구도 상상할 수 없는 중도적 해석을 선택한다. 요컨대 그는 달군 쇠가 불이듯 그리스도의 몸이 성체이며, 쇠와 불이 그렇듯 성체와 그리스도의 몸도

---

[26] Berengar(999년경~1088): 11세기 프랑스의 기독교 신학자이자 부주교.

공존한다고 설명한다. 한번은 볼테르가 대담하지만 일목요연하게 이렇게 표현한 바 있다. 즉, 교황주의자들은 신을, 칼뱅파는 빵을, 루터파는 신과 빵을 동시에 향유한다. 이 사안을 난치병처럼 혼란스럽게 방치할 수가 없었다. 그래서 루터는 신비적 요소를 (순수 반교황주의적 아집에서이긴 하지만) 지우고 철학적 해명을 거부한다. 그는 양쪽이 변하지만 아무것도 변하지 않는 성체변화를 설교한다.

루터와
보속설

하지만 종교개혁 전체 운동의 출발점이자 그 진행과정에서 그 주위를 맴돈 핵심문제는 정당함의 본질에 대한 물음이었다. 가톨릭의 관점에 따르면 참회는 세 가지 부분, 즉 **마음의 회개**(*contritio cordis*) · **입술의 고백**(*confessio oris*) · **행위의 보속**(*satisfactio operis*)으로 이루어진다. 이 가운데 루터는 첫 번째 것인 마음의 회개만을 합법적인 것으로 간주하고 나머지 둘에 해당하는 고백과 행위에 대해서는 극도로 — 더 나쁘게도 아주 모호한 입장을 취하면서도 — 반대했다. 그런데 여기에는 좀 더 심층적인 문제가 연관되어 있다. 여기서 쟁점은 인간 의지의 자유인가 아니면 예정조화설의 유효성인가에 대한 결정의 문제였다. 이것이 우선적인 문제였던 것은 분명하다. 이에 따르면 인간의 의지가 자유로운가를 우선 결정해야만 하고, 그런 **다음에야** 비로소 그 정당성의 방법과 형식에 대한 연구가 진행될 수 있다는 것이다. 이 두 가지 문제에서 루터에게 지속적으로 깊은 영향을 입힌 두 인물은 — 루터 자신도 기꺼이 고백했듯이 — 가장 위대한 교부였던 바울과 아우구스티누스였다.

바울

바울과 더불어 육체적으로 만져볼 수 있는 최초의 인간이 신약성서의 세계 속에 등장한다. 복음서가 우리에게 보여준 것은 번쩍하고는 사라지는 형상이었기 때문에 우리는 안개에 휩싸였다가 번쩍하는 순간 베일이 벗겨질 때 나타나는 형상을 보았다고만 말할 수 있을 뿐이다. 그 형상은 인상주의적인 빛으로만 보일 따름이다. 그러나 바울의 서신에서 우리에게 말을 거는 목소리는 지극히 가까이 있고, 그 형상은 싸우면서 넘어져 비틀거리다가 승리하는 연극 속의 인물처럼 생생하다. 그 형상은 모든 생명체의 기본 속성에 해당하는 죽을 운명을 지니고 있다. 그 형태는 빛 속에서 현시하는 것과는 정반대의 모습을 취한다. 분노와 부드러움, 무한과 한계, 바보스러움과 성스러움을 동시에 보여주는 것이야말로 현세 피조물의 모습인 것이다. 그것은 형성 중의 기독교 역사가 들려주는 인간들 중 가장 인간적인 면모를 취하기 때문에 바울은 이후 거의 모든 종교적 전환점에서 지도자의 표상이 되었다. 기독교의 위대한 혁신자들은 항상 바울과 연결되어 있다. 루터도 이 길에서 예외적일 수가 없었다.

기독교 발전에서 바울이 한 역할을 두고서는 극단적으로 상반된 두 가지 관점이 있다. 그 하나는 바울이 없었다면 복음 학설이 세계를 정복하지 못했을 것이고, 따라서 그를 기독교의 실제 설립자로 봐야 한다는 것이다. 이런 주장은 우리가 반박하면 품위가 없는 것으로 취급될 정도로 일방적이다. 다른 하나는 교회 중심의 기독교에 대해 강력한 정신적 저항을 한 프리드리히 니체에게서 나온다. 제대로 된 감각으로 니체는 교회의 모든 대부 중 가장 위대한 이 대부를 공격의 주요 대상으로 삼았다. 그는 단테의 필치로 유고로 남긴 단편 『반기독교도(*Der Antichrist*)』에서 자신이 알고 있는 원시기독교의 발전을 그려낸다. 그리스도를 두고서 이렇게 말한다. "그 메시아는 자신이 가르친 대로 살았다. – 그것은 '인간을 구원하기' 위해서가 아니라 어떻게 살아야만 하는지 보여주기 위해서다. (…) 그는 자신의 권리를 방어하지도 변호하지도 않으며, 극단적인 것을 회피하려는 걸음을 걷지 않고 오히려 **그것을 불러일으켰다.** (…) 그는 간청하고 고통을 겪으면서 그에게 악행을 저지른 사람들 속에서 그들과 더불어 사랑을 나누었다. (…) 자신을 방어하지도, 분노하지도 않았고 변명하지도 않았다. (…) 악을 악으로 대응하지 않고 오히려 사랑했다. (…) 근본적으로 오로지 그리스도 한 분만 있을 뿐이다. 그런데 그는 십자가에 매달려 죽었다. '복음'도 십자가에 달려 **죽었다.** 이 순간 '복음'은 그가 산 방식과는 정반대의 것이 되고 말았다. 그것은 '**나쁜** 소식', 즉 **불량 복음**(Dysangelium)이 된 것이다. (…) 작은 교구는 이런 식으로 해서 모범적인 것, 즉 **르상티망**의 모든 감정보다 우위에 있는 자유를 죽이는 핵심 사안을 이해하지도 못했다. (…) 그러나 그의 제자들은 이런 죽음을 두고 복음에서 지고한 의미를 갖는 용서를 구할 줄도 몰랐다." (이 경우 보충해서 주목해 본다면, 이러한 문장을 기록할 수 있는 '반기독교도'는 흥미를 잃게 할 만큼 길게 복음의 문장을 늘여 써서 기독교를 증명해 보이려는 목사들보다는 훨씬 더 구세주를 잘 이해하고 있다는 점이다. 신이 우리에게 그토록 많은 '무신론자'를 보냈다면 프리드리히 니체가 바로 그중 한 사람이 아닐까! 그 무신론자들이 철저히 귀족의 영혼을 소유하고서 진리충동의 순수 불길을 품고 있다면, 그리고 그들이 모범적인 성인과 순교자의 삶을 살고 있다면, 신에게 봉사하고 있다고 말로만 고백하는 것보다 그들이 훨씬 더 신에게 봉사하고 있는 셈이 될 것이다.)

그러나 이제 니체의 말로 표현한다면 바울주의는 원한에 찬 천민의 행위, 즉 기독교의 야만화이자 완전한 탈기독교화에 불과한 것이 아니겠는가? 이는 그야말로 부당한 일일 것이다. 예수의 이야기에서 가장 깊이 생각하게 하는 것은 그의 죽음의 사건이다. 여기에는 그야말로 기이한 일이 중첩되어 있다. 그것은 곧 상상할 수 없는 공포와 기적이다. 요컨대 하느님이 세상에 보낸 가장 위대하신 분이 모든 인간보다 뛰어난 지도자요 스승이요 왕으로서 떠받들어진 것이 아니라 끔찍하게 처형되었던 것이다. 그것도 자발적으로 그런 치욕스러운 노예의 죽음을 맞은 것 아닌가! 여기서 문제가 제기된다. 즉, 이것을 어떻게 설명할 수 있을까? 한 가지 답밖에 없다. 말하자면 우리와 같은 타인들 때문에 세계질서가 완전히 뒤집혔으며, 우리 같이 부당한 사람들 때문에 가장 정의로운 분이 부당한 일을 겪었고, 가장 무고한 분이 형벌을 감내해야 했다는 것뿐이다. 이로써 우리는 속죄를 받고 은총을 입었던 것 아닌가! 이 사태를 두고 바울도 달리 해석할 수 없었으며, 오늘날까지도 모든 기독교도의 고백은— 그것이 바른 교리이든 틀린 교리이든— 이와 달리 설명해 오진 않았다.

바울의 역사적 의미를 한마디로 요약해서 말한다면, 그는 그리스도교의 최초 신학자였다고 할 수 있다. 그는 아주 오래전 기독교 교단에 확산되어 있던 종교적 사상을 체계화하여 논리적으로 발전해온 일련의 개념을 쉽게 마음에 새길 수 있게 하여 오래 보전할 수 있게 했다. 바울의 이런 활동을 가볍게 여길 수는 없는 노릇이다. 모든 천재는 자기 외에 소수만이 알아볼 수 있는 자신의 고유한 언어와 어법으로 말한다. 그래서 **번역자**가 필요하다. 그는 표현할 수 없는 천재의 말을 표현하고, 해석할 수 없는 그의 뜻을 해석하며, 영원하고도 무한한 그의 무엇을 현세적이면서 포착 가능한 형태로 빚어내려는 정신적 힘이 있다. 좋은 틀을 무시해서는 안 될 일이다. 그것 또한 정신이기 때문이다. 그것은 평소 분산되기 쉬운 것들을 이후의 시대를 위해 보전하는 정신이다. 예컨대 아리스토텔레스가 그리스의 사고활동에 그런 식으로 기여한 셈이다. 십자가에 못 박혀 세상의 죄를 씻어낸 하느님 아들의 형상은 아직 진정한 예수의 가르침을 받아들일 만큼 성숙하지는 못했던 수천의 사람들에게 가치 있는 상징이 되었다. 이 상징을 사람들은 이론과 실천의 차원에서 다룰 수 있게 된 것이다.

가장 유대적인 사도

그러나 바울의 교리에 들어있는 한 단어는 복음의 정신에는 실로 어울리지 않을 법하다. 그 단어는 '속죄'이다. 예수에게 하느님은 자비로 통한다. 자비는 바닥도 한계도 없고 정의와 불의 저편에 서 있으며, 보수나 보상이 아니라 자비 그 자체일 뿐이다. 하느님은 무죄 판결을 내리는 재판관이 아니라 용서하는 아버지이다. 그러나 바울의 경우 하느님과 인간은 어떤 식으로든 은밀한 계약 관계를 맺고 있다. 바울은 하느님이 정의로운 분이 아니라 **정의를 초월해** 있다는 생각을 묵인하지 않은 것처럼 보인다. 사실 그런 생각은 대부분의 사람에게는 해방으로서가 아니라 머리를 아프게 하는 수수께끼처럼 보였다. 너무 포괄적이고 너무 거창하고 너무 무겁고 심오할 뿐이었다. 유대인들은 그런 생각을 이해할 수가 없었다. 왜냐하면 그들에게는 수천 년 전부터 신과 법은 하나였고, 바울에게 그리스도의 순교에 관한 설교를 주입한 바리새인도 그런 태도를 취하기는 마찬가지였기 때문이다. 로마 사람들은 그들의 법률에서 나온 보속 개념을 포기하려면 사고 훈련을 많이 받아야 했다. 그리고 대단히 구체적이고 실체적인 사유방식을 추구하면서 모든 것을 명확히 구획하는 합리주의를 표방한 그리스 사람들의 경우 해안이라는 경계가 없는 무한 자비의 바다로서의 신이란 결코 생각할 수 없었다.

그렇기 때문에 라가르데[27]가 대단히 역설적으로 들리는 말, 즉 바울은 모든 사도 중 가장 유대적인 사도였다는 말을 한 것도 근거가 없었던 것은 아니다. 신은 오직 자신의 아들을 희생함으로써만 원죄를 지울 수 있었다는 가정은 무엇보다 바로 구약성서의 유대 신에게서 연원한다. 이 신에게서는 공평이 우선이다. 아무튼 여기서 는 눈에는 눈, 이에는 이가 통한다. 일종의 거래인 셈이다. 그러나 신의 자비는 순진무구한 자의 죽음을 통해서 구할 수 있고, 이 자비 는 대가를 받고 다시 내놓을 수밖에 없다는 기본전제만큼은 불쾌한 느낌을 준다. 그래서 바울은 자신의 구원교리 **안에서**는 율법적 · 탈 무드적 입장을 완전히 포기하고, 인간은 활동을 통해서가 아니라 오직 은총과 신앙을 통해서만 변호된다고 항상 되풀이해서 강조했 다. "왜냐하면 활동에서는 어떤 차이도 없기 때문이다." 로마서에서 이렇게 말한다. "모두가 죄인이며 마땅히 신에게 돌려야 할 영광을 자신의 것으로 취하고 있다. 봉사 없이 신의 은총을 통해 구원에 이르며, 그리스도 예수를 통해 구원의 역사가 이루어진다. (…) 이 제 우리가 말하고 싶은 것은 인간은 율법적 활동 없이 오로지 신앙 을 통해서만 의롭게 될 수 있다는 것이다." 그리고 에베소서에서는 이렇게 말한다. "왜냐하면 형제들은 은총을 입고 신앙을 통해 복을 누리며, 이 복은 여러분을 통해서 나온 것이 아니라 하느님이 주신 선물이기 때문입니다. 이 선물은 활동에서 얻어진 것이 아니기 때문 에 아무도 자랑할 것이 못됩니다." 이는 분명 자유 의지를 부정한 셈이다. 그러나 루터가 그다지 공감하지 않은 야고보서에서는 이른 바 **공로설**(功勞設: Synergismus), 즉 신앙과 은총의 상호작용을 이미 설 파한다. "사랑하는 형제들이여, 누군가가 자신은 신앙은 갖고 있지 만 활동은 없다고 말한다면 신앙은 뭐에 유익하겠습니까? (…) 활동

---

27 Paul A. Lagarde(1827~1891): 독일의 프로테스탄트 신학자.

을 하지 않을 때 신앙은 그 자체로 죽은 것과 같습니다. (⋯) 그렇기
에 형제는 신앙이 활동과 함께 작용하며, 활동을 통해 완전해진다는
것을 알고 있을 것입니다."

아우구스타
누스

이제 루터의 두 번째 위대한 스승, 아우구스티누스를 두고 말한
다면, 그는 의지의 부자유와 예정조화설을 확언한다. 그의 경우 인
류는 거대한 **죄의 덩어리**(*massa peccati*), 따라서 **타락의 덩어리**(*massa
perditionis*)로 통한다. **선택받은 소수의 특정인**(*certus numerus electorum*)만이
주어진 은총(*gratia gratis data*)을 통해 그러한 상태에서 벗어날 수 있다
고 한다. 아담만이 죄를 짓지 않을 자유, 즉 **죄를 짓지 않을 능력**(*posse
non peccare*)을 가졌다는 것이다. 그러나 원죄 때문에 인간은 부자유의
상황, 즉 **죄를 짓지 않을 수 없는**(*non posse non peccare*) 상황에 처한다.
이로써 당연히 활동도 모든 의미를 잃어버리게 된다. 왜 신은 자신
의 무한 예견으로 악이 아예 출현하지 못하게 하지 않았는가 하는
항의에 대해 아우구스티누스는 미학적 논거로 대응한다. 이에 따르
면 죄조차도 세계의 전체 그림에 부분을 이룬다. 그것은 검은 색이
적절히 배치될 경우에는 완전한 그림에 필요한 것과 같은 이치이
고, 아름다운 노래가 그 반대에 의해 돋보이는 것과도 같은 이치라
는 식이다. 펠라기우스[28]의 반박문은 에페소 공의회에서 비난의 화
살을 받았다. 다만 중세 때 반(牛)펠라기우스주의자로 불린 마실리
아(Massilia)의 수도승들은 아우구스티누스 생전에는 중개자의 관점
을 다양하게 수용했다. 말하자면 은총은 불가결한 것이지만 그 작용
은 인간의 자유 의지와 연관되며, 예정조화는 인간이 자유 의지에

---

[28] Pelagius(354~?418): 영국의 수도사·철학자·신학자. 인간의 자유의지를
강조하고 원죄, 그리스도의 구원, 세례 등을 부정하여 종교회의에서 이단으
로 몰림.

따라 행동하게 되듯이 예견하는 신의 전지(全知)에 의존한다는 것이다. 그들 역시 신앙과 활동의 공조를 설파했다. 이때 이후로 가톨릭에서 이론은 약화되고 실천이 강조되어 활동의 신성화가 점차 확고해졌다. 활동 개념의 반경도 대단히 넓어졌다. 여기에는 가장 끔찍한 속죄행위에서 가장 숭고한 성자의 생활까지 포함된다. 그래서 이 개념은 애초부터 기독교에 반하는 추잡한 성격을 띠지 않았다. 프로테스탄트들은 이 개념에다 이런 성격을 덧붙이려 했던 것이다.

그래서 가톨릭 교리에 따라 가식적으로 계율에 부합하는 활동은 좋은 활동이 되지 못한다. 활동은 그것이 일어나게 하는 **의도**(*intentio*)가 있을 때에 비로소 선을 내포하게 된다. 그러나 가톨릭의 관점에 따를 때에도 활동의 기회나 가능성이 없는 그런 단순한 의도조차도 행해진 활동만큼이나 가치가 있다. 트리엔트 공의회는 이렇게 밝히고 있다. "신앙은 모든 구원의 시작이며, 모든 올바른 활동의 기초이자 뿌리이다. 왜냐하면 신앙이 없다면 신의 마음에 들 수가 없고 그의 자녀가 되는 것도 불가능하기 때문이다." 루터도 이와 아주 비슷하게 말한다. "선하고 경건한 활동이 결코 선하고 경건한 인간을 만드는 것이 아니라 선하고 경건한 인간이 선하고 경건한 활동을 이루게 한다. (…) 나무가 열매에 앞설 수밖에 없으며, 열매가 나무를 멋있게 하지도 못하고 흉하게 하지도 못한다. 나무가 열매를 그렇게 만든다. 마찬가지로 인간은 선하거나 악한 활동을 하기 전에 먼저 그 품성에서 선하거나 악할 수밖에 없다." 루터의 나무는 분명 가톨릭에서 말하는 **의도**에 부합한다. 그러나 좀 더 면밀히 생각해보면 그런 비유 속에도 활동의 당연한 필요를 인정하고 있는 셈이다. 왜냐하면 나무가 열매를 맺는다는 것이 나무, 특히 좋은 나무의 본질에 해당하기 때문이다. 그러나 가톨릭 교리가 활동의 신성화와 독선을 부추긴다는 비난에 대해 아담 뮐러[29]는 자신의 『상징학 (*Symbolik*)』에서 멋진 말로 논박한다. 이에 따르면 바로 거기에서 **신성한** 활동을 매일 촉진하고 우리가 **스스로** 정의롭게 되도록 활동하라는 교리의 정의가 시작된다.

기독교적
올바른 활동
의
진정한 의미

이 사태를 선입견 없이 조망하려 할 때 우리는 눈여겨볼만한 결과를 취할 수 있을 것이다. 프로테스탄티즘은 활동을 통한 인정받기를 부정하고 속죄를 내면의 문제, 즉 단순한 신앙의 문제로 옮겨놓는다. 그렇지만 동시에 활동적인 실천적 기독교를 요구하면서 일종의 활동의 신성화를 취하려 한다. 그리하여 프로테스탄티즘은 — 우리가 곧 살펴볼 것이지만 — **세속적인** 활동을 더욱 많이 하게 하면서 그것을 신성화하기까지 한다. 이는 '활동 신성화'의 극치가 아니겠는가! 가톨릭교의는 활동을 통한 인정받기를 긍정하지만 이런 활동을 2차적인 것으로만 취급하면서 세상을 완전히 멀리하고 은둔하면서 온전히 내면의 참회와 명상에 집중하는 생활을 신성시한다. 이는 세속적 의미에서의 활동과는 무관하다. 이로써 이상의 두 경향은 정반대의 지점에서 출발하여 정확히 반대의 결과에 도달한다. 활동을 적대시하는 프로테스탄티즘은 가장 세속적인 일, 즉 국가 · 관료 · 가족 · 수공업 · 학문뿐만 아니라 심지어 전쟁까지 영예로운 것으로 만든다. 세속적 활동을 인정하는 가톨릭은 모든 세속적인 일, 즉 황제 · 여성 · 이성(理性) · 재산을 철저히 경멸하는 극치를 보인다. **활동적인 삶**(*vita activa*)은 가톨릭이 그 정점에서는 회피하고 비난하는 힘이기도 하다. 역사의 과정 속에서 반동적 가톨릭은 자유로운 프로테스탄티즘보다 훨씬 더 관대하고 온정적일 뿐만 아니라 적

---

[29] J. Adam Möhler(1796~1838): 독일의 가톨릭 신학자.

응력도 더 뛰어나다. 이에 대해서는 이미 친첸도르프[30]와 같은 악의 없는 비평가도 강조한 바 있다. "가톨릭 추종자들은 좌우명에서는 그 반대자를 파문하지만 **실제에서는** 아주 공정하게 대한다. 반면 우리 프로테스탄트들은 기치와 입으로는 **자유**를 말하지만, 눈물을 머금고 말하자면 **실제로** 우리에겐 양심의 형리만 있을 뿐이다."

물론 활동을 통한 인정받기의 문제에서 진짜 문제는 순수 신학논쟁이다. 진정한 기독교도였던 어떤 가톨릭 신도도 활동만으로 충분하다고는 생각하지 않았다. 진정한 기독교도였던 어떤 프로테스탄트도 신앙만으로 충분하다고는 생각지 않았다. 왜냐하면 그리스도에 대한 신앙과 그리스도의 삶에 대한 추종은 완전히 동일하기 때문이다. 그리스도를 믿는 사람은 그의 삶의 방식을 따라 살거나 살려고 노력해야만 한다. 그렇게 하는 사람이 기독교도이며, 자신의 신앙을 가장 잘 증명해 보이는 사람이다. 신앙의 가치만을 일방적으로 강조한다거나 활동의 가치만을 일방적으로 강조한다면 이 둘은 그리스도를 이해하지 못한 꼴이 된다. 그리스도의 경우 교리와 삶은 불가분하게 통일되어 있었다. 그리스도는 자신의 교리를 종국에까지 일관되게 실천함으로써 바로 구세주가 된 것이며, 또한 자신의 삶을 자신의 교의에 맡김으로써 바로 그 삶은 교리가 되었던 것이다.

이런 방식에서 진정한 가톨릭과 진정한 프로테스탄티즘은 서로를 보완할 수 있지만, 후자의 경우 중대한 하나의 단점이 있다면 그것은 바로 수도승 생활에 대한 원칙적 배척이다. 악덕 상행위·살

---

[30] N. L. Zinzendorf(1700~1760): 독일의 종교 지도자. '신의 가호가 있길'이라는 뜻을 담은 'Herrnhut'라는 신앙공동체를 형성하여 형제단을 조직함.

인·정욕이 들끓는 세계에서는 인간의 특정 계급만이 자기 자신뿐만 아니라 타인들을 위해서 신에게 헌신할 수밖에 없다. 분명 가톨릭의 모든 수도승이 올바른 수도승이 되었던 것은 아니며, 분명 그 중 일부만이 신에게 헌신하고 싶은 마음에서 수도원으로 들어갔다. 그러나 프로테스탄티즘의 경우 그와 같은 **여지**가 거의 없었다는 사실은 따져봐야 할 문제이다. 여기에는 중상주의가 개화되던 시기에 '게으름뱅이들'에게 어떤 실존적 명분도 허용하지 않으려 했던 노골적인 실용주의적 경향이 작동한 것이 아닌가 하는 의심을 지울 수가 없다.

칼뱅파 종교개혁 시기의 종교성을 두고서는 대체로 세 가지 단계로 구분해볼 수 있다. 그 **기층**을 이룬 것은 관례적 가톨릭이다. 가톨릭교의는 이론이 아니라 실제의 측면에서 보면 형식적 제사와 예배의식, 기계적인 속죄와 이의 행위와 같은 조야한 기도 행위와 다름없다. **두 번째** 단계로 봐도 될 개혁된 교리는 이런 가톨릭교의에 대해 반대한다. 여기서는 오로지 신앙이 지닌 구원의 힘만을 강조한다. 그러나 이러한 신앙은 여러 가지 점에서, 특히 이후 자체에 부여된 해석의 관점에서 자유롭지 못한 편협한 공리주의, 엄격한 교조주의에 머물렀다. **마지막** 단계는 원시기독교로의 회귀를 대단히 진지하게 받아들인 이른바 근본주의자들이 만들어낸 것이다. 이들은 다양한 색채와 명암을 띠고서 무조건적 종교성이라는 스펙트럼을 형성했다. 여기에는 재세례파의 극단적 변혁 환상에서 프로테스탄트적 신비주의의 순수 사변에까지 이른다. 개혁주의자들이 가톨릭의 이단자라고 한다면 근본주의자들은 두 번째 단계의 이단자, 즉 종교개혁의 이단자들인 셈이다. 전자는 교황 없는 그리스도 교회를 원한 반면에 후자는 교회 없는 기독교 일반을 원했던 것이다.

이와 관련된 두드러진 특색은 두 번째 단계인 칼뱅파에서 확인된다. 제네바 공화정에서 칼뱅은 한때 가톨릭이 담당해온 후견과 양심재판 등을 능가하는 교회 권력의 초석을 놓았다. 교회 경찰이 모든 것을 간섭했다. 자연적인 삶의 충동과 거침없는 쾌감을 드러내는 거의 모든 표현이 의심을 사고 기각되고 죄악시되었다. 축제와 오락, 이를테면 놀이·춤·노래·연극 등이 금지되었으며 심지어 소설 읽기조차도 금지되었다. 예배는 황량한 벽 속에서 이루어졌다. 예배에 어떤 장식, 어떤 치장, 어떤 제단으로도 꾸밀 수 없었고 그리스도의 초상도 둘 수 없었다. 욕설·구주희·야한 농담·경솔한 언동을 했을 때에는 깊이 참회를 해야 하고, 이혼을 하면 죽음이 기다렸다. 루터와는 반대로 칼뱅은 연역적 두뇌의 소유자였고, 대상을 명확히 분류하고 배치할 줄 아는 지성인이었다. 그에게서 처음으로 질서와 논리, 체계와 조직화라는 라틴 정신이 나타난다. 그렇지만 획일화와 기계화가 지배권을 획득하기도 한다. 이는 나중에 프랑스 전체 문화발전의 특색이 된다. 칼뱅의 제네바 신정정치와 겉으로 보기에 완전히 달리 변종된 듯한 자코뱅주의 사이에는 기이한 유사성이 있다. 이를테면 이런 복음 공동체 위에 덧칠된 기독교의 도료를 벗겨내면 반은 우스꽝스럽고 반은 섬뜩한 무지와 과대망상의 동일한 형상이 드러난다. 이런 형상은 아무런 근거도 없는 두 가지 전제를 기초로 한다. 그 하나는 어이없는 가정으로서 자연의 모든 인간은 동일하거나 제대로 조립되고 제대로 조정된 기계장치를 통해 동일하게 만들 수 있다는 것이다. 다른 하나 역시 부조리한 관점으로서 국가는 모든 것을 돌볼 권리와 의무가 있는 반면에 국가의 제도와 과제는 어떻게 하면 사적인 인간이 국가에 간섭하지 않도록 하게 하거나 간섭할 수 없도록 할 수 있을까 하는 것에만 신경을 쓴다는 것이다. 이런 괴물이 칼뱅에게서 마치 신권정체처럼 출현하며, 자코뱅주의자들에게서는 그것이 '철학'이라는 이름으로 나타난다. 그 차이는 부차적일 뿐이다. 덧붙이자면 합리주의적 종교관에서도 그러한 일치현상은 마찬가지라는 점이다.

한편으로 보면 칼뱅파는 완전히 중세적 형태를 취하고 있다. 왜냐하면 사실 칼뱅파는 성직자 국가, 요컨대 교황의 영원한 꿈이었던 교회의 절대적 지배를 구현하고 있기 때문이다. 심지어는 고대적, 즉 구약성서의 형태를 취하기도 한다. 그러나 다른 한편, 루터의 교의에 비하면 훨씬 더 현대적이다. 이는 우선 그가 형상을 완전히 배제하고 성사의 상징적 관점을 받아들이는 급진적 정화운동을 전개하는 데서 드러나며, 둘째로 공화정체의 민주주의적 요소를 부단히 강조하고 신민의 정치화를 절대화하는 점, 셋째 신학적 문제를 인문주의적 · 비판적 입장에서 취급하는 점, 넷째 – 이는 특히 중요한 것으로서 – 군사적 · 침략적 · 팽창주의적 제국주의를 취하고 있는 점에서 드러난다. 무력의 기독교라는 역설적이면서도 역사적으로 중대한 이런 현상은 바로 제네바에서 시작된 일이다. 프랑스의 대외정책, 네덜란드의 식민지 정복, 영국의 해양 지배가 거기에 그 기원을 두고 있다.

농민전쟁에서 루터가 취한 태도와 유사한 입장을 칼뱅에게서 확인하게 하는 세르베투스(Servetus) 화형은 칼뱅의 역사에서 하나의 단순한 '오점'이 아니라 그의 체계가 만들어낸 논리적 결과인 셈이다. 칼뱅파는 적나라한 위계질서이며, 이단자 화형은 이 체계의 유기적 구성성분일 뿐이다. 당대 최고의 생리학자 가운데 한 사람이었던 세르베투스는 삼위일체설을 부정했다. 그는 삼위일체설을 비성서적이고 삼신(三神)론적이며 무신론적이라고 설명한다. 칼뱅은 이 점을 문제 삼아 그를 재판에 회부했으며, 멜란히톤은 이런 행태를 두고 "모든 후세대에 귀감이 될만한 경건한 조처"라고 말했다. 당시 거의 모든 프로테스탄트가 종교문제에 대해 그런 식으로 생각했다. 그들은 자유의 전위투쟁가들이고, 가톨릭 추종자들은 암흑의 봉사자라는 널리 유포된 이런 관념은 자유주의적 역사왜곡에 기초하고 있다. 프로테스탄티즘은 예정조화설을 신봉했기 때문에 이탈자들을 양심의 거리낌 없이 처리할 수 있기까지 했다. 그러나 우리가 보았듯이 루터의 경우도 그런 경향이 있었지만 그는 예정조화에 대해 모순된 방식으로 아주 모호하게 표현했을 뿐이다. 가톨릭은 예정조화설을 인정하지 않았으며 단지 아우구스티누스에 대한 존경심 때문에 공개적으로 그것을 비난하지 않은 것이다. 그러나 칼뱅은 이 교의를 가차 없이 일관되게 주창했다. 카를 5세는 이 교의를 두고 인간적이기보다 훨씬 더 동물적인 것으로 보인다고 말한 바 있다.

신앙은 이단적 형태를 취하면 취할수록 더욱더 순수성을 추구하게 된다. 사실 이단자(Ketzer)라는 단어는 순수를 의미하는 그리스어 **카타로스**(katharos)에 그 기원을 두고 있다. 당대 실제로 개방적인 종교가들은 근본주의자들이었다. 여기에는 카를슈타트[31]와 뮌처, 재세례파와 신비주의자들이 포함된다. 카를슈타트를 두고 말한다면, 그는 모든 것을 비틀고 문제를 일으키게 하는 소동의 주역 가운데 한 사람이다. 이런 부류는 새로운 운동을 촉발하곤 한다. 그에 비해 뮌처에 대해 확정적 판단을 내리기는 좀 더 쉽다. 루터는 그와 그의 추종자들을 "살인의 나팔수요 폭도의 괴수"라고 불렀다. 반면에 뮌

근본주의자들

---

[31] A. Karlstadt(1480~1541): 독일의 급진적 종교개혁가.

처는 항상 루터를 "개념 없이 유유자적하게 살아가는 비텐베르크의 고깃덩어리", "개망나니 · 악한 · 비텐베르크의 교황 · 드래곤 · 바실리스크 도마뱀"이라고 불렀다. 그는 로마의 지위 · 고위성직 · 주교 · 수도사뿐만 아니라 중개자 역할을 하는 모든 성직도 소멸되는 것을 목격하고 싶어 했다. 모든 신도는 각자가 목사이며 신과의 직접적 교류를 통해서만 구원을 받을 수 있다는 명제를 진지하게 취급했다. 그는 성직의 봉록과 수도원뿐만 아니라 모든 지배, 특권과 억압을 포함하여 사유재산까지 철폐하려 했다. 교회의 전통적 권위뿐만 아니라 성서의 문자적 권위에도 도전하여 마음의 눈을 뜬 모든 이에게 신이 항상 들려주는 **내밀한** 말에만 의존했다. 분명 그는 거친 폭력과 파괴, 피의 희생을 두려워하지 않는 광신자였지만, 매우 고차원적 종교의 광신자였다. 그는 대부분의 사람이 당치도 않게 달콤한 그리스도와 그의 대리고통을 자랑스럽게 떠들면서, 그리스도의 십자가를 통해 자신은 십자가를 지지 않으려 하고 한갓 믿음만으로 부활의 고통을 피하려고만 한다고 설파했다. 여기서 그는 단호히 그리고 적확한 근거를 갖고서 루터의 변론을 비난한다. 그는 위로할 길 없는 절망의 상황에서만, 그리고 연옥과 지옥의 상황에서만 신앙이 싹튼다고 말한다. 밤의 온갖 고통과 공포 속에서도 신을 만날 길을 각자 스스로 찾아야만 한다고 한다. 내밀한 말의 계시는 나와 세계, 그리고 육체의 욕망이 죽을 때에만 가능하다는 것이다. 육욕에 사로잡힌 인간은 그리스도가 될 수 없고 정신도 발현할 수가 없다. 그러나 한편 뮌처는 비전과 현시의 가능성, 신의 고차원적인 영감과 직접적 간섭을 믿었다.

재세례파의 신도들은 뮌처의 교리에 공감했다. 그들 역시 '그리스도의 새로운 왕국'에 속한 사람들은 영감을 오로지 신에게서 직접 받게 된다고 가르쳤다. 영감은 모든 정욕과 자연적 자극이 소멸되는 '평정 상태'에 몰입할 때 얻어진다는 것이다. 영원자와의 관계는 성숙한 기독교도에게만 가능하기 때문에 유아세례를 부인한다. 그들 공동체 구성원의 유일한 전제조건은 인격적 기독교 정신과 성인의 윤리성이었다. 그래서 그들은 성사에 어떤 가치도 부여하지 않는다. 그들 대부분은 천년기설(千年期說)을 숭배했다. 맹서를 죄로, 교회를 우상의 산실로 취급한다. 순교를 기꺼이 각오하는 고차원적 이상주의가 그들의 교리 속에 여전히 살아 움직였는데, 이런 교리는 구교의 신도들보다 프로테스탄트들에 의해 더 많은 비난을 받았다.

그러나 독일 종교개혁을 두고 말하자면 당대 민중의 종교적 의지를 가장 순수하게 그리고 가장 철저하게 구현한 이들을 우선 언급한다면 그들은 신비주의자들이다. 하지만 역사는 속물적 힘을 발휘한다. 요컨대 역사는 성공을 거둔 자들의 이름만을 기름종이 위에 기록하는 반면에 당대의 조류를 앞서 헤쳐나간 인물들은 간과하고 기껏 한때 그런 인물이 있었다고만 흐릿하게 기억할 뿐이다.

제바스티안 프랑크

프로테스탄티즘 내에서 가장 의미 있는 신비주의자들로는 카스파르 슈벵크펠트[32] · 발렌틴 바이겔[33] 등이 있지만 그중 특히 중요한 인물은 제바스티안 프랑크이다.

루터에게 통렬하게 비판을 받은 슐레지엔 출신 슈벵크펠트는 성서의 문구를 논박하는 데 평생을 바쳤다. 그는 성서의 문구 속에는 정신을 노예화하고 기독교를 표면화하는 요소가 있다고 보았다. 진정한 성서 해석의 판본을 소유하고 있다고 망상하는 목사들이 그가

---

[32] Kaspar Schwenckfeld(1489~1561): 독일의 종교개혁운동가. 가톨릭과 루터파 사이의 중간노선을 택함.
[33] Valentin Weigel(1533~1588): 독일의 신학자이자 철학자, 신비주의적 작가.

보기에는 오만과 독점 욕구로 가득 찬 성직계급의 또 다른 양태에 불과할 뿐이다. 그에 의하면 외관상의 교회는 지양되어야 마땅하고 그 자리에 내면의 교회가 들어서야 한다. 자신의 글을 생전에 필사본 형태로만 보급한 바이겔은 우리 속에 간직하고 있는 것만을 우리가 인식할 수 있다고 가르쳤다. 따라서 사람이 자기 자신을 이해하면 모든 것도 이미 개념으로 포착한 것이라고 한다. 인간이 현세를 인식하는 것은 그의 몸이 모든 가시적인 실체의 정수이기 때문이며, 정령과 천사의 세계를 인식하는 것은 자신의 정신이 별에서 왔기 때문이고, 신을 인식하는 것은 자신의 불멸의 영혼이 신의 영혼에 근거를 두고 있기 때문이라는 것이다. 바이겔은 자신의 묘비 문장을 이렇게 적고 있다. "오 만물의 총체, 인간이여, 그대 자신과 신을 인식하는 법을 터득하라! 그러면 그대는 이곳이나 그곳에서도 충분하리라!" 도나우뵈르트(Donauwörth) 출신 제바스티안 프랑크는 처음 가톨릭 성직자로 시작하여 이후 루터파의 목사가 되었다가 결국에는 종파를 초월한 종교인이 되어 방랑생활을 했다. 그 와중에 수많은 논란을 낳기도 했다. 예컨대 슈벵크펠트의 교의를 따라 성서의 문구는 그리스도를 위반하게 하는 검이자 기독교를 죽이는 것이라고 고백하기도 한다. 그 자신은 "어떤 피상적인 것에도 구속되지 않고, 종파를 뛰어넘는 자유로운 비당파적 기독교"를 원했다. "거대한 파를 거느리고 있는 세 가지 신앙이 우리 시대에 생겨났다. 그것은 곧 루터·츠빙글리·재세례파의 신앙이다. 그러나 이미 네 번째 신앙이 궤도 위에 올랐다. 여기서는 모든 형식적인 설교와 예배, 성사·파문·사명을 불필요한 것으로 간주하여 이 길에서 청산하려 하며, 어떤 매개도 필요 없이 눈에 보이지 않는 신의 말씀에만 반응하려 한다." 이른바 교회 권력에서 자유로운 그의 이러한 입장을 관통하고 있는 것은 지고한 관용이다. "아둔한 욕심이 이제 모든 사람을 괴롭히고 있다. 유대인처럼 분파적으로 신앙생활을 하게 한다. 여기서는 하느님이 오직 우리를 위한 하느님일 뿐이고, 우리와 종파가 다를 경우 천국도 신앙도 정신도 그리스도도 없다. 모든 종파는 질투심 때문에 누구에게도 하느님을 허용하려 하지 않는다. 그러나 전 세계의 구세주는 공동의 구세주인 것이다. (…) 나에게는 교황 예찬자도 루터파도 츠빙글리파도 재세례파도, 그리고 심지어 터키 사람도 선량한 형제일 뿐이다. (…) 나는 정말 자유로운 독자이고 비평가이고자 하며, 누구도 나의 오성에 붙들어 매어두고 싶지 않다."

프랑크는 최후의 만찬뿐만 아니라 기독교의 모든 교의와 제도를 상징적인 것으로 파악한다. 이에 따르면, 아담의 타락과 그리스도의 승천은 인류의 영원한 이야기다. 사람들이 그 이야기를 할 때마다 이야기는 새로이 각색된다. 부활절과 오순절은 영원한 신의 부활절과 오순절을 기념하려는 비유에 불과할 뿐이다. 성서의 자구도 영원한 알레고리로 통한다. 그것을 몰랐다면 수많은 이가 아담이며, 수많은 이가 그리스도인 것이다. 그리스도는 오늘날도 매일 십자가에 매달리고 있다. "그는 또 다른 파라오·빌라도·바리새인·학자들을 두고 있으며, 이들은 문자나 역사적으로 보기엔 아니라 할지라도 매일 그리스도를 끊임없이 십자가에 매달고 있는 것이다." 안티오쿠스[34]와 산헤립[35]과 헤롯[36] 왕은 아직도 살아있다는 것이다. 그러나 신 그 자체는 정의될 수가 없다. 사람들이 신이라고 말하는

---

[34] Antiochus: BC 4세기경 시리아 왕.
[35] Sanherib: BC 8세기경 시리아 왕.
[36] Herodes(?BC 73~BC 4): 유대의 왕.

그것은 가상과 그림자에 불과할 뿐이다. 신이 존재하고 모든 것을 주재하지만, 일종의 죄 외에 아무것도 존재하지 않는다면 신 또한 인간 속에 존재하는 죄일 뿐이게 된다. 신은 누구도 저주하지 않으며, 오히려 각자 스스로 그렇게 한다는 것이다. 경건한 이에게 신은 멀고도 가깝게 존재한다고 한다. 신이 가장 멀리 있는 것처럼 보일 때만큼 더 가까울 때가 없다는 것이다. 선행은 신을 멀리하는 사람에게 유익하기보다 더 많은 해를 끼친다고 한다. 왜냐하면 악행 자체가 신앙심을 버리게 하지 않듯이 선행 자체가 신앙을 불러일으키는 것이 아니라 인간임을 증명할 뿐이기 때문이다. 따라서 신앙으로 행해진 모든 활동은 동일하다는 것이다. 신은 세상의 대립자이고 반대자이며, 악마이자 반기독교도이다. 세상의 부와 지혜는 신 앞에서는 극빈이고 바보이며, 세상의 지배는 가장 천박한 노예상태이다. 반면에 반기독교도, 사탄과 그의 말, 그것은 세상의 그리스도요 신이요 복음이다.

각료정치의
탄생

　　이런 명암이 교차할 때 독일의 황제는 무엇을 했던가? 이렇게 말해도 무방할 것이다. 즉, 그는 자신의 현명한 처사와 성공적인 활동에도 불구하고 자신의 세계사적 위상과 세계사적 시간에 부합하는 일이라고는 아무것도 하지 않았다고 말이다. 당시 유럽의 중대한 정치는 종교개혁과 종교 따위와는 다른 길을 걸었다. 바로 그 당시에 열강은 근대의 도도한 흐름을 경험하면서 연합을 통해 그 토대를 튼튼히 다지기 시작했다. 여기에는 프랑스의 서부세력, 영국의 북부세력, 합스부르크(Habsburg)의 중부세력이 있다. 이 가운데 중부세력이 팽창력이 가장 강하고 가장 위험한 존재였다. 그도 그럴 것이 이 세력은 그 힘을 오스트리아 세습영지에까지 팽창시켰을 뿐만 아니라 곧 보헤미아와 헝가리를 삼키고 스페인을 포함하여 근대의 세계, 네덜란드와 프랑슈콩테(Franche Comté)·나폴리·시칠리아·사르데냐, 그리고 남부독일의 일부에까지 확장했기 때문이다. 시간이 경과하면서 뷔르템베르크까지 장악했다. 이 세력은 적수가 없을 만큼 강해 보였기 때문에 광범위한 새로운 동맹이 항상 요청되었다. 근대 유럽의 역사에서 가장 중대한 부분을 결정한 프랑스-합스부르크의 거대 대립이 최초로 가장 예리하고 선명한 형태를 취한 것이다. 가장 결정적인 분쟁지역은 남부 이탈리아의 밀라노 공국과 부르고뉴(Burgund)였다. 왜냐하면 이 두 지역은 역사적 소유권을 각자 주장해왔기 때문이다. 카를 5세는 스스로를 항상 스페인 왕으로 간주해왔고, 황제로서는 단순히 독일의 사령관이 아니라 세계의 지배자, 중세 세계제국의 군주로 여겨온 것이다. 그런데 그와 더불어 그리고 그를 능가한 그의 후계자이자 후에 그의 적수가 된 작센의 모리츠 공작과 함께 각료정치가 가동되기 시작했다. 이런 각료정치는 왕조의 힘에 직접 기대어 간계와 모호한 협박을 통해 절반의 확답을 거머쥐고 음험한 술책과 계획에 따라 상대방을 이리저리 몰아붙이는 외교술이다. 이는 17/18세기에 절정의 승리를 맛보았다. 그리고 동시에 거대한 매수 체계가 발전했다. 이것이 서슴없이 작동할 수 있었던 것은 돈의 경제 덕분이었다. 돈과 정치가 이제 처음으로 불가분의 밀착관계를 맺게 된 것이다. 이는 근대의 특색이기도 하다. 카를 5세가 선출될 수 있었던 것도 이런 밀착관계를 잘 보여주는 사례이다. 황제의 자리를 진지하게 넘보기는 그 외에도 세 명의 후보군이 있었다. (가장 적합한 인물로 보였던) 작센의 선제후 현명공 프리드리히(Friedrich der Weise), 프랑스의 프랑수아 1세, 영국의 헨리 8세가 그들이다. 그러나 승리를 거둔 이는 카를 5세였다. 승리의 원인은 그가 공감대를 더 많이 형성했다거나 정치적 배려에 있었던 것이 아니라 아주 단순한 데 있었다. 대형은행 푸거(Fugger)는 카를 5세가 선제후들에게 약속한 총액을 보증해주었던 것이다. 당시 이미 실제 거대세력은 스페인도 프랑스도 영국도 아니었다. 실세는 황금 주머니를 차고 있던 환전 상인이었던 셈이다.

복음의 문제에 대한 카를 5세의 입장은 독일 민족의 요구에 의해 결정된 것이 아니라 항상 외교정치의 순간순간의 상황에 의해 결정되었다. 시기마다 그의 태도를 구성하게 한 세 가지 결정적 인자는 교황·동양·프랑스였다. 이 점은 루터의 교황과의 단절에서 아우크스부르크 화의에 이르기까지의 독일 종교개혁의 역사 전체가 잘 보여준다. 1521년 카를 5세는 프랑스의 프랑수아를 상대로 벌인 첫 전쟁을 승리로 이끌기 위해 교황과의 동맹이 필요했다. 그래서 보름스 칙령을 통해 모든 개혁을 금지하고 루터에게는 국외추방을 명령했다. 1526년 교황은 황제를 상대로 프랑스와 코냑(Cognac) 신성동맹을 체결했고, 이에 즉각 반응하여 복음주의자들은 1차 슈파이에르(Speier) 의회에서 교리 확장에 유리하도록 의회의 폐지를 주장했다. 그러나 1529년 캉브레(Cambrai) 조약이 맺어지고 그 결과 2차 슈파이에르 의회에서 보름스 칙령의 개혁안이 제시되었다. 이듬해 카를 5세는 교황에게서 왕에 임명되었고, 이에 대한 반발로 아우크스부르크 제국의회에서 의회해산이 강렬하게 제기되었다. 그러나 그 다음해 터키의 위협이 더욱 강하게 표출되어 1532년에 뉘른베르크(Nürnberg) 제국의회가 열렸다. 이 회의에서 프로테스탄트들에게 일반 공의회를 포함한 자유로운 종교활동이 승인되었다. 하지만 카를 황제는 크레스피(Crespy) 평화조약과 터키와의 정전협정을 통해 또다시 운신이 자유로워지자 교회를 또다시 강제로 합병하려 한다. 이로써 슈말칼덴 전쟁(Schmalkaldischer Krieg)이 발생했고, 황제는 뮐베르크

(Mühlberg) 전투에서 눈부신 승리를 거둠으로써 프로테스탄트들에게 아우크스부르크 제국의회의 잠정안을 받아들일 수밖에 없도록 한다. 이를 두고 사람들은 "황제가 참으로 교활하다"고들 했다. 그러나 작센의 선제후 모리츠의 이탈로 상황이 완전히 바뀌게 된다. 파사우(Passau) 조약에서 잠정합의안이 폐기되고, 아우크스부르크 화의를 통해 제후들과 자유도시들은 자신들의 주민들에게 종교를 지정할 권리를 부여받는다. 그것은 곧 **"제후의 영지 내에서는 제후의 종교를 따른다**(cuius regio, eius religio)"는 것을 의미한다.

카를 5세는 자신의 통치기간에 전대미문의 행운이 따랐다. 내·외부의 적들, 저항하는 스페인과 네덜란드, 교황과 이단자, 독일 영주들과 튀니지의 해적들, 프랑스와 영국, 인도와 터키 사람들을 상대로 승승장구한 것이다. 하지만 이 모든 승리에도 유럽의 문화사에서 의미 있는 것으로 기록할만한 가치 있는 것이라고는 아무것도 없었다. 그래서 **헛수고**라는 말밖에 할 수가 없다. 이는 그의 특성이자 합스부르크 왕조 전체의 특색이기도 하다.

이 가문이 500년 이상 유럽의 운명을 본질적으로 공동 결정해왔다는 것은 수수께끼 같은 심리학적 문제이다. 헤르만 바르는 심리학적 생체해부의 걸작이라고 할 수 있는 자신의 저작 『빈(Wien)』에서 이렇게 말한다. "합스부르크가 제후들은 천재적이면서도 단순했고, 폭풍처럼 저돌적이었지만 조용했으며, 상냥하면서도 무뚝뚝했고, 승리했으면서도 패배했으며, 사교적이면서도 고립무원의 상태에 처해 있었다. 다양한 성격을 지니고 있어서 누구에게든 통하는 듯하지만 그들의 경우 현실감이 없었다." 에리히 폰 칼러[37]는 간명하지

---

[37] Erich von Kahler(1885~1970): 프라하 태생의 독일 문헌학자.

만 내용이 풍부한 자신의 글 「합스부르크 일가(Das Geschlecht Habsburg)」에서 이 가문의 가장 결정적인 특색 중 하나로서 자기도취성을 꼽는다. "합스부르크 일가를 다른 가문 후예들과 비교해서 그 특색을 그려본다면, 그들 모두는 (…) 항상 비밀에 싸여 있다는 것이다. 정치적 행위에서 의외의 몸놀림에 이르기까지 각각에서 감지되는 것은 낯설음이다." 그래서 때로는 이런 관찰, 또 때로는 저런 관찰이 필요한 법이다. 그들은 현실감이 없었다. 왜냐하면 그들 스스로가 현실적이지 못했기 때문이다. 10세기 중엽에 콘스탄티노플을 방문한 크레모나(Cremona)의 리우트프란트[38] 주교는 비잔틴 황제를 알현한 경험을 보고한다. "나는 관습에 따라 황제 앞에 세 번 엎드려 인사한 후 고개를 들었다. 조금 전만 해도 바닥보다 약간 높은 위치의 왕좌에 앉아 있던 황제를 보았는데, 이제는 완전히 다른 새로운 옷을 입은 황제가 궁전 홀의 천장에 거의 닿을 만큼 높은 곳에 앉아 있는 모습을 보았다. 기계장치를 이용하지 않고서는 그런 일이 일어날 수 없었을 것이라는 생각이 들었다." 합스부르크 왕가는 그런 유의 기계장치를 심리학적 영역에 이용했다. 그러나 제대로 활용하지는 못했다고 할 수 있다. 그들에게 심리학적 영역은 결혼 지참금만큼이나 자연스러운 것이며, 매 순간 '완전히 다른 새로운 옷'을 입고 지상 높은 곳에서 떠돌 수 있는 타고난 재능에 포함된다. 아무튼 합스부르크 일가는 이런 공통분모로 묶을 수 있다. 그들은 마치 악몽에 나타나는 인물들처럼 그곳에 있기도 하고 없기도 했으며, 현실보다 더 강하기도 한 동시에 더 약하기도 했다. 그들은 투명인간처럼 파악하기 어려웠지만 2차원적이다. 그들은 인간과 연결되

---

[38] Liudprand(920년경~972년경): 롬바르디아의 외교관 · 역사가 · 주교

는 다리가 없으며, 인간들도 그들에게 다가갈 다리가 없다. 그들은 섬의 사람들이다. "현실은 그들을 향해 있었지만 그들은 현실을 향해 서 있지 않았다." 그런데 이는 천재에 대한 정의를 연상시키는 듯하다. 천재는 세상과 시대를 자신의 모습에 따라 강제로 모형을 뜨는 극도로 팽창된 의지와 다를 것이 뭐가 있겠는가? 그러나 유감스럽게도 그들은 천재가 아니었다. 그런데 그런 소질이 있다는 전제가 없다면, 위험천만의 몽상가는 인류의 적이 될 수도 있다. 그들은 한 번도 떠나본 적이 없는 자신들이 만든 가상세계에서 수백 년 동안 현실의 세계를 지배해왔다. 이는 매우 특이한 경우에 해당한다.

그러나 이런 기이한 극단의 이면에는 삭막함이 있다. 말하자면 열정·활기·헌신이 빈곤했던 것이다. 이는 모든 합스부르크 일가의 특징을 이룬다. 이와 맥을 같이 하는 것이 그들의 고집불통이다. 너무나 유명한 합스부르크 일가의 아집은 인간과 사물, 사건에서 무언가를 더 배우고 생명을 불어넣고 변화시키려는 것을 배척했다. 그들은 그 어떤 발전도 몰랐다. 그들은 어떤 때는 페르디난트 2세만큼 광신적인 교황 숭배자들이었고, 또 어떤 때는 요제프 2세처럼 자유주의적 세계개혁자였고, 또 어떤 때는 프리드리히 빌헬름 2세만큼 경직된 정통파였고, 또 어떤 때는 황태자 루돌프(Rudolf)처럼 반쯤 무정부주의자이기도 했다. 항상 그들은 다른 사람들에게 강요하려 했던 세계상을 만들고자 온전히 자기 자신에게서만 재료를 끌어냈다. 그것은 마치 거미가 직조물을 짜기 위해 자기 몸에서 실을 뽑아내는 것과 같은 꼴이다. 이 모든 특색의 전형이 되는 인물은 프란츠 요제프 1세이다. 거의 90세까지 사는 동안 누구도 어떤 경험도 그와 친숙해지지 않았다. 거의 70년간 섭정하면서 그는 자신의 결정에 어떤 조언자도 어떤 시대의 변화도 영향을 미치지 못하게 했다. 다채로운 말은 고사하고 따뜻한 말 한마디도 내뱉지 않았으며, 그를 보통 사람으로 보이게 할 강렬한 제스처, 특별히 고상하거나 특별히 저속한 행위 하나도 보이질 않았다. 그의 생애는 마치 합스부르크 가문의 본질적 특색을 최후 통치자의 모습에서 한 번 더 요약해서 모범적으로 보여주려고나 한 것 같기도 하다. 그것도 마지막으로 말이다. 그도 그럴 것이 — 그것은 600년 운명의 비극적이면서 아이러니한 에필로그인 셈인데 — 그 가문의 긴 행렬이 영점으로 끝나기 때문이다. 카롤루스 1세는 원래는 그 직계의 한 관료에 불과했다. 합스부르크 가문의 시대가 왔다.

카를 5세의
비밀

진정한 합스부르크 계보는 카롤루스 1세가 신성로마제국 황제 카를 5세라는 이름을 얻으면서 **시작된다**. 이때만 해도 막시밀리안 (Maximilian)은 아직 보통의 독일 제후였다. 성격이 쾌활하고 놀기를 좋아하며, 귀여울 만큼 엉뚱하고 비록 피상적이긴 했지만 모든 것에 관심을 보이는 아주 평범한 사람이었다. 그의 발목 아래에는 합스부르크의 만발한 꽃들이 널려 있었다. 도대체 누가 그의 영혼을 읽어냈던가? 그는 권력에 신들린 사람, 가까이 있건 멀리 있건 모든 것을 자신의 제국의 거대한 몸통에 흡수하려는 만족할 줄 모르는 땅의 포식자였던가? 이 땅에는 아프리카 해안 · 동화의 나라 아메리카 · 이탈리아 · 독일 · 동프랑스가 포함된다. 하지만 그는 즉위할 때 이미 자신의 유산 가운데 거의 절반을 자신의 형제에게 선물로 내주었고, 인생의 한창 때 돌연 권좌에서 물러나 수도원에 들어가 정원사가 되었으며, 자신의 장례미사를 미리 작성하게 했다. 그는 중세를 억지로 연장하여 교회의 분열을 어떻게든 막아보려 한 로마 교회의 충실한 아들이었던가? 그러나 그는 반평생 교황을 상대로 격전을 벌였으며, 그의 용병들은 신성한 로마를 끔찍할 대로 끔찍한 방식으로 약탈하고 유린했다. 그는 그의 아버지처럼 독일적이었던가? 그의 어머니처럼 스페인 사람의 냄새를 풍겼던가? 그의 고향처럼 네덜란드 분위기를 내보였던가? 그의 모국어처럼 프랑스적 이미지를 내비쳤던가? 어느 하나도 그렇지 않았다. 그는 합스부르크 사람이었다.

티치아노[39]는 헤아릴 수 없을 만큼 세계를 당황케 하는 신비에 싸인 황제의 외모가 지닌 독특성을 두 점의 그림으로 담아냈다. 그는 황제가 동이 트기 전 뮐베르크 전장에서 말을 타고 있는 모습을 그렸다. 검은 갑옷으로 무장한 기사의 모습을 닮았다. 창을 들고 천천히 등장하는 듯한 그 모습은 저항할 수 없는 운명처럼 보인다. 그러나 그 승자는 자신의 승리를 기뻐할 수만은 없다. 세계가 그의 발 앞에 굴복했다. 하지만 세계는 어떤 모습인가? 뮌헨 초상화에서 티치아노는 황제가 조용히 앉아 있는 모습을 그린다. 소박한 까만색 옷을 입고 있다. 시선은 아득히 먼 곳을 향해 있다. 그의 주변에 있는 모든 것이 마치 허공이나 유리인 양 그저 멍하니 바라보고 있다. 삶 일체에 대해 빗장을 지르고 있는 그야말로 고독한 존재처럼 보인다. 이 그림에서는 지배의 비극이 비쳐 나온다. 이 가문에 드리운 온전한 저주는 심장을 갖지 말아야 하는 것처럼 보인다.

카를 황제는 심장이 없었기 때문에 그의 예리한 오성, 그의 탁월한 외교술, 전망 좋은 설계, 그 어느 것도 그에게는 쓸모가 없었다. 그는 시대의 핵심사상을 포착하지 못했다. 당시 그는 기사와 신분이 낮은 성직자들과 도시민과 농민들에게 지지를 얻고 있어서 지방 선제후들의 세력을 분쇄하고 실제의 군주정을 실현하기가 손쉬웠다.

---

[39] Tiziano Vecelli(1488~1576): 이탈리아 르네상스 시대의 저명한 화가.

이런 상황은 나폴레옹 1세 때보다 못한 것이 아니었다. 이 시대는 그러한 발전을 향해 치닫고 있었다. 여러 강대국이 실험에서 성공을 거두었다. 그러나 이런 질문을 할 수 있다. 만일 황제가 당시의 발전 방향을 좇았다면 독일에서도 그런 번영이 실현되었을까? 만일 그랬 다면 민주적 군주정에서 절대적 군주정이, 민족국가에서 '단일국 가'가, 독일 민족에서 획일적·독재적 방식으로 통제받는 대중이 생겨났을 것이다.

종교에 대한
신학의 승리

16세기 전반부를 채운 이러한 전쟁에서 실제 승자는 거의 언제나 정복을 경험해야 했던 프랑스였다. 프랑스는 독일이 소용돌이에 휩 싸여 있을 때 메츠(Metz)·툴(Toul)·베르됭(Verdun)을 획득했으며, 영 국에게서는 칼레(Calais)를 회복함으로써 영토를 가장 유리하게 정비 했다. 영국이 아주 특수한 방식으로 종교개혁을 경험하게 된 것은 널리 알려진 사실이다. 영국 왕은 교황이 이혼과 재혼을 허용하지 않았기 때문에 로마 교회에서 분리를 고수했던 것이다. 말하자면 왕의 호색성이 종교개혁의 한 시발이 된 셈이다. 스웨덴의 경우 구 스타프 바사[40]에 의해 새로운 신앙이 도입되었다. 그는 자신의 나라 를 덴마크의 지배에서 해방시켜 이후 열강의 초석을 놓았다. 오늘날 다시 가톨릭의 경향을 드러내는 나라들, 이를테면 오스트리아·바 이에른·헝가리·폴란드에서는 프로테스탄티즘이 승승장구했다.

독일 지역에서는 전복이 온갖 다양한 형태를 취했다. 재세례파의 경우 공산주의, 농민혁명에서는 사회주의, 각 도시들의 폭동에서는 민주주의, 지킹겐[41]과 후텐의 반란과 신분이 낮은 귀족들의 저항에

---

[40] Gustav Wasa(1496~1560): 스웨덴 왕.
[41] Franz von Sickingen(1481~1523): 독일의 기사. 종교개혁 초기에 가장 중요 한 인물 중 한 사람. 그의 이름은 나중에 사회주의자들, 이를테면 라살과

서는 귀족정치 등의 형식을 띠었다. 그러나 프로테스탄티즘은 이 모든 조류에 가담하지 않고서 결국 제후들과 손을 잡았다. 그래서 다소 절대주의적이고 궁정적이면서도 분권적인 형식을 취했다. 이런 형태를 오래 지속함으로써 근대의 또 다른 진정한 운동들과 결합되지 못한 것이 프로테스탄티즘의 운명이었다. 루터는 자신의 고유한 거친 어투를 사용한 후기 시대 영주들의 주장에 맞장구친 것이다. 그의 동료 멜란히톤은 이보다 훨씬 더했다. 노예근성이라고 할 수 있는 아첨·표리부동·엿보기의 행렬은 교회와 대학이 활기를 띠기 시작한 이래 줄을 지었다. 후원자 영주들 앞에 머리를 조아리는 신학자, 비굴한 가정교사, 양식을 구걸하는 교사, '국록' 앞에 겸손해진 종신목사 등의 전형이 태어났던 것이다. 그것도 바로 프로테스탄티즘에서 말이다. 그도 그럴 것이 가톨릭 성직의 배후에는 여전히 자부심이 강하게 작동하는 전능한 교회가 서 있었던 반면에 복음주의 성직의 배후에는 콧대가 꺾인 작은 교구가 서 있었기 때문이다. 전자는 여전히 거대한 보편교회의 이념을 추종한 반면 후자는 군소 영주들의 지시를 따랐다. 이는 프로테스탄티즘이 가톨릭교회 못지않게 경직된 편협성을 추종했을 뿐만 아니라 상당히 옹졸하고 지방적이며 종파적인 성격을 지녔던 것과도 관련 있다.

멜란히톤처럼 신성의 비밀을 탐구하기보다 숭배하길 원했고, "그리스도를 인식한다는 것은 그의 선행을 인식하는 것이지 그의 성품과 육화의 방식을 고찰하는 것을 의미하는 것은 아니라"는 원리에서 출발한 사람들이 분명 없진 않았지만, 거시적 차원에서 보면 종교개혁은 신성에 대한 더 순수하고 좀 더 심층적이며 근원적인

마르크스 사이에서 편지로 벌어진 '지킹겐 논쟁'의 소재가 되기도 함.

관계에서 돌출된 것이 아니라 오히려 반대로 신앙 자체에 대한 학문의 승리를 의미한다. 최종결과를 두고 보면 승리한 것은 종교가 아니라 **신학**인 셈이다.

실제에서도 승리를 한 것은 종교가 아니라 **당파**였다. 신앙은 점점 더 공동체의 문제로 되어간다. 이제 대중 속에서 진리를 찾아내고 보여주려 하며, 대중과 더불어 먹고 마시고 정치를 하면서 사람들을 개조하려 한다. 하지만 대중과 함께하면서 신을 경배할 수도 없고 사랑할 수도 없다. 근대 인간의 성격을 말해주는 터무니없는 선입견은, 모든 인간의 생활표현은 공통으로 묶어낼 수 있고 그렇게 해야만 한다는 것이다. 모든 인간을 하나의 공장·병영·대형호텔·트러스트·감화원에서 다루려 하는 근대의 의지는 종교에 먼저 손을 댔다. 이런 거대한 대중 종교성의 결과가 바로 30년 전쟁이었다.

종교개혁은 결코 창조적인 종교운동이 아니었다. 루터를 종교의 교조(敎祖) 가운데 한 인물로 진지하게 받아들이고 싶어 한 사람들이 있었다. 그러나 그런 교조의 형상은 동양과 고대에서만 가능했다. 오늘날 이런 형상은 아마도 러시아에서만 가능할 것 같다. 그렇게 하기에 16세기의 환경은 너무 건조하고 너무 차갑고 너무 날카로웠다. 그때는 무역선원·외교관·고문서 연구자·천박한 작가들이 판을 치던 세계였다. 이들은 영원을 갈망한 것이 아니라 현세만을 좇았을 뿐이다. 루터와 같은 인물조차도 이런 시대정신의 힘에서 벗어날 수가 없었다.

괴물 같은
피조물

인류를 두고 보면 괴테의 다음과 같은 씁쓸한 말을 믿고 싶은 생각이 든다. "인간은 서로 고통을 주고 죽이기 위해서만 존재할 뿐이다. 옛날도 그랬고 지금도 그러하며 앞으로도 내내 그럴 것 같다." 예수 탄생 이후의 인간은 고대 인간과는 비교가 안 될 만큼 우월한 면을 지니고 있다. 그것은 곧 악심(惡心)이다. 인간은 하나도 변하지 않았다. 감각에 따라 살고, 자신의 편견으로 생각하며, 자신만을 사랑하고, 폭력과 사기를 활용하며 불의를 행한다. 편견 없이 선의로 그렇게 하는 것도 아니고 가벼운 마음과 자유로운 정신을 갖고서 그렇게 하는 것도 아니다. 창백한 표정으로 남몰래 두려움에 떨면서 그렇게 하는 것이다. 이는 아마 기독교가 지금까지 해온 유일한 결과일 것이다.

여기서 우리는 기독교의 핵심문제를 건드린 셈이다. 그것은 다음과 같은 끔찍한 질문과 관련 있다. 즉, 인간이 한편으로는 도무지 부정할 수 없는 악한 피조물이면서 다른 한편으로는 그렇게 악해서는 **안 될 것**이라는 말을 어떻게 이해할 것인가? 왜 인간에게 주어진 이 두 가능성 가운데 명확한 그 하나를 선택하지 못하는가? 인간은 동물도 천사도 아니다. 동물은 도덕적 회의 없이 자신이나 그 후손에게 유리한 것이면 무엇이든 행한다. 천사는 양심이 있어 이에 따라 행한다. 인간은 전자의 것도 후자의 것도 행하지 못한다. 그는 '신의 마음에 합당하게'도 살지 못하고 '자연에 부응해서'도 살지 못한다. 이런 괴물 같은 딜레마 때문에 그는 모든 피조물 가운데 가장 그로테스크하고도 부조리한 상황에 처해 있는 것이다. 그는 거대한 기형이자 가변적인 의문표의 주인이다. 선하다면 왜 악을 행하는가? 악하다면 어떻게 선을 애호하는가? 근대 인간의 숙명이 이 두 가지 곤란한 질문을 만들어낸 꼴이다.

요한네스 옌센[42]은 북경을 설명할 때 기발하지만 시사적인 발언을 한다. 오늘날 상류층 중국인을 보면 종교개혁시대 사람들이 연상

투박함

---

[42] Johannes V. Jensen(1873~1950): 덴마크의 작가.

된다는 것이다. "노회한 중국인이라면 종교개혁시대의 거물 중 하나가 되었을 법하다. 그들은 고집불통의 외모를 취하고 있지만 속은 당대의 종교정책에 충실했다. 말하자면 엄숙함과 탐욕을 채우고 있었던 것이다. (…) 당시의 모습을 잘 보여주는 초상화에도 불구하고, 그리고 역사가 보존해온 대단히 미세한 부분들에도 불구하고 나는 항상 헛되이 당대 사람들이 살아있는 것처럼 상상하려 했다. 그들이 한때 살았던 사람들이라는 것을 잘 **알면서도** 말이다. 사실 나는 그들의 모습을 정확히 볼 수도 없었고 그들의 말을 제대로 들을 수도 없었다. 그렇지만 오늘날의 농부의 모습에서 그와 관련된 어떤 근거를 찾을 수 있을 것 같다. ─ 그것도 외관의 일부일 뿐이지만 바로 중국에서 중세를 실제로 경험하는 듯하다. ─ 농부들은 아주 굼뜨고 우직하며 양식에 대한 감정이 별로 없다. 특히 행동이 느리다." 사실 당대의 문화는 대단히 촌스러웠다. 영주를 포함하여 학자나 예술가도 조금 세련된 농부 정도에 불과했다. 우리는 에라스무스처럼 모든 존재의 심층적 반어에 대한 섬세한 예감을 지닌 예민한 지성이라면 그런 세계를 견뎌내기 어려웠으리라 생각한다. 자연의 산물처럼 너무나 자명한 듯하여 비도덕적인 것이라고는 도무지 없어 보이는 몽고 사람들의 노회함과 교활함을 그들도 벌써 가졌을지도 모른다. 물론 옌센이 칭송하는 중국인이 지닌 심오한 정신적 민감성 같은 것은 없었다. 당대는 극히 조야했기 때문에 그 시대의 특성을 웅변하는 증대하는 합리주의가 그들의 창조물에 원시적 구성력, 즉 유치한 기계적 성격을 부여했을 뿐이다. 독일의 학문과 문학을 선도한 인문주의자들도 값싼 판화를 복제한 이탈리아 인문주의의 단순한 복제자들처럼 보였다. 물론 그중에는 재능이 아주 탁월한 인물이 있기도 했다. 이 가운데 가장 흥미로운 인물이 '독일의 최고인문주의자'로 불리는 콘라트 켈티스(Conrad Celtis)이다. 그는 놀라울 정도의 다면성을 지니고 있었다. 그는 계관시인(poeta laureatus)의 영예를 차지한 최초의 독일 시인이자 세계사 일반과 독일 제국의 역사를 읽은 최초의 독일 학자였다. 요컨대 그는 그리스도 탄생 300년 이후의 여행용 로마 지도에 해당하는 유명한 〈**타불라 파우팅게리아나**(tabula Peutingeriana)〉의 고안자이기도 하다. 뉘른베르크 목판 인쇄술을 개량했고, 새로운 악곡, 즉 이른바 송가양식(頌歌樣式)을 고취했으며, 『**수녀 로스비타**(Nonne Roswitha)』라는 라틴 희곡을 편집하기도 했다. 한동안 사람들은 그가 이 드라마를 직접 집필했다고 믿기까지 했다.

이 시대 가장 눈에 띄는 특징 중 하나를 꼽는다면 그것은 이른바 투박함이다. 이 표현은 제바스티안 브란트가 도입한 것이다. 물론 이 표현은 그가 고안한 것이 아니라 대중화시켰을 따름이다. "새로운 성인(聖人)은 촌뜨기이다. 이런 이름은 이제 누구든 달고 다니려 한다." 당시 거의 모든 작가는 '음담패설을 일삼는 것'이 관행이었다. 루터는 남을 타박할 때 거의 언제나 도를 넘을 정도였다.(예컨대 에라스무스를 두고서 그는 이렇게 기술한다. "에라스무스를 으깨는 것은 빈대를 죽이는 꼴과 같다. 왜냐하면 이 빈대는 살아있다고 하기보다는 죽은 것과 같기 때문이다.") 저속한 어법을 논박한 피샤르트[43]는 자신의 주장을 스스로 부정할 만큼 거친 어투를 구사했다. 로이힐린처럼 잘 교육받은 학자조차도 자신의 반대파를 두고 해로운 동물, 이를테면 사나운 개 · 말 · 노새 · 돼지 · 여우, 물어뜯는 늑대라고 불렀다. 대중성을 추구하고, 대상을 가능한 한 감각적으

---

[43] J. Fischart(1545~1591): 독일의 풍자작가이자 저널리스트.

로 그려내려는 동기에서 풍자문학이 패권을 잡을 만큼 무성해졌다. 풍자문학이 이처럼 무제한적으로 헤게모니를 발휘한 것은 독일문학에서 전무후무한 일이다. 바보스러움이 가장 선호하는 주제가 된 것이다. '바보'라는 단어가 당시 가장 주목 받는 화두였다. 브란트의 주요 저작도 『바보들의 배(Das Narrenschiff)』라는 제목을 달고 있다. 토마스 무르너[44]의 작품 중 가장 널리 알려진 작품은 『바보들의 액막이(Die Narrenbeschwörung)』이다. 번뜩이는 예지로 시대를 담아낸 책으로는 위대한 에라스무스의 『우신예찬(Lob der Narrheit)』이 있다. 이 책은 모든 것을 어리석음으로 탄핵한다. 탄핵의 대상에는 금전욕·음주욕구·무교양·명예욕·전쟁뿐만 아니라 결혼·출산·철학·예술·교회·관료생활도 포함된다. 한스 작스의 작품들도 바보로 들끓고 있다.

프랑수아
라블레 당시 모든 사람이 의식적으로든 무의식적으로든 기대고 있었던 당대 풍자의 천재는 독일이 아니라 프랑스에 살고 있었다. 그는 프랑수아 라블레였다. 그의 형식은 오늘날 독자도 온전히 향유할 수 없다. 이른바 **진흙탕을 향한 향수**(la nostalgie de la boue)와 같은 것이 그의 내면에서 강력한 힘을 발동한 것이다. 그는 아마 도덕적 관점에서는 비방할 수 없는 자연의 모든 재료를 탐닉하면서 거의 병적일 만큼 장황한 얘기를 아무렇지도 않게 늘어놓는다. 그런데 그런 재료들은 미학적 관점에서도 비방할 순 없지만, 대단히 편협한 자연주의자들이나 엉뚱한 상상을 하는 속물들은 그러한 것들을 거부하기 마련이다. 왜냐하면 어떤 대상들은 음란하거나 역겨움을 불러일으킬 수 있기 때문이다. 그가 비틀고 과장하는 문체도 그의 호분증[45]만큼이

---

[44] Thomas Murner(1475~1537): 독일의 풍자시인·번역가.

나 참기 어려울 지경이다. 모든 대상에 화려한 장식무늬를 놓거나 비틀고 변조하는 것이 그가 즐기는 표현방식이었다. 과도한 몰취미가 그의 본성을 이룬다. 그는 자신의 죽음을 농담거리로 삼을 만큼 일상적인 것을 재담으로 여기는 성격을 지녔다. **수사복을 입고 죽는 자에게 복이 있나니** 하는 말이 있었기 때문에 그는 수사복을 입고 지내기도 했다. 그러나 이 모든 것이 그의 작품에 주인공으로 등장하는 가르강튀아(Gargantua)가 보이는 용맹성과 탐식성 정도의 차원을 지니고 있어서 그를 두고 평균적인 미와 논리학의 잣대로 평가해서는 안 될 일이다. 그의 내면을 채운 생명과 생활묘사에 대한 욕구는 대단히 컸다. 그의 유일한 오류라고 한다면 그것은 아마도 이렇듯 지나친 활력이 독자들에게 내재한다는 점을 그가 전제로 했다는 점에 있을 것이다. 교회와 스콜라철학에 그토록 반감을 품고 극단적으로 조롱거리로 만들었던 시대였지만 그중에서도 교회와 스콜라철학을 그만큼 조소한 일도 없었다. 그는 일종의 풍자적 식인종으로서 어마어마한 수의 위선적인 성직자들, 정신적 불임의 학자들, 부패한 관료들을 집어삼켰다. **쾌활한 프랑스 기질** 덕분에 그는 승리를 구가할 수 있었고, 자연현상을 맹렬히 방어함으로써 이 현상을 논박하는 것이 완전히 무의미하게 하는 돌파구를 열 수 있었다. 그러나 한편 그는 프랑스 기질이라고는 전혀 보이지 않기도 했다. 왜냐하면 프랑스 최고의 문학적 명성을 구현하는 것이 **투명성**과 **취향**인데, 그의 경우 취향과 투명성, 세련성과 확고한 형식성이 완전히 결여되어 있기 때문이다. 그러나 이런 문학의 성취도 그에게서

---

45 Koprophilie, 好糞症: 일종의 질병으로서 대변에 대한 도착적인 애호 증세를 말함.

최초로 실현되었다고도 말할 수 있다. 왜냐하면 그에게서 보듯, 그는 당대의 모든 장·단점을 가장 매혹적이고 가장 함축적이게 표현했기 때문이다. 당대는 생활의 은밀한 부분에서 왕성한 삶의 욕구를 찾아내고, 깊은 우울증과 분열증에서 과도한 쾌락을 추구했으며, 인간애와 충만한 정감에서 사람을 물어뜯는 악의를, 가장 투명한 이성성(Vernünftigkeit)에서는 아둔함을 읽어냈다.

줄어들지 않는 서민풍 우리가 이미 언급했듯이 북유럽, 특히 독일은 당시에 이미 민중적 성격이 아주 강했다. 마키아벨리는 1508년의 독일에 대해 이렇게 보고한다. "그들은 건축을 하지 않으며, 의복에 사치를 모르며, 살림살이 장만하는 데 낭비를 모른다. 그들은 빵과 고기, 따뜻한 방이 있는 것만으로 만족했다." 그리고 로테르담의 에라스무스는 독일의 숙박업소를 두고 다음과 같이 아주 장황하게 설명한다. "여관에 도착해도 누구 하나 나와서 인사를 하지 않는다. 이로 짐작건대 그들은 손님들에게 시시콜콜하게 말을 걸지는 않는 것처럼 보인다. 그들은 이런 행동을 칙칙하고 비속한 것으로 여기며 독일 사람들의 진지한 태도에 어울리지 않는 품위 없는 처신으로 간주한다. 문 앞에서 한참 소리를 지르면 마지못해 누군가가 마치 자라가 모가지를 내밀듯이 작은 창문으로 머리를 내민다. (…) 이런 식으로 창밖을 내다보는 사람에게 그제야 방이 있느냐고 물을 수밖에 없다. 창문을 닫지 않으면 방을 얻을 수 있는 것으로 이해하면 된다. 마구간이 어디 있느냐는 질문에는 손짓으로 답변한다. 마구간에 가서는 직접 말을 보살필 수밖에 없다. 왜냐하면 어떤 하인의 손도 빌릴 수 없기 때문이다. (…) 말을 돌보는 일이 끝나면 방으로 가서 장화를 벗고 여장을 풀면 된다. 난방이 되는 방은 모든 손님이 공동으로 이용한다. 옷을 갈아입고 세면을 하고 따뜻하게 휴식을 취할 수 있는 개인

방은 생각할 수 없다. (…) 그래서 한 방에 대개 여덟, 아홉 명의 손님이 함께 지낸다. 여기에는 도보여행자, 마차여행객, 상인, 선원, 짐꾼, 농부, 아이들, 아낙들, 환자들 등속이 뒤섞여 있다. 한쪽 구석에서는 머리를 빗는 사람이 있는가 하면, 다른 한쪽 구석에서는 땀을 닦는 사람이 있다. 어떤 이는 구두와 승마용 장화를 닦는다. (…) 모든 투숙객이 땀에 젖을 지경이 되어야 좋은 숙박소로 통한다. 이런 열기에 익숙하지 않은 어떤 사람이 창문을 조금이라도 열면 곧바로 '문 닫아!' 하고 누군가가 소리 지른다. (…) 마침내 신 냄새가 물씬 풍기는 포도주가 판매용으로 식탁에 올라온다. 투숙객은 여관집 주인이 향토 포도주라는 이름으로 돈 벌 궁리를 하고 있겠거니 생각하면서 처음엔 들은 척도 하지 않지만 얼굴표정만큼은 이 뻔뻔한 욕심쟁이를 죽일 태세이다. 그러나 주인은 판매에 열을 올리면서 이렇게 말한다. '이 여관에는 벌써 수많은 백작과 후작이 묵고 갔죠. 그런데 이 포도주에 대해 불평한 사람이 한 분도 없었답니다. 포도주가 마음에 들지 않으면 다른 여관을 찾아가 보시오.' 이 민족의 귀족들만이 그 백성을 인간으로 여긴다. (…) 곧 화려한 음식을 담은 쟁반이 등장한다. 항상 맨 먼저 나오는 음식은 고기 수프가 곁들여진 빵이다. 이어서 나오는 음식은 익힌 고기나 소금에 절인 육류, 혹은 간을 본 생선이다. (…) 그러고 나서 아까보다 좀 더 나은 포도주도 나온다. 술로 머리가 더워질 때면 실내는 온통 소음으로 들끓는다. 서로가 무슨 말을 하는지 알아들을 수가 없다. 이 소동 속에는 흔히 익살꾼과 광대가 섞이기 마련이다. 노래와 잡담과 고함, 뜀뛰기와 말싸움으로 방안을 풍비박산에 이르게 한 이런 소동을 일으키는 사람들을 독일인들이 좋아한다는 것은 도무지 믿을 수 없는 일이다. (…) 여행에 지친 이가 식사 후 곧바로 잠자리에 들려 했을 때는 나머지 모든 사람이 쓰러져 잘 때까지 기다리라는 말을 들어야만 했다. 소동이 잦아들면 각자에게 잠자리가 주어진다. 그것은 말 그대로 잠자리일 뿐이다. 왜냐하면 필요한 이불 외에 아무것도 없기 때문이다. 아마포 이불을 마지막으로 세탁한 것이 여섯 달 전이지 않았나 싶다."

폭음·폭식
의 고전 시대

　숙박시설이 그때마다의 물질적 문화에 대한 다소 정확한 측도기 역할을 하며, 이런 숙소에 하층민뿐만 아니라 상류층도 출입을 했다고 생각해보면 당시 독일인들에게는 아직 고급식품이 없었고, 생활수준도 별 차이가 없었다는 인상을 받게 된다. 반면에 양적인 관점에서 음식의 영양가는 오늘날보다 훨씬 좋았다. 예컨대 작센 지방 직공들은 수프와 두 종류의 육류, 그리고 채소로 이루어진 네 가지 요리로 하루 두 번 먹는 식사로 만족했다는 얘기를 들을 수 있다. 구운 소시지 1파운드의 가격은 1페니히, 쇠고기 1파운드의 가격은 2페니히였다. 그런데 보통 노동자의 하루 평균 노임은 18페니히였다. 촌마을의 가난한 사람들이 간혹 일주일 내내 고기 한 점 먹지 못했다면 항상 특종 기사거리가 되곤 했다. 그러므로 독일의 16세기는 먹고 마시는 일의 고전 시대였다고 말해도 무방할 것이다. 루터조차도 자신은 자주 과식했다고 보고할 정도이다. 당시 신교도들은 특별한 술고래와 대식가로 통했다. 뉘른베르크의 박사 크리스토프 쇼이를[46]이 존경의 표시로 멜란히톤에게 베푼 연회의 요리로는 다음과 같은 음식들이 선보였다. 시큼한 케첩에 돼지머리와 뱃살구이, 송어와 연어, 자고 다섯 마리, 새 여덟 마리, 수탉 한 마리, 소금에 절인 가물치, 후추소스를 바른 멧돼지 고기, 치즈과자와 과일,

---

[46] Christoph Scheurl(1481~1542): 독일의 법률가·외교관·인문주의자

피스타치오 열매와 오얏 잼, 렙쿠헨과 캔디. 이 많은 생선과 돼지고기, 가금류와 달콤한 음식을 열두 명이 앉는 한 테이블의 사람들이 말끔히 해치웠다. 여기다 각자 포도주를 2.5리터씩이나 마셨다. 제후들에 대한 보고에 따르면 제후들은 거의 매일 취해 있었다고 한다. 대다수의 시민·병사·농부도 이와 별반 다르지 않았다. 여성들의 경우도 최고 신분에 이르기까지 알코올을 매우 애호했다. 당대에 이르기까지만 해도 순한 맥주와 연한 포도주로 양조주를 제한한 반면에 이제는 독한 맥주와 도수가 높은 포도주의 가치도 인정하게 된다. 그리하여 16세기 중엽에는 화주 포도주가 등장했다. 곡식으로 만든 화주는 아직 일반화한 술은 아니었지만 수요가 상당히 많았다. 그도 그럴 것이 이 곡주는 값이 매우 저렴했기 때문이다. 금주 단체도 형성되었고, 음주 법안도 마련되었지만 아무 효과도 거두지 못했다. 당시 사람들이 평소 식사시간에 무엇을 즐겨 먹고 마셨는지 티롤 지방의 목욕풍경에 대한 동시대의 묘사가 잘 보여준다. "목욕을 하기 전 아침 6시에 달걀 프라이와 크림수프를 먹는다. 7시와 8시 사이에는 프라이팬에 부친 달걀전 한 장이나 치즈 한 덩어리를 포도주에 곁들여 먹는다. 9시에는 오믈렛에 작은 생선이나 게를 즐긴다. 역시 술 한 잔을 마신다. 10시에서 11시 사이에 점심이 시작된다. 이때는 대여섯 종류의 요리가 나온다. 그러고 나서 오후 2시까지는 산책을 한다. 목욕을 하기 전 2시에는 찐 국수 한 그릇과 치킨파이를 먹는다. 3시와 4시 사이에는 삶은 달걀이나 프라이드치킨을 먹는다. 4시와 5시 사이의 저녁식사에는 원기를 북돋우는 음식으로 배를 채운다. 잠자리에 들기 전 8시에는 새의 날갯죽지 살을 먹고 빵, 향료, 설탕에 곁들여 포도주를 마신다." 오후에는 '간식'도 있었다. 같은 증언자에 의하면 이 간식은 버터와 메추리알이 들어간 샐

러드, 구운 닭 살코기와 생선, 오믈렛과 진한 포도주로 갖추어져 있다. 말하자면 그 시대 사람들은 거의 쉬지 않고 먹었던 셈이다. 특히 이해가 되지 않는 부분은 이런 일이 목욕을 하면서 이루어졌다는 사실이다.

이른바 '풍습'을 두고 말하자면, 잠복기의 환경에 비해 훨씬 나아진 것은 분명하다. 청루의 수가 줄어들었으며, 온천장 출입도 서서히 줄어들었고, 성교도 예전처럼 막무가내거나 뻔뻔하지도 않았다. 그런데 이런 변화는 도덕적 관점과는 무관한 두 가지 원인에 있었다. 즉, 그것은 매독의 번창과 위선적인 프로테스탄티즘과 관계가 있다. 그렇기는 하지만 관행은 예전보다 더 거칠었다. 아내를 구타하는 일은 제후들의 사회에서도 벌어졌다. 아이들 양육에서 매질이 주요 수단이 되었으며, 대화와 교제 방식이 저속하고 음란하기 그지없었다. 성에서조차도 굴뚝을 오줌통으로 이용하는 것이 다반사였다. 에라스무스는 〈교제의 예절〉이라는 자신의 글에서 독자들에게 우아한 사교모임의 바람을 "헛기침으로 잠재울 것"을 권한다.

용병 스타일의 복장 북유럽에서는 의상 스타일의 변화도 일어났다. 그러나 근엄하고도 우아한 이탈리아풍 의상이 폭이 넓은 형태로 발까지 빳빳하게 다림질한 모양을 취했다. 그것은 교사와 목사, 소공국의 영주들이 폼을 낼 때 입는 옷차림이었다. 이런 의상은 향토 스타일이 아니라 수입된 유행양식에 따른 것이다. 사람들은 아무것도 아닌 것을 마치 뭔가 있는 것처럼 보이려고 폼을 쟀다. 정신적 혹은 신체적 귀족 티를 내는 뚜렷한 특징이라고는 없다. 북구 사람의 경우 그 시대 의상은 사실 뭔가를 과장하고 자랑하려는 것인 동시에 소심함과 불안 및 극심한 긴장을 동시에 담고 있는 무도회와 연극 복장처럼 보인다. 어떤 식으로든 큰 역할을 떠맡으려 한다. 그러나 실제로는 하나의 역할을 맡을 뿐이다. 거의 모든 초상의 얼굴과 복장이 근엄한 주름을 취하고 있다. 이러한 치장과 투박한 장식은 루카스 크라나흐[47]의 초상화 인물들에게서 가장 선명하게 나타난다. 이 인물들은 마치 시골 사진사 앞에 포즈를 취하듯이 화려한 옷차림의 모양새를 내고서 폼을 잡고 있는 모습이다.

르네상스의 '개인주의'는 자유롭고 편리하게 활동할 수 있는 아주 경쾌한 복장을 선호한 데서 잘 드러난다. 우선 몸에 딱 달라붙는 예전의 쫄바지를 대신하여 폭이 아주 넓은 헐렁한 바지가 출현했다. 이런 바지는 허리띠는 말할 것도 없고 구두까지 헐렁하게 덮을 만큼 천이 많이 들어갔다. 양말 부위에서 바지 끝을 잘라낸 것은 한참 뒤에 생긴 일이었다. 나중에 이 바지에서 양말이 분리되어 나오게 된다. 신발의 모양도 변했다. 그로테스크하게 긴 형태로 위로 뾰족하게 휘어진 구두를 대신하여 이제는 '소의 콧등'을 연상시키는 끝이 몽땅하게 잘려나간, 볼이 넓적한 구두를 신었다. 이런 모든 유행에 있어 취향과는 거리가 아주 멀었던 투박하기 그지없던 인간 계급에 속한 독일 용병이 그 모범이 되었다는 것은 눈여겨볼 거리이다. 북유럽 르네상스시대 복장의 주요 특색을 이루는, 옷의 끝부분을 가늘게 찢어 입었던 풍습이 바로 여기서 유래한다. 끝을 가늘게 찢는 현상이 모든 복장에서 나타났다. 조끼·옷소매·바지·두건·구두 등속이 그렇다. 그중 쉽게 볼 수 있는 것이 덮개였는데, 덮개는 흔히 그렇게 했기 때문이다. 여성의 의상에서는 새침한 청교도적인 복장이 회자된다. 어깨와 가슴이 드러나는 의상은 금기시되었으며, 셔츠와 상의는 목까지 채우게 했다. 소매가 짧은 옷에 납작

---

[47] Lukas Cranach(1472~1553): 독일 르네상스 시대의 화가.

한 둥근 모자를 쓰는 것이 남성과 여성 모두에게 유행했다. 모자는 처음에 그저 몇 개의 깃털로 장식했지만 이후에는 대개 타조깃털로 빽빽이 장식하곤 했다. 외투와 덧옷의 재질로는 공단과 벨벳, 금란을 가장 선호했으며, 모피 테두리 장식은 농부들조차 할 만큼 일반적인 일이었다. 인문주의자와 시인 그리고 성직자는 대개 수염을 기르지 않았지만 일반 세인은 짧게 손질한 턱수염을 애호했으며, 머리카락은 다소 짧게 단정한 모양을 좋아했다. 처녀들은 머리카락을 길게 땋아 내렸고, 부인들은 금빛망사로 머리카락을 에워쌌다. 의상의 풍조 전체는 다소 절제되고 격식을 갖춘 듯 단정한 모습을 취했지만 다른 한편으로는 기이하게 균형을 깨뜨린 방종한 모양을 내보이기도 했다. 이것이 바로 악명 높은 '독일식 르네상스'이다. 주지하다시피 이런 르네상스는 앞 시대 70년대와 80년대에 유행했다. 말하자면 속물성과 환상, 현란함과 육중함이 기묘하게 뒤섞인 것이다. 주름을 잡고 당초무늬를 새기고, 흐릿하고도 몽롱하며, 장식에 목말라 하듯 수없는 주름과 돌기로 채우려는 생활양식은 우리 조부모 세대에게는 낭만주의의 정수로 통했을 법하다. 그것은 '모험적이고 터무니없는 방식'으로서 피샤르트가 비난했고, 당대 천재였던 뒤러[48]조차도 자신이 그것을 너무 신봉했다고 고백했던 바의 것이다. 그의 취향은 혼란과 착종, 어둠과 조밀함으로 표현된다. 그의 그림 중 대작으로 꼽히는 「묵시록」은 성서와 같이 혹은 세계문학과 같이 아주 난해한 책을 생생한 그림의 언어로 번역한 것이라고 할 수 있다. 거의 불가해한 이런 과제를 독일 종교개혁의 동시대

---

[48] Albrecht Dürer(1471~1528): 독일의 화가·조각가. 종교적인 주제를 많이 다룸.

인이자 조력자였던 그 외에 달리 누가 성공할 수 있었겠는가?

16세기 독일 예술 전체의 특성을 말한다면 그것은 일종의 취미 공작놀이와 같은 경쾌함, 순박함과 유치함이다. 그것은 일종의 설탕 과자 만들기 놀이처럼 보인다. 당시 시와 회화의 중심지는 지금도 과자제조업과 장난감 생산 도시로 이름난 뉘른베르크였다. 당시 모든 창작물의 경우 정서적으로는 겨울 분위기를 풍기면서 시각적으로는 협소하고 시적으로는 고립적인 면을 드러냈다. 엄격성과 필요성, 정도와 만족, 품격과 단순성에 대한 감각이라고는 찾아볼 수가 없다. 물론 이미 다른 모든 부분에서 사라질 위기에 처한 매혹적인 순박성을 두고 말한다면 위로가 될 법하기는 하다. 아직도 예술은 마치 크리스마스 선물을 기다릴 때 갖게 되는 비밀의 성격을 담고 있었다. 예술은 무엇보다도 수공업적 성격을 여전히 지닌다는 사실 때문에 매력적인 장난감이 된다. 예를 들어 샤프하우젠(Schaffhausen)에 그려져 있는 유명한 그림 「기사의 집(Haus zum Ritter)」을 감상할 때도 마찬가지다. 오늘날 어떤 아이라도 그토록 매혹적으로 그려진 집을 갖는 것을 최대의 꿈으로 삼지 않겠는가?

공예가 외적으로뿐만 아니라 내적 경향에서 보더라도 모든 예술 분야에서 여전히 지배권을 행사하고 있는 셈이다. 공예는 각개 장식품이 되는 작은 도자기류와 같은 소품으로서 쾌감을 제공한다. 이미 우리는 쇠퇴기로 비친 전성기 르네상스 시대에조차도 이탈리아 예술의 위대성은 그 뚜렷한 분할과 타고난 배분율의 저력, 리듬과 조화, 운율과 박자에 대한 탁월한 감정에 기초했다는 사실을 강조한 바 있다. 극히 섬세하면서도 극도로 구분되는 명확한 형식에 대한 감각이 예술 및 생활의 표현 전반을 관통하고 있다. 그것은 그림과 문설주, 기념비와 기념주화, 행동과 기구로도 표현된다. 옷장ㆍ벽

난로·문짝·궤짝 일체가 멋지게 표현된 구성물을 이룬다. 독일의 르네상스 예술을 두고서는 정반대로 말할 수 있다. 말하자면 웅장하고 거대하기 그지없는 건축물조차도 장식용 가구, 즉 일종의 부속품과 같은 장신구의 모양을 따라 구성된 것처럼 보인다. 이탈리아 르네상스에서는 어떤 장식품도 건축술의 정신에서 태동한 건축물이지만 독일에서는 모든 건축물이 장식의 의향에서 태동한 장식품이었던 것이다. 이탈리아인들은 소형 공예를 포함하여 모든 공예에서 구성작가였다면, 독일인들은 금속 조각사·금세공사·석고 세공인·금사(金絲) 세공사였다. 알브레히트 뒤러도 그의 내적 본성에 따르면 도안가인 셈이다. 그는 삽화·동판화·에칭을 곁들인 작은 공예의 대가이다. 아마 당시만큼 공예가 섬세하면서도 힘 있는 작품을 선보인 적이 없을 것이다. 동판화가와 인쇄공, 보석세공인과 상아 세공업자, 소목장이와 목판 조각가, 주조공과 병기제조공은 그 시대의 명예로 통한다. 일상생활을 둘러싼 모든 사물이 미적 인상을 풍겼다. 우물과 항아리, 풍신기와 물받이 홈통, 촛대와 격자무늬 등잔이 그랬다. 심지어 대포에조차도 작은 공예기술이 들어갔다.

아직 예술은 생활과 구분되는 특별활동으로 분류되지 않았다. 대개의 시인과 조형예술가는 시민적 생업활동을 성실하게 수행했다. 루카스 크라나흐는 인쇄공이자 약제사였고, 제바스티안 프랑크는 비누 제조업자였으며, 한스 작스는 '구두장이이자 시인'이었다. 그의 경우 시를 쓰는 일은 부업일 뿐이다. 장인적인 요소, 순수한 의미에서 수공업적인 요소가 그의 모든 시를 돋보이게 만들기도 한다. 그의 시가 드러내는 순수하고도 깔끔한 채색기법은 동시대 조형예술 작품과 완전히 일치한다. 존경과 찬탄을 불러일으키는 것은 성실과 경험이 묻어있는 수공예였다. 옷장과 재킷과 항아리를 실제로 멋지게 만들려면 확실한 습관이 있어야만 한다. 그것은 곧 신이 창조한 원료에 대한 경의, 자기수련, 사물에 대한 성실한 몰두, 본질적인 것에 대한 감각을 갖는 것을 의미한다. 명인이란 시계를 만들든 대성당을 건축하든 극히 아름다움을 추구하는 인물이다. 비록 한스 작스의 구두 가운데 어느 것도 후세대에 등장하진 않았지만 그의 구두는 그의 사육제극만큼이나 멋지게 가공되어 보편적으로 평가받은 것은 분명하다.

음악의 영역에서도 생산성은 우선 수공업적 양태로 표현된다. 말하자면 천재적 작곡보다는 음향기기의 개선을 중요시했던 것이다. 16세기 초에 파곳(Fagott)과 스피넷(Spinett)이라는 악기가 사용되었으며, 세 현 각각을 이용할 수 있게 한 기러기발의 고안으로 바이올린은 비로소 진가를 발휘하기에 이른다.

취향의 혼잡이나 박자의 몰취미성이 없지 않았던 것은 수공업적인 예술, 다시 말해 속물적인 예술이 지닌 이면인 셈이다. 이는 다른 많은 부분에서도 나타난다. 예를 들면 언어의 왜곡이 그렇다. 독창적이거나 매혹적이게 들리도록 말을 모험적으로 비틀거나 기형적인 신조어를 만들어내고자 했다. 그러나 소리는 불협화음이거나 단순했다. 이미 언급했듯이 비유적 표현이 선호되기도 했다. 배설물이 비유법에 활용되기도 하면서 종종 외설어증(猥褻語症)으로 표출되기까지 했다. 형식과 질료의 관계에 대한 감정이 (예컨대 돌을 쪼개 함석공구로 만들었듯이 금속기술을 건축 장식에 전용할 때처럼) 불안정하게 표현되었다. 알레고리 형식의 그림이 드러내는 조야함에서도 마찬가지다. 이의 가장 악명 높은 그림의 표본이 루카스 크라나흐가 그린 바이마르 제단화일 것이다. 이 그림에는 크라나흐 자신도 그려져 있는데, 그는 십자가에 매달린 구세주의 심장에서 분출하는 피를 루터와 세례자 요한 사이에 서서 맞고 있다.

마녀들의
망치

사법도 지금까지와 마찬가지로 여전히 야만적이었으며, 종교개
혁으로 미신이 오히려 늘어났다. 예전에는 유대인과 터키인, 그리고
마술사들만이 악마의 제자로 통했지만 이제는 세계 전체가 악마적
성격을 띠게 된다. 교황은 그리스도의 적이고 하나같이 사탄의 신봉
자가 되었으며, 또 한편 가톨릭 신자들은 루터와 그의 추종자들을
지옥의 하수인들로 간주했다. 게다가 프로테스탄티즘은 원죄의 감
정을 고조시켰다. 누구도 자신은 정당하다고 확고히 말할 수 없었
다. 업적은 아무것도 아니었다. 그러나 신앙은 확신의 교각 그 이상
으로서 인간의 영혼에 부과된 무한과제로 비쳤다. 특히 경직된 예정
조화설을 내포한 칼뱅파에 입각한다면 자신이 선민인지 아니면 영
원자에게 저주를 받은 자에 속하는지 누구도 말할 수 없었다. 루터
는 에크[49] 박사와 자신의 또 다른 여러 적대자들을 두고서 그들은
악마와 동맹을 맺었다고 주창했지만, 브레슬라우(Breslau) 교구 참사
회원인 요한 코흐로이스[50]는 루터가 죽은 지 3년 뒤에 발간한 그에
관한 전기에서 루터는 그의 아버지가 마가레트(Margarete)와 간통함으
로써 악마의 피를 타고 태어났다고 설명한다. 루터가 바르트부르크
(Wartburg)에서 자신의 잉크병을 악마에게 내밀었을 것이라는 주장이
새로이 쟁점화하고 있다. 그러나 악마가 곳곳에 들끓고 있다고 루터
가 믿었던 것은 그의 수많은 표현에서 확연히 확인된다. 그는 설교
를 할 때 공공연히 저주하고 위협했던 '악마의 창녀들'인 마녀들의
존재도 믿었다. 오로지 그 자신만이 자기 시대의 적자였다. 그도 그

---

[49] Johannes Eck(1486~1543): 루터에 반대한 독일의 가톨릭 신학자.
[50] Johann Cochläus(1479~1552): 독일의 인문주의자이자 논쟁가.

럴 것이 사실 그리스도의 교리에 대한 신앙이 분열되어 흔들리기 시작할 바로 그 당시에 전율을 일으키는 이교도의 신비로운 침전물이 영혼의 밑바닥에서 솟아올랐기 때문이다.

마녀신앙은 페르시아인들, 구약성서, 그리스와 로마 신화 등에서뿐만 아니라 어떠한 종교의 형태에서도 만나게 된다. 그러나 마녀화형식은 중세 초기에만 간헐적으로 시행되었을 뿐이다. 당시 화형식은 인간제물의 의미를 여전히 담고 있었지만 카를 대제에 의해 금지되었다. 르네상스 시기 이탈리아에는 이방인을 매혹시킨 특별한 마녀의 나라가 노르시아(Norcia)에 있었다. **마법**(stregheria)을 지닌 **마녀**(strega)가 공식적으로 인정되었으며, 비상사태가 벌어질 때만 박해를 받았을 뿐이다. 15세기 말엽에 이르러서야 마녀 미신이 북부 지역에서부터 인류의 재앙이 되기 시작한다. 결정적 시기는 교황청 종교재판관인 하인리히 인스티토리스[51]와 야콥 슈프렝거[52]가 편찬한 유명한 '마녀들의 망치'로 번역되는 『말레우스 말레피카룸(malleus maleficarum)』이 최초로 출간되었던 1487년이다. 이렇게 말해도 될지 모르지만, 이 문헌은 마녀의 성격에 대해 학술적으로 다루면서 엄격히 체계화하고 있다. 이 문헌의 제1부에서는 다음과 같은 식으로 물음을 제기하고 답을 내리면서 상세히 논구해나간다. 마법이란 게 있는가? 악마는 마법사와 협력할까? 인큐비(Incubi: 남성의 모습으로서 여성을 덮치는 악마)와 써큐비(Succubi: 매춘을 하는 드러눕는 여자 모습의 악마)가 인간을 낳을 수 있는가? 마법사는 인간에게 사랑이나 증오를 하게 할 수 있을까? 마법은 부부생활을 방해할 수 있는가? 마녀들은 마술을

---

[51] Heinrich Institoris(1430~1505): 독일의 종교 감독관.
[52] Jakob Sprenger(1436~1495): 독일의 도미니코회 수사. 이단 심문관으로서 마녀재판에 군림.

부려 남근이 마치 몸에서 분리된 것처럼 자유자재로 다룰 수 있는가? 마녀들은 인간을 동물의 모습으로 바꿀 수 있는가? 제2부는 훨씬 더 세부적이다. 예컨대 다음과 같은 식이다. 마녀들은 뇌우와 우박을 내리게 한다. 마녀들은 젖소의 젖을 마르게 한다. 암탉이 알을 낳는 것을 방해한다. 낙태를 유발하고 가축을 병들게 한다. 신들리게 하며 '마녀의 주사'로 사지를 마비시킨다. 왜 마녀들은 특히 세례 받지 않은 아이들을 죽이길 좋아하는가? (답은 이것이다. 그 아이들은 천국에 들어가는 것이 허용되지 않았기 때문이다. 그런데 하느님의 나라가 임하고 악마가 마침내 굴복할 때는 구원받은 자의 정해진 수가 천국에서 채워질 때이다. 신생아 살해로 그 시기가 지연되고 있는 것이다.)

마녀 미신과
정신분석

마녀를 두고 사람들이 일반적으로 가정한 것은 마녀들은 특정한 때에, 특히 5월 1일의 밤과 관련된 발푸르기스의 밤(Walpurgisnacht)에 지팡이나 염소의 등을 타고 악명 높은 산으로 날아올라 가서는 지옥의 사자에게 충성을 서약하는 행동으로 원을 돌며 춤을 추면서 생식기와 둔부에 입을 맞추고는 (지옥의 사자는 이 열렬한 환영을 받아들인다는 증거로써 악취를 쏟아내고) 거나한 술판과 난잡한 성교를 통해 '정교의 악마'를 즐겁게 한다는 것이다. 대개 '마녀 시험'은 피의자를 묶은 채로 물 위에 눕히는 일로 치른다. 이때 가라앉지 않으면 마녀로 판정받게 된다. 누구든 눈에 띄는 형태를 보이면 마술에 걸린 것으로 의심받을 수 있다. 뛰어난 특수한 재능도 나쁜 악한의 그것과 못지않으며, 허약한 신체도 빼어난 미모 못지않게 마술에 걸린 것으로 취급받았다. 사람들은 자백을 강요하기 위해 고문을 이용하는 일에 점차 익숙해지게 되었다. 이와 같은 방식의 소송은 마녀의 짓이라는 수많은 증거를 내놓게 했고, 이로써 가중

된 공포는 또다시 소송과 재판을 수없이 늘어나게 하는 악순환이 이루어졌다. 이따금 금전욕과 복수심이 작용할 때에도 대부분의 재판관은 최고의 권위로 법을 집행해왔다고 믿었던 것은 의심의 여지가 없을 것이다. 오늘날의 검사도 자신이 내린 형벌이 훗날 완전히 이해되지 않는 것으로 판명될지라도 피고의 범죄행위를 심문할 때 자신은 법과 도덕의 문지기로 생각하는 법이다. 이 점에서 프로테스탄티즘은 가톨릭 못지않게 엄청난 광신을 내보였다. 이는 자유주의 및 독일민족주의 역사기술자들이 간과했거나 은폐한 사실이다. 이 점은 호엔스브뢰히(Hoensbroech) 백작이 쓴 박식한 선동기사 〈교황제도의 사회적 · 문화적 영향〉이 적나라하게 보여준다. 이 기사는 복음주의의 마녀재판에 관해서는 한마디도 언급하지 않으면서도 로마 교황청의 종교재판이 저지른 범행에 대해서는 가장 광범위하고도 가장 엄밀하게 묘사하고 있다. 문제는 모두가 감염된 바로 시대의 질병이었다. 여기에는 민중과 학자, 교황과 개혁파, 영주와 신하, 원고와 피고, 심지어 마녀들조차도 포함된다. 그도 그럴 것이 수많은 희생자가 자기 자신에게 책임이 있다고 믿었기 때문이다. 분명 학문적 사유의 재능이 없지 않았던 요한네스 케플러[53]와 같은 천재적 연구자조차도 마녀의 장난을 부정할 수 없다고 주장했던 것이다. 이런 설명을 그가 진지하게 할 수밖에 없었던 것은 그의 친척 가운데 한 사람이 마녀로서 화형을 당했으며, 그의 어머니도 같은 운명을 겪을 위험을 여러 차례 당했기 때문이다. 이와 같은 마녀사냥 전체 현상을 두고 말한다면 그것은 여성에 대한 과대공포증으로서 성적 억압으로 표출되는 군중의 이상 심리라고 볼 수 있다. 흔히

---

[53] Johannes Kepler(1571~1630): 독일의 수학자 · 천문학자.

쓸모없는 듯이 보이는 사소한 것에 몰두하는 정신분석학은 이런 문제에 대해 철저히 탐구하기 마련이다. 이와 관련하여 '마녀들의 망치'는 다소 명확한 어떤 힌트를 제공한다. "마법이 왜 남자들보다 여자들 사이에 더 확산되어 있는가?"라는 물음에 대해 이 망치는 다음과 같이 응수하게 한다. "도대체 여성에게는 우정의 포기, 불가피한 형벌, 마땅한 불행, 자연적인 유혹, 갈구할만한 재앙, 가정파탄, 매혹적인 해충, 세상의 악과 같은 말을 빼고 나면 달리 아름답게 채색할 것이 없는가?" 이런 표현에는 자신의 은밀한 배우자에 대한 남성의 깊은 공포심이 자리 잡고 있다. 또한 여기에는 성의 사회 배후에 도사리고 있는 벗어날 길 없는 성적 타락과 확인할 수 없는 부정(不貞), 방황하는 인간이 범할 수천 가지 범행과 흘릴 눈물, 꿈과 정열을 맹목적으로 탐욕스럽게 빨아들일 공포의 블랙홀에 대한 불안한 예감이 놓여 있다. 종교개혁시대에 생겨난 마녀 미신은 스트린드베리에까지 곧게 이어지고 있다. 이때 중요한 것은 종교적인 문제가 아니라 종교로 위장된 성적인 문제라는 점은 우리가 앞서 인용한 문헌『말레우스 말레피카룸』이 제기한 몇 가지 물음에서 이미 확인할 수 있다. 이러한 물음 대부분은 종교를 엄폐물로 이용하고 있지만 성적 불만이나 임포텐스, 음란증과 도착증에 대해 은밀하면서도 거침없는 환상을 드러내기도 한다. 성에 대한 증오가 그토록 소름 끼치는 그로테스크한 형태로 분출된 것은 입이 마르도록 칭송된 르네상스와 종교개혁에 의한 '개인의 해방'이 낳은 결과 중 하나일 뿐이다.

인간성의
세속화

결론적으로 말해 이렇게 물어볼 수 있을 것이다. 종교개혁이 넓은 뜻에서 유럽문화에 어떤 의미를 지니는가? 거두절미하면 그것은 인간의 생활·사유·신앙의 세속화를 의미한다. 종교개혁 이래, 그리고 그것과 더불어, 단순한 실용성, 세속적인 유용성, 따분한 즉물성, 삭막함과 냉정함, 합목적성이 모든 활동 속에 파고들었다. 여기서는 지금까지 종교로부터 시작되어서 저속한 실용적 논리학의 관점에서는 거의 용납될 수 없었던 일련의 고상한 생활형태가 원칙적으로 그리고 의식적으로 부정된다. '결실 없는' 고행은 세계에서의 도피이자 세계에 대한 적대적 행위로만 통한다. 고행이 아무리 고상한 것일지라도 그것은 곧 **세계로부터 등지는 것**(weltfrei)을 의미할 따름이다. 그것은 '자연을 거스르는' 독신생활이고 '무의미한' 순례이며 화려한 장식처럼 '불필요한' 의식행위이고 '무용한' 수도생활이자 '아둔한' 카니발을 의미한다. 그것은 '시간을 좀먹는' 축제의 연장이며, 친절한 후견인인 동시에 신의 종으로서 온종일 빛을 비추고 도움을 제공한 성인들을 향한 '미신적인' 간청 행위와 같다. 그것은 별로 주는 것도 없으면서 '품위'와 '필요'를 설파하는 '호소력 없는' 빈민구호의 몸짓과 같다. 이런 모든 순박함은 존재 앞에서 굴복할 수밖에 없다. 삶은 논리적이고 체계화되어 있으며, 공평하고 유익하다. 한마디로 말해 견디기 어려울 만큼 까다롭다는 것이다.

한 번 더 강조해야 할 것은 루터가 모든 면에서는 아니지만 여러 가지 문제에서는 본질적으로 여전히 중세적 관점으로 사유했다는 점이다. 그의 장점은 바로, 종교개혁자로서 개혁을 정치적·'사회적'·'조직적' 차원에서가 아니라 순수 종교적 차원에서 염두에 두었다는 사실이다. 그러나 여론의 압력과 가톨릭적인 것이면 무엇이든 원칙적으로 저항하는 그의 아집 때문에 그는 모든 변화에 동의하거나 적어도 묵인했다.

우선 종교개혁은 **노동**을, 둘째로 직업과 이와 직접적으로 맞물린 소득, 즉 **돈**을, 셋째로 결혼생활과 **가족**을, 넷째로 **국가**를 신성시했다. 종교개혁은 종교를 제외하면 중세 때보다 국가를 더 기저에 두었다. 이로써 국가의 지위를 높이면서 국가 권위에 기초를 닦았다. 종교개혁은 국가에 **치외법권을 부여함**으로써 국가를 **해방시켜** 근대 인간의 재앙인 근대적 절대국가를 만들어냈다. 이 절대국가는 조세제도를 통해 재화를, 정치 편재를 통해 자유를, 군사제도를 통해 시민의 삶을 독점했다. 루터가 추구한 세속적인 것과 종교적인 것의 엄격한 구분은 종교를 자유롭게 하려는 공공연한 목적을 취하고 있다. 그러나 결과는 바로 정반대였다. 프로테스탄트 영주들은 교황청의 지배에서 벗어났지만 이제 스스로를 각 지방교회의 지배자로 생각하면서 지금까지 로마가 그랬듯이 신앙의 모든 문제를 두고 그들의 피지배자들을 간섭하려 했다. 신과 맺어야 할 관계를 인간에게 부과하는 그리스도의 한 총독이 아니라 이제는 무수히 많은 총독이 생겨난 것이다. 이 가운데는 분명 자격미달에 해당하는 총독뿐만 아니라 그들의 작은 영향권 때문에 책임도 거의 지지 않는 총독도 있었다. 애초 프로테스탄티즘을 활성화하려 한 경향과는 정반대로 프로테스탄티즘이 승리한 거의 모든 지역에서 가장 경직된 편협성의 체제가 발전한 것은 국교를 선호한 것에 그 원인이 있다. 그도 그럴 것이 국가는 존재하는 가장 비관용적인 구성체이며, 자체의 가장 내밀한 본성을 따를 수밖에 없기 때문이다.

　결혼을 두고 말하자면 루터는 그것을 육체에 대한 단순한 굴복으로 간주하고 별로 높이 평가하지 않았다. 물론 그 자신도 결혼을 했지만 그것은 분명 내적 동기에서가 아니라 가톨릭 신자들을 분노케 하는 해방의 한 사례를 보여주려는 것이었다. 이는 그가 바로 수녀를 자신의 아내로 선택한 사실에서, 그리고 그가 선량한 케테(Käthe)와 결혼한 것이 그녀를 가정부쯤으로 생각한 것에서 비롯되었다는 데서 확실해진다. 다음의 대목은 아내에 대한 그의 관점을 잘 보여주는 셈이다. "여편네가 없다면 가사와 관련된 모든 일이 엉망진창이 되고 말 것이다." 이에 반해 한창 신앙투쟁을 하고 있던 1521년에 그는 종교개혁시대의 특성으로 나타난 조야한 물질문화의 고양에 감동을 받고 이렇게 말했다. "누구든 모든 연대기를 읽다 보면, 그리스도의 탄생 이후 모든 부분에서 금세기와 비교할 수 있는 것은 아무 것도 없다는 사실을 알게 될 것이다. 재배하고 가꾸는 일이 지금만큼 보편적인 때가 없었으며, 먹고 마실 종류가 이토록 다양하고 멋진 적도 없었다. 의상도 이 이상 좋을 수 없을 만큼 멋지다. 지금 세상을 여행하면서 이 모든 세계를 엮어내고 있는 이만한 상인들을 또 누가 보았던가?" 이처럼 바로 프로테스탄트와 자본주의 세계관은 처음부터 보이지 않는 관계를 맺고 있었다. 물론 이 관계를 최초로 공공연하게 드러낸 것은 영국의 청교도주의였다. 돈 지갑과 성서가 뒤섞인 이런 세계의 정신적 아버지는 칼뱅이다. 그는 교회법으로 정해놓은 이자 금지령에 맞서 격렬하게 싸웠다. 그런데 루터도 고리대금에 대한 즉흥적 질문에 대해 '작은 고리대금'은 허용할 수 있다고 선언한 바 있다.

한스 슈페르베르(Hans Sperber)가 입증했듯이 '직업(Beruf)'이라는 단어의 의미변화도 루터에서 연원한다. 루터 때까지만 해도 이 단어는 주로 호출을 뜻하는 소명(Berufung)을 의미했는데, 루터의 경우 오늘날처럼 수공업이나 전문 활동과 같은 의미로 쓰이게 된다. 고대에는 천박한 · 저속한 것으로, 중세에서는 세속적인 것으로 통하던 생업노동의 활동을 루터는 신이 바라는 인륜적 소명으로 이해한다. 그때까지만 해도 사람들은 노동을 형벌로서, 잘 봐주면 필요악으로서 여겨온 것이다. 그런데 이제는 고상한 것으로, 심지어는 신성한 것으로서 선언된다. 프로테스탄티즘이 최초로 취한 이런 관점은 곧바로 자본주의와 마르크스주의를 만나게 된다. 유럽을 가장 암울하게 한 이 두 양태는 비록 그 목표는 상반되지만 **동일한** 윤리적·사회적 배경을 두고 있다.

반복음적
복음주의순수한 성경말씀으로 돌아가자고 주창한 종교개혁이 이 모든 지점에서 성서와 가장 첨예한 모순에 빠진 것은 주목을 끌기에 충분하다. 구약성서의 바로 앞머리에서 신은 아담에게 이렇게 말한다. "너는 네 아내의 말을 듣고 내가 먹지 말라고 금지한 나무의 열매를 따먹었기에 밭을 일구는 저주를 입게 되었으며, 평생 수고를 해야 먹을 것을 취할 수 있을 것이고, 이마에 땀을 흘려야 빵을 먹을 수 있을 것이다." 여기 어디에서도 노동을 두고 '신성함'과 '축복'이라는 말을 들을 수 없다. 오히려 아담은 노동의 저주를 입고 있다. 이 저주는 복수의 신이 태초의 인간에게 내릴 수 있는 가장 끔찍한 형벌인 셈이다. 그리고 신약성서는 거의 모든 절마다 무위(無爲)가 신의 뜻이자 축복임을 설파한다. 구세주 자신도 노동을 수행한 적이 없으며, 그의 사도와 추종자들도 그랬다. 그는 베드로와 마테오에게 그들의 직업을 버리게 했으며, 바로 일과 관련해서 이렇게 경고했다. "공중에 나는 새를 보라. 그들은 파종도 수확도 하지 않으며, 곡식을 곳간에 모으지도 않는다. 너희 하늘의 아버지께서 그들을 먹이시느니라. 하물며 너희가 저 새들보다 못하겠느냐? 들판의 백합들이 어떻게 자라는지 보라. 그들은 노동도 길쌈도 하지 않는다. 내가 너희에게 말하는 것은 영광의 솔로몬조차도 저 백합들보다 잘 차려 입지 못했다는 것이다. 너희 믿음이 적은 자들아, 오늘 서 있다가 내일 아궁이에 던져질 저 들판의 풀들도 하느님께서 입히신다면, 하물며 너희도 입히시지 않겠느냐?"

여기서 '사회적 문제'에 대한 예수의 입장이 아주 명확히 드러난다. 물론 부자는 하늘나라에 들어가기가 어렵다고 말하는 점에서 그는 부자들보다 가난한자들을 더 좋아한다. 그러나 이 발언이 결코 사회주의적 논점을 취하는 것은 아니다. 가난한자들이 부자들보다 하늘나라에 들어가기가 좀 더 쉬운 것은 그들의 경우 물질에서 등을 돌리고 신의 뜻에 맞는 생활을 하기에 좀 더 유리한 여건에 처해 있기 때문이다. 부자는 자신이 원하든 원하지 않든 현세의 재물에 사로잡힐 수밖에 없다. 가난한자는 신이 등을 돌리는 그런 재물을 소유하지 않을 다행스러운 상황에 놓여 있다. 그러나 사회주의는 이와 정반대로 오늘날 단지 부자들만이 향유하고 있는 이득을 가난한자들이 점차 점유하게 하려고 한다. 그리고 사회주의는 가난하든 부유하든 모든 인간이 노동하길 원한다. 이와 반대로 예수는 들판의 백합과 지붕 위의 참새를 모범으로 제시한다. 그는 '노동의 축복' 속에는 저주가 은밀히 감추어져 있다는 사실을 알고 있다. 그것은 곧 돈·권력·물질에 대한 욕망이다. 사회주의는 가난한자들을 부유하게 만들려 하며, 예수는 부자들을 가난하게 하려 한다. 사회주의는 부자들을 **시기하는** 반면 예수는 그들을 **동정한다**. 사회주의는 어쨌든 **모두가** 노동을 하고 소유를 하게 하지만, 예수는 할 수 있다면 **아무도** 노동을 하지 않고 소유를 하지 않는 곳에 이상적 사회가 있다고 본다. 말하자면 사회적 문제에 대한 예수의 입장은 바로 사회적 문제를 야기하는 그런 것을 **거부하는** 일에만 관련 있다. 그의 경우 재물의 분배, 소유, 생업 상황의 정의로운 질서 따위와 같은 일은 스토아주의자들이 '아디아포론(Adiaphoron)'이라고 했고 수학자들이 '무시해도 좋은 양'이라고 한 것과 같은 의미로 작용한다. 요컨대 그러한 것들은 그에게 아무것도 아니다. 그는 인간들을 신에게 합당한 방향으로 인도하는 일에서 자신의 소명을 찾는다. 그런데 '사회적 종교개혁자'는 언제나 세상의 일에만 관련 있다. 그러므로 예수를 **국민경제학**의 방법으로 인류를 구원하려 한 지성의 난쟁이들 부류에 끼워 넣는 것은 그를 두고 범할 수 있는 최대의 신성모독에 해당하는 셈이다. 그가 이 모든 이와 구별되는 것은 수준의 정도가 아니라 방법이다. 그의 선행은 물질적인 것이 아니라 정신적인 것이므로 결코 그를 국민경제학자들과 비교할 수 없는 노릇이다. 이는 단테나 플라톤 부류의 창작물을 마르코니[54]나 에디슨 부류의 그것들과 비교할 수 없는 것과 같은 이치이다. 예수는 근대의 사회적 쟁점의 대상이었던 그런 권력, 이를테면 부르주아 · 관료주의 · 자본주의 등속과 같은 것을 두고서 투쟁을 벌인 것이 아니다. 그도 그럴 것이 그에게 이 모든 일 따위는 아무런 의미가 없기 때문이다. 그는 항상 오로지 **하나**의 적만을 두고서 치열하게 싸웠다. 그 적은 바로 인간 속에 있는 악마, 즉 물질주의였다. 그런데 계몽된 우리 시대는 이 악마의 존재에 대해 더는 믿지 않는다. 왜냐하면 우리 시대는 이 악마를 더는 구별할 수 없을 만큼 그에게 **빠져있기** 때문이다. 오늘날 이런 물질주의의 '정신'은 유산계급 못지않게 무산계급 사이에서도 지배력을 행사하고 있다. 한쪽은 돈을 갖고 있으며, 다른 한쪽은 여전히 **무일푼**이다. 그런데도 어디서나 누구든 돈의 주변을 맴돌고 있다. 오늘날이면 예수도 더 이상 "가난한자가 복이 있다"고 말하지 않을 것 같다. 왜냐하면 가난한자들도 부자들 못지않게 복이 없기 때문이다. 이는 예수의 말에서 우리 시대의 진부한 평이성을 읽어낸 사회주의 이론 덕분이다.

---

[54] G. Marconi(1874~1937): 이탈리아의 발명가 · 전기공학자.

예수는 국가에 대해서도 앞선 논지와 유사한 입장을 취한다. 예수가 "황제의 것은 황제에게 주라"고 말하지만 여기서도 현세적인 법률과 제도를 대단히 보잘것없는 것으로 평가하기는 마찬가지다. 그는 정해진 세금을 낼 것을 조용히 권유한다. 왜냐하면 세금의 납부는 거절할 수고를 들여야 할 가치가 없기 때문이다. 그도 그럴 것이 하느님의 자녀들은 저속한 정치보다 더 고차원적인 것을 염려하기 때문이다. 뉘앙스와 저음을 듣는 귀가 없는 사람만이 예수가 그 문제의 세금에 대한 얘기를 듣자마자 대꾸한 그 깊은 반어적 표현을 곡해하기 마련이다. "네가 유대인의 왕인가?" 하는 빌라도[55]의 물음에 대해 "당신이 그렇게 말하고 있다"는 그의 응수도 분명 반어적 성격을 담고 있다. 그는 그런 빤한 오해에 말려드는 것을 자신의 품위에 어울리지 않는 것으로 생각한다. 요한에 따르면, 그러나 아무튼 예수는 총독에게 자신이 왕이긴 하지만 유대 성직자들의 저급한 이해력으로는 이해하기 어려운 전혀 다른 왕이라는 것을 암시하고자 짧막한 설명을 하기는 한다.

그리스도의 일상적 태도는 사소한 것을 포함하여 인간이 만든 모든 것을 무관심하게 보는 데서 잘 드러난다. 이는 결혼과 가족에 대한 관점에서도 나타난다. 좀 더 심하게 말하면 이런 제도를 배척한다. 물론 그 표현의 어법은 관대하고 부드럽다. 이는 다른 사람들에게 올바른 것을 이상으로 보여주기 위한 것이지만 그 이상을 받아들일 만큼 그 상대가 충분히 자유롭지도 성숙되지도 못하다면 자신의 논리를 억지로 받아들이게 하지는 않는 방식이다. 그러나 예수

---

55 Pilatus: 티베리우스 황제 시대, 26년부터 36년까지 유대를 통치한 로마의 총독. 예수가 무죄라는 것을 알지만 선포하지 못한 책임을 벗기 위해 돌아서서 물로 손을 씻었다는 유명한 일화가 있음.

가 자신의 어머니에게 하는 말, "여인이여, 내가 그대와 무슨 상관이 있는가?" 하는 표현은 분노를 넘어 어안이 벙벙하게 하는 말로서 시민 신학자들을 당황하게 한다. 그들은 공허한 몇 마디를 곁들여 이 문장을 빠져나가고 싶어 한다. 예수는 그의 어머니와 형제들이 그와 이야기를 나누고 싶어 한다는 말을 들었을 때 마테오에게 이렇게 대답한다. "누가 나의 어머니이고 누가 나의 형제들인가?" 그리고 그는 손을 그의 제자들 머리 위로 뻗으면서 이렇게 말한다. "저기를 보라. 저들이 나의 어머니고 나의 형제들이다!" 역시 명확한 어투로 경고한다. "누구든 나에게 오려거든 자신의 아버지와 어머니, 아내와 자식들, 형제와 자매들, 심지어 자신의 생명까지 부인하라. 그렇지 않고서는 결단코 나의 제자가 될 수 없다."

이 모든 것과 관련하여 진정 그리스도가 의존하는 것은 복음이라는 사실에 대해서는 건강한 오성과 순수한 감정을 지닌 사람이라면 추호도 의심하지 않을 것이다. 탈무드의 율법학자들에게 좀처럼 굴복하지 않는 목사들도 당연히 이 모든 표현을 곡해하고 다듬으면서 그 진의와는 반대가 되는 주해를 달려고 애써왔다. 사실 꼭 필요한 정직성과 공정성이 결핍될 경우 자신이 원하는 것 일체를 성서에서 뽑아내려 한다. 탁월한 전략가이지만 성서를 제대로 읽어낼 능력이 없었던 베른하르디[56] 장군조차도 자신의 저술 가운데 하나에서 그리스도가 전쟁을 설파했다는 점을 입증하려고까지 했다. 그는 그 근거로써 다음과 같은 그리스도의 말을 끌어들인다. "나는 평화가 아니라 검을 주러 왔노라." 이런 관점은 논박할 필요조차도 없다. 신과 영혼이 유일한 실제이며 세계는 비현실적인 것이다. 이는

---

[56] F. Bernhardi(1849~1930): 프로이센의 장군이자 전쟁사가.

예수가 전하고자 한 복음의 의미이다. 참된 기독교는 세상을 사회적으로도 정치적으로도 경제적으로도, 심지어 도덕적으로도 결코 '완성시키려' 하지 않는다. 왜냐하면 세상을 인정하지 않기 때문이다. '정의롭게 질서 잡힌' 사회, '보편적 번영'에 좀 더 적합한 존재, 이런 혹은 이와 유사한 목표가 영혼의 구원과 무슨 관계가 있는가? 이 점에서 기독교는 일신론적인 다른 두 종교들과 본질적으로 구분된다. 기독교는 유대의 윤리학처럼 평등하게 세계의 질서를 구현하는 것도 아니고 이슬람교처럼 야만적으로 세계를 정복하는 것도 아니다. 기독교는 어떤 고상한 혹은 이성적인 원칙에 따라 세계를 **개선하는 일**과 관계없으며, 오히려 그것은 온갖 선·악의 권력을 내포하고 있는 세계를 **구원하는 일**과 관련 있다. 여기서 항상 문제는 '보편자'·'진보'·'종의 번영' 따위와 같은 저속한 것이 아니라 오로지 개인의 영혼이다. 이제 우리가 종교개혁을 그것이 애초 이론적으로 원한 것이 아니라 실제로 역사적 실재로서 형성된 것으로서 편견 없이 관찰한다면 종교개혁이 두 가지 다른 종파로 귀결되고 있다고 말할 수밖에 없다. 즉 그것은 루터의 사상에서는 모세의 도덕주의, 청교도정신에서는 회교도의 제국주의가 되었던 것이다. 이로써 종교개혁은 이 두 가지 주요 형태로 그리스도의 가르침의 본래 의미를 완전히 뒤집어 부정하는 꼴이 되었다. 그도 그럴 것이 그리스도의 가르침은 결코 '개혁하려'는 것이 아니기 때문이다. 그토록 간단한 개념에 대해 종교개혁은 어떤 여지도 허용하지 않았다. 종교개혁은 종교를 혁신하려는 오류의 종교적 시도와 다름없다. 그러나 우리가 여기서 덧붙인다면, 종교개혁은 시대의 조류를 좇았을 뿐이라는 점이다. 이로써 종교개혁은 종교에서 이탈할 수밖에 없었다. 그러나 '반종교개혁'도 프로테스탄티즘이 이용한 것과 같은 도구를 활용하여 세계를 여전히 가톨릭적인 것으로 만들려는 시도였을 뿐이다. '이교도적' 르네상스, 즉 종교개혁과 반종교개혁은 같은 뿌리를 두고 있다. 말하자면 이들 모두는 신에게서 벗어나는 길을 걸었다.

신성한 무위
(無爲)
종교개혁이 수행한 현세적 존재의 성화(聖化)는 그 방식에서 분명 해방적 실천이었다. 그러나 바로 그래서 그것은 신성모독이자 통속화이고 배설이었던 것이다. 한마디로 표현해서 일상은 중세의 의미였던 웅대하면서도 고상하고 숭고한 이원론에 더는 어떤 여지도 허용하지 않는다. 그런데 이것이 위험한 것은 그러한 종교성이 이를 형성한 이의 막강한 개인적 경건과 분리될 때 그것은 속물로 귀결되고, 신의 이름으로 안락하게 지내면서 아이를 낳고 계산을 따지는 부르주아가 애호하는 그런 종파가 되기 십상이라는 점에 있다. 국가와 경제, 직업과 소득, 사회와 가족이 신성한 것이 아니라는 위대한 진리가 사라지게 될 위기에 봉착했다. 아니 실제로 소멸되고 말았다.

성서에는 나오지 않는 오래된 유대인의 우화가 하나 있다. 이에 따르면 카인(Kain)뿐만 아니라 그의 동생 아벨(Habel)도 신을 분노케 한다. "왜냐하면 그가 허용된 것 이상으로 신의 영광을 간파했기 때문이다." 그런데 이 관찰은 한가로움을 통해서였다. 유대인의 신이 이런 태도를 보고 싶어 하지 않는다는 것은 잘 알려진 사실이다. 하지만 아벨은 근본적으로 보면 최초의 시인인 동시에 최초의 종교적인 인간(homo religiosus)이었다. 기독교의 신은 창작과 구경, 노동과 무위 중 어느 것이 더 좋으냐는 물음을 어떻게 생각할까 하는 질문에 대한 명확한 답은 마르타(Martha)와 마리아(Maria)의 이야기에서 구할 수 있다. 마리아는 예수의 발 앞에 앉아 그의 말을 경청하고 있지만 마르타는 일하느라 분주하다. 그래서 그는 구세주에게 이렇게 말한다. "주님, 어째서 주께서는 내 동생에게 나 혼자 일하게 내버려 두고 있느냐고 묻지 않으십니까? 나를 도와주라고 하소서." 이때 예수는 이렇게 응답한다. "마르타여, 마르타여, 네가 많은 일로 염려하고 근심하는구나. 그러나 몇 가지만 하든지 아니면 한 가지만으로도 만족하도록 해라. 마리아는 자기 좋은 편을 택했으니 그것을 뺏을 수 없느니라."

모든 노동은 사람의 정신을 빼앗고 분절시키며 그 자신을 소외시키는 많은 단점이 있다. 그래서 신에게 더 가까이 다가가 살았던 모든 성인과 모든 교주와 모든 인간은 고독에 침잠하곤 했던 것이다. 그들은 고독 속에서 무엇을 했던가? 아무것도 하지 않았다. 그러나 이 무위는 다른 모든 활동보다 더 많은 삶과 내적 활동성을 포함했다. 가장 위대한 인간은 항상 하나의 거울이 될 수 있는 인물이 된다. 이 거울은 염려에 떨면서 흐릿해지고 영원히 움직이는 그런 거울이 아니라 신의 모든 빛을 빨아들이는 투명하고 순수한 부동의 거울이다. 게으른 자들이 복이 있다. 왜냐하면 그들은 신의 영광을 볼 것이기 때문이다. 활동하지 않는 시간들이 복이 있다. 왜냐하면 바로 그 시간 속에서 우리의 영혼이 일하기 때문이다.

07
성 바르톨로메오의 밤

진리는 우리가 가련할 수밖에 없고 현재 또 그렇다는
것이다. 이때 인간이 만나는 가장 심각한 악의 원천
은 바로 인간 자신이다. **인간은 인간에게 이리이다.**
최근의 인간을 제대로 파악한 사람은 세계를 지옥으
로 이해할 것이다. 이 지옥은 단테의 지옥을 능가한
다. 악마 중의 악마가 또 다른 악마에게 악마가 되는
꼴을 취하고 있다.

― 쇼펜하우어

지옥 　이제 우리는 유럽의 근대에서 가장 어두운 단면을 접하게 되었다.
이 단면은 16세기 중엽에서 30년 전쟁까지 이르는 시기이다. 이른
바 종교전쟁의 시대이며 거의 100년에 걸친 성 바르톨로메오의 밤
(Bartholomäusnacht)의 시간이다. 기독교와 전쟁이 그 자체로 이미 해결
할 수 없는 모순에 빠졌을 때, 기독교 민족들의 전체 역사에 오명을
씌우고 있는 이 섬뜩한 역설은 당시 참을 수 없을 정도였다. 서로
싸움을 벌이는 기독교도들이 내보인 간계와 잔인성, 그리고 종교적
인 것과 인간적 풍속 규범을 뻔뻔하게 야합하는 행태 등의 면모는
타르타르(Tartar)족과 터키인, 훈(Hunne)족과 호텐토트(Hottentotte)족이
한때 벌인 그 모든 행태를 능가했다. 그도 그럴 것이 후자는 그저

맹목적인 동물적 파괴충동만이 지배한 반면에 반종교개혁 시대의 기독교도들에게 중요한 것은 지고의 정신적 세련미와 파렴치의 완벽한 기교를 겸비한 체제였기 때문이다. 유럽에서 가장 발전하고 가장 문명화된 나라들이 3세대에 걸쳐 비인간성을 겨루었다. 냉혹한 복수심과 음흉한 악의가 불타올랐다. 말하자면 구세주가 근절하려고 십자가를 진 그 온갖 악마적 충동이 들끓었던 것이다.

그런데 지적해두어야 할 점은 이 암흑의 세력 가운데 가톨릭 신자들이 단연코 더 어두운 세력이었다는 사실이다. 우리는 앞 장에서 프로테스탄티즘의 약점과 한계를 살펴보는 기회를 가졌으며, 이로써 우리가 도달한 결론은 프로테스탄티즘은 – 흔히 너무나 자명한 것으로 받아들여온 것과는 달리 – 결코 기독교 신앙의 한 단계 높은 진보적 형식으로 간주될 수 없고, 수많은 측면에서 오히려 그것은 퇴보이자 천박화이고 물질화이며 그리스도 교리의 본래 의미에서 멀어진 것을 의미한다는 것이다. 반종교개혁 초기 시대만 해도 상황은 정반대였다. 이성·도덕·양심·자유·계몽은 이단자 측에서 볼 수 있던 것들이다. 그러나 이는 상대적일 뿐이다. 실제의 풍습, 정신적 주권, 책임감, 사상의 자유 등속을 두고 말하자면 어느 쪽도 나을 바가 없다.

물론 정치는 거짓·오염·난폭·이기심과 불가분의 관계가 있다. 그런데 당시의 시·공간 속에서 정치적 극악무도함은 가공할만한 극점에 도달했다. 곳곳에서 그런 일이 발생한 것이다. 스페인·이탈리아·프랑스·영국·스코틀랜드에서 우리가 볼 수 있는 것은 공공사업 첨단에서 보이는 가혹한 악한의 진정한 전범이며, 미개인의 야성과 동시에 미개인의 수준 그 이하로 떨어지는 냉혹한 이기심에서 비롯된 피도 눈물도 없는 집단 학살자이다. 알바[1]는 당시 급성장하는 독초처럼 유럽의 지반을 오염시킨 수백의 도덕적 기형아를 집약한 전형에 불과하다. 화려한 명성을 자랑하는 엘리자베스 시대 영국에서조차도 자신들의 권력욕과 소유욕을 보장하는 일이라면 어떤 범죄도 서슴지 않는 위선적이고 욕심 많은 그런 강도가 신분이 높은 층에 우글거렸다. 교회의 분열은 본질적으로 부정적 결과만을 낳았을 뿐이다. 그것은 신적 규범의 권위를 믿는 신앙만을 와해시켰을 뿐이다. 중세의 윤리학을 대신할 수 있으리라는, 자연 통찰에 대한 세속적 고민에 입각한 새로운 윤리학이 다소 계몽된 소수자의 머릿속에 마침내 여명으로 어렴풋이 비쳤다.

맞대응   대단히 부적절한 이름을 달고 있는 1555년의 아우크스부르크(Augsburg) 화의가 체결된 이후로 양 진영의 종교적 광신은 온통 파멸적인 힘을 전개하기 시작한다. 사실 이 조약의 규정에는 거대한 반목과 혼란의 핵이 담겨 있었다. 지역의 종파를 자유롭게 선택할 권리를 그 지역의 당국에 맡긴다는 **"한 지역에, 한 종교를**(cuius regio, eius religio)"이라는 공식은 그러나 모든 백성의 양심의 자유를 지역 당국이 관리하게 된다는 것을 의미했다. 유명한 **종교상의 예외**(reservatum ecclesiasticum)라는 항목은 성직자 선제후가 프로테스탄티즘으로 개종하면 성직과 영지와 소득을 상실하게 된다는 지침을 담고 있어서 선언되자마자 격렬한 논쟁에 붙여져 반대선언운동을 촉발했다. 그런데 칼뱅파는 이 화의에 관여하지 않았다. 그래서 여전히 서로 격렬하게 싸우는 세 개의 공식적 종파가 존재했다.

---

[1]   Alba(1507~1582): 본명은 Fernando Álvarez de Toledo y Pimentel, 3대 알바 공작. 스페인 군인이자 정치가. 1567년 플랑드르 총독으로 임명되어 '피의 재판소'라 불린 종교재판소를 열어 대략 1만 8000명을 처형하는 악명을 떨침.

개혁주의는 북쪽 지역, 이를테면 덴마크·스웨덴·노르웨이·영국·스코틀랜드·네덜란드·북독일·독일 수도회 영지 등에서 이미 국교처럼 자리 잡았다. 그뿐만 아니라 서부 독일과 오스트리아 세습영지, 그리고 폴란드·헝가리·바이에른·보헤미아 등에서도 개혁주의는 공식적으로든 비공식적으로든 이미 지배적인 신앙의 형태가 되었으며, 이 모든 징후는 개혁주의가 프랑스와 이탈리아에서도 승리를 거두었다는 것을 말해준다. 주교구든 로마 교황령이든 대교구의 스페인이든 어디에든 열정적인 신교도의 작은 그룹들이 있었다. 반면에 교황에 가장 충실한 지역에서조차도 보이는 것은 무기력한 가톨릭 신자들뿐이었다. 종교개혁은 전 유럽에서 시대의 문제처럼 보였다.

　그러나 바로 이 순간 반종교개혁이 시작된다. 이때까지도 로마 교회는 종교적 문제에 완전히 무관심했거나 자체 개혁을 염두에 두고 있었다. 아니면 고작 정치적인 입장을 취했을 뿐이다. 교황청의 입장에서는 합스부르크 왕가의 세력이 막강하게 되는 것보다 작은 이단의 확산이 더 나은 편이었다. 왜냐하면 이러한 이단은 지금까지 그랬듯이 쉽게 진정시키거나 동화할 수 있다고 믿었기 때문이다. 교황이 종교적 관점에서뿐만 아니라 정치적 관점에서도 원심 운동 역할을 했던 프로테스탄트 운동을 황제를 견제할 지렛대로 이용하려 한 것은 특이한 광경이라고 말할 수 있다. 그러나 이제 엄청난 위험을 감지하기 시작했다. 그렇지만 그러한 태도는 여전히 로마가 유럽에서 가장 강력한 힘의 중심지라는 것을 말해준다.

　가톨릭교회가 종교개혁운동을 저지하려고 복안한 장치는 대단히 영악하면서도 재치 있는 것이지만 다루기가 매우 까다롭고 복잡했기에 그것을 처리할 비상한 재능이 필요했다. 즉 세계를 보는 눈과 사람을 구별할 줄 아는 판단력이 요구되었다. 말하자면 사람들이 단계적으로 이단으로 넘어갈 어떤 가능성도 차단하기 위해 한편으로는 지금까지 한 번도 사용된 적이 없는 엄격한 신앙규범을 공식화해야 했으며, 다른 한편으로는 이 규범 틀 안에서 최대의 유연성과 느슨함, 그리고 현대성을 보장하는 것이 요구되었다. 이는 좀 더 자유로워진 분위기와 시대의 요구에 부응하기 위한 것이었다.

트리엔트
공의회

무엇보다 이런 분명한 교리적 구분을 가능하게 한 것은 트리엔트 공의회의 결의였다. 이 결의는 성서해석의 유일한 권리는 교회에 있다는 점을 명확히 했다. 이는 모든 이단의 둥치에 해당하는 루터파의 평신도 종교관을 제거하기 위한 것이다. 성서 해석의 정당성에 대한 이 까다로운 문제를 두고 공의회는 아우구스티누스주의(Augustinismus)와 반(半)펠라기우스주의(Semipelagianismus)의 중간입장을 취했다. 즉, 선한 업적이 필요하지만 그것은 신의 은총을 통해서만 인정받을 수 있다고 했다. 성체설에서 공의회는 그리스도가 친히 정립한 일곱 성체를 완강히 고집했다. 이것을 양보하는 것은 위험천만으로 본 것이다. 미사와 화체설의 문제에서도 공의회는 정통파의 엄격한 입장을 보존했다. 속죄의 남용 문제에서도 그것을 비난하면서도 허용했다. 이는 구제의 활동을 새로이 강화하는 꼴이었다. 전반적으로 말해서 트리엔트 공의회는 정확히 새로운 이단들, 특히 루터 추종자들에 대한 경계를 수정하는 것 이상으로 가톨릭 교리를 세부적으로 성문화한 것은 아니다. 이단을 배척하는 지점에서는 명확했지만, 실증적 확신에서는 – 물론 고의적으로 그랬던 것이지만 – 오락가락하는 이중의 측면을 드러냈기 때문에 그만큼 모호하여 유연했다. 이로써 가톨릭 문화에는 한편으로는 자의성과 억지, 사이비 도덕성과 세속화가 파고들었고, 다른 한편으로는 정도 면에서 지금까지 보인 적이 없었던 관용과 유연성, 처세술과 세상 친화력의 요소가 뒤섞여 들었다.

어쨌든 엄격한 규범적 틀 안에서이긴 하지만 정통파와 이교도의 노선이 만남으로써 호전적이고 공격적이면서 또다시 정복적인 교황정치가 전개될 비상등에 불이 켜졌다. 사실 그 시점은 증오와 배타성의 비관용이 범유럽적으로 확산할 때 이미 시작된 것이나 마찬가지였다. 16세기 전반부만 하더라도 비관용은 간헐적으로만 목격되었을 뿐이다. 물론 트리엔트 공의회가 그 원인은 아니었다. 그것은 다른 모든 종파의 구성원들에게로 확산한 대중적 이상심리의 수많은 징후 중 하나에 불과했을 뿐이다. 범유럽적
비관용

칼뱅파를 두고 말한다면, 그들은 인간을 선택받은 자와 저주받은 자로 나누었던 극단적 예정조화설 때문에 종파가 다른 신도라면 누구에게든 생존권한을 박탈하도록 강요받았다. 그러나 루터파 추종자들도 관용을 손톱만큼도 베풀지 않을 체계를 작동시키려고 골몰했다. 이들의 교조적 논쟁은 부조리하기 그지없었다. 확고한 교조를 갖지 못했을 뿐만 아니라 그들 종파의 본성에 따라 그것을 가질 수도 없었다. 멜란히톤의 결정적 발언, 즉 자신은 **신학적 광기**(*rabies theologorum*)에서 구원받아 행복하다는 말이 세간에 떠돌 정도였다. 사실 그가 살아있을 때 이미 신교도들은 정통 루터파와 멜란히톤파로 분열되었다. 쿠르작센(Kursachsen)에서는 멜란히톤의 이름을 딴 **필립파**(Philippisten)가 '숨은 칼뱅파(Kryptocalvinisten)'로서 박해를 받았다. 성직 신분을 박탈당하고 적지 않게 추방당하거나 구속되기도 했다. 필립파에 반대하는 명제의 조합에 불과한 '협화신조(Konkordienformel)'가 유일한 지침으로 승격되었다. 이 신조는 누구도 만족시키지 못하면서 또 다른 하찮은 논쟁의 불씨만을 퍼뜨리는 계기가 되었기 때

문에 그 별칭으로서 '불화신조'라는 이름을 얻었다. 반면에 쿠르팔츠(Kurpfalz)에서는 칼뱅파가 '하이델베르크 교리문답(Heidelberger Kathechismus)'으로 정립되어 이 교리문답을 수용하려 하지 않는 목사는 누구든 그 지역에서 추방되었다. 그러나 쿠르작센에서도 루터파가 영속하지는 못했다. 왕좌의 변동이 협화신조를 무너뜨렸다. 니콜라우스 크렐[2]의 등극으로 필립파가 권력을 잡은 것이다. 그러나 그다음 정권은 또다시 루터파의 신앙고백 형식을 선호했고 크렐은 투옥되었다. 그는 가톨릭 신도들에게까지 호소한 그의 적수들이 벌인 1년간의 음모 끝에 참수당하고 말았다. 쿠르팔츠에서도 그러한 종교적 부침현상이 공식적으로 네 번 있었다. 물론 그것은 항상 종교적 신념이 다른 이들에게 행한 전횡과 폭력의 형태로 표출되었다. 간단히 말해서 종교개혁 때문에 교황제도 아래서 자행된 것보다 훨씬 더 폭압적인 신앙독재가 이루어졌다고, 분별력 있는 동시대 사람들이 말해도 놀랄 일이 아니다.

폴란드에서는 렐리우스[3]와 파우스투스 소키누스[4]가 기초하여 라코프(Rakow) 교리문답서로 편찬된 **소키누스주의**(Sozinianismus)가 확산되었다. 이 사상은 삼위일체설에 단호히 반대한다. 그 추종자들은 스스로를 유니테리언 교도(Unitarier)라고 불렀다. 이들은 그리스도가 세상의 죄를 속죄하려고 자신을 희생한 것이 아니라 새로운 교리를 제시하면서 인륜적 모범을 세웠을 뿐이라고 가르쳤다. 그들에게는 예수 그리스도의 아버지만이 하느님으로 통한다. 이 신은 그 아들이

---

2 Nikolaus Crell(1551~1601): 작센의 선제후.
3 Lälius Socinus(1525~1562): 이탈리아의 신학자.
4 Faustus Socinus(1539~1604): 이탈리아 시에나(Sienna) 태생의 신학자. 렐리우스의 조카.

무고함에도 순종하게 함으로써 죽음을 택하게 했고, 이 죽음을 통해 그의 아들을 신의 반열에 오르게 했다는 것이다. 바로 이 때문에 양쪽 모두에 기도하는 것이 정당할 뿐만 아니라 의무가 되기도 한다고 보았다. 소키누스주의 추종자들은 세례와 성찬식이 유용하기는 하지만 절대적으로 필요한 제도는 아니라고 설명한다. 노회한 소키누스는 예리하긴 하지만 지금까지 흔히 반복되어온 피상적인 증거로써 전통적 정통교리를 논박했다. 이를테면 그리스도는 모든 인류의 대표자로 인정될 수 없었다는 것이다. 왜냐하면 다른 사람들을 대표할 수 있으려면 그들에 대한 전권(全權)을 행사할 수 있어야 하기 때문이라는 것이다. 후세대도 그러한 전권을 구세주에게 맡기는 것은 불가능할 것이라고 한다. 그것은 채무의 변제관계와 유사하다고 본다. 말하자면 떠맡을 수 있는 것은 돈의 채무이지 도덕적 채무와 형벌이 아니라는 것이다. 특히 이런 순수 법리학적 연역법은 유명한 법률학자 휴고 그로티우스(Hugo Grotius)가 물려받았다. 물론 설득력이 충분한 것은 아니었다. 왜냐하면 그것은 신학적 연역법과는 다른 층위에서 작동하기 때문이다. 그러나 그러한 논거의 단순한 가능성에서도 보상 개념을 합리화하는 잘못된 결과들이 이미 도출된다. 이는 바울이 한편으로는 로마 형법과 또 다른 한편으로는 탈무드식 변증론에서 유추하는 것과 같은 방식이다. 이의 취약점에 대해서는 우리가 이미 지적한 바 있다.

항론파(抗論派: Remonstrant)로 불리기도 하는 네덜란드의 **아르미니우스**[5] **추종자들**은 소키누스파를 비롯한 그로티우스와 제휴했다. 이들에 대해 반항론파(反抗論派)라 불리는 **고마루스**[6] **추종자들**이 논박한

---

[5]   Jakob Arminius(1560~1609): 네덜란드의 신학자.

다. 이 논쟁은 우선 예정조화설을 둘러싸고 벌어졌다. 아르미니우스와 그의 추종자들은 예정조화설은 신앙과 관계하며, 하느님은 전지전능하기 때문에 인간 각 개인이 신앙을 가질지 어떨지 예견하고 있다고 설명한다. 반면에 고마루스 추종자들은 선택이 먼저이고, 신앙은 이 선택의 작용에 불과하다고 주장한다. 이 두 관점의 틈새를 잇지 못하도록 하는 것이 도대체 뭔지 뚜렷하지도 않다. 그러나 이 별것도 아닌 논쟁 때문에 수천의 사람들이 탄압을 받았다. 유능한 정치인 올덴바르네벨트[7]가 처형당했으며, 그로티우스는 간신히 도피할 수 있었지만 종신형을 선고받았다. 이런 형태의 신학적 반목은 당연한 일이겠지만 당시 유럽에서 가장 자유로운 나라로 알려져 있던 네덜란드에서조차도 있었다.

영국 국교의
교의 영국에서도 종교개혁은 한 교회에서 세 가지 형태로 표출되는 식으로 나타났다. 헨리 8세가 교황과의 단절을 (한편으로는 교회의 재산을 몰수하고, 다른 한편으로는 자신의 사드적 성적 욕망을 제약 없이 탐닉하려고) 선언했을 때, 그는 가톨릭교회의 위계질서뿐만 아니라 거의 모든 교리와 제도를 그대로 유지하게 하면서 단지 그 예봉만을 바꾸어놓았다. 즉, 그 자신이 교황의 지위에 올랐으며 모든 성직자가 자신을 최고 권력자로서 인정하게 하는 서약에 동의할 것을 요구했다. 이로써 고(高)교회(Hochkirche)라는 이른바 영국 국교의 교회 형태가 발전하게 되었다. 고교회는 루터파 교회에는 수도원장과 주교를 두고, 비밀고해와 독신생활 제도를 유지했으며, 가톨릭교회에는 교황과 교황에게 바치는 헌금, 수도회와 수도원을 폐

---

[6] Franz Gomarus(1563~1641): 네덜란드의 신학자. 엄격한 칼뱅파.
[7] Jan van Oldenbarnevelt(1547~1619): 네덜란드의 정치가·칼뱅파. 스페인에서 독립하려는 네덜란드 독립전쟁에서 중요한 역할을 함.

지시켰다. 이는 실제의 종교적 신념을 지닌 사람이면 누구든 탄압을 받을 수밖에 없는 기괴하고도 음흉한 개혁의 성격을 띠었다. 교황을 추앙하여, 국왕이 치른 여러 번의 결혼을 간통으로 간주하는 신앙심 충만한 가톨릭 신자는 대역죄인으로 참수당했다. 반면 의식제도를 비난하고 목사의 결혼을 허용된 것으로 간주한 성실한 프로테스탄트는 교회를 모욕한 자로 교수형에 처했다. 화체설을 부정하는 엄격한 칼뱅파라면 이교도로 추방될 수 있었다. **고교회**의 자의적인 자웅동체 교리는 영국 왕실이 지배하는 지역들, 특히 아일랜드에서는 가톨릭 문화가 완강히 고수되게 했을 뿐만 아니라 복음교리도 **청교도들**이 이미 보여주었듯이 그 순수성을 보존하게 했다. 이러한 문화가 대표적으로 확산한 곳이 스코틀랜드였다. 엄격한 도덕론자인 만큼 광신적이었던 존 녹스[8]는 오직 공동체의 원로들, 즉 장로들의 지도원칙에 기초를 둔 교회를 설립했다. 이 원로들은 스스로를 **장로파**(Presbyterianer)라고 불렀다. 나중에 그들은 **비국교도들**(Dissenters) 혹은 **비추종주의자들**(Nonkonformisten)이라고 불렀다. 왜냐하면 그들은 공식 교회와 대립했기 때문이다. 또한 그들은 자신들의 종파를 보호하기 위해 동맹자 연합을 구성했기 때문에 **서약파**(Covenanter)로 불리기도 하며, 개별 공동체에 국가와 교회의 완전한 독립을 약속했기 때문에 **독립파**(Independent)로 불리기도 한다. 그런데 이 마지막 명칭은 청교도 내에서 급진 그룹에 적용할 때에만 주로 사용된다.

간단히 말하면 유럽 전체가 서로 투쟁하는 교파의 거대한 전장으로 변모해갔다. 이러한 시·공간 속에서 종교적인, 좀 더 정확히 말해서 신학적인 이해관계가 다른 모든 연대감을 집어삼켰다. 이

자연법

---

[8] John Knox(1514년경~1572): 스코틀랜드 종교개혁의 선구적인 지도자.

상황을 두고 매콜리는 다음과 같이 아주 적절하게 요약한다. "물리적 경계가 도덕적 경계에 의해 짓눌렸다." 각 개인의 정치적 입장은 자신이 속한 국가·인종·언어·가족이 아니라 오로지 신앙의 종파에 의해서만 결정되었다. 기즈[9]파와 그 추종자들은 스페인 사람들과 음모를 꾸미면서 프랑스에 반역하듯 행동했다. 위그노파 사람들 역시 매국노들처럼 행동했다. 그들은 독일과 은밀히 협상한 것이다. 스코틀랜드 가톨릭 신자들은 프랑스에서 그들의 조력자를 찾았다. 개혁된 스페인령 저지 지역들은 영국인이 그들의 땅에 들어올 것을 요청했다. 엘리자베스 여왕의 신하 중 교황청을 지지하는 이들은 스페인 무적함대의 승리를 기원했다. 메리 스튜어트[10] 여왕의 신하 가운데 청교도들은 영국의 간섭을 희망했다. 독일 프로테스탄트들은 대대로 적대 관계를 유지해온 프랑스에 로트링겐[11] 주교구들을 넘겼다. 프랑스 프로테스탄트들은 아브르(Havre)를 숙적 영국에 이양했다. 당시에 출현한 완전히 새로운 국가이론도 이러한 맥락과 맞물려 있다. 그 대표자들로는 **장 보댕**[12]과 **요한네스 알투지우스**[13], 그리고 이미 언급한 바 있는 **휴고 그로티우스**를 꼽을 수 있다. 그로티우스는 17~18세기 내내 유럽에서 유행한 이른바 '자연법'에 관한 관점에 기초를 놓았다. 이 관점에 따르면, 법과 국가는 신의 직접적

---

[9] F. de L. Guise(1519~1563): 프랑스의 군인·정치가. 구교도파의 수령으로서 위그노 전쟁에 참전.

[10] Maria Stuart(1542~1587): 스코틀랜드의 여왕.

[11] Lothringen: 현재의 프랑스 로렌 지방.

[12] Jean Bodin(1530~1596): 프랑스의 정치사상가. 국왕과 의회가 상호균형을 이루며, 신법과 자연법에 근거한 입법권이 보장되는 이상주의적 군주제 이론을 주창함.

[13] Johannes Althusius(1557~1638): 네덜란드의 칼뱅파 정치이론가. 현대 연방주의의 정신적 아버지이자 인민주권의 옹호자로 통하기도 함.

간섭과 관련 있는 것이 아니라 우리의 천부적인 이성적 소질과 우리의 자기보존 충동, 그리고 사회적인 결합에 대한 우리의 경향에서 나온 인간 활동과 관련 있다. 알투지우스도 이와 같은 방식에서 국가의 형성을 생각한다. 이에 따르면, 가족이 먼저 있고, 이 가족에서 부족이 형성되었으며, 이로부터 공동체가 만들어지고 이 공동체에서 지역이 형성되었고 마지막으로 국가가 나타난다. 그러므로 국가는 개인들의 집합이 아니라 여러 단체의 집합으로 이루어진다. 따라서 국가의 최고 권력은 이 단체들에게만 귀속될 수 있을 뿐이다. 이 단체 속에는 여러 민족과 계층이 포함된다. 이것이 바로 그 작용력이 엄청난 '주권재민(Volkssouveränität)'이라는 유명한 독트린과 관계있는 말이다. 아직은 절대군주제 추종자였던 보댕도 제후들의 주권은 종교와 도덕에서 한계를 드러낼 것이라고 설명한다. 그러나 바로 이러한 관점은 그 시대 모든 국가이론의 정곡을 찌르는 도약판이 되기도 한다. 왜냐하면 바로 여기서 '군주 만들기(Monarcho-machen)' 학파가 시작되기 때문이다. 이 학파는 백성들의 종교에 대한 국가의 어떠한 개입도 허락하지 않는다는 원칙을 대변한 선제후들과 싸우는 전사였던 셈이다. **"한 지역에, 한 종교를"**이라는 원칙은 도덕적이지 않은 만큼 합법적이지도 않은 것으로 보였다. 국민이 계약을 통해 자신의 군주에게 권력을 위임해온 것이므로 군주는 그 권력을 오로지 국민에게서만 얻게 된다는 것이다. 이것이 이른바 '위임이론(Kommissionstheorie)'이다. 이 이론에 따르면, 만일 군주가 무엇보다 국민의 양심의 자유를 유린함으로써 자신의 권한을 넘어선다면 계약은 언제든지 취소될 수 있다. 이때 국민은 **저항의 권리**(*ius resistendi*)를 가지며 폭군을 폐위시킬 수 있다. 군주가 자발적으로 물러나지 않으면 살해를 해도 된다. 이러한 이론을 실천한 이로는 앙리 3세를 칼로 찌른 자크 클레망[14], 앙리 4세를 단도로 살해한 프랑수아 라바야크[15], 빌렘 반 오라녜[16]를 저격한 발타사르 제라르[17], 엘리자베스 여왕을 암살하고자 수십 차례 음모를 꾸민 존 새비지(John Savage)와 안토니 바빙턴(Antony Babington), 그리고 제임스 1세와 그의 가족들에 대해 살해를 기도하고 의회를 폭파하려 한 런던의 폭파조가 포함된다. 여기서 거명된 인물 모두가 광신적인 가톨릭 신자였다는 것은 강조할 필요가 있어 보인다.

예수의 군대

이런 사건들과 다른 수많은 비행을 자극한 것에 대한 책임을 예수회에 돌리는 일이 비일비재했다. 사실 적어도 그들의 교리는 정치적 살인을 허용한다는 오해를 불러일으킬 충분한 여지가 있었다. 폭파 음모자들은 자신들의 계획을 수행하기 전에 우선 예수회 고위층에 그들의 의사를 타진했다고 한다. 그 답은 명확한 선의의 목적이라면 '무고한' 몇몇 사람이 목숨을 잃게 되더라도 용서받을 수 있다는 것이었다. 그런데 이와 같은 관점은 그 시대의 정신으로 통하기도 했다. 자크 클레망은 도미니코회 수사였다. 그는 원장에게 어떤 목사가 한 폭군을 살해했다면 이는 - 그저 '규정을 위반한' 행동일 뿐인데도 - 살인죄에 해당하는가 하고 물은 적이 있다고 한다. 그리고 프랑수아 기즈 공작을 살해한 폴트로 드 메레[18]도 자신의

---

[14] Jacques Clément(1567~1589): 도미니코회의 일원. 앙리 3세 암살 이후 체포되어 사지를 찢는 참수형을 당함.

[15] François Ravaillac(1578~1610): 프랑스 궁정의 잡부. 열렬한 가톨릭 신자. 앙리 4세 암살사건에서 체포되어 능지처참 당함.

[16] Willem van Oranje(1533~1584): 빌렘 1세(Wilhelm I)로 통함. 스페인에 저항한 네덜란드 독립운동 지도자.

[17] Balthasar Gérard(1557~1584): 네덜란드 독립 지도자, 빌렘 1세의 암살자.

[18] Poltrot de Meré(1537~1563): 프랑스 앙구무아(Angoumois)의 귀족. 암살 죄목으로 능지처참 당함.

기획을 행동으로 옮기기 전에 위그노파 목사들에게 상담했고, 이 목사들은 그것이 그의 영혼 구제를 저버리는 일은 아닐 것이니 염려하지 말라고만 답했을 뿐이다.

예수회는 세계사가 만들어낸 가장 눈여겨볼 작품 가운데 하나이다. 예수회는 그 자신을 탄생시킨 난폭하면서도 영민하고, 광신적이면서도 범죄적인 과도기의 형태를 보이면서 이 시기의 모든 모순을 자체에 응축했다. 그 설립자인 이그나시오 데 로욜라[19]는 그의 위대한 맞수 루터를 쏙 빼닮을 정도로 특이한 현상을 드러낸다. 이런 현상은 중세에서 연원하는 것으로서 기사의 용맹성과 성인의 마력이 뒤섞인 상태다. 그가 취한 기본행태는 세계에 낯설 뿐인 몽상처럼 보였다. 그러나 바로 이 때문에 그는 유럽의 절반을 정복할 수 있었다. 매력적인 그의 환상들은 실재보다 더 강력한 힘을 발휘하여 현실을 압도한 것이다. 그의 삶 전체를 지배한 중심이념은 정신이란 주권을 갖고 있으며, 우리의 육체는 정신이 필요한 의지력을 소지하고 자기 단련을 하게 된다면 임의대로 그 힘을 발휘할 수 있는 도구가 될 뿐이라는 확신이다. 그것은 곧 정신이 진지하게 결단만 한다면 구상하는 차원에 맞게 세계 전체를 형성할 수 있다는 것을 의미한다. 이를 한마디로 요약하면 영혼이 물질보다 더 강하다는 것이다. 로욜라는 인생경력을 멋진 호색적인 시종과 강단지고도 용맹스러운 장교로서 시작했다. 팜플로나(Pamplona) 요새를 방어하기 위해 생사를 가르는 전투를 벌이는 도중에 큰 돌에 깔려 양쪽 다리가 부서졌다. 미숙한 외과의사가 한쪽 다리를 잘못 접합하여 또 한

---

[19] Ignacio de Loyola(1491~1556): 스페인의 신학자. 16세기 가톨릭 종교개혁에 지대한 영향을 끼침. 프랑스 파리에서 예수회를 조직·설립함.

번 다리를 절단하는 고통을 겪어야만 했다. 그러나 다리 길이가 계속 짧아지고 있어서 그것을 방지하려고 한 달간 무거운 물건을 다리 끝에 달고 있어야만 했다. 이런 고통을 겪는 동안 가톨릭교회의 순교자가 되어야겠다는 욕구가 생겨나 그렇게 하기로 결심했다. 상처가 어느 정도 아물었을 때 그는 예루살렘으로 순례를 떠났다. 그의 형이 준 여행자금은 가난한 자들에게 나눠줬다. 배 위에서 참회에 관한 설교를 했지만 거친 뱃사람들에게 조소를 샀다. 하루 세 번 편태고행을 했으며, 7시간을 기도로 보냈다. 식사라고는 물과 빵뿐이었으며, 잠자리는 맨바닥이었다. 고향으로 돌아와 순회 설교를 했다. 수많은 사람이 몰려들었다. 그러나 곧 그는 사람들을 인도하려면 지식도 필요하다는 사실을 깨닫는다. 그래서 그의 나이 서른세 살이 되던 해에 그는 엄청난 노력 끝에 라틴어를 터득하고 알칼라(Alcala)에 있는 대학에 들어갔다. 한 경건한 학우회에서 교황이 1540년에 축하전문을 보내 인준한 **예수의 군대**(*Compañia de Jesus*)의 첫 단초들이 형성되었다.

그 명칭이 벌써 짐작케 하는 것은 군대와 유사한 조직을 형성한 것이 문제였다는 점이다. 그 선두에는 교황 외 그 누구의 지시도 받지 않는 수도회 장군이 서 있었다. 이 장군 아래에는 지역 장군들이 편재되었다. 이들과 일반 병사 사이에도 수많은 등급이 있었다. 특히 시선을 끄는 점은 예수회 회원들은 모든 성직에서 배제한다는 엄격한 규율이다. 이런 금지규율을 통해 그들은 모든 힘을 오로지 수도회에 복무하는 일에만 쏟게 했다. 그들이 해야만 했던 핵심 서약은 복종서언이었다. 그 지침에는 이렇게 적시하고 있다. "천체의 영원한 법칙을 볼 때 하계(下界)가 상계(上界)를 따라 운행하듯이 복무하는 조직은 지도부의 지시에 복종할 수밖에 없다." 그 복종의 원리는 군대와 동일하게 예외 없는 엄격성을 기초로 했다. 그들은 사람이 스스로를 "마치 나뭇조각이나 고깃덩어리"로 볼 정도로 규정에 대한 맹목적 복종을 학습하고 단련시켰다. 여기서 바로 그 유명한 예수회의 '맹종(Kadavergehorsam)' 개념이 유래한다. 이 개념에 따를 만큼 의지력의 수행능력을 단련하는 데에는 로욜라가 착안한 **군사적 영성 수련**(*exercitia spiritualia militaria*)이 유용했다. 여기에는 욕망과 정열뿐만 아니라 상상과 기억의 이미지들까지도 관리하고 통제하기 위한 정교한 지침이 들어있다. 이를 두고 카를 루트비히 슐라이히[20]는 프로이센의 군사훈련과 비교한다. 전적으로 틀렸다고는 할 수 없지만, 예수회의 경우 정신 부분을 무엇보다 강조했다는 점에서 차이가 나는 것은 분명하다.

그러나 또 다른 측면에서 보면 비록 이 수도회가 모든 회원을 비인격적인 단일 도구로 만들었지만 각 개인의 과제를 타고난 소질에 따라 개별화하여 개인으로 하여금 가장 유용한 것을 만들어내고, 자신의 재능과 취향을 가장 풍부하게 펼칠 수 있는 그런 자리에 사람을 항상 배치하는 일에서 탁월한 능력을 발휘했다는 점은 눈여겨볼 대목이다. 이처럼 사람을 활용하는 그 뛰어난 기량 때문에 예수회에 대한 평가도 언제나 다양하고 상이할 수밖에 없다. 이런 평가가 모두 타당한 것은 사실이다. 왜냐하면 예수회는 한 가지 뜻을 담은 현상이 아니라 인간의 성격만큼이나 수천 가지 형태로 변할 수 있을 정도로 다양했기 때문이다. 예수회 회원은 수많은 악행과 선행을, 수없이 많은 고상한 일과 사악한 일을 벌였다. 그런데 그들

예수회 정신의 편재

---

[20] Karl Ludwig Schleich(1899~1944): 독일 나치당의 정치가이자 나치 돌격대의 지도자.

이 한 이 모든 일을 그들은 될 수 있는 한 잘 수행했다. 그들은 가장 영예로운 기사, 가장 철저한 고행자, 가장 헌신적인 선교사, 가장 약삭빠른 상인, 가장 충실한 집사, 가장 노련한 통치자, 가장 현명한 사제, 가장 탁월한 미적 감각을 지닌 연출가, 가장 능숙한 의사, 가장 교활한 살인자들이었다. 그들은 교회를 짓고 공장을 건설했으며, 성지를 순례하고 음모를 꾸몄다. 수학과 교의의 명제를 늘렸지만 자유로운 연구를 억압했다. 일련의 중요한 것을 발굴하여 그들의 몇몇 문헌을 통해 가장 순수한 형태의 기독교 교리로 보급했다. 인도 사람들이 그리스도의 이름으로 그들의 신에게 기도하게 했다. 스페인 사람들의 야만행태와 파괴충동에서 파라과이의 인디언을 보호했지만, 파리 사람들을 자극해서 성 바르톨로메오의 밤에 일어난 대량학살에 가담케 하기도 했다. 그들은 말 그대로 뭐든 할 수 있었다. 그런데 그들이 그토록 섬뜩하고 불가항력적인 존재로 보인 것은 예측하기 어려운 그들의 변덕 때문이 아니라 바로 그들의 불가사의한 편재 때문이었다. 그들은 문자 그대로 어디에든 존재했다. 누가 예수회 회원이고 누가 그 영향 아래 있는지 도무지 알 길이 없었다. 지상에는 그들이 오르거나 내려가지 못할 만큼 높은 곳도 낮은 곳도 없었다. 그들의 흔적은 영주들의 밀실뿐만 아니라 가장 초라한 오두막에서도 볼 수 있다. 중국과 일본에서조차도 예수회의 임무가 있었다. 무엇보다 그들은 당시 가장 강력한 세 가지 정신적 권력수단을 장악할 줄 알았다. 이 권력수단은 설교 단상과 고해소, 그리고 학교였다. 그들의 사제들은 위엄과 진지함을 호의와 실행으로 각각 결합할 줄 알았다. 그들의 학습교재는 명료함과 구체성과 생생함에서 다른 모든 책을 능가했다. 그들의 학교는 전 세계에서 유명했다. 세상 어느 곳에도 그토록 지성적이면서 온화하고 박식하면서도 활력이 넘치는 교육자가 없었다. 대학에서도 그들은 뛰어난 교사를 통해 다양한 전공분야를 대변하게 했다. 베이컨은 이렇게 말한다. "성격을 포함한 지식의 교양교육에서 수도회가 이룬 성과를 보고 있노라면 '현재 너의 모습은 네가 우리처럼 되었으면 하고 내가 바랐던 그대로다'라고 한 아게실라오스[21]의 말이 떠오른다." 고해 신부들로서도 그들은 모든 기대와 욕구에 부응할 줄 아는 숙달된 능력을 제대로 보여주었다. 고해자가 원하는 대로 그들은 도덕에 엄격한 경건한 자세를 취했으며, 고해자의 어떤 막중한 범행도 양심위원회의 영향력 있는 자리에서 허용만 된다면 최대한 눈감아주고자 하는 너그러운 마음이 있었다.

그들의 고해 과정에서 예수회의 이름으로 다소 영예로운 명성을 얻었던 묻어주고 덮어주기, 눈감아주기, 봐주기와 같은 관행이 생겨났다. 수단을 신성하게 하는 목적이라는 명제가 예수회의 기록물에서 발견되지는 않지만, 그들은 이 명제 원칙에 교묘히 근접하는 수많은 것을 가르쳤다. 그들 수도회의 제1정관에는 어떤 회원도 살인죄에 연루되는 행동을 할 수 없다는 교시가 적혀 있다. 그러나 다음과 같은 부칙이 딸려 있다. "지도자가 예수 그리스도의 이름으로 명할 때는 가능하다." 이로써 전문(前文)은 폐기된 것이나 다를 바 없는 것처럼 보인다. 모든 행위에서 중요한 것은 오로지 **의도**(*intentio*)일 뿐이며, 따라서 금지된 행위도 선의에서 비롯된 것이라면 변호될 수 있다는 교의에서 맹세나 목격자 증언, 약속 등을 할 때 흔히 통용되는 악명 높은 '은밀한 유보'에서와 마찬가지로 그리스도의 이름

---

[21] Agesilaus von Barnabazus(BC ?444~BC ?360): 고대 그리스 스파르타의 왕, 아게실라오스 2세를 말함.

만 팔면 뻔뻔함과 궤변도 묵인되는 토대가 마련되었다. 이런 행태는 '개연적' 근거가 있다고 생각되면 모든 것을 묵인하는 결의론 (Probabilismus)에서 정점을 보인다. 덧붙이면 예수회 회원들은 불행하게도 바로크의 가장 심오하고 영예로운 작가 파스칼(Pascal)을 적으로 생각했다. 파스칼은 반어적 창작의 걸작인 그의 작품『시골 친구에게 부치는 편지(Lettrres provinciales)』에서 예수회의 체계를 반대하는 내용을 명쾌하고도 예리하게 요약했기 때문이다. 요컨대 객관적으로 판단한다면 누구든 예수회가 위대한 이념을 좇아 자신을 희생하는 가장 고상한 헌신의 정신에 근거해서 만들어졌다는 사실을 부정할 수는 없다. 그러나 애초부터 독소를 품고 있었다. 이 독소는 적에게 치명적이었지만 그 자신에게도 치명적이었다. 결코 어디서든 사람을 기망해서는 안 된다는 사실, 최소한 '신의 명예'를 위해서도 그렇게 해서는 안 된다는 사실을 예수회는 잊었던 것이다.

펠리페 2세 예수회 회원들이 종교개혁을 상대로 전 유럽에서 은밀히 지중전 (地中戰)을 벌이고 있을 때, 펠리페 2세는 종교개혁에 맞서 포악한 폭력을 노골적으로 휘둘렀다. 이 군주가 어느 정도로까지 정신장애가 있었는가 하고 물음을 제기해볼 수 있다. 그의 아들 돈 카를로스 (Don Carlos)는 분명 정신장애가 있었다. 통일된 스페인의 최초 여왕이었던 그의 조모 후아나(Johanna)도 마찬가지였다. 일명 '광인'이었다. 아무튼 펠리페 2세에게서 우리가 이미 언급한 바 있는 합스부르크가의 특수한 정신질환이 아주 노골적인 형태로 표출된다. 그의 삶을 지배한 것은 몇 가지 고정관념이었다. 그것은 로마식 보편교회의 완전한 복원이자 스페인의 절대주의를 전 세계로 확장하는 것과 관련 있다. 40년이 넘는 그의 집권기간 매 순간을 바로 이 목적에 바쳤으며, 그가 집권하는 동안 희생할 수 있는 모든 것을 망설이지 않고 이 목적을 위해 희생했다. 선박과 황금, 토지와 인간, 스페인 병사들의 피와 저지 지역 나라들에 등장한 이단자들의 피, 이웃 나라의 안정과 자기 국민의 복지를 제물로 삼았다. 인생 말년에 그는 자기의 목적 가운데 어느 하나도 실현된 것이 없다는 사실을 깨달았다. 그가 평생 싸움을 건 모든 세력이 승승장구하고 있는 것을 목격하고서는 자신을 증오하는 가련한 신세가 되고 말았다. 무기력해진 끝에 통풍이 와서 수족이 마비되었다. 그의 왕국에서 떨어지지 않던 해가 몰락과 궁핍의 햇살만을 비췄을 뿐이다.

펠리페 치하에서 합스부르크가의 제도뿐만 아니라 스페인의 제도도 가장 강력하면서도 가장 터무니없는 그의 면모를 압축해서 보여주었다. 스페인의 하급 귀족들은 신앙심이 아주 두터웠다. 펠리페는 광신적이었다. 가차 없고 잔인했다. 어떤 희생도 안중에 두지 않았으며, 자신을 누구보다 더 고차원적인 존재로 여겼고 스스로를 신으로 간주했다. 그는 배타적이었다. 가까이 다가갈 수 없을 만큼 매우 어두운 사람이었다. 그래서 펠리페는 아무나 볼 수 없었다. 최고 신분의 공작들만 그를 알현할 수 있었다. 물론 이들도 무릎을 꿇은 채로만 그에게 다가갈 수 있었을 뿐이다. 그는 명령을 내릴 때 반 토막 문장으로 말했기 때문에 신하들은 그 내용을 추측할 수밖에 없었다. 그가 탔던 말은 누구도 탈 수 없고, 그가 소유했던 여자와는 누구도 결혼할 수 없었다. 그는 사실 국민들 사이에 성인으로, 일종의 사제(司祭) 국왕으로 통했다. 그는 우울하기 그지없는 단조로운 삶을 살았다. 언제나 같은 시간에 같은 메뉴로 차려진 음식을 먹었으며, 항상 똑같은 검은 옷을 입었다. 훈장조차도 검었다. 매일 말을 타고 산책하는 곳도 똑같은 장소였다. 그곳은 사람이 없는 황량한 그의 성 주변이다. 인생 말년에는 미사를 보러 갈 때를 제외하고는 자신의 방을 떠난 적이 없었다. 그의 태도 일체는 미동도 없는 태연함과 내적 동요에도 아랑곳하지 않는 외적 의연함을 뜻하는 스페인어 **소시에고**(*sosiego*)의 이념을 그대로 구현했다. 그는 누구도 멀리하지 않았지만 누구도 가까이하지 않았으며, 불친절한 것은 아니지만 인간적이지도 않았다. 그는 가장 무정한 교만한 태도 그 못지않게 상처받은 듯이 의기소침한 자세로 거리를 두는 냉정한 태도를 보였다. 그는 평생 단 한 번 웃은 적이 있다고 한다. 그것은 성 바르톨로메오의 밤에 대한 소식을 들었을 때였다. 덧붙인다면 당시의 교황은 기쁜 마음을 아주 노골적으로 드러냈다. 그는 최근의 역사에서 벌어진 가장 끔찍한 이 대량학살을 기념주화와 찬미가로 기념했다. 이로써 그는 수간(獸姦)·성물매매·근친상간을 통해 베드로의 의자를 더럽힌 그의 모든 선배보다 그것을 더 욕되게 했다.

세계의
수도원
에스코리알

펠리페는 단 한 가지 기질에서만 스페인 사람들의 그것과 달랐다. 그는 대단히 부지런했다. 아침부터 저녁까지 국정 서류를 살폈다. 그는 직접 모든 것을 관장했으며 심사숙고한 끝에 모든 것을 문서로 처리했다. 쉴 줄 모르는 이런 근면과 의무의 충실성에도 불구하고 불모성의 저주가 깔려 있었다. 그의 활동은 창조적이지 못했던 것이다. 말하자면 독창성이 결여된 그의 활동은 일을 위한 일처럼 판에 박은 듯 늘 단조로웠다. 이것이 그의 필생의 작업을 좌절케 한 여러 모순 중 하나이다. 그는 나폴레옹처럼 범세계적인 계획을 갖고 있었다. 그런데 그는 이 계획을 정신이 없고 세부적인 항목에 집착하는 느릿한 관료주의를 통해 실현하고자 했다. 이런 끈적이는 달팽이 근성이 그의 정부 전체를 지배한 성격이라고 말할 수 있다. 그의 좌우명은 '나와 시간'이었다. 모든 문제뿐만 아니라 화급한 문의에 대해서도 그가 항상 하는 답변은 천편일률적으로 **내일! 당장**이었다. 이뿐 아니라 그는 거의 모든 관료적 행정체제에 내속하는 증세가 있었다. 그것은 곧 모든 것을 의심하는 증세이다. 그는 신하 누구도 완전히 신뢰하지는 않았다. 그래서 항상 교체할 대역을 찾았다. 중대한 군사적 혹은 외교적 성과, 대중적 인기, 탁월한 재능 등의 문제가 그를 불안하게 만들었다. 대개 상상에서 비롯된 왕의 전권에 대한 위협에 대응하는 데는 그가 스페인인으로서 능숙하게 연출한 위선의 기교와 합스부르크가 일원으로서 그에게 제2의 본성이 된 배은(背恩)이 도움이 되었다. 이 방식에서 가장 영예로운 두 희생자는 에그몬트(Egmont)와 돈 후안(Don Juan d'Austria)이었다. 생캉탱(Saint Quentin)과 그라벨링엔(Gravelingen) 전투의 승리자로서 온갖 찬사를 받은 에그몬트는 죽음으로써 끝을 맺었다. 돈 후안은 레판토(Lepanto) 해전에서 투르크족의 함대를 빈번히 대파했지만, 국왕의 총애를 한창 받고 있던 시절에 갑작스러운 의문의 죽음을 당했다. 펠리페는 이런 추적망상과 편협한 후견 제도를 통해 자부심 강한 스페인 사람들을 하수인·첩자·뜨내기로 만들어 놨다. 그의 본성을 웅변해주는 것이 성자 라우렌시오가 석쇠 위에 구워졌듯 삭막한 자갈밭 위에 서 있는 에스코리알[22]이다. 이곳은 회색빛으로 차갑고 단조로우며, 접근을 금하는 무미건조한 곳으로 보인다. 그것은 저택이나 궁전이라기보다는 수도원이나 납골당같다. 사실 그가 남긴 것은 거대한 **에스코리알**(escorial), 독일말로 표현하면 석탄산성 같은 것뿐이다. 펠리페는 자기 인생의 끝이 다가오고 있다는 것을 느꼈을 때 해골을 하나 가져오게 하여 그 위에 황금 왕관을 얹어놓게 했다는

---

[22] 엘 에스코리알은 마드리드에서 북서쪽으로 42km 떨어져 있는 지방이다. 왕립 성 라우렌시오 수도원이 있다.

일화가 있다. 이 해골을 뚫어지게 응시하면서 죽음을 맞이했다고 한다. 이 충격적인 마지막 장면은 강렬한 인상을 주지만 무의미한 이 권력자의 생과 이 괴물 속에 살았던 고상한 정신의 의미가 무엇인지 동시에 명확히 말해주는 상징이 되는 셈이다.

펠리페의 파괴적 작용은 그의 권력 아래 놓여있던 모든 것에 미쳤다. 그는 인간적·민족적 속성이 유익한 발전을 하는 데 필요한 특수한 생활조건에 대해서 전혀 이해하지 못했다. 스페인 혈통의 국가들은 국가의 전제정치와 교회의 종교재판이라는 이중의 억압에 시달렸다. 화려한 사치와 장엄한 격식으로 치러진 수많은 종교재판 때문에 인구수가 줄었으며, 살아남은 나머지 사람들은 편협성과 공포만을 체화했다. 검열이 스페인에서만큼이나 철저하고 냉혹한 곳도 없었다. 외국 학교를 방문하면 무겁게 처벌했다. 이는 자유사상의 독약이 스페인에 침투하지 못하도록 하려는 조처였다. 메세타(Meseta)와 같은 내륙 중앙의 주민들과는 언어·성격·생활양식에서 본질적으로 다른 변방 아라곤·카탈루냐·안달루시아 등의 주민들은 잔인하게 탄압을 받았다. 전 스페인이 생기 없어 나른하면서도 거만하고 고루한 중부 지역 사람들의 본성을 좇게 되어 있었다. 1580년 포르투갈 왕위를 펠리페가 계승하면서 포르투갈이 무력 앞에 스페인에 합병되어 계속 파괴되었다. 포르투갈의 식민지는 없어지거나 무효가 되었다. 세계무역에서 포르투갈의 역할은 더욱 초라해져 매년 그 의미를 상실해 갔다. 남부에 널리 포진하고 있던 여타 아랍인과 무어인은 참아낼 수 없는 터무니없는 명령 때문에 절망의 상태로 몰렸다. 그들은 공식적으로는 말할 것도 없고 비밀리에도 그들의 모국어를 사용할 수 없었다. 그들이 대단한 애정으로 관계를 맺고 있던 흑인노예들을 그들에게서 강탈해갔다. 그들의 목욕탕, 그들의 복장, 그들의 악기도 금지되었다. 유혈진압된 봉기 이후 그중 많은 사람이 해외로 도망갔다. 그러나 바로 이를 목격하고 펠리페는 자신이 가장 지성적이고 가장 능숙하고 가장 성실한 백성들을 잃어버렸다고 생각지는 않고 마치 자신의 조처로 그것을 노렸다는 식이었다. 스페인의 사막을 비옥한 과수 지역 우에르타[23]로 변모시킨 기적 같은 수로장치는 무어인들 덕분이며, 그들의 손을 통해 쌀 문화, 설탕조제, 목화산업, 비단과 종이의 제조가 정착했다. 스페인 왕국은 이런 순수 산업부문에 의존했다.

스페인의 식민지 정책

펠리페는 식민지 정책에서 훨씬 더 광적인 행태를 보였다. 모국을 위한 해양 정복은 일련의 부정적인 작용을 일으켰다. 그것은 인구가 희박했던 스페인이 감당하기 어려울 정도로 해외이주를 부채질했고, 남아있던 사람들에게는 게으름과 향락욕의 타고난 기질을 돋구어놓았다. 그러는 사이에 광활한 들판이 경작되지 않고 방치되었으며, 채굴되지 않은 광물이 남아돌았지만 광산업은 소홀히 취급되었고, 상업과 생업이 부도로 몰락해갔다. 식민지에서조차도 스페인 사람들은 파렴치한 강도처럼 굴었을 뿐만 아니라 어리석은 강도처럼 처신하기도 했다. 값으로 따질 수 없는 가치를 지닌 한 모자이크에서 보석을 뜯어내어 가져가려 했고, 1년 내내 양식으로 쓸 수 있는 젖소를 한입에 삼키기 위해 죽이기도 했던 점에서 그들은 노상강도나 다를 것이 하나도 없었다. 그들은 그러한 비이성적 탐욕 때문에 젖소를 과식해서 젖소와 함께 몰락했다. 그들에게는 **포르투갈의** 식민지만으로도 버거울 정도였다. 그도 그럴 것이 그 식민지들은 다른 많은 땅은 말할 것도 없고 아프리카 동·서부 해안을 비롯

---

[23] Huerta: '비옥한 평야'라는 뜻을 지님.

하여 몰루카 제도(Molukken)와 브라질을 포함하고 있었기 때문이다.

무엇보다 스페인 사람들은 정복한 나라가 번영할 때에만 그곳에서 지속적으로 이득을 뽑아낼 수 있다는 모든 식민지 정책의 기초 강령도 전혀 이해하지 못했다. 그들의 유일한 경제원칙은 원주민에 대한 원시적 약탈이었다. 여기에는 무가치한 유럽의 수입 상품을 터무니없이 비싼 가격으로 강제 유통한다는 의미를 담은 악명 높은 **리파티멘토스**(*ripartimentos*)가 기여했다. 하지만 이러한 수입원이 당장 고갈되었을 때 그들은 역시 강제노동을 수단으로 그 땅을 착취하기 시작했다. 그러나 온화한 자연과 역시 온화한 통치 아래서 수백 년간 살아오면서 유약해진 홍색 인종은 이런 도전에 적응하지 못했다. 많은 무리가 피로에 지쳐 쓰러졌고, 어떤 무리는 숲 속 깊이 도망했으며 나머지는 집단자살을 하기도 했다. 그들은 독초를 먹고 죽거나 성교를 거부하여 후손을 끊는 방식을 택하기도 했다. 소수만이 참고 견뎠다. 그들은 사제들에게 저세상에 가서도 백인들을 만나게 될 것이라고 설교를 들었던 사람들이다. 스페인이 자메이카를 정복한 지 50년 만에 자메이카에서는 인디언 원주민이 절멸하고 말았다. 쿠바의 경우도 마찬가지였다. 거의 언제나 원주민 편에 서서 그 이름을 날릴 수밖에 없었던 성직은 그들을 보호하는 수단이 되었지만 유감스럽게도 그것은 또 다른 야만행위의 원인이 되기도 했다. 말하자면 성직자들은 아프리카에서 흑인노예를 수출할 것을 제안했다. 그리고 실제로 16세기 중엽 거의 전 유럽의 민족이 경쟁적으로 가담한 악명 높은 노예무역 부문이 이미 호황을 누렸다. 스페인 사람들이 말이 없던 아메리카 원주민을 바보로 취급하면서 무지막지하게 다루었을 것은 자명한 일이다. 밀림의 토착 동물을 계획적으로 포획했을 뿐만 아니라 숲을 난폭하게 벌채하고 지력을 무계획적으로 고갈시킨 그들의 흔적이 곳곳에서 목격된다.

당시 북쪽에서 가장 풍요롭고 활기 넘치는 문명 지역이었던 저지 지역 나라들에서도 스페인 사람들은 마치 정벌한 흑인 식민지만 중요하다는 듯이 경제활동을 벌였다. 이는 터무니없는 옹고집과 맹목적인 욕심, 관리의 비인간적 난폭성을 목격한 서적 상인들과 글을 쓰는 교사들이, 평화를 애호하고 움직임이 둔한 민족으로 하여금 결사적인 봉기를 일으키도록 자극할 때까지 오래 지속되었다. 일단 봉기가 일어나자 그것은 좀처럼 진압되지 않았다. 왕의 지시를 저지 지역에서 곧이곧대로 처리한 알바의 방식은 이해할 수 없을 만큼 비열하기 짝이 없었다. 그가 발족한 '폭동 정화위원회(Rat der Unruhen)', 혹은 그곳 주민이 제대로 이름을 붙인 '흡혈위원회(Blutrat)'는 내란음모죄를 덮어씌우는 과제를 부여받았다. 내란음모죄에 걸려든 사람들은 감형을 청원하는 사람, 이 청원을 방해하지 않은 사람, 설령 강제에 의한 것이라 할지라도 개신교의 설교를 묵인한 사람, 왕은 지방 영지의 자유를 취할 권한이 없다고 말하는 사람, '폭동 정화위원회'는 어떤 법에도 얽매이지 않는다는 사실에 의혹을 제기하는 사람, 사람보다 신에게 더 복종해야 한다고 주장하는 사람, 이런 식의 주장에 침묵으로 동의하는 사람 등이 포함되었다. 적어도 이런 불법행위 가운데 **어느 하나**도 범하지 않을 가능성이 없었다는 것은 자명하다. 1568년 2월 16일, 저지 지역 모든 주민이 이단으로 몰려 사형을 선고받은 것은 바로 그러한 광적인 전제들에서 비롯된 당연한 결과일 뿐이다. 이 사건은 역사에서 발생한 유일무이한 국가의식이었다. 수천의 사람이 교수형과 화형을 당하고 구금과 추방, 재산 몰수를 겪고 나서야 어떤 사소한 범행도 저지른 적이 없음을 입증할 수 있는 사람들에게 무혐의 판결을 내리는 왕의 사면조치가 있었다. 이 경우에도 그들은 일정한 기간을 참회를 하면서 은총을 갈구해야 했다. 그러한 사면방식은 세계사에서 유례를 찾아볼 수 없는 일이다.

저지 지역 사람들로 하여금 봉기를 일으키게 한 것은 이 모든 행태 때문이 아니라 재정 부문에서 총독이 취한 조처 때문이었다는 것은 인간본성을 관찰하는 이들에게는 시사하는 바가 매우 크다. 총독의 조처는 그 아둔함과 뻔뻔함에서 그때까지의 여러 다른 인물이 취한 조처들과 견주어볼 때 후자의 것들은 그나마 견디기가 쉬웠을 것으로 생각될 정도이다. 한 길 높이의 황금을 저지 지역 나라에서 스페인으로 가져오겠다고 펠리페에게 약속했던 알바는 모든 동산과 부동산에 1%의 재산세를 부과하고, 토지와 같은 부동산 매각에는 5%의 소득세를, 동산 매각에는 그 두 배인 10%의 소득세를 내게 하는 훈령을 공포했다. 특히 마지막 부분이 엄격히 시행될 경우 저지 지역 상업은 완전히 몰락할 수밖에 없었다. 마침내 이 지역 모든 나라가 스페인에서의 분리를 주장하면서 다음과 같은 구호가 떠돌았다. "교황보다 차라리 터키가 더 낫다!" 이 같은 '저지 지역의 이탈운동'은 당시 유럽에서 가장 막강한 군사력을 가진 스페인을 상대로 한 소상인 민족들의 영웅적 투쟁이라고 부를만하다. 이는 눈여겨볼만한 변화이지만 사람들의 기질도 그만큼 변했다. 자신의 자유와 신앙, 심지어 자신의 생명보다 자신의 생업이나 돈, 자신의 사업에 더 많은 관심을 쏟은 것이다. 국가 관리에서 보인 어리석음과 야만성의 차원에서 보자면 완전히 달라진 세계관에 의해 움직인 정부를 연상시키는 자코뱅파도 그들의 사업을 그르칠 수밖에 없었던 것은 여하한 자유로운 견해를 억압하거나 종교를 경멸하고 집단처형을 자행했기 때문이 아니라 사유재산을 침탈하고 상공업과 금융에 파괴적인 영향을 미쳤기 때문이었다. 그들을 좌절시킨 것은 그들이 만든 단두대가 아니라 그들이 발행한 어음이었다.

펠리페의 몰락은 저지 지역 나라들의 봉기와 때를 같이한다. 그 때 이후 그는 어떤 일에서도 성공하지 못했다. 그의 제국주의 프로 젝트는 간단히 말하면 다음과 같은 것에 있었다. 그는 프랑스를 북 쪽의 저지 지역, 동쪽의 프랑슈콩테(Franche-Comté), 남쪽의 스페인으 로 포위하고, 그 내부를 자신과 연결된 교황청-반왕조 세력 동맹의 막강한 힘을 빌려 동요케 하여 자기 가문의 친척이나 자신에게 종 속된 프랑스계의 인물을 왕좌에 앉히고자 했다. 이를 통해 그는 그 를 위협할 수 있는 이 유일한 대륙세력을 스페인의 속국으로 삼고 자 한 것이다. 영국을 두고서는 메리(Maria)와 결혼함으로써 이미 형 성된 개별연합이나 화력에서 우세한 그의 함대를 통해 쉽게 굴복시 킬 수 있을 것이라고 기대했다. 그 외에도 그는 이미 이탈리아 주요 지역을 장악하여 이를 발판으로 여타 지역을 군사 및 외교적으로 종속시켰고, 오스트리아 세습영지와 신성로마제국 황제 자리에 합 스부르크가 방계가 군림하도록 했을 때 사실 스페인화와 재가톨릭 화가 전 유럽에 확산한 것처럼 보였다. 그도 그럴 것이 터키는 이 거대한 통합세력에 더는 맞설 수 없을 지경이었기 때문이다.

그러나 현실은 그토록 쉽게 실현될 것만 같던 그 프로젝트를 곳 곳에서 거부했다. 펠리페 자신의 가계조차도 이 계획을 따르지 않았 다. 그의 숙부 페르디난트(Ferdinand) 1세는 카를 5세의 후계자로서 새 로운 교리를 통해 오스트리아 지역에서 수많은 추종자를 얻었으며, 합스부르크가의 가장 중요한 군주 가운데 한 사람인 페르디난트의 아들 황제 막시밀리안(Maximilian) 2세는 프로테스탄트나 마찬가지였 다. 프랑스에서는 10년간 공포의 혼란을 겪은 뒤 부르봉가의 최초이자 가장 위대한 왕이라고 할 수 있는 앙리 4세가 왕좌에 올랐다. 그는 낭트 칙령을 통해 위그노파에도 가톨릭 신자에게 허용한 것과 같은 시민권을 부여했을 뿐만 아니라 스페인에 반대하는 민족정책을 추구하기도 했다. 엘리자베스는 펠리페의 청혼을 거절했을 뿐만 아니라 심지어 봉기를 일으킨 저지 지역 나라들을 재정과 군대로 지원하기까지 했다. 이런 영국을 상대하여 펠리페는 최초로 대대적인 공격을 감행한다. 1588년 봄, 근대 유럽이 지금까지 목격한 선박 중에 가장 막강한 화력을 갖춘 함대, 즉 '무적함대 아르마다(Armada)'가 리스본(Lissabon) 항구를 출항했다. 그 운명에 대해서는 너무나 잘 알려져 있다. 물론 이 함대를 침몰시킨 것은 폭풍우 때문만은 아니다. 이 함대는 크세르크세스(Xerxes)가 출격시킨 무시무시한 함대가 그랬던 것과 흡사한 원인으로 침몰하고 말았다. 페르시아 선박들과 마찬가지로 스페인 선박도 물 위에 떠 있는 거대한 집채와 같았다. 이 집채는 항로를 조정할 수 없을 만큼 병력과 무기들로 채워져 있었다. 출격한 함대가 너무 많아, 항로에 방해가 된 것은 적 함대가 아니라 아군 함대들이었다. 반면에 영국과 그리스 선박들은 공포를 자아내도록 거대하게 만들어진 것이 아니라 기동력이 있고 전술적 대오를 효과적으로 갖추도록 만들어졌다. 이 선박들은 쉽게 공격하고 쉽게 도주할 수 있었던 반면에 적의 거대한 함대는 상대가 접근할 때까지 기다려야만 했으며, 급히 퇴각해야 할 때는 아군 선박끼리 부딪혀 부서졌다. 그런데 이 두 경우에 진짜 본질적인 패배 원인은 약자 쪽에서는 **정신**이 무장되어 있었다는 점에 있다. 말하자면 살라미스(Salamis) 해전과 영국 해협 전투의 승자는 바로 정신이었다.

그래서 이탈리아 작가 알레산드로 타소니[24]는 17세기 초에 벌써 수긍할만한 견해를 피력할 수 있었던 셈이다. 그는 스페인을 두고

작은 수탉의 영혼을 가진 코끼리, 상대의 눈을 멀게는 하지만 죽이 지는 못하는 번개, 노끈에 두 팔이 묶여있는 거인이라고 말한다. 그러나 이런 실패에도 불구하고 스페인 사람들은 펠리페에게 언제나 가장 열정적인 충성을 바쳤다. 수세기가 지난 뒤에도 그들은 펠리페 2세를 필적할 제2의 펠리페는 없었다고 말한다. 이런 까닭의 원인은 우선 펠리페 2세 그 자신에게 있다. 이미 언급했듯이 스페인의 민족적 특성이 광기에 가까울 만큼 극단으로까지 고양된 것은 펠리페에서 시작된 것처럼 보인다. 또한 그 원인은 이 기이한 사람이 예술과 학문의 탁월한 촉진자였다는 사실에도 있다. 그는 자기 민족에게 지속적이면서도 강렬하고 독특한 정신적 양식을 선사했다. 에스코리알에 보관된 그의 필사본 모음집은 그가 기도한 그 모든 것만큼이나 전 세계를 깜짝 놀라게 할 정도이다. 그의 후원으로 세워진 일명 **플라테레스코 양식**(estilo plateresco)으로 통하는 금세공술의 건축물과 절충적이긴 하지만 독특한 화려함을 선보이는 무어 · 고딕 · 이탈리아 양식이 뒤섞인 모자이크는 스페인의 민족적 특성을 잘 말해주는 셈이다. 그의 집권기간에 이미 문학은 가장 돋보이는 창작물들을 생산하기도 했다. 티르소 데 몰리나[25]와 세르반테스[26]가 이 시기에 살았던 작가들이다. 이들 각각은 작가가 성취할 수 있는 최고 경지의 희귀한 작품을 창작했다. 이들이 형상화한 인물들은 유일무이한 개인 그 이상을 의미한다. 말하자면 그것은 전체 유

---

[24] Alessandro Tassoni(1565~1635): 이탈리아의 시인 · 희극작가.

[25] Tirso de Molina(1584~1648): 스페인의 극작가. 대표작으로는 『세비야의 난봉꾼과 석상의 초대』, 『여자의 분별』 등이 있음.

[26] M. de Cervantes(1547~1616): 스페인을 대표하는 소설가이자 극작가. 『돈키호테』로 유명함.

의 예술적 압축이라고 할 수 있는 새로운 인종과 관련 있다. 파우스트에 대응한 라틴계의 대역이라고 할 수 있는 돈 후안을 다룬 최초의 드라마는 바로 티르소 데 몰리나에서 연원한다. 그리고 『돈키호테』는 동시대의 허황한 기사소설과 하급 귀족들의 거들먹거림을 비웃고자 구상된 것이라고 생각들 해왔지만, 그 의미는 그 이상이다. 즉 그것은 인간의 이상주의에 내포된 불멸의 희비극을 말해주고 있다. 근본적으로 돈키호테는 **작가**의 영원한 전형이다. 작가는 현실은 그 가장 내밀한 본질상 언제나 실망을 안겨주기 마련이라는 사실을 폭로해왔다. 왜냐하면 현실은 사실 **비현실적**이기 때문이다. 그래서 현실을 인정할 수 없다고 결론을 내리는 것이다. 『돈키호테』가 세계문학의 진정한 최초의 소설이듯이 멘도사[27]의 『그라나다 전쟁사 (*Historia de la guerra de Granada*)』는 근대의 실제적인 최초의 역사서에 해당한다. 그 서술방식이 명확하고 구체적이며 정확할 뿐만 아니라 놀라울 정도로 중립적이다. 그리고 1,500여 편의 드라마 작품 덕분에 **자연이 낳은 괴물**(*monstruo de naturaleza*)이라는 별명을 가진 로페 데 베가[28]는 위대한 양식을 겸비한 최초의 근대적 연극작가였다. 그도 그럴 것이 모든 올바른 극작가는 자연에서 작품을 구성하는 폴리그래프이기 때문이다. 그의 일생의 작업은 문학사가 아니라 기술사(技術史)에 어울린다. 그는 인물이 아니라 역할을, '작품'이 아니라 대본만을, 영원한 가치가 아니라 현재성을 보여주고자 했다. 그의 주인은 그가 경멸하지만 봉사하는 관객이다. 이는 로페가 직접 고백한 얘기다. 그는 자신의 시학에서 연극예술의 목적은 마음을 흡족케

---

[27] Diego H. de Mendoza(1503~1575): 스페인의 소설가 · 시인 · 외교관 · 역사가. 그라나다의 통치자.
[28] Lope de Vega(1562~1635): 스페인의 극작가 · 소설가 · 시인.

하는 데 있다고 설명한다. 이런 태도는 칼데론과 몰리에르의 경우도 마찬가지다. 엄청나게 많은 작품을 쓴 셰익스피어도 다르지는 않다. 다만 다른 점이 있다면 셰익스피어의 경우 무대감독이기도 했다는 점, 그리고 그가 보기에 연극작품은 무대를 벗어나면 어떤 존재 근거도 갖지 못하는 것처럼 비쳤기 때문에 그의 작품 가운데 단 하나도 인쇄하지 못하게 했다는 점뿐이다. 원본의 순수성과 신빙성을 둘러싸고 논쟁을 벌이는 셰익스피어-문헌학자들을 그가 만일 보고 있다면 실소를 금치 못할 것이다.

스페인 양식은 전 유럽이 이 양식을 따르게 한 암시적인 힘을 지녔다. 이는 우선 복장에서 나타난다. 유럽의 의상은 16세기 말부터 완전히 스페인식이 되었다. 그 기본특성은 장식 없는 검은색, 강압적인 격식, 도도한 경건을 바탕으로 했다. 사람들은 거의 언제나 격식 있는 차림을 하고 다녔다. 꽉 조이는 스페인풍 장화, 빳빳하게 주름잡은 스페인풍 옷깃, 뻣뻣한 스페인풍 외투는 지금도 흔히 회자되는 말이다. 이외에도 말 털을 속감으로 채운 두툼한 바지, 소매와 배 부분에 두툼하게 솜을 넣어 '거위 배(Gänsebauch)'로 불리는 스페인풍 남성복, 좁은 테로 삐죽 솟은 스페인풍 모자도 있다. 이때까지 여성들은 의상을 통해 자신의 매력적인 부분을 돋보이게 하려 했다면 이제는 그 부분을 부끄러운 듯 감추려 했다. 가슴을 평평하게 하는 코르셋을 했고 통 모양의 둥근 테를 넣은 치마를 입었다. 이런 치마는 하체 전체를 보이지 않게 감추었던 셈이다. 아주 새로운 것은 손수건이다. 완벽한 사교용 복장을 할 때 부인들의 경우 부채와 가면, 남성들의 경우 끝이 뾰족한 군도를 빠트리지 않았다. 양쪽 모두 장갑은 필수품이었다. 실내에서도 모자나 두건을 쓰지 않고 외투를 걸치지 않은 채 모습을 내보이는 것은 예절에 어긋나는 것으로 통했다. 깃털 복장의 옷이 크게 유행하여 신사들은 머리카락을 브러시처럼 짧게 잘랐고, 수염은 가늘고 뾰족하도록 가위질했다. 이를 사람들은 **앙리 4세의 폼**으로 간주했다. 그런데 앙리 4세는 그런 모양을 한 적이 없었다.

동시에 스페인에서부터 **교양 양식**(*estilo culto*) 혹은 **교양주의**(*cultismo*)가 확산했다. 이는 감미로우면서 과장되어 있고, 지나치게 허식적이고 장식적이며, 가식적인 비유와 공허한 알레고리로 꾸며진 표현 방식이다. 그 기초자는 시인 루이스 데 공고라 이 아르고테[29]이다. 그의 표현방식에 따른 경향을 두고 공고라주의(Gongorismus)라 부르기도 한다. 이탈리아에서는 이러한 경향이 마리노주의(Marinismus)로 통한다. 이 명칭은 이 경향의 주자 잠바티스타 마리노[30]의 이름을 딴 것이다. 그의 인위적인 대조법과 수려한 비유법은 전 세계에서 찬사를 받고 모방되기도 했다. 이와 유사한 경향으로서는 프랑스에서는 프레시오즘(Preziosismus), 영국에서는 존 릴리[31]의 유명한 소설 『미사여구, 기지의 해부(*Euphues, anatomy of wit*)』의 주인공 이름에서 기원하는 유퓨이즘(Euphuismus)이 있다. 이 소설에서 존 릴리는 따가운 위트와 비비 꼬는 해학을 병행시켰다. 이런 스타일은 셰익스피어의 어법에 악영향을 지속해서 끼쳤다. 이런 분위기는 당시 문학 전체뿐만 아니라 학술문헌과 사회적 담화에까지 퍼져 있었다. 심지어 공문서나 청원서와 의회 결의문에서조차도 그런 분위기를 읽을 수 있다. 이러한 양식의 이상은 어떤 식으로든 **특이함**(*bizzaria*)을 보여주는 것이며, 그 목표는 **경이로움**(*lo stupore*)이었다. 마리노는 이렇게 가르친다. "시

---

[29] Luis de Góngora y Argote(1561~1627): 스페인 바로크 시대의 서정시인.
[30] Giambattista Marino(1569~1625): 이탈리아의 시인.
[31] John Lilly(1553년경~1606): 영국의 작가.

의 목적은 경이로움에 있다." 이를 두고 동시대 사람들은 마리노가 그리스 · 로마 · 히브리의 그 어떤 시인보다 더 높은 탑 위에 서 있다고들 했다.

이러한 공허한 꾸밈과 과장된 기교주의 경향은 그 시기의 특색이라고 할 수 있는 모든 종류의 골동품에 대한 유치한 애호와 병적인 수집광으로 표출되기도 한다. 프라하 성에 있는 황제 루돌프 2세의 엄청난 수집품 속에는 자철광으로 만들어진 정선된 국보 상자와 아메리카 인디언의 깃털, 알라우너 뿌리(Alraunwurzeln)로 만들어진 묘약, 세 개의 풍적(風笛), 노아의 방주에서 나왔다는 두 개의 쇠바늘, 부대에 담긴 악어, "그 속에서 자란 돌" 하나, 머리가 둘 달린 괴물, "하늘에서 떨어진 모피", "각종 진기한 바닷물고기와 박쥐" 따위가 들어있다. 이런 계열에는 온갖 신화적 · 고고학적 · 문헌학적 유품으로 꾸민 몰취미의 장식과 무분별한 고대 취향의 모방도 포함된다. 예컨대 엘리자베스 여왕을 앞에 두고 '파리스의 심판(Das Urteil des Paris)'이라는 거대한 가면축제가 열리기도 했다. 정원은 숲의 요정들, 발코니는 사랑의 요정들, 연못가는 바다의 요정들로 붐볐다. 정조의 여신 디아나(Diana)가 여왕을 맞이하면서 여왕을 두고 순결한 정조의 귀감이라고 밝히고는 악타이온(Aktäon)의 덫을 피해 안전한 덤불 속으로 여왕을 안내한다. 마침내 파리스에 대한 재판이 열린다. 왜냐하면 파리스는 사과를 엘리자베스가 아니라 비너스에게 주었기 때문이다. 여왕의 식탁에 오비디우스(Ovidius)의 변신을 말해주는 파이가 등장한다. 거대한 건포도 케이크를 앞에 두고 그 위에 앉으면 트로이의 몰락을 구경할 수 있다고 재담을 나눈다. 이어서 한 무리의 올림포스 신에 둘러싸인 큐피드가 여왕 앞으로 다가와 저항할 수 없는 매력에 이끌리지만 아무리 강한 심장도 꿰뚫을 수

있는 가장 강한 황금빛 화살을 하나 건네준다. 그런데 당시 여왕의
나이는 50살이었다.

의고전주의는 당시 프랑스에서 이미 가장 큰 영향력을 미치는 분
야였다. 군주제 강화를 통해 파리는 점차 모든 세력을 규합하는 지
배의 구심이 되어갔다. 그것은 오늘날까지 남아있는 거대한 대의제
도의 중심이었던 것이다. 문학 · 건축 · 유행 · 생활풍조, 이 모든
것이 이 도시의 경향을 좇았다. 프랑수아 1세 이후로 궁정과 저택의
건축양식 일체가 변화를 보이기 시작한다. 소르본(Sorbonne)은 신학
및 여타 학문의 문제에서 절대적 권위를 갖고 있었다. 파리가 프랑
스로 통한다.

시문학에서 프랑스 의고전주의의 실제적 발의자는 부알로[32]가 극
찬하듯이 "뮤즈를 의무규정에 연결한" 프랑수아 드 말레르브[33]였
다. 그는 정확하고 장중하며, 냉정하면서도 우아한 시작(詩作) 형식
의 아버지인 셈이다. 이 형식이 프랑스에서 19세기까지 지배했다.
그는 알렉산더격의 시행[34]을 거의 절대적 지배의 수준으로 격상시
켰다. 이 시행은 단조로우면서도 유연한 운율의 형식을 취한다. 같
은 시기에 프랑스 문학에 역시 전형적인 것으로 남아 있는 두 번째
요소가 문학에 등장했다. 오노레 뒤르페[35]는 유명한 전원소설『아
스트레(Astrée)』를 썼으며, 이로써 그는 2세기 동안 프랑스 사람들을
사로잡은 차갑고도 감성적인 픽션의 희가극-자연주의의 전범을 창

---

[32] N. Boileau(1636~1711): 프랑스의 비평가 · 시인.
[33] François de Malherbe(1555~1628): 프랑스의 시인 · 비평가 · 번역가.
[34] Alexandriner: 중세의 6각 단장격(12음절) 형태의 시행(詩行). 알렉산더 대왕
　의 전설에 관한 서사시에서 비롯함.
[35] Honoré d'Urfé(1567~1625): 17세기 프랑스의 소설가. 전원적인 목가소설로
　유명함.

조한 것이다. 그의 주인공 셀라돈(Celadon)도 돈 후안이나 돈키호테처럼 독자적인 대명사로 쓰이게 되었다. 그가 분장시킨 연극무대의 목동들과 향수를 뿌린 요정들은 루소의 표상세계에서 활기를 띠고 있다. 이들의 순결 이면에 있는 호색성이 자연적 감각에 맺는 관계는 마치 어깨와 가슴을 노출하는 복장이 나체와 맺는 관계와 흡사하다.

'프랑스 양식'은 당시 건축술에서 벌써 절정을 이루었다. 16세기 궁궐에서 정상을 거닐던 상류층 귀족과 성직자들은 눈부신 상징적 건축물을 세웠다. 그 건축물들은 그들의 세계관과 생활방식을 정확히 반영했다. 밝고 우아하지만 산문적이었다. 빛이 잘 들어오고 전망이 좋았지만 진정한 따사로움은 없었다. 윤곽이 뚜렷했지만 이탈리아풍의 장엄한 맛은 없었다. 삽화가 많고 값비싼 우물반자가 많이 조각되어 있지만 내부 건축술은 빈약했다. 높고 넓은 공간미를 드러내지만 다소 공허하다. 성도 이와 유사한 분위기를 풍긴다. 외딴곳에 홀로 우뚝 선 채 폐쇄되어 있다. 이쯤이면 아마 우리가 몽테뉴를 염두에 두고 말하고 있다고 짐작할 것이다.

비철학적으로 명민하면서도 세상 경험이 많은 어떤 사상가를 다루는 철학 전문 사가들에게는 몽테뉴가 전형적인 회의주의자로 비친다. 그러나 몽테뉴의 경우 회의주의는 일면적 부정이 아니라 전면적 긍정에서 시작된다. 그는 긍정적인 것을 주장할 수 있을 만큼 너무 많은 것을 알아 특정한 입장을 취할 수 없는 사람이다. 그는 온갖 견해를 밝힐 수 있을 만큼 그의 사유도구가 광범해서 공간부족, 즉 '체계'의 부족을 겪을 정도이다.

몽테뉴의 의미에서 회의주의자는 황금률을 열렬히 지지하는 자이고, 에머슨이 말하듯, '저울의 지침(指針)'이다. 그는 세계를 지배하려 하지도 않을뿐더러 그 앞에 의지도 없이 굴복하려고도 하지 않는다. 그는 세계를 관찰하려 한다. 그의 좌우명은 알쏭달쏭한 단테의 말이다. **바라다보고 지나가라!**(*Non ci badar, guarda e passa!*) 이것이 세상 형편에 대해 취할 수 있는 최선의 입장으로 통한다. 바이런[36]은 이렇게 말한다. "나는 신의 손이 나를 거대한 무대 한가운데 데려다 놓은 존재라고 생각한다." 회의주의자는 모든 것을 알며 모든 것을 이해하며 모든 것을 비웃는다. 관념론자는 현실을 진지하게 받아들이지 않는다. 반면에 리얼리스트는 관념론자에게 나는 당신 관념의 세계를 진지하게 받아들이지 않는다고 말한다. 그런데 회의주의자는 이 양쪽의 입장 모두를 진지하게 받아들이지 않는다. 그에게 세계는 영원한 그네에 불과하다. "만물은 쉼 없이 그네를 탄다"라고 『수상록(*Essais*)』은 적고 있다. "코카서스의 흙과 바위, 이집트의 피라미드. 항구성 그 자체는 쉽게 흔들리는 그네일 뿐이다." 몽테뉴의 기질에는 안락한 삶의 기쁨과 자기성찰의 불안정한 경향이 혼재한다. 그는 혼잣말로 이렇게 말한다. "나는 집에서는 우울한 것이 아니라 사색에 깊이 잠길 뿐이다." 그의 눈에 비친 삶 자체는 좋지도 나쁘지도 않다. "삶은 네가 무엇인가를 그 속에 집어넣는 선과 악의 공간이다." 이는 우리가 셰익스피어에게서 다시 볼 수 있는 그런 사유이다. 이런 사유는 모든 것에 대응할 "준비가 되어 있다." "나는 항상 흥얼거리면서, 언젠가 일어날 수 있는 모든 것은 오늘도 일어날 수 있다고 나 자신에게 말한다." 그는 분명 스토아주의자이지만 지금까지의 스토아주의자 가운데 가장 친절하고 가장 인간적인 스토아주의자인 셈이다. 그는 존재의 궁극 목적은 쾌락에 있다고 본

---

[36] G. G. Byron(1788~1824): 영국의 시인.

다. "미덕의 경우에서조차도 우리가 노려온 궁극 목적은 쾌락이다. 우리는 이런 쾌락에 가장 안락하고 가장 달콤하며 가장 자연적인 향유라는 이름을 붙일 수밖에 없었다." 이런 점에서 그는 또한 분명 쾌락주의자이지만, 지금까지 살아온 쾌락주의자 가운데 가장 정신적이고 가장 고상한 쾌락주의자인 것이다. 그런데 그의 철학 전체를 관통하는 핵심 목표는 자기관찰과 자기묘사이다. "나는 나 자신을 연구하고 있다. 이것이 나의 형이상학이고 물리학이다." 몽테뉴의 손에 끌려가는 사람은 자신의 특수성과 어리석음, 비합리성과 역설, 모호성과 내막에 대해 애정을 갖고 가차 없는 연구를 하다 보면 필연적으로 회의주의자가 될 수밖에 없다. 그도 그럴 것이 그는 자신에 대해 잘 모른다는 사실을 잘 알고 있기 때문이다.

몽테뉴가 창조한, 처세에 능한 유쾌한 인간 유형은 강한 경향을 허약한 확신과 결합하며, 향유와 죽음을 항상 동시에 각오한다. 그런 인물은 상류층 어디에서든 만나게 되지만 모든 회의주의에 잠복한 도덕적 정신장애의 위험을 모면할 수 있는 사람은 극소수에 불과하다. 물론 이들도 몽테뉴의 뛰어난 현실감각을 상당 부분 취해왔다. 그러나 그들 모두는 몽테뉴의 감각주의만큼이나 회의주의도 고스란히 물려받았다. 자기성찰적이며 사람에 대한 이해가 빨랐던 빌렘 반 오라녜는 모토를 유연성에 걸었지만, 그것은 말이 진리를 죽인다는 사실에 대한 인식과 같은 회의의 다른 이름일 뿐이며, 프로테스탄티즘의 강력한 선구자였지만 그 깊은 내면에서는 신앙의 문제에 대해 완전히 무관심했을 뿐이다. 냉정한 현실정치가였던 엘리자베스는 '종교개혁의 아성'으로 칭송을 받았지만 역시 중립적으로 사유했다. 심지어 **정치적으로** 완전히 무당파의 입장을 취한 메디치가의 카트린은 심각한 모르핀 중독자처럼 권력의 아편에 갈증을 느

몽테뉴 유형의 인간

끼듯 어떻게 하든 권력을 잡으려 했다. 권력을 잡는 수단으로서는 기즈파든 위그노든, 스페인 사람이든 프랑스 사람이든, 귀족이든 민중이든 아무 상관이 없었다. 이와 같은 군상에는 맹목적 권력욕에 사로잡힌 에식스(Essex), '조롱을 즐기는' 세실(Cecil), 종교에 냉담하지 않는 종파적인 케플러(Kepler)가 포함된다. 특히 앙리 4세는 그 시대의 가장 위대한 군주였다. 그는 자신의 독자적인 예리한 시선으로 두 당파의 실제 모습을 간파하고 두 당파가 실제 모습대로 잘못되었다는 사실을 인식하여 바로잡을 수 있었다. 게다가 그는 아름다운 부인과 의상, 전원주택, 정원과 말, 좋은 포도주와 냄비에 담긴 닭고기도 무시할 수 없는 쾌락의 대상이 된다는 속물적인 인식도 갖고 있었다. 햄릿(Hamlet)도 몽테뉴를 읽었으며 그를 통해 어떤 행위자든 당파를 장악할 때 필연적으로 편협·부당·잔혹하게 될 수밖에 없고, 따라서 행위는 무의미하게 된다는 사실을 깊이 통찰하기에 이른다.

야콥 뵈메 　　몽테뉴의 가장 철저한 철학적 대척자라고 할 수 있는 야콥 뵈메[37]는 타고난 우울증과 아집이 있었으며 눅눅하고 암울한 분위기를 드러내지만, 그에게는 일종의 몽테뉴 정신이 살아 움직이고 있다. 왜냐하면 대립물의 일치 원리, 즉 세계와 인간의 모순성의 원리를 이 심오한 구두장이만큼 골몰하여 다방면으로 조명한 인물도 별로 없기 때문이다. 한번은 그가 태양이 반사되는 볼품없는 주석 잔 하나를 우연히 보고는 놀라면서 혼잣말로 이렇게 말한다. "이것은 아주 투박하게 만들어진 주석 잔에 불과하지만 이 속에도 태양이 고스란히 담겨 있지 않은가!" 그리고 그는 사람들이 '오묘하다'라고 생각

---

[37] Jakob Böhme(1575~1624): 독일 신비주의 기독교 신학자.

할 때 흔히 하듯이 당장 뒤로 물러나서 가장 멋진 신지학적인 책 중 하나를 썼다. 그는 이 세상 모든 것은 모순에 접할 때에만 현시할 수 있다는 통찰을 순간적으로 터득했다. 빛은 어둠에서, 선은 악에서, 긍정은 부정에서, 신은 세상에서, 신의 사랑은 신의 증오에서 현시하며, 따라서 모든 존재는 대립물로 구성될 뿐만 아니라 대립물을 **통해서** 현시한다는 것이다. 말하자면 실존은 오로지 이 대립물에 빚을 지고 있을 따름이라는 것이다.

그 시대 가장 섬세하고 가장 보편적인 두뇌를 지닌 조르다노 브루노도 대립물의 일치를 그의 체계의 기본개념으로 삼았다. 그는 이렇게 말한다. "대립물의 일치가 철학이 거는 주문(呪文)이다." 그의 천재적 직관은 그의 동시대인들을 수세기 앞질러 있었다. 그는 도미니코회 수사였지만 이단으로 몰려 수도회를 그만두고 이탈리아 · 프랑스 · 영국 · 독일로 떠돌아다니는 불안정한 방랑생활을 했다. 툴루즈(Toulouse) 대학에서 철학박사 학위를 받았으며, 파리에서 수많은 추종자가 생겨났다. 옥스퍼드와 비텐베르크 대학에서 수차례 천문학 및 철학 강의를 했지만, 자유사상과 냉소적 기질 때문에 곳곳에서 박해를 받았다. 귀향길에 체포되어 종교재판을 받았으며, 그의 학설의 결백을 증명하려고 1년 내내 노력했지만 헛되게도 1600년 로마에서 화형당했다.

언젠가 한번 빌헬름 딜타이[38]는 브루노가 "베수비오(Vesuv) 화산과 지중해가 낳은 아들"이라고 지적한 바 있다. 사실 그는 베수비오 자체였다. 형식이 없는 불같은 슬래그를 내뿜으면서 화산 같은 폭발

---

[38] Wilhelm Dilthey(1833~1911): 독일의 철학자 및 사회학자. 생철학(Lebens-philosophie)의 창시자.

의 화려한 힘을 통해 전 세계로 하여금 경탄과 공포를 자아내게 하고 고유한 불꽃으로 자신의 에너지를 고갈시키면서 어느 날 재가 되고 말았다. 그는 철학자이자 시인이었지만 이 두 재능이 자신의 영혼 속에서 서로 보완한 것이 아니라 서로 비극적 갈등을 일으켰다. 그래서 그는 거대한 자웅동체의 기질을 드러냈던 것이다. 그에게는 이미지에 대한 집착과 과장 욕구와 같은 공고라주의의 요소도 들어있었다. 물론 그것은 은밀한 마력으로 발전했다. 그의 경우 신은 인식 불가능한 존재이며, 현세의 통각으로서는 포착할 수 없는 빛 속에 거주한다. 그것은 우리가 조각상은 쉽게 볼 수 있지만 조각가는 쉽게 볼 수 없는 것과 같은 이치이다. 우리는 신의 실체를 흔적을 통해서만, 그것도 희미한 작용을 통해서만 인식할 수 있다. 그 흔적을 거울과 그늘, 수수께끼 속에서만 볼 수 있을 따름이다. 이로부터 브루노는 다소 분명한 범신론에 이른다. 스피노자의 표현, 즉 **"신은 곧 자연**(*deus sive natura*)**"**은 이미 그에게서 볼 수 있다. "몰이해의 신앙에서만 신과 자연은 대립하는 것처럼 보인다." 라이프니츠는 단자(Monade)의 원리를 그로부터 물려받아 정립했다. 단자에 관한 그의 학설은 라이프니츠의 그것과 완전히 일치한다. 이에 따르면, 수학의 최소단위로는 점이 있고, 물리학적 최소단위로는 원자, 물리학을 넘어서는 그것으로는 단자가 있다. 각각의 모든 단자는 모든 것의 거울이며, 각 단자는 영원하며 결합만을 바꿀 뿐이다. 따라서 단자는 더는 쪼갤 수 없는 단위이지만 그 각각에서 특수한 현상 형태를 드러내는 신성(神性) 자체이다. 그것은 유기체의 각 기관이 유기적 힘을 지닌 것과 같은 이치이며, 예술작품의 각 개별성 속에 예술적 힘을 내포하고서 고유한 방식으로 그것을 드러내는 것과 같은 일이다. 말하자면 신성은 **어디에든 존재한다**(*omnia ubique*). 지구가 자전하는 동시에 태양 둘레를 도는 것과 같이 각 사물은 자신의 특수한 생활법칙뿐만 아니라 보편적인 세계의 법칙을 따른다. 죽음으로써 단자가 무(無)의 상태로 전이되는 일이 거의 없듯이 단자의 생성이 무에서 출현하는 일도 거의 없다. 이러한 사변을 통해 브루노는 그 시대 가장 위대한 두 철학자의 스승이 된다. 물론 그 시대 벽두에 그의 몸은 불길 속에 던져졌다. 그의 영향력은 광범위하다. 독일 계몽주의의 심오한 사상가인 하만[39]이 그와 연결되어 있으며, 셸링[40]도 그의 저작 가운데 하나에서『브루노 혹은 사물들의 자연적 · 신적 원리에 대하여(*Bruno oder über das natürliche und göttliche Prinzip der Dinge*)』라는 제목을 붙이기도 했다.

그런데 더 놀라운 것은 천문학 영역에서 보인 브루노의 예견이다. 그는 코페르니쿠스 체계의 완성자이자 갈릴레이의 선구자인 셈이다. 그는 지구가 거의 구의 형태를 하고 있기는 하지만 극점 부분은 평평하며, 태양도 자체 축을 중심으로 회전하고, 모든 항성은 너무 멀어 우리 육안으로 볼 수 없는 수많은 혜성이 그 주변을 돌고 있는 태양이라고 가르쳤다. 그는 가장 최근에야 비로소 타당성을 인정받은 천공이론을 정립했고, 지금과 같이 은하계가 존재하는 방식과 흡사한 시대가 수없이 있었을 것이라고 가르친 점에서 상대성이론을 선취하기까지 했다. 그의 관점 가운데 몇몇은 우리 시대의 현재 과학의 위상을 넘어서기조차 하여 미래의 과학과 관계되기도 한다. 우주의 상태에 관한 가설도 있다. 그가 구상했듯이 우주에는 수많은 별과 지구, 태양과 땅이 돌아가고 있다. 그런데 이 별들 가운데 어느

---

[39] J. G. Hamann(1730~1788): 독일의 철학자. '질풍노도' 운동에서 탁월한 면모를 보임.
[40] F. W. Schelling(1775~1854): 독일 고전주의 시대 철학자.

것도 중앙은 없다고 한다. 왜냐하면 우주는 사방으로 무한히 항상 움직이기 때문이다. 오히려 원자들의 존재방식처럼 세계의 수많은 중심핵이 존재한다. 모든 별은 개체로서 거대한 유기체를 형성하며, 좀 더 큰 세계의 개체들과 관계할 때도 부분이고 기관들이다. 이 거대한 우주는 이와 같은 인자들로 구성되어 있다. 여기에는 우리가 잘 알고 있는 에너지들이 작용한다. "우리가 알고 있는 것 이상의 혜성들은 존재하지 않는다고 생각하는 사람은 바로 공중에 작은 창문을 통해 보이는 새들만 존재한다고 믿는 사람이 가진 이성과 거의 같은 이성만이 있을 따름이다." "진짜 바보들만이 이 무한한 공간에서 어쩌면 우리보다 더 나은 운명을 지닌 수많은 거대한 세계에는 우리가 감지하는 빛 이외 다른 어떤 빛도 존재하지 않을 것으로 생각할 것이다. 우리가 알고 있는 것 이외의 다른 어떤 생물·사유능력·감각 등은 존재하지 않을 것이라고 가정하는 것이야말로 진짜 바보 같은 짓이다." 이런 직관적 인식 덕분에 브루노는 오늘 우리의 천문학자들보다 훨씬 더 멀리까지 나아간 셈이다. 우리의 천문학자들은 좁은 시야와 꼼꼼히 따지는 고루한 성격 때문에 그들이 의존하는 망원경이 보여주는 빈곤한 사실들을 감히 넘어서려 하지 못한다. 이런 학자들에게서 언제나 듣는 소리라고는 인간은 어떤 진리의 한 측면만을 봐왔을 뿐이라는 것이다. 확신해서 하는 말이라고는 고작 달은 '죽은 별'이고, 태양은 빛과 열을 제공하기 위해 그곳에 있으며, 거기에 생명체가 존재하는 것은 불가능하고, 화성에는 고도의 지성을 갖춘 생물체가 살았던 것 같지만 유감스럽게도 아주 오래전에 멸종한 것처럼 보인다는 식이다. 그러나 이런저런 말들은 교만하고 고집이 센 탁상이론가들이 골방에서 나누는 인류학적 잡담일 뿐이다. 이들에게는 죽은 지구가 존재할 수 있다는 것은 전혀 생각할 수 없는 일로 통한다. 왜냐하면 이는 그들의 개념에 배치되기 때문이다. 말하자면 지구는 생명이고 생명의 고향을 의미한다. 그런데 어떻게 언젠가 죽을 수 있단 말인가? 그런데 만일 태양이 무한한 생명의 화로가 아니고서야 어떻게 그 많은 혜성에 그 많은 생명을 창조 · 보존 · 증식 · 개조할 수 있단 말인가? 아니면 태양은 실제로 자신의 엄청난 창조적 에너지를 오로지 자신의 위성들을 위해서만 소진하고 자기 자신을 위해서는 어떤 에너지도 소비하지 않는단 말인가? 화성의 경우 한때 그곳에 생명이 있었다면 오늘날 그곳에 더는 그런 생명이 존재하지 않는다고는 단정할 수 없는 노릇이다. 생명체는 자신의 수를 점점 늘리고 높은 단계로 끌어올리면서 힘을 강화하는 경향이 있다. 신의 모든 피조물에 내려진 온전하게 정신화하라는 사명이 수많은 천체에 벌써 도달한 것이 아닐까 하고 충분히 의심해볼 수 있지 않겠는가? 모든 천체는 완벽성의 단계를 드러내고 있다. 다시 말하면 정신화의 가능한 단계의 특정한 수준을 보여주는 것이다. 각 천체의 주민은 어떤 천문학 교수가 생각하는 것과 똑같은 모습은 아닐지라도 천체에서 활기차게 생활하면서 발전해가고 있다고도 상상할 수 있을 것이다.

우리 시대를 훨씬 앞질러 가 있던 브루노를 동시대의 거의 모든 사람이 악마에 홀린 그릇된 교사나 기괴한 몽상가로 본 것은 어쩌면 당연한 일일지도 모른다. 세상 모든 사람이 생각한 것을 명확하고 분명하게 표현한 철학자는 프랜시스 베이컨이었다. 화산처럼 깊이 들끓는 브루노는 아니었지만, 그리고 몽테뉴 같은 예민한 정신해부학자도 아니었고 셰익스피어처럼 이글거리는 세계의 눈을 가지지도 못했지만, 베이컨은 그의 시대가 추구한 것을 예리하게 돋운 말로 명확히 요약하여 현란하게 표현할 줄 알았던 강인한 인상의

프랜시스
베이컨

사려 깊은 그 시대의 웅변가였다. 그가 영국인이었다는 것은 그에게 본질적으로 중요하다. 왜냐하면 그의 철학은 바로 영국을 기반으로 해서만 시작될 수 있었기 때문이다.

영국의
급부상　영국은 16세기 사이에 중세의 작은 국가에서 근대 유럽의 열강으로 급부상했다. 이는 왕실의 성담(聖譚)에 오른 군주들 덕분이 아니라 거의 모두가 평범했고 일부는 비열하기도 했던 그런 군주들이 있었음에도 그랬다는 것에서 시선을 끈다. 우리는 헨리 8세에 대해 이미 한번 언급한 바가 있다. 헨리 8세는 셰익스피어가 완전히 몰라볼 정도로 손질한 자신의 궁정시에서조차도 거칠고 음험한 독재자로 표현할 수밖에 없었을 정도였다. 다이아몬드로 치장한 이 정육점 주인이 야수적인 정열과 충족을 모르는 활력으로 어떻게 파괴적인 행태를 보였는지 상상하려면 홀바인[41]이 그린 초상화를 보는 것만으로도 충분하다. 겉으로 보기에 탁월한 재능을 타고난 것처럼 보이는 그의 아들 에드워드 6세는 아주 어린 나이에 요절했다. 그의 뒤를 이어 '피의 메리(bloody Mary)'가 왕위에 올랐다. 그녀는 앙칼진 노처녀이자 옹고집의 광신도였다. 평생 불행한 사랑을 나눴던 남편 펠리페 2세의 영향을 온전히 받으면서 온갖 잔인한 수단을 동원하여 가톨릭의 복권을 도모했고, 스페인 편에 서서 벌인 프랑스와의 전쟁에서 칼레(Calais)를 잃고 말았다. 영국 사람들은 그녀의 반동적 책동보다 칼레를 빼앗긴 것을 두고 더 분노했다. 그녀가 몇 해만 더 집권했더라면 당시에 벌써 혁명이 일어났을 것이다. 그녀의 후계자는 '위대한 엘리자베스'였다. 엘리자베스는 현명하고 목적의식이 있었지만 허영심이 대단히 많은 이기적인 여성이었다. 그녀는 적들

---

[41]　H. Holbein(1497~1543): 독일의 화가.

이 영국의 전형적 근성으로 규정하는 그런 **뻔뻔한** 잔인성과 무정한 간계, 위선적인 내숭을 지니고 있었다. 아무튼 어떤 말로도 적합하게 표현할 수 없는ㅡ왜냐하면 다른 어떤 민족에게도 여기에 걸맞은 단어가 없기에ㅡ성격과 관련된 어휘인 캔트(cant)가 그녀에게서 완벽히 구현되었다. 캔트는 무슨 뜻일까? 그것은 '허위'나 '속임수' 등속과 같은 것이라기보다 훨씬 더 복잡한 뜻을 담고 있다. 캔트는 하나의 재간으로서, 말하자면 그때그때 실용적인 이익을 가져다주는 것이면 무엇이든 좋고 진정한 것으로 여기는 수완을 의미한다. 영국 사람의 경우 어떤 이유에서 무엇인가가 불편하다면 그는 곧장 (물론 그의 잠재의식에서) 그것이 범죄이거나 참되지 못한 것으로 결론을 내리고 만다. 그는 타자뿐만 아니라 자기 자신에 대해서도 의심하는 특이한 속성이 있다. 이 특이성을 아주 자연스럽게 아무 거리낌 없이 내보일 수 있는 것도, 그것을 본성에 충실하게 행동하는 것으로 이해하기 때문이다. 캔트는 사람들이 '떳떳한 허위(ehrliche Verlogenheit)'라고 부르는 그런 것이거나 "자신을 속이는 타고난 재능"을 말한다.

　엘리자베스 정부가 남긴 악명 높은 두 가지 오점은 에식스와 메리 스튜어트에 대한 사형집행이다. 이 두 경우에서 엘리자베스는 여왕으로서도 정치가로서도 옳았다. 에식스는 반역자였고 스튜어트는 수많은 위험한 음모의 수괴였기 때문이다. 단지 그녀에게 불명예의 딱지가 붙은 것은 그녀가 이 두 사건에서 자신의 피의 권리를 쉽게 이행했을 뿐만이 아니라 여성적인 부드러움과 기독교적 자비의 명성도 스스로 취하려고도 하지 않았다는 사실 때문이다. 이성적인 사람이면 누구도 그녀의 수많은 정부(情夫)를 탓하는 것이 아니라 집권기간 내내 자신을 '처녀 여왕'으로 떠받들게 했고, 이를 잘 간파한 월터 롤리[42] 경이 최초의 영국 식민지를 버지니아(Verginia)로 이름 지었을 때 용인한 뻔뻔한 위선 행태를 두고 비난할 것이다. 이런 점에서 엘리자베스는 그의 치명적인 연적이었던 메리 스튜어트를 훨씬 능가했다. 메리 스튜어트도 생전에 많은 범죄를 저질렀지만, 이 범죄는 냉정한 계산에서 나온 것이 아니라 하찮은 '실수'에서 비롯된 것이어서 너무나 빤한 사실이 되었다. 메리의 정부 보스웰[43]이 메리의 남편 단리(Darnley) 백작을 폭살했을 때 스코틀랜드 전체가 소요상태에 빠진 반면 엘리자베스가 총애하던 레스터(Leicester) 백작이 자신의 부인을 독살했을 때는 이 사건이 아주 교활하게 이루어졌기 때문에 여론은 침묵을 지켰다. 그러나 교활함이 살인자에게 특별사면의 사유가 될 수는 없다.

엘리자베스가 54년간의 집권 끝에 사망했을 때, 메리 스튜어트의 아들이자 헨리 튜더(Henry Tudor)의 딸의 증손자였던 제임스 1세가 왕위에 등극하여 왕권을 통합했지만, 그것은 두 적대적 가문의 나쁜 속성의 결합일 뿐이었다. 즉 그것은 튜더 가문의 권력욕의 아집과 교만에 스튜어트가의 태만과 도덕적 무책임성을 더한 것일 뿐이었다. 아마도 그의 아버지는 메리의 비서로서 단리에게 잔인하게 살해된 못생긴 다비드 리치오[44]였던 것 같다. 제임스 1세의 모습은 뚱뚱하고 볼품이 없었으며, 두상은 컸고, 수염은 듬성듬성했으며, 눈은 튀어나와 있었다. 말을 더듬어 듣기가 거북할 정도였다. 그는 말을

---

[42] Walter Raleigh(?1552~1618): 영국의 군인·탐험가·산문작가.
[43] James Hepburn(1536~1578): 보스웰(Bothwell) 백작. 스코틀랜드 여왕 메리의 세 번째 남편.
[44] David Riccio(1533년경~1566): 이탈리아의 궁정조신. 스코틀랜드 여왕의 개인 비서.

음절에 맞게 발음하는 것이 아니라 침을 뱉듯이 퉁겨냈고, 몹시 불안해하면서 의심의 눈길을 돌렸다. 그는 번쩍이는 물건만 봐도 기겁할 정도로 모반과 암살의 공포에 항상 시달렸다. 그의 선임 왕들만큼이나 유치할 정도로 공명심이 많았지만, 훨씬 더 비이성적이었다. 왜냐하면 자신이 총애하는 신하들의 견해만 따랐기 때문이다. 특히 그는 자신의 신학 교양에 자부심이 강했는데, 이는 자신의 주변에 대한 공포를 감추기 위해 억지 논쟁을 벌일 때마다 써먹는 메뉴였다. 그의 제2의 성벽은 젊고 잘생긴 사람을 좋아한 것이다. 이들은 별 의미가 없고 상스럽기까지 했지만, 그에게서 모든 것을 얻을 수 있었다. 이상한 걸음걸이와 투박한 몸짓으로 허둥대는 모습은 왕의 태도와는 정반대였지만, 왕권신수설을 그보다 더 확신한 군주도 없었다. 그는 신하들의 생명과 재산과 견해를 마음껏 지배할 수 있다고 생각한 무한권력의 독재자였다. 그밖에도 정치적 감각과 전망이 완전히 결여되어 있었지만, 그는 의회와 부단히 갈등했다. 그러나 공개적인 소요는 그의 후계자가 등극했을 때 발생했다. 그가 권력을 행사하고 있을 때에 마침내 사람들 사이에서는 대(大) 브리튼이 브리튼(Britannien)보다 더 작아졌다는 말이 회자되었다.

그러나 그럼에도 이 시기의 100년이 최초로 영국이 번영을 누린 시기였다. 무역·상업·항해·과학·예술·문학이 찬란한 꽃을 피웠다. 엘리자베스가 집권하던 시절에 이미 런던은 수많은 상점과 증권거래소, 상설시장과 스무 개 이상의 극장을 둔 인구 30만의 도시가 되어 있었다. 도로가 잘 포장되었고, 목관을 이용한 관개시설이 갖추어져 있었으며, 가로등과 무장경찰이 배치되어 있었다. 시설이 잘 갖추어진 수많은 학교와 약국, 인쇄소가 있었을 뿐만 아니라 신문과 유사한 것들도 이미 발행되고 있었다. 템스(Thames) 강 유역은 화려한 장식을 한 배로 붐볐고, 산책을 하고 말을 타는 사람들과 가마를 타는 사람들의 물결로 넘쳤다. 도시가 활기찼다. 귀족들은 마차를 이용했고, 튜더 양식으로 건축된 새로운 전원주택들은 즉물적이고 실용적이면서도 매혹적이었다. 이 주택들은 (대륙의 빌라와는 달리) 우선 거주를 목적으로 지어졌다. 이미 당시에 영국인들에게는 튼튼하고 편한 주택 개념이 도입된 셈이다. 의상은 나들이 복장으로 깔끔하게 손질된 것이었지만 장식이 없었던 것은 아니다. 물론 일상생활은 여전히 중세와 본질적으로 다르지는 않았다. 잠자리는 아직도 다소 원시적인 면이 없지 않았고, 포크를 사용하는 일에도 여전히 익숙지 않았다. 식사에서 중요한 것은 양이었고, 목제 식기를 일상적으로 애용했다. 새로운 기호식품은 장 니코[45]가 최초로 의약품으로 소개했고 이후에 드레이크[46]와 롤리의 선원들에 의해 급속도로 확산되어 16세기 말 무렵에 일반인들이 애호했던 담배였다. 그러나 당시 사람들은 인디언이 애호했던 시가 형태로 담배를 피운 것이 아니라 오직 파이프를 이용해서 피웠다. 성직자들은 담배를 태우는 것에 반대했으며, 교리주의자였던 제임스 1세도 처음에는 신학적인 이유에서 흡연을 금지하면서 형벌로 다스렸지만, 조세에 유익한 원천이 된다는 것을 곧 깨달았다. 흡연수업이 있었던 담뱃가게는 사람들로 넘쳐났다. 부유한 귀공자들(jeunesse dorée)은 연기가 피어오르는 파이프를 물고 극장을 출입했다. 사람들은 롤리가 그의 적 에식스를 처형할 때도 담배 연기를 내뿜었다고 비난했다.

---

[45] Jean Nicot(1530~1600): 프랑스의 외교관·언어학자. 끽연의 풍습을 프랑스에 도입하여 유행시켜 그의 이름을 본떠 '니코틴(nicotine)'이라는 말이 생겼음.
[46] F. Drake(1540~1596): 영국의 제독.

유복한 계층이 보인 교양의 평균 수준은 상당히 높았다. 로마 시인과 철학자의 글을 읽었고, 그들을 읊으면서 작곡하기도 했다. 수학과 천문학에 깊은 관심을 보였다. 여기에는 여성도 포함된다. 대화는 비록 화려한 문체로 과장되긴 했지만 재기발랄하고 세련되었다. 물론 거친 면이 없진 않았다. 사법기관이 예전과 마찬가지로 야만스러웠다. 셰익스피어를 제외한 또 다른 세 명의 탁월한 극작가로는 필[47] · 그린[48] · 말로우[49]가 있었다. 이들은 무법자이자 술고래였다. 제임스 1세는 망나니였던 반면에 엘리자베스 여왕은 사람들이 거리에서 "늙은 창녀여, 어떻게 지내시나?" 하고 소리칠 때도 즐거워했고, 유쾌한 담소를 나눌 때는 선원들이 흔히 하는 저속한 농담을 즐겨 사용하기도 했으며, 화가 날 때는 어부의 아낙처럼 욕을 퍼붓기도 했다. 에식스와 벌인 그녀의 말싸움이 유명하다. 에식스는 여왕에게 이렇게 소리친다. "당신의 정신은 당신의 몸통만큼이나 삐뚤어졌소이다." 이에 엘리자베스는 그의 뺨을 소리 나게 치면서 이렇게 말한다. "네 목이나 매달아라!"

엘리자베스 치하에서 그 정점에 도달한 이른바 '영국 르네상스' 시대의 인간은 고삐 없는 원시 인간의 습속과 근대 영국인의 문화가 혼용되어 있다. 그것은 뜸을 들이면서 신중하게 처신하는 즉물적인 인간과 거칠면서 용감하게 덤비는 모험가, 이 두 인간 유형이 교착된 형태를 취한다. 이런 정신 상태를 정확히 표현해주는 말은

개망나니
시절의
자본주의

---

[47] G. Peele(1556~1596): 영국의 극작가. 『파리스의 심판』과 같은 신화적 전원극을 선보이기도 했음.

[48] Robert Greene(1558~1592): 영국 최초의 직업 극작가. 『수도사 베이컨과 수도사 번게이(Frier Bacon and Frier Bongay)』가 있음.

[49] Ch. Marlow(1564~1593): 영국의 극작가 · 시인 · 번역가.

약탈하는 상인과 항해사를 포함한 **모험상인**(*merchants adventurers*)일 것이다. 이들이 처음에는 자신들의 주먹에 의존해서 약탈했고, 이후에는 왕의 특명을 받고 먼 발트 해와 그 서쪽 해안을 유린했다. 물론 그것이 상거래의 기초를 다지고 무역관계를 맺게 한 계기가 된 것도 사실이다. 그러나 한마디로 말해 그것은 국가의 통치권 아래 자행된 해적 행위이자 이득 나눠먹기일 뿐이다. 전쟁의 경우 그것은 해전이라고 하며, 그를 지휘한 사람은 제독, 세계일주 항해자, 정복자, 식민지 개척자라고 일컫는다. 드레이크 · 롤리 · 호킨스 · 에식스와 더불어 엘리자베스 시대의 여러 바다 영웅은 해적일 뿐이었다. 이들과 아주 유사한 일을 벌인 것은 '무역상사'이다. 이는 바다 건너에 있는 나라들을 착취하기 위해 사회적으로 인정받은 합법적 기구이다. 밀수와 해상약탈과 노예무역은 영국 자본주의 및 근대의 모든 자본주의의 요람이라고 할 수 있다.

여기에는 두 가지 이유가 있다. 우선 모든 무역과 금융업은 질서 정연하게 이루어지는 일종의 문명화된 기만에 불과하기 때문이다. 우리는 이 책의 3장에서 심대한 도덕적 · 사회적 저항에도 불구하고 자연경제와 순수 수공업이 어떻게 자체 목적으로서의 화폐경제와 무역으로 전이되는지 살펴본 바 있다. 그러한 처음의 장애물이 이후보다 더 막강해질 때에도 과도기 시대는 다른 한편으로는 장애물을 철거하기도 한다. 그러면 그것들은 **일체** 새로운 현실로 변하고 만다. 지금까지의 현실에 대해 '호의'를 품고 있을 때에는 형성기의 종교 · 예술 · 과학 · 사회의 경우 배척되므로 비사회적인 형태로 비치기 마련이다. 처음에는 거의 언제나 오류의 추리, '낭만적 몽상', 범죄적 형태로 보이게 된다. 평화를 애호한 16세기와 17세기의 명성 높은 상인들에게서 **약탈**과 해적 행위를 일삼은 그 원조들의 특색을 인식할 수 있는 것과 마찬가지로 오늘날 거대 자산가에게서도 그가 도박꾼과 사기 도박꾼을 포함한 **모험가**(Glücksritter)에서 유래한다는 사실을 명확히 확인할 수 있다. 그런데 그러한 시대는 개망나니 자본주의의 시절이었다. 당시 영리욕은 마치 신들린 듯이 소동을 피웠다. 그것은 열병과 도취라는 질병의 성격을 띤다. 누구도 이 전염병을 피할 수 없었다. 곧 우리는 영국뿐 아니라 다른 곳에서도, 이 시대의 가장 영민한 두뇌들조차도 그 병에 걸렸다는 사실을 목격하게 될 것이다. 이 새로운 중상주의 정신의 뚜렷한 증거가 되는 것은 왕실 은행가였던 토머스 그레셤[50]이 1571년에 거래를 개통한 런던의 거대한 증권거래소다.

경제 변화와 함께 거대한 도약을 이룬 것은 정밀과학이다. 우리는 이 세기 전반부에 이미 수학과 우주론, 의학과 화학, 동물학과 지리학 분야에서 일련의 중대한 진보가 있었던 점을 살펴본 적이 있다. 이 분야 연구에서 바로 그다음 두 세대가 그 분야를 계승하면서 일부는 잠정적 결론을 끌어내기도 했다. 프랑수아 비에트[51]는 대수학(Algebra)을 과학의 차원으로 끌어올려 기하학에 수학을 응용하기 시작하여 π라는 수의 연구를 통해 원 둘레 계산을 촉진했다. 제로니모 카르다노[52]는 3차 방정식 해법 공식을 만들어 $\sqrt{-1}$을 그 유형으로 하는 허수를 통해 측정 불가능한 거리를 계산할 수 있게 했다. 존 네이피어[53]는 『놀라운 로그 법칙의 구성(mirifici logarithmorum canonis

정밀과학

---

[50] Thomas Gresham(1518~1579): 영국의 금융업자이자 무역가. "악화(惡貨)가 양화(良貨)를 구축한다"는 '그레셤의 법칙'의 제창자로서 알려져 있음.

[51] François Viète(1540~1603): 프랑스의 수학자.

[52] Geronimo Cardano(1501~1576): 이탈리아 르네상스 시대의 수학자・철학자・물리학자・도박꾼.

[53] John Napier(1550~1617): 영국의 수학자.

descriptio)』이라는 제목으로 최초의 대수표(對數表)를 발표했다. 네덜란드 출신 의사 요한 반 헬몬트(Johann van Helmont)는 공기와 구분되는 기체의 물질, 즉 가스와 액체에서 분해 작용을 촉진하는 물질인 효소를 발견했다. 카스파르 바우힌[54]은 식물 전체를 뿌리 · 줄기 · 잎 · 꽃 · 열매 · 씨앗의 형태에 따라 분류하면서 유와 종의 학명을 부여하여 유명한 린네[55]의 선구자가 되었다. 피콜로미니(Piccolomini)는 조직 구조의 설명을 통해 일반 해부학, 코이터(Coiter)는 병리학적 해부학, 파레(Paré)는 새로운 외과의술, 팔리시(Palissy)는 고생물학의 기초를 마련했다. 이미 팔리시는 화석화된 동물의 형태가 고대 때부터 지구에 살았던 유기체의 흔적이라고 단호히 주장한다.

그러나 가장 놀라운 성과는 물리학과 천문학에서 성취되었다. 엘리자베스 여왕의 주치의였던 윌리엄 길버트(William Gilbert)는 전기와 자석 이론의 기초자가 되었고 지구 전체가 자석 덩어리라는 것도 이미 인식하고 있었다. 그는 자신이 실험용으로 쓴 공 모양의 자철광을 **테렐라**(*Terella*)라고 불렀다. 그것은 축소판 지구모형을 뜻했다. 성곽 기술자이자 빙상 요트를 발명하기도 했던 네덜란드인 시몬 스테빈(Simon Stevin)은 자신의『수학 입문(Hypomnemata mathematica)』에서 최초로 경사면의 역학적 성질을 연구하여 힘의 평행사변형에 관한 정의와 기울기의 원리를 통해 근대 정역학(靜力學)의 기초를 놓았다. 또한 그는 유체정역학 분야에서 지대한 영향을 끼친 일련의 연구 결과물을 내놓으면서 '유체정역학의 모순'을 발견하기도 했다. 이에 따르면 위쪽으로 팽창하는 용기의 바닥압력은 용기에 담긴 액체

---

[54] Kaspar Bauhin(1560~1624): 스위스의 생물학자.
[55] Carl von Linn'e(1707~1778): 스웨덴의 박물학자.

량의 무게보다 작지만 수축하는 압력은 그것보다 훨씬 크다. 그뿐만
아니라 그는 연통관 속에 들어있는 물은 비록 그 연통의 지름이 달
라도 항상 같은 수위를 갖는다는 사실을 입증했다. 덴마크의 위대한
천문학자 티코 브라헤(Tycho Brahe)는 목성과 토성의 회합을 관측했
고, 카시오페이아에서 새로운 별을 발견했으며 왕실의 지원을 받아
거대한 천문대를 세웠다. 그러나 이후 그는 신학자들의 탄핵 때문에
그의 조국을 떠나 프라하에서 황제 루돌프 2세의 궁정 점술사로 활
동하다가 죽었다. 그곳에서 그는 케플러를 그의 조수로 두었다. 케
플러는 그가 남겨준 유례없는 정확한 계산법과 도표 덕분에 자신이
발견하게 된 것을 발표할 수 있게 되었다. 물론 케플러의 체계는
어떤 점에서 보면 퇴보처럼 보인다. 왜냐하면 행성들은 태양을 중심
으로 해서 돌아간다고 가정했지만, 태양조차도 지구를 중심으로 해
서 움직인다고 했기 때문이다. 그는 지구를 또다시 우주의 중심으로
되돌려놓고 말았다. 코페르니쿠스 체계가 옳다면 연초와 연말에 지
구는 각개 별무리에서 완전히 다른 거리에 위치할 수밖에 없고, 따
라서 항성의 천공은 다르게 보일 수밖에 없을 것이라고 가정한 것
이다. 얼핏 정당한 것으로 보이는 이런 이의제기를 거대한 차원의
우주가 근거 없는 것으로 만들 것이라고는 당시 그는 아직 예측할
수 없었다.

　17세기 초, 망원경의 발명은 100년 전 아메리카 해안 발견만큼이 망원경 속의
세계
나 큰 사건이었다. 망원경은 자카리아스 얀센[56]이 발명의 선취권을
놓고 다투었던 한스 리페르셰이[57]에 의해 1608년에 조립되었다. 망

---

[56] Zacharias Jansen(1580~1638): 네덜란드의 안경 제조업자.
[57] Hans Lippershey(1570~1619): 광학망원경의 발명가.

원경이 완전한 모습을 갖추게 된 것은 같은 해, 세 번째 주자에 해당하는 갈릴레이에 의해서였다. 1611년 케플러는 자신의 책 『굴절광학(*Dioptrik*)』에서 이른바 '천체망원경'의 구조에 관해 설명했다. 이 망원경은 예수회 신부 샤이너[58]가 1613년에 사용한다. 거의 같은 시기에 갈릴레이는 달의 구렁과 토성의 고리, 태양을 축으로 하여 회전운동을 하는 것으로 확신한 태양의 흑점들과 목성의 달을 관측했다. 이는 과거 이론 추종자들의 체면을 훼손하는 발견이었다. 그도 그럴 것이 이 발견은 목성계가 행성계의 축소판임을 보여주며, 천체가 운동의 중심을 형성하는 동시에 자체 운동을 할 수도 있다는 것을 증명해주기 때문이다. 그런데 갈릴레이의 발견은 훨씬 이전으로 거슬러 올라간다. 그는 1610년에 한 친구에게 이렇게 편지를 쓴다. "또한 나는 지금까지 본 적이 없는 많은 항성을 관측했네. 그저 육안으로도 식별할 수 있는 항성의 수는 지금보다 10배 이상이나 된다네. 이제 나는 세계의 현자들이 어느 시대든 논쟁을 벌여온 은하가 무엇인지 알게 되었다네." 갈릴레이는 천문학자로서 위대했던 만큼 물리학자로서도 뛰어났다. 그는 오로지 정역학에 관한 연구만을 해온 선배들에게는 낯선 완전히 새로운 과학인 동력학의 기초자이자 피사(Pisa) 대성당에 걸려있던 램프의 흔들림을 보고 착안한 투척과 자유낙하 이론의 창시자이며, 관성의 법칙의 발견자이자 유체정역학적 천칭과 온도계의 발명가이기도 했다.

갈릴레이의 학설은 많은 파문을 일으켰기 때문에 지금까지의 철학과 교회의 교리를 무너뜨릴 수도 있는 것을 알게 될까 염려되어 그의 천체망원경을 들여다볼 엄두를 내지 못하는 사람들이 있었다.

---

[58] Christoph Scheiner(1575~1650): 독일의 사제이자 천문학자.

전해지는 말에 따르면 그는 어둠의 세력들에 의해 그의 학설을 철회하도록 압력을 받은 자유 연구의 순교자이다. 그러나 사태는 전해지는 말과는 다르게 진행되었다. 교회의 여러 성직자와 당시의 교황 우르바노(Urbanus) 8세는 그의 연구에 지대한 관심을 보였고 그의 연구에서는 교회와 충돌되는 것이라고는 찾지 못한 것이 진실이다. 갈릴레이가 겪어야 했던 탄압의 진짜 이유는 그의 병적인 예민성과 독선, 사람을 대하는 외교적 기술의 부족, 종교적 사변과 정밀 연구를 혼합하려 했던 인문주의적 관습에 뿌리를 둔 그의 욕구 등에 있었다. 이런 태도는 이미 당대가 비종교적일 뿐만 아니라 비과학적이라고 제대로 짚었던 것이다. 물론 갈릴레이를 배척하는 분위기에는 동료들의 질투도 한몫했다. 시대 풍조에 맞춰 자신의 학설을 대화편으로 기술한 천문학에 관한 주저에는 심플리키우스(Simplicius)라는 이름의 바보 인물이 등장한다. 이 인물은 새로운 우주체계에 대해 얼토당토않게 항변한다. 그는 아리스토텔레스 학파를 비웃으면서도 갈릴레이의 적수들, 이를테면 교황으로 하여금 갈릴레이가 망상하고 있다고 믿게 했다. 허영심도 있고 화를 쉽게 내는 것 못지않게 영민하면서도 생각이 열려 있던 교황 우르바노도 그때부터 갈릴레이에 대해 반대하기 시작했다. 갈릴레이에게 (다소 부드럽긴 했지만) 체포영장이 떨어졌고, 그의 책들은 태양 중심 체계를 가르친 다른 모든 책과 함께 금서목록에 올랐다. 여기서부터 가톨릭교회와 새로운 천문학 사이의 대립이 시작된다. 우리가 들었던바, 코페르니쿠스는 자신의 작품을 교황에게 바쳤으며, 예수회 회원들, 예컨대 앞서 언급한 신부 샤이너와 같은 회원들은 새로운 연구에 매우 활동적으로 참여하기도 했다. 예수회 회원 그림베르거(Grimberger)는 갈릴레이가 예수회의 호의를 살 수 있었더라면 무엇에 관해서든, 심지어 지구의 자전에 대해서라도 쓸 수 있었을 것이라고 설명한다. 덧붙이자면 교회는 자신이 탄압한 연구자들 때문이 아니라 이처럼 태도를 바꿈으로써 훨씬 더 큰 손해를 입었다. 왜냐하면 이로써 교회는 진보를 표방하는 차세대 모든 세력과 숙명적인 싸움을 벌여야 했기 때문이다. 이 싸움에서 교회가 패배할 것은 불가피한 일이었다.

갈릴레이와 어깨를 나누고 활동한 인물은 요한네스 케플러였다. 그는 이른바 핼리 혜성(Halleyscher Komet)으로 불리는－그 회귀가 예측되고, 이후 (76년 4개월의 간격으로) 주기적으로 관측되는－최초의 혜성을 1607년에 발견했고, 자신의『굴절광학』에서 빛의 굴절 법칙과 관측이론을 발전시켰으며, 유성 궤도의 진정한 형태를 탐구하면서 우리에게 태양계의 구조를 상상할 수 있게 하는 기본 원리, 즉 '케플러의 법칙'을 만들어냈다. 이 법칙에 의하면, 첫째 모든 행성은 태양을 중심으로 타원운동을 하며, 둘째 태양과 행성을 잇는 직선이 단위 시간에 스치고 지나가는 면적은 행성 위치에 관계없이 항상 일정하며, 셋째 행성의 공전주기 제곱은 타원궤도의 긴 반지름의 세제곱에 비례한다. 이로써 동시에 입증되는 것은 엄격한 단일 법칙과 균등하게 작용하는 에너지가 우리의 전체 행성체계뿐만 아니라 우주 전체를 지배한다는 사실이다.

인물로서의 베이컨

베이컨은 이 모든 경제적 · 사회적 · 과학적 경향을 자신의 철학으로 집약해 보여주었다. 아무튼 그는 '시대의 첨단을 걷는 인물'이었다고 말할 수 있다. 그는 검찰총장 · 옥새상서 · 대법관 · 벨럼 (Verulam) 남작 · 세인트 올번스(Saint Albans) 자작과 같은 화려한 정치 경력을 갖고 있었다. 세상 모든 사람이 그를 주목했으며, 세간의 모든 빛이 그의 한 몸에 집중되었다. 그런데 이는 그의 철학적 업적이 실제보다 더 현란하게 비치게 했을 뿐만 아니라 그의 도덕적 오류를 사실보다 더 어둡게 만들기도 했다. 그를 두고 지금까지도 통일된 견해가 없다. 역사를 상대로 법 해석 방식에서 기꺼이 변호사나 검사 역할을 맡은 매콜리는 그를 온전히 평가했지만, 다른 사람들은 아직도 매우 일면적인 방식에서 그를 오점이 하나도 없는 인물로 내보이려 했다. 그의 생명이 연루된 두 가지 중대한 스캔들은 엘리자베스 치하에서 발생한 에식스 소송사건과 제임스 1세 치하에서 겪게 된 그 자신에 대한 소송사건이었다. 여왕에게 버림받았다고 생각한 에식스는 경솔하지만 정열적으로 폭동을 준비했다. 물론 이 폭동은 이내 진압되고 말았다. 그는 변론에서 자신이 꾸민 반란은 자신의 생명을 노리던 자신의 강력한 라이벌 월터 롤리 경을 목표로 했다고 설명했다. 그는 사형선고를 아주 차분하게 받아들였다. 베이컨은 자신이 맡은 심문에서 자신의 출세를 많이 돕고 자신에게 많은 선물을 안겨주었을 뿐만 아니라 평생 가깝게 지냈던 에식스를 가차 없이 대했다. 그는 에식스를 프랑스에서 반왕조 당파의 수괴 앙리 기즈와 자신의 아버지에게 항거한 압살론[59], 자신의 왕위찬탈 책동을 은폐하려고 살인자들에게 직접 위협을 받은 양 자신이 고의로 낸 상처를 보여주었던 피시스트라토스[60]에 비유했다. 물론 그는 이보다 더 멀리까지 나갔다. 사형이 집행된 후 그는 백성에게 사랑받은 에식스에 대한 사형재판 때문에 인기가 위협을 받고 있다고 본 여왕의 주문에 따라 "고인이 된 로버트 에식스 백작과 그 공모자들이 꾸미고 자행한 음모와 모반에 대한 해명서"를 작성했다. 이 해명서에서 그는 자신이 앞서 기소한 모든 내용을 혐오스럽기 짝이

---

[59] Absalon(1128~1201): 덴마크의 대주교.
[60] Pisistratus(BC 605~BC 527): 고대 그리스 아테네의 참주.

없는 표현으로 반복하면서 분명 부당하게 죽은 자들에게─그가 진압을 위해 야전사령관으로 출정한 바 있는─아일랜드 반란군과 공모하여 여왕을 살해하고 직접 왕좌에 앉으려고 영국에 무장 상륙하기로 했다는 혐의를 씌웠다. 그러나 20년 뒤, 그의 명성과 권력이 절정에 달했을 때 그 자신도 소송에 말려들었다. 그는 판사재임 기간에 뇌물을 받았다는 혐의를 받았다. 재판관들은 수많은 목격자 진술과 그 자신의 자백에 근거하여 만장일치로 그에게 벌금과 재산몰수를 선고했다. 이로써 그는 그때까지 부와 권세를 좇느라 자신의 공적 활동에서 틈을 낼 수 없었던 여가를 마침내 갖게 되었다. 물론 당시 관료들 사이에서 뇌물수수는 다반사였기 때문에 바로 베이컨을 기소한 것은 그 이유가 딱히 그 재상의 범행에 있었던 것이 아니라 그가 마치 국가 전체를 좌지우지하는 것처럼 보였기 때문이었다. 바로 이런 이유에서 국왕도 베이컨에게 판결에 이의를 달지 말고 받아들일 것을 주문한 것이다. 왕은 이 사건이 계속 지속되지 않도록 베이컨이 협조만 해준다면 때가 되면 그를 맨 먼저 복권시키겠다고 약속했다. 그래서 베이컨은 일체의 변론을 포기했다. 사실 그의 변론은 자신의 높은 학문적 평판과 비상한 능변가의 재능, 그리고 범행을 부정할 때 사람들이 흔히 하는 식의 물 타기 전술에서 보자면 전혀 가망이 없던 것도 아니다.

그에게 온갖 비방을 하게 만든 이 두 가지 오류의 원인은 궁정에 대한 무절제한 노예근성에 있었다. 그것은 왕의 신임을 잃고 공직에서 뒤로 밀려나지 않을까 하는 거의 병적인 불안에서 비롯된 것이다. 그는 여왕의 총애를 받기 위해 비방문서를 작성함으로써 친구에 대한 자신의 기억을 희생했으며, 왕의 호의를 잃지 않으려고 직접 변론을 포기함으로써 그 자신에 대한 후세대의 기억을 희생시킨 셈이다. 따라서 우리가 그의 성격에 대해 압축해서 평가해본다면, 이렇게 말해도 무방할 법하다. 즉, 그는 분명 저속하지도 음흉하지도 않은 사람이지만 (그의 적대자들조차도 그를 두고 교만과는 거리가 멀고, 상냥하면서도 성실하고 예민한 사람, 당시로써는 독특하다고 할 수 있는 복수심과는 거리가 먼 사람으로 묘사하는데) 유약한 사람, 차가운 사람, 베이컨의 명성에 미루어보면 특이하게 들릴 수 있는 비철학적인 사람이었다. 철학자의 기본성향의 하나가 현실 경멸과 관련 있다는 것이 사실이라면 베이컨은 철학자가 아니다. 그는 작위 · 공직 · 품위 · 왕의 미소 · 조관들의 인사 따위 없이는 살 수 없었고, 말 · 영지 · 관복 · 은그릇 · 하인 없이는 살 수가 없었다. 명예 · 권력 · 재산 · 덧없는 향유 · 공허한 사치가 그에게는 항상 평화와 지식보다 더 중요했다.

물론 그가 자신의 행동에서처럼 자기 작품에서도 철학자로서의 면모를 별로 보여주지 못했는가 하는 문제를 제기해볼 수는 있다. 세간에 떠도는 말에 의하면, 그의 작품이 비길 데 없이 화려한 것 못지않게 그의 인생 역정은 그만큼 어둡고도 험악했다. 그러나 이러한 두 관점은 정확하지 않을뿐더러 실제 사실을 과장한 것이다.

철학자로서의 베이컨

베이컨이 의도한 철학은 그의 저작물 제목이 암시해주듯 『대혁신(Instauratio Magna)』 그 이상도 그 이하도 아니다. 그것은 과학의 대혁신, 『새로운 기관(Novum Organon)』, '시대의 가장 위대한 탄생'을 의미하기도 한다. 베이컨은 이렇게 말한다. "진리는 시대의 딸이다." 베이컨은 모든 경험과 발견 및 현재의 진보에서 그 주성분과 총화를 끌어내는 시대의 합법적인 딸로서의 철학을 정립하려 한다. 그러니까 그의 관점은 니체와는 정반대로 바로 '시대에 조응하는 것'이다. 그는 자기 시대의 맥박 소리를 청취하면서 그것을 진단하려 한

다. 그러면서 그는 변화를 예고하여 새로운 승리의 길을 알려주려고 한다. 그는 자신의 주저 서문에서 이렇게 말한다. "나는 방향타 역할을 떠맡고 있다." 그는 순수 경험철학의 체계를 구상함으로써 두 가지 목적을 성취하고자 한다. 그의 견해에 따르면, 지금까지 철학을 지배해온 것은 오성으로 하여금 사물의 실제 본성을 고려치 않고 그저 주어진 것으로 당연히 받아들이게 했던 그런 공리였다. 이런 연구방식을 그는 '예측의 방법(Methode der Antizipation)'으로 명명한다. 이에 맞서 그는 '해석의 방법(Methode der Interpretation)'이라는 자신의 새로운 연구방식을 제시한다. 이것이 목표하는 바는 자연에 대한 정확하고도 철저한 이해이다. 오성은 훌륭한 해석자가 어떤 작가를 해석할 때처럼 그 정수에까지 가능한 한 정확히 파고들려고 노력하면서 자연을 해석해야 한다는 식이다. 이를 성공할 길은 높이 떠도는 이념이나 세상과 동떨어진 사변이 아니라 자연을 앞에 둔 끈기 있는 조아림이라고 한다. 즉 **자연은 순종하는 가운데서 정복된다**(*natura parendo vincitur*)는 것이다. 이를 위해 우리가 우선 떨쳐내야 할 것은 우리의 정신을 사로잡고 있는 편견과 망상 따위와 같은 **우상**이다. 베이컨은 이와 같은 우상을 네 가지로 구분한다. 첫 번째 우상은 각개 인간의 개별적 성격에서 기인하는 것으로서 불확실성과 어둠 속에서, 말하자면 개인성의 동굴에서 길을 잃고 헤매게 하는 망상이다. 이를 베이컨은 **동굴의 우상**(*idola specus*)이라고 부른다. 그런데 이 우상은 가까이 좇아가 기술할 수 없을 만큼 너무 다양해서 예측할 길이 없다. 두 번째 우상은 관습에서 연원하는 것으로서 **연극세계의** 이야기처럼 가공된 것임에도 권위에 굴복하여 맹목적으로 믿게 하는 망상이다. 이를 두고 베이컨은 **극장의 우상**(*idola theatri*)이라고 말한다. 세 번째 우상은 사물들의 자리에 단어를 갖다 붙이는 습관에서 비롯된다. 이 우상은 사물에 대한 관습적 기호를 사물들 자체로, **시장의 가치**를 실제의 가치로 대체하기 때문에 **시장의 우상**(*idola fori*)으로 불린다. 이에 대한 관찰이 언어비판의 최초의 맹아가 된다. 네 번째 우상은 가장 강력하고도 가장 위험하며, 인식하기가 가장 어렵고 극복하기에 가장 까다로운 것으로서 우리의 인간 **유**가 타고나면서 갖는 망상인 **종족의 우상**(*idola tribus*)이다. 이 우상은 물리적인 자연을 인간의 자연으로 바꾸도록 우리를 끊임없이 유혹한다. 이때 본래의 자연은 그 본성을 상실하고 번역자의 정신을 취하게 된다. 인간의 영혼은 사물들의 한 거울에 지나지 않지만 이 거울이 지나치게 닦여 사물들을 모사하면서 동시에 그것들을 바꿔놓기도 한다. 따라서 인간의 감각을 사물들의 척도로 간주하는 것은 오류이다. 물론 여기서 현상학적 관찰방식의 발판이 마련된 것임을 예측할 수 있다. 그러나 이와 관련하여 베이컨은 칸트와 그의 학파와는 완전히 다르게 생각한다. 그의 경우 그가 '자연'이라고 부르는 것은 우리 정신의 창조물, 즉 우리 통각형식의 산물이 아니라 인간의 의식이 우상을 떨쳐냈을 때에만 그 진정한 본질을 깨달을 수 있는 그런 것이다. 물론 베이컨은 상위 이념의 인식론적 가치를 어떤 경우에도 부정하고, 우리가 곧 살펴볼 것이지만, 추상적·수학적 사변을 자연관찰에 활용하는 것마저 끔찍하게 여길 정도로 배격한다는 점에서 철학적 관념론자는 결코 아닌 셈이다.

그에게 있어 있는 그대로의 자연, 즉 '자연 자체(Natur an sich)'의 인식에 이르는 가장 확실한 길로 보이는 것은 관찰과 실험에 기초하고, 사실에서 사실로 조심스럽게 전진하는 **귀납법**이다. 이 방법을 그는 물리학과 여타의 자연과학에서뿐만 아니라 심리학·논리학·윤리학·정치학에서도 유일하게 믿을만하고 생산적인 것으로 간주한다. 이런 확신은 그의 뒤를 이어 수많은 세대가 성공적으로 떠맡은 일련의 유용한 학문을 출현하게 했다. 귀납적 추론이 확신과 추동력을 얻으려면 지금까지 인정되어온 규칙에서 예외를 형성하는 경우를 포함한 **부정적 심급**(negative Instanz)에 대한 지속적이고도 세밀한 관찰이 필요하다. 만일 어떤 규칙이 유일한 부정적 심급이라면 그것은 우상이 되고 만다. 성심성의를 다한 관찰과 신중한 추론 끝에 얻은 이론의 여지가 없는 경험 자료들을 수집했을 때에도 무한히 광범위한 **발견**의 영역은 열려 있는 것이다. 발견을 더 높은 수준으로 완성해 나가는 것이 베이컨이 애호하는 주제이다. 이에 대해 그가 말할 때 그의 환상은 시적 수준으로까지 고양된다. 그런데 바로 이 때문에 그의 철학은 결코 일면적인 실용주의에 한정되어 있다고 말할 수 없다. 그는 진보적인 자연지배의 가장 강력한 지렛대로 보는 실험의 경우 빛을 가져오는 실험과 결과를 내놓는 실험으로 구분한다. 전자의 경우 새로운 공리를 산출하는 반면에 후자의 경우 새로운 발명으로 이어진다. 그러나 그가 분명히 강조하는 것은 후자의 경우 사소한 것으로 평가되면 될수록 자연을 통찰하려 하지 않고 그만큼 더 성과만을 노리게 된다는 사실이다. 심지어 그는 수공업자와 제조업자들의 기계적 노력에 대해 아주 낮게 평가하기까지 했다. 이와 관련하여 괴테는 베이컨의 문제를 지적한 바가 있다. 베이컨은 자신이 새로 정립한 세계상에 근거하여 모든 학문을 나열·분류·설명하는 **지성의 영역**(globus intellectualis)을 마침내 구상하기에 이른다. 이때 그는 종합의 예리한 재능을 발휘하여 완전히 새로운 일련의 학문 영역을 염두에 두었다. 여기에는 그가 섬세한 이해력으로 문화사 영역에서 개념 규정하는 문학사를 포함하여 질병의 역사, 전문적인 비교연구, 무역학, 속기술 등이 포함된다.

이 간단한 고찰에서 우리가 이미 목격하게 된 것은 베이컨의 세
계관찰 체계는 재기발랄하고 매력적인 여러 가지 이념을 내포하지
만 깊이와 새로움에서는 크게 내세울 것이 없다는 점이다. 그가 『새
로운 기관』에서 귀납법은 지금까지 누구도 시도한 바가 없는 진정
한 방법이라고 말하지만 이런 공리를 내세움으로써 그 스스로 또
다른 '우상'의 희생물이 된 꼴이다. 그도 그럴 것이 철학사를 얼핏
살펴보기만 해도 일련의 부정적 심급이 작동했음을 확인할 수 있기
때문이다. 베이컨이 기피하는 아리스토텔레스도 이미 귀납적 방법
을 능숙하게 처리할 줄 알았으며, 알렉산드리아 사람들은 이 방법을
통해 온갖 다양한 지식영역에서 소중한 성과들을 얻었고, 르네상스
시대의 모든 철학은 한편으로는 모르는 가운데, 다른 한편으로는
의식적으로 베이컨식 경향으로 충만했다. 베이컨의 동시대인인 이
탈리아 자연철학자 토마소 캄파넬라[61]는 모든 **의지**(*velle*)의 목적은
힘(*posse*)이며, 이 힘은 오로지 **지식**(*nosse*)을 통해서만 가능하다고 가
르쳤다. 그의 학설은 **우리는 아는 만큼 할 수 있다**(*tantum possumus,
quantum scimus*)는 명제로 집약된다. 이는 "**아는 것이 힘이다**(*wisdom is
power*)"라는 베이컨의 유명한 표어와 완전히 같은 형태를 취하고 있
다. 그리고 캄파넬라보다 2세대 앞서 코센차(Cosenza)에서 태어난 베
르나르디노 텔레시오[62]는 나폴리에 있는 텔레시오 학당 혹은 사람
들이 부르기 좋아하는 식으로 하자면 코센차 학당의 설립자로서 자
연은 스스로 해명되기 마련이라는 주요원칙을 세웠다. 에라스무스
의 동시대인인 스페인 사람 루도비쿠스 비베스[63]는 텔레시오보다

---

[61] Tommaso Campanella(1568~1639): 르네상스 시대 이탈리아의 철학자.
[62] Bernardino Telesio(1509~1588): 이탈리아의 철학자. 그의 자연관찰 방법이
이탈리아 르네상스 철학에 많은 영향을 끼침.

나이가 더 많았지만, 자연관찰에서 주관적 요소를 배제할 것과 '자연에 대한 조용한 관찰'을 강조하면서 모든 연구를 경험에 기초하려 했고, 모든 형이상학을 직접적인 조사와 실험으로 대체하려 했다. 이때 그는 고대인들에 대해 베이컨보다 더 정당하게 평가한다. 그는 이렇게 가르친다. "아리스토텔레스의 진정한 제자들은 고대인들이 그랬듯이 자연 자체를 문제로 다룬다." 그런데 프랜시스 베이컨과 **경이적인 박사**(doctor mirabilis)로 통하는 로저 베이컨 사이에는 깜짝 놀랄 정도의 공통점이 있었다. 로저 베이컨은 성이 같은 프랜시스 베이컨보다 300년 훨씬 이전에 태어나 13세기 전반을 살았다. 그는 아랍어와 그리스어로 된 저술들에서, 그리고 자신의 고유한 관찰방식을 통해 수학·공학·광학·화학에 대해 놀라운 지식을 습득하여 당시 정점에 서 있던 스콜라철학에 맞서 경험철학 체계를 정립하려 했다. 그에 의하면, 인식의 방법에는 두 가지가 있다. 그 하나는 논증을 통한 방식으로서 추론에 이르는 길이다. 그러나 이는 확실한 진리를 드러낼 수가 없다. 다른 하나는 실험의 방식으로서 확고한 지식에 이를 수 있는 유일한 길로 통한다. **경험이 없다면 어떤 것도 충분히 알 수가 없다**(sine experientia nihil sufficienter sciri potest). 경험 자체도 두 가지 방식이 있다. 경험은 감각에 의한 외적 경험이나 영감을 통한 내적 경험이 있으며, 후자의 형식도 전자와 마찬가지로 중요하지만 로저 베이컨은 이를 완전히 무시했다. 나아가 그는 수학을 모든 자연과학의 기초로 여겼다. 이런 통찰의 관점에서도 그는 자신의 뒤에 온 베이컨을 앞선 셈이다. 자신의 이론을 성과 있게 만들 줄 알았던 점에서도 후자와 구별된다. 돋보기를 발명했고, 율

---

63 Ludovicus Vives(1493~1540): 르네상스 시대 스페인의 인문주의자.

리우스력(Julianischer Kalender)을 혁신했으며, 화약과 아주 흡사한 혼합물을 제조하기도 했다. 다른 한편, 이 두 베이컨의 학설은 세부사항에서는 아연실색하게 할 만큼 서로 일치한다. 로저 베이컨은 진정한 자연관찰에 이르는 길을 차단하는 인식의 네 가지 **장애물**을 명시한다. 그것은 곧 권위, 관습, 시장을 떠도는 여론에 대한 의존성, 고집불통의 자연적 감각을 의미한다. 이는 알다시피 **우상**과 거의 완전히 일치한다. 또한 그는 인간의 발명기술이 예측할 수 없을 정도로 발전할 것이라고 예고했다. 새로운 기구에 대한 그의 환상적인 구상은 바로 프랜시스 베이컨을 상기시킨다. 그는 날 수 있는 기계장치뿐만 아니라 동물의 힘을 빌리지 않고도 앞으로 나아갈 수 있는 탈것과 4명이 노를 젓는 것보다 혼자서 더 빨리 타고 갈 수 있는 배에 대해서도 말했다. 이러한 우연의 일치 관계는 서로 성이 같은 에라스무스 다윈[64]과 찰스 다윈[65]이 맺는 관계와 아주 유사하다. 에라스무스 다윈은 유전 · 적응 · 보호색 · 생존경쟁과 같은 유명한 찰스 다윈의 이론을 완전히 선취했다.

베이컨의 반철학

　물론 새로움이 어떤 철학의 위대성의 척도가 되는 것은 아니다. 그렇지 않다면, 베이컨을 두고 말한다면 그의 철학이 보편적으로 인정받는 새로움을 획득하지 못했다는 점에서 실패했다고 할 수 있을 것이다. 그도 그럴 것이 그의 철학은 근대적 의미에서 유용하고도 성과 있는 어떤 방법론도 아니기 때문이다. 그런데 이런 관점에서 보면 베이컨뿐만 아니라 그의 동시대 다른 연구자들도 어떤 진척도 이루지 못한 셈이 된다. 그는 갈릴레이와 케플러의 동시대인이

---

[64] Erasmus Darwin(1731~1802): 영국의 의사 · 시인 · 박물학자.
[65] Charles Darwin(1809~1882): 영국의 생물학자. 진화론의 주창자.

자 영국 르네상스 시대 가장 천재적인 자연연구자인 길버트와 하비[66]의 동향인이었다. 그는 이들 모두를 장려하지 않았을 뿐만 아니라, 아예 이해조차 하지 않으려 했다. 그는 그들의 업적을 부정하면서 자신의 체계와 구분하려 했다. 물론 그의 체계는 두 가지 결정적 결함이 있었다. 첫 번째 결함은 모든 연구에서뿐만 아니라 최고의 정밀을 필요로 하는 연구에서도 중요한 역할을 하는 창조적 직관의 가치에 대한 감각이 그에게는 없었다는 점이다. 괴테가 『색채론 (Farbenlehre)』에서 강조하듯이, 바로 그의 경우 "현상의 평면에서는 모든 것이 똑같은 것"이 되고 만다. 순수 경험적 관찰과 사실들의 비교로도 드러나지 않는 유추 현상들을 순간적으로 밝혀주는 천재적 계시, 해명할 추론을 취하기 위해 수백 가지 무의미한 추론의 사슬을 훌쩍 뛰어넘는 대담한 힘에 있어 그의 고루한 방법은 여지를 두지 않는다. 그는 가우스[67]가 말하듯 정밀 연구의 탁월한 천재성이라는 말을 결코 이해하지 못한 것처럼 보인다. 가우스는 이렇게 말한다. "나는 결과를 어떻게 끌어낼 것인지 알기 훨씬 전에 이미 그것을 획득하고 있었다." 바로 여기에 베이컨이 고대인들을 그토록 부당하게 대접하게 된 진정한 원인이 있었다. 그런데 그가 교만하여 얕잡아본 아리스토텔레스의 추론 학설은 지금도 그 유용성이 여전하다. 반면에 그가 아리스토텔레스의 추론 학설을 없애고 대신하려 한 그 자신의 새로운 기관은 기껏 역사적 관심만 불러일으켰을 뿐이다. 그의 철학의 두 번째 결함은 우리가 이미 암시한 바 있다. 말하자면 그는 엄밀한 자연연구에서 수학이 갖는 기본적인 의미

---

[66] William Harvey(1578~1657): 영국의 의학자・생리학자.
[67] Carl Friedrich Gauß(1777~1855): 독일의 수학자이자 물리학자.

에 관해 거의 이해할 수 없는 방식으로 잘못 이해하기도 한다. 그런데 바로 이런 식의 이해는 새로운 자연관찰의 혁명성과 창조성이 시작되는 지점이 되기도 한다. 그 선구자는 레오나르도 다빈치이다. 그는 다음과 같은 주요 원칙을 제시한다. "어떤 인간의 연구도 수학적 증명으로 입증되지 못한다면 진정한 학문의 길에 들어선 것이라고 말할 수 없다." 케플러도 동일하게 가르친다. "진정한 인식은 일정한 수량이 인지될 때에만 가능하다." 갈릴레이도 비슷하게 말한다. "우주에 관한 책은 수학적 문자로 쓰여 있다." 이런 원칙의 타당성 여부에 대한 실험이 새로운 우주체계였다.

베이컨은 그다음 세대의 인간정신이 우주·지구·유기체 및 그 속에서 작용하는 에너지 등의 구조와 법칙을 해명할 수 있게 한 것은 고차원적 사변이 아니라 무엇보다 기술에 입각한 시민들의 실용학문이었다고 말한다. 그러나 우리가 앞서 간단히 지적한 바 있지만 다시 한 번 강조한다면 그 자신의 경우 순수 실용적인 연구 경향을 지지하지 않고 실용성보다 인식가치를 항상 우선에 두었다는 사실이다. 물론 이런 변화도 그의 발전선상에 놓여 있다. 매콜리는 베이컨의 의도를 완전하고 올바르게 해석하진 못했지만, 이 의도에서 불가피한 결정적 결론을 끌어내긴 했다. 그는 내용이 알찬 다채로운 변증법의 걸작으로 꼽히는 자신의 유명한 에세이에서, 베이컨 철학의 목적은 인간 쾌락의 강화와 인간 고통의 약화에 있었다고 주장한다. 이를 통해 베이컨 철학은 편리와 진보에 기여하는 것을 멀리하고 자체의 지위를 확고부동하게 고수하는 것으로 만족해온 지금까지의 모든 철학을 능가했다. 그는 인간 영혼의 이미지를 그려내기보다 인간 손의 사용에 대해 사람들에게 가르치고 발명하는 것이 철학의 임무라면 최초의 구두장이는 철학자였다고도 주장할 수 있다고 말한 세네카를 인용하면서 이렇게 덧붙인다. "우리로 말하자면, 최초의 구두장이와 『분노에 대하여』를 쓴 작가를 두고 하나를 선택해야 한다면 구두장이로 결정할 것이다. 격노하는 것이 물에 젖는 것보다 더 좋은 일은 아니다. 그러나 구두는 수백만 사람이 물에 젖는 것을 막아주므로 우리는 과연 세네카가 작가로서 단 한 사람이라도 분노하지 않게 할 수 있었을까 하고 의구심을 품는다." 이런 주장을 두고 여기서 더 세밀하게 검토할 필요는 없을 것 같다. 왜냐하면 모든 종교의 역사를 들여다보면 철학은 젖음과 분노와 같은 성가신 것에 대해 인간을 무장시킬 수 있었다는 점을 확인시켜 주기 때문이다. 동시에 이러한 추론을 통해 베이컨이 그의 제자들에게 어떤 종류의 철학을 생산하게 했는지도 가늠하게 한다. 그것은 아마도 구두장이의 철학, 혹은 좀 더 고상하게 표현하면 발싸개 시스템과 습기방지도구를 발명한 이의 철학일 것이다. 매콜리는 이렇게 이어나간다. "소크라테스가 심었고 플라톤이 키운 나무가 그 꽃과 잎사귀를 통해 평가될 경우 그 나무는 나무 중에 가장 고상한 나무가 될 것이다. 그러나 베이컨의 순수 시금석을 이용하여 열매로 그 나무를 평가한다면 우리의 생각은 약간 좋지 않은 쪽으로 아마 기울 것이다. 전자의 철학에 빚을 지고 있는 우리가 유용한 모든 진리를 합산한다면 그 높이는 얼마나 될까? (…) 어떤 행인이 탈곡기를 밟는 단조로운 일을 하면서도 마치 국도를 따라 걸을 때처럼 엄청난 근력을 소모할 수 있다. 그러나 국도를 걸을 때는 그의 힘은 그를 앞으로 나아가게 하지만 탈곡기를 밟을 때는 채 3cm도 나아가지 못한다. 옛 철학은 탈곡기며 길이 아니었다." 이 문맥을 통해 우리는 베이컨이 끌어들인 완전히 실용주의적인 철학의 핵을 보게 된 셈이다. 매콜리는 나무의 목적은 꽃을 피우는 데 있다는 생각을 강력하게 부인한다. 나무는 오직 인간에게 열매를 제공하게 하려고만 창조되었고, 철학은 인간에게 유용한 진리를 던져주려고만 형성되었다는 식이다. 이러한 진리를 수집하는 동안 매콜리는 유용성과 진리는 별개의 것이며, 심지어 대개 서로 배척된다는 점을 생각하지 못한다. 따라서 플라톤의 철학을 결산하는 과정에서 그것을 탐탁치 않게 본 것도 놀랄 일이 아니다. 여기서는 진리가 그 열매로 인간을 살찌게 할 때에만 존재근거를 부여받을 수 있다. 꽃은 이런 영양제의 전 단계로서만 존재근거를 가지며, 잎사귀는 난방용 불쏘시개로만 유용할 따름이다. 그 자체가 목적인 철학은 아무 목적도 없는 꼴이 된다. 이런 식의 한가로운 사변놀이를 하는 사람은 탈곡기 밟기를 하면서 자신의 근력을 소모한다. 반면에 국도를 걸어가면서 앞으로 전진하는 매우 유익한 일, 예컨대 비료를 나른다든지 국도의 길이를 측량한다든지 하는 일에 근력을 사용할 수도 있다. 그러나 길의 아름다운 풍경을 즐기거나 그저 자신의 생명 에너지를 운동시키고자 산책을 하는 사람도 탈곡기를 밟는 사람들만큼이나 무의미하고 무가치한 편이다. 철학도 이와 흡사한 놀이를 한다면 그것은 바보짓이거나 방랑일 뿐이다.

베이컨의 철학이 기본적으로 일종의 반철학(Antiphilosophie)이며, 새로운 것도 없고 학문적으로 유용한 것도 아니었다면, 어떤 환경 덕분에 그의 철학이 당대와 심지어 후세대에 엄청난 영향력을 발휘할 수 있었을까? 이런 점에서 그의 철학은 분명 어떤 특질을 내장하고 있는 것이 틀림없다. 에머슨[68]은 이렇게 말한다. "자연은 끊임없이 자신의 물과 포도주를 정화한다. 어떤 필터도 이보다 더 완벽할 수

베이컨의 명성

---

[68] R. W. Emerson(1803~1882): 영국의 시인·평론가·철학자.

가 없다. 어떤 작품이 20년 뒤에 다시 선을 보인다면 그것은 호된 검열을 견뎌낸 것이 분명하다. 심지어 100년 뒤에 다시 인쇄된다면 말할 필요가 있겠는가! 그것은 마치 미노스[69]와 라다만티스[70]가 인쇄를 허락한 것과 같은 셈이다." 인류는 자신의 기념품을 허망하게 버리지는 않는 법이다. **무에서는 아무것도 생기지 않는다**(*Ex nihilo nihil fit*). 연기가 있는 곳에는 불이 있거나 있었던 것이 틀림없다.

베이컨이 비범한 영향력을 보일 수 있었던 주된 요인은 무엇보다 그가 당대의 가장 뛰어난 문사였을 뿐만 아니라 영국의 가장 완벽한 산문 문장가 가운데 한 사람이었다는 점에 있다. 그는 다채로움과 다양함을 투시력과 간명함으로 묶는 비결을 알고 있었다. 그는 잊을 수 없을 만큼 날카롭게 번뜩이는 필치로 기록해야 할 것을 스케치했다. 벤 존슨[71]은 젊은 베이컨의 의회연설을 두고 그 관점이 놀라울 정도로 풍부한 내용을 담고 있었고 진지했으며, 화법은 품위 있으면서도 경쾌했고, 그 사상은 매우 엄격하면서도 세련되게 다듬어져 있어서 모든 청중을 긴장시켰기 때문에 그가 연설을 끝낼 순간이 올까봐 모두가 조바심을 낼 정도였다고 말한다. 그의 스타일의 기본성격은 대단히 화려하다. 그의 경우 광채·다채로움·채색은 고정성·철저성·질서 등이 그 기반이 아니다. 그의 화법은 셰익스피어의 그것과는 전혀 다르다. 후자의 경우 세계 전체를 서로 꼬이고 물린 비유들로 조합하려는 비유법이 지배적이지만 베이컨의 경

---

[69] Minos: 그리스 신화에 나오는 제우스와 에우로페의 아들로서 크레타 섬의 왕. 정의로운 심판관으로 통함.
[70] Rhadamanthys: 크레타 섬의 왕 미노스의 형제. 미노스와 함께 사자(死者)의 심판관으로 통함.
[71] Ben Jonson(1572~1637): 영국의 극작가·시인·평론가.

우 구체적으로 뚜렷이 보여주려는 입체초상화 형식이 지배적이다. 셰익스피어의 메타포는 암시에 도움을 주는 반면에 베이컨의 메타포는 명료화에 기여한다. 예컨대 그는 철학에 관해 말하면서, 철학의 잔에서 떨어지는 물방울은 불신과 연결되지만 잔을 바닥까지 비우게 되면 경건해지기 마련이라고 하고, 윤리학을 두고서는 윤리학이 지금까지 달필의 규정만을 보여주었을 뿐 글을 쓸 때 어떻게 펜을 굴려야 하는지는 가르치지 않았다고 말한다. 그는 그리스인들의 지혜를, 재잘거리긴 좋아하지만 증언을 하기에는 아직 미숙한 여린 어린아이의 그것에 비교한다. 그리고 중세의 학문을 수도원에 감금되어 별다른 결실을 볼 수 없는 수녀, 아리스토텔레스의 작품을 시간의 흐름에서 내용으로 채워진 무거운 것은 가라앉고 가벼운 것만이 물 위를 떠도는 가벼운 목록, 그리고 진리를 착각의 촛불이 보여줄 때처럼 세계의 가면과 가장무도회의 화려한 차림새를 그 절반만큼도 아름답고 장엄하게 드러내지 못하는 훤한 대낮의 빛에 비유한다. 그는 『학문의 존엄과 진보(De dignitate et augmentis scientiarum)』에서 아주 인상 깊은 말을 남긴다. 즉, 자연은 우리에게 직접적인 빛으로 출현하며, 자연을 통해서만 우리가 인식할 수 있는 신은 굴절된 빛으로 출현하고, 자기 반사상을 통해 이르게 되는 우리 자신의 본질은 반영의 빛으로 나타난다는 것이다. 그리고 『새로운 기관』에서는 이렇게 말한다. 즉, 단순한 경험은 그저 수집만 할 줄 아는 개미가 하는 짓과 같으며, 자체에 맡기는 오성은 자기 몸에서 실을 뽑아내는 거미와 같지만, 사유하는 경험은 수집하는 동시에 수집된 것을 자기 것으로 만드는 꿀벌의 행위와 같다고 한다. 다음과 같은 그의 주장은 널리 알려진 말이다. 요컨대 우리가 자연의 왕국에서 계시의 왕국으로 들어가려면 세계를 일주할 때 우리가 써온 과학의 배에서 교회의 배로 갈아타야만 한다는 것이다. 그가 쓴 모든 글 속에 배어 있는 이런 행복한 이미지들이 그가 언급한 대상들을 매력적이고도 구체적으로 보이게 하며, 심지어 그가 한 잡담까지도 생기 있게 만든다. 예컨대 에식스에게 그는 여왕에게 취하는 그의 뻣뻣한 태도는 가끔 도움이 되지만 계속되면 상처를 입기 쉬운 온천탕과 같고, 전쟁에서 얻은 명성과 대중에게서 받는 총애는 이카로스(Ikaros)의 밀랍 날개와 같은 것이라고 말한다.

베이컨이 영향력을 보일 수 있었던 두 번째 요인에 대해서는 이미 언급한 바가 있다. 그는 지식과 권력을 열정적으로 추구하는 시대의 의지를 확산력이 있는 격언, 호소력 있는 공식, 광범위하게 빛을 발하는 기호로 표현했으며, 자신의 시대에 적확한 표제어를 제시했다. 따라서 베이컨이 갖는 의미는 이 표제어가 취하는 최고의 뜻을 살려 말한다면 저널리즘에 있다고 할 수 있다. 그는 엘리자베스 시대 사람들이 즐거운 마음으로 그의 초상화를 들여다보고 싶어 하는 맑게 빛나는 거울이었다. 한 걸음 더 나아가 말하면, 그는 이후 세대에 오면서 고스란히 본뜨고 싶어 하는 영국 사람의 전형을 선취한 셈이다. 여기서 우리에게 비치는 그의 모습은 정보에 능통하고 멀리 내다보는 차가운 영국인이다. 여기에는 정열적인 실증주의, 실용적인 천재, 일관성과 순응력의 건강한 혼합, 세계를 장악하는 사실적 감각이 곁들여 있다. 개인적으로는 신사이고 학자이며 세계 여행가이다. 한 손에는 나침반을, 다른 한 손에는 '시간'을 들고 서 있다.

숨은 왕   그러나 새로운 기관, 진정한 백과사전, 대혁신과 시대의 탄생은 베이컨이 아니라 한때 밀렵을 하다 조사를 받고, 런던의 수많은 극장 가운데 하나를 다소 성공적으로 이끌며, 자신의 고향 도시에서 잘 나가는 땅 투기꾼으로 살다 죽은 사람으로 동시대인들이 기억하는 인물이었다. 베이컨은 자신의 글에서 그에 대해 단 한 번도 언급하지 않았으며, 베이컨이 대체로 사소하게 평가한 연극문학에 대한 글에서도 그를 언급하지 않았다. 그토록 뛰어난 학자이자 지체 높은 경이로움, 그리고 무적함대의 승리와 식민지 정책, 과학적 진보로 이름을 날리던 그 시대가 그 같은 3류 배우에게서 어떤 주목할 거리를 찾을 수 있었겠는가? 사람들은 늘 이런 식이다. 자신들의 삶이 높이 추앙받고 순간의 의미를 깨닫고 그 속에서 아름다움을 찾으려 한다. 그들은 지평선에 새로운 빛이 나타나지 않을까봐 조바심을 내며 지평선을 바라다본다. 새로운 빛은 나타나지 않는다. 그도 그럴 것이 지평선에서는 그것을 찾을 수 없기 때문이다. 오히려 그 빛은 그들 사이에서, 그들 옆에서, 바로 그들 자신에게서 출현하곤 한다. 그러나 이때도 그들은 그 빛을 보지 못한다. 그들은 시인이란 아득히 먼 곳에서 눈부시게 찬란한 태양처럼, 현란한 혈홍색의 빛을 비추면서 솟아오를 것으로 생각한다. 그러나 이런 '현란한 시인'이란 없다. 진정한 시인들은 일화 속에 등장하는 왕들처럼 언제나 모르는 사이에 사람들 사이를 거닌다. 그들은 민중에게 말을 걸지만, 민중은 거의 대꾸도 하지 않은 채 곁눈을 하고 지나간다. 나중에 가서야 누군가가 사람들에게 진짜 누가 왔다 갔는지 설명한다. 그러나 그 사이에 변장한 왕이 길을 떠난 지는 오래전의 일이 되고 만다. 셰익스피어가 죽고 난 뒤 200년이 되어서야 몇몇 사람이 이렇게 말했다. "그 키 작은 배우이자 어설픈 감독이 누구였는지 도대체 알기는 하는가? 그가 바로 윌리엄 셰익스피어란 말일세!" 이 말을 듣고 모두가 깜짝 놀라지만, 셰익스피어는 벌써 떠난 지 한참 지난 후였다.

셰익스피어는 격변과 번영으로 들썩이던 시대의 한가운데서 진부하게 여겨질 만큼 조용하고도 단순한 삶을 살았다. 그는 무대감독과 '가정 시인'으로 시작하여, 매일 자신의 대본을 연습했으며, 드라마를 개작했고, 몇 편의 자기 작품을 썼으며, 의상비용 및 현금장부와 토지대장에 골몰했다. 그가 자기 인생의 최고 목표로 두었던 것을 누려본 시기는 죽기 전 몇 년에 불과했다. 그것은 가식도 보일 필요도 없었고 원고를 쓸 필요도 없었던 스트랫퍼드(Stratford)에서의 조용한 삶이었다. 동시대의 계관 시인은 박식한 학식을 갖춘 벤 존슨이었다. 그는 이 학식을 자신의 희곡에 아주 능숙하게 활용했으며, 로마 시인의 유형예술을 부지런히 학습한 예리한 분류논리학자이자 모자이크 화가로서 고전 시인으로 통하기도 하며 자신을 예술의 대제사장으로 간주하기도 했다. 오늘날 우리에게는 아주 특이하게 들릴지 모르지만, 동시대인들은 그를 지고한 경향의 대표자이자 불멸의 시인으로 여겼고, 셰익스피어를 두고서는 흥미를 유발하는 오락 잡문작가로서 전시실의 인물로만 보았다는 점이다.

셰익스피어
의 영혼

셰익스피어가 평생 경험한 그에 대해 하찮은 혹은 왜곡된 평가는 많은 이가 그의 실존 자체를 부정할 만큼 역설적으로 비쳤다. 그러나 이는 그 모순을 해소할 특별한 방식이 되기도 한다. 그도 그럴 것이 이 전대미문의 창작력이 암울한 환경을 경험했다는 점을 상상하기가 어렵다면 이런 창작력이 작동하지 않았을 것이라는 점도 전혀 상상할 수 없을 것이기 때문이다. 이런 사실을 의심하는 자들에게는 이렇게 응수할 수밖에 없을 것이다. 즉, 오늘날까지도 그 힘과 내용 면에서 누구도 성취하지 못한 서른여섯 개의 희곡을 쓴 사람이 셰익스피어가 아니라면 도대체 누구란 말인가? 아마 그는 셰익스피어로 불리지 않았을지도 모른다. 우리에게 중요한 것은 그가 실제로 살았다는 점이다! 아무튼 존재했던 것만큼은 틀림없다. 셰익스피어는 자신의 인생과 정신적 작품을 통해 천재성을 입증해 보인 가장 확실한 형태로 우리에게 왔다 갔다. 그의 희곡은 그의 실존을 가장 명확히 말해주는 증거다. 많은 사람은 출생증명서와 사망진단서와 같은 신고증서를 갖기 마련이며, 삶의 끝에서는 이야기를 남기는 법이다. 셰익스피어는 사제나 주민등록 직원이나 관내 의사가 그 실존을 증명하진 않지만 어쨌든 살았던 인물이다.

우리는 그에 대해서 많은 것을 알고 싶어 하지만 콜리지[72]가 그를 두고 멋지게 이름 붙인 바 있는 **수천의 마음을 지닌 인물**(*myriad minded man*)의 영혼 속에서 오늘날도 몇 가지만을 읽어내고 있을 뿐이다. 그의 영혼은 그의 작품 속에서 침묵하고 있다. 그의 영혼은 다채로운 색을 흩뿌리며 등장하는 수천 인물의 모습으로 발산된다. 많은 사람은 '맥베스'를 지금까지 세계가 투입한 가장 강력한 연극적 기표로 간주하지만, 오늘날까지도 우리는 셰익스피어가 이 인물로 무엇을 의도한 것인지 모른다. 관객들이 밀려오는 공포작용에 꼼짝없이 당할 수밖에 없는 인기 있는 연극을 쓰려고 했을까? 아니면 행동을 제일로 앞세우는 영웅을 통해 햄릿과 대조적인 인물을 창조하려고 했을까? 아니면 제임스 1세의 즉위를 빗대는 스코틀랜드의 소재를 생생하게 살려내려고 했을까? 아니면 자신의 머리 꼭대기에서 벌어지는 세상 이치와 운명에 대한 궁극적 지혜를 전파하려고 했을까? 이 모든 질문도 범속할 따름이다. 셰익스피어나 그의 가장 초보적인 즉흥극에 깃들어 있는 것은 언제나 비합리성이다. 우리가 이 책의 서문에서 언급한 바 있는 천재의 비밀스러운 3중의 출현형태가 셰익스피어의 경우 특이한 방식으로 나타난다. 그는 자기 시대의

---

[72] S. T. Coleridge(1772~1834): 영국의 낭만파 시인이며 비평가.

가장 완벽하고도 강력한 표현이다. 그의 시대가 이러한 힘의 작용의 원천을 간과했음에도 그는 자신의 시대에 가장 독보적이면서도 가장 오래 지속적으로 영향을 미쳤다. 특히 가장 인상적인 것은 그가 이런 상호관계를 배후에 두고 있었지만 이해할 수 없는 불합리성으로 영향력의 왕좌에 올랐다는 사실이다. 이 이해 불가능한 인간의 존재를 한마디로 감히 표현하려 한다면 그는 지금까지 살았던 사람 중에 가장 완벽한 배우였다고 말할 수 있을 것이다. 그는 인간본성, 즉 그 높음과 낮음, 평지와 구릉, 부드러움과 야수성, 꿈과 행위와 모순을 가장 정열적으로 가장 객관적으로 가장 헌신적으로 가장 독자적으로 드러낸 성격배우였다. 그는 거침없는 전사(戰士)이자 가장 여성적인 감성의 인물이며, 가장 정교한 예술가이자 온통 보석으로 치장한 당시의 귀족처럼 가장 몰취미한 야만인이었다. 그는 아무것도 없는 것을 두려워하면서도 또 한편 그것을 선호하기도 했다. 그도 그럴 것이 모든 것은 최대한 믿을만한 것으로 최대한 인상적인 것으로 보이게 하는 역할을 할 뿐이기 때문이다. 그래서 그는 타인의 자산을 이용하는 것에 대해 추호도 의심하지 않았으며, 표절이라는 개념을 몰랐다. 그는 자신이 구한 텍스트를 취하면서 본래의 텍스트보다 더 나은 것이 산출될 것이라는 확신에서 그 텍스트를 암송하면서 써먹었다. 그러나 그 자신은 한 번도 무대에 출연하지 않았다. 만일 그가 언젠가 인간의 무대에 올라 연기를 보였다면 그는 자신의 인형극의 막을 얼른 내리고는 어둠을 틈타 도망을 쳐 관객의 시선을 한사코 피해 다니려고 할 것이다.

셰익스피어의 연극   이 연극 천재는 존재하는 모든 것뿐만 아니라 존재하지 않는 모든 것도 함축하는 자신의 상상세계를 뱃사람들이 드나드는 선술집 형태로 사실적으로 그렸다. 특히 독특한 점은 모든 극작가 중에 가

장 에로틱한 극작가가 여자 한 명 없는 극장을 운영했다는 사실이
다. 그러나 무엇보다 가장 특이한 것은 무대가 필요 없는 그의 드라
마에서는 무언의 외부세계가 어디에서든 발전의 실제 요소가 되며,
인간의 운명을 흡사 등장인물을 규정할 때처럼 규정한다는 점이다.
셰익스피어의 경우 공간은 언제나 아주 구체적으로 그려졌고, 환상
의 모든 수단을 동원한 근대 드라마 작가 누구 못지않게 선례들과
유기적 연관을 맺고 있다. 예컨대 『햄릿』 제1막이 그렇다. 여기서는
배경도 바로 연극 구성의 일부를 이룬다. 여기서 관객은 무대 위의
인물 누구든 햄릿의 아버지를 보기 **마련일** 것이라고 생각한다. 공포
를 자아내는 어둠 속에서 유령의 모습이 출현한다. 『맥베스』에서도
밤은 이른바 모사의 원천이다. 『리어왕』에서는 폭풍우가 몰아치는
황야를 떠올리게 된다. 그러나 『로미오와 줄리엣』에서는 꽃향기가
나며 달빛이 쏟아지고 나이팅게일의 노랫소리가 들리는 분위기가
연상된다. 『여름밤의 꿈(Sommernachtstraum)』에서는 묘한 숲속의 세계
를 떠올리게 된다. 자연이 독특한 범신론적 방식으로 연출되며, 신
비로운 자연의 품에서 감성과 행동이 출현하는 것처럼 느껴진다.
　이는 셰익스피어가 우리 행위의 진정한 원동력이자 우리의 감정
조정 장치를 거의 완전히 벗어나 있는 어슴푸레하고도 어두운 충동,
즉 무의식의 가장 위대한 작가 가운데 한 사람이 된 것과 관련 있다.
자연적 현상과 같은 사건의 원형적 성격을 담고 있는 그의 드라마
의 기본요소도 바로 여기서 비롯되며, 표층이 아니라 심층에서 나오
는 모방하기 어려운 그의 리얼리즘도 여기서 시작된다. 삶 자체를
공유하는 해석하기 까다로운 그의 작품도 바로 거기서 비롯된 것이
다. 앞서 우리는 몽테뉴 유형의 인간이 인간 영혼의 어두운 심연
속을 지금까지보다 훨씬 더 깊게 파고들었을 때 반드시 불가지론에

이를 수밖에 없음을 살펴보았다. 역시 이와 유사한 세계감정이 셰익스피어의 드라마에 카오스가 들끓게 했다. 이러한 감정은 형식에까지 뻗어있다. 셰익스피어는 자유분방한 건축술을 발휘하여 다양한 장면을 이어가는 극작가이다. 그런데 바로 이 점이 그의 연극을 불멸의 것으로 만들어놓았다. 그도 그럴 것이 고전주의의 '고정된 체계'는 합리주의적 구조에 대한 열정이 예술 감각을 지배하는 동안만 생명을 유지할 수 있기 때문이다. 반면에 셰익스피어의 연극형식은 어떤 시대에 읽히더라도 무언가를 말해준다. 물론 그것은 그 모든 시대뿐만 아니라 나이의 차이와 교양의 수준을 넘어 모든 계층에도 말을 건네고 있다. 그것이 고전적 드라마와 맺는 관계는 통속적 이야기가 예술적 소설과 맺는 그것과 유사하다. 통속적 이야기는 언제나 곧 사라질 것으로 보이지만 어느 시대든 죽지 않고 살아나는 법이다. 데프린트[73]는 『독일 연극예술의 역사(Geschichte der deutschen Schauspielkunst)』에서 셰익스피어의 드라마를 '중세 드라마의 최고 영예'로 꼽는다. 사정이 사실 그렇다. 테크닉의 서투름과 개별화의 빈곤을 보인 중세의 드라마는 셰익스피어의 드라마에서 생명력이 넘치는 진정한 형식을 발견한 것이다. 이미지와 형상의 흐름, 신비주의와 초자연주의가 모든 연극예술의 내적 본질을 이룬다. 또한 셰익스피어는 유럽의 문화가 배출한 최후의 위대한 연극 마술사이기도 하다. 유럽의 문화는 비록 우회로를 거치긴 했지만, 늘 그 같은 형식으로 되돌아갔다. 사실 입센도 때때로 시간과 공간의 고전적 통일에 조심스럽게 다가서고 있는 것처럼 보이지만 그것은 시각적인 착각일 뿐이다. 무대가 정지되어 있는 것은 사소한 외관일 뿐이며, 과거

---

[73] Eduard Devrient(1801~1877): 독일의 극작가이자 배우. 리브레토 작가.

와 미래가 수천의 방식으로 상호작용하면서 구체적으로 연출되는 얽히고설킨 다양한 사건의 줄거리는 낭만주의적 예술 감정에서 태동한다. 초자연주의의 입장에서 보자면 한 세대 뒤의 오늘 우리가 『유령(Gespenster)』이나 『로스메르 저택(Rosmersholm)』과 같은 문학이 오직 현대적인 세련된 장치들 덕분에 요정동화와 구분될 뿐이라는 점을 명확히 알 수 있다.

셰익스피어의 드라마는 현실적인 놀이이다. 그래서 그의 드라마는 그만큼 더 흥미롭다. 이 드라마에서는 존재 전체가 꿈, 가면놀이, 좀 더 혹독하게 표현하면 바보들의 집으로 구상되어 있다. 여기서 행동은 어리석음을 의미할 뿐이다. 이는 『햄릿』뿐만 아니라 그의 모든 작품의 핵을 관통하는 지혜로 통한다. 셰익스피어는 행동형 인간의 우주와 종의 다양한 변종이 반영된 온전한 동물학을 창조했다. 물론 그는 이 모든 것을 비웃고 경멸한다. 그의 삶 전체가 행위의 표현과 드라마에 바쳐졌다. 인간 행동을 모방하여 그려내는 것이 그가 떠맡은 지상명령의 의미였다. 그런데 그 자신은 행위 일체를 무의미한 것으로 보았다. 이런 식으로 그가 자신의 행위마저 멸시한 점에서 그의 독특성은 더욱 두드러진다. 그의 세계관의 전모는 그의 비문에 함축되어 있다. **"우리는 꿈으로 이루어져 있다**(*We are such stuff as dreams are made of*)**."** 이는 내게 『햄릿』의 의미인 것처럼 들린다. 햄릿은 너무나 강렬하게 환상을 먹고 사는 사람이어서 앞으로 발생할 모든 사건을 자신의 꿈을 통해 선취하고 골똘히 생각하면서 생각할 수 있는 것은 모두 생각해볼 정도이다. 그러나 사람은 어떤 사태를 상상으로서든 실제로서든 오직 어느 한쪽으로서만 온전히 경험할 수 있다. 햄릿은 자신의 의지에 반할 만큼 전자를─상상으로서 경험하기를 선택했다. 그는 세계를 더 이상 경험할 필요가 없을 정도로 세계에 대해 꿈을 꿨다.

그렇다면 셰익스피어 자신은, 공허한 몽상가 혹은 깜박이는 영상의 인물, 혹은 무서운 환각작용처럼 현실의 온갖 다양한 사건을 스치며 그것을 섬뜩하게 비현실적으로 반사하면서 세계를 떠도는 소름 돋게 하는 유령이나 악몽의 주인공과 다른가? 그도 거대하게 치솟은 화려한 불꽃처럼, 짚단에 불붙은 열정의 불길과 위트의 조명탄으로 하늘을 수놓으면서 깔깔거리는 웃음과 반짝이는 눈물의 긴 치맛자락을 뒤로 남긴 채 사그라졌다.

르네상스의
단말마

꿈으로서의 세계, 신비로서의 세계, 카오스의 세계, 이것이 르네상스가 대면한 통각형식이다. 셰익스피어는 사실 르네상스의 정점이 아니라 끝이자 최후의 해체를 의미한다. 16세기 중엽부터 30년 전쟁의 발발까지에 이르는 시·공간에서 르네상스의 단말마가 지속했다. 가장 극명하게 나타난 곳은 르네상스의 발생지였다. 정확히 1550년은 일종의 종지부를 찍는 해인데, 이때 이탈리아 르네상스 예술의 전체 업적을 요약해주는 바사리의 유명한 작품이 나왔다. 그러나 이미 취향의 중대한 변화가 예고되었다. 첼리니[74]가 조각한 피를 흘리는 흉측한 머리를 들고 서 있는 페르세우스[75]의 동상이 그것이다. 파르네제(Farnese) 지역의 조각품들처럼 고대의 분위기를 풍기지 않는, 선이 거친 거대한 조각상들이 새로이 발굴된다. 과장된 형식으로 선을 그로테스크하게 처리한 줄리오 로마노[76]의 그림들이 갈채를 받았다. 이때부터 중요한 열쇠는 더는 윤곽이 아니라 율동이었다. 점차 입체가 모든 예술창작의 규범으로 통했지만, 이때

---

[74] B. Cellini(1500~1571): 이탈리아의 조각가·화가·금속세공인.
[75] Perseus: 그리스 신화에 등장하는 영웅.
[76] Guilio Romano(1499~1546): 이탈리아의 화가이자 건축가. 라파엘로의 제자.

지배적인 것은 정해진 치수를 벗어난 도취된 형태의 입체였다. 여기에 덧붙은 것은 스페인화의 보편화이며, 이는 수십 년 동안 강한 압력으로 작용한다. 강력한 스페인 세력이 이탈리아를 북부에서 남부까지 거미처럼 에워싸기 시작하여 직접적으로는 밀라노와 나폴리에, 간접적으로는 토스카나와 만토바(Mantua), 피에몬테(Piemonte)와 로마 교황령에까지 영향을 미쳤다. 아메리카 발견으로 지중해 무역은 중심 역할을 상실하게 되었고, 베네치아와 제노바와 같은 거대한 해협세력이 서서히 힘을 잃으면서 더는 균형을 잡을 수 없게 되었다. 피렌체에서는 메디치가가 더는 최초의 시민으로서가 아니라 대공으로서 군림했다. 새로운 교황들은 이제 더 이상 세속적인 화려한 예술을 추구하는 후원자가 아니라 열띤 종교 토론자이자 진지한 고행자가 되었다. 종교재판 앞에서 안전한 곳은 어디에도 없었다. 고전주의와 자유정신의 발원지였던 이탈리아는 낭만적이면서도 종교적이었다. 그러나 대부분의 지역은 새로운 수업에 자유롭게 동참했다. 반종교개혁도 사람들의 머리와 가슴을 사로잡았다. 이미 틴토레토(Tintoretto)는 국가와 교회에 무조건 복종하고 광적인 신앙의 신비적인 빛을 통할 때만 해명되는 경직된 얼음 나라에서 가장 완벽한 화가가 되어 있었다. 헛되게도 카라치[77] 추종자들은 고대의 정신을 존속시키려 했다. 그들 자신조차 근대의 정신에 물들었을 때 그것은 더욱 부질없는 일이 되었다. 1583년에는 니오베 그룹(Niobegruppe)이 출현하여 그리스의 데카당스 예술과 같은 엄숙하면서 감상적인 작품을 생산했다. 이 그룹의 흔적은 달콤한 감수성을 통해 신성을 모독하는 귀도 레니[78]의 종교화에서도 읽어낼 수 있다. 트리

---

[77] A. Caracci(1560~1609): 이탈리아의 화가이자 판화가.

엔트 공의회 결의의 영향을 받아 당시 최고의 음악가였던 팔레스트리나는 자신의 이름을 본떠 엄격한 종교적 양식인 팔레스트리나 양식[79]을 창조했다. 프란체스코 브라치올리니[80]는 고대 신화학을 희화화한 그의 풍자시 「신들의 농담(Lo scherno degli Dei)」을 통해 폭발적인 대중적 인기를 누렸으며, 올림포스의 신들을 노골적으로 비웃는 타소니의 서사시 『약탈당한 물통(La secchia rapita)』은 전 유럽에서 이름을 떨쳤다. 여기서 비너스는 사교계의 유한마담으로, 주피터는 무게를 잡고 행동이 굼뜬 노회한 인물로 등장하고, 운명의 여신들은 빵을 구우며, 헤르메스는 안경을 끼고 있고, 사투르누스는 감기가 들어 빨간 코를 하고 있다. 작품 전체가 고대풍의 예술 경향을 노골적으로 패러디하고 있다. 이와 동시에 복권된 것은 거의 100년간 인위적으로 억압되어온 인간본성의 자연성이다. 이를테면 야수성과 서민풍이 예술 속에 나타난 것이다. 이 시대의 시 · 공간에서 가장 위대한 장인이었던 카라바조[81]는 생명이 위험한 부랑인의 삶을 영위하면서 '더러운 발을 가진 화가'라는 이름을 얻었다. 사람들은 무정부 상태의 인간과 속박에서 풀려난 자연을 그리기를 가장 선호했다. 강도들, 왁자지껄 떠들며 돌아다니는 배척받는 부류들, 황량한 언덕의 갈라진 암벽, 넘실거리는 하천, 우레와 폭풍우가 소재였다. 유럽은 30년 전쟁으로 내몰리고 있었다.

제2의
트라우마
　　　30년 전쟁은 거침없는 조야함, 편협한 연방분립주의, 끊임없는

---

[78] Guido Reni(1575~1642): 이탈리아의 화가. 풍부한 색채감각과 부드러운 정조가 특색임.

[79] Palestrinastil: 팔레스트리나를 대표로 하는 다성적 아카펠라에 의한 합창곡 양식을 가리킴.

[80] Francesco Bracciolini(1566~1645): 이탈리아의 시인.

[81] Caravaggio(1571~1610): 이탈리아의 화가.

광신적인 신학적 분쟁 등의 산물로서 지금까지의 발전에 대한 가장 적나라한 집약적 표현이며, 따라서 일종의 종점을 의미하는 것이었지만, 모든 위기와 마찬가지로 그것은 어떤 새로움의 시작을 나타내는 것이기도 하다. 그것은 두 시대를 나누면서도 묶어주는 중대한 분수령을 의미한다. 따라서 이 전쟁에 대해서는 다음 권에서 다루는 것이 더 좋을 것 같다.

우리는 유럽 사람들이 유명론의 승리를 통해, 그리고 흑사병의 트라우마 때문에 엄청난 충격에 사로잡힌 것을 목격한 바 있다. 이 충격은 100년 이상의 정신이상을 촉발한 것이다. 물론 이 정신이상의 상태는 잠복기간이 끝나면 결국 인간은 근대의 빛을 보게 될 것이라는 기대와 맞물려 있다. 아직은 불투명하고 미성숙의 상태에서 불안하며, 유전인자로 고스란히 남아 있어 기억 속에 잠복하여 재발할 수 있지만, 극단적 · 배타적 · 독단적 합리주의 혹은 그렇기는 마찬가지인 감각주의로 구성된 인간의 본질을 명확히 드러낼 것이라는 기대도 할 수 있었다. 인간은 르네상스를 통해 예술과 철학을, 종교개혁을 통해 종교와 국가를 세속화했으며, 마침내 모든 현상의 세계를 체계화하고 열람하며 예측하는 오성에 맡기려는 최초의 시도를 압축적으로 내보였다. 이때 독자적인 지식을 유일한 합법적인 힘으로 선전했다. 그러나 아직은 이 모든 일이 더듬는 수준이어서 불완전했을 뿐이고 경향이나 맹아 혹은 기획으로만 잠복해 있었다. 새로운 유의 엄청난 트라우마가 이 형성의 시기를 정리할 것처럼 보였다. 따라서 진정한 새로움은 베스트팔렌 평화조약 이후 시작되며, 지금까지 우리가 설명한 것은 서문이나 서막, 정확히 말하면 근대의 선사(先史)에 불과하다.

다음의 시대는 결정적이며 포괄적이고 완전히 의식적인 오성문

새로운 문제

화(Verstandeskultur)의 승리를 가져오는 시기이다. 그러므로 이 시기는 지금까지의 단계보다 훨씬 더 단일한 면모를 드러낸다. 결정화된 사유가 훨씬 더 강력하고 투명하게 지배하게 되며, 강화된 개성이 훨씬 더 풍요롭고 다채롭게 표현되며, 생활 스타일이 개성에 따라 뚜렷이 구분되기도 한다. 이런 현상은 단 한 번, 말하자면 이탈리아의 전성기 르네상스에서만 목격할 수 있었을 따름이다.

16세기 초에 눈을 뜨고는 이 시기가 진행되는 가운데 자신의 지배권을 점차 확산시키면서 안정시켜 나간 오성은 이 세기의 말에 멈칫하더니만 다음 세기 초반에 이미 헤매기 시작한다. 오성은 존재의 모순, 존재의 기만, 존재의 지병을 깨닫게 된다. 오성의 해답을 벗어나 있는 순수한 문제 앞에서 오성은 또다시 종교의 품에 안긴다. 그러나 이때도 자신이 그저 완전히 사멸하도록 내버려두지는 않는다. 그렇다면 지금처럼 존재하는 리얼리스트이자 오성적 인간인 동시에 되고 싶어 하는 초자연주의자이자 종교적 인간은 어떻게 될 수 있을까? 이 극단적 양 끝을 어떻게 서로 연결하고, 인간의 본질인 이 두 극단적 대립을 어떻게 융해할 수 있는가? 이 문제와 이에 답하려는 노력을 우리는 바로 바로크 문화에서 목격하게 될 것이다.

1348년	흑사병
1350년 경	『완전한 삶에 관한 소책자』 출간
1351년	콘라트 폰 메겐베르크 『자연의 책』 출간
1354년	리엔초 살해
1356년	황금문서
1358년	프랑스 내전
1361년	타울러 사망. 아드리아노플 점령
1365년	주조 사망
1370년 경	『농부 피어스의 꿈』 출간
1372년	장인 빌헬름 사망
1374년	페트라르카 사망
1375년	보카치오 사망
1377년	바빌론 유수의 종결
1378년	카를 4세 사망: 벤첼 즉위. 거대한 분열의 시작
1381년	로이스브루크 사망
1384년	위클리프 사망
1386년	젬파흐 전투
1389년	암젤펠트 전투
1396년	니코폴리스 전투
1397년	칼마르 동맹
1399년	영국 랭커스터 가문의 집권
1400년	벤첼 폐위: 팔츠의 루프레히트 등극. 메디치가가 피렌체를 다스림. 초서 사망
1405년	프루아사르 사망
1409년	피사 공의회: 세 명의 교황 출현
1410년	루프레히트 사망: 지기스문트 등극. 탄넨베르크 전투
1414년	콘스탄츠 공의회 시작
1415년	후스 화형. 호엔촐레른가가 브란덴부르크를 다스림. 아쟁쿠르 전투
1417년	거대한 분열의 종결
1420년	후스파 전쟁의 시작
1426년	후베르트 반에이크 사망

1428년	마사치오 사망
1429년	잔 다르크 활약
1440년	신성로마제국 황제 프리드리히 3세 등극. 니콜라우스 쿠자누스 『아는 무지』 출간. 얀 반에이크 사망. 피렌체 플라톤 아카데미 개소
1441년	『그리스도를 모방하여』 완간
1445년	케이프 곶 발견
1446년	브루넬레스키 사망
1450년	밀라노 대공 프란체스코 스포르차 등장
1450년 경	구텐베르크: 종이인쇄술 발명
1452년	레오나르도 다빈치 출생
1453년	콘스탄티노플 정복. 존 던스터블 사망
1455년	프라 안젤리코 사망. 기베르티 사망
1458년	에네아 실비오 교황 선출
1459년	장미전쟁 개시
1461년	프랑스 루이 11세 즉위. 영국의 요크가의 집권.
1464년	코시모 메디치 사망. 니콜라우스 쿠자누스 사망. 로제르 반 데르 베이든 사망
1466년	서프로이센이 폴란드를 양위하다. 동프로이센이 폴란드를 봉토로 받다. 도나텔로 사망
1471년	최초의 천문대 설치. 뒤러 출생
1472년	알베르티 사망
1475년	미켈란젤로 출생
1477년	부르고뉴 공작 용담공(勇膽公) 샤를 전사. 혼인을 통해 네덜란드를 합스부르크 왕가의 통치 아래 둠. 티치아노 출생
1478년	종교재판소 설치
1479년	카스티야와 아라곤 합병
1480년	러시아를 지배하던 몽골이 몰락
1483년	루이 11세 사망: 카를 8세 등극. 라블레 출생. 라파엘로 출생. 루터 출생
1485년	영국 튜더 왕가 집권, 장미전쟁 종결
1487년	희망봉 발견
1488년	베로키오 사망
1489년	『마녀의 방』 출간
1490년	마르틴 베하임, 지구본 제작

1492년	아메리카 발견. 그라나다 정복. 로드리고 보르지아 교황 즉위. 로렌초 메디치 사망
1494년	제바스티안 브란트『바보들의 배』출간. 피코 델라 미란돌라 사망
1495년	한스 멤링 사망
1498년	동인도 항로 개척. 사보나롤라 화형. 풍자시집『라인케 데 포스』출간
1499년	스위스 독립
1500년 경	악기 '스피넷' 등장
1500년	브라질 발견
1505년	최초의 우체국 설립
1506년	로이힐린: 히브리어 문법책 발간. 만테냐 사망
1509년	영국 헨리 8세 즉위. 에라스무스『우신예찬』출간
1510년	회중시계 발명. 보티첼리 사망
1513년	레오 10세 교황 즉위
1514년	브라만테 사망. 마키아벨리『군주론』출간
1515년	프랑스의 프랑수아 1세 즉위. 마리냐노 전투. 『이름 없는 사람들의 편지』출간
1516년	스페인 합스부르크 가문 집권. 아리오스토『성난 오를란도』, 모어『유토피아』출간
1517년	비텐베르크 반박문. 터키가 이집트를 점령하다.
1519년	막시밀리안 1세 사망: 카를 5세 등극. 레오나르도 다빈치 사망
1520년	라파엘로 사망. 스톡홀름 대학살
1521년	멕시코 정복. 보름스 제국의회. 베오그라드 합병
1522년	최초 세계 선박일주여행 완료. 루터의 성경 번역
1523년	스웨덴 바사 가문 집권. 지킹겐 몰락. 후텐 사망
1524년	페루지노 사망
1525년	독일 농민전쟁 발발. 파비아 전투
1526년	모하치 전투
1527년	마키아벨리 사망. 로마 약탈
1528년	뒤러 사망
1529년	그뤼네발트 사망. 터키군이 빈을 목전에 두다
1530년	아우크스부르크 제국의회: 아우크스부르크 신앙고백
1531년	츠빙글리 몰락. 영국 성공회 형성
1532년	페루 정복. 뉘른베르크 종교회의
1533년	아리오스토 사망

1534년	코레조 사망
1535년	뮌스터 재세례파 형성
1537년	위르겐 불렌베버 참수
1540년	예수회 건립. 세르베투스: 모세혈관의 혈액순환 원리 발견
1541년	파라켈수스 사망. 칼뱅이 제네바 장악.
	스코틀랜드에서 녹스의 세력 확대
1543년	한스 홀바인 사망. 코페르니쿠스『천구의 회전에 관하여』,
	베살리우스『인체의 구조』출간
1545년	제바스티안 프랑크 사망. 트리엔트 공의회 개최
1546년	루터 사망
1547년	뮐베르크 전투. 프랑수아 1세 사망. 헨리 8세 사망
1553년	라블레 사망. 세르베투스 화형
1555년	아우크스부르크 종교회의
1556년	카를 5세 퇴위: 페르디난트 1세 신성로마제국 황제로 즉위.
	스페인 국왕 펠리페 2세 등극. 로욜라 사망
1557년	생캉탱 전투
1558년	영국의 엘리자베스 즉위. 그라블린 전투
1560년	멜란히톤 사망. 니코: 담배 소개
1561년	베이컨 출생
1564년	페르디난트 1세 사망. 막시밀리안 2세 즉위. 칼뱅 사망.
	미켈란젤로 사망. 셰익스피어 출생
1568년	에그몬트 사형
1569년	메르카토르가 세계지도 제작
1571년	레판토 전투. 런던 증권거래소 개소
1572년	성 바르톨로메오의 밤. 존 녹스 사망
1576년	막시밀리안 2세 사망: 루돌프 2세 즉위. 한스 작스 사망.
	티치아노 사망
1577년	루벤스 출생
1579년	위트레흐트 조약
1580년	팔라디오 사망. 스페인이 포르투갈을 지배. 몽테뉴『수상록』출간
1581년	타소『해방된 예루살렘』출간
1582년	교황 그레고리우스 13세가 그레고리우스력 채택
1584년	네덜란드 총독 빌렘 반 오라녜 암살
1586년	스테빈: 경사면 이론의 정립. 유체정역학의 모순 발견. 연통관 발명
1587년	메리 스튜어트 참수

1588년	무적함대 아르마다 침몰
1589년	앙리 4세 등극: 프랑스에서 앙리 부르봉 왕가 집권
1591년	피샤르트 사망
1592년	몽테뉴 사망
1593년	말로우 사망
1594년	오를란도 디 라소 사망. 팔레스트리나 사망. 틴토레토 사망. 오페라 탄생
1595년	타소 사망
1596년	데카르트 출생
1597년	갈릴레이: 온도계 발명
1598년	낭트 칙령. 베르니니 출생
1600년	조르다노 브루노 화형. 길버트: 지자기 발견. 영국 동인도회사 설립
1601년	티코 데 브라헤 사망
1602년	네덜란드의 동인도회사 설립
1603년	영국의 엘리자베스 사망: 스튜어트가의 집권, 영국-스코틀랜드 사이의 인적 결합. 셰익스피어 『햄릿』 출간
1606년	렘브란트 출생
1608년	리페르셰이: 망원경 발명. 프로테스탄트 연맹 성립.
1609년	세르반테스 『돈키호테』 출간. 가톨릭 동맹 맺음
1610년	앙리 4세 피살
1611년	케플러: 천체 망원경 발명. 구스타프 아돌프 등극
1612년	루돌프 2세 사망: 마티아스 즉위
1613년	러시아, 로마노프 가문이 집권
1614년	네이피어: 로그 법칙의 정립
1616년	세르반테스 사망. 셰익스피어 사망
1618년	프라하 창문투척 사건. 30년 전쟁 발발
1619년	신성로마제국 황제 페르디난트 2세 즉위
1620년	바이센베르크 전투. 메이플라워호 상륙
1624년	리슐리외가 재상이 됨. 야콥 뵈메 사망. 오피츠 『독일 시학서』 출간
1625년	제임스 1세 사망: 카를 1세 즉위. 엘 그레코 사망
1626년	베이컨 사망
1628년	권리 청원. 라 로셸 합병. 길버트: 전기 발견. 하비: 이중혈액순환 발견
1629년	복원칙령
1630년	구스타프 아돌프가 포메른에 상륙. 케플러 사망

1631년	마그데부르크 습격. 브라이텐펠트 전투
1632년	뤼첸 전투. 구스타프 아돌프 전사
1634년	발렌슈타인 피살. 뇌르틀링겐 전투
1635년	프라하 평화협정. 로페 데 베가 사망
1636년	코르네유『르 시드』출간
1637년	페르디난트 2세 사망: 페르디난트 3세 즉위
1640년	프로이센에서 대선제후 프리드리히 빌헬름 1세 등극. 포르투갈, 브라간자 가문이 집권. 루벤스 사망
1641년	반다이크 사망
1642년	영국 혁명 발발. 리슐리외 사망. 갈릴레이 사망. 타스만이 오스트리아로 회항
1643년	루이 14세 즉위. 뉴턴 출생. 토리첼리: 기압계 발명
1645년	그로티우스 사망
1646년	라이프니츠 출생
1648년	베스트팔렌 평화조약. 프랑스에서 왕립 회화조각아카데미 창설
1649년	찰스 1세 처형: 공화국 성립
1650년	데카르트 사망
1651년	항해 조례 발동. 홉스『리바이어던』출간
1652년	게리케: 공기펌프 발명
1653년	호민관 크롬웰이 집정
1657년	앙겔루스 질레지우스『케루빔의 방랑자』, 파스칼『시골 친구에게 부치는 편지』출간
1658년	크롬웰 사망. 페르디난트 3세 사망: 레오폴트 즉위. 제1차 라인 동맹
1659년	피레네 평화조약
1660년	스튜어트가 복권: 찰스 3세 등극. 벨라스케스 사망
1661년	마자랭 사망. 루이 14세 친정체제. 보일『회의적인 화학자』출간
1662년	파스칼 사망.『사고의 기술』출간. 프랑스 왕립학회 창립
1663년	게리케: 기전기 발명
1664년	몰리에르『타르튀프』출간. 트라피스트 수도회 창립
1665년	푸생 사망. 라로슈푸코『잠언』출간
1667년	스페인 왕위계승전쟁. 밀턴『실낙원』출간
1668년	그리멜스하우젠『짐플리치시무스』출간
1669년	렘브란트 사망. 파리 오페라하우스 창설
1670년	스피노자『신학정치론』출간
1673년	몰리에르 사망. 영국에서 선서 조례 선포

1674년	밀턴 사망. 부알로『시법』출간
1675년	페르벨린 전투. 말브랑슈『진리탐구』출간. 레벤후크: 적충류 발견. 뤼렌의 패배. 그리니치 천문대 설립
1676년	파울루스 게르하르트 사망
1677년	스피노자 사망『에티카』출간. 라신『페드르』출간. 보로미니 사망
1678년	호이겐스: 파동설 제시. 시몽『구약성서 비평사』출간
1679년	네이메헨 평화조약. 인신보호령 공포. 아브라함 아 산타클라라『메르크의 빈』출간
1680년	베르니니 사망
1681년	칼데론 사망. 스트라스부르 점령
1682년	클로드 로랭 사망. 무리요 사망. 로이스달 사망
1683년	터키군이 빈 외곽까지 진출. 필라델피아 건설. 콜베르 사망
1684년	코르네유 사망. 라이프니츠: 미분학 정립. 뉴턴: 중력법칙 발견
1685년	낭트 칙령 철폐. 찰스 2세 사망: 제임스 2세 즉위
1687년	헝가리를 합스부르크 왕가에서 다스리다. 뉴턴『자연철학의 수학적 원리』출간. 륄리 사망
1688년	명예혁명. 프로이센 대선제후 사망. 라브뤼예르『성격과 풍속』출간
1689년	빌렘 반 오라녜가 영국 윌리엄 3세로 즉위. 표트르 대제 등극. 팔츠 정벌
1690년	로크『인간오성론』출간. 파팽: 증기실린더 발명
1694년	볼테르 출생. 영국은행 창립
1695년	베일『역사비평사전』출간. 라퐁타이네 사망. 호이겐스 사망
1696년	톨런드『기독교는 신비주의가 아니다』출간
1697년	라이스바이크 평화조약. 폴란드를 작센 왕인 '강성왕' 아우구스트가 지배. 첸타 전투
1699년	카를로비츠 평화조약. 라신 사망
1700년	드라이든 사망. 베를린 과학아카데미 창립
1701년	프로이센 왕국
1702년	윌리엄 3세 사망: 앤 여왕 즉위. 슈탈: 연소이론 제시
1703년	상트페테르부르크 건설
1704년	회흐슈테트 전투. 영국의 지브롤터 점령
1705년	레오폴트 1세 사망: 요제프 1세 즉위
1706년	라미이 전투
1708년	오데나르드 전투
1709년	말플라크 전투. 풀타바 전투. 영국 주간지 간행. 뵈트거: 도기 제작

1710년	라이프니츠 『변신론』 출간
1711년	부알로 사망. 요제프 1세 사망: 카를 6세 즉위
1712년	프리드리히 대왕 출생. 루소 출생
1713년	위트레흐트 조약. 프리드리히 빌헬름 1세 등극
1714년	라슈타트/바덴 조약. 앤 여왕 사망: 하노버가가 영국 지배
1715년	루이 14세 사망: 섭정 정치 시작. 페늘롱 사망. 말브랑슈 사망
1716년	라이프니츠 사망
1717년	빙켈만 출생. 프리메이슨 비밀결사 조직
1718년	카를 12세 피살
1719년	디포 『로빈슨 크루소』 출간
1720년	로의 국립은행 파산
1721년	니슈타트 조약. 와토 사망. 몽테스키외 『페르시아인의 편지』 출간
1722년	헤른후트파 형제단 발족
1723년	오를레앙 공 필립 사망: 루이 15세 친정 체제. 국본조칙 시행
1724년	칸트 출생. 클롭슈토크 출생
1725년	표트르 대제 사망
1726년	스위프트 『걸리버 여행기』 출간
1727년	뉴턴 사망
1728년	볼테르 『앙리아드』 출간
1729년	바흐 「마태수난곡」 작곡. 레싱 출생
1730년	고트셰트 『비평시론』 출간
1734년	볼테르 『철학서간』 출간
1735년	린네 『자연의 체계』 출간
1736년	프린츠 오이겐 사망
1740년	프리드리히 빌헬름 1세 사망: 프리드리히 대왕 즉위.
	카를 6세 사망: 마리아 테레지아 즉위
1741년	헨델 「메시아」 작곡
1742년	에드워드 영: 시 「밤의 고민들」 발표
1743년	플뢰리 추기경 사망
1744년	포프 사망. 헤르더 출생
1745년	스위프트 사망
1746년	겔레르트 『우화와 서사』 출간
1748년	몽테스키외 『법의 정신』, 라메트리 『인간기계론』, 클롭슈토크
	『메시아』 출간. 폼페이 유적 발굴 개시
1749년	괴테 출생

1750년	요한 제바스티안 바흐 사망. 프랭클린: 피뢰침 발명
1751년	백과전서 출판 개시
1753년	버클리 사망
1754년	크리스티안 볼프 사망. 홀베르 사망
1755년	몽테스키외 사망. 칸트『일반 자연사와 천체 이론』출간. 리스본 대지진 발생
1756년	모차르트 출생. 7년 전쟁 발발
1757년	쾰른·로스바흐·로이텐 전투
1758년	초른도르프·호흐키르흐 전투. 엘베시우스『정신론』출간
1759년	쿠너스도르프 전투. 헨델 사망. 실러 출생
1760년	리그니츠·토르가우 전투. 맥퍼슨『오시안』출간
1761년	루소『신 엘로이즈』출간
1762년	홀슈타인-고토르프 가문이 러시아 통치: 표토르 3세와 예카테리나 2세 즉위. 글루크『오르페우스』발표. 루소『사회계약론』,『에밀』출간
1763년	후베르투스부르크 조약. 파리 평화조약
1764년	호가스 사망. 라모 사망. 빙켈만『고대예술사』출간
1766년	고트셰트 사망. 레싱『라오콘』, 골드스미스『웨이크필드의 목사』출간. 캐번디시: 수소 발견
1767년	레싱『미나 폰 바른헬름』,『함부르크 연극론』출간
1768년	빙켈만 피살. 스턴『센티멘털 저니』, 게르스텐베르크『우골리노』출간
1769년	나폴레옹 출생.『주니어스의 편지들』출간. 아크라이트: 방적기 발명
1770년	부셰 사망. 티에폴로 사망. 베토벤 출생. 돌바흐『자연의 체계』출간
1771년	프리스틀리: 산소 발견
1772년	제1차 폴란드 분할. 괴팅거 하인(Gottinger Hain) 동맹. 레싱『에밀리아 갈로티』출간. 스베덴보리 사망
1773년	예수회 폐지.『독일적 양식과 예술 잡지』발행. 괴테『괴츠』, 뷔르거『레오노레』출간
1774년	루이 15세 사망: 루이 16세 즉위. 괴테『청년 베르테르의 고뇌』출간. 볼펜뷔틀러 단편. 렌츠『가정교사』출간
1775년	보마르셰『세비야의 이발사』, 라바터『관상학론』출간

1776년	미합중국 독립선언. 흄 사망. 애덤 스미스『국부의 성격과 원인에 관한 연구』, 렌츠『병사들』, 클링거『질풍노도』, 바그너(H. Leopold Wagner)『영아 살해자』 출간
1778년	볼테르 사망. 루소 사망
1779년	데이비드 개릭 사망. 라파엘 멩스 사망. 레싱『현자 나탄』 출간
1780년	마리아 테레지아 사망: 요제프 2세 즉위. 레싱『인류의 교육』 출간
1781년	레싱 사망. 칸트『순수이성비판』 출간. 포스: 호메로스 번역. 실러『군도』 출간. 허셜: 천왕성 발견
1782년	몽골피에: 풍선기구 발명
1783년	베르사유 조약. 실러『피에스코』 출간
1784년	존슨 사망. 디드로 사망. 헤르더『인류교양을 위한 역사철학 이념』, 보마르셰『피가로의 결혼』, 실러『간계와 사랑』 출간
1785년	독일 군주동맹. 베르너: 수성론 정립
1786년	프리드리히 대왕 사망: 프리드리히 빌헬름 2세 즉위. 모차르트「피가로」 작곡
1787년	글루크 사망. 괴테『이피게니에』, 실러『돈 카를로스』, 모차르트『돈 후안』 출간
1788년	뷜너 종교칙령. 하만 사망. 칸트『실천이성비판』, 괴테『에그몬트』 출간. 허턴: 화성론 제기
1789년	바스티유 감옥 습격. 괴테『타소』 출간. 갈바니: 접촉전기 발견
1790년	요제프 2세 사망: 레오폴트 2세 즉위. 칸트『판단력비판』 출간. 괴테『식물의 형태변화』, 파우스트 단편,『타소』 출간
1791년	미라보 사망. 바렌 체포 사건. 모차르트『마술피리』 출간 후 사망
1792년	레오폴트 2세 사망: 프란츠 2세 즉위. 9월 학살. 발미 전투. 루제 드 리슬러: 마르세예즈 작곡
1793년	루이 16세 처형. 공포정치. 제2차 폴란드 분할
1794년	테르미도르. 피히테『지식학』 출간
1795년	집정내각. 제3차 폴란드 분할. 프리드리히 아우구스트 볼프『호메로스 입문』, 괴테『빌헬름 마이스터의 수업시대』 출간
1796년	바뵈프의 모반. 예카테리나 2세 사망. 이탈리아 보나파르트. 제너: 천연두 예방법 제시
1797년	캄포 포르미오 조약. 프리드리히 빌헬름 2세 사망: 프리드리히 빌헬름 3세 즉위
1798년	라플라스『세계 체계에 대한 해설』, 맬서스『인구론』 출간. 나폴레옹 보나파르트가 이집트 원정. 아부키르만 해전

1799년	브뤼메르. 실러『발렌슈타인』, 슐라이어마허『종교론』출간
1800년	마렝고·호엔린덴 전투. 실러『마리아 스투아르트』출간. 볼타 전지 개발
1801년	실러『오를레앙의 처녀』, 가우스『산술연구』출간
1803년	헤르더 사망. 클롭슈토크 사망. 제국사절회의 주요결의안 채택. 나폴레옹 법전 공포
1804년	칸트 사망. 나폴레옹 황제 등극
1805년	실러 사망. 트라팔가르 해전. 아우스터리츠 전투. 베토벤『피델리오』작곡
1806년	라인 동맹. 신성로마제국의 종말. 예나 전투. 대륙봉쇄령 발동. 헤겔『정신현상학』,『소년의 마술피리』출간
1807년	틸지트 조약. 돌턴: 복합비율의 법칙 발견. 풀턴: 증기선 발명
1808년	피히테「독일 국민에게 고함」발표.『여기 정말 인간다운 인간이 있다』출간.『파우스트』1부 출간
1809년	아스페른·바그람 전투. 하이든 사망. 죔머링: 전신기 발명
1810년	베를린 대학 창립. 괴테『색채론』, 클라이스트『하일브론의 케트헨』출간
1811년	클라이스트 사망
1812년	나폴레옹이 러시아 원정. 그림 형제『아이를 위한 가정 동화』출간. 퀴비에: 격변설 제시
1813년	라이프치히 전투
1814년	피히테 사망. 스티븐슨: 기관차 개발. 부르봉 왕가 복귀. 제1차 파리강화조약: 빈 회의 개막
1815년	빈 회의 폐회. 백일천하. 워털루 전투. 신성동맹. 비스마르크 출생
1817년	바르트부르크 축제. 바이런『만프레드』출간
1818년	최초 대양횡단 증기선 출항
1819년	코체부 암살: 카를스바트 결의. 쇼펜하우어『의지와 표상으로서의 세계』, 괴테『서동시집』출간. 제리코「메두사의 뗏목」전시
1820년	외르스테드: 전자기현상 발견
1821년	나폴레옹 사망. 도스토옙스키 출생. 베버『마탄의 사수』, 생시몽『산업의 체계』출간. 제베크: 열전기 발견
1822년	브라질 제국. 베토벤「장엄미사」작곡. 들라크루아「단테의 조각배」전시
1823년	먼로 독트린

1824년	루이 18세 사망: 샤를 10세 즉위. 바이런 사망. 베토벤 「9번 교향곡」 발표. 들라크루아 「키오스 섬의 학살」 전시
1825년	알렉산드르 1세 사망: 니콜라이 1세 즉위. 최초 철도건설
1826년	C. M. v. 베버 사망. 아이헨도르프 『어느 무위도식자의 생활』, 만초니 『약혼자』 출간. 요한네스 뮐러: 특수 감각동력학 제시
1827년	나바리노 전투. 베토벤 사망. 하이네 『노래의 책』, 빅토르 위고 『크롬웰』 출간. 옴의 법칙 제기. 베어: 포유동물학 주창
1828년	슈베르트 사망. 톨스토이 출생. 입센 출생. 오베르 「포르티치의 벙어리 아가씨」 작곡. 뵐러: 요소종합의 체계화
1829년	아드리아노플 조약. 로시니 「빌헬름 텔」 작곡
1830년	7월 혁명. 루이 필립 등극. 벨기에가 네덜란드에서 분리. 그리스 독립. 폴란드 봉기. 콩트 『실증철학 강의』, 푸슈킨 『예프게니 오네긴』 출간
1831년	오스트로웽카 전투. 헤겔 사망. 마이어베어 「악마 로베르트」 작곡. 위고 『노트르담 꼽추』 출간. 패러데이: 자기전기 발견
1832년	함바하 축제. 영국의 의회개혁. 스코트 사망. 괴테 사망. 『파우스트』 2부 출간
1833년	프랑크푸르트 폭동. 독일 관세동맹 체결. 보프 『산스크리트어 비교문법』, 라이문트 『낭비가』, 네스트로이 『룸파치바가분두스』 출간. 가우스/베버: 전신기 발명
1835년	프란츠 2세 사망. 최초 독일 철도 건설. D. F. 슈트라우스 『예수의 생애』, G. 뷔히너 『당통의 죽음』 출간
1836년	모스: 전신기 발명. 고골 『감찰관』 출간
1837년	빅토리아 여왕 등극. 하노버 영지가 영국에서 분리됨. 레오파르디 사망
1839년	슈반: 세포이론 정립. 다게르: 사진 발명. 스탕달 『파르마의 수도원』 출간
1840년	프리드리히 빌헬름 3세 사망: 프리드리히 빌헬름 4세 즉위. 아편전쟁. 슈만 가곡의 해. 칼라일 『영웅숭배론』 출간. 1페니 우편제도 도입
1841년	해협운항 조약. 포이어바흐 『기독교의 본질』, 헤벨 『유디트』 출간
1842년	로베르트 마이어: 에너지법칙 발견
1843년	바그너 『방랑하는 네덜란드인』 출간
1844년	니체 출생. 리비히 『화학 통신』 출간. 뮌헨 『비행잡지』 간행
1845년	바그너 『탄호이저』, 슈티르너 『유일자와 그의 소유』 출간

1846년	영국의 곡물관세 철폐. 오스트리아가 크라쿠프를 지배. 최초 해저 전신기 사용. 해왕성 발견
1847년	스위스 분리파 전쟁. 에머슨 『위인전』 출간
1848년	파리 2월 혁명. 독일 3월 혁명. 프란츠 요제프 1세 등극. 라파엘로전파 형제단 발족. 잡지 『와장창(Kladderadatsch)』 간행. 『공산당선언』 출간
1849년	노바라·빌라고스 전투
1850년	올뮈츠 협약. 발자크 사망
1851년	루이 나폴레옹의 쿠데타. 제1차 만국박람회
1852년	나폴레옹 3세 등극. 런던 의정서 체결. 뒤마 피스 『라 트라비아타』 출간
1853년	크림전쟁 발발. 켈러 『초록의 하인리히』, 루트비히 『세습 산림지기』 출간
1854년	몸젠 『로마사』 출간
1855년	니콜라이 1세 사망: 알렉산드르 2세 즉위. 프라이타크 『차변과 대변』, L. 뷔히너 『힘과 물질』 출간
1856년	파리 평화조약. 쇼 출생
1857년	보들레르 『악의 꽃』, 플로베르 『보바리 부인』 출간
1858년	곤차로프 『오블로모프』, 오펜바흐 『지옥의 오르페우스』 출간
1859년	마젠타·솔페리노 전투. 다윈 『종의 기원』 출간. 스펙트럼 분석의 도입. 구노가 오페라 「파우스트」 작곡
1860년	쇼펜하우어 사망. 페히너 『정신물리학의 기초』 출간
1861년	북아메리카 남북전쟁 발발. 이탈리아 왕국 건립. 파리에서 『탄호이저』 공연
1862년	프리드리히 빌헬름 4세 사망: 빌헬름 1세 즉위: 비스마르크 수상 선출. 헤벨 『니벨룽겐』, 플로베르 『살람보』 출간
1863년	르낭 『예수의 삶』, 텐 『영국문학사』 출간
1864년	독일-덴마크 전쟁. 오펜바흐 『아름다운 엘렌』 출간
1865년	남북전쟁 종결: 링컨 피살. 바그너 『트리스탄』, 뒤링 『생명의 가치』 출간. 부슈 「막스와 모리츠」 전시
1866년	쿠스토차·쾨니히그레츠·리사 전투. 입센 『브란』 출간
1867년	북독일 연방 창립. 막시밀리안 황제 피격 마르크스 『자본』, 도스토옙스키 『라스콜니코프』 출간
1868년	바그너 『명가수』, 헤켈 『자연 창조의 역사』 출간
1869년	수에즈운하 개통. 하르트만 『무의식의 철학』 출간

1870년	교황의 무오류성 교리 선언. 엠스 급보. 스당 전투. 프랑스 제3공화정. 디킨스 사망. 트로이 유적 발굴 개시
1871년	독일의 '황제 선언'. 파리 코뮌. 프랑크푸르트 평화조약. 다윈『인간의 유래』, 졸라『루공 마카르 총서』출간. 부슈「경건한 헬레네」전시
1872년	D. F. 슈트라우스『옛 신앙과 새 신앙』, 도데『타타르 여인』출간
1873년	경제 대공황. 맥스웰: 전자기 빛 이론 제기
1874년	반트 호프: 입체화학 개발
1875년	문화투쟁의 절정. 비제『카르멘』, 텐『앙시앵 레짐』발표
1876년	베이루트 조약. 인도 제국 성립, 영국 빅토리아 여왕이 인도 제국 황제가 됨
1877년	러시아-터키 전쟁. 고비노『르네상스』출간
1878년	산스테파노 평화조약. 베를린 회의. 사회주의자 보호법 발령. 바그너『파르치팔』출간
1879년	2국 동맹. 입센『인형의 집』출간. 아인슈타인 출생
1880년	플로베르 사망
1881년	프랑스인들 튀니지 입성. 알렉산드르 2세 피살: 알렉산드르 3세 즉위. 도스토옙스키 사망. 입센『유령』출간
1882년	영국인들 이집트 진출. 에머슨 사망. 빌덴브루흐『카롤링거 왕조 시대』출간. 코흐: 결핵균 발견
1883년	3국 동맹. 리하르트 바그너 사망. 마르크스 사망. 니체『차라투스트라』출간
1884년	입센『들오리』출간. 페이비언 협회 발족
1885년	세르비아-불가리아 전쟁. 빅토르 위고 사망
1886년	니체『선악의 저편』출간
1887년	재보장조약. 앙투안: 자유극장 설립. 스트린드베리『아버지』출간
1888년	빌헬름 1세 사망: 프리드리히 3세 사망: 빌헬름 2세 즉위. 폰타네『뒤죽박죽』출간
1889년	극단 '자유무대' 창립. 홀츠/슐라프『아버지 햄릿』, R. 슈트라우스『돈 후안』, 하우프트만『해 지기 전』, 릴리엔크론『시』출간
1890년	비스마르크 해임. 잔지바르 조약.『교육자로서 렘브란트』출간. 와일드『도리언 그레이의 초상』, 함순『굶주림』, 마테를링크『말렌 공주』, 마스카니『카발레리아 루스티카나』, 주더만『명예』출간
1891년	프랑스-러시아 동맹. 베데킨트『봄의 깨어남』출간

1892년	하우프트만『직조공들』, 마테를링크『펠리아스와 멜리장드』출간.
	베링: 디프테리아 항독소 발명
1893년	하우프트만『한넬레의 승천』, 슈니츨러『아나톨』출간
1894년	알렉산드르 3세 사망: 니콜라이 2세 즉위
1895년	시모노세키 조약. 폰타네『에피 브리스트』, 쇼『캔디다』출간.
	뢴트겐: X-선 발견
1896년	알텐베르크『내가 보는 대로』, 베르그송『물질과 기억』출간.
	마르코니: 무선전신기 발명
1897년	그리스-터키 전쟁
1898년	비스마르크 사망:『사유와 기억』출판. 파쇼다 위기.
	스페인-아메리카 전쟁. 퀴리 부부: 라듐 발견
1899년	쇼『시저와 클레오파트라』, 입센『우리 죽은 자들이 깨어날 때』
	출간
1900년	니체 사망. 프로이트『꿈의 해석』출간
1901년	토마스 만『부덴브로크가 사람들』출간. 빅토리아 여왕 사망:
	에드워드 7세 즉위
1902년	졸라 사망
1903년	바이닝거『성과 성격』출간
1904년	영국-프랑스 화친협정. 베데킨트『판도라 상자』출간
1905년	노르웨이가 스웨덴에서 분리됨. 만주 전투. 쓰시마 해전. 포츠머스
	조약. 아인슈타인: 상대성이론 정립. 하인리히 만『운라트 교수』
	출간
1906년	알헤시라스 회의. 입센 사망. R. 슈트라우스『살로메』출간
1907년	상트페테르부르크 조약
1908년	합병 위기. 빌헬름 부슈 사망
1909년	블레리오: 운하 비행
1910년	에드워드 7세 사망: 조지 5세 즉위. 톨스토이 사망
1911년	모로코 갈등. 트리폴리 전쟁
1912년	제1차 발칸 전쟁. 중국 공화정 선포. 스트린드베리 사망
1913년	제2차 발칸 전쟁
1914년	제1차 세계대전 발발

▌인명 찾아보기 ▌

ㄹ

E

ㅍ

지은이 에곤 프리델(Egon Friedell)

1878년 1월 21일 오스트리아 빈에서 출생. 자유주의 분위기가 지배적인 하이델베르크 대학에서 수학하면서 헤겔을 공부함.『철학자로서의 노발리스』로 박사학위를 취득하고, 진보적인 잡지『횃불』에 글을 실으면서 저널리스트로 활동하기 시작함. 극작가·연극평론가·문예비평가·문화학자로 활약함. 1920~1930년대, 오스트리아 빈 문화계에서 중요한 인사로 활동함. 막스 라인하르트(Max Reinhardt)가 이끄는 베를린과 빈 극단에서 1922년부터 1927년까지 연극배우로 이름을 날리기도 했음. 히틀러 군대가 오스트리아로 침공한 직후인 1938년 3월 16일, 나치 돌격대의 가택 체포 작전을 눈치 채고 자신이 거주하던 아파트 4층 창문으로 뛰어내려 향년 60세로 생을 마감함. 주요 저작으로는 『단테에서 단눈치오까지』(1915),『유다의 비극』(1922),『이집트와 고대 동양의 문화사』(1936) 등이 있고, 유고집으로 나온 작품으로는 『그리스 문화사』(1940),『타임머신 여행』(1946),『고대 문화사』(1949),『고대는 고대가 아니었다』(1950) 등 다수가 있음.

옮긴이 변상출

서강대 독어독문학과에서 게오르크 루카치(Georg Lukács) 연구(2000)로 박사학위 취득. 현재 대구대학교 기초교육대학 창조융합학부 교수로 재직 중. 저서로는『예술과 실천』,『비판과 해방의 철학』(공저),『계몽의 신화학을 넘어』 등이 있고, 번역서로는 G. 루카치의『이성의 파괴』(전2권),『발자크와 프랑스 리얼리즘』, H. M. 엔첸스베르거의『어느 무정부주의자의 죽음』, A. 브라이히, U. 렌스의『일 덜 하는 기술』, L. 코와코프스키의『마르크스주의의 주요 흐름』(전3권), E. P. 톰슨의 『이론의 빈곤』 등이 있음. 주요 논문으로는「무정부주의와 유토피아」, 「탈현대논리와 비판이론의 한계 극복을 위한 '고전적 전략'」,「전통 유물론적 문예이론에 대한 반성과 전망」,「지젝: 청산과 화해의 정치학」,「에드워드 톰슨의 알튀세르 비판의 실제」 등 다수가 있음.